文成天縱

湖北省圖書館藏珍本古籍圖録

湖北省圖書館 編

上

廣西師範大學出版社
·桂林·

湖北省圖書館藏珍本古籍圖録
HUBEI SHENG TUSHUGUAN CANG ZHENBEN GUJI TULU

出版統籌：湯文輝
出 品 人：喬祥飛
責任編輯：朱時予
責任技編：王增元
封面設計：常晋一

圖書在版編目（CIP）數據

湖北省圖書館藏珍本古籍圖録 ： 上、下 / 湖北省圖書館編. -- 影印本.
桂林 ： 廣西師範大學出版社，2024. 12. -- ISBN 978-7-5598-7378-1

Ⅰ. Z838

中國國家版本館 CIP 數據核字第 2024K108Y1 號

廣西師範大學出版社出版發行
（廣西桂林市五里店路 9 號　郵政編碼：541004
網址：http://www.bbtpress.com）
出版人：黄軒莊
全國新華書店經銷
三河弘翰印務有限公司印刷
（河北省三河市黄土莊鎮二百户村北　郵政編碼：065200）
開本：889 mm × 1 194 mm　1/16
印張：49.75　　字數：796 千
2024 年 12 月第 1 版　　2024 年 12 月第 1 次印刷
定價：2500.00 元（上、下）

湖北省圖書館建館120周年系列出版物編委會

主　　任　克　克
副 主 任　唐昌華
編　　委　羅　罡　許扶亞　余春洋　高　晴　劉偉成
　　　　　謝春枝　郝　敏　楊　萍　嚴繼東

《湖北省圖書館藏珍本古籍圖録》編委會

主　　編　劉偉成
副 主 編　劉水清　馬志立（執行）　夏金波（執行）
編　　委　（按姓氏拼音排序）
　　　　　陳建勳　陳　龍　丁玉蓮　范曉萌　李　露
　　　　　劉　倩　柳　巍　潘　泠　石　婷　宋澤宇
　　　　　王　莉　徐書林　徐治平　周　琪　周　嚴

前　言

圖書館是人類文明的寶庫。湖北省圖書館由湖廣總督張之洞、湖北巡撫端方主持創辦，始建於一九〇四年，是我國最早成立的省級公共圖書館。百廿年間，它經歷了清末蘭陵西街創業的篳路藍縷、抗戰期間鄂西的顛沛流離、中華人民共和國成立後蛇山南麓的精心經營，到二〇一二年新館落成於沙湖之濱，一躍成爲湖北的楚天智海。

書籍是一座圖書館的靈魂。在鄂圖與國家和民族同呼吸、共命運的發展歷程中，積纍了大量的古代典籍。古籍總量已逾四十萬册、善本六千餘部，一百二十部古籍入選《國家珍貴古籍名録》，一百八十部入選《湖北省珍貴古籍名録》，尤以小學、地方志、金石、清人文集等典籍爲重點。正是由於前人精心訪求、收購與社會捐贈的涓涓活水，終於匯聚成我館古籍的淵海，並實現了從有到優的跨越。如在繼承湖北學政張之洞所置書、兩湖書院、湖北官書局藏書之外，原湖北省軍區政治部、中南軍政委員會、湖北省博物館、湖北省文聯等單位都曾對鄂圖的古文獻建設予以支持；又吸納了包括不限於漢陽劉傳瑩、宜都楊守敬、武昌柯逢時、孝感秦應逵、枝江張繼煦、蒲圻張國淦、黄岡劉卓雲、蘄春黄侃、武昌徐恕等一批藏書家以及楚學精廬的珍稀舊藏。因此，鄂圖所藏古籍不僅數量可觀，而且品質甚高，古籍大館已成爲湖北省圖書館的支柱之一。

這批沉甸甸的古籍館藏，蘊含着豐富的先哲智慧。爲了“成就古人，與之續命”，發掘和保護、利用文化遺産，一代代鄂圖人懷抱敬畏之心和使命感，圍繞古籍流通的各個環節，做了許多工作。薪火相傳，近些年來，在國家古籍保護計劃的頂層設計下，鄂圖的古籍工作呈現出新的進步。一是不斷提高古籍存藏條件。二〇一二年搬遷新館後，館舍規模擴大，開闢了四個古籍書庫，又特於二〇一六年興建了專門的善本書庫，極大改善了古籍存藏條件。二是持續進行編目整理。以全國古籍普查登記和編纂《中華古籍總目》爲契機，對館藏古籍進行全面梳理，使著録臻於完善，一批特色古籍的價值得以揭示。三是重視古籍修復和數字化工作。二〇一五年獲批國家古籍修復中心湖北傳習所，以師帶徒爲抓手，爲"冷門絶學"輸送更多新生力量。與此同時，引進社會力量，加快古籍數字化工作，上綫推出專門的數字化平臺，一批古籍善本得以再生性地走出深閨，爲人所用。四是加快古籍開發利用的步伐。創立"鄂圖藏珍"品牌，與多家出版社聯合推動特色古籍出版。僅近幾年面世的就有《湖北省圖書館藏稿本日記四種》《民國時期預約樣本輯存》《鄂東王氏未刊稿叢編》《湖北省圖書館藏稀見明清總集選刊》《蒼虬閣詩稿七種》等書，使古籍化身千百，嘉惠學林。五是加强古籍宣傳工作。積極實踐如何"讓書寫在古籍裏的文字活起來"，形成出版、展覽、短視頻三位一體的品牌策略。建成湖北省典籍博物館，先後舉辦了"荆楚寶典——湖北省圖書館藏珍貴古籍展""徐行可捐贈古籍文物60周年精品展""鄂圖藏珍——鄂東王氏家族文獻整理與保護展"，承辦了"珠還合浦，歷劫重光——《永樂大典》的回歸和再造"湖北巡展以及"册府千華——湖北省藏國家珍貴古籍展"等系列展覽，讓古籍零距離面嚮大衆，助力公共教育、文化傳承。在新媒體傳播方面，在熱門網絡平臺發布"古色悠然"系列古籍視頻，用讀者喜聞樂見的方式普及中國傳統文化。綜上所述，湖北省圖書館的古籍保護和開發利用工作可謂多頭並進，使得四十萬册古籍綻放新生。

今年是湖北省圖書館建館一百二十周年，我們特意於古籍館藏中擇其優者五百部，編爲圖録，向社會公布，以展示館藏珍秘，慶祝鄂圖的百廿華誕，並致敬前人。在書目選擇中，内容兼顧四部各類目，版本基本涵蓋由宋元至清末的各種類型，少數抄稿本成書於辛亥革命之後，亦酌情收入，以助廣泛欣賞；同時注重同一書各版本、同一版本不同批校題跋之書的互相參照，有益比較研究。"珍本"主要體現在以下幾個方面：

首先，注重善本。選擇佳槧精印、具有學術代表性、版本稀見及史料價值高者，如孤本、四庫底本、禁毁書、初刻初印本皆有收録。

其次，精選名家批校題跋本。如紀昀批《史通訓故補》、段玉裁批《漢書》、黄丕烈校《後漢書》、黄侃批《爾雅正名》及何焯、盧文弨、錢大昕、魏源等一衆知名學者批校本，占有較大比重。

再次，公開名人稿抄本。收稿抄本九十六部，如林侗、戴震、孫星衍、梁章鉅、陳沆、皮錫瑞、文廷式等一批大家的稿本一並呈現。

最後，留意有特殊價值的地方文獻。本館向以網羅保存鄉邦文獻爲己任，如鄂東王氏家族未刊稿、監利王柏心之殿試卷、宜都楊守敬及熊會貞批校《水經注》、應山左紹佐日記、嘉魚劉心源的小學論著、蘄水陳曾壽的詩集等著述，皆盡力涉及。

以上珍本，多被《國家珍貴古籍名録》及《中國古籍善本書目》所收録。

湖北人傑地靈、文化發達。回顧湖北省圖書館櫛風沐雨的厚重歷史，展望它鶴舞翔雲的光明未來，我們胸懷激蕩，文化自信更爲堅定。此書的編纂出版，既是對國家重視古籍、保護古籍、利用古籍號召的響應，也使得鄂圖的古籍特色館藏得以彰顯，最重要的是，對廣大學林來説是一件頗爲有益的事。希望通過這部書，人們能銘記傳揚前人的功績，並不斷從中國傳統典籍中汲取營養，並使其有益於國家的繁榮發展、社會文明的不斷進步。

湖北省圖書館

二〇二四年八月

凡 例

一、本書爲湖北省圖書館建館一百二十周年之賀禮，旨在展示館藏之富美，懷緬和致敬爲本館藏書建設做出卓越貢獻的前輩。

二、本書收録湖北省圖書館現藏漢文古籍珍本，優先收録入選《國家珍貴古籍名録》《湖北省珍貴古籍名録》者，少數抄稿本成書於辛亥革命之後，亦酌情收入。同一書，本館收藏多部時，收録不同版本二至三部。同一版本不同批校題跋者，收録二部，唯一例外者收録六部。

三、本書分類，依經、史、子、集、類叢五部分類排比。

四、各書依次著録書名、卷數、責任者及其著作方式、版本、批校題跋、存缺卷、開本和版框尺寸、版式、藏書印、索書號、《國家珍貴古籍名録》編號、《湖北省珍貴古籍名録》編號。

五、書名大致依原書卷端所題著録，個別以通行題名著録。原書多卷而各卷題名不一時，以首卷卷端題名爲準。自擬書名加［ ］標明。

六、凡碑傳、年譜之傳主姓名，用［ ］補入題名之中。

七、原書正式題名外，别有通行習見之題名，加（ ）附注於原題名後。

八、地方志於書名前冠以纂修時代，加［ ］標明。

九、殘缺不全之書，書名後著録原書卷數，原書卷數不可考時，書名後用□□表示。著録現存卷數及卷次；個別難以處理者，著録缺卷。

十、責任者時代，以其卒年所在朝代爲準。生活時代已至辛亥革命後者，不再冠以朝代名。

十一、責任者均著録本名，不題别號或字。本名無考或待考者，照原題著録。責任者無考時，用□□表示。

十二、版本項，本書有年代可據或其他資料可考者，詳著其刊刻年代、刻書處或刻書者姓名。叢書零種，著録所屬叢書。

十三、抄本若無具體抄寫年代及抄寫者姓名，則統稱某朝抄本。

十四、凡批校題跋本，均著録其本名，不題别號或字。本名無考或待考者，照原題著録。僅署一字者，照録並在此字前冠以□。批校題跋者無考時，暫作佚名。

十五、同一書，收入多部批校題跋本時，以版本時代先後爲序。版本相同者，按照批校題跋者時代先後爲序。版本、批校題跋時代均相同時，按批校題跋者原有標識爲序。

十六、叢書及各部類中彙編之書，子目同《中國叢書綜録》者不再列舉。稿本和自擬書名的叢書，列舉子目。

十七、藏書印文字因污損、模糊等因素難以識别者，用□表示。

十八、每部書選擇書影一至四幀，優先選擇正文首卷卷端及能够反映版本特點者。若正文首卷卷端缺損、抄配、補刻，則選擇其他卷端。

目　録

上册目録

經　部

史　部

子　部

經部

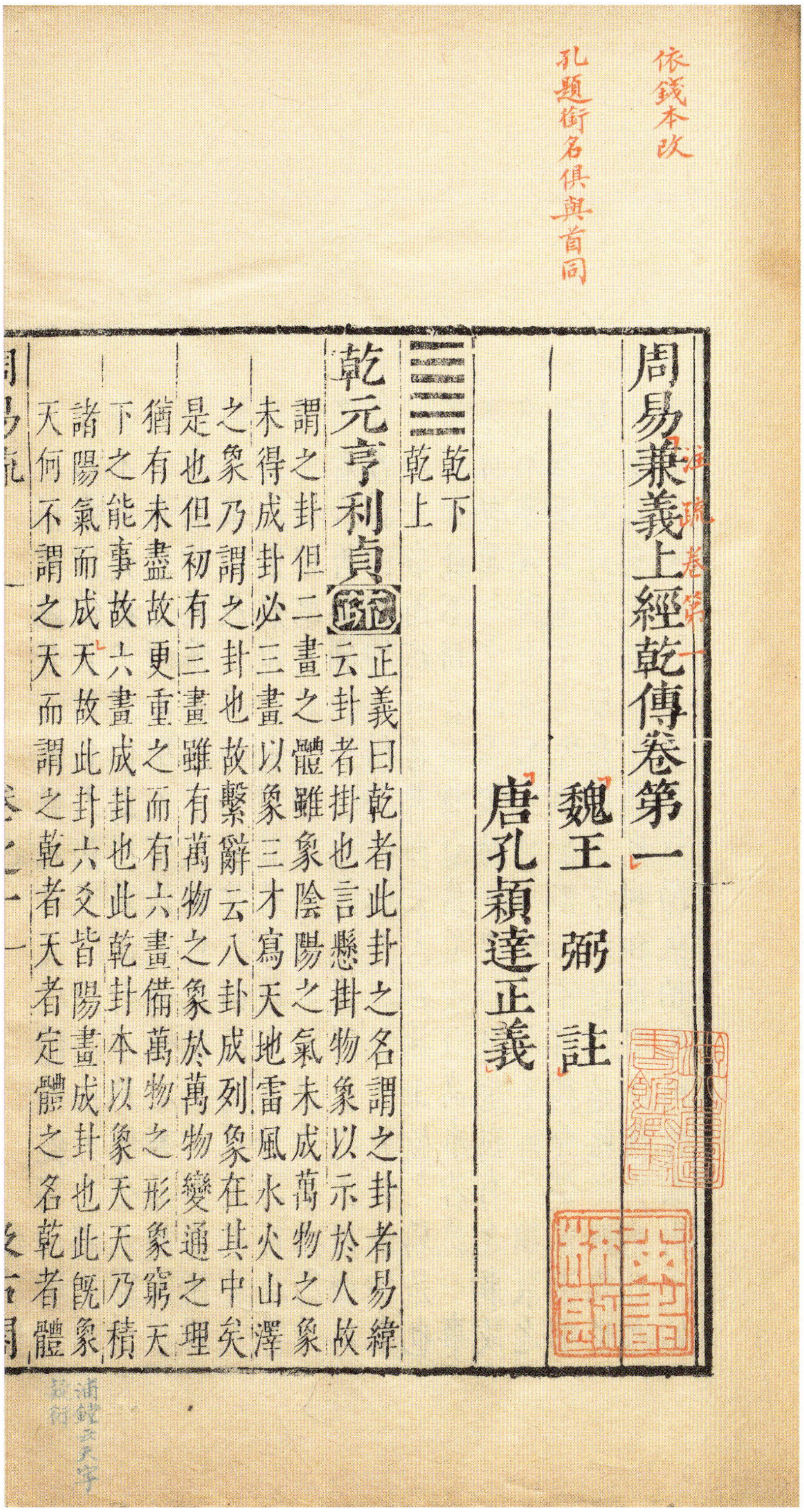
依錢本改

孔題銜名俱與首同

周易兼義上經乾傳卷第一

魏王弼註

唐孔穎達正義

☰ 乾下乾上

乾元亨利貞【疏】正義曰乾者此卦之名謂之卦者易緯云卦者挂也言懸挂物象以示於人故謂之卦但二畫之體雖象陰陽之氣未成萬物之象未得成卦必三畫以象三才寫天地雷風水火山澤之象乃謂之卦也故繫辭云八卦成列象在其中矣是也但初有三畫雖有萬物之象於萬物變通之理猶有未盡故更重之而有六畫備萬物之形象窮天下之能事故六畫成卦也此乾卦本以象天天乃積諸陽氣而成天故此卦六爻皆陽畫成卦也此既象天何不謂之天而謂之乾者天者定體之名乾者體

001-1 《周易兼義》卷一卷端

001 十三經注疏三百三十卷 〔明〕毛晋編 明崇禎元年至十二年（1628—1639）古虞毛氏汲古閣刻本 清張爾耆校跋並録清惠棟、盧文弨等批校

開本高 26.0 厘米，寬 16.4 厘米。框高 18.2 厘米，寬 12.7 厘米。半葉九行，行二十一字，小字雙行同，白口，左右雙邊。鈐“張柳泉藏書記”“張伊卿藏書記”“爾耆”“爾耆校勘”“張氏夬齋著録”“伊卿”“金望喬瘦仙父考藏金石書籍書畫鈐記”“南邨病子”印。索書號：善 000663。

明天啟時有錢孫保求赤號匪菴影宋鈔本與毛氏本科段大不相同今武英殿本略近之而亦未全是也今取以校正稱錢本其殿本稱新本盧文弨識

錢本字不收小無唐字穎達二字微小勑與國字並上空三格卷一首以下並同

錢本俱頂格

周易正義序

義 錢本

唐國子祭酒上護軍曲阜縣開國子臣孔穎達奉　勑撰定

夫易者象也爻者效也聖人有以仰觀俯察象天地而育羣品雲行雨施效四時以生萬物若用之以順則兩儀序而百物和若行之以逆則六位傾而五行亂故王者動必則天地之道不使一物失其性行必協陰陽之宜不使一物受其害故能彌綸宇宙酬酢神明宗社所以无窮風聲所以不朽非夫道極玄妙孰能與於此乎斯乃乾坤之大造生靈之所益也若夫

叶 錢本

001-2　清張爾耆録清盧文弨題識

抱經盧氏所校周易注疏依錢求赤影宋本 阮芸臺相國重刊宋本
注疏亦取資焉謂在十行本之上書中徵引各種以考異同如陸德明
釋文李鼎祚集解及他刻本曰宋曰古曰足利者證諸校勘記中尚
有遺漏又有曰沈者案即浦鏜十三經注疏正字幾經校閱頗稱完善
惟中有曰盧本者未知所指疑此本已非抱經原書或後人所增也戊午
夏日從 韓渌卿舍人借校原本朱墨閒出莫辨先後今悉用朱筆
録之或從校勘記中補入者綴一補字校畢記此以志歲月云

長至後三日夬齋學人張爾耆識

覆校用藍筆

001-3 清張爾耆跋

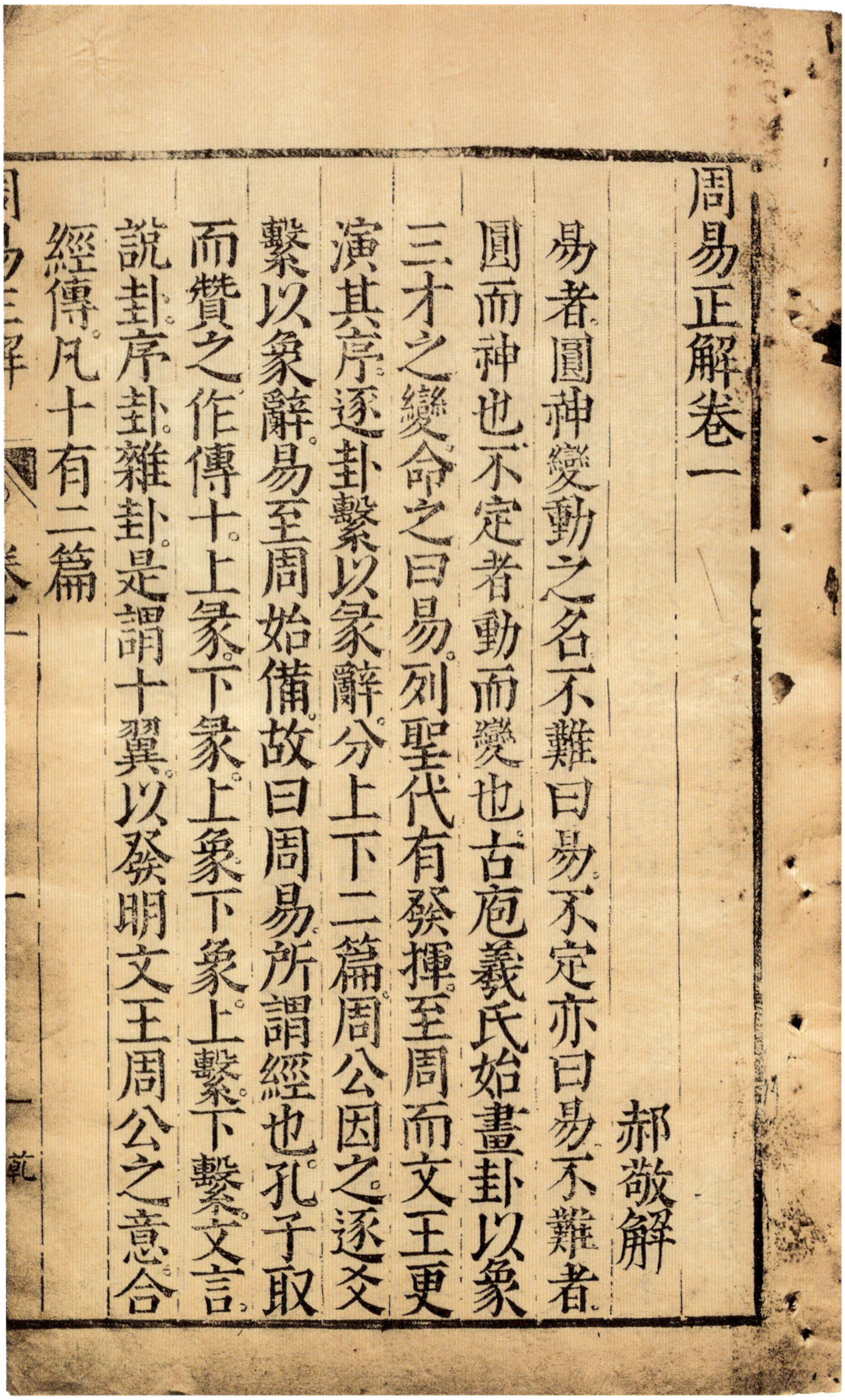

周易正解卷一

郝敬解

易者圓神變動之名不難曰易不定亦曰易不難者圓而神也不定者動而變也古庖羲氏始畫卦以象三才之變命之曰易列聖代有發揮至周而文王更演其序逐卦繫以彖辭分上下二篇周公因之逐爻繫以象辭易至周始備故曰周易所謂經也孔子取而贊之作傳十上彖下彖上象下象上繫下繫文言說卦序卦雜卦是謂十翼以發明文王周公之意合經傳凡十有二篇

周易正解　卷一　一　乾

002　《周易正解》卷一卷端

002　郝氏九經解一百七十五卷　〔明〕郝敬撰　明萬曆四十三至四十七年（1615—1619）郝千秋、郝千石刻本

開本高 26.0 厘米，寬 16.1 厘米。框高 22.0 厘米，寬 14.5 厘米。半葉十行，行二十一字，黑口，四周單邊。索書號：善 000024、善 000093、善 000165、善 000195、善 000218、善 000219、善 000253、善 000310、善 000464。

湖北省珍貴古籍名録編號：00052。

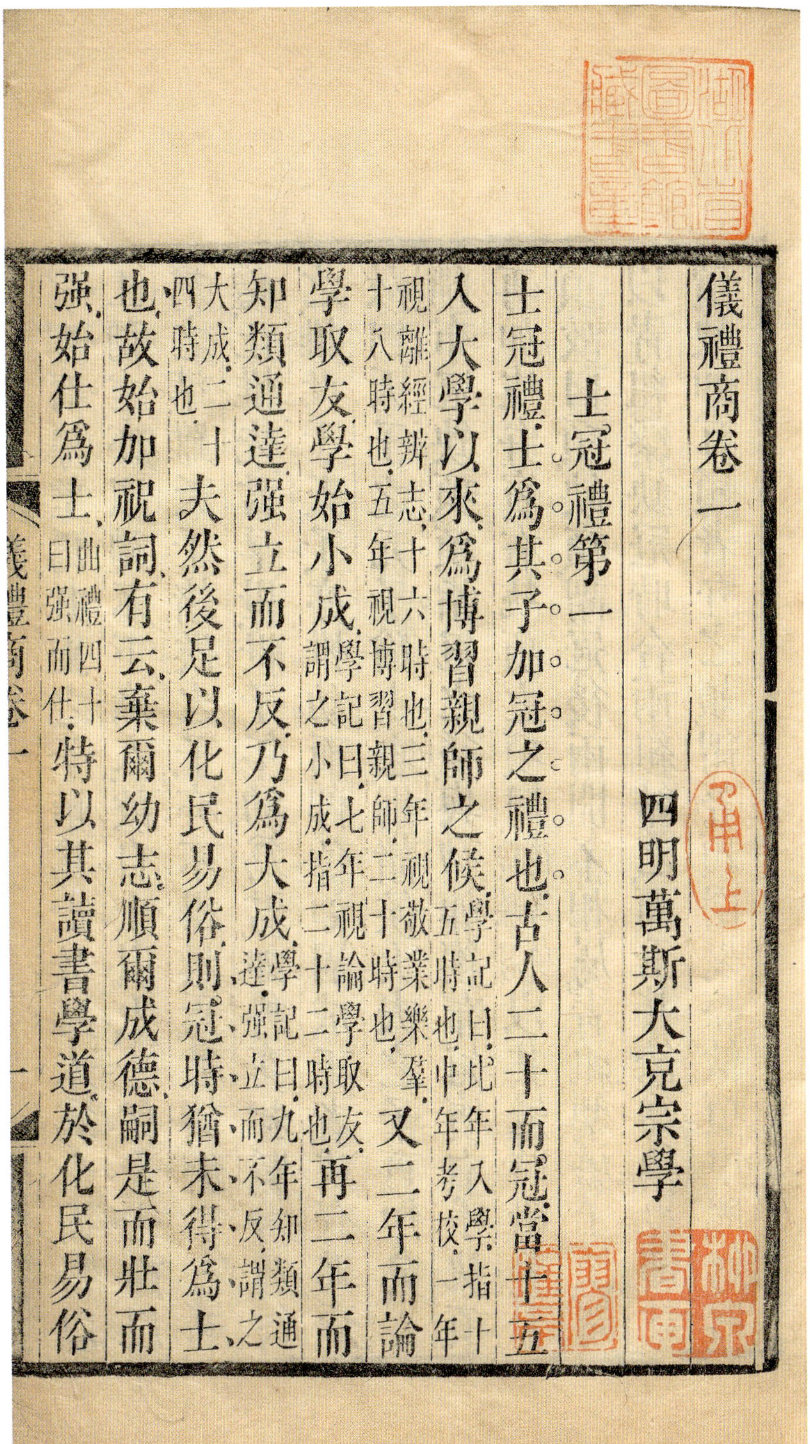
儀禮商卷一
四明萬斯大克宗學
士冠禮第一
士冠禮士爲其子加冠之禮也古人二十而冠當十五入大學以來爲博習親師之候學記曰比年入學指十五時也中年考校一年視離經辨志十六時也三年視敬業樂羣十八時也五年視博習親師二十時也又二年而論學取友學始小成學記曰七年視論學取友謂之小成指二十二時也再二年而知類通達强立而不反乃爲大成學記曰九年知類通達强立而不反謂之大成二十四時也夫然後足以化民易俗則冠時猶未得爲士也故始加祝詞有云棄爾幼志順爾成德嗣是而壯而强始仕爲士曲禮四十曰强而仕特以其讀書學道於化民易俗
儀禮商卷一　一

003-1　《儀禮商》卷一卷端

003　萬充宗先生經學五書十九卷　〔清〕萬斯大撰　清乾隆二十四至二十六年（1759—1761）萬福辨志堂刻嘉慶元年（1796）印本　清徐時棟批並題識　佚名圈點　存四種（禮記偶箋三卷、儀禮商二卷附録一卷、周官辨非一卷、學春秋隨筆十卷）

開本高 24.3 厘米，寬 15.4 厘米。框高 18.5 厘米，寬 13.0 厘米。半葉十一行，行二十一字，小字雙行同，黑口，左右雙邊。鈐“柳泉書畫”“甬上”“城西草堂”“廖塗亭”“壽慈”“塗亭珍藏”印。索書號：善 000228、善 000338、善 002690。

於之蓋包書大意与此書略同皆未知其中辯難之辭
視此復何如也丙寅八月十七夕徐時棟記
作此書者殆是謹樸勝于識論者但以千載下一人之見而斷
是非于千載上之書不能厭服學者之心也故前儒攻僞古文
尚書但是其言義理與人較試猶知搜證至 國朝閻氏
以命世之才考證其實而後學人知有定讞矣梅氏此書
議論多而證據少遂致輕廢古書誤信宋易邵宋
人說經尤多其言包書未必盡是與書故世無傳之者
劉氏六語雅所辯未當而表則雖辭則其書亦約略
可知矣是夕柳泉又記
月湖長談樓印

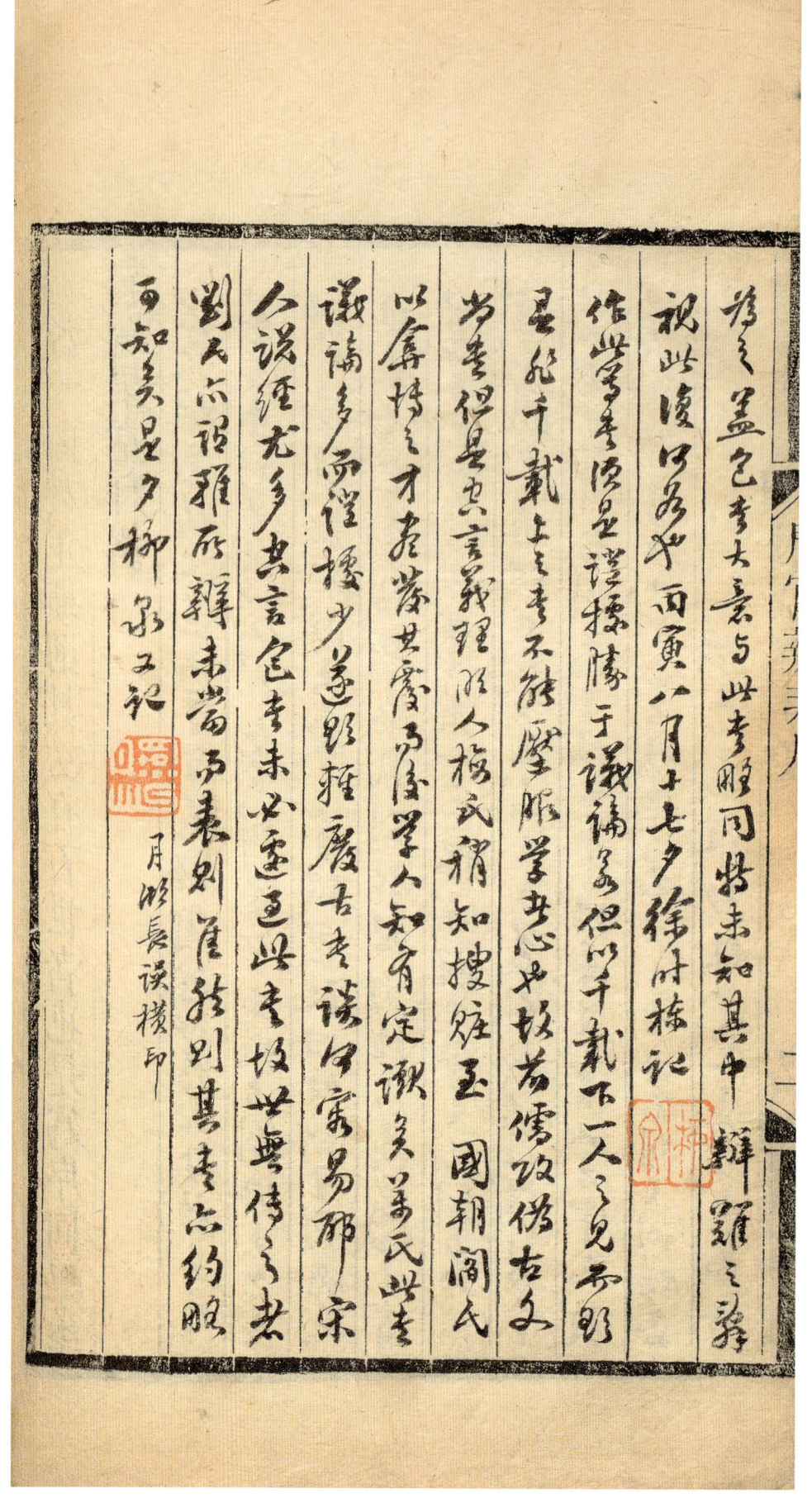

003-2　清徐時棟題識

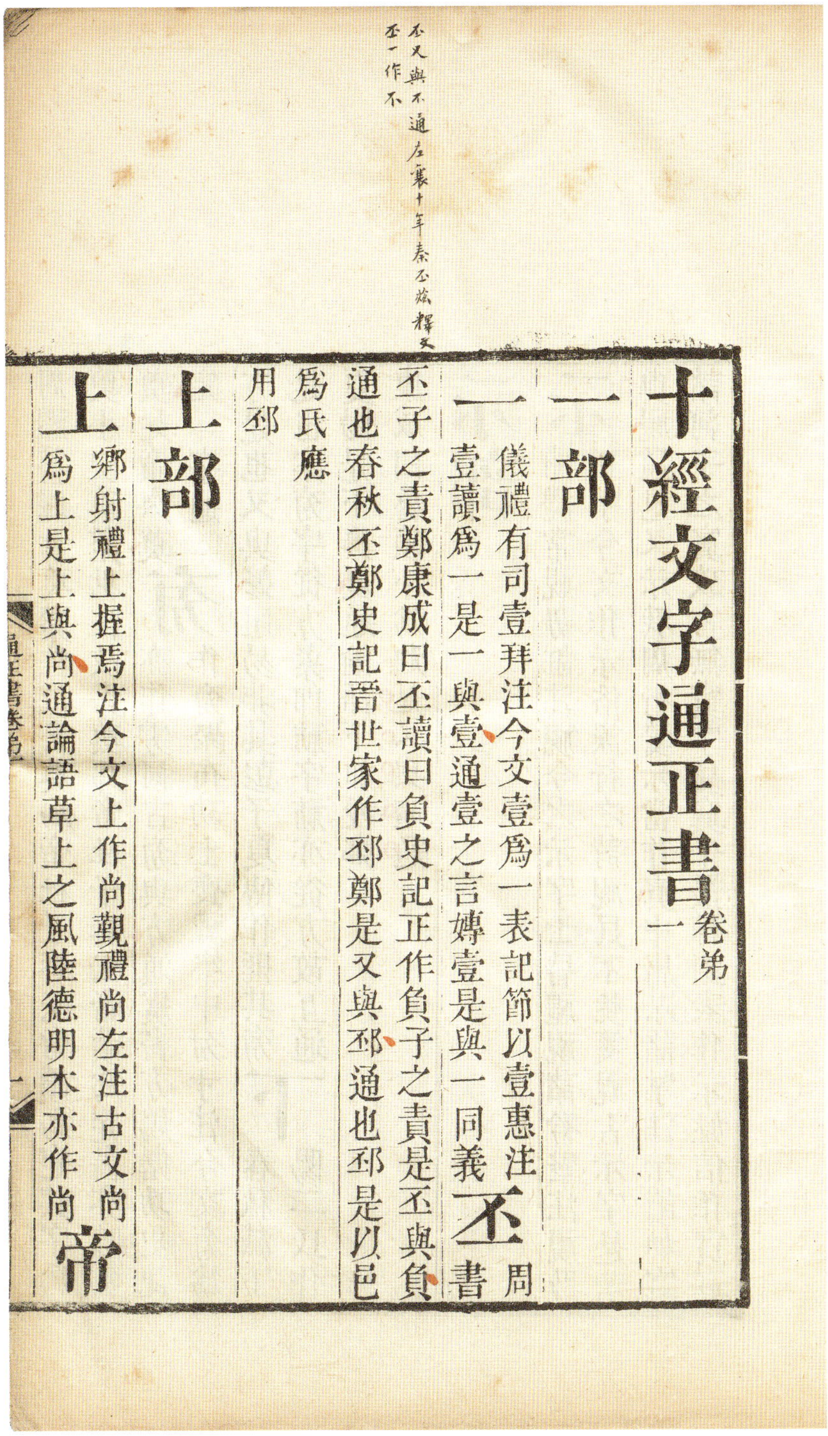

丕又與不通左襄十年秦丕兹釋文丕一作不

十經文字通正書卷弟一

一部

一 儀禮有司壹拜注今文壹爲一表記節以壹惠注壹讀爲一是一與壹通壹之言嫥壹是與一同義

丕 周書丕子之責鄭康成曰丕讀曰負史記正作負子之責是丕與負通也春秋丕鄭史記晉世家作邳鄭是又與邳通也邳是以邑爲氏應用邳

上部

上 鄉射禮上握焉注今文上作尚覲禮尚左注古文尚爲上是上與尚通論語草上之風陸德明本亦作尚

帝

通正書卷弟一　一

004-1　《十經文字通正書》卷一卷端，天頭有楊守敬批校

004 錢氏四種附二種二十六卷 〔清〕錢坫撰 清乾隆四十二年至嘉慶二年（1777—1797）刻本 楊守敬批校並圈點題識 黄侃批並題識

子目：詩音表一卷 清乾隆四十二年（1777）刻 **車制考一卷** 清乾隆四十二年（1777）篆秋草堂刻 **爾雅釋地四篇注一卷** 清乾隆四十二年（1777）刻 **論語後録五卷** 清乾隆四十九年（1784）漢陰官舍刻 **十六長樂堂古器款識考四卷** 清嘉慶元年（1796）刻 **十經文字通正書十四卷** 清嘉慶二年（1797）文章大吉樓刻

開本高29.6厘米，寬19.2厘米。框高19.3厘米，寬14.7厘米。各册行款、字數不等，黑口，四周單邊。鈐“瀓素飛清閣藏書記”“飛青閣藏書印”“惺吾過眼”印。索書號：善000684。

注故書醻或作步杜子春云當爲醻康成謂校人職有冬祭馬步則未知此世云蝝螟之醻與人鬼之步與是醻與步通

酏 內則糗餌粉酏注酏當爲餰以與稻米爲酏注酏當作餰是酏與餰通

醴 夏書又東至于澧史記作醴是醴與澧通內則宰醴負子注醴當爲禮是又與禮通

酟 論語沽酒漢書食貨志作酟酒是酟與沽通

酓 夏書厥貢檿絲史記作酓是酓與檿通

醫 周禮酒正四飲二曰醫注醫與醷聲音相似是醫與醷通

乙丑閏四月十八日黃侃讀

004-2 黃侃題識

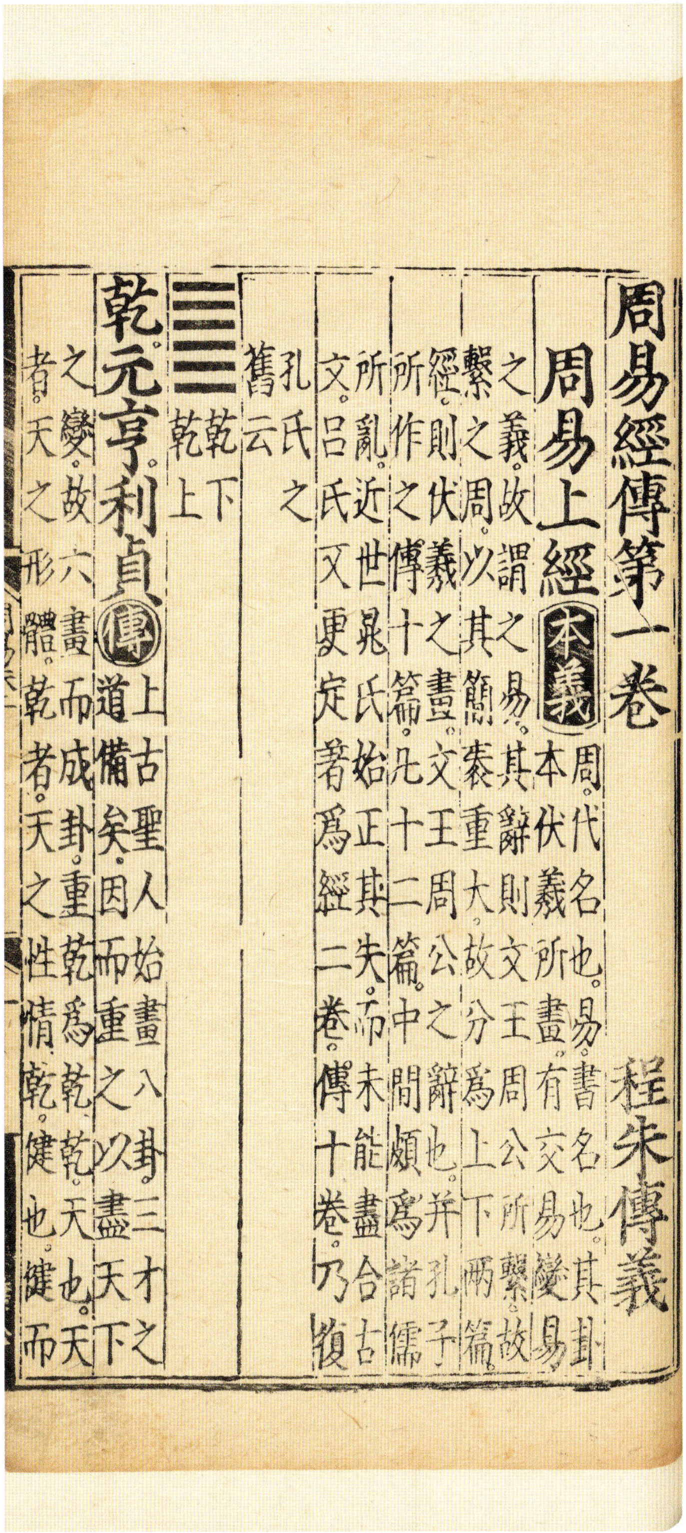
周易經傳第一卷　程朱傳義
周易上經　本義　周代名也。易書名也。其卦本伏羲所畫。有交易變易之義。故謂之易。其辭則文王周公所繫。故繫之周。以其簡袠重大。故分爲上下兩篇。經則伏羲之畫。文王周公之辭也。并孔子所作之傳十篇。凡十二篇。中間頗爲諸儒所亂。近世晁氏始正其失。而未能盡合古文。呂氏又更定著爲經二卷。傳十卷。乃復孔氏之舊云。
☰　乾下乾上
乾元亨利貞　傳　上古聖人始畫八卦。三才之道備矣。因而重之。以盡天下之變。故六畫而成卦。重乾爲乾。乾。天也。天者。天之形體。乾者。天之性情。乾。健也。健而

005　《周易程朱傳義》卷一卷端

005　周易程朱傳義二十四卷　〔宋〕程頤　〔宋〕朱熹撰　**上下篇義一卷**　〔宋〕程頤撰　**朱子圖説一卷五贊一卷筮儀一卷**　〔宋〕朱熹撰　明嘉靖刻本

金鑲玉裝。開本高 29.5 厘米，寬 17.2 厘米。框高 21.6 厘米，寬 13.7 厘米。半葉九行，行十七字，小字雙行同，黑口，四周雙邊。鈐“范熙壬印”“敬勝閣購藏宋板元印”印。索書號：善 /3307。

國家珍貴古籍名録編號：12424。

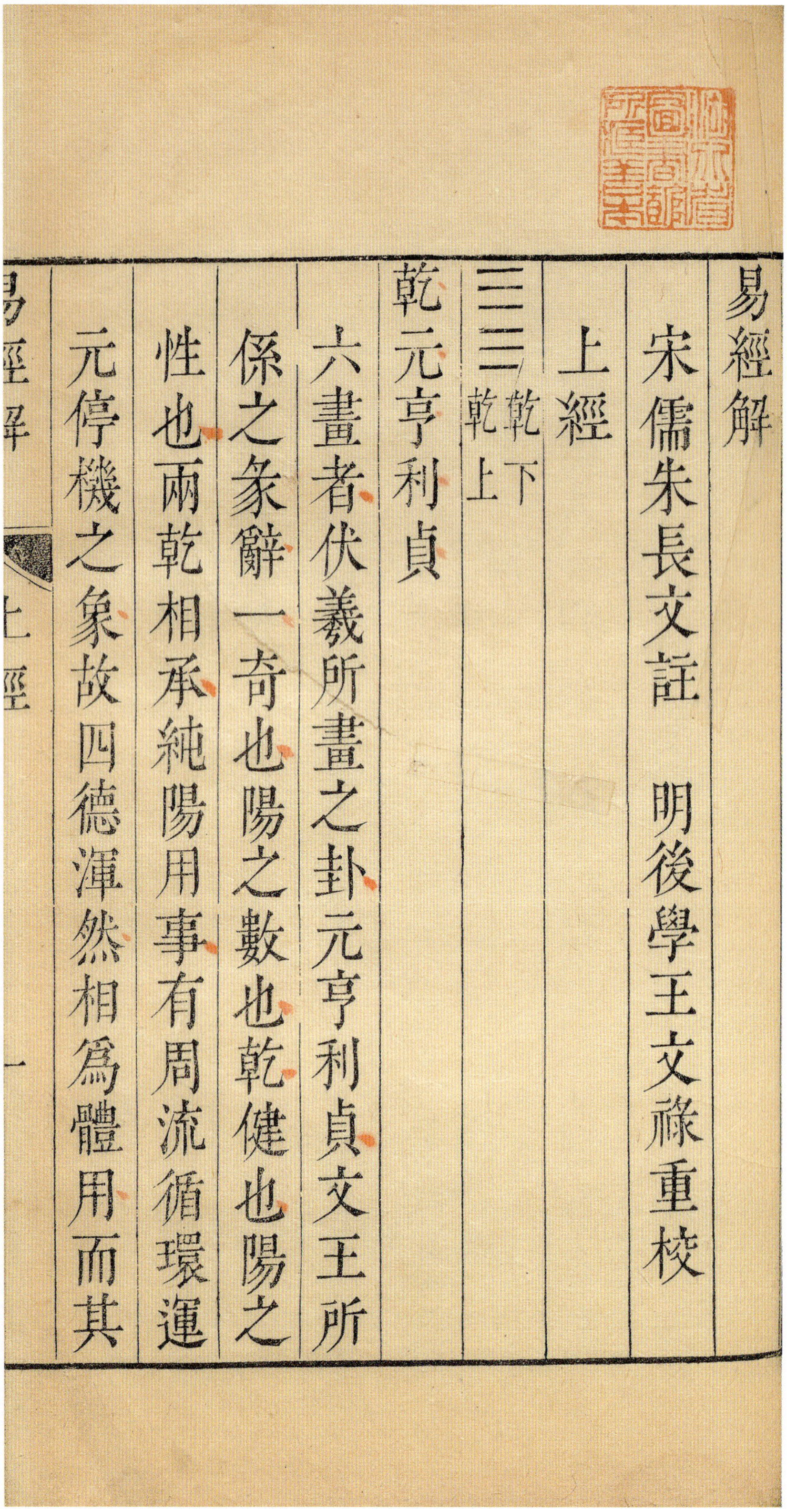

006　《易經解》卷端

006　易經解不分卷　〔宋〕朱長文注　明崇禎四年（1631）王文禄刻本

開本高 25.6 厘米，寬 16.3 厘米。框高 18.9 厘米，寬 14.1 厘米。半葉九行，行十七字，白口，左右雙邊。索書號：善 000009。

湖北省珍貴古籍名録編號：00016。

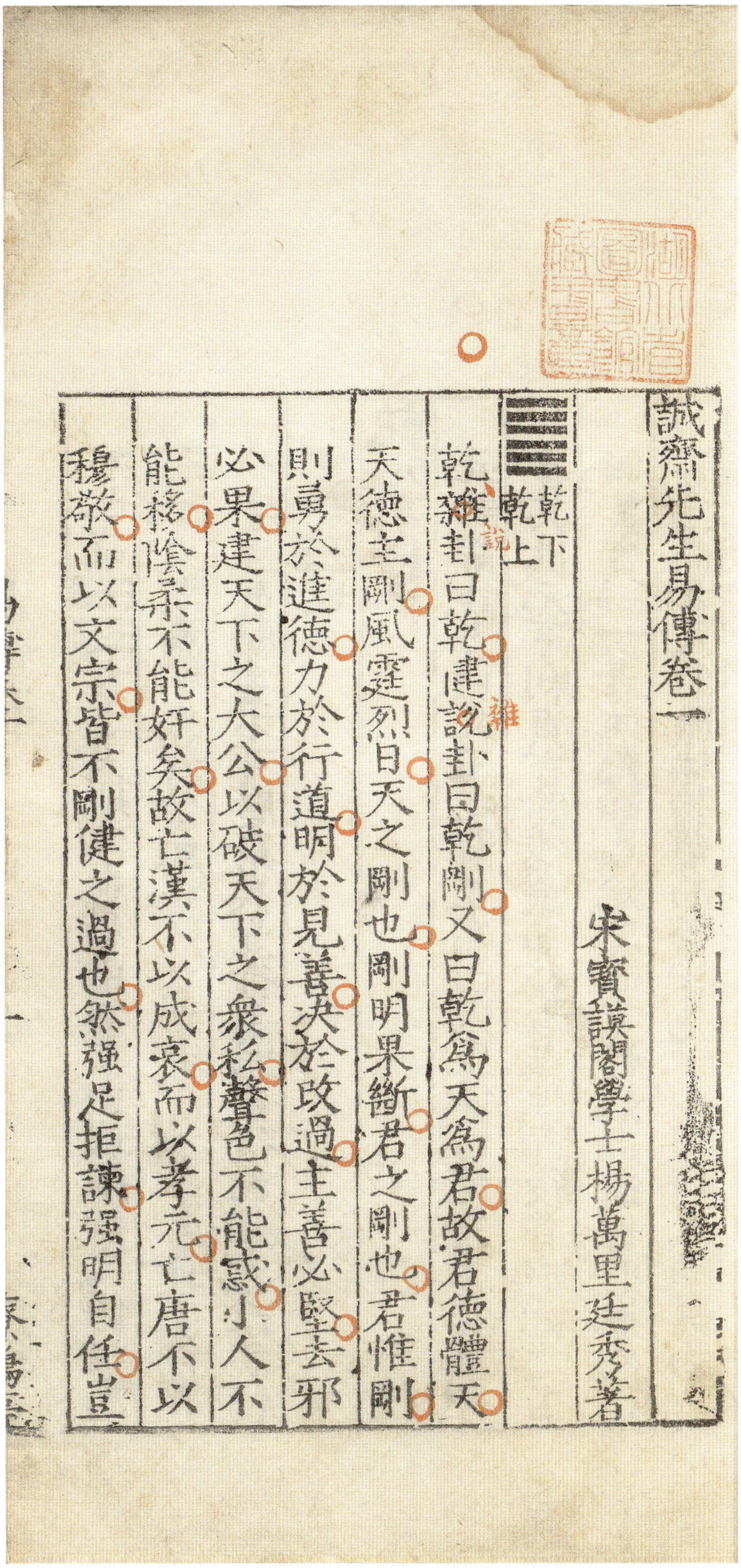
誠齋先生易傳卷一
宋寶謨閣學士楊萬里廷秀著
䷀乾下乾上
乾雜卦曰乾健說卦曰乾剛又曰乾爲天爲君故君德體天
天德主剛風霆烈日天之剛也剛明果斷君之剛也君惟剛
則勇於進德力於行道明於見善決於改過主善必堅去邪
必果建天下之大公以破天下之衆私聲色不能惑小人不
能移陰柔不能奸矣故亡漢不以成哀而以孝元亡唐不以
穆敬而以文宗皆不剛健之過也然強足拒諫強明自任豈

007-1 《誠齋先生易傳》卷一卷端

007 誠齋先生易傳二十卷 〔宋〕楊萬里撰 明嘉靖二十一年（1542）尹耕瘵鶴亭刻本 佚名批

開本高 29.1 厘米，寬 16.4 厘米。半葉單框，框高 19.2 厘米，寬 12.6 厘米。半葉九行，行二十四字，白口，四周單邊。索書號：善 000008。

湖北省珍貴古籍名録編號：00014。

下未嘗欲自用孔子窮而在下未嘗欲勿用何也曰治則聖
體其常亂則聖通其變舜孔子易地皆然

九二見龍在田利見大人

初九在下君德之隱故曰潛龍九二居中君德之章故曰見
龍見龍在田物被其澤也利見大人者天下以見九二之大
人爲天下之利也程子謂舜之田漁時也

九三君子終日乾乾夕惕若厲无咎

如周公处流言之時
伊尹放太甲之時

乾之六爻皆龍德也故曰六龍九三不言龍而曰君子何也
言龍者明而神言君子者神而明皆君德也九三以君人之

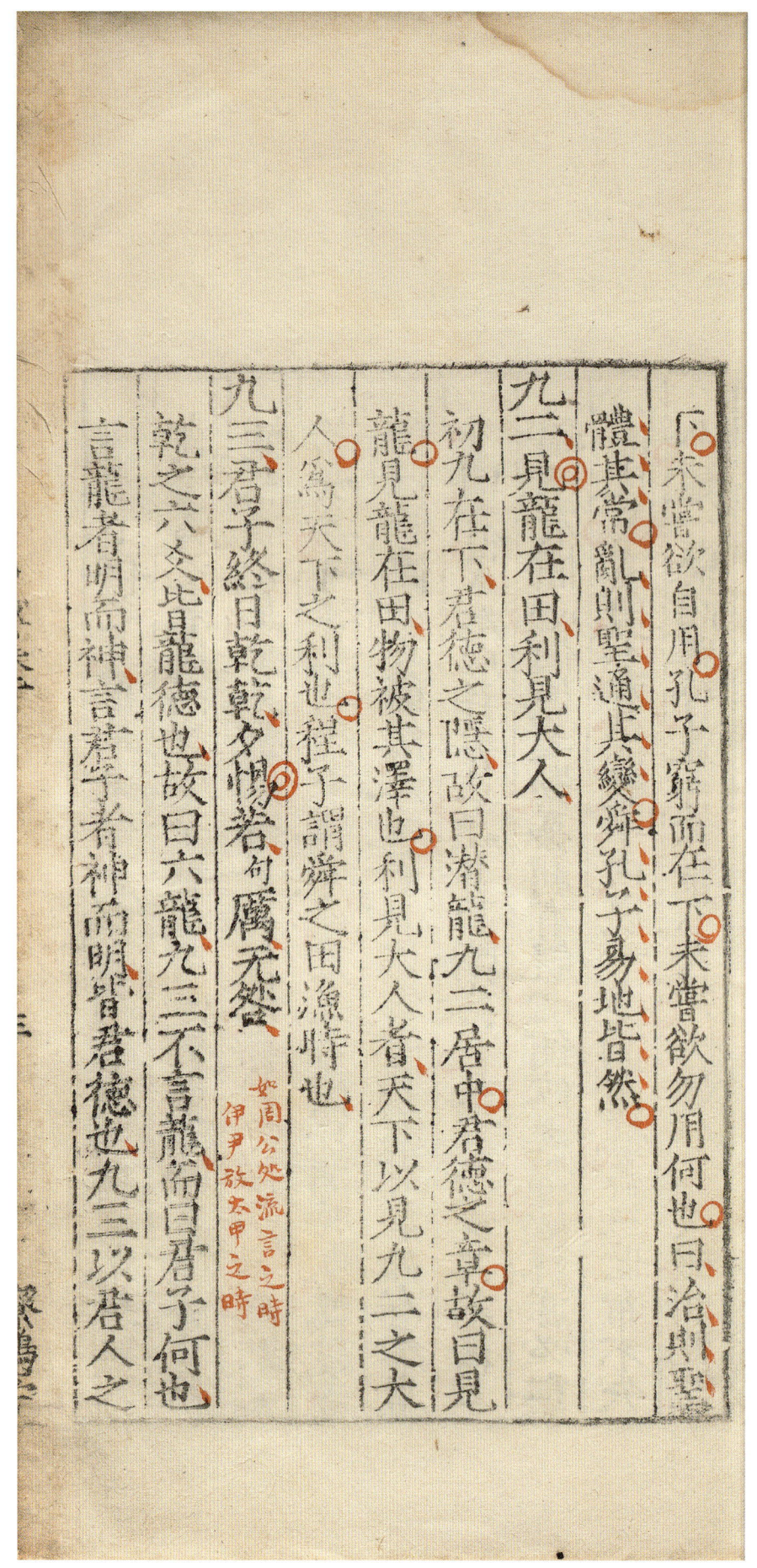

007-2 佚名批

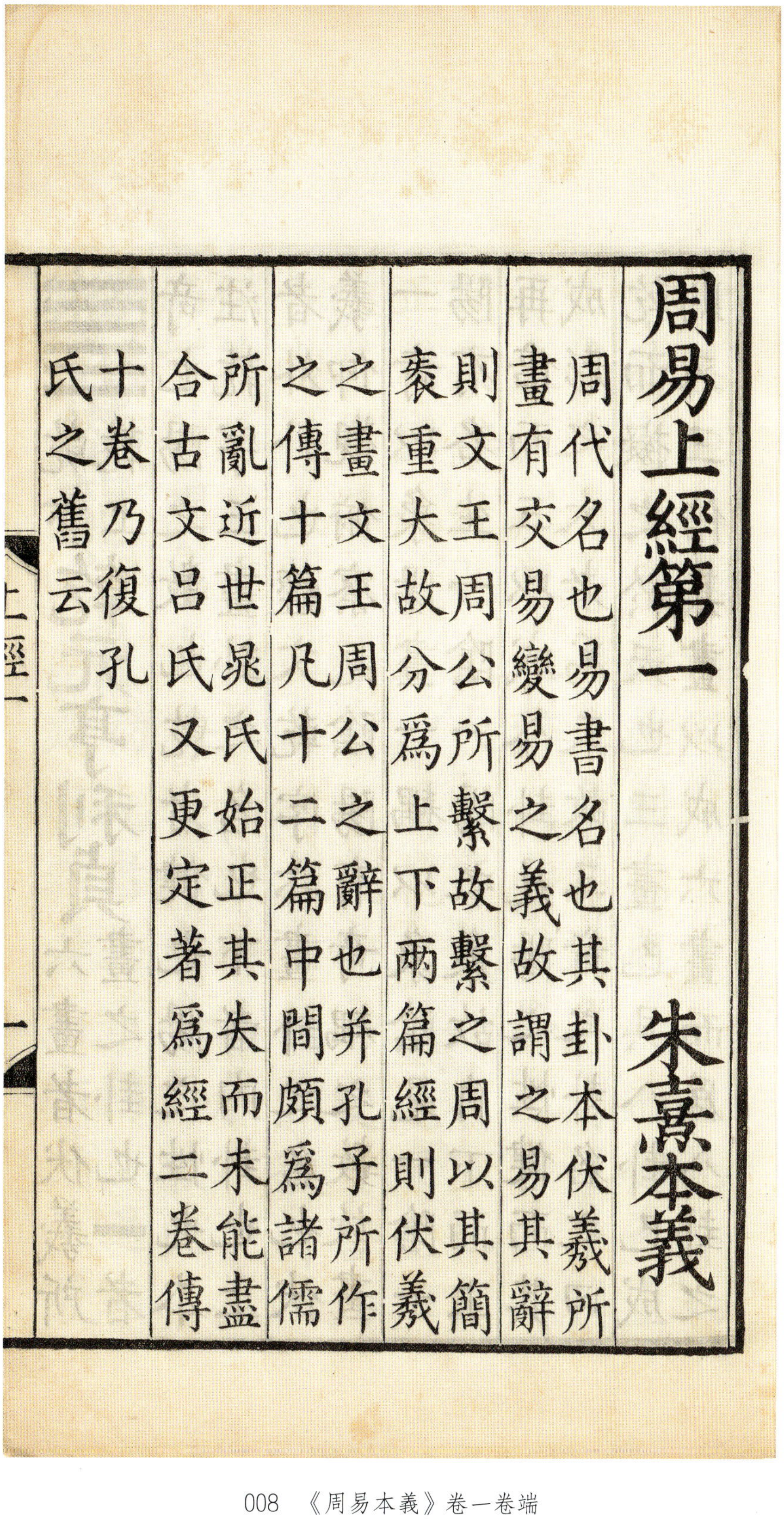

周易上經第一　朱熹本義

周代名也易書名也其卦本伏羲所畫有交易變易之義故謂之易其辭則文王周公所繫故繫之周以其簡袠重大故分爲上下兩篇經則伏羲之畫文王周公之辭也并孔子所作之傳十篇凡十二篇中間頗爲諸儒所亂近世晁氏始正其失而未能盡合古文吕氏又更定著爲經二卷傳十卷乃復孔氏之舊云

008　《周易本義》卷一卷端

008　周易本義十二卷易圖一卷五贊一卷筮儀一卷　〔宋〕朱熹撰　清康熙内府刻本

開本高 32.0 厘米，寬 20.0 厘米。框高 24.1 厘米，寬 16.8 厘米。半葉六行，行十五字，小字雙行同，白口，左右雙邊。索書號：善 000010。

湖北省珍貴古籍名録編號：00266。

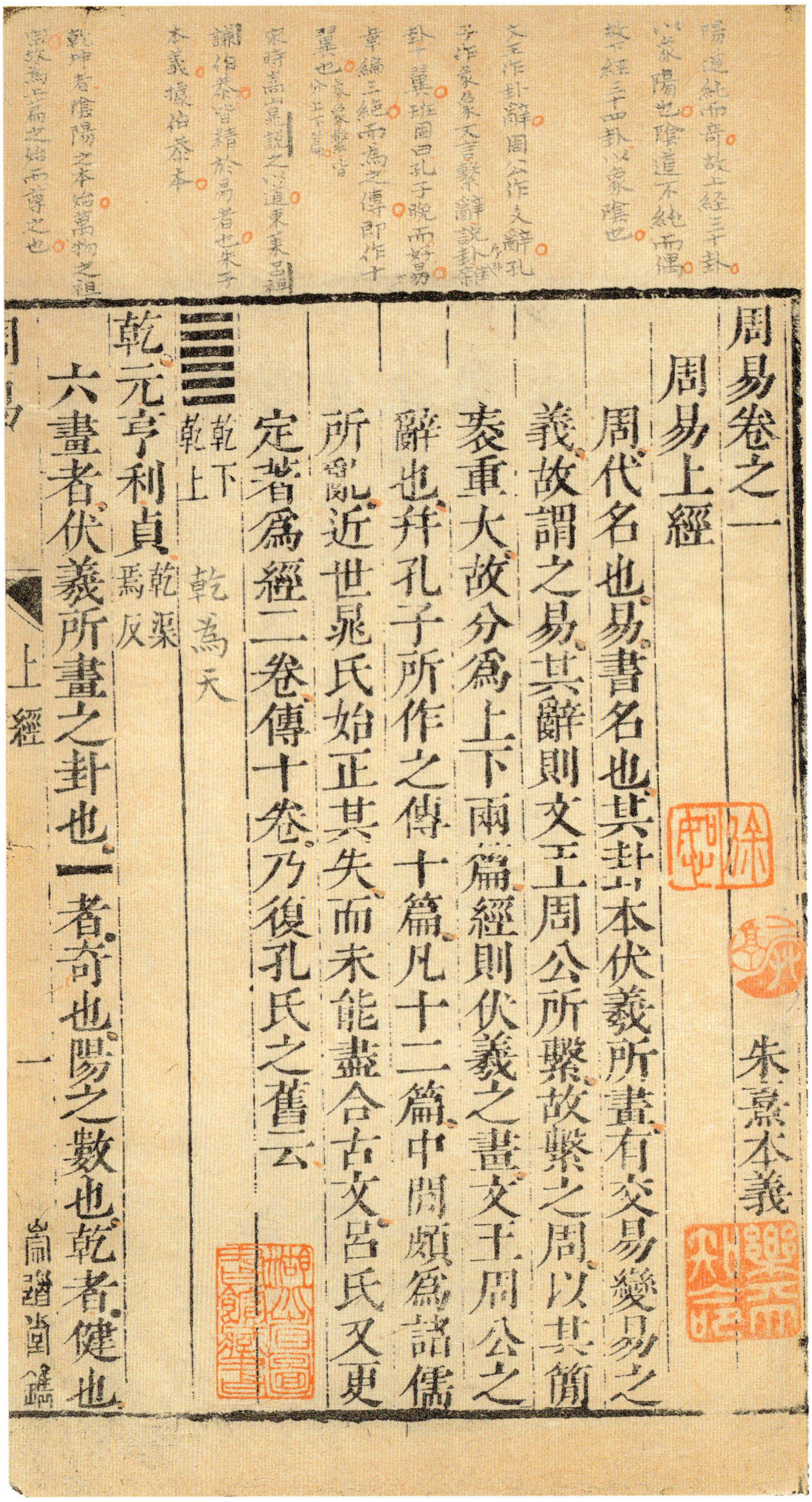
周易卷之一　　朱熹本義
周易上經
周代名也易書名也其卦本伏羲所畫有交易變易之
義故謂之易其辭則文王周公所繫故繫之周以其簡
袠重大故分爲上下兩篇經則伏羲之畫文王周公之
辭也并孔子所作之傳十篇凡十二篇中閒頗爲諸儒
所亂近世晁氏始正其失而未能盡合古文呂氏又更
定著爲經二卷傳十卷乃復孔氏之舊云
☰ 乾下乾上　乾爲天
乾元亨利貞　乾渠焉反
六畫者伏羲所畫之卦也一者奇也陽之數也乾者健也
周易　上經　一　崇道堂鐫

009-1　《周易本義》卷一卷端

009　周易本義四卷筮儀一卷卦歌一卷圖説一卷　〔宋〕朱熹撰　清康熙十年（1671）朱錫旂崇道堂刻本　清薛時雨批

開本高 26.2 厘米，寬 16.2 厘米。框高 19.7 厘米，寬 14.6 厘米。半葉十一行，行二十三字，白口，左右雙邊。鈐“薛時雨印”“慰農”“樂天知命”“一竹亭”“徐恕”“却展小年書”印。索書號：善 000019。

為主也但陽卦居內而為主者
治陰卦居內而為主者亂陽
卦居內而先陰者正陰卦居
內而先陽者邪則無非尊
陽之義也

天下之理萬殊一本以感物不
思而至思以朋從未能一而憧
擾之私滋矣

天地之所為往來順理則利
而未嘗雜之以私屈信相感
而利生感以誠也情偽相感
而利害生雜以偽也

周易

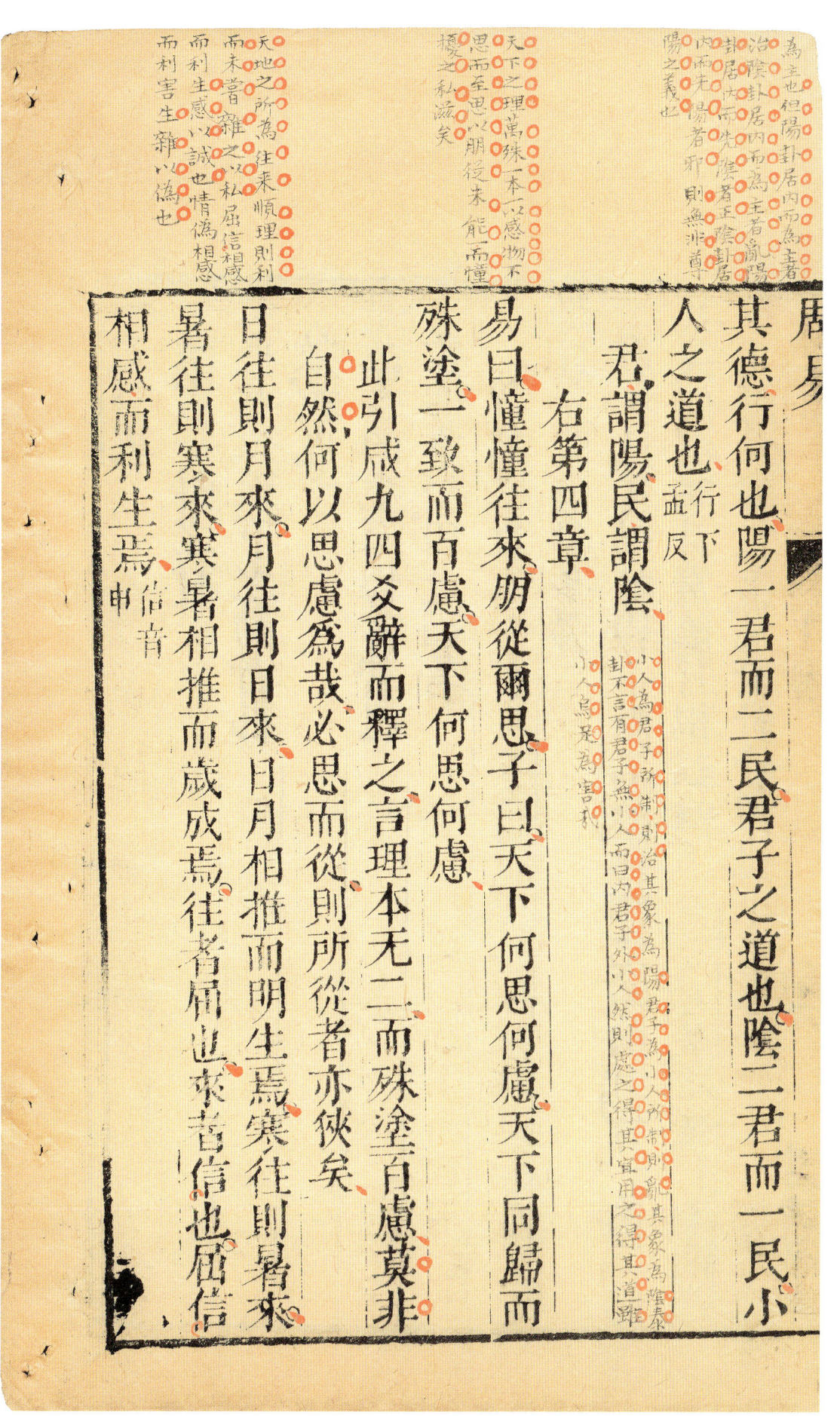

其德行何也陽一君而二民君子之道也陰二君而一民小
人之道也 行下孟反
君謂陽民謂陰

小人為君子所制則治其象為陽君子為小人所制則亂其象為陰泰
卦不言有君子無小人而曰內君子外小人然則處之得其宜用之得其道
小人烏足為害哉

右第四章

易曰憧憧往來朋從爾思子曰天下何思何慮天下同歸而
殊塗一致而百慮天下何思何慮
此引咸九四爻辭而釋之言理本无二而殊塗百慮莫非
自然何以思慮爲哉必思而從則所從者亦狹矣

日往則月來月往則日來日月相推而明生焉寒往則暑來
暑往則寒來寒暑相推而歲成焉往者屈也來者信也屈信
相感而利生焉 信音申

009-2 清薛時雨批

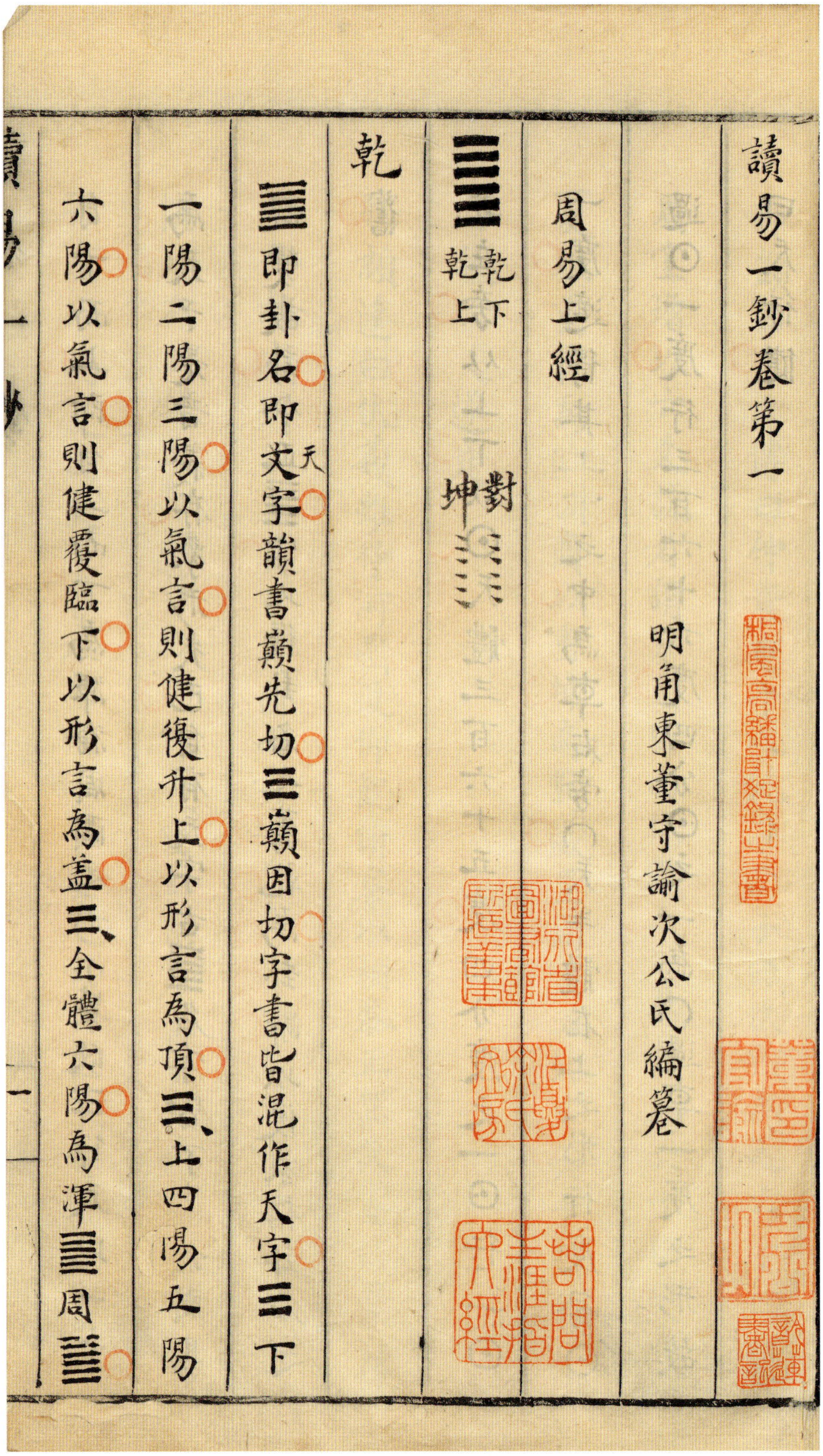

讀易一鈔卷第一

明甬東董守諭次公氏編纂

周易上經

☰ 乾下乾上 對坤 ☷

乾

☰即卦名即文字韻書巔先切☰巔因切字書皆混作天字☰下

一陽二陽三陽以氣言則健復升上以形言為項☰、上四陽五陽

六陽以氣言則健覆臨下以形言為蓋☰、全體六陽為渾☰周☰

010　《讀易一鈔》卷一卷端

010　讀易一鈔十卷易廣四卷　〔清〕董守諭撰　稿本

開本高 27.8 厘米，寬 17.7 厘米。框高 24.7 厘米，寬 16.4 厘米。半葉八行，行二十六字，白口，四周單邊。鈐“董守諭印”“四明盧氏抱經樓藏書印”“徐恕讀過”等印。索書號：善 000066。

國家珍貴古籍名録編號：07270。

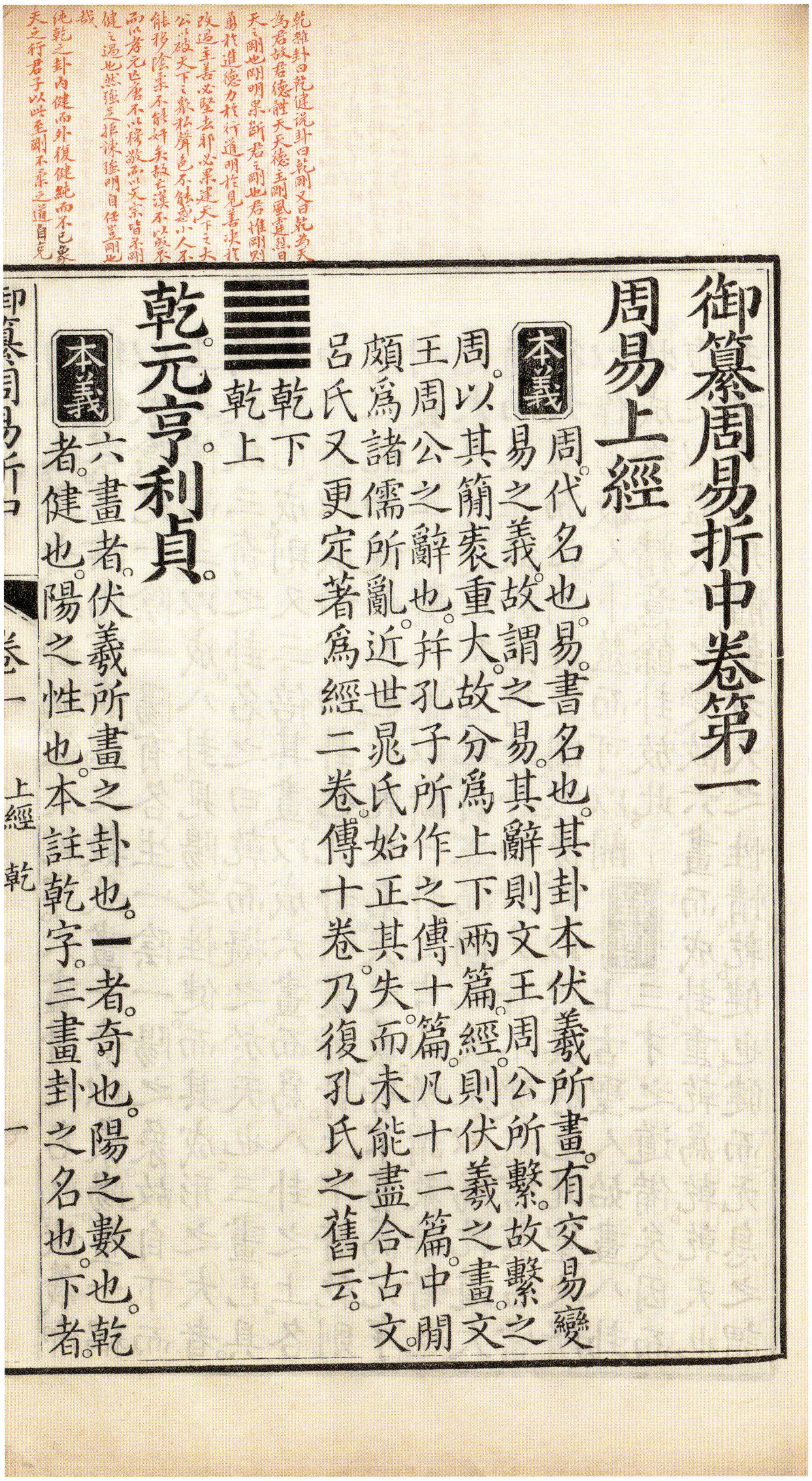

011 《御纂周易折中》卷一卷端

011 御纂周易折中二十二卷 〔清〕李光地等撰 清康熙五十四年（1715）内府刻本 佚名批校

開本高 29.6 厘米，寬 19.2 厘米。框高 22.3 厘米，寬 16.3 厘米。半葉八行，行十八字，小字雙行二十二字，白口，四周雙邊。鈐“惕龕行篋珍藏”“敦叙之印”“令威”印。索書號：善 000037。

湖北省珍貴古籍名録編號：00213。

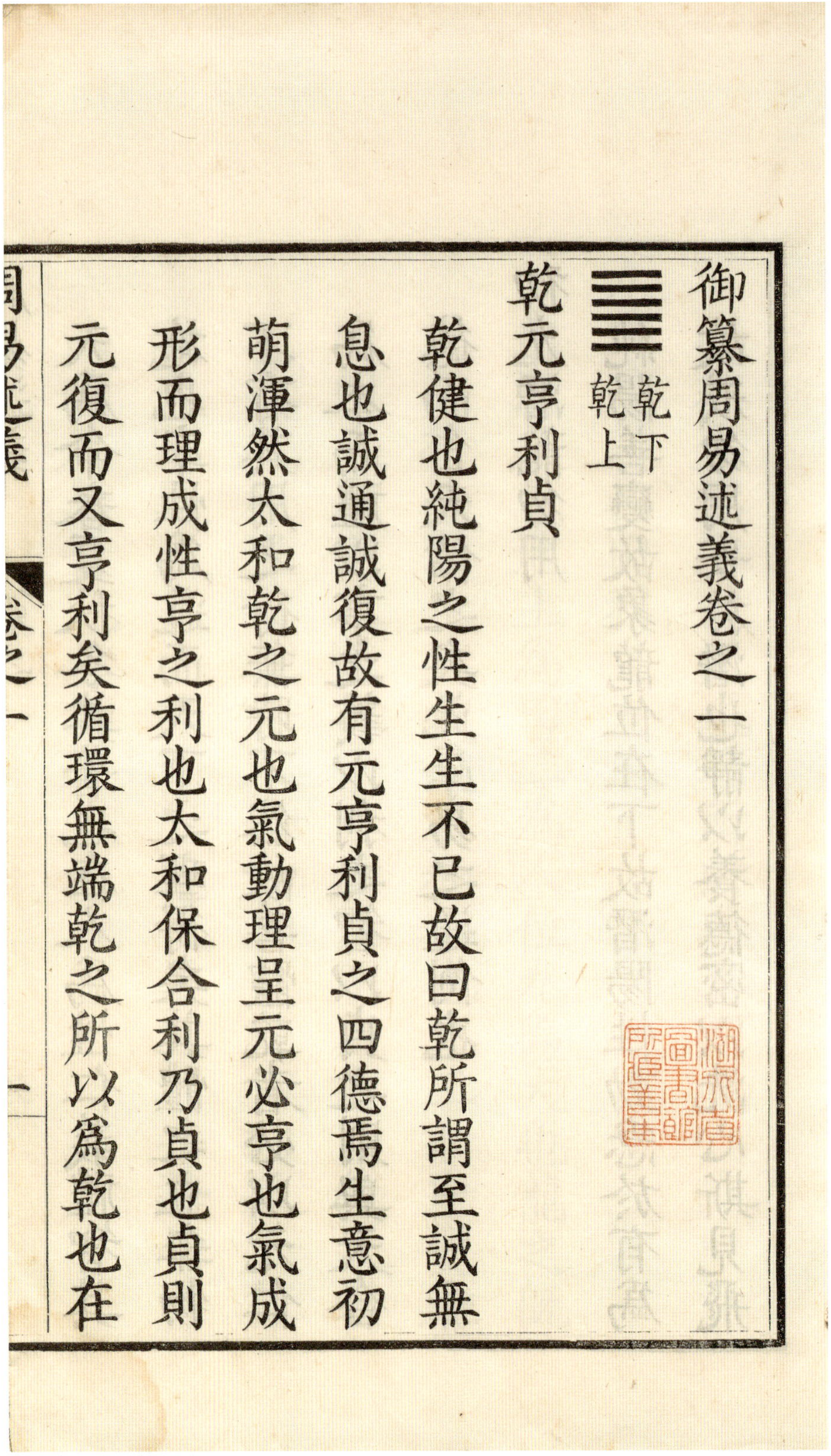

御纂周易述義卷之一

䷀ 乾下乾上

乾元亨利貞

乾健也純陽之性生生不已故曰乾所謂至誠無息也誠通誠復故有元亨利貞之四德焉生意初萌渾然太和乾之元也氣動理呈元必亨也氣成形而理成性亨之利也太和保合利乃貞也貞則元復而又亨利矣循環無端乾之所以爲乾也在

周易述義　卷之一　一

012　《御纂周易述義》卷一卷端

012　御纂周易述義十卷　〔清〕傅恒等撰　清乾隆内府刻本

開本高 29.0 厘米，寬 19.0 厘米。框高 22.1 厘米，寬 16.0 厘米。半葉八行，行二十字，白口，四周雙邊。索書號：善 000056。

湖北省珍貴古籍名録編號：00212。

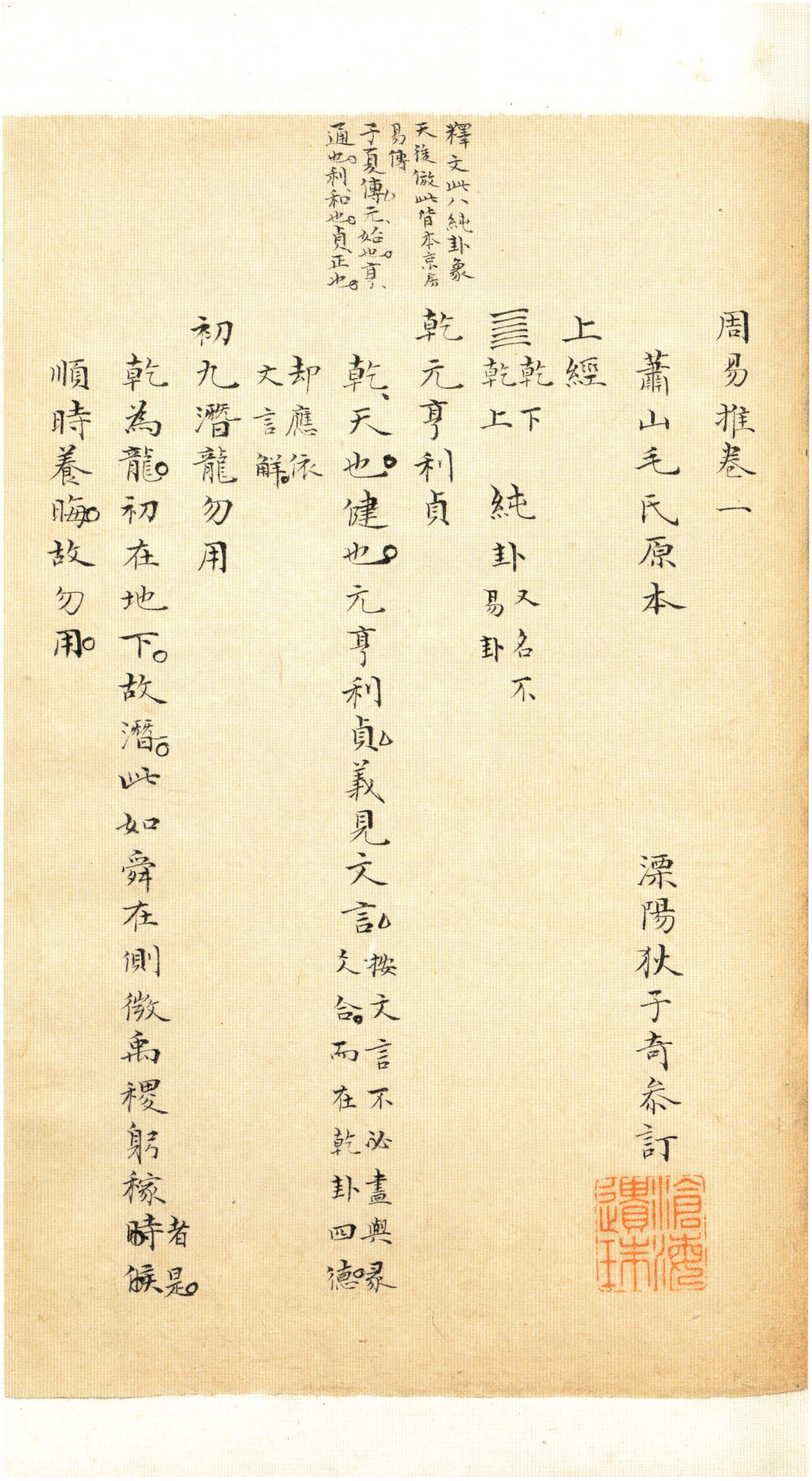
周易推卷一

蕭山毛氏原本　　溧陽狄子奇參訂

上經

☰乾下乾上　純卦又名不易卦

釋文此八純卦象天後倣此皆本京房易傳　子夏傳元始也亨通也利和也貞正也

乾元亨利貞

乾，天也。健也。元亨利貞，義見文言。按文言不必盡與彖文合。而在乾卦四德卻應依文言解。

初九潛龍勿用

乾為龍。初在地下。故潛。此如舜在側微禹稷躬稼時候者是。順時養晦。故勿用。

013-1　《周易推》卷一卷端

013　周易推六卷　〔清〕狄子奇撰　清抄本　胡玉縉跋

金鑲玉裝。開本高 29.9 厘米，寬 20.0 厘米。無框欄，半葉十行，行二十二字，小字雙行不等。鈐“滄海遺珠”印。索書號：善 004361。

秋艸顓先生是書雜采漢宋說以象數義理兼通為主每
卷題蕭山毛氏原本而不全載其文凡用原文者注上加
○本其文而參訂之者加△然祇什之一二其明從毛說明
駁毛說則又見於夾注中體例未為盡善毛有繫辭以下
四書無之其書既依今本不應無注而序文明稱六卷則似
非殘闕疑不能明也所引諸說大致以康熙閒周易折中為
藍本後引古說又近人說則補錄於空方如師彖以此毒天下
本文謂兵者毒民之具而眉注載釋文毒役也馬云治也議

013-2　胡玉縉跋之一

四盍簪本文謂如簪々括髮然而眉注載王氏困學紀聞引
晁說古者禮冠未有簪名此類往々自相歧異亦有改從毛
者噬嗑四金矢本文謂乾為矢為黃矢而眉注載毛氏兌金
巽木之說中孚卦辭豚魚本文夾注取毛說即今江豚眉注
又引宋吳說為澀而別有處條載鄭注虞說大名小名之說
又屯上象觀三象注下各有一葉字而無說坎四納約自牖夾
注引虞氏艮為門闕云云而添注云此說集解不載凡此或
待改或待考蓋雖清本而猶為未定之稿矣中如乾之乾五
引鄭注二於三才為地道五於三才為天道而乾三獨不引
三於三才為人道未免疏漏之文言位乎天德為猶之天位加

013-3 胡玉縉跋之二

天德以利貞者性情也為猶言性命此類亦殊迂曲位與涖通言涖乎天德性情以王鄉性其情之注為精義與利貞相貴代如觀卦辭盥而不薦以為灌地降神不知為賓主盥而獻酢不親薦俎故四爻言賓王儀禮鄉飲酒賈疏引鄭注最得經恉渙四渙其羣以為去朋比之小人不知為其佐多賢呂覽名類篇所言尤為古義而開諸夾注即云文言不必盡與象文合實為不明經學者之言文言所以釋經豈有不合象爻之理自昧昧耳坎四樽酒旁注引曹憲文字指歸云說文尊字从酋寸酒官法度也今之尊卑從此得名俗作罇非以為說文無此語不知此皆曹據說文而為之說鼎象以享上帝旁注引惠

013-4　胡玉縉跋之三

棣云定本上帝二字衍以為今釋文無此說未知何據不知釋
文出以享二字云香兩及注言于上帝同此即釋文經文無上帝
二字之證是其於隋唐人書亦未能得其大通攷先生有孔
孟編年及質疑諸書多前人所未發此書不特無家法且多
學究氣未解何故然其閒去取雖未甚當而皆根據先儒
經非冥心臆測者可比又無異說曲說牽合傅會之弊在易
說中亦頗純正好事者如能重為修改亦不可廢之書也
徐君行可近從廠肆得此出以見示為僭跋而歸之辛酉
吳縣後學胡玉縉時年六十有三

013-5　胡玉縉跋之四

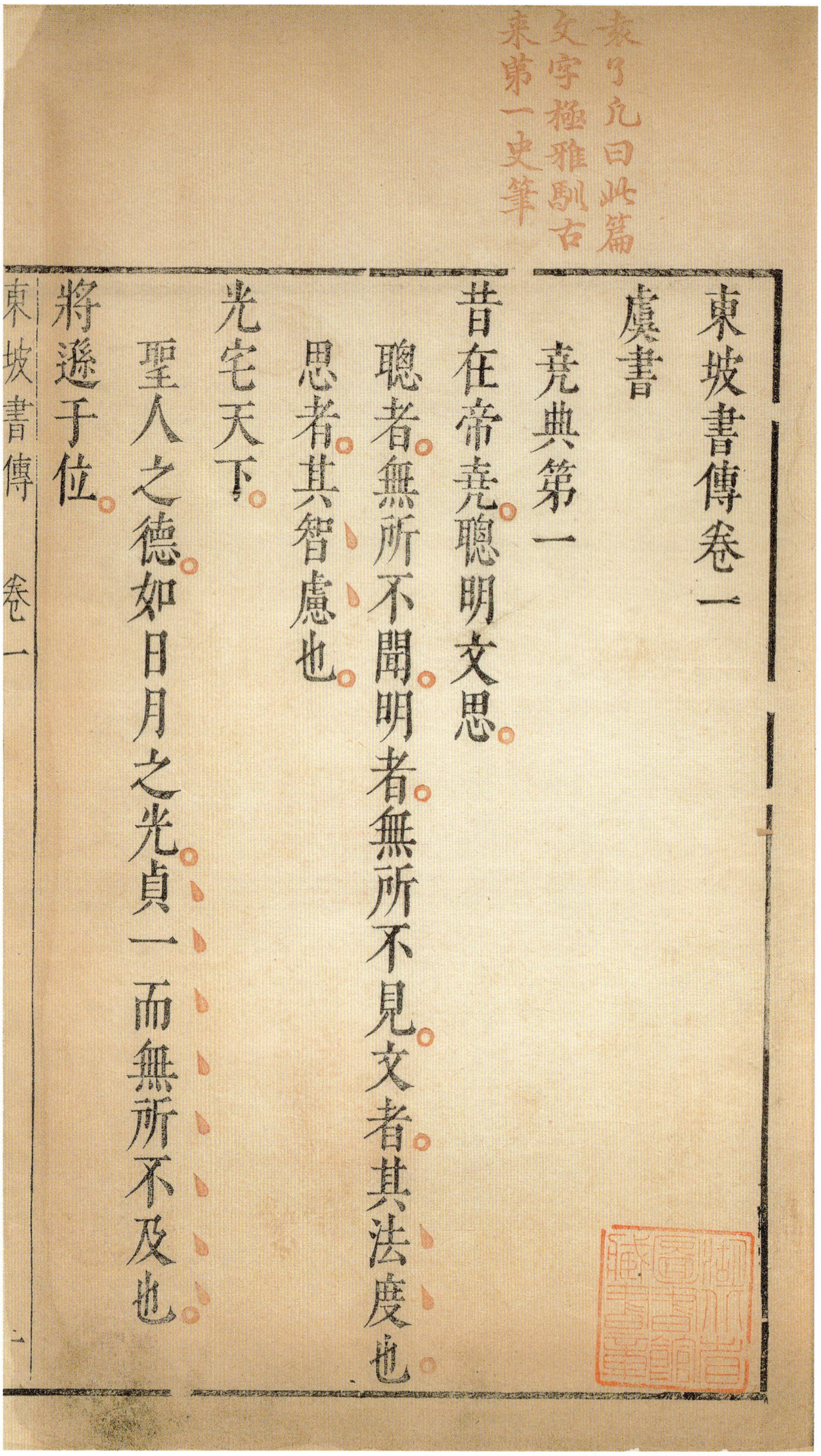
袁了凡曰此篇文字極雅馴古來第一史筆

東坡書傳卷一

虞書

堯典第一

昔在帝堯聰明文思

聰者無所不聞明者無所不見文者其法度也

思者其智慮也

光宅天下

聖人之德如日月之光貞一而無所不及也

將遜于位

東坡書傳　卷一　一

014　《東坡書傳》卷一卷端

014　東坡書傳二十卷　〔宋〕蘇軾撰　明末凌濛初刻朱墨套印本

開本高 26.6 厘米，寬 17.7 厘米。框高 27.0 厘米，寬 15.0 厘米。半葉九行，行十九字，白口，四周單邊。索書號：善 000090。

湖北省珍貴古籍名録編號：00020。

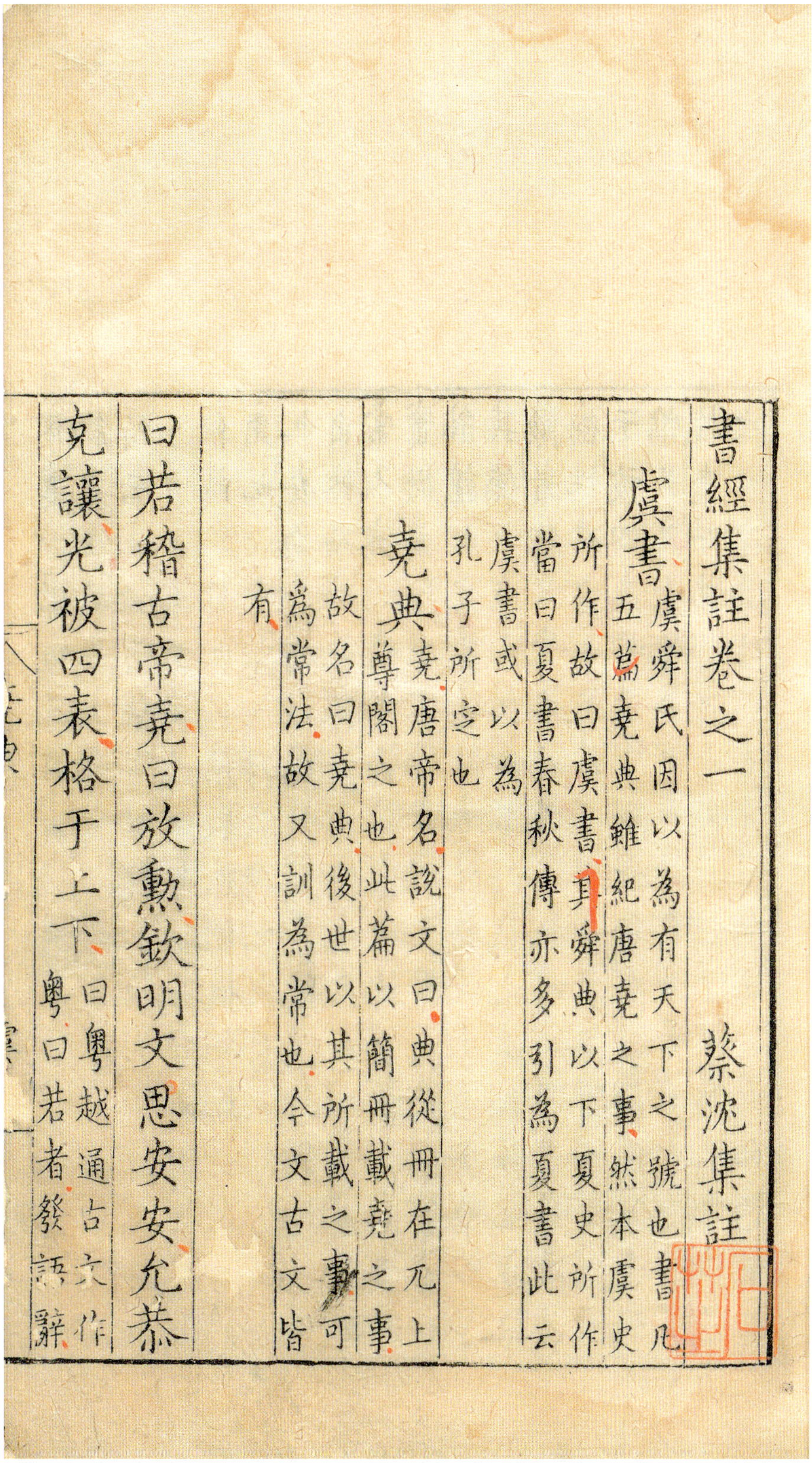
書經集註卷之一　蔡沈集註

虞書虞舜氏因以為有天下之號也書凡五篇堯典雖紀唐堯之事然本虞史所作故曰虞書其舜典以下夏史所作當曰夏書春秋傳亦多引為夏書此云虞書或以為孔子所定也

堯典堯唐帝名說文曰典從冊在丌上尊閣之也此篇以簡冊載堯之事故名曰堯典後世以其所載之事可為常法故又訓為常也今文古文皆有

曰若稽古帝堯曰放勳欽明文思安安允恭克讓光被四表格于上下曰粵越通古文作粵曰若者發語辭

015　《書經集注》卷一卷端

015　書經集注十卷　〔宋〕蔡沈撰　明萬曆五年（1577）賓文照傳芳書室刻本　佚名圈點

開本高 21.5 厘米，寬 14.2 厘米。框高 14.2 厘米，寬 11.7 厘米。半葉九行，行十七字，小字雙行同，白口，左右雙邊。鈐“石芝”印。索書號：善 000091。

湖北省珍貴古籍名録編號：00021。

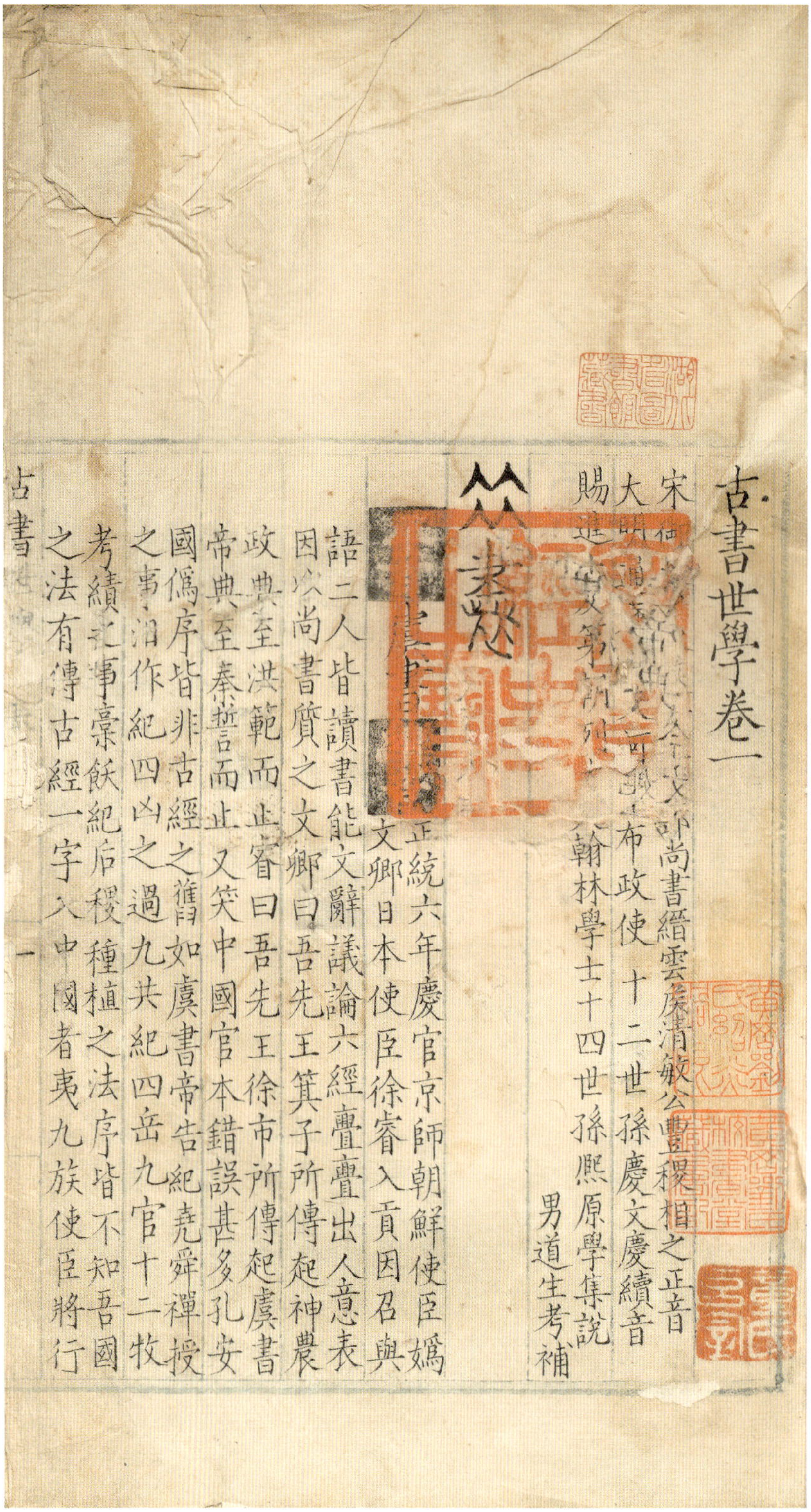

016 《古書世學》卷一卷端

016 古書世學六卷 〔明〕豐坊撰 明抄本

開本高 31.7 厘米，寬 20.3 厘米。框高 19.9 厘米，寬 17.0 厘米。半葉九行，行二十字，小字雙行同，白口，四周雙邊。鈐“董氏玄宰”“表章經史之寶”“黄岡劉氏校書堂藏書記”“黄岡劉氏紹炎過眼”印，前兩印疑僞。索書號：善 000096。

國家珍貴古籍名録編號：03251。

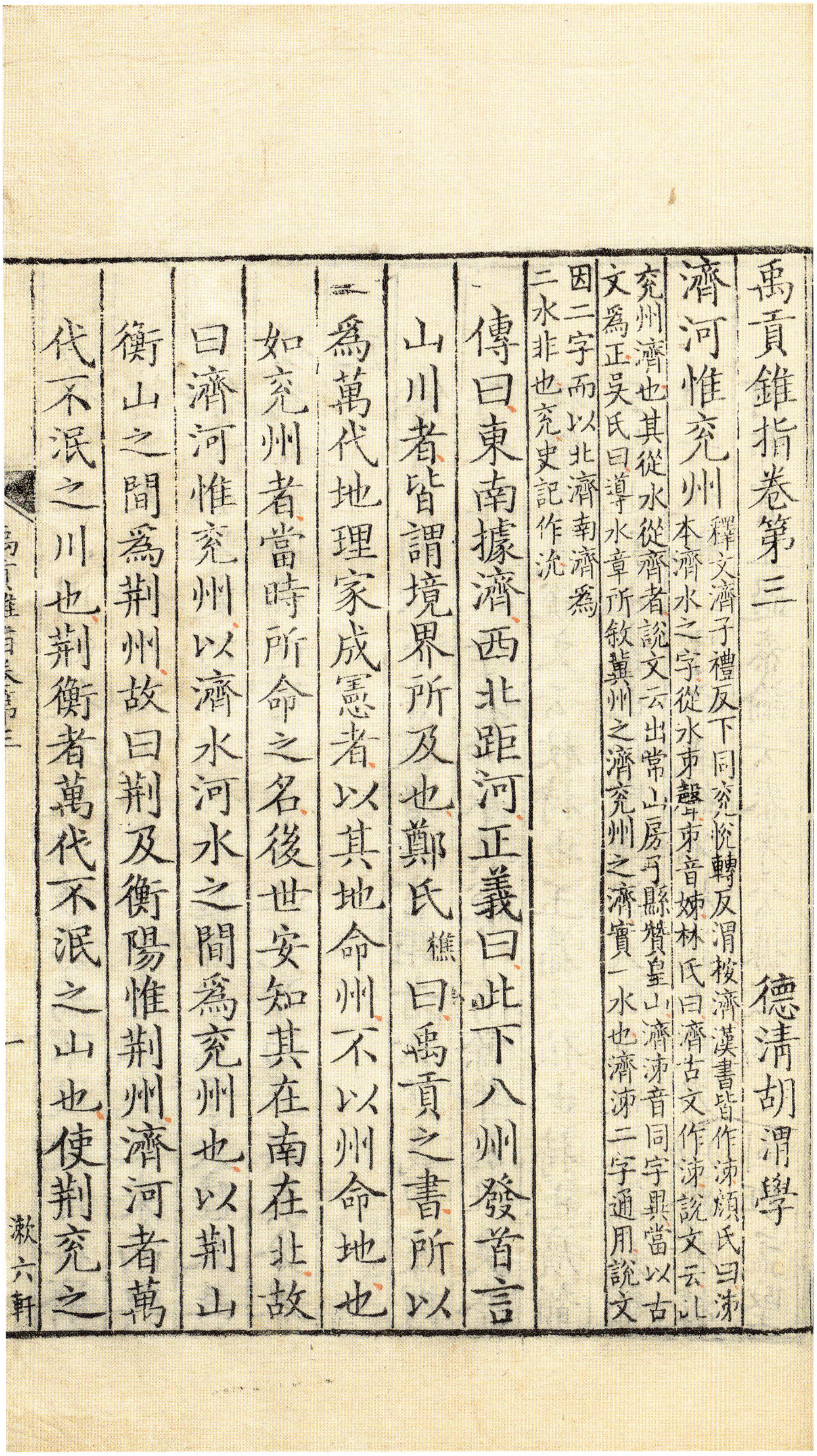
禹貢錐指卷第三　　德清胡渭學

濟河惟兖州釋文濟子禮反下同兖沇轉反渭按濟漢書皆作泲顏氏曰泲本濟水之字從水𠂔聲𠂔音姊林氏曰濟古文作泲說文云沇兖州濟也其從水從齊者說文云出常山房子縣贊皇山濟泲音同字異當以古文爲正吳氏曰導水章所敘冀州之濟兖州之濟實一水也濟泲二字通用說文因二字而以北濟南濟爲二水非也兖史記作沇

傳曰東南據濟西北距河正義曰此下八州發首言山川者皆謂境界所及也鄭氏樵曰禹貢之書所以爲萬代地理家成憲者以其地命州不以州命地也如兖州者當時所命之名後世安知其在南在北故曰濟河惟兖州以濟水河水之間爲兖州也以荆山衡山之間爲荆州故曰荆及衡陽惟荆州濟河者萬代不泯之川也荆衡者萬代不泯之山也使荆兖之

禹貢錐指卷第三　一　漱六軒

017-1　《禹貢錐指》卷三卷端

017　禹貢錐指二十卷附略例一卷禹貢圖一卷　〔清〕胡渭撰　清康熙四十四年（1705）漱六軒刻本　劉傳瑩批點題跋並録清全祖望跋

開本高 25.2 厘米，寬 16.0 厘米。框高 19.1 厘米，寬 14.8 厘米。半葉十一行，行二十一字，小字雙行三十二字，白口，左右雙邊。鈐“通麋生”“顓六手校”印。索書號：善 000099。

經筵講官禮部尚書吉水李振裕撰

近世專門禹貢之學莫過於胡東樵者前此宋之程文簡讀者識其葛藤不了東樵書出文簡且束閣矣然其實葛藤猶文簡也東樵之所以張其軍在於徵引之繁使讀者舌撟而不敢議其最用功莫於水經乃於河水篇全據郡下則安以涉水為澆水濟水篇誤以蔡九峰砂礫溪之失而自造為南礫溪北礫溪分一水為二水濁漳水篇因仍俗本誤以涑水為陳水而九江則深信長沙下雋之說不知非水經之本文乃後世所竄入也即其拙者其於水經可知其於禹貢亦可知矣詳見予水經注重校中國以詩學者莫深信也　全謝山

017-2　劉傳瑩録清全祖望跋

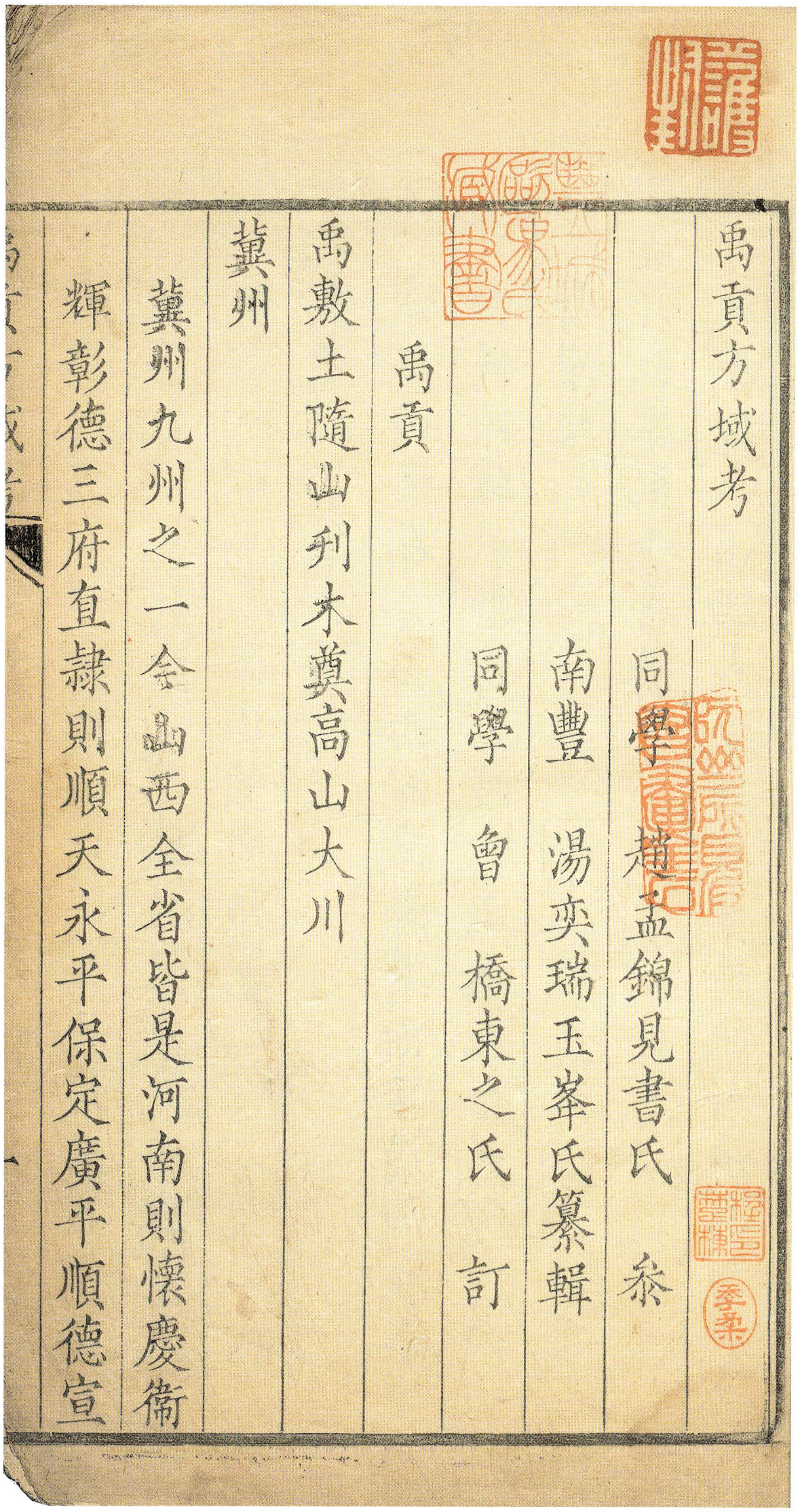

禹貢方域考
同學　趙孟錦見書氏　叅
南豐　湯奕瑞玉峯氏纂輯
同學　曾　橋東之氏　訂
禹貢
禹敷土隨山刋木奠高山大川
冀州
冀州九州之一今山西全省皆是河南則懷慶衛
輝彰德三府直隸則順天永平保定廣平順德宣

018　《禹貢方域考》卷端

018　禹貢方域考一卷附北行一百四十韵并序一卷　〔清〕湯奕瑞纂輯　清雍正十二年（1734）刻本

開本高 24.8 厘米，寬 15.3 厘米。框高 20.4 厘米，寬 13.4 厘米。半葉九行，行二十字，白口，左右雙邊。鈐“豐城歐陽氏藏書”“阮齋所得書畫金石”“程楚棟印”“季柔”印。索書號：善 000123。

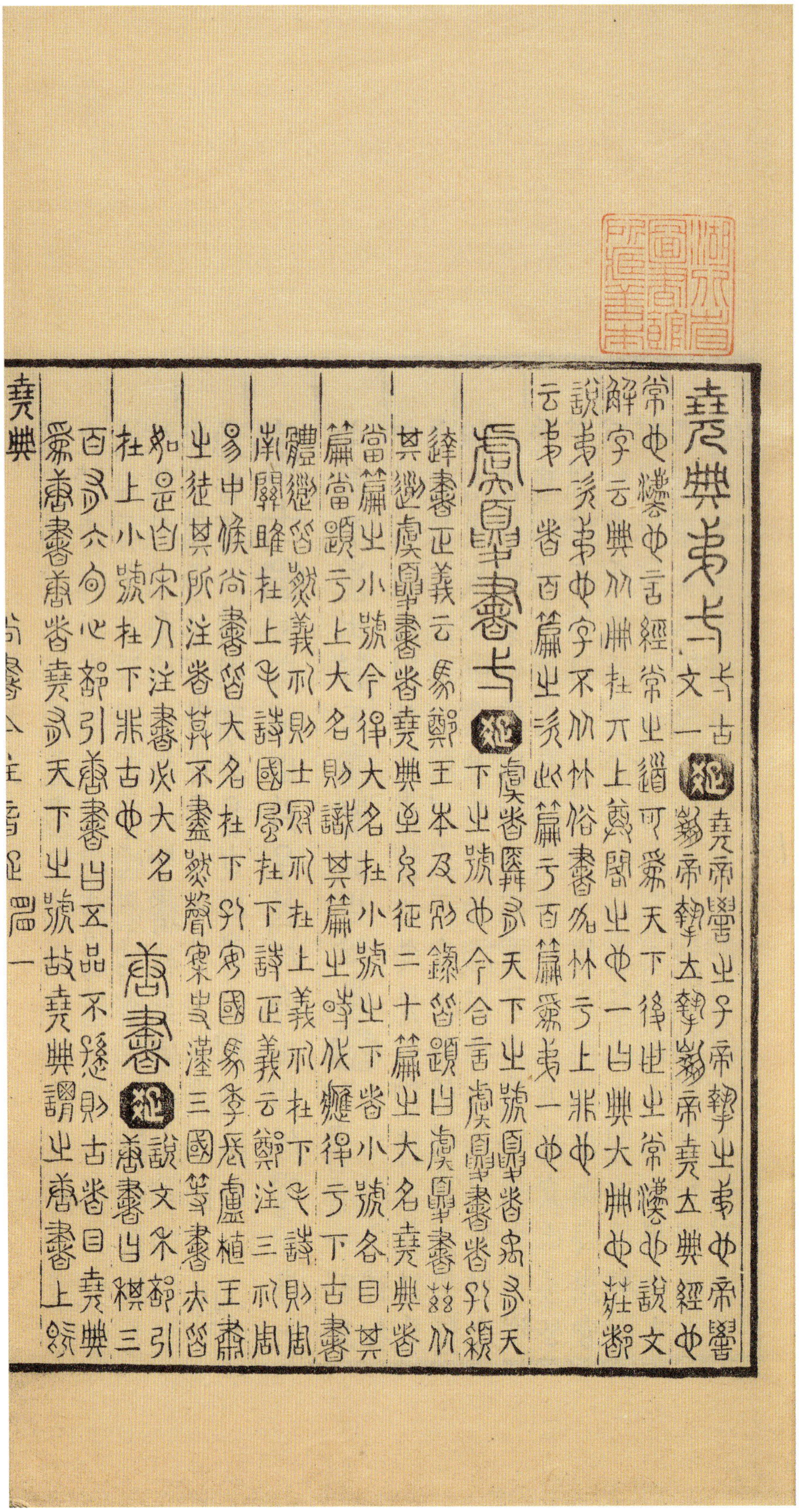

019 《尚書集注音疏》卷一卷端

019 尚書集注音疏十二卷末一卷外編一卷 〔清〕江聲撰 清乾隆五十八年（1793）江氏近市居刻本

開本高 25.4 厘米，寬 15.7 厘米。框高 17.5 厘米，寬 13.3 厘米。半葉十行，行二十一字，小字雙行同，白口，左右雙邊。鈐“徐堂”“良□徐基”“徐氏醉仙珍藏”“屈伯子”印。索書號：善 000121。

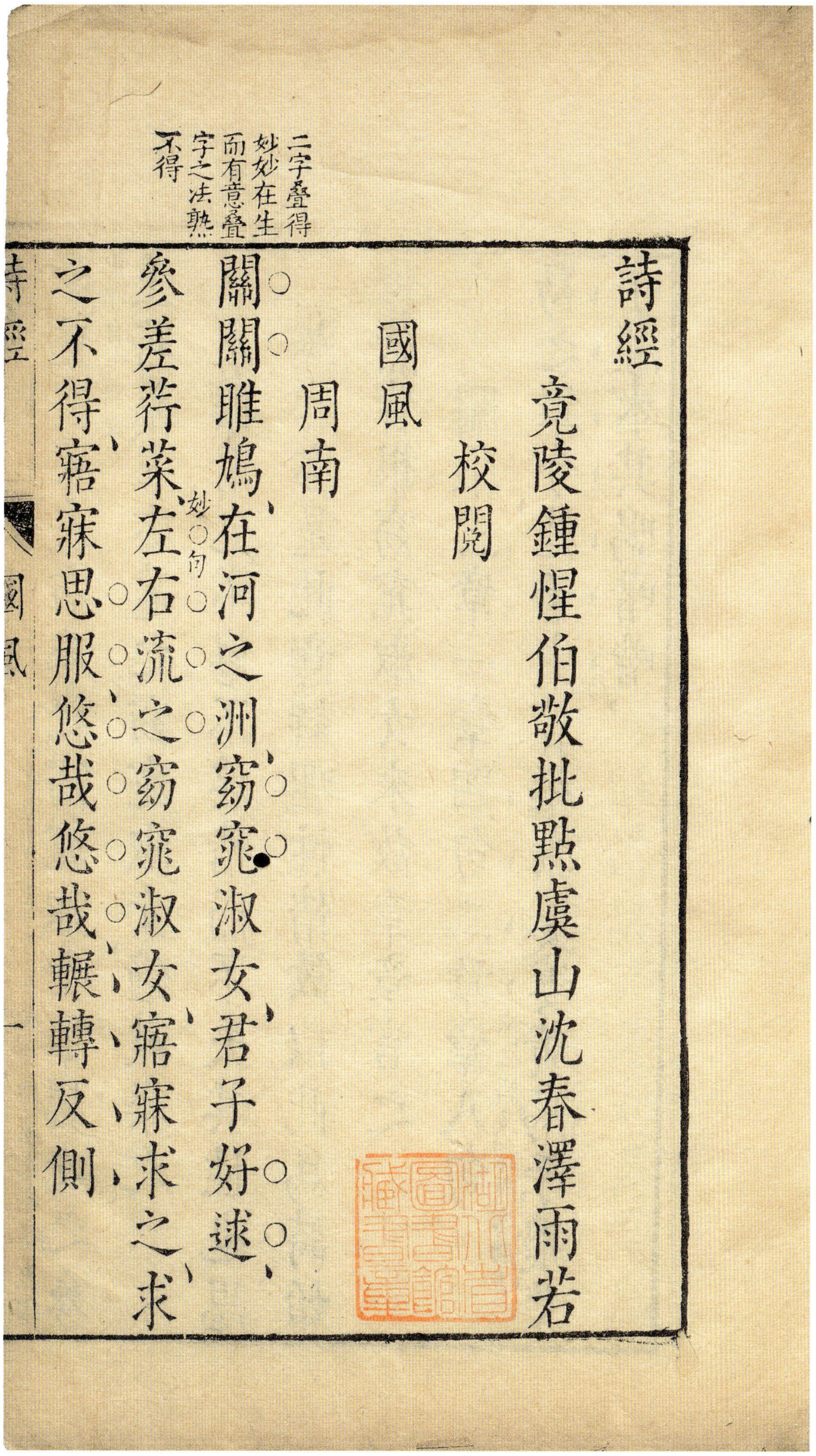
二字疊得妙妙在生而有意疊字之法熟不得

詩經
竟陵鍾惺伯敬批點　虞山沈春澤雨若　校閱
國風
周南
關關雎鳩在河之洲窈窕淑女君子好逑
參差荇菜左右流之窈窕淑女寤寐求之求
妙句
之不得寤寐思服悠哉悠哉輾轉反側

詩經　國風　一

020　《詩經》卷一卷端

020　詩經四卷　〔明〕鍾惺批點　明泰昌元年（1620）刻本　明程仲之題識

開本高25.6厘米，寬16.2厘米。框高19.3厘米，寬12.4厘米。半葉八行，行十七字，白口，四周單邊。鈐“仲之”“中傳”印。索書號：善000136。

國家珍貴古籍名録編號：01321。

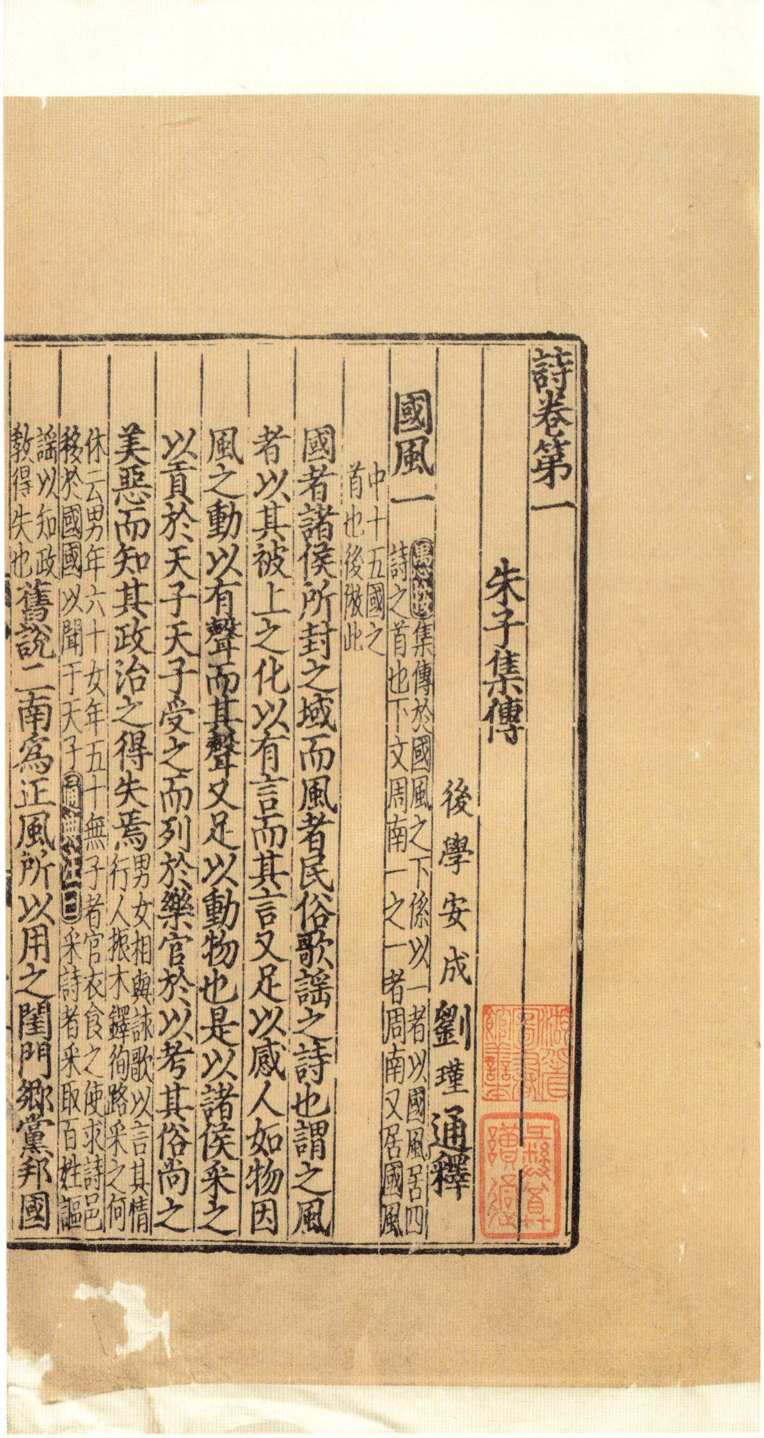

021-1 《詩集傳通釋》卷一卷端

021 詩集傳通釋二十卷綱領一卷外綱領一卷 〔元〕劉瑾撰 元至正十二年（1352）建安劉氏日新書堂刻本

金鑲玉裝。開本高32.0厘米，寬20.0厘米。框高20.2厘米，寬13.0厘米。半葉十二行，行二十一字，小字單行、雙行二十三字，黑口，四周雙邊。鈐“字濟川號松仙”“商輅”“隆慶庚申夏提學副使邵曬理書籍關防”“鈐山堂家藏經史之印”“寶墨齋”“彝尊讀過”“李茂先印”印。索書號：善000135。

國家珍貴古籍名録編號：00244。

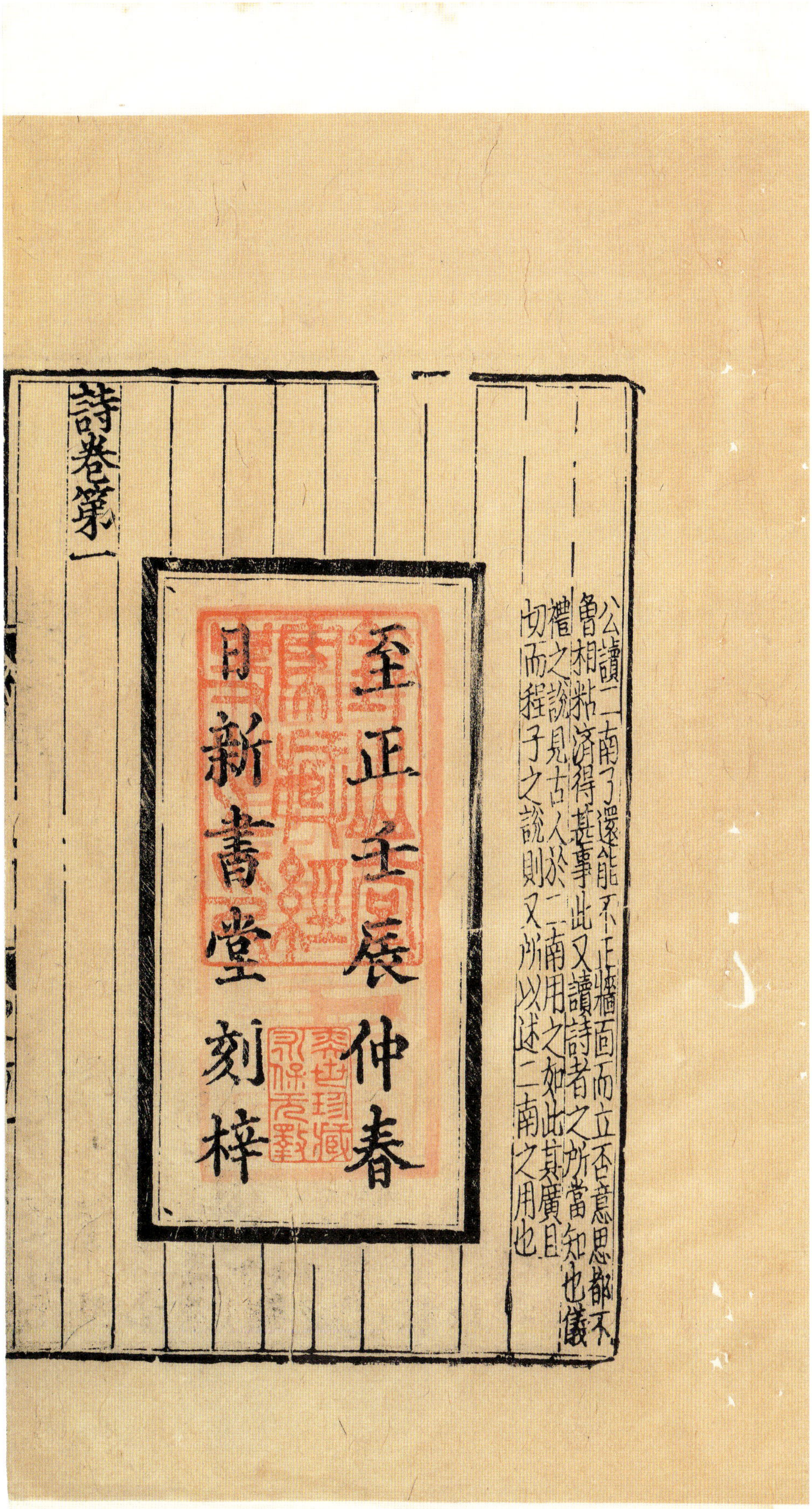

公讀二南了還能不正牆面而立否意思都不
魯相粘濟得甚事此又讀詩者之所當知也儀
禮之說見古人於二南用之如此其廣且
切而程子之說則又所以述二南之用也

至正壬辰仲春
日新書堂刻梓

詩卷第一

021-2　元日新書堂牌記

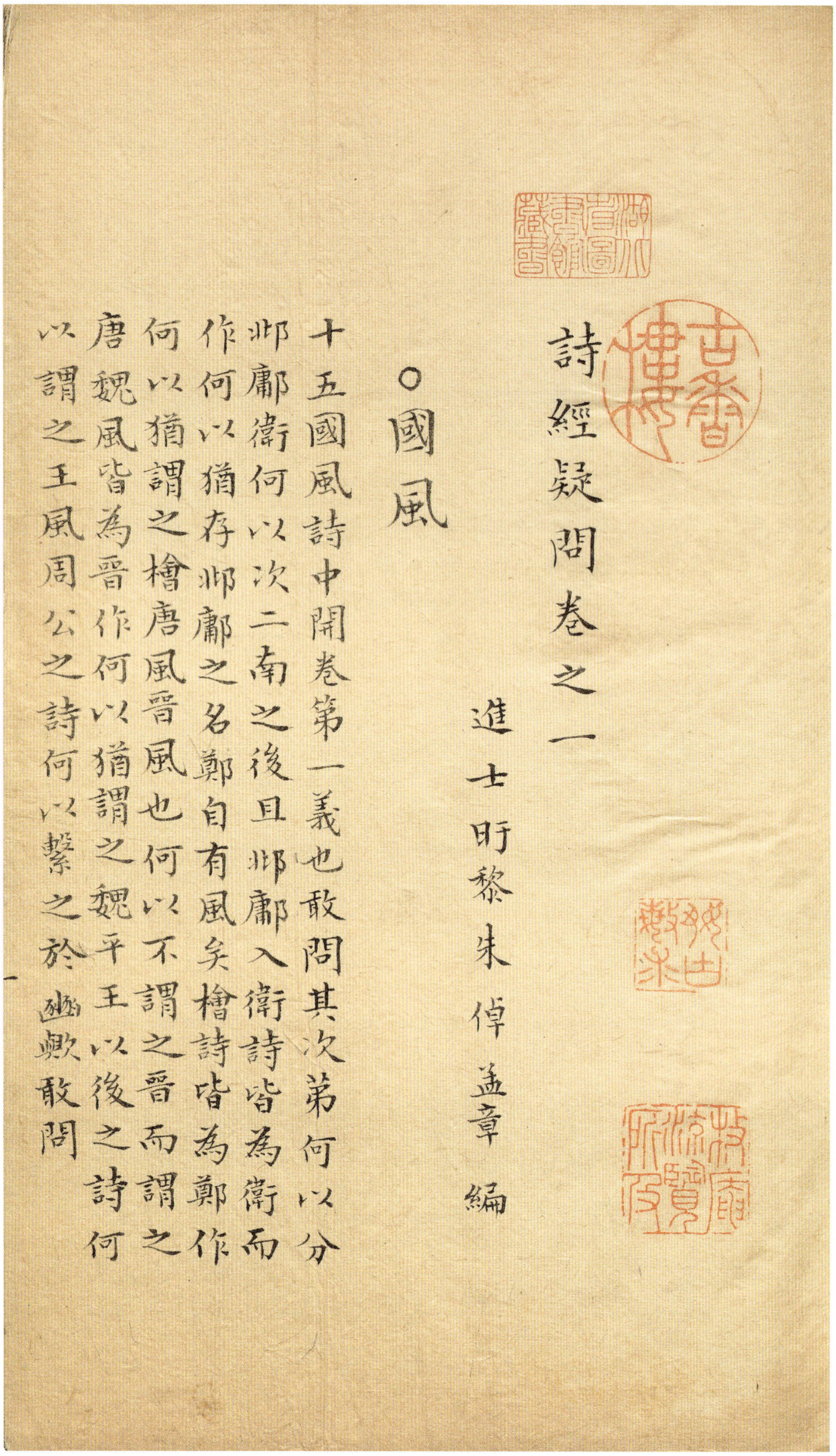
詩經疑問卷之一

進士旴黎朱倬孟章編

○國風

十五國風詩中開卷第一義也敢問其次第何以分邶鄘衛何以次二南之後且邶鄘入衛詩皆為衛而作何以猶存邶鄘之名鄭自有風矣檜詩皆為鄭作何以猶謂之檜唐風晉風也何以不謂之晉而謂之唐魏風皆為晉作何以猶謂之魏平王以後之詩何以謂之王風周公之詩何以繫之於豳歟敢問

022-1　《詩經疑問》卷一卷端

022 詩經疑問七卷〔元〕朱倬編 **附編一卷**〔元〕趙悳編　清抄本　清翁同書題識

開本高 26.3 厘米，寬 17.6 厘米。無框欄，半葉十行，行二十字。鈐“吴翌鳳枚庵氏珍藏”“愛讀奇書手自鈔”“古香樓”“翁同書字祖庚”等印。索書號：善 003993。

此書已經納蘭容若刻入通志堂
經解其本乃汲古元版也此鈔本係
吳翌鳳枚庵氏藏書因其爲枚庵
舊物特以白金五壘購弆之咸豐丁
巳五月六日雨中記常熟翁同書

翁同書字祖庚

022-2　清翁同書題識

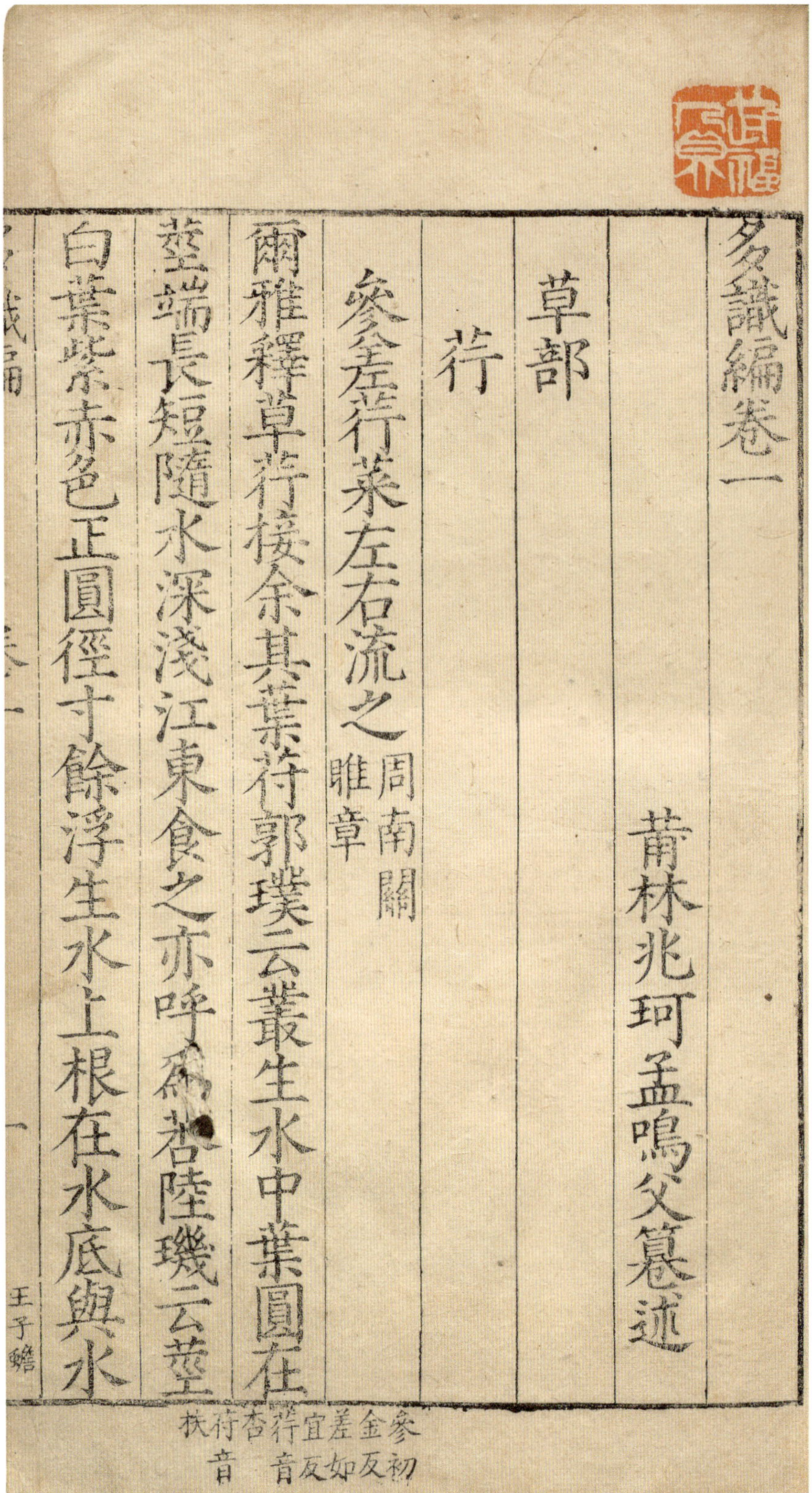

多識編卷一

莆林兆珂孟鳴父纂述

草部

荇

參差荇菜左右流之周南關雎章

爾雅釋草荇接余其葉苻郭璞云叢生水中葉圓在莖端長短隨水深淺江東食之亦呼爲莕陸璣云莖白葉紫赤色正圓徑寸餘浮生水上根在水底與水

多識編　卷一　一　王子鎔

參金差宜荇杏莕扶
初反如反音　音

023-1　《多識編》卷一卷端

023　多識編七卷　〔明〕林兆珂撰　明萬曆刻本　武福鼐題識

開本高 26.0 厘米，寬 17.1 厘米。框高 20.5 厘米，寬 14.2 厘米。半葉八行，行二十字，白口，四周單邊。鈐“潑惺軒主人珍藏”“啓律”“福鼐永寶”“武福鼐”“適齋藏書”“寶洛精舍”印。索書號：善 000138。

專解詩之名物者以陸璣艸木鳥獸蟲魚疏為最古餘如蔡卞毛詩名物解許謙詩集傳名物鈔馮應京六家詩名物疏姚炳詩識名解陳大章詩傳名物集覽等書皆其類也馮書則因蔡書而擴充之陳書則最晚出而最該博也此明林兆珂多識編七卷六本陸氏之書而衍之者凡草部二卷木鳥獸蟲鱗介五部各一卷援引甚為博洽然多采偽書不知擇別殊為大雅之累耳兆珂字孟鳴莆田人萬曆甲戌進士官安慶府知府乙亥四月收自新鄭王姓与陳子龍詩經人物備攷大全同購陳書十三卷多引此書蓋又因此書而成者也此本字體疏朗精整猶有嘉靖風趣蓋萬曆初年所刻四庫存目載之藏書家多未著錄可珍也　達齋記

凡例一列有外篇雜篇此本皆未附載或未刊行与存目合　鼎又記

023-2　武福鼐題識

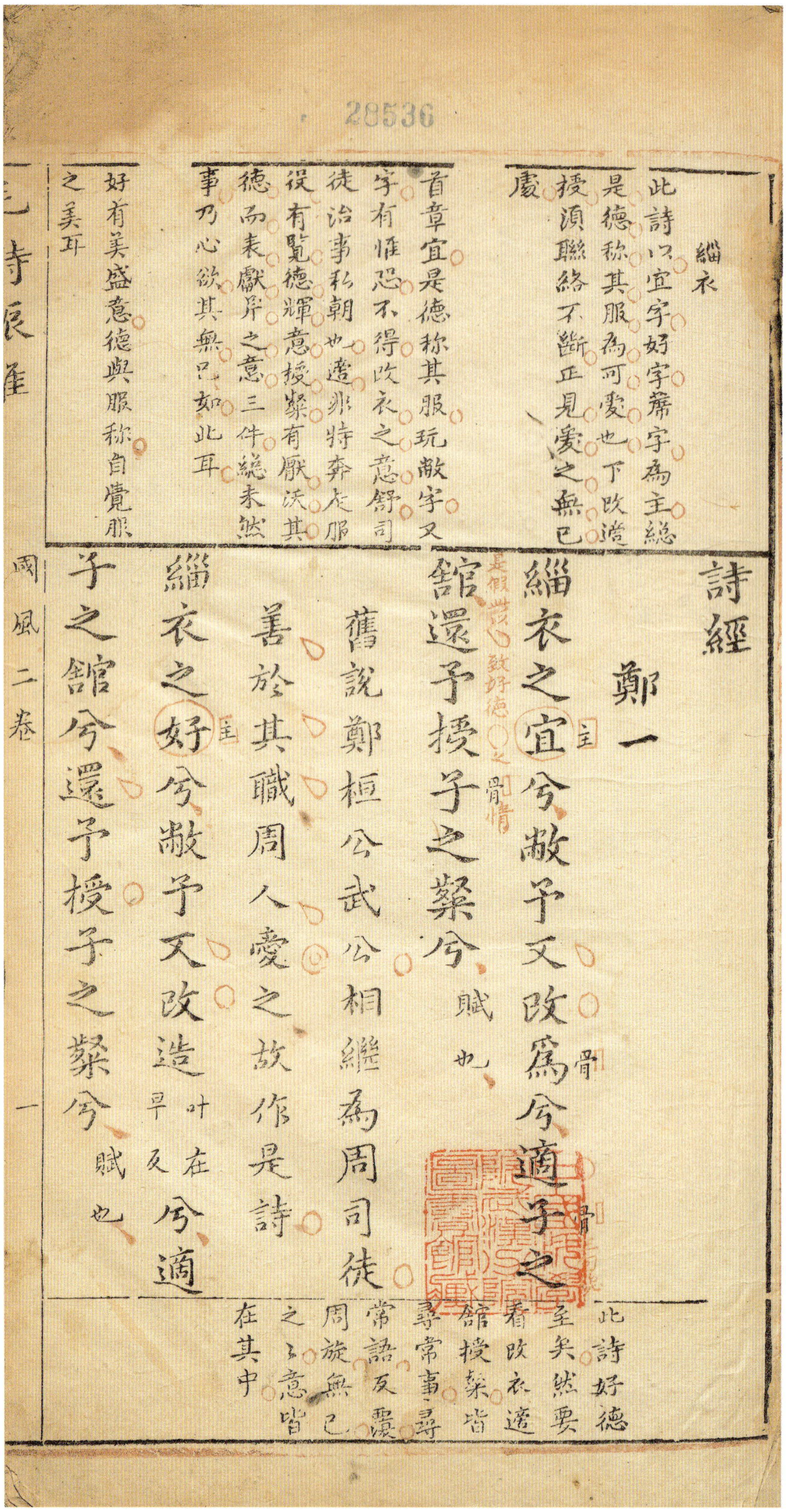

024 《毛詩振雅》卷二卷端

024 毛詩振雅六卷 〔明〕張元芳 〔明〕魏浣初撰 明版築居刻朱墨套印本 存五卷（卷二至六）

開本高 27.0 厘米，寬 16.1 厘米。三節版，框高 22.6 厘米，寬 14.2 厘米。上欄十六行，行十二字；中欄八行，行十四字；下欄十六行，行四字，白口，四周單邊。索書號：善 000178。

湖北省珍貴古籍名録編號：00025。

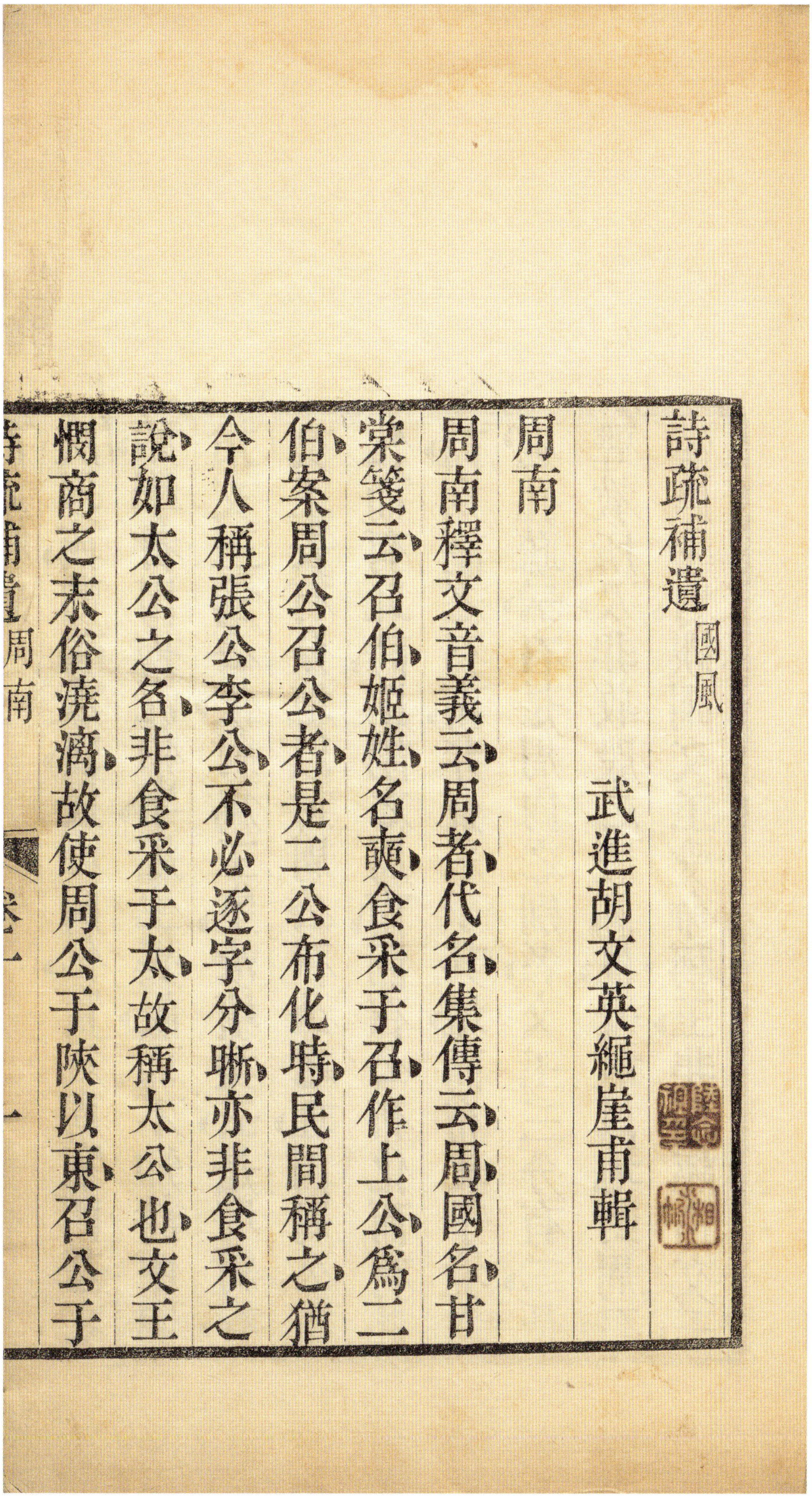
詩疏補遺　國風
武進胡文英繩崖甫輯
周南
周南釋文音義云周者代名集傳云周國名甘
棠箋云召伯姬姓名奭食采于召作上公爲二
伯案周公召公者是二公布化特民間稱之猶
今人稱張公李公不必逐字分晰亦非食采之
說如太公之名非食采于太故稱太公也文王
惆商之末俗澆漓故使周公于陝以東召公于
詩疏補遺　周南　卷一　一

025-1 《詩疏補遺》卷一卷端

025 詩疏補遺五卷 〔清〕胡文英輯 清乾隆刻本 黄焯批校 佚名題識

開本高 27.6 厘米，寬 17.4 厘米。框高 17.6 厘米，寬 14.2 厘米。半葉九行，行十八字，白口，左右雙邊。鈐“陸念祖印”“湘帆”“韓氏藏書”“玉雨堂印”印。索書號：善 000159。

釋文明標行露篇目不得謂其以行露爲行暮惟以夙夜作夜莫與今本不同耳 民國甲午九月黃焯

因大木不可用翦耳第說文韓詩俱作勿剗勿伐剗謂去其根之土也此義本勝郎下文勿拜鄭作拔義韻書作扒乃攀裂其枝之義集傳作屈義乃就拜跪字設想然大木亦不能屈不如扒字義長扒字从手从八八有分裂之義于鄭箋拔字義亦近

行露

行露易林及太平御覽皆作行路釋文又作行暮傳云行道也不作行走虛字說浥又作挹讀

025-2 黃焯批校

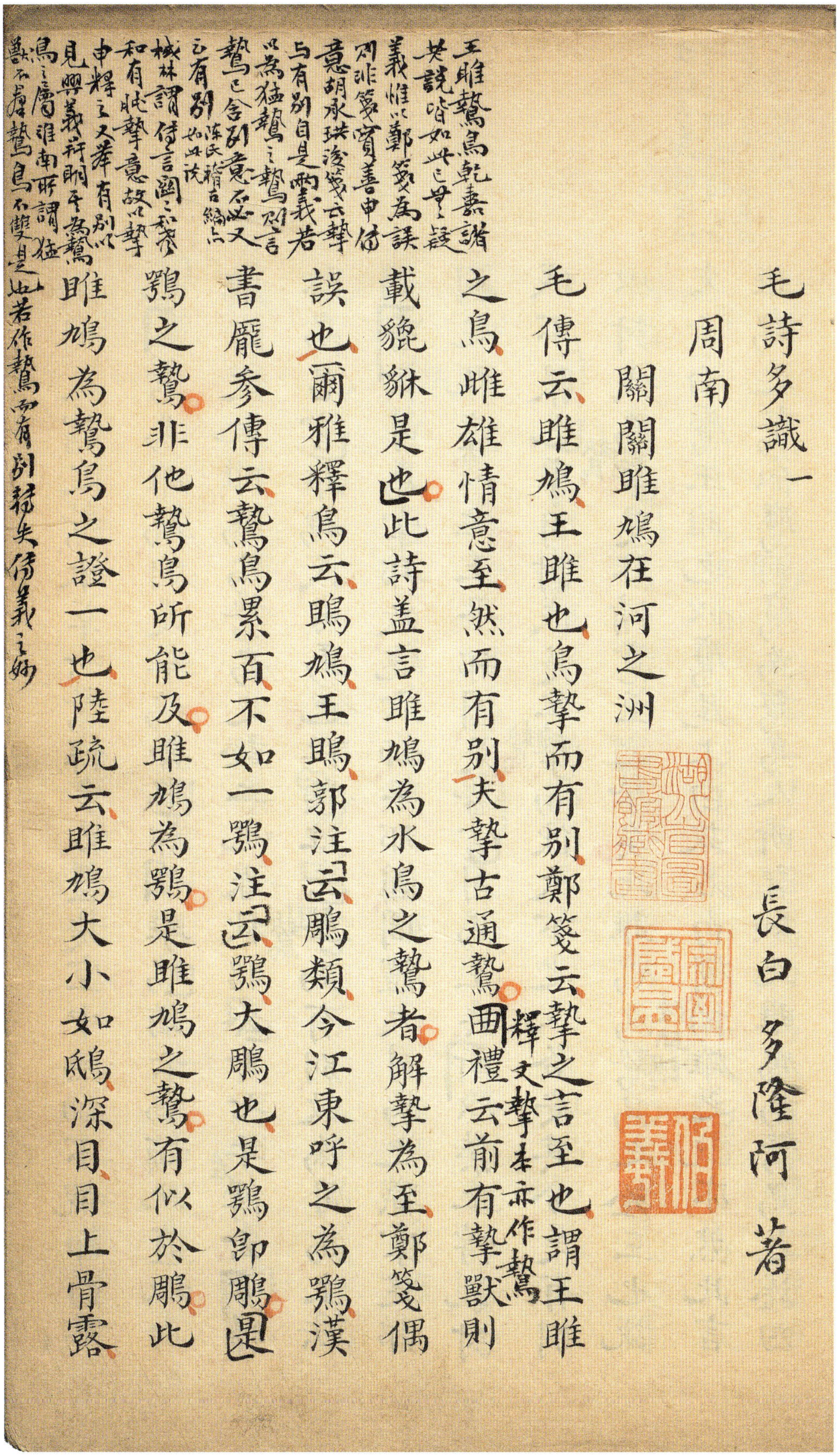
毛詩多識一

周南

關關雎鳩在河之洲

長白 多隆阿 著

毛傳云雎鳩王雎也鳥摯而有别鄭箋云摯之言至也謂王雎之鳥雌雄情意至然而有别夫摯古通鷙曲禮云前有摯獸則釋文摯本亦作鷙載貔貅是也此詩蓋言雎鳩為水鳥之鷙者解摯為至鄭箋偶誤也爾雅釋鳥云鵙鳩王鵙郭注云鵰類今江東呼之為鶚漢書龐參傳云鷙鳥累百不如一鶚注云鶚大鵰也是鶚即鵰是鶚之鷙非他鷙鳥所能及雎鳩為鶚是雎鳩之鷙有似於鵰此雎鳩為鷙鳥之證一也陸疏云雎鳩大小如鴟深目目上骨露

王雎鷙鳥乾嘉諸老說皆如此已無疑義惟以鄭箋為誤則非箋實善申傳意胡承珙後箋云摯與有别自是兩義若以為猛鷙之鷙則言鷙已含別意不必又言有别陳氏稽古編亦如此説棫林謂傳言關關和聲和有非摯意故以摯申釋之又并有别以見興義明乎為鷙鳥之屬淮南所謂猛獸不群鷙鳥不雙是也若作鷙而有别釋失傳義之妙

026 《毛詩多識》卷一卷端

026 毛詩多識六卷 〔清〕多隆阿撰 清抄本 清程棫林校並跋

開本高 26.6 厘米，寬 17.9 厘米。無框欄，半葉十行，行二十四字。鈐“宗室盛昱”“伯羲”等印。索書號：善 004381。

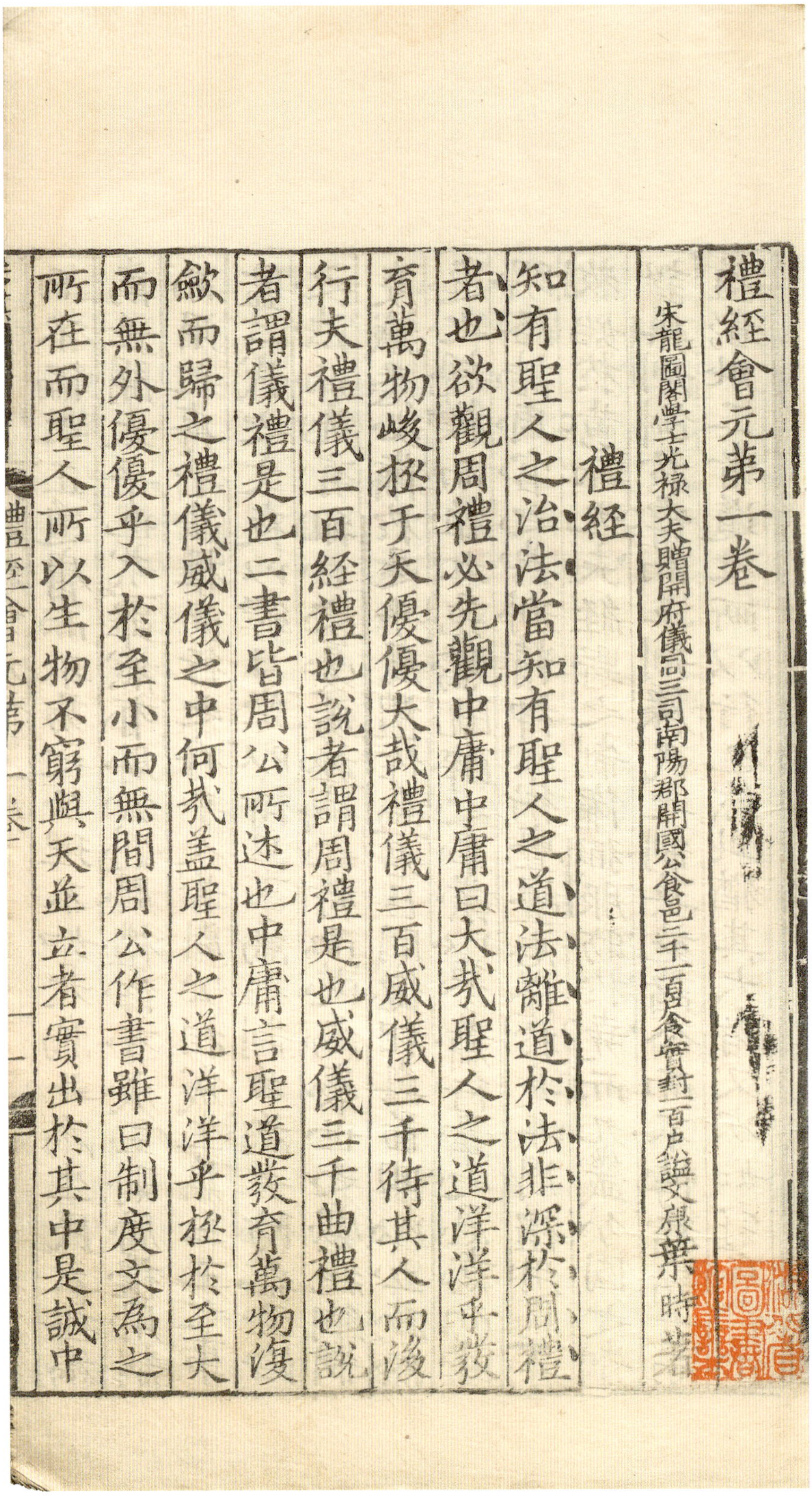

禮經會元第一卷
宋龍圖閣學士光禄大夫贈開府儀同三司南陽郡開國公食邑二千一百戶食實封一百戶謚文康葉時著
禮經
知有聖人之治法當知有聖人之道法離道於法非深於周禮
者也欲觀周禮必先觀中庸中庸曰大哉聖人之道洋洋乎發
育萬物峻極于天優優大哉禮儀三百威儀三千待其人而後
行夫禮儀三百經禮也說者謂周禮是也威儀三千曲禮也說
者謂儀禮是也二書皆周公所述也中庸言聖道發育萬物復
斂而歸之禮儀威儀之中何哉蓋聖人之道洋洋乎極於至大
而無外優優乎入於至小而無間周公作書雖曰制度文為之
所在而聖人所以生物不窮與天並立者實出於其中是誠中

禮經會元第一卷　一

027　《禮經會元》卷一卷端

027　禮經會元四卷　〔宋〕葉時撰　元至正二十六年（1366）刻明修本

開本高 26.4 厘米，寬 16.3 厘米。框高 20.3 厘米，寬 14.6 厘米。半葉十一行，行二十四字，黑口，左右雙邊。鈐“李氏敦囗堂藏書記”印。索書號：善 000186。

國家珍貴古籍名録編號：00257。

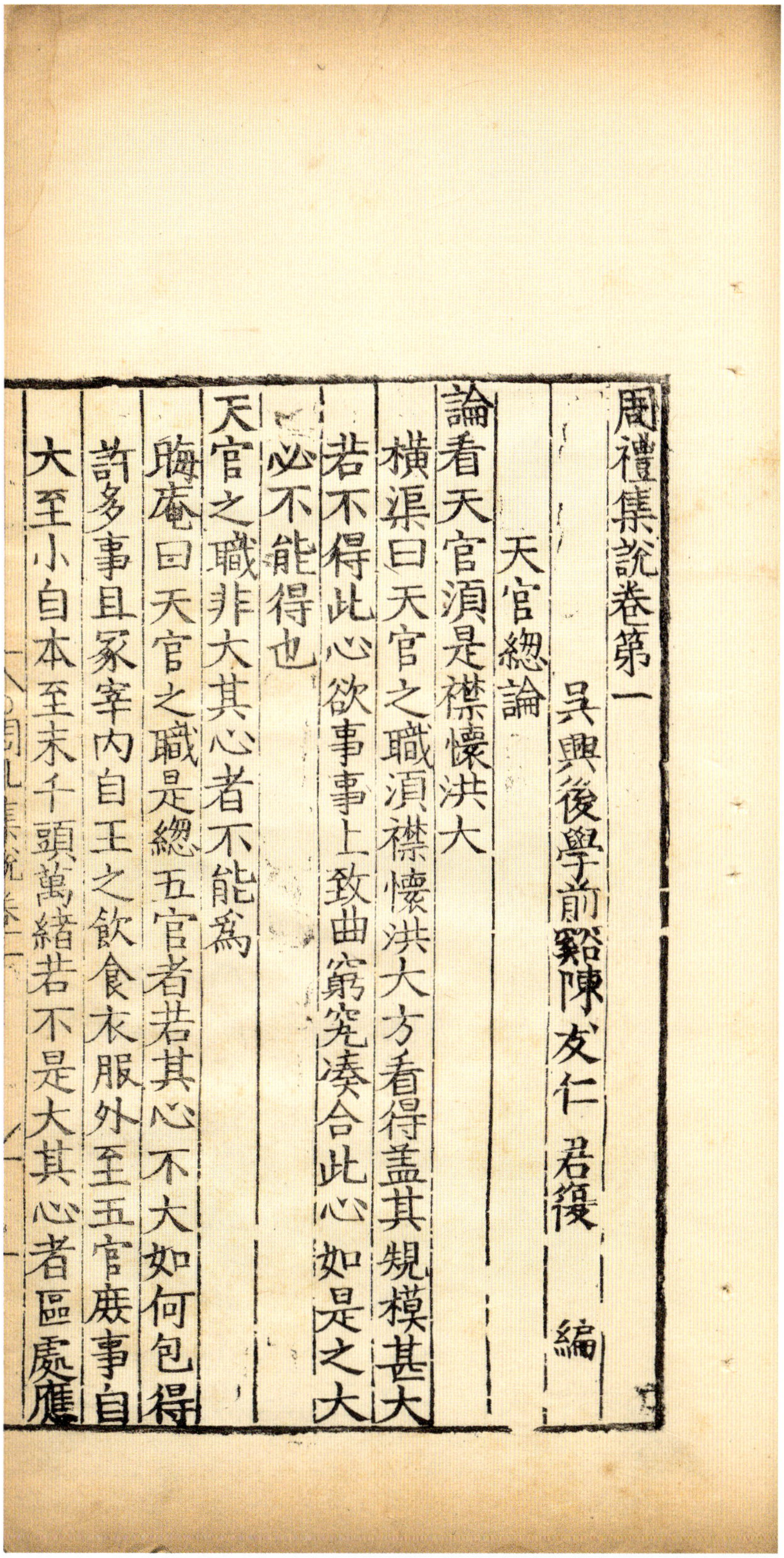
周禮集說卷第一

吳興後學前谿陳友仁君復　編

天官總論

論看天官須是襟懷洪大

橫渠曰天官之職須襟懷洪大方看得盖其規模甚大若不得此心欲事事上致曲窮究湊合此心如是之大必不能得也

天官之職非大其心者不能爲

晦菴曰天官之職是總五官者若其心不大如何包得許多事且冢宰内自王之飲食衣服外至五官庶事自大至小自本至末千頭萬緒若不是大其心者區處應

028　《周禮集説》卷一卷端

028 周禮集説十一卷綱領一卷　〔元〕陳友仁編　**復古編一卷**　〔宋〕俞庭椿撰　明成化十年（1474）張瑄建陽書坊刻本

開本高 29.5 厘米，寬 18.6 厘米。框高 20.0 厘米，寬 12.9 厘米。半葉十一行，行二十二字，小字雙行同，白口，四周單邊。索書號：善 000193。

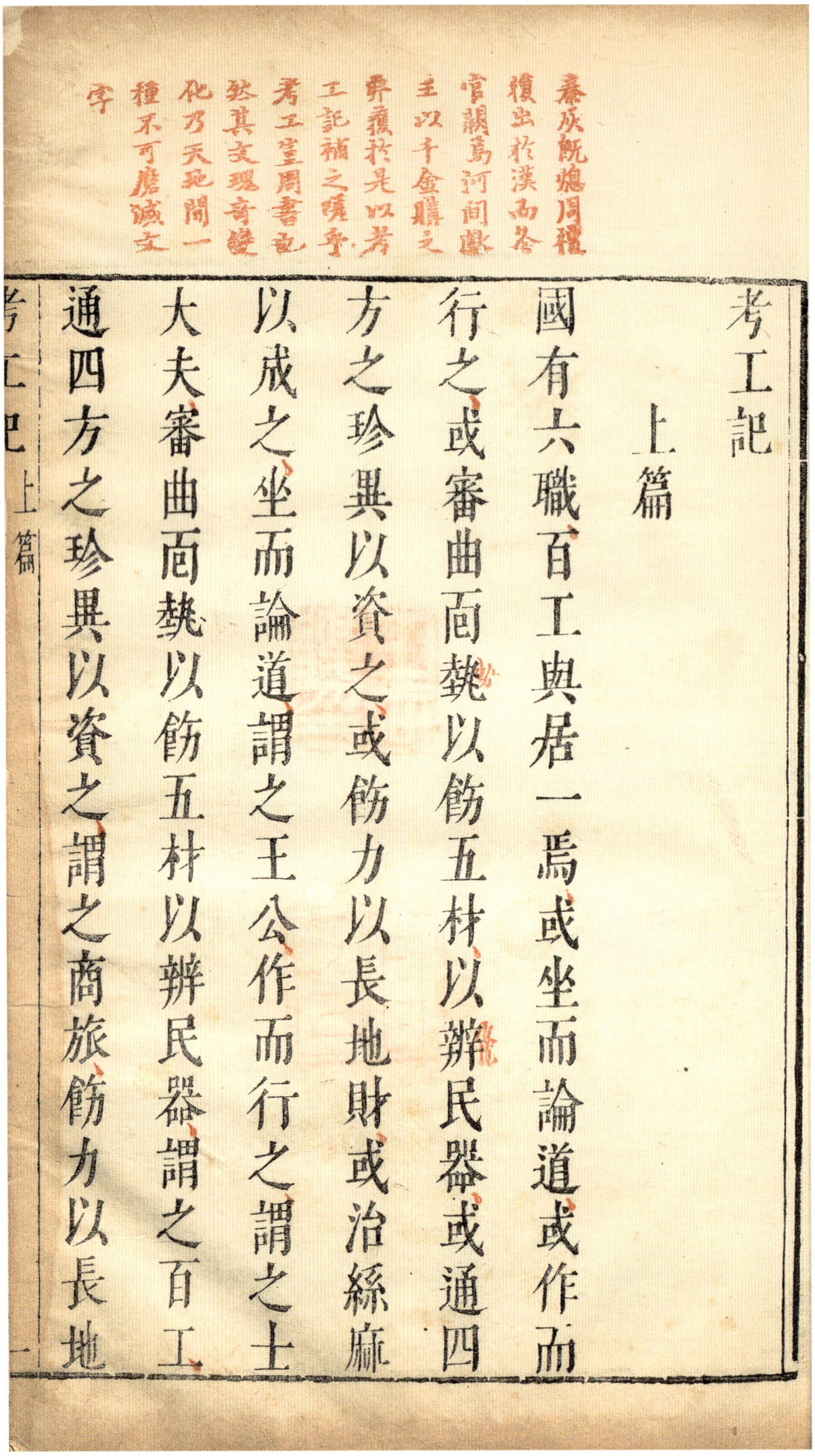

秦灰既熄周禮獲出於漢而冬官闕焉河間獻王以千金購之弗獲於是以考工記補之嗟乎考工豈周書也然其文瑰奇變化乃天地間一種不可磨滅文字

考工記

上篇

國有六職百工與居一焉或坐而論道或作而行之或審曲面埶以飭五材以辨民器或通四方之珍異以資之或飭力以長地財或治絲麻以成之坐而論道謂之王公作而行之謂之士大夫審曲面埶以飭五材以辨民器謂之百工通四方之珍異以資之謂之商旅飭力以長地

考工記 上篇 一

029《考工記》卷上卷端

029 考工記二卷 〔明〕郭正域批點 明末刻朱墨套印本

開本高 26.9 厘米，寬 17.4 厘米。框高 20.3 厘米，寬 15.3 厘米。半葉八行，行十八字，小字雙行同，白口，左右雙邊。索書號：善 000211。

湖北省珍貴古籍名録編號：00026。

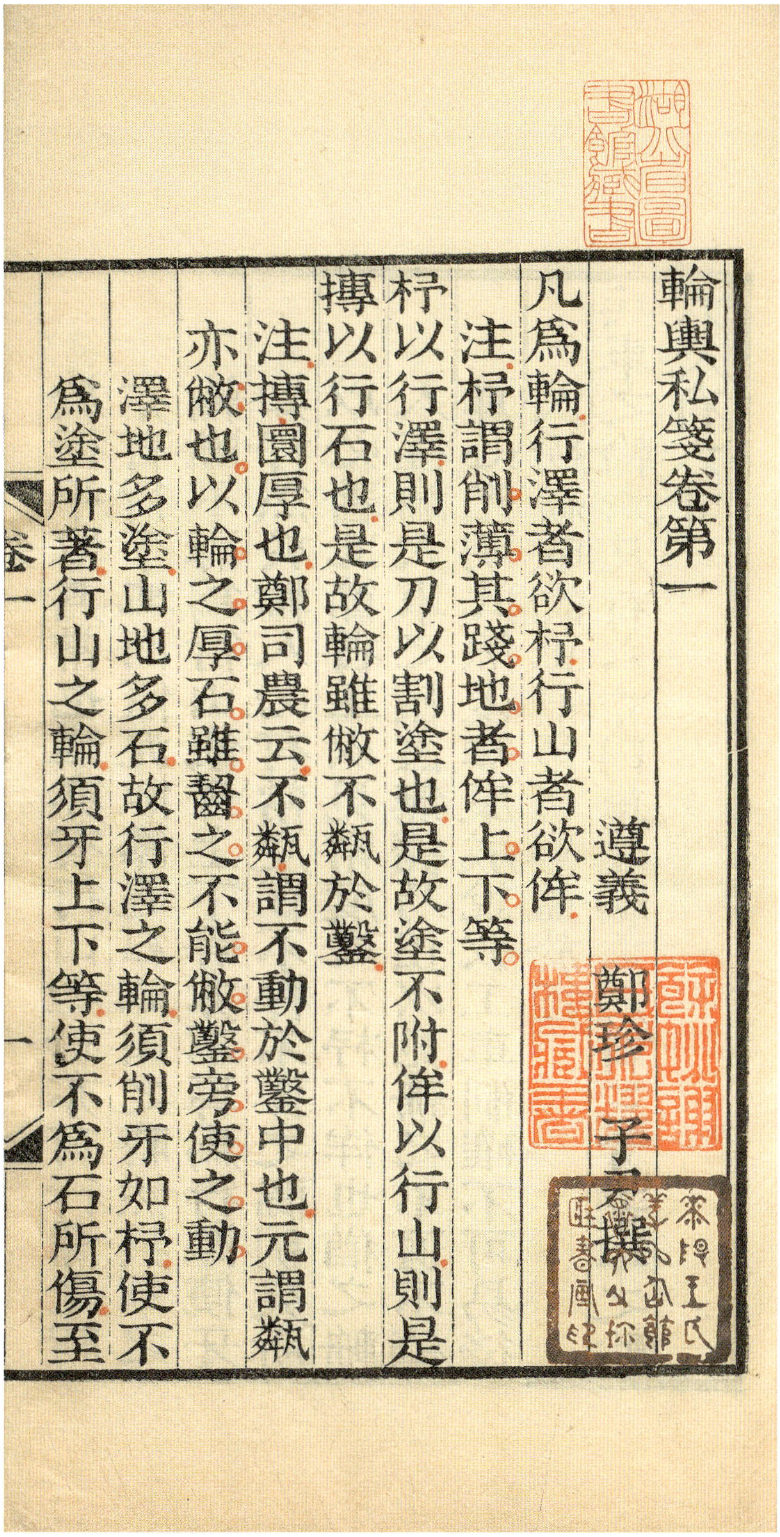

輪輿私箋卷第一

遵義　鄭珍　子尹撰

凡爲輪行澤者欲杼行山者欲侔

注杼謂削薄其踐地者侔上下等

杼以行澤則是刀以割塗也是故塗不附侔以行山則是

摶以行石也是故輪雖敝不甐於鑿

注摶圜厚也鄭司農云不甐謂不動於鑿中也元謂甐

亦敝也以輪之厚石雖齧之不能敝鑿旁使之動

澤地多塗山地多石故行澤之輪須削牙如杼使不

爲塗所著行山之輪須牙上下等使不爲石所傷至

卷一　一

030-1　《輪輿私箋》卷一卷端

030　輪輿私箋二卷　〔清〕鄭珍撰　**輪輿圖一卷**　〔清〕鄭知同繪　清同治七年（1868）獨山莫氏刻本　王秉恩圈點批校並録清鄭知同題識

開本高 25.0 厘米，寬 15.5 厘米。框高 18.3 厘米，寬 12.5 厘米。半葉十行，行二十二字，小字雙行同，白口，左右雙邊。鈐“餘姚謝氏永耀樓藏書”“華陽王氏養雲仙館懷六父珍藏書畫印”印。索書號：善 002779。

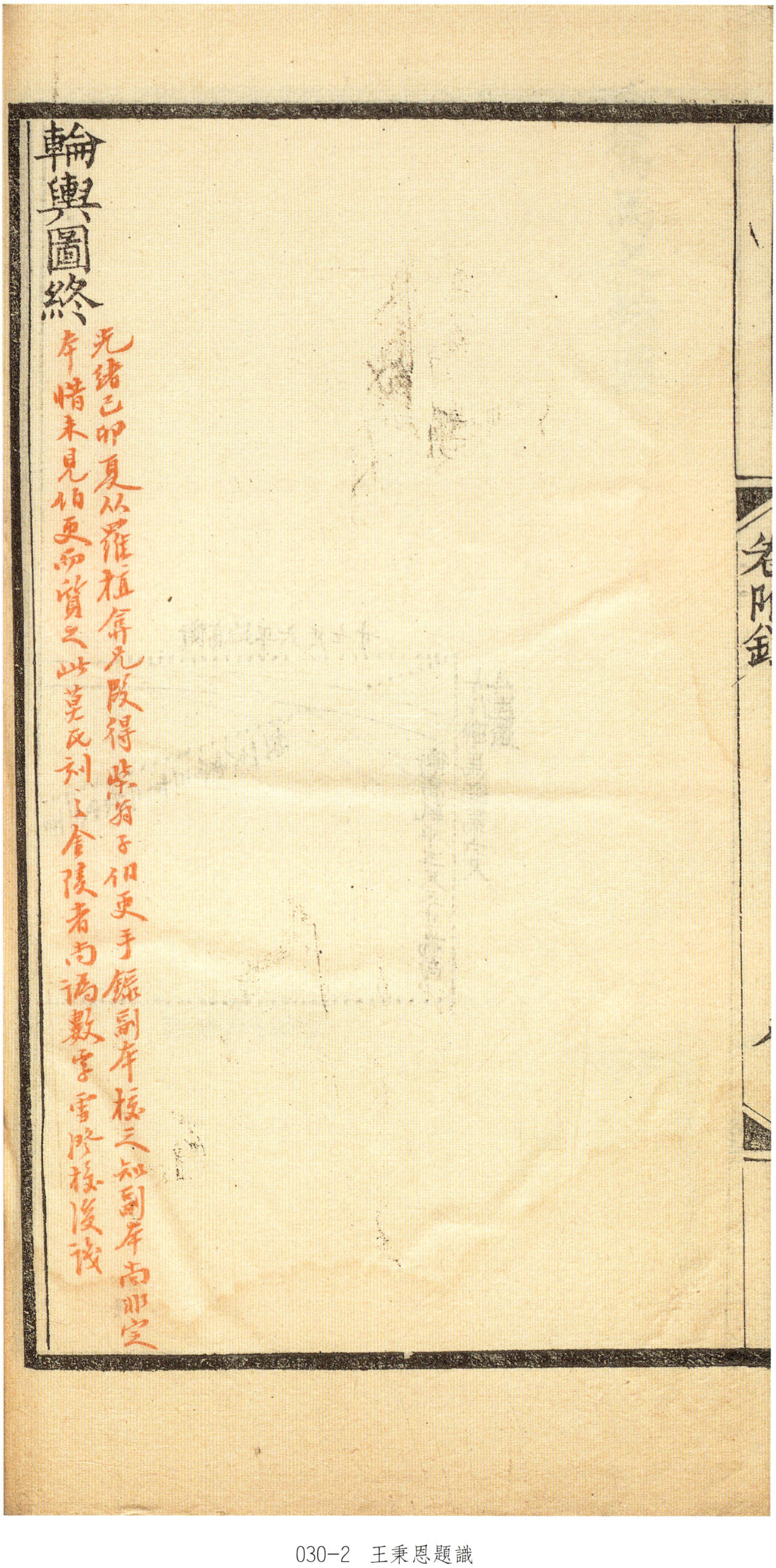
輪輿圖終

光緒己卯夏从羅植屛兄假得紫翁子伯更手錄副本校之知副本尚非定本惜未見伯更而質之此莫氏刻于金陵者尚譌數字雪澄校後識

030-2 王秉恩題識

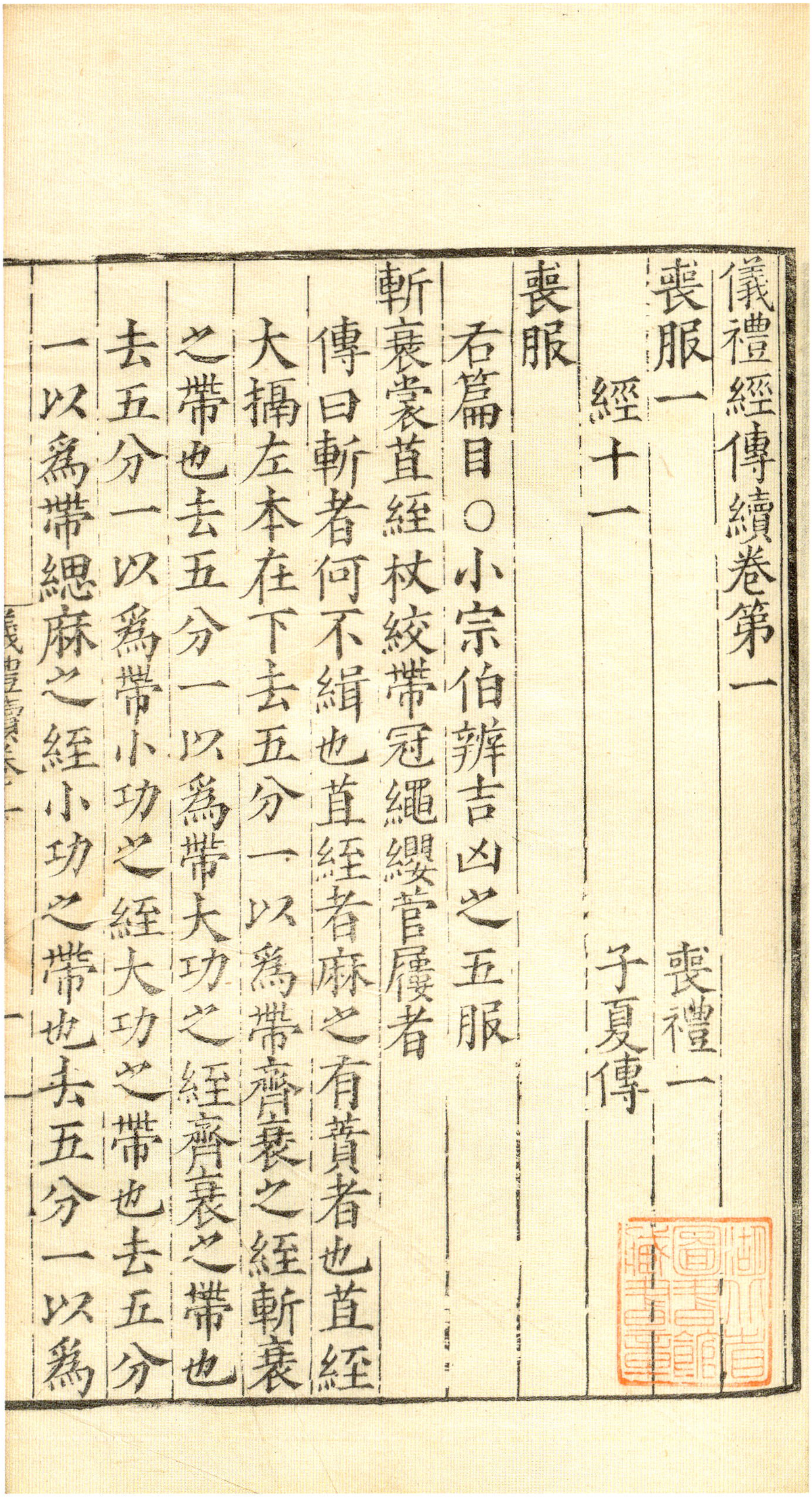
儀禮經傳續卷第一
喪服一　　喪禮一
經十一　　子夏傳
喪服
右篇目○小宗伯辨吉凶之五服
斬衰裳苴絰杖絞帶冠繩纓菅屨者
傳曰斬者何不緝也苴絰者麻之有蕡者也苴絰
大搹左本在下去五分一以爲帶齊衰之絰斬衰
之帶也去五分一以爲帶大功之絰齊衰之帶也
去五分一以爲帶小功之絰大功之帶也去五分
一以爲帶緦麻之絰小功之帶也去五分一以爲

031　《儀禮經傳通解續》卷一卷端

031　儀禮經傳通解續二十九卷　〔宋〕黄榦　〔宋〕楊復撰　明正德十六年（1521）劉瑞、曹山刻本

開本高 26.4 厘米，寬 16.5 厘米。框高 20.3 厘米，寬 14.7 厘米。半葉十一行，行二十字，白口，左右雙邊。索書號：善 000217。

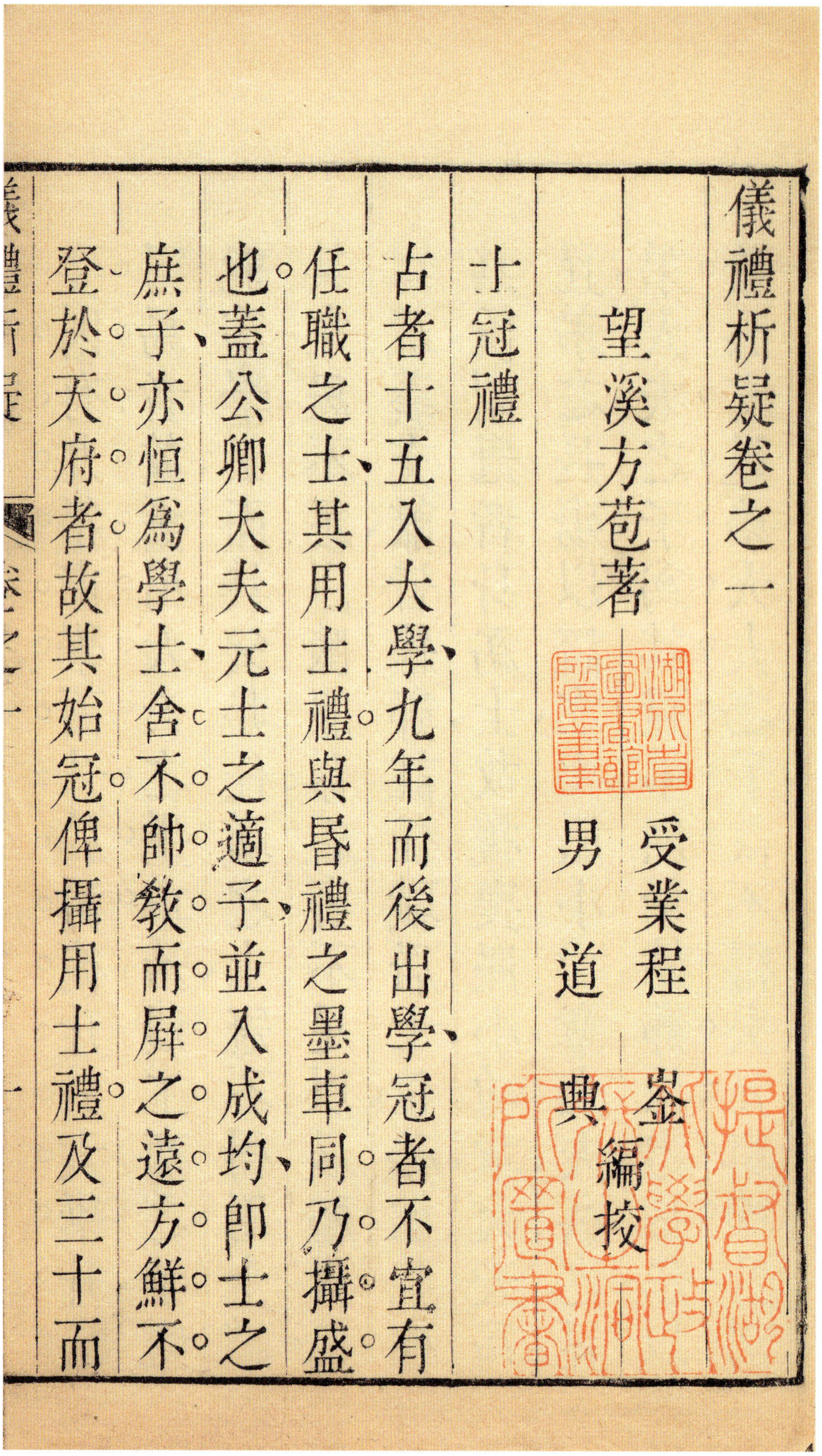
儀禮析疑卷之一
望溪方苞著
受業程崟
男道興　編挍
士冠禮
古者十五入大學、九年而後出學、冠者不宜有
任職之士、其用士禮與昬禮之墨車同乃攝盛
也、蓋公卿大夫元士之適子、並入成均、即士之
庶子亦恒爲學士、舍不帥教而屏之遠方、鮮不
登於天府者、故其始冠俾攝用士禮及三十而
儀禮析疑　卷之一　一

032　《儀禮析疑》卷一卷端

032　儀禮析疑十七卷　〔清〕方苞撰　清乾隆桐城方氏刻抗希堂十六種本

開本高 26.3 厘米，寬 16.0 厘米。框高 20.6 厘米，寬 14.1 厘米。半葉九行，行十九字，小字雙行同，白口，左右雙邊。鈐“提督湖北學政關防”“提督湖北學政張之洞所置書”印，前一印爲滿漢合璧印。索書號：善 000237。

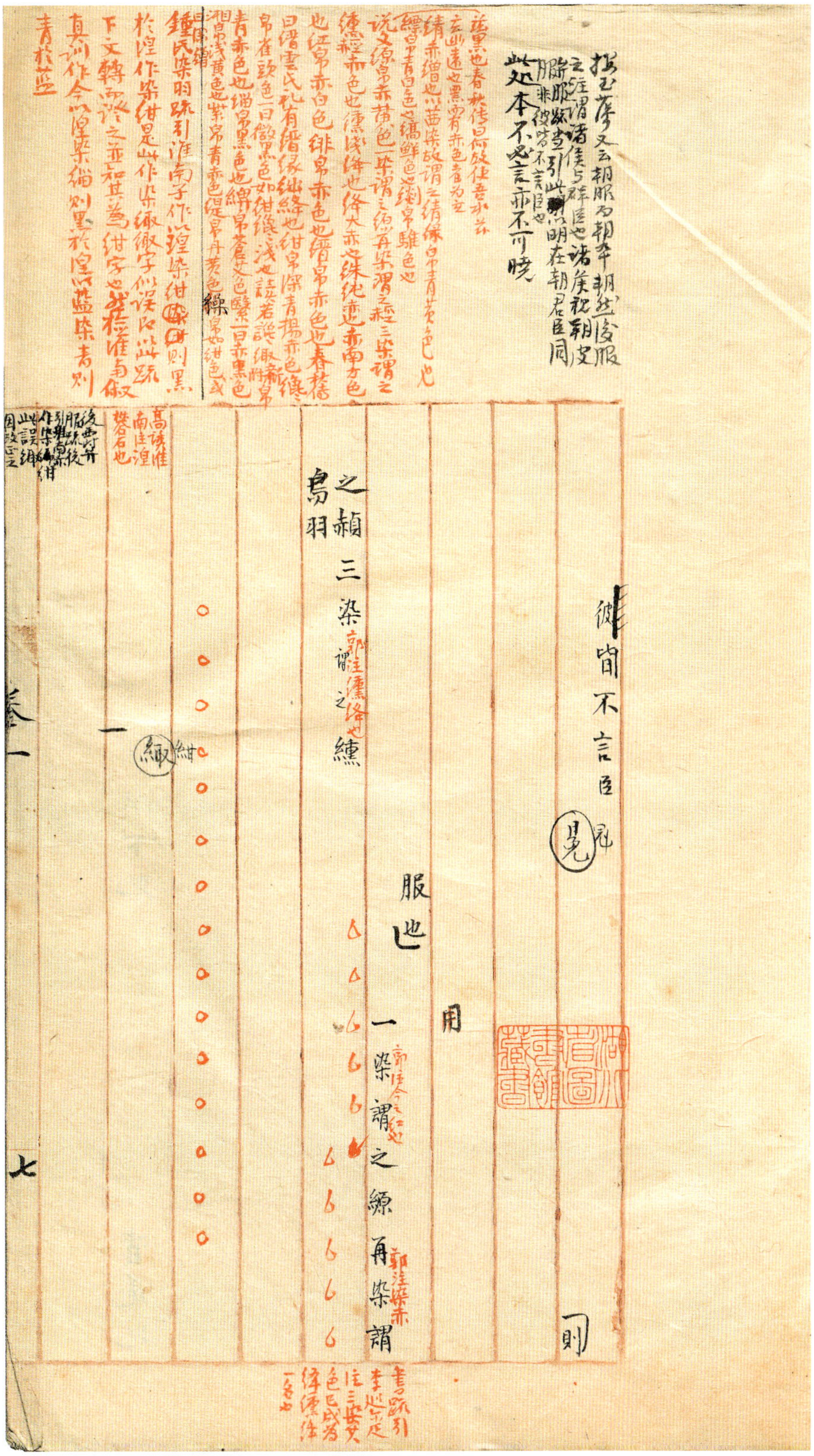

033-1　《儀禮經注疑直》卷一第七葉

033 儀禮經注疑直十七卷　〔清〕程瑶田撰　稿本　存十四卷（卷一至二、五至七、九至十七）

開本高 26.5 厘米，寬 18.5 厘米。框高 17.8 厘米，寬 11.5 厘米。半葉九行，行二十一字，白口，四周單邊。鈐“徐恕讀過”“曾歸徐氏彊誃”“彊誃所得善本”“桐風廎緐戢疏録之書”“行可珍秘”印。索書號：善 004487。

疏三染謂之纁第五行

郭注纁絳也書疏引李巡爾雅注三染其色已成爲絳

纁絳一名也

疏淮南子云以涅染緅云云第八行

鍾氏染羽疏引淮南子作以涅染紺則黑於涅高誘注涅礬石

也作染紺是此作染緅緅字似誤即以此疏下文轉而

證之並知其爲紺字也然檢淮南俶眞訓作今以涅染

緇則黑於涅以藍染青則青於藍

後爵弁服疏引淮南亦作染紺此誤緅因改正之

經布席于門中闑西閾外西面八葉下第五行

033-2 《儀禮經注疑直》卷一第二葉［民國二十二年（1933）《安徽叢書》本，吴承仕整理］

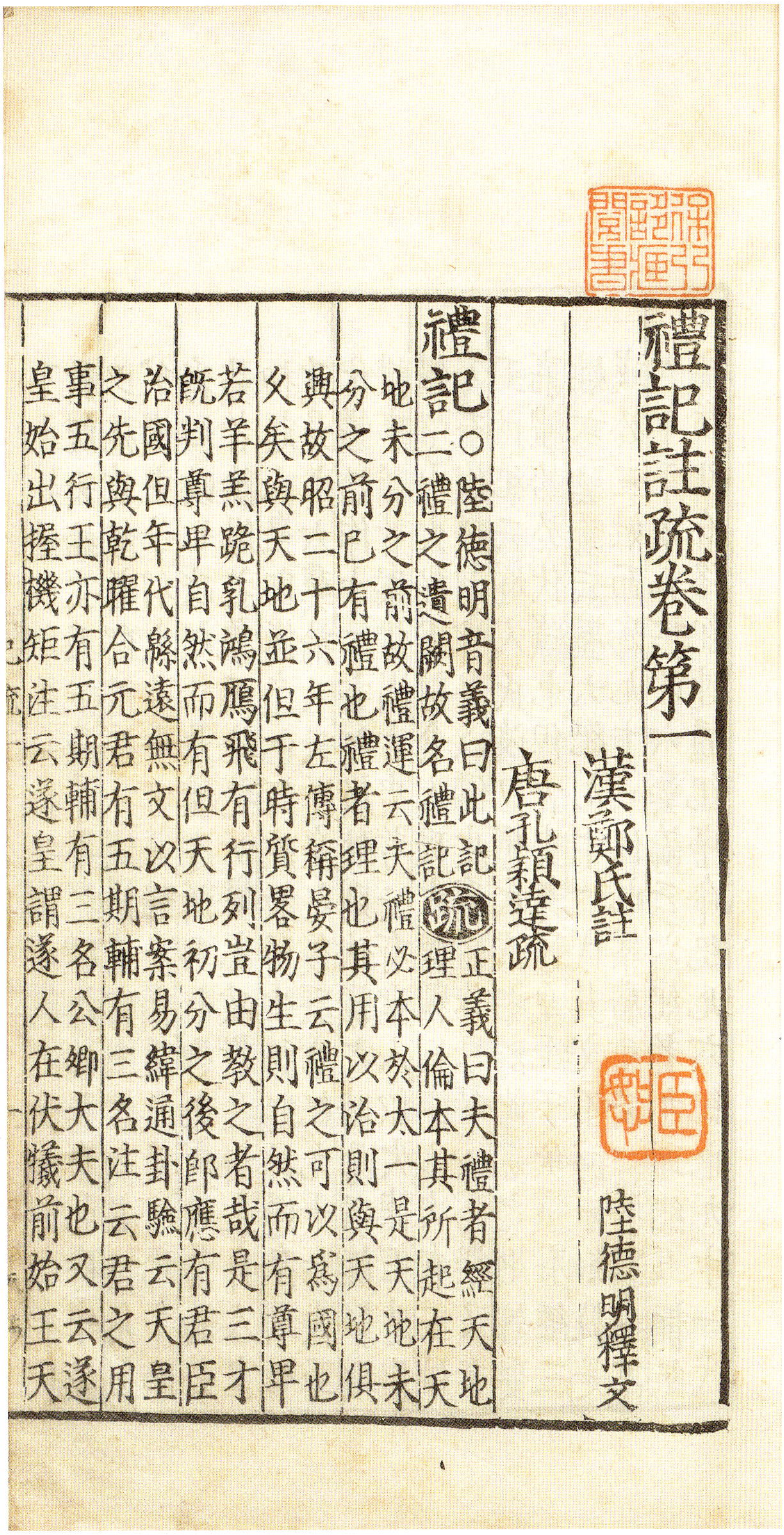

禮記註疏卷第一

漢鄭氏註　陸德明釋文

唐孔穎達疏

禮記○陸德明音義曰此記二禮之遺闕故名禮記疏正義曰夫禮者經天地理人倫本其所起在天地未分之前故禮運云夫禮必本於太一是天地未分之前已有禮也禮者理也其用以治則與天地俱興故昭二十六年左傳稱晏子云禮之可以為國也久矣與天地並但于時質畧物生則自然而有尊卑若羊羔跪乳鴻鴈飛有行列豈由教之者哉是三才既判尊卑自然而有但天地初分之後即應有君臣治國但年代緜遠無文以言案易緯通卦驗云天皇之先與乾曜合元君有五期輔有三名注云君之用事五行王亦有五期輔有三名公卿大夫也又云遂皇始出握機矩注云遂皇謂遂人在伏犧前始王天

034-1　《禮記注疏》卷一卷端

034　禮記注疏六十三卷　〔漢〕鄭玄注　〔唐〕孔穎達疏　〔唐〕陸德明釋文　明嘉靖李元陽福建刻十三經注疏本　佚名録清惠棟校跋及朱邦衡跋

開本高 27.0 厘米，寬 16.9 厘米。框高 20.0 厘米，寬 13.1 厘米。半葉九行，行二十一字，小字雙行同，白口，四周單邊。鈐“瓶花齋童氏印”“徐弜誃藏閱書”“臣恕”印。索書號：善 000244。

湖北省珍貴古籍名録編號：00028。

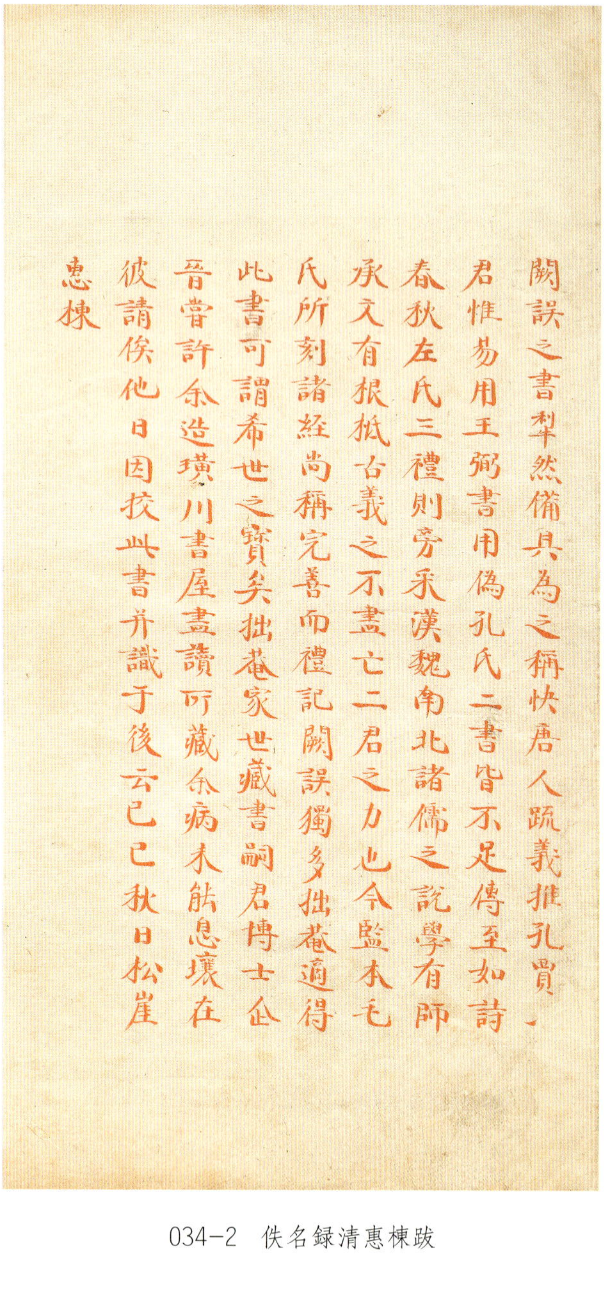
闕誤之書犂然備具為之稱快唐人疏義推孔賈
君惟易用王弼書用偽孔氏二書皆不足傳至如詩
春秋左氏三禮則旁采漢魏南北諸儒之説學有師
承文有根柢古義之不盡亡二君之力也今監本毛
氏所刻諸經尚稱完善而禮記闕誤獨多拙菴適得
此書可謂希世之寶矣拙菴家世藏書嗣君博士企
晉嘗許余造璜川書屋盡讀所藏余病未能息壤在
彼請俟他日因校此書并識于後云已巳秋日松崖
惠棟

034-2 佚名録清惠棟跋

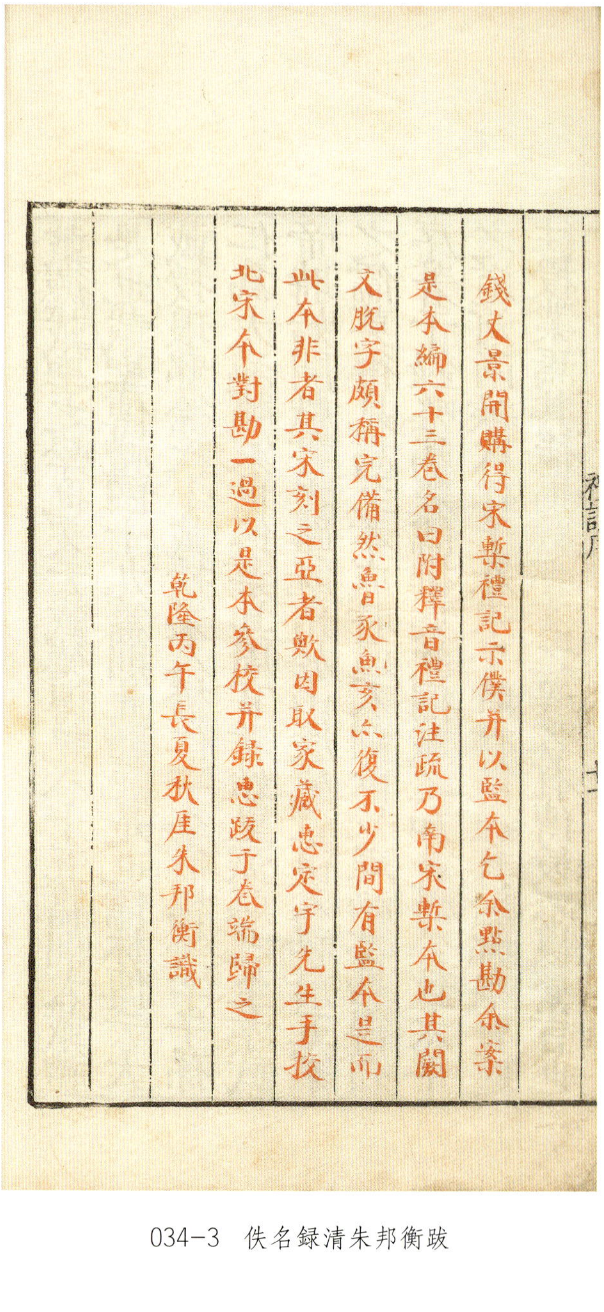
錢文景開購得宋槧禮記示僕并以監本乞余點勘余案
是本編六十三卷名曰附釋音禮記注疏乃南宋槧本也其闕
文脱字頗稱完備然魯豕魚亥亦復不少間有監本是而
此本非者其宋刻之亞者歟因取家藏惠定宇先生手挍
北宋本對勘一過以是本參校并録惠跋于卷端歸之
乾隆丙午長夏秋厓朱邦衡識

034-3 佚名録清朱邦衡跋

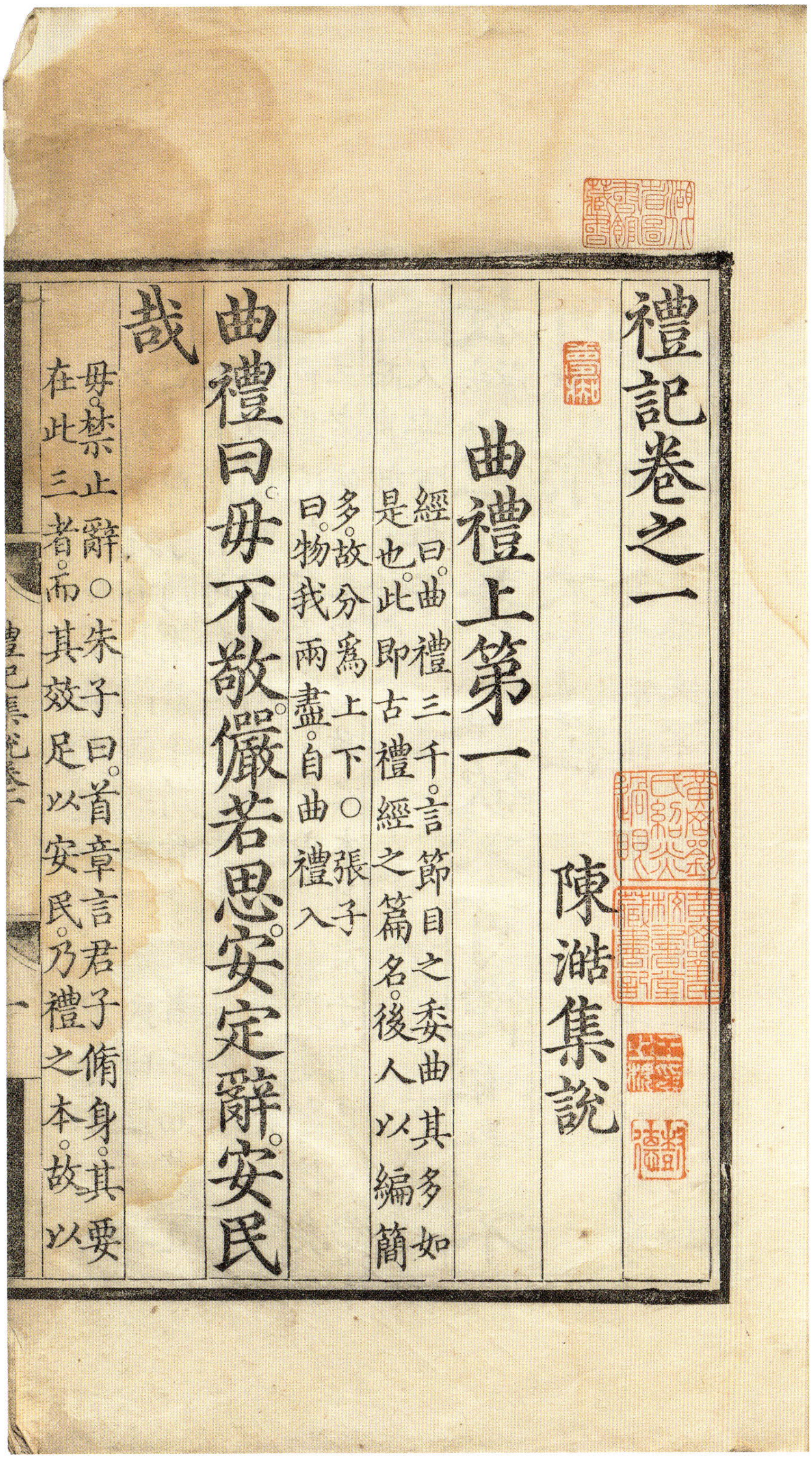

035 《禮記集説》卷一卷端

035 禮記集説十六卷 〔元〕陳澔撰 明正統十二年（1447）司禮監刻本

開本高 32.2 厘米，寬 20.7 厘米。框高 23.0 厘米，寬 16.5 厘米。半葉八行，行十四字，小字雙行十八字，黑口，四周雙邊。鈐"王之梅印""樹德""夢痴""黄岡劉氏紹炎過眼""黄岡劉氏校書堂藏書記"印。索書號：善 000248。

國家珍貴古籍名録編號：12447。湖北省珍貴古籍名録編號：00030。

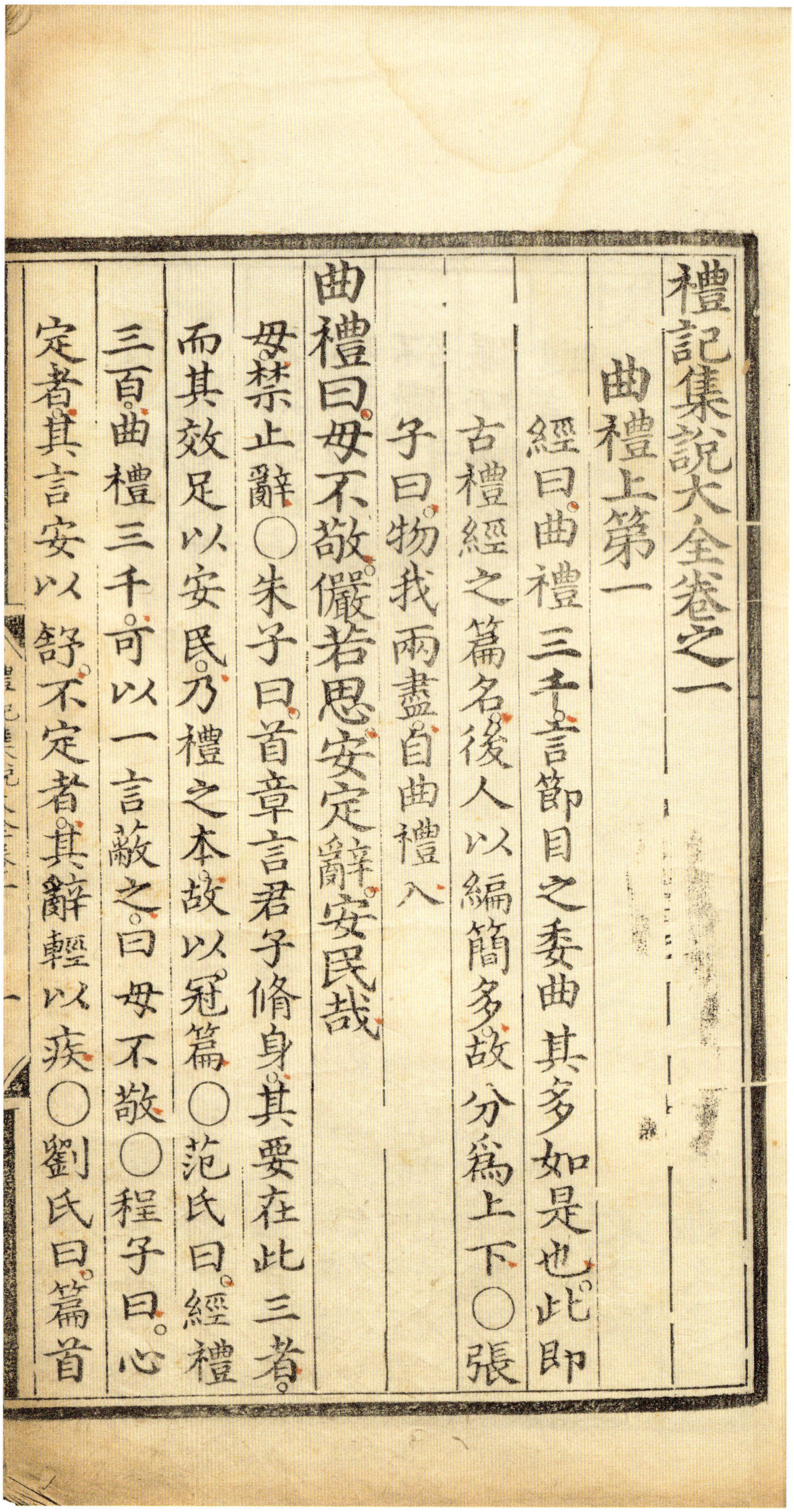
禮記集說大全卷之一
曲禮上第一
經曰曲禮三千言節目之委曲其多如是也此即古禮經之篇名後人以編簡多故分爲上下○張子曰物我兩盡自曲禮入
曲禮曰毋不敬儼若思安定辭安民哉
毋禁止辭○朱子曰首章言君子脩身其要在此三者而其效足以安民乃禮之本故以冠篇○范氏曰經禮三百曲禮三千可以一言蔽之曰毋不敬○程子曰心定者其言安以舒不定者其辭輕以疾○劉氏曰篇首

036 《禮記集説大全》卷一卷端

036 禮記集説大全三十卷 〔明〕胡廣等纂修 明内府刻五經四書大全本

開本高 34.8 厘米，寬 21.2 厘米。框高 27.0 厘米，寬 18.2 厘米。半葉十行，行二十二字，小字雙行同，黑口，四周雙邊。鈐“周系蔚印”“簡堂”印。索書號：善 000252。

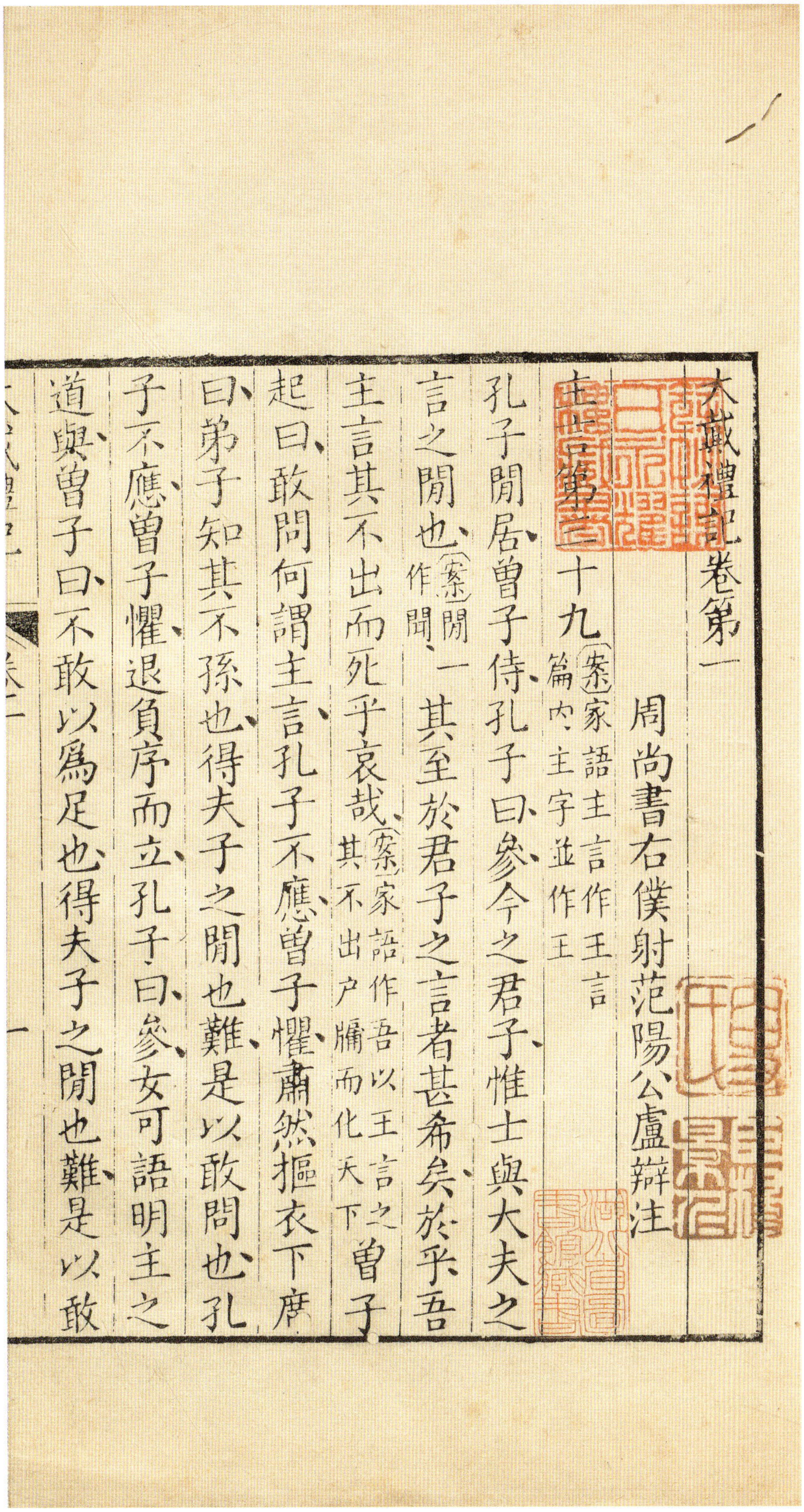
大戴禮記卷第一

周尚書右僕射范陽公盧辯注

主言第三十九（案）家語主言作王言篇內主字並作王

孔子閒居曾子侍孔子曰參今之君子惟士與大夫之言之閒也（案）閒一作問其至於君子之言者甚希矣於乎吾主言其不出而死乎哀哉（案）家語作吾以王言之其不出戶牖而化天下曾子起曰敢問何謂主言孔子不應曾子懼肅然摳衣下席曰弟子知其不孫也得夫子之閒也難是以敢問也孔子不應曾子懼退負序而立孔子曰參女可語明主之道與曾子曰不敢以爲足也得夫子之閒也難是以敢

037-1　《大戴禮記》卷一卷端

037　大戴禮記十三卷　〔漢〕戴德撰　〔北周〕盧辯注　清刻本　清楊景仁圈點批校　清楊沂孫跋

開本高 27.7 厘米，寬 17.4 厘米。框高 18.0 厘米，寬 14.3 厘米。半葉十行，行二十一字，白口，四周單邊。鈐“臣楊景仁”“内史氏”“餘姚謝氏永耀樓藏書”“愛日齋”“同壽私印”“若問生涯指六經”“曾歸徐氏彊誃”等印。索書號：善 000243。

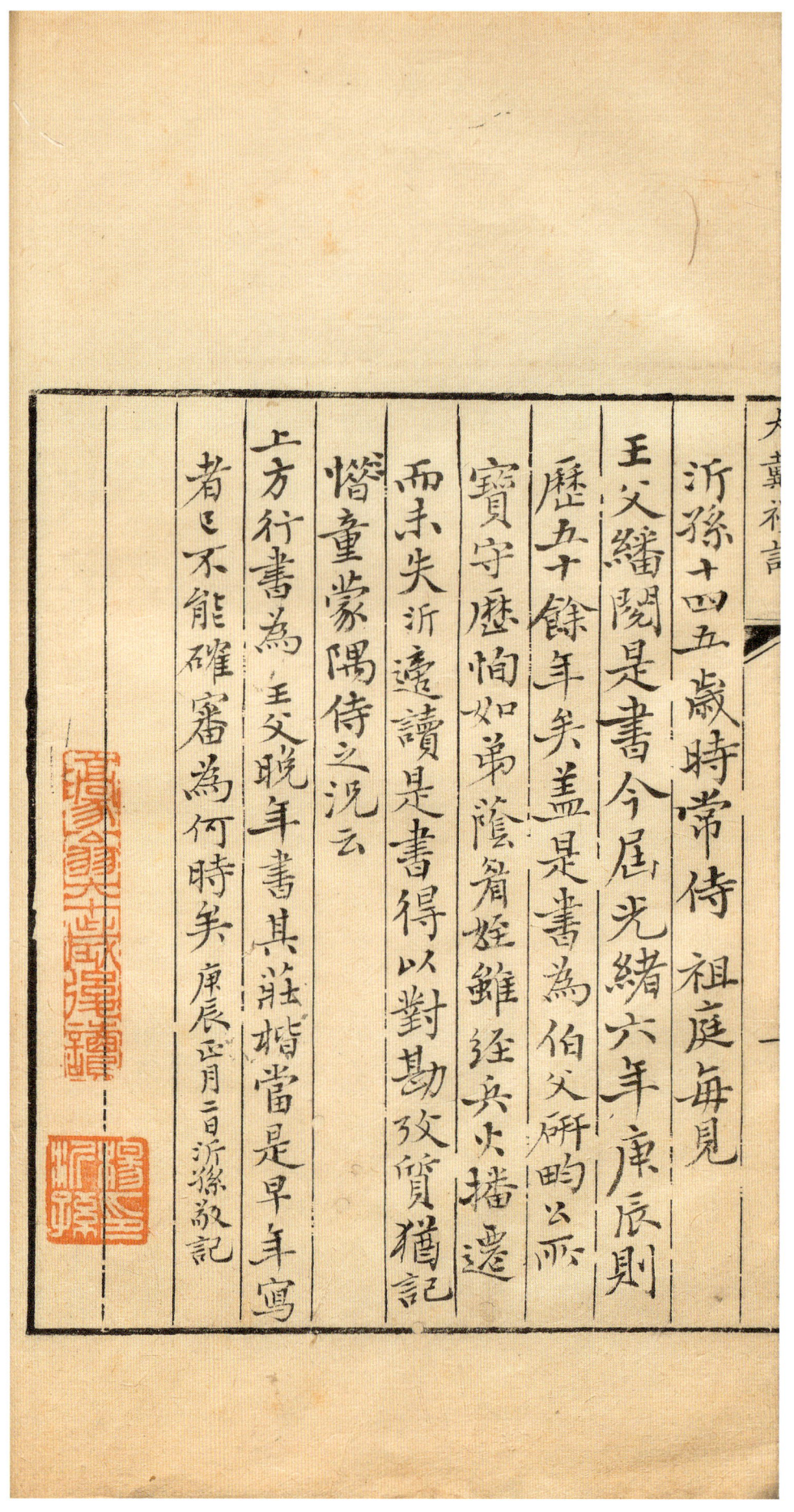

沂孫十四五歲時常侍 祖庭每見
王父繙閱是書今屆光緒六年庚辰則
歷五十餘年矣蓋是書為伯父研畇公所
寶守歷恂如弟蔭眉姪雖經兵火播遷
而未失沂遠讀是書得以對勘考質猶記
憯童蒙隅侍之況云
上方行書為 王父晚年書其莊楷當是早年寫
者已不能確審為何時矣 庚辰正月二日沂孫敬記

037-2 清楊沂孫跋

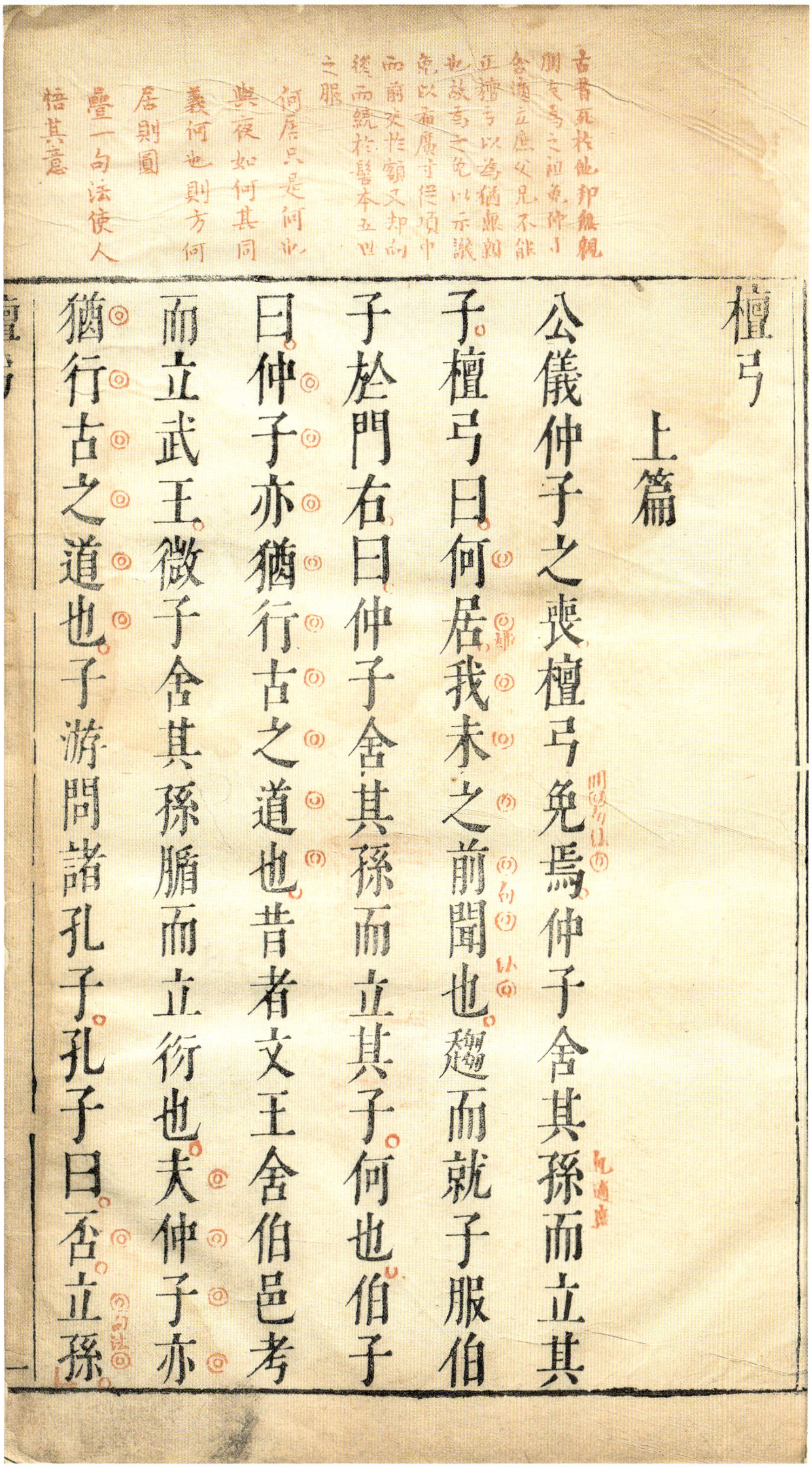

038　《檀弓》卷上卷端

038　檀弓二卷　〔宋〕謝枋得批點　明萬曆四十四年（1616）閔齊伋刻朱墨套印本

開本高 27.0 厘米，寬 17.5 厘米。框高 20.5 厘米，寬 15.3 厘米。半葉八行，行十八字，白口，左右雙邊。索書號：善 000271。

湖北省珍貴古籍名録編號：00029。

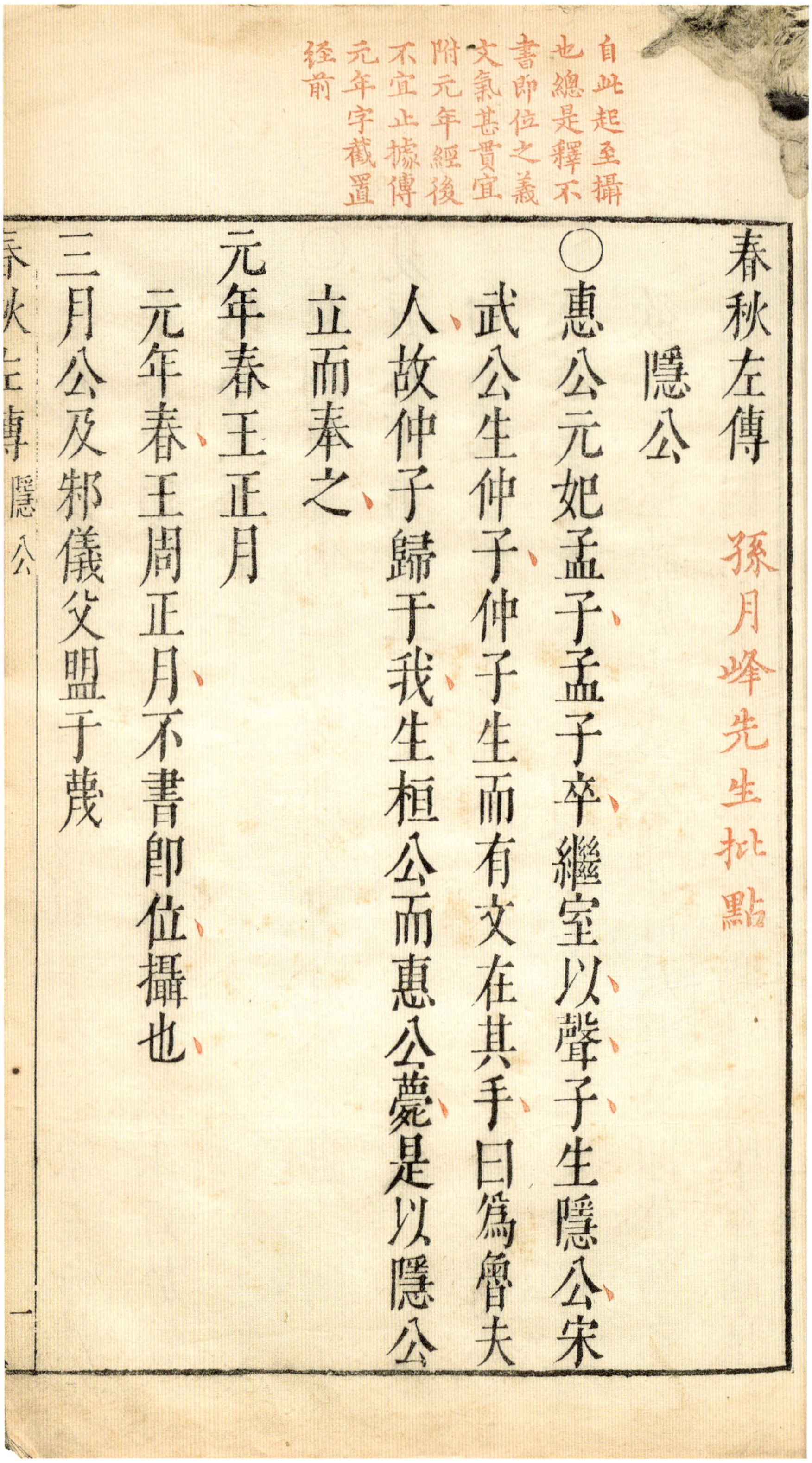
自此起至攝
也總是釋不
書即位之義
文氣甚貫宜
附元年經後
不宜止據傳
元年字截置
經前

春秋左傳

隱公　孫月峰先生批點

○惠公元妃孟子孟子卒繼室以聲子生隱公宋武公生仲子仲子生而有文在其手曰爲魯夫人故仲子歸于我生桓公而惠公薨是以隱公立而奉之

元年春王正月

元年春王周正月不書即位攝也

三月公及邾儀父盟于蔑

春秋左傳　隱公　一

039　《春秋左傳》卷一卷端

039 春秋左傳十五卷　〔明〕孫鑛批點　明萬曆四十四年（1616）閔齊伋刻朱墨套印本　佚名批校

開本高 26.8 厘米，寬 17.8 厘米。框高 21.4 厘米，寬 15.1 厘米。半葉九行，行十九字，白口，四周單邊。索書號：善 000363。

湖北省珍貴古籍名録編號：00032。

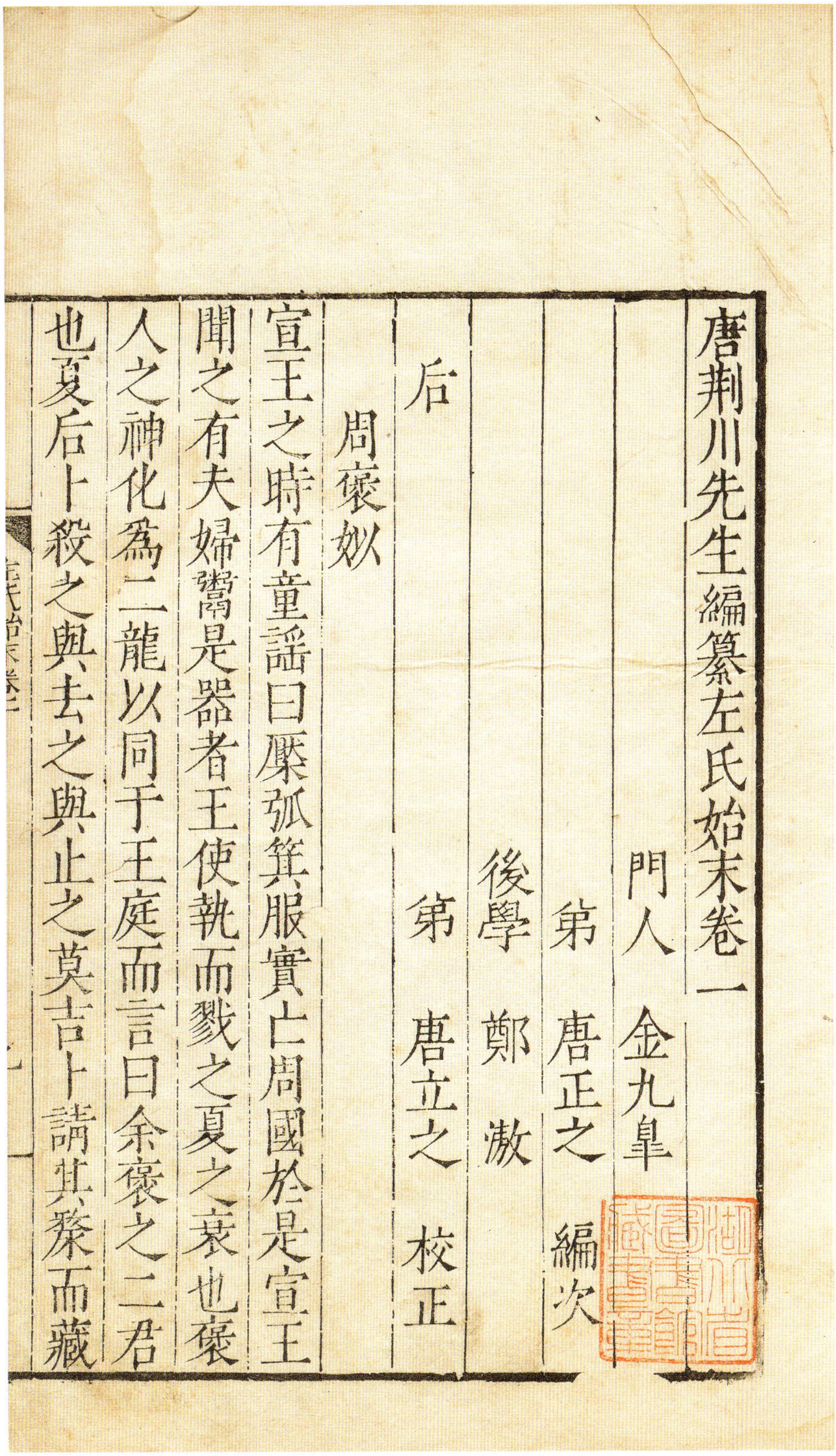
唐荊川先生編纂左氏始末卷一
門人　金九皐
弟　唐正之　編次
後學　鄭潡
弟　唐立之　校正
后
周褒姒
宣王之時有童謠曰檿弧箕服實亡周國於是宣王
聞之有夫婦鬻是器者王使執而戮之夏之衰也褒
人之神化爲二龍以同于王庭而言曰余褒之二君
也夏后卜殺之與去之與止之莫吉卜請其漦而藏

040　《唐荊川先生編纂左傳始末》卷一卷端

040　唐荊川先生編纂左傳始末十二卷　〔明〕唐順之撰　〔明〕唐正之等編　明嘉靖四十一年（1562）刻本

開本高 25.7 厘米，寬 17.6 厘米。框高 19.2 厘米，寬 13.7 厘米。半葉十行，行二十字，白口，四周單邊。索書號：善 000358。

湖北省珍貴古籍名録編號：00031。

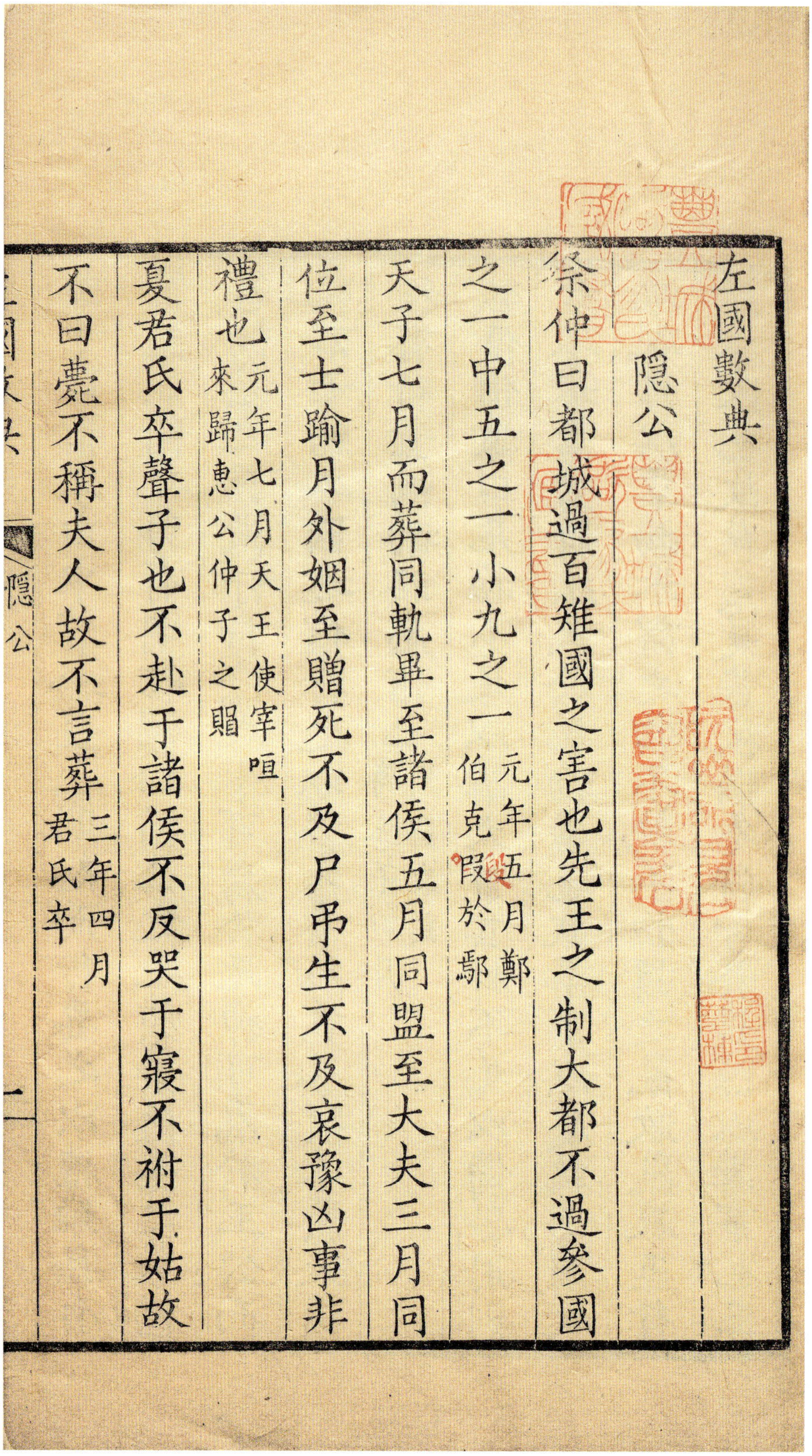
左國數典
隱公
祭仲曰都城過百雉國之害也先王之制大都不過參國
之一中五之一小九之一元年五月鄭伯克段於鄢
天子七月而葬同軌畢至諸侯五月同盟至大夫三月同
位至士踰月外姻至贈死不及尸弔生不及哀豫凶事非
禮也元年七月天王使宰咺來歸惠公仲子之賵
夏君氏卒聲子也不赴于諸侯不反哭于寢不祔于姑故
不曰薨不稱夫人故不言葬三年四月君氏卒

左國數典 隱公 一

041 《左國數典》卷一卷端

041 左國數典二卷附公羊數典一卷穀梁數典一卷 〔清〕洪梧輯 清嘉慶刻本

開本高 25.0 厘米，寬 16.1 厘米。框高 19.1 厘米，寬 14.1 厘米。半葉九行，行二十二字，小字雙行同，白口，四周單邊。鈐“豐城歐陽氏藏書”“阮齋所得書畫金石”“程楚棟印”印。索書號：善001313。

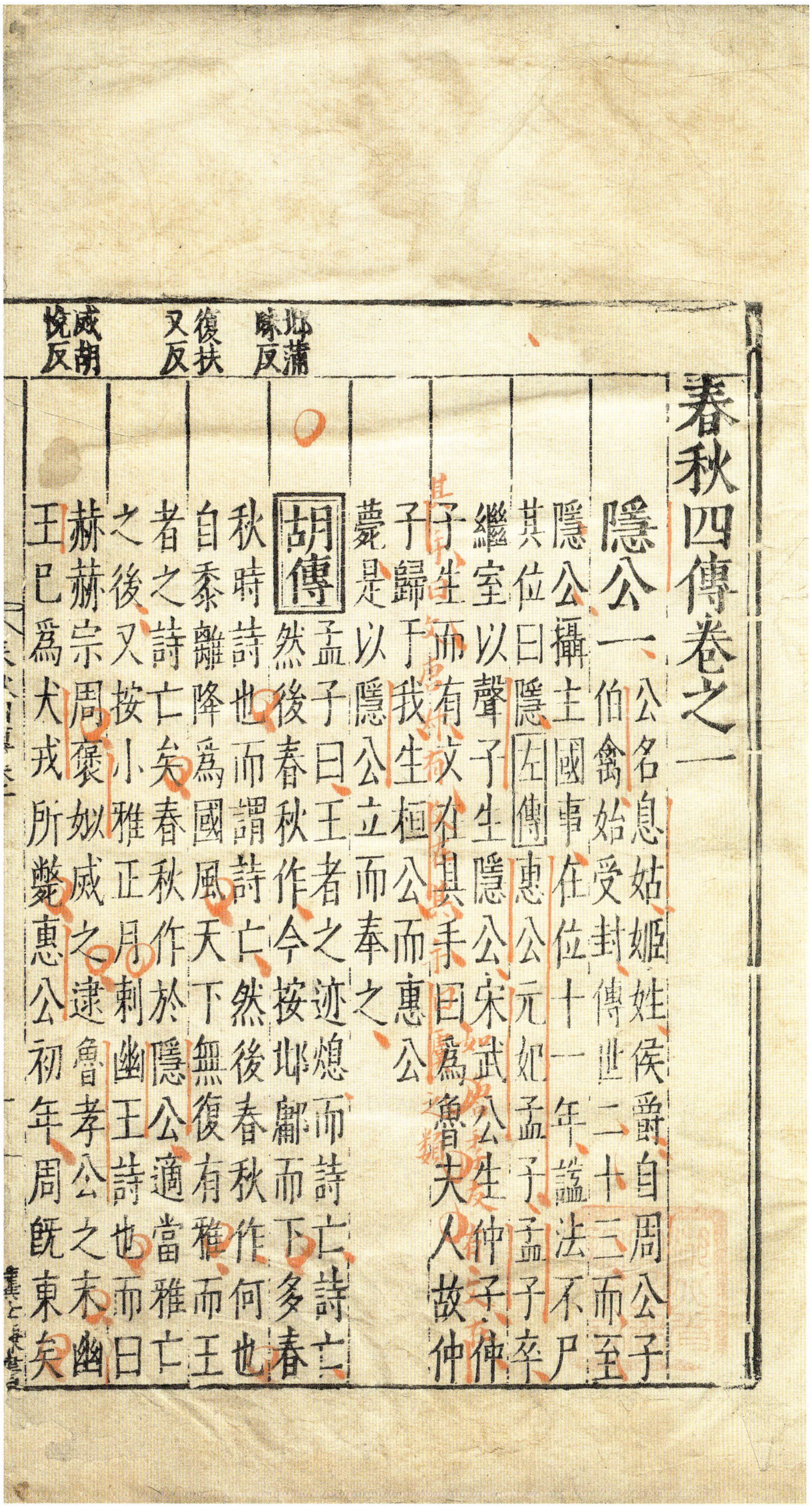

042-1　《春秋四傳》卷一卷端

042　春秋四傳三十八卷　明嘉靖吉澄刻樊獻科、楊一鶚遞修本　佚名圈點並批

開本高 27.5 厘米，寬 17.2 厘米。框高 22.3 厘米，寬 14.2 厘米。半葉九行，行十七字，小字雙行同，白口，左右雙邊。索書號：善 000309。

湖北省珍貴古籍名録編號：00034。

以恕待人之道也。然在外即可不報，否則春秋又何望莊公之深也。

屬音燭　知去聲　夫音扶

燕初子儀有寵於桓王桓王屬諸周公辛伯諫曰並后匹嫡兩政耦國亂之本也周公弗從故及

字法

冬十有二月己丑葬我君桓公

公羊傳 賊未討何以書葬讎在外也讎在外則何以書葬君子辭也 穀梁傳 葬我君接上下也君弒賊不討不書葬此其言葬何也不責踰國而討于是也桓公葬而後舉諡諡所以成德也於卒事乎加之矣知者慮義者行仁者守有此三者備然後可以會矣

胡傳 公羊曰賊未討何以書葬讎在外也穀梁子曰讎在外者不責踰國而討于是也夫桓公之讎在齊則外也隱公之讎在魯則內也在外者不責其踰國固有任之者矣在內者討于是此春秋之法也故十八年書王而桓公書葬惟可與權者

若訊之若病之若惜之有餘不盡動其[illegible]

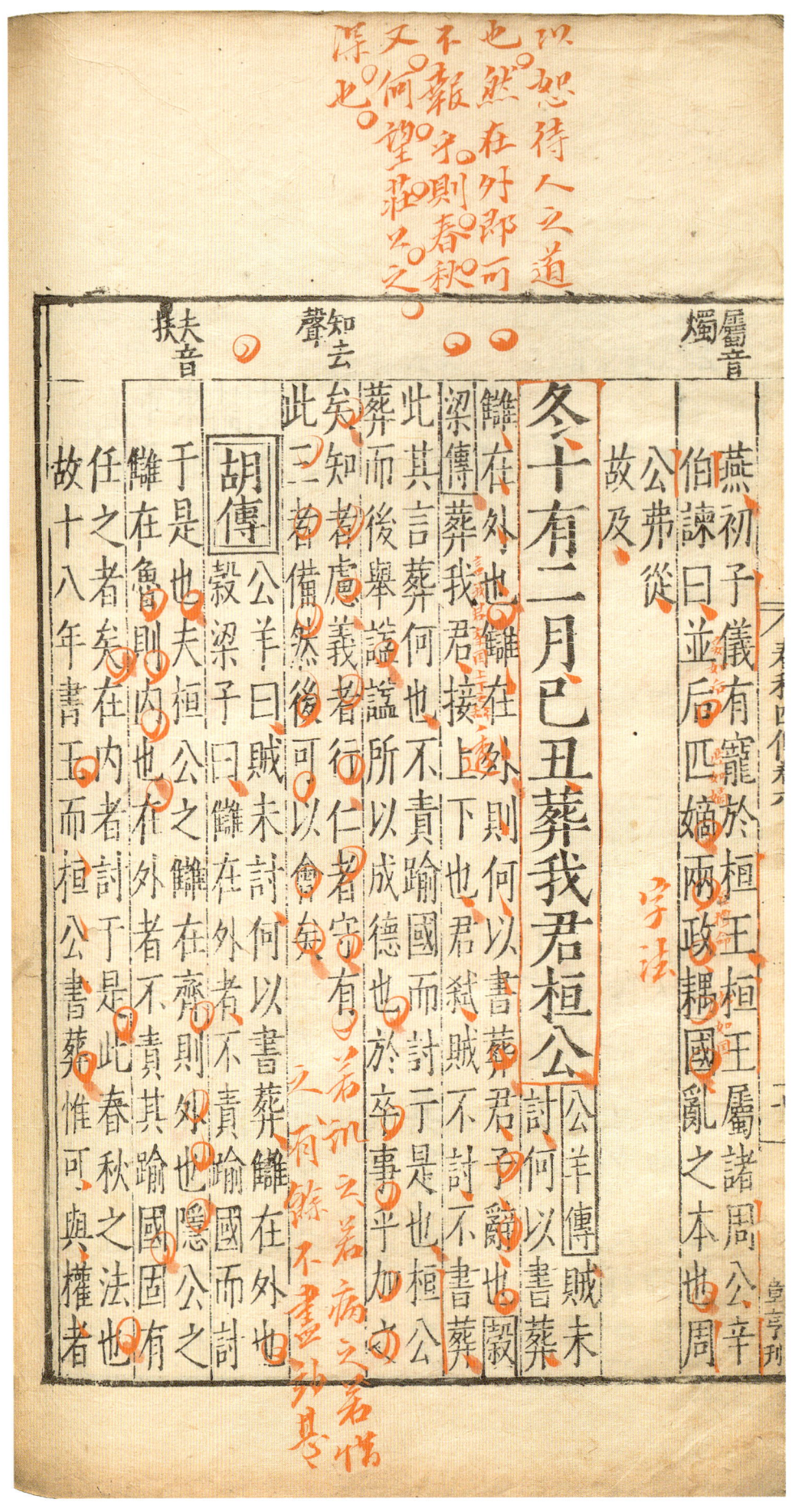

042-2　佚名圈點並批

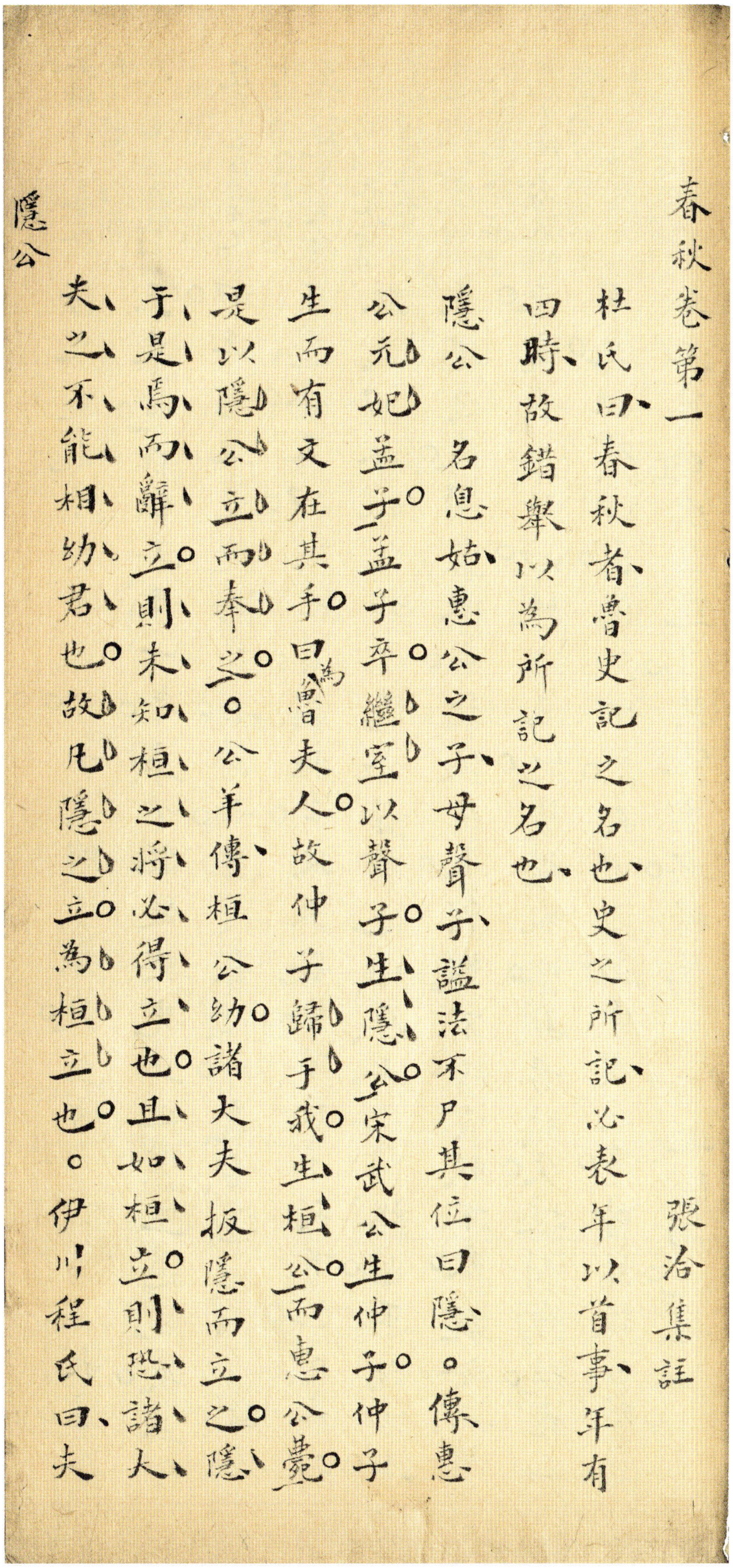
春秋卷第一　　張洽集註
杜氏曰春秋者魯史記之名也史之所記必表年以首事年有
四時故錯舉以為所記之名也
隱公　名息姑惠公之子母聲子謚法不尸其位曰隱○傳惠
公元妃孟子○孟子卒繼室以聲子生隱公○宋武公生仲子仲子
生而有文在其手曰為魯夫人○故仲子歸于我生桓公而惠公薨○
是以隱公立而奉之○公羊傳桓公幼○諸大夫扳隱而立之隱
于是焉而辭立○則未知桓之將必得立也且如桓立則恐諸大
夫之不能相幼君也○故凡隱之立為桓立也○伊川程氏曰夫
隱公

043-1　《春秋集注》卷一卷端

043　春秋集注十一卷綱領一卷　〔宋〕張洽撰　清抄本　佚名批校

開本高 24.2 厘米，寬 13.0 厘米。無框欄，半葉九行，行二十六字，小字雙行同。索書號：經五 / 6057。

左傳不書名未同盟也公羊傳不名微國也穀梁傳滕侯無名少曰世子長曰君狄道也其不正者名也

姬侍年于父母之國。滕不書此特書者以其終不忘紀之五廟雖紀（事在桓十二年）侯卒而歸于鄭以奉宗祀沒其身而後已。聖人以其賢可以厲婦德將有其末必録其本是以變例而特書之蘇氏（蘇轍有集傳十二卷）所謂賢而得書者也

○滕侯卒

○滕國今徐州滕縣也。不名史闕文不書葬者魯不會也魯蓋為滕之宗國隱公息于禮弱其君雖同宗之親同盟之國而不會其葬春秋深著其罪胡氏論之詳矣。

○夏城中丘

○中丘程氏註在瑯琊臨沂縣東北即今沂州臨沂縣魯無敵國外患之警盛夏興役事無故之工築妨農害民非人君之心也春秋重民力之意程子及泰山孫氏言之詳矣。

○齊侯使其弟年來聘

聘者諸侯遣大夫

043-2 佚名批校

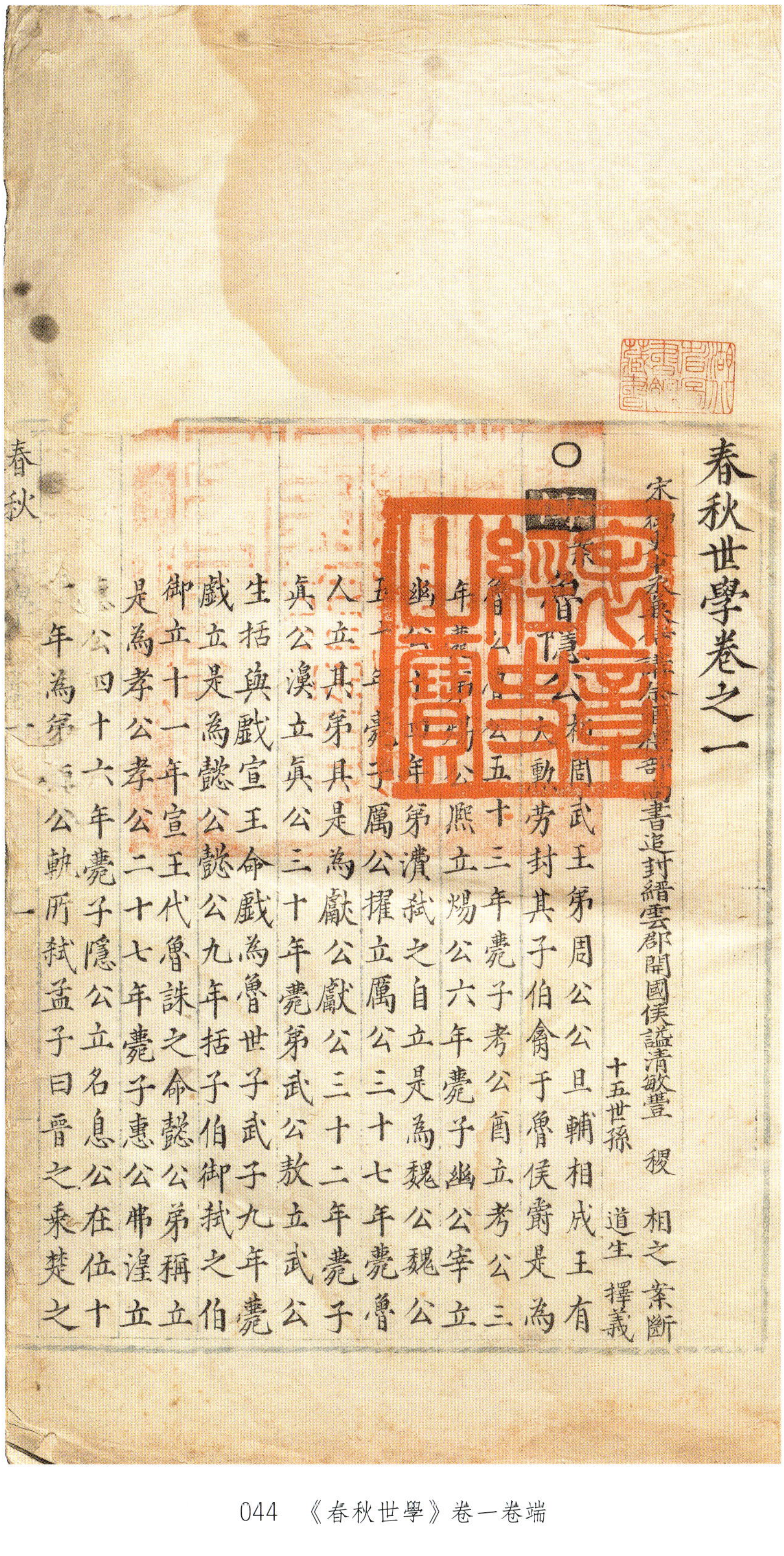
春秋世學卷之一
宋[illegible]書追封縉雲郡開國侯謚清敏豐 稷 相之案斷
十五世孫 道生 擇義
○魯[illegible]周武王弟周公旦輔相成王有
[illegible]大勳勞封其子伯禽于魯侯爵是爲
伯[illegible]公五十三年薨子考公酋立考公三
年[illegible]公熙立煬公六年薨子幽公宰立
幽[illegible]年弟潰弑之自立是爲魏公魏公
五十[illegible]年薨子厲公擢立厲公三十七年薨魯
入立其弟具是爲獻公獻公三十二年薨子
真公濞立真公三十年薨弟武公敖立武公
生括與戲宣王命戲爲魯世子武子九年薨
戲立是爲懿公懿公九年括子伯御弑之伯
御立十一年宣王代魯誅之命懿公弟稱立
是爲孝公孝公二十七年薨子惠公弗湟立
惠公四十六年薨子隱公立名息公在位十
一年爲弟[illegible]公軌所弑孟子曰晉之乘楚之
春秋[illegible]一

044 《春秋世學》卷一卷端

044 春秋世學三十三卷 〔明〕豐坊撰 明抄本

開本高 31.5 厘米，寬 20.3 厘米。框高 19.9 厘米，寬 17.0 厘米。半葉九行，行二十字，小字雙行同，白口，四周雙邊。鈐“翰林院印”“表章經史之寶”印，前一印爲滿漢合璧印，兩印疑僞。索書號：善 000312。

國家珍貴古籍名録編號：03367。

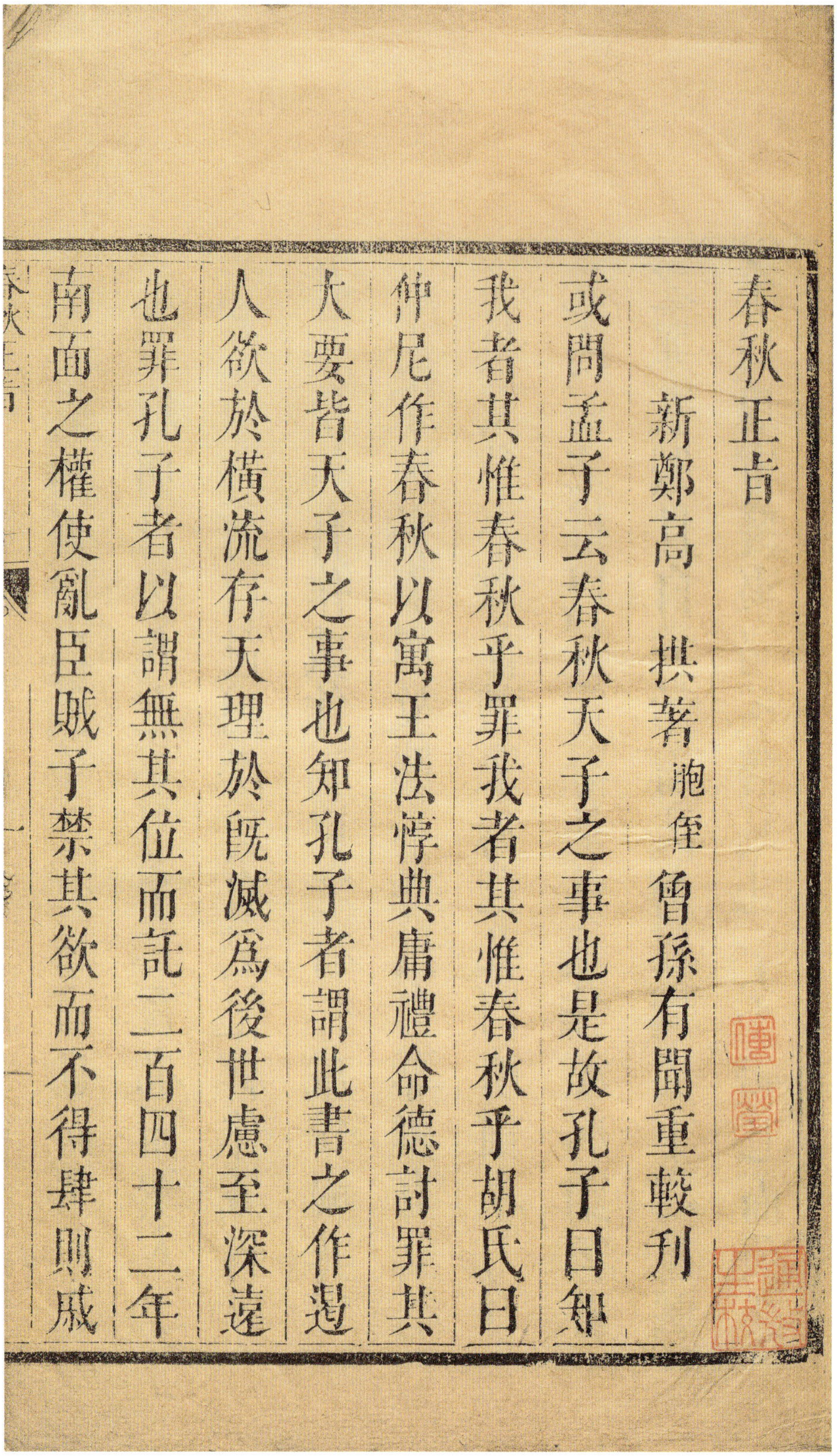
春秋正旨
新鄭高　拱著　胞侄　曾孫有聞重較刊
或問孟子云春秋天子之事也是故孔子曰知
我者其惟春秋乎罪我者其惟春秋乎胡氏曰
仲尼作春秋以寓王法惇典庸禮命德討罪其
大要皆天子之事也知孔子者謂此書之作遏
人欲於横流存天理於既滅爲後世慮至深遠
也罪孔子者以謂無其位而託二百四十二年
南面之權使亂臣賊子禁其欲而不得肆則戚

045　《春秋正旨》卷端

045　春秋正旨一卷　〔明〕高拱撰　清康熙二十六年（1687）高有聞籠春堂刻高文襄公集本

開本高 25.2 厘米，寬 16.5 厘米。框高 19.4 厘米，寬 14.7 厘米。半葉九行，行十八字，白口，四周雙邊。鈐“通眉生藏書印”“通微生校”“傳瑩”印。索書號：善 003403。

湖北省珍貴古籍名録編號：00035。

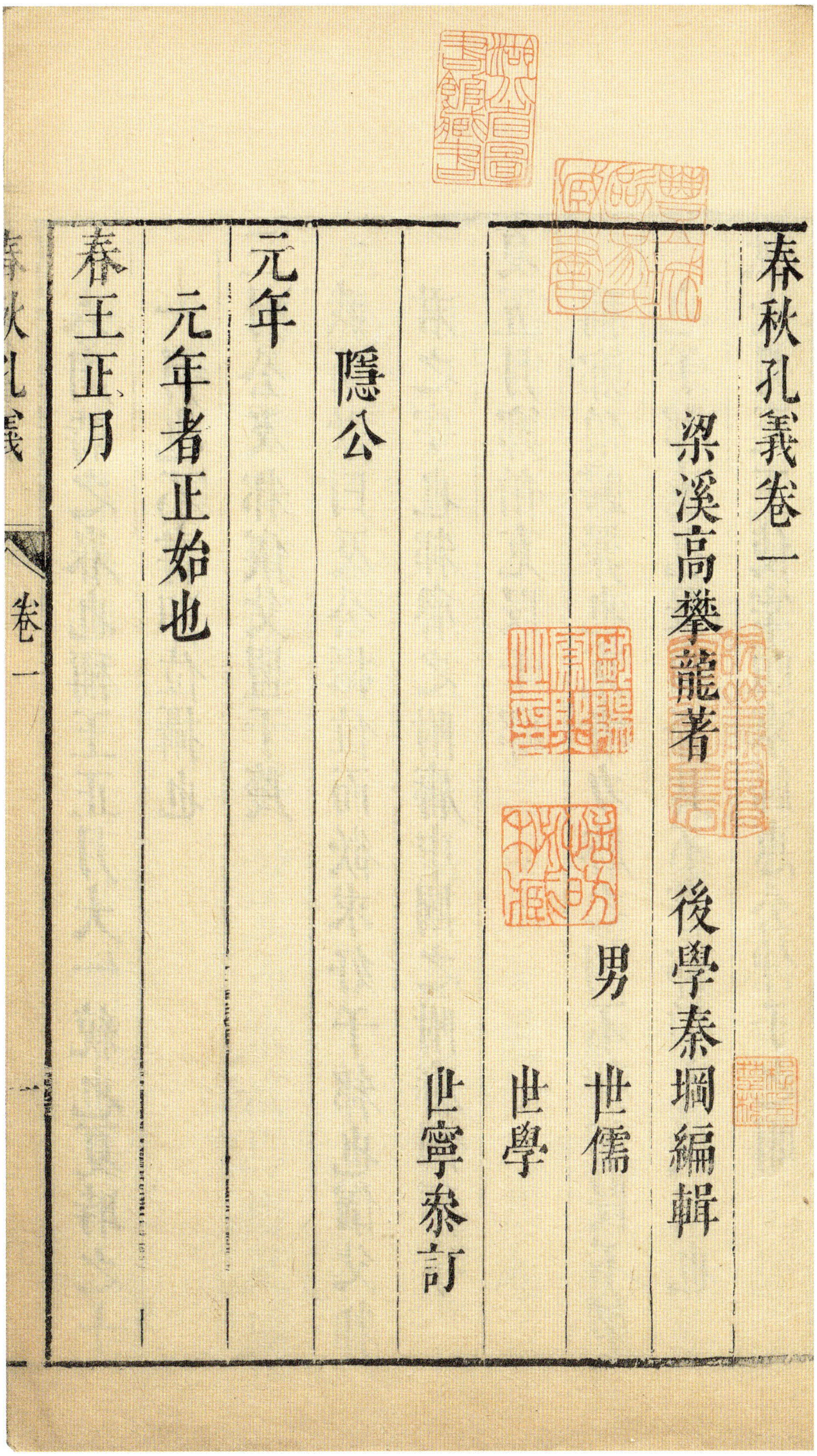

046　《春秋孔義》卷一卷端

046　春秋孔義十二卷　〔明〕高攀龍撰　〔明〕秦堈編輯　明崇禎十三年（1640）秦堈刻清乾隆七年（1742）華希閔劍光閣印本

開本高 25.4 厘米，寬 16.5 厘米。半葉單框，框高 20.0 厘米，寬 14.8 厘米。半葉九行，行十九字，白口，四周單邊。鈐“豐城歐陽氏藏書”“阮齋所得書畫金石”“歐陽鳳熙之印”“恬昉秘藏”印。索書號：善 000313。

湖北省珍貴古籍名録編號：00272。

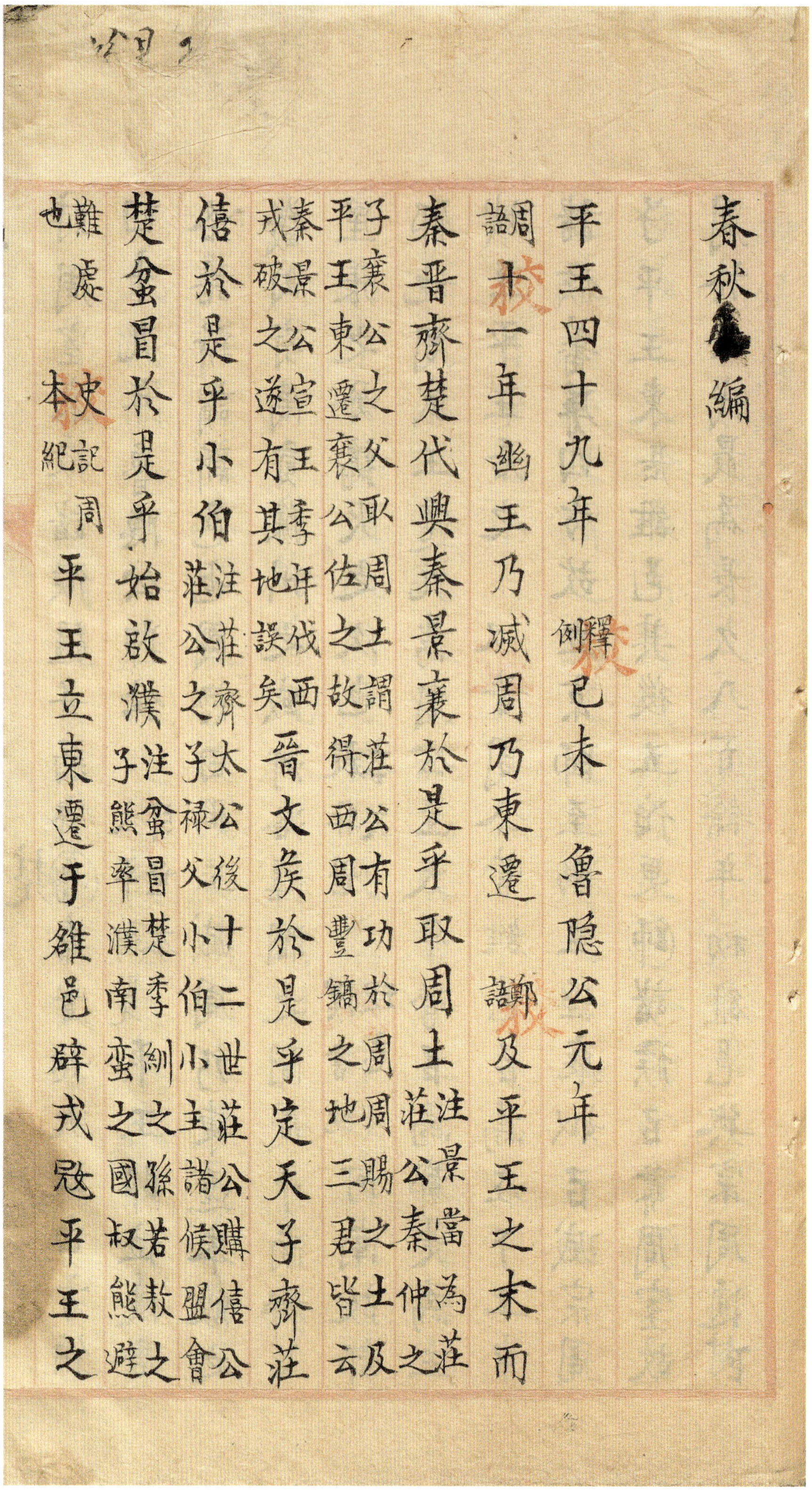

047-1 《春秋長編》卷端

047 春秋長編不分卷 〔清〕孫星衍編 稿本

開本高 26.5 厘米，寬 16.3 厘米。框高 21.5 厘米，寬 14.1 厘米。半葉十行，行二十字，小字雙行同，白口，四周單邊。鈐“盱眙吴氏藏書”印。索書號：善 004447。

國家珍貴古籍名録編號：12460。

春秋繁露竹林 故凡人之有為也前枉而後義者謂之中權雖不能成春秋善之魯隱公鄭祭仲是也

按蔑即姑蔑單言蔑者隱公諱姑息也惠棟云古時史官為隱公諱猶定公名宋者廿四年傳宗人釁夏曰孝惠取于商不云宋也

按鄔史記正義作鄔音烏古反今鄭新縣南鄔頭有村多萬家舊則作鄔陸淳春秋集解（傳）辨疑引趙匡集傳云鄔當作鄢鄭地也在緱氏縣西南至（隱公）十一年乃屬周左傳王取鄔劉蔿邘之田于鄭是也傳為誤為鄢字杜注云今潁川鄢陵誤甚矣今按從京至鄔地不甚遠又是鄭地段所以有兵衆故曰克若遠至鄢陵則無復兵衆何得云克且京在今滎陽鄔在今新鄭共在今輝（縣）自京至鄔自鄔（過）奔共城為便路若已南至鄢陵即不當復（奔）共矣宜以史記正義為允

047-2 清孫星衍按語

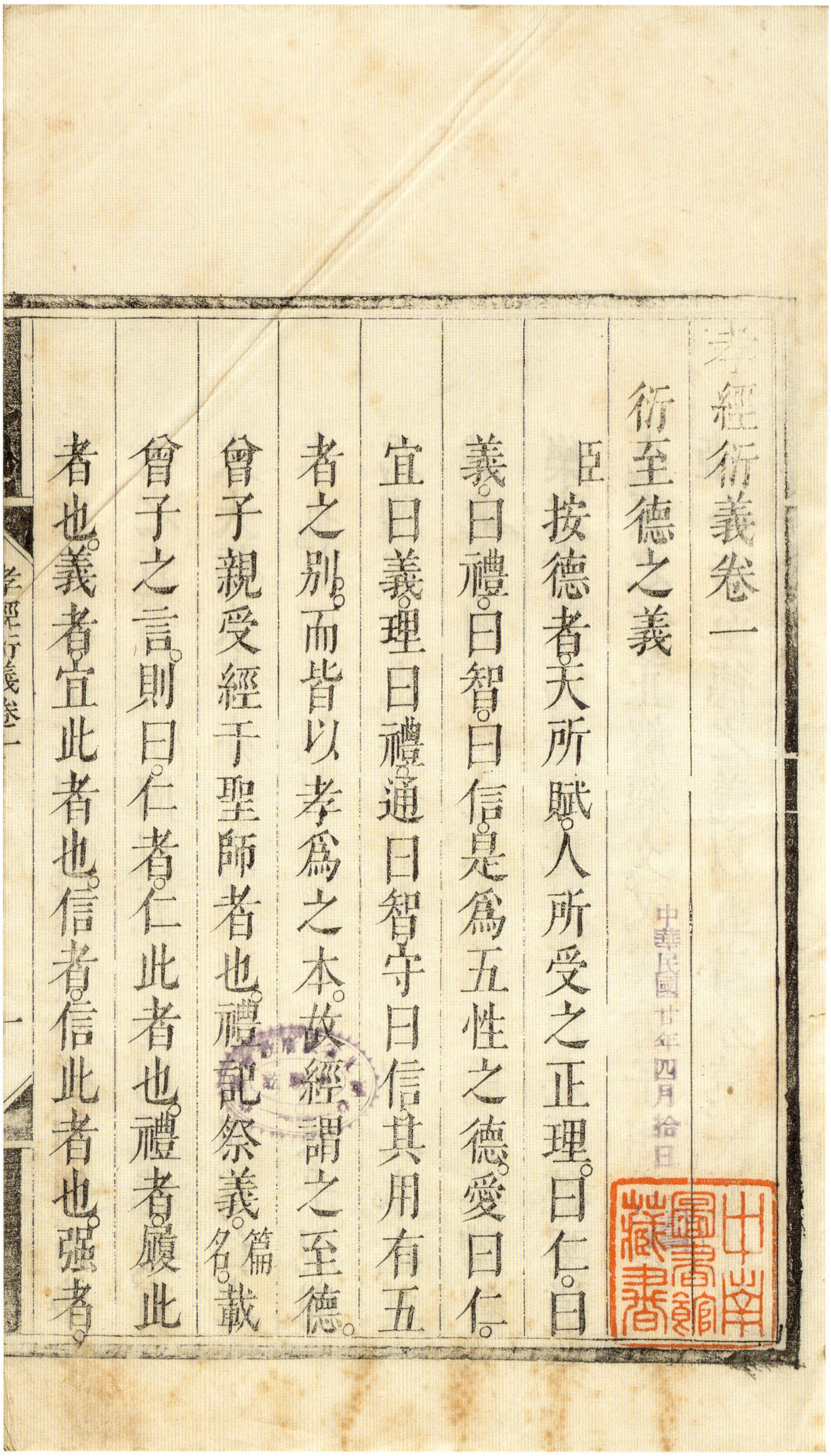

孝經衍義卷一
衍至德之義
臣 按德者天所賦人所受之正理曰仁曰
義曰禮曰智曰信是爲五性之德愛曰仁
宜曰義理曰禮通曰智守曰信其用有五
者之別而皆以孝爲之本故經謂之至德
曾子親受經于聖師者也禮記祭義篇名載
曾子之言則曰仁者仁此者也禮者履此
者也義者宜此者也信者信此者也強者

孝經衍義卷一　一

048　《孝經衍義》卷一卷端

048　孝經衍義一百卷首二卷　〔明〕韓菼撰　清刻本

開本高 25.5 厘米，寬 16.1 厘米。框高 18.8 厘米，寬 14.5 厘米。半葉九行，行十八字，小字雙行同，黑口，四周雙邊。索書號：善 000396。

湖北省珍貴古籍名録編號：00215。

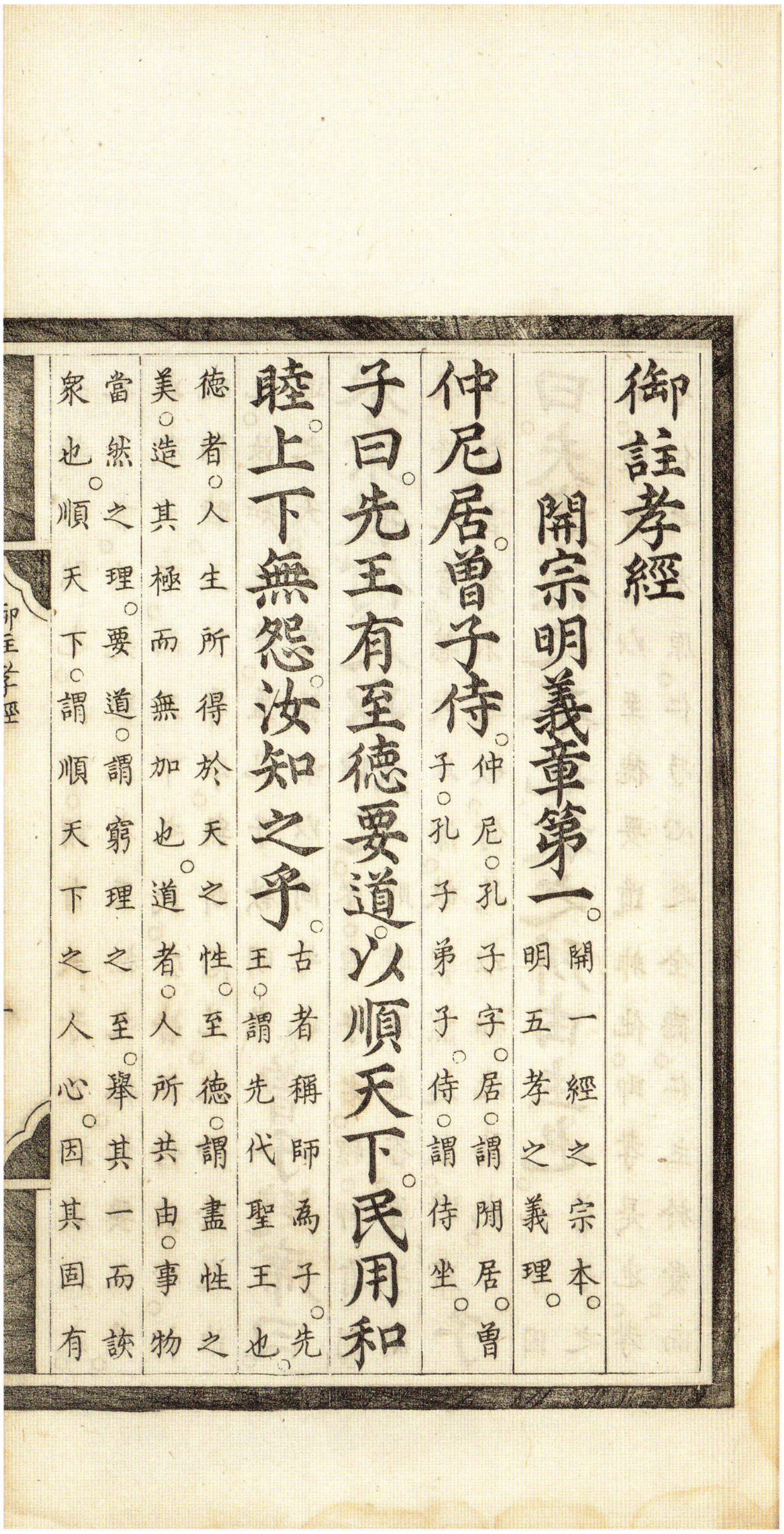

御註孝經

開宗明義章第一 開一經之宗本。明五孝之義理。

仲尼居曾子侍 仲尼孔子字。居謂閒居。曾子孔子弟子。侍謂侍坐。

子曰先王有至德要道以順天下民用和睦上下無怨汝知之乎 古者稱師爲子。先王謂先代聖王也。德者人生所得於天之性。至德謂盡性之美。造其極而無加也。道者人所共由事物當然之理。要道謂窮理之至。舉其一而該衆也。順天下謂順天下之人心。因其固有

049 《御注孝經》卷端

049 御注孝經不分卷 〔清〕世祖福臨注 清順治内府刻本

開本高 25.3 厘米，寬 15.5 厘米。框高 18.0 厘米，寬 12.4 厘米。半葉七行，行十六字，小字雙行同，黑口，四周雙邊。索書號：善 000392。

湖北省珍貴古籍名録編號：000273。

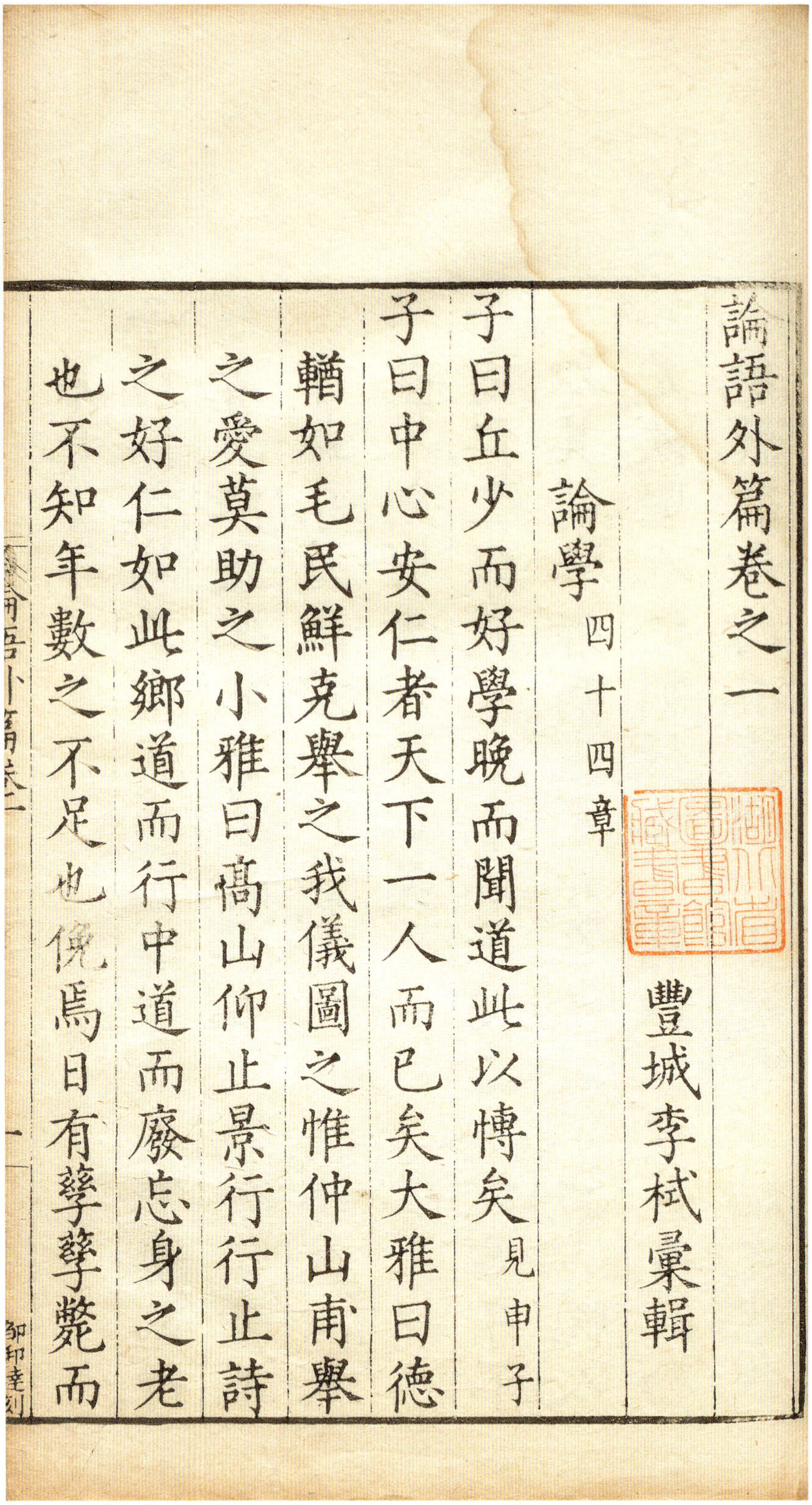
論語外篇卷之一
豐城李栻彙輯
論學 四十四章
子曰丘少而好學晚而聞道此以博矣 見申子
子曰中心安仁者天下一人而已矣大雅曰德
輶如毛民鮮克舉之我儀圖之惟仲山甫舉
之愛莫助之小雅曰高山仰止景行行止詩
之好仁如此鄉道而行中道而廢忘身之老
也不知年數之不足也俛焉日有孶孶斃而

050　《論語外篇》卷一卷端

050　論語外篇十八卷　〔明〕李栻撰　明萬曆刻本

開本高 26.8 厘米，寬 16.8 厘米。框高 20.2 厘米，寬 14.8 厘米。半葉九行，行十八字，白口，左右雙邊。索書號：善 000461。

國家珍貴古籍名録編號：07392。

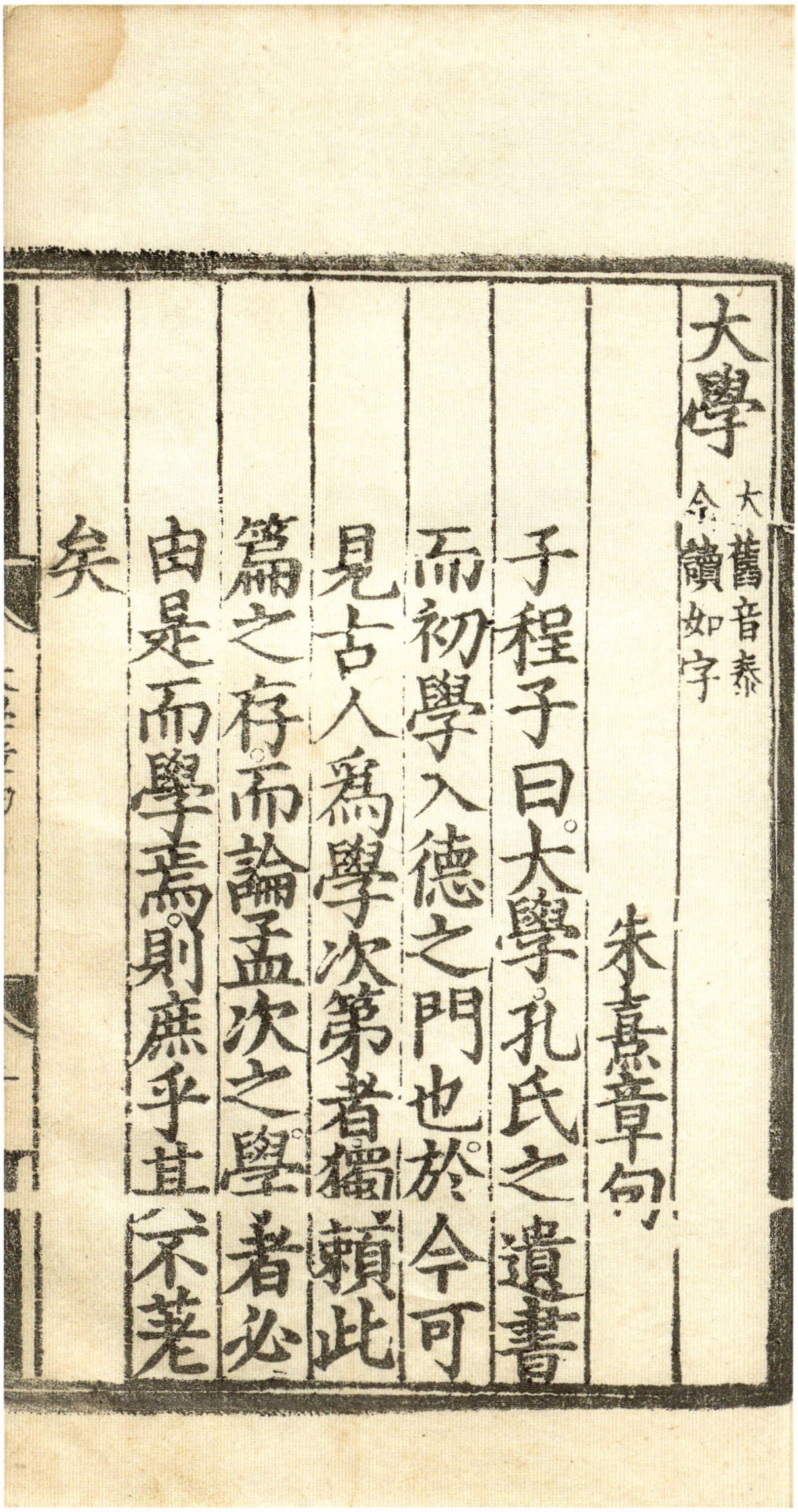

051　《大學》卷端

051　四書集注二十九卷　〔宋〕朱熹撰　明正統十二年（1447）司禮監刻本

開本高 30.3 厘米，寬 18.4 厘米。框高 23.2 厘米，寬 16.5 厘米。半葉八行，行十四字，小字雙行十八字，黑口，四周雙邊。鈐“張藩圖書”“尾府内庫圖書”“六合徐氏孫麒珍藏書畫印”“孫麒氏使東所得”等印。索書號：善 000397。

湖北省珍貴古籍名録編號：00037。

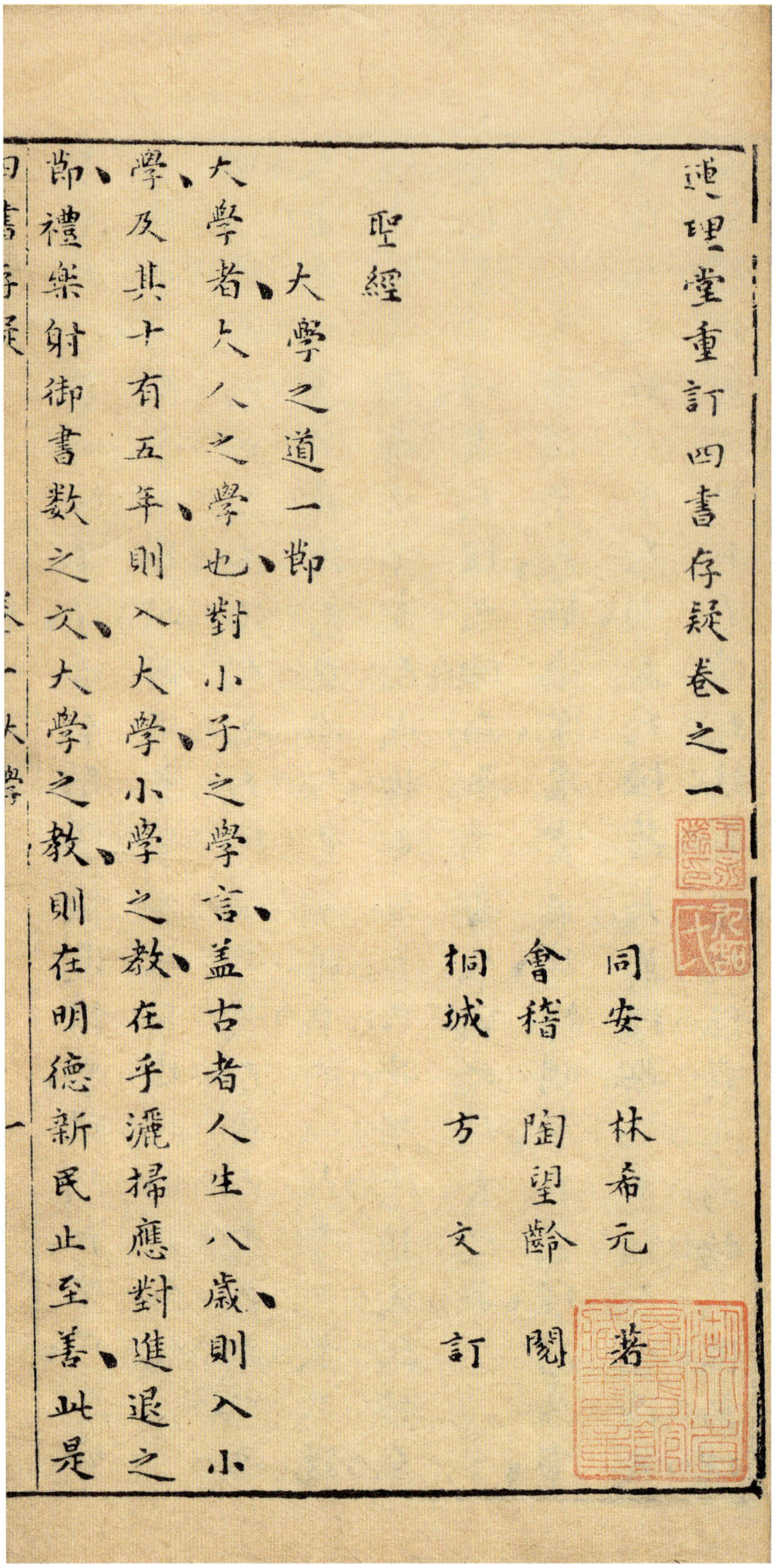
連理堂重訂四書存疑卷之一
同安　林希元　著
會稽　陶望齡　閲
桐城　方　文　訂
聖經
大學之道一節
大學者大人之學也對小子之學言蓋古者人生八歲則入小
學及其十有五年則入大學小學之教在乎灑掃應對進退之
節禮樂射御書數之文大學之教則在明德新民止至善此是
四書存疑　卷一　大學　一

052　《連理堂重訂四書存疑》卷一卷端

052　連理堂重訂四書存疑十四卷　〔明〕林希元撰　明崇禎八年（1635）方文刻本

開本高 25.4 厘米，寬 13.9 厘米。框高 22.0 厘米，寬 12.6 厘米。半葉九行，行二十四字，白口，四周單邊。鈐“王永齡印”“九如氏”印。索書號：善 000414。

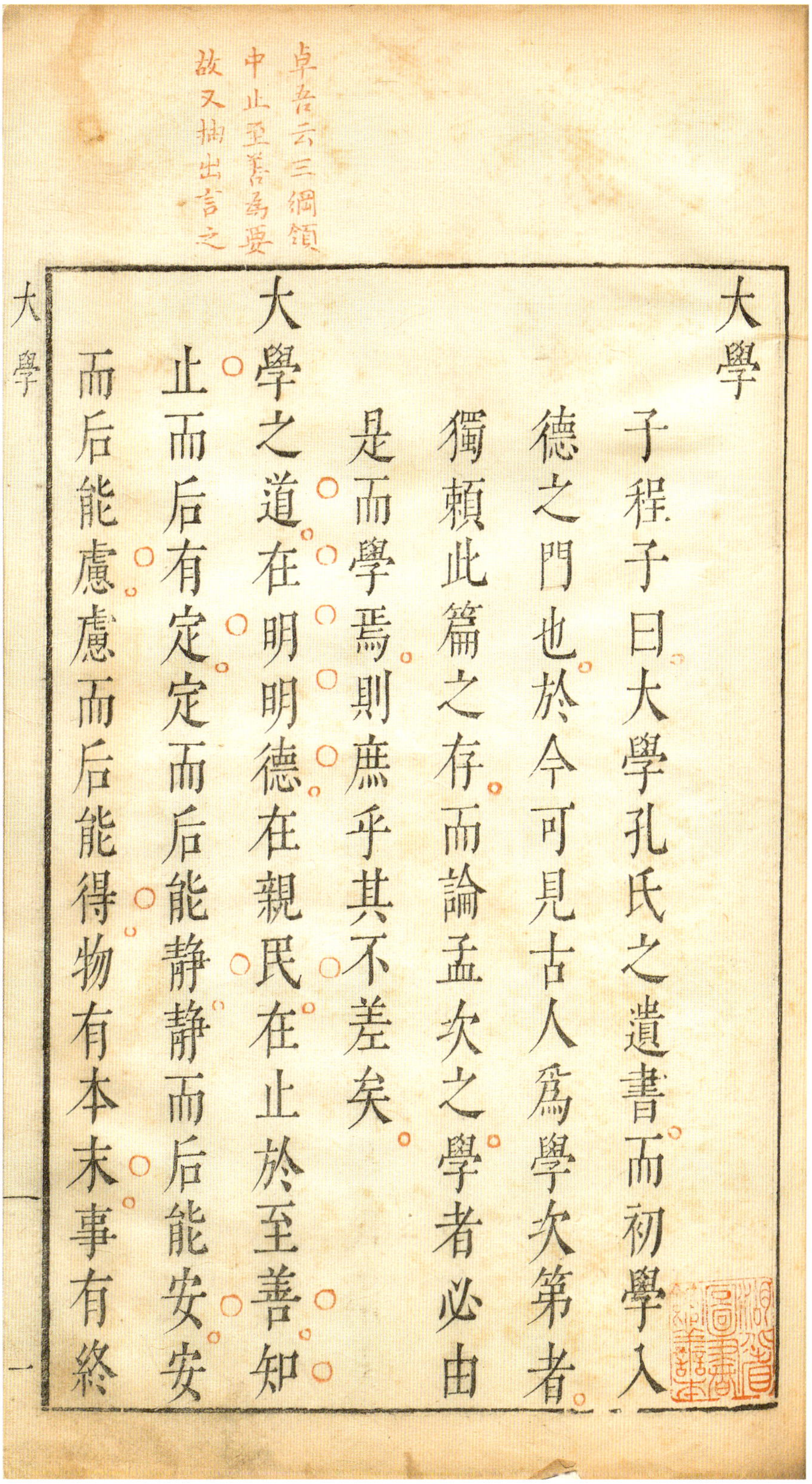
卓吾云三綱領
中止至善爲要
故又揭出言之

大學

子程子曰大學孔氏之遺書而初學入
德之門也於今可見古人爲學次第者
獨賴此篇之存而論孟次之學者必由
是而學焉則庶乎其不差矣

大學之道在明明德在親民在止於至善知
止而后有定定而后能靜靜而后能安安
而后能慮慮而后能得物有本末事有終

大學　一

053　《大學》卷端

053　四書參十九卷　〔明〕李贄撰　〔明〕楊起元批評　明刻朱墨套印本

開本高 26.3 厘米，寬 16.9 厘米。半葉單框，框高 20.3 厘米，寬 13.5 厘米。半葉八行，行十七字，白口，四周單邊。鈐“張裕釗圖書印”印。索書號：善 000412。

湖北省珍貴古籍名録編號：00038。

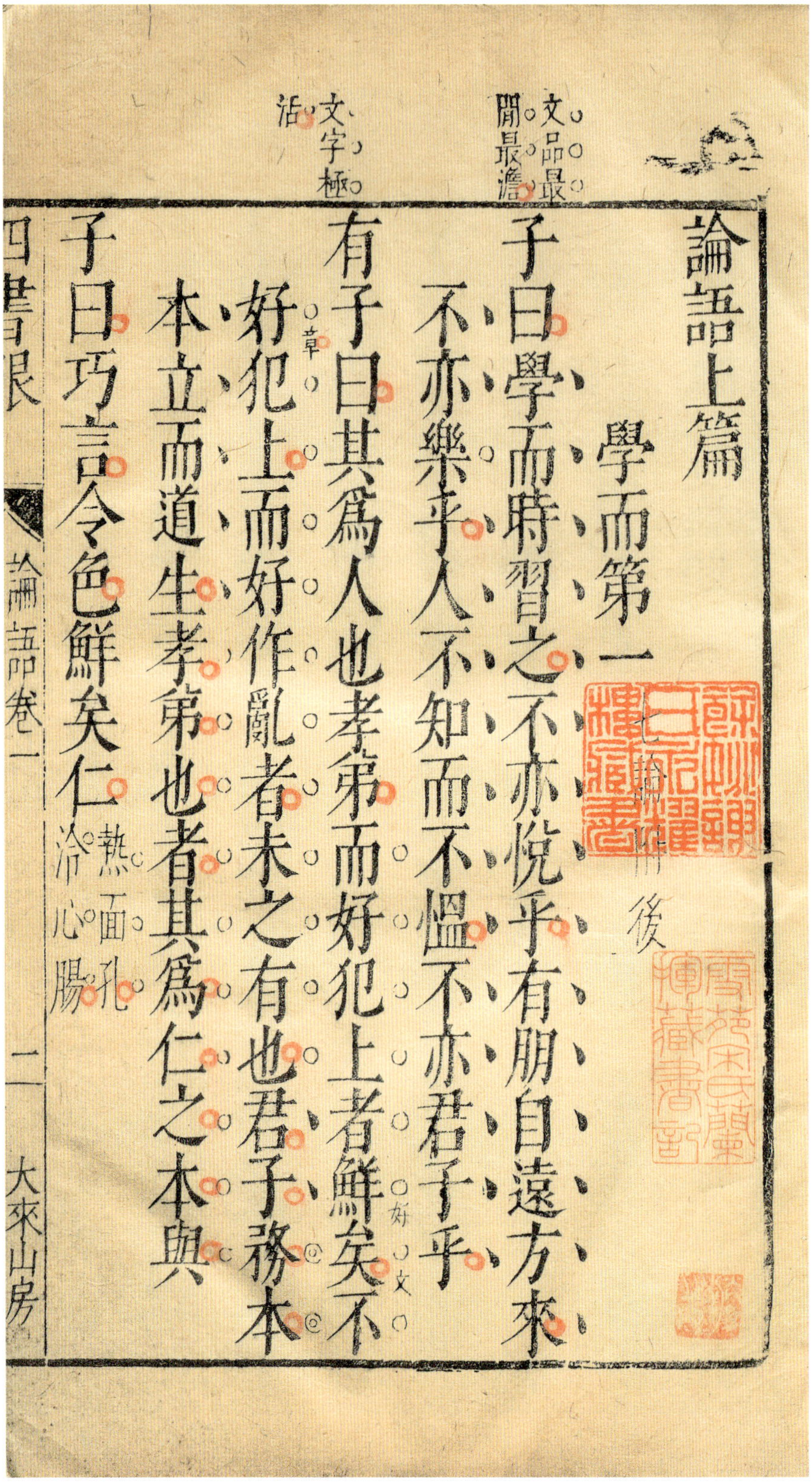

054 《四書眼》卷一卷端

054 四書眼十九卷 〔明〕梁知論次 明萬曆三十九年（1611）大來山房刻本

開本高 26.4 厘米，寬 16.8 厘米。框高 21.1 厘米，寬 14.2 厘米。半葉八行，行十七字，白口，四周單邊。鈐“雪苑宋氏蘭揮藏書記”“餘姚謝氏永耀樓臧書”等印。索書號：善 000402。

湖北省珍貴古籍名録編號：00039。

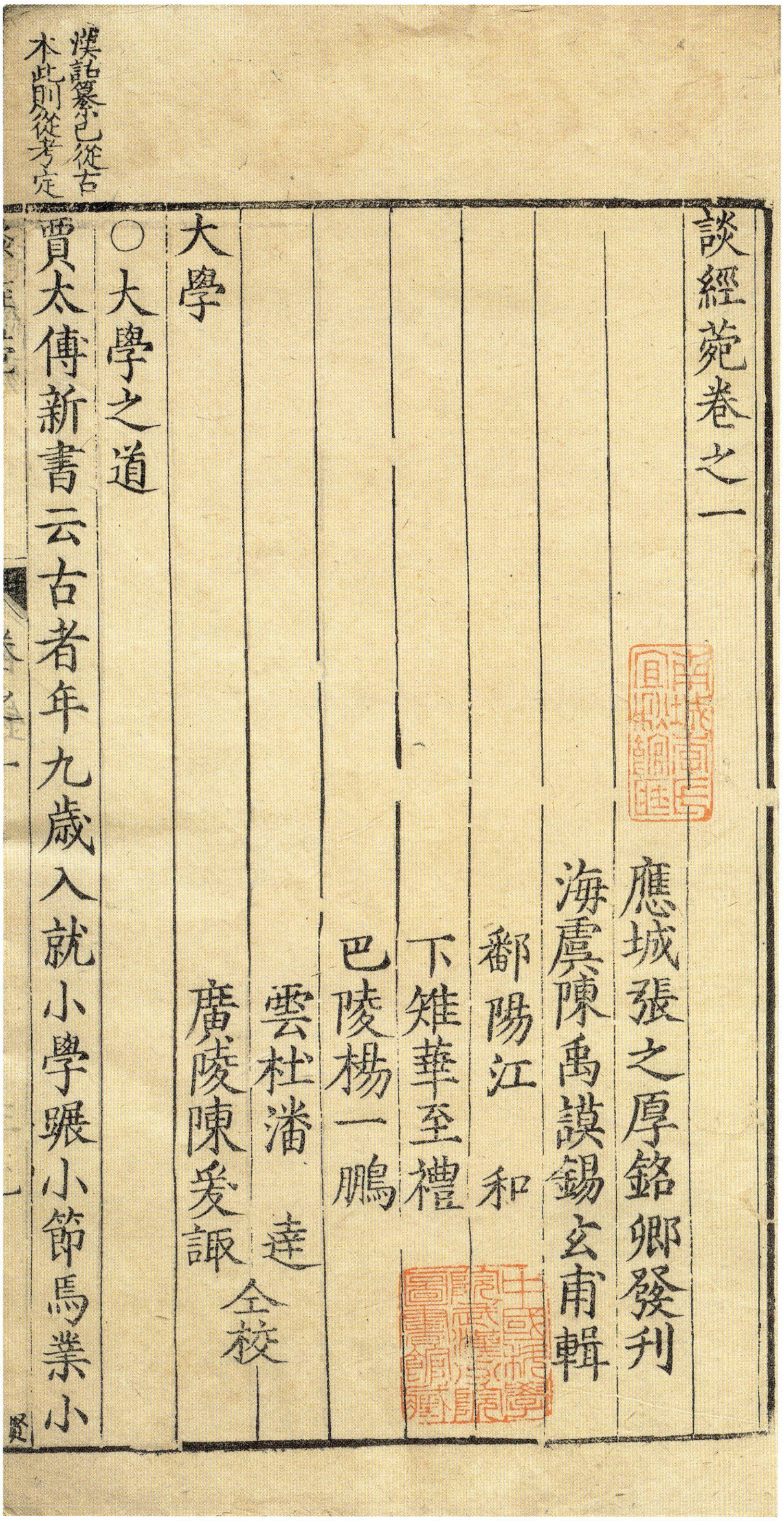

055 《談經苑》卷一卷端

055 談經苑四十卷 〔明〕陳禹謨輯 明萬曆張之厚刻本

開本高 28.4 厘米，寬 16.8 厘米。框高 23.3 厘米，寬 15.0 厘米。半葉十行，行二十一字，白口，左右雙邊。鈐“南城李氏宜秋館藏”印。索書號：善 000404。

國家珍貴古籍名録編號：07415。

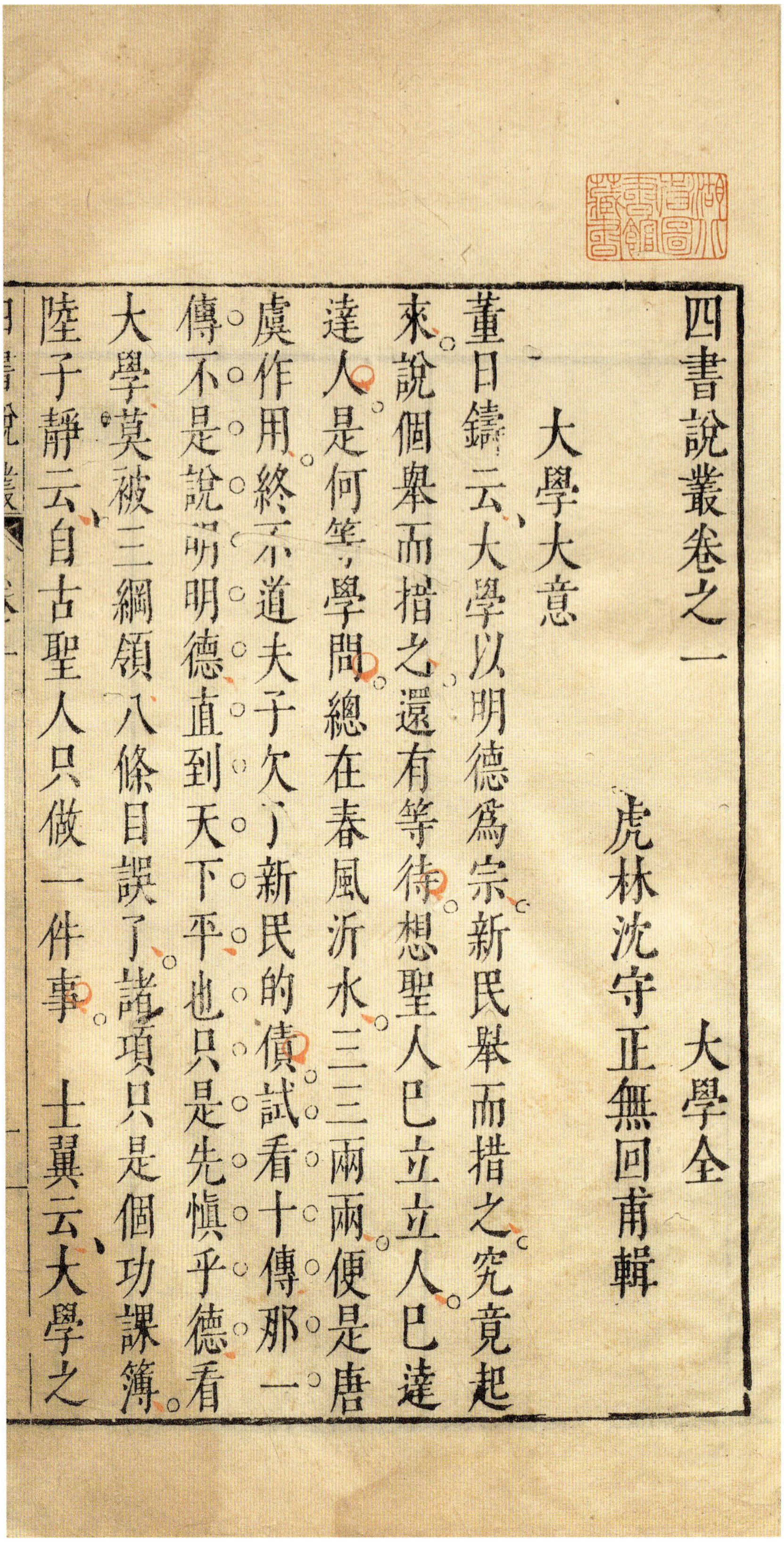
四書說叢卷之一　　　大學全
虎林沈守正無回甫輯
大學大意
董日鑄云大學以明德爲宗新民舉而措之究竟起
來說個舉而措之還有等待想聖人已立立人已達
達人是何等學問總在春風沂水三三兩兩便是唐
虞作用終不道夫子欠了新民的債試看十傳那一
傳不是說明明德直到天下平也只是先愼乎德看
大學莫被三綱領八條目誤了諸項只是個功課簿
陸子靜云自古聖人只做一件事　士翼云大學之

056　《四書說叢》卷一卷端

056　四書說叢十七卷　〔明〕沈守正輯　明萬曆四十三年（1615）刻本　佚名圈點

開本高 26.9 厘米，寬 16.9 厘米。框高 20.0 厘米，寬 13.5 厘米。半葉十行，行二十字，白口，四周單邊。索書號：善 000398。

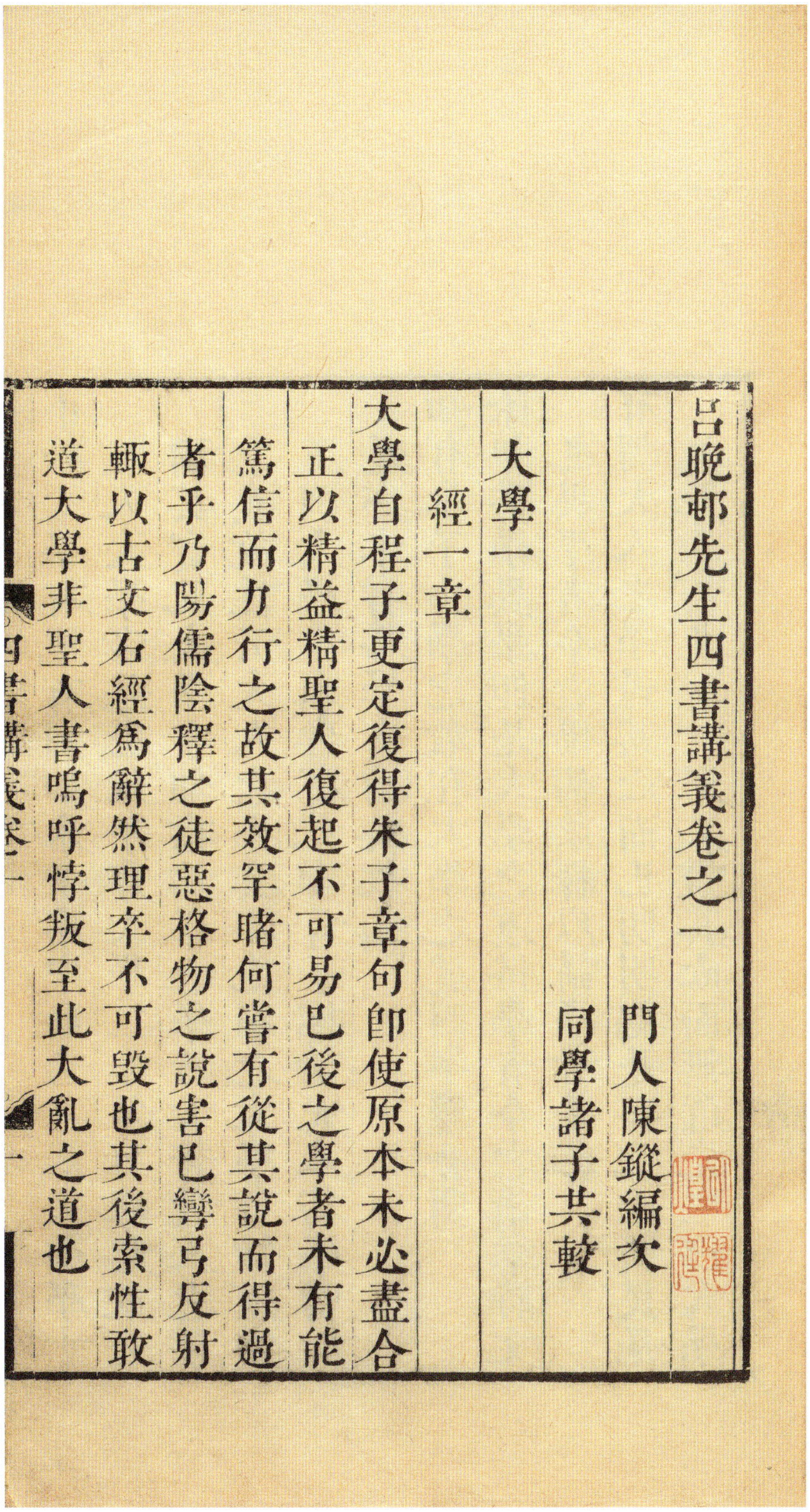

057　《呂晚邨先生四書講義》卷一卷端

057　呂晚邨先生四書講義四十三卷　〔清〕呂留良撰　〔清〕陳鏦編次　清康熙二十五年（1686）天蓋樓刻本

開本高 26.8 厘米，寬 17.0 厘米。框高 17.7 厘米，寬 13.7 厘米。半葉十一行，行二十一字，黑口，左右雙邊。鈐“趙彥修印”“以煌”“耀廷”印。索書號：善 000417。

湖北省珍貴古籍名録編號：00216。

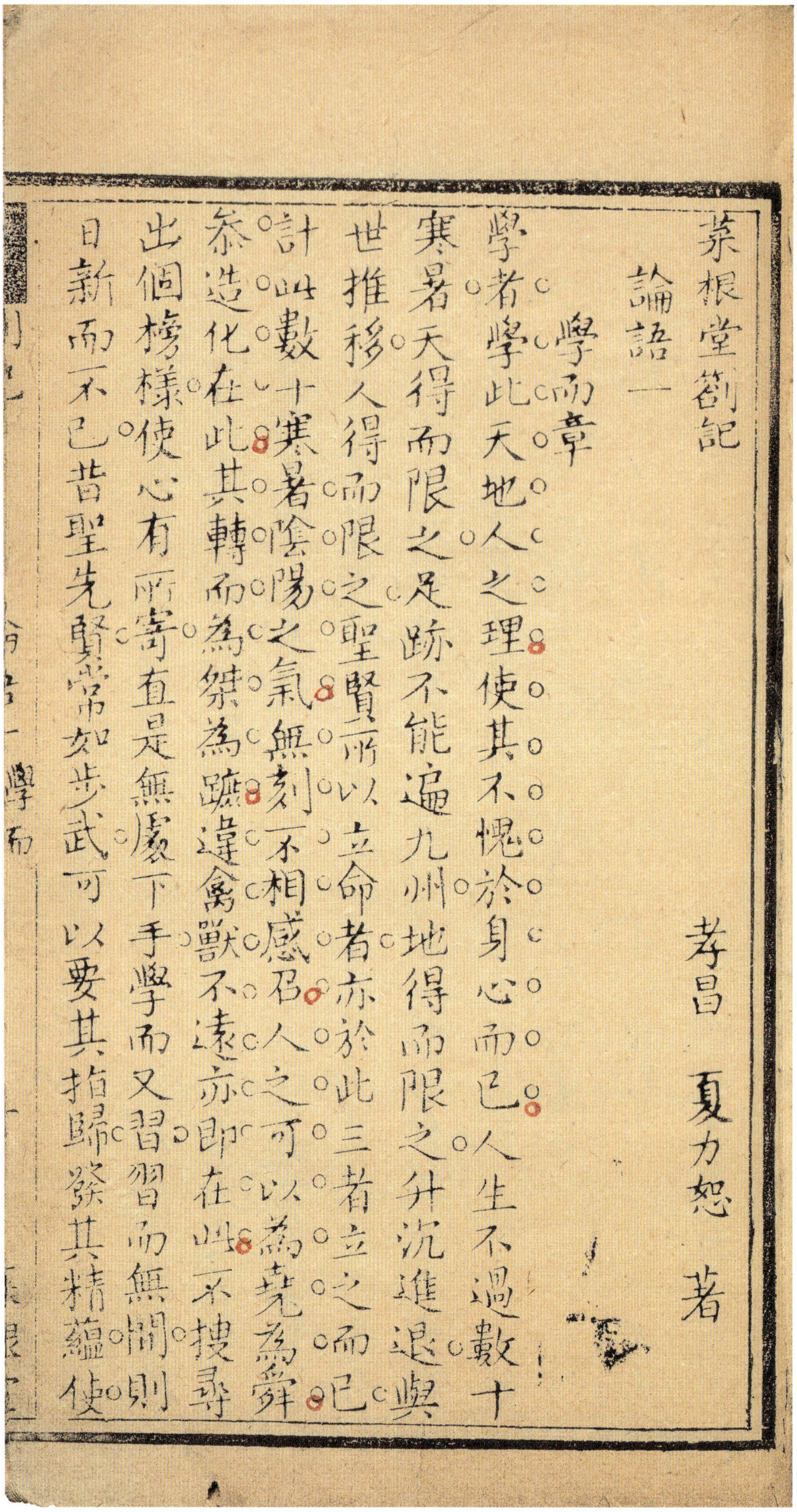
菜根堂劄記
孝昌　夏力恕　著
論語一
學而章
學者學此天地人之理使其不愧於身心而已人生不過數十
寒暑天得而限之足跡不能遍九州地得而限之升沉進退與
世推移人得而限之聖賢所以立命者亦於此三者立之而已
計此數十寒暑陰陽之氣無刻不相感召人之可以為堯為舜
參造化在此其轉而為桀為蹠違禽獸不遠亦即在此不搜尋
出個榜樣使心有所寄直是無處下手學而又習習而無間則
日新而不已昔聖先賢常如步武可以要其指歸發其精蘊使

058　《菜根堂札記》卷一卷端

058　菜根堂札記十二卷　〔清〕夏力恕撰　清乾隆三十年（1765）鳳臺書院刻本

開本高 24.4 厘米，寬 14.4 厘米。框高 20.3 厘米，寬 12.8 厘米。半葉十行，行二十四字，黑口，四周雙邊。索書號：善 000708。

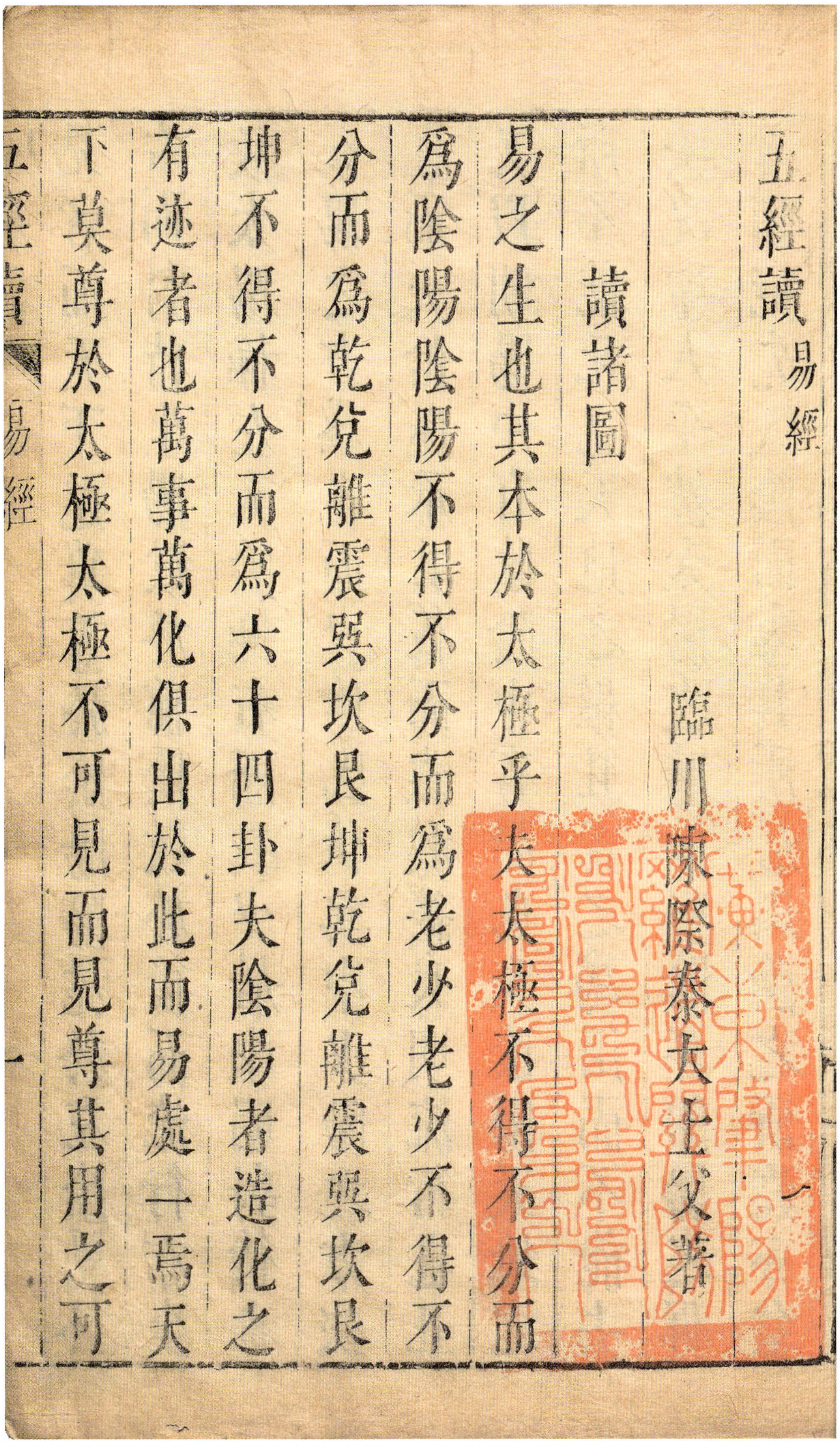
五經讀　易經
臨川陳際泰大士父著
讀諸圖
易之生也其本於太極乎太太極不得不分而
爲陰陽陰陽不得不分而爲老少老少不得不
分而爲乾兌離震巽坎艮坤乾兌離震巽坎艮
坤不得不分而爲六十四卦夫陰陽者造化之
有迹者也萬事萬化俱出於此而易處一焉天
下莫尊於太極太極不可見而見尊其用之可
五經讀　易經　一

059　《五經讀》卷一卷端

059　五經讀五卷　〔明〕陳際泰撰　明崇禎刻本

開本高 24.4 厘米，寬 16.4 厘米。框高 21.3 厘米，寬 14.7 厘米。半葉九行，行十八字，白口，左右雙邊。鈐“明倫館印”“安政七改”“廣東肇陽羅道關防”“退一步齋藏書圖記”印，其中第三印爲滿漢合璧印。索書號：善 000672。

湖北省珍貴古籍名録編號：00053。

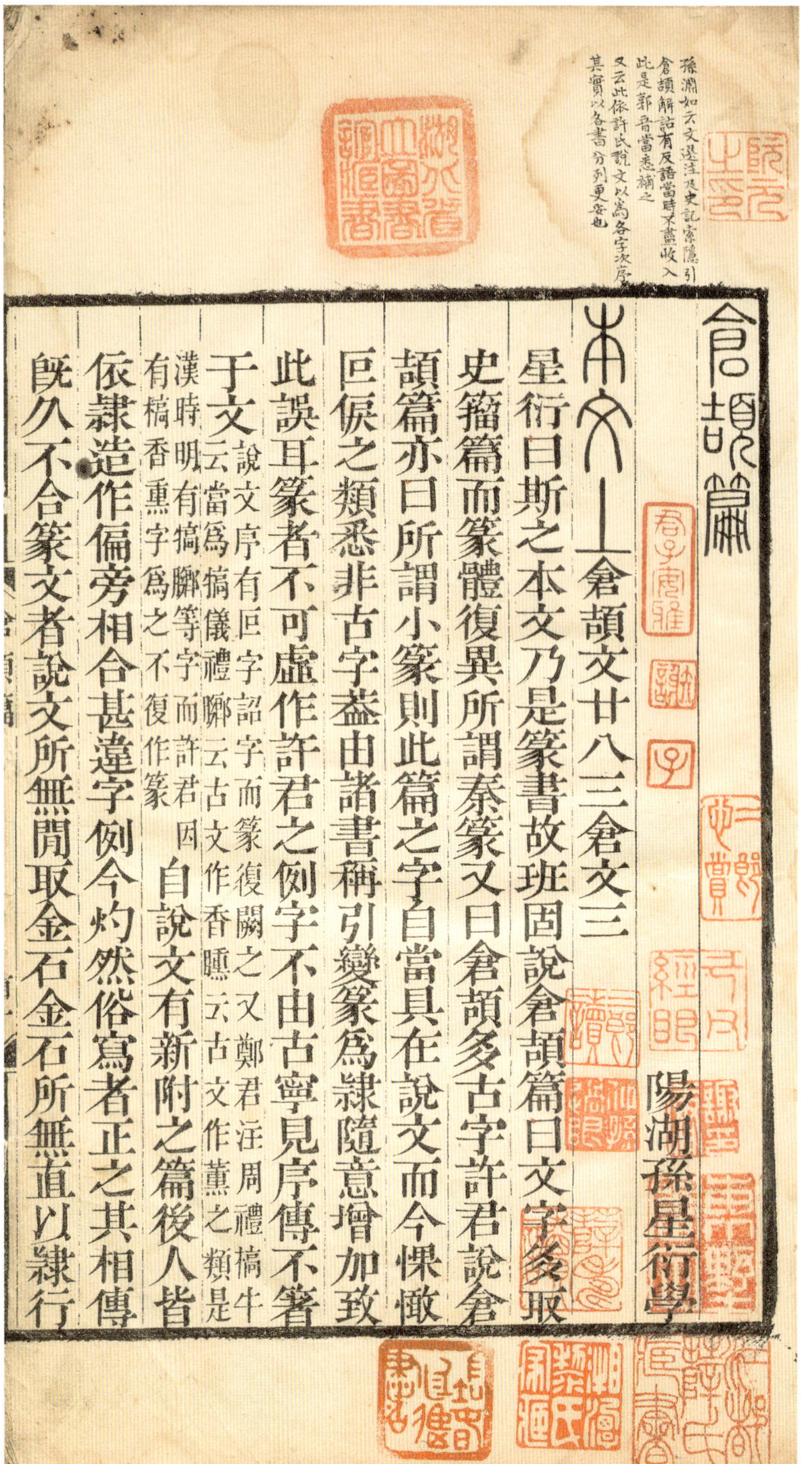

孫淵如云文選注及史記索隱引
倉頡解詁有反語當時不盡收入
此是郭音當悉補之
又云此係許氏說文以爲各字次序
其實以各書分列更妥也

倉頡篇
陽湖孫星衍學
本文上 倉頡文廿八三倉文三
星衍曰斯之本文乃是篆書故班固說倉頡篇曰文字多取
史籀篇而篆體復異所謂秦篆又曰倉頡多古字許君說倉
頡篇亦曰所謂小篆則此篇之字自當具在說文而今倮㒖
巨偄之類悉非古字葢由諸書稱引變篆爲隸隨意增加致
此誤耳篆者不可虛作許君之例字不由古寧見序傳不箸
于文說文序有巨字詔字而篆復闕之又鄭君注周禮槁牛云當爲犒儀禮腳云古文作香曛云古文作薰之類是
漢時明有犒腳等字而許君因有槁香熏字爲之不復作篆 自說文有新附之篇後人皆
依隸造作偏旁相合甚違字例今灼然俗寫者正之其相傳
旣久不合篆文者說文所無閒取金石金石所無直以隸行

060-1 《倉頡篇》卷端

060 倉頡篇一卷 〔清〕孫星衍輯 **倉頡序述一卷** 〔清〕畢沅等撰 清乾隆四十六年（1781）孫星衍西安節署刻本 清阮元校並題識 張繼煦題識 佚名批校

開本高27.7厘米，寬17.0厘米。框高19.4厘米，寬14.8厘米。半葉十二行，行二十四字，小字雙行同，黑口，四周單邊。鈐“江都薛氏藏書”“薛壽讀”“弓父經眼”“二郎心賞”“二郎讀”“謝墉印”“謝子”“東墅審定”“仲孫過眼”“君子安雅”“湘潭黎氏家藏”“抱經堂藏”“阮元之印”“張春霆藏書”等印。索書號：善000568。

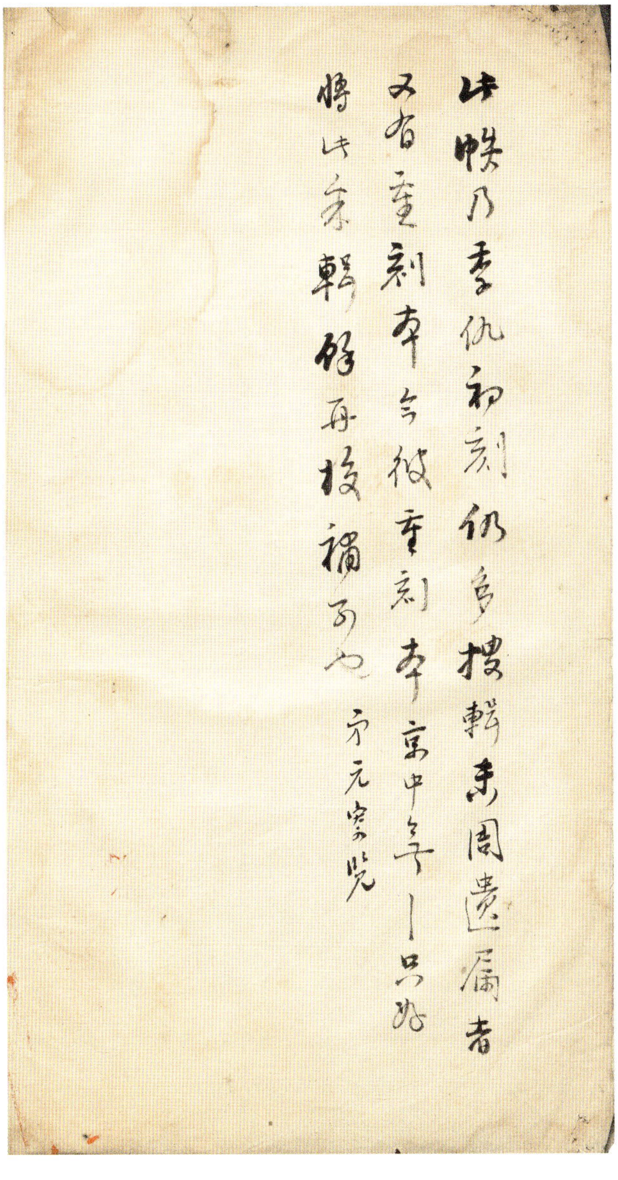
此帙乃李仇初刻仍多樓轄未周遺漏者
又有重刻本今從重刻本宜中多一只改
將此本轄舛再校補可也　阮元審覽

060-2　清阮元題識

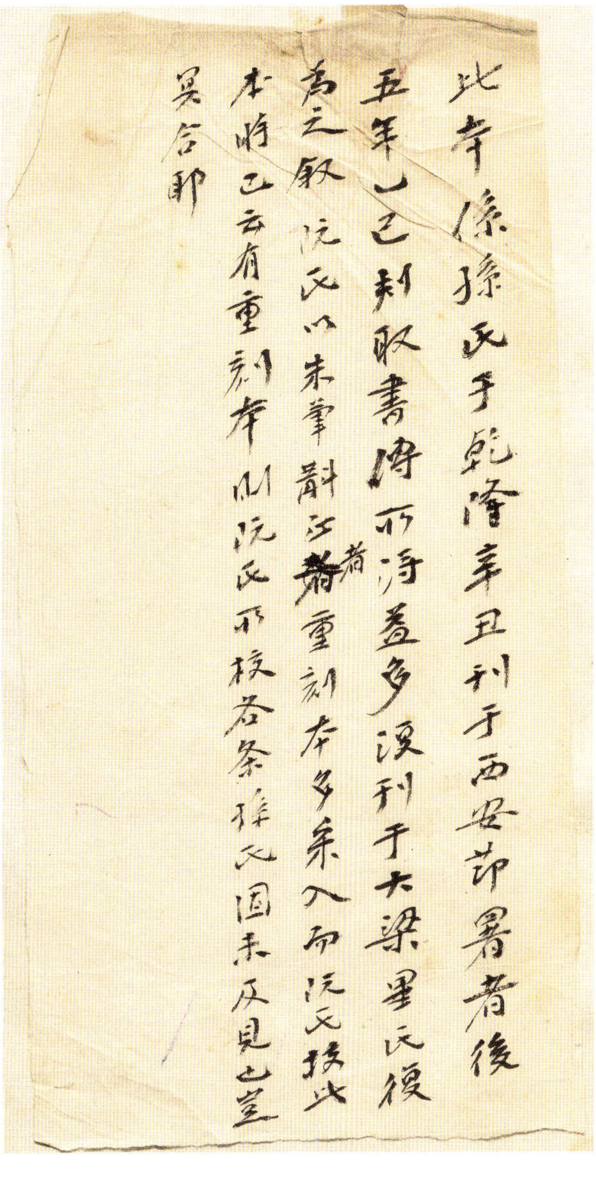
此本係孫氏于乾隆辛丑刊于西安節署者後
五年乙巳刻取書時所得益多復刊于大梁畢氏復
為之敘　阮氏以朱筆斠正者重刻本多采入而阮氏校此
本時已云有重刻本則阮氏所校本條採之固未及見也豈
莫合耶

060-3　張繼煦題識

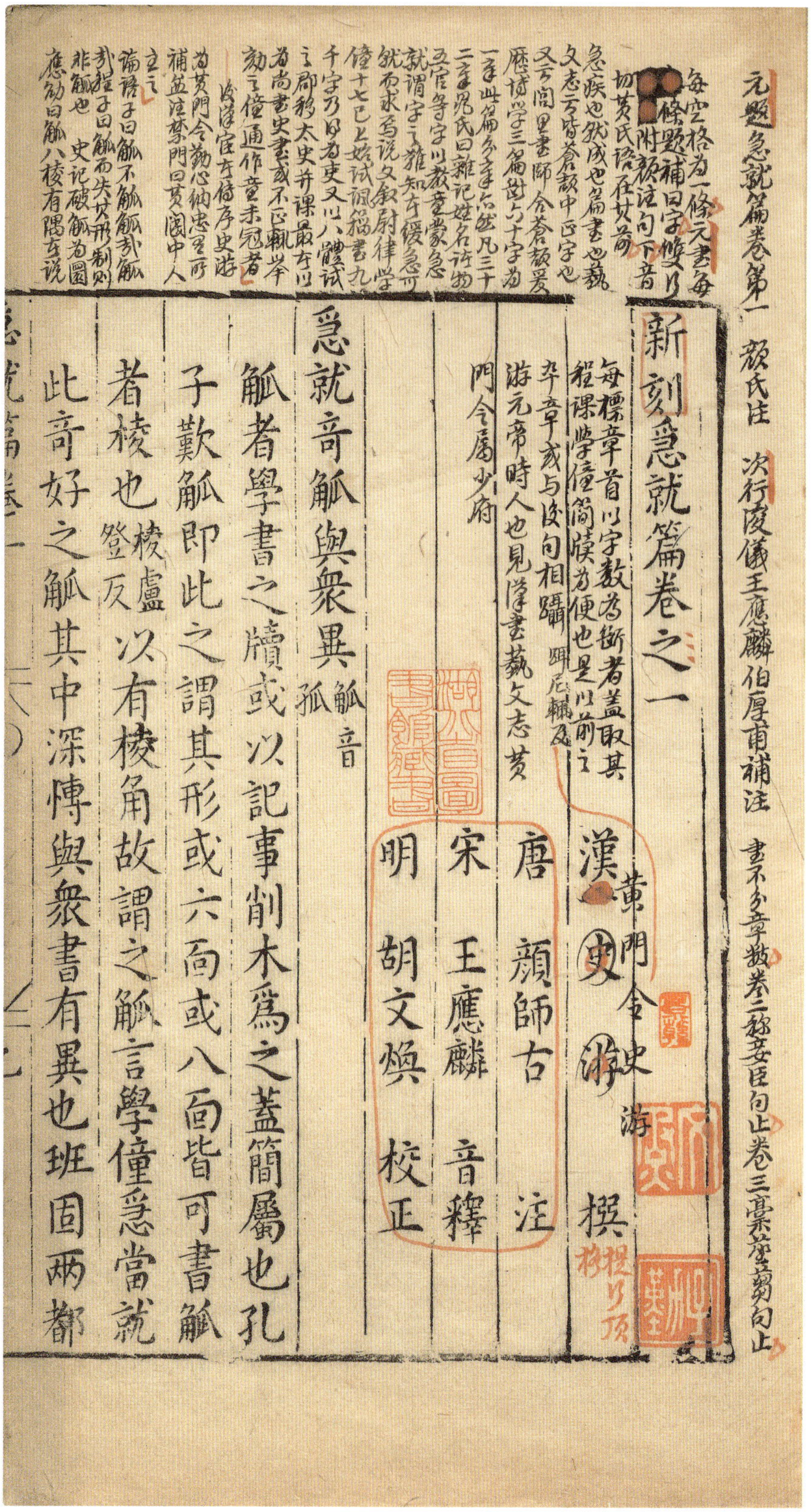
新刻急就篇卷之一

每標章首以字數為斷者蓋取其程課學僮簡牘為便也是以前之卒章或與後句相躡游元帝時人也見漢書藝文志黄門令屬少府

漢 史游 撰

唐 顔師古 注

宋 王應麟 音釋

明 胡文煥 校正

急就奇觚與衆異 觚音孤

觚者學書之牘或以記事削木為之蓋簡屬也孔子歎觚即此之謂其形或六面或八面皆可書觚者棱也棱盧登反以有棱角故謂之觚言學僮急當就此奇好之觚其中深博與衆書有異也班固兩都

急就篇卷一

061-1 《新刻急就篇》卷一卷端

061 新刻急就篇四卷 〔漢〕史游撰 〔唐〕顔師古注 〔宋〕王應麟音釋 明萬曆胡文煥文會堂刻本 清鍾文烝批校並題識

開本高27.9厘米，寬17.2厘米。框高19.8厘米，寬13.9厘米。半葉十行，行二十字，白口，左右雙邊。鈐“文烝”“子勤”“景韓”“惜分陰齋”印。索書號：善000531。

急就篇注并補注

予避亂田間方錄深宣吏急就全注貧無以為生一家九口惶恐甚不得已附友人商賬作上海之游二旬而歸道杭州之冠北下村人無所出宿數夜壁注孟之意急將此本錄畢聊記於此以留雪泥陳迹俟他日天日重開勿忘此學云尒咸豐辛酉十二月十九日鍾文烝書

急就說諸器物有車無舟觀其多章列字文無闕佚莫不可解也 又疑十八章之後尚有一章專說舟然先儒唯言皇象本少一章不言此三十二章之本非完書不可考矣

急就皆三字四字七字句無以五字成句者以此知宣元之世尚未有五言詩道班史一部唯邪徑敗良田童謠六句當成帝時亦非詩也 史記正義引楚漢春秋項羽美人和歌為五言當竊疑之

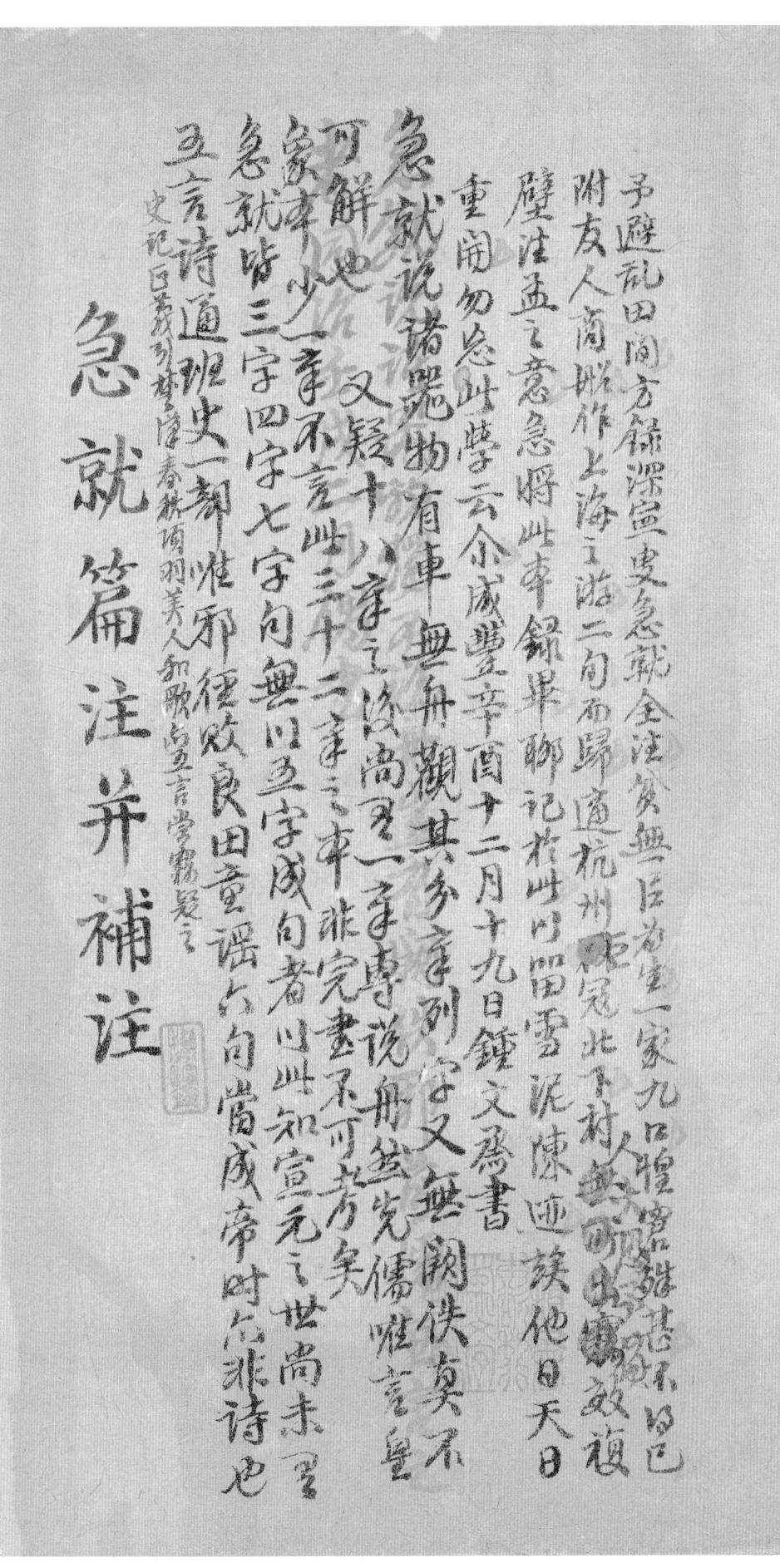

061-2 清鍾文烝題識

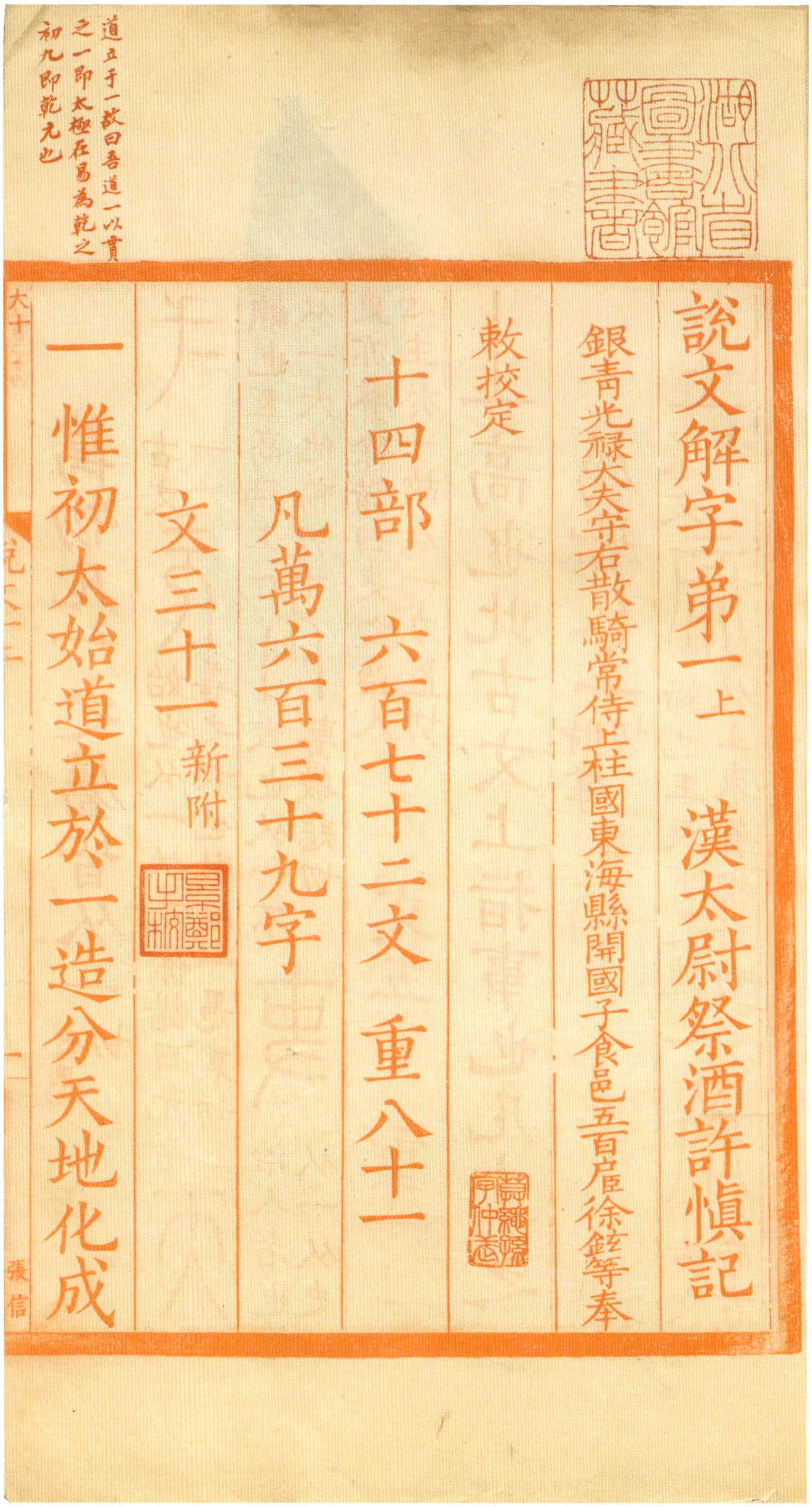
道立于一故曰吾道一以貫之一即太極在易為乾之初九即乾元也

說文解字弟一上　漢太尉祭酒許慎記

銀青光禄大夫守右散騎常侍上柱國東海縣開國子食邑五百戶徐鉉等奉

敕校定

十四部　六百七十二文　重八十一

凡萬六百三十九字

文三十一　新附

一　惟初太始道立於一造分天地化成

062-1　《説文解字》卷一卷端

062　説文解字十五卷〔漢〕許慎撰　**汲古閣説文解字校記一卷**〔清〕張行孚撰　清光緒七年（1881）淮南書局刻朱印本　莫棠跋　潘承弼録佚名批校

開本高 29.3 厘米，寬 19.1 厘米。框高 21.4 厘米，寬 16.0 厘米。半葉七行，行字不等，紅口，左右雙邊。鈐“莫繩孫字仲武”“景鄭手校”等印。索書號：善 002854。

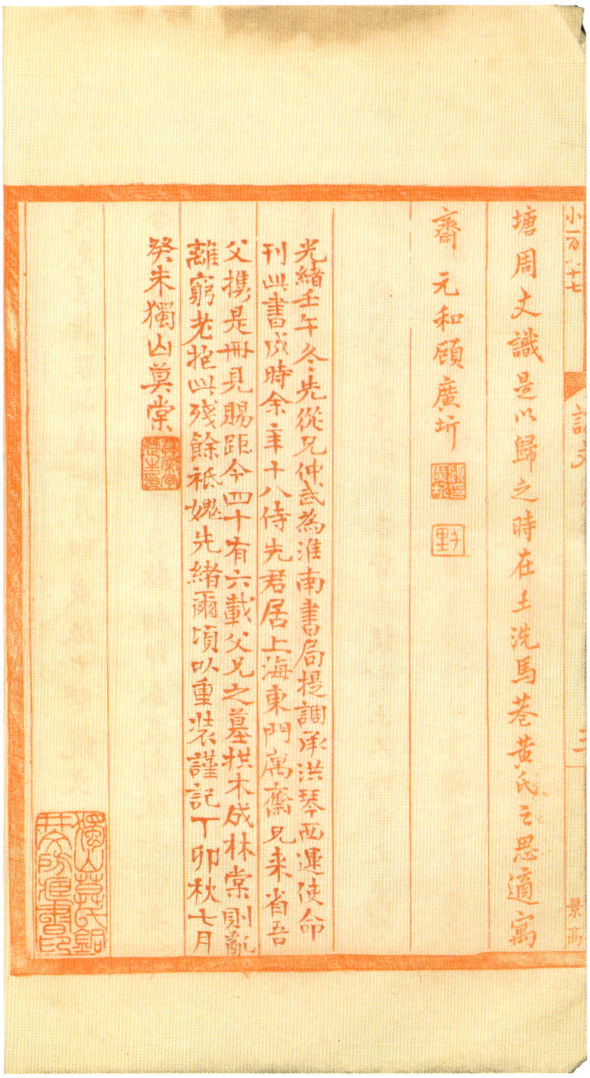
塘周文識是以歸之時在壬洗馬巷黃氏之思適寓齋 元和顧廣圻

光緒壬午冬先從兄仲武爲淮南書局提調承洪琴西運使命刊此書成時余年十八侍先君居上海東門寓齋兄來省吾父攜是冊見賜距今四十有六載父兄之墓拱木成林棠則飄蕭窮老抱此殘餘祇媿先緒爾頃以重裝謹記丁卯秋七月

癸未獨山莫棠

062-2 莫棠跋之一

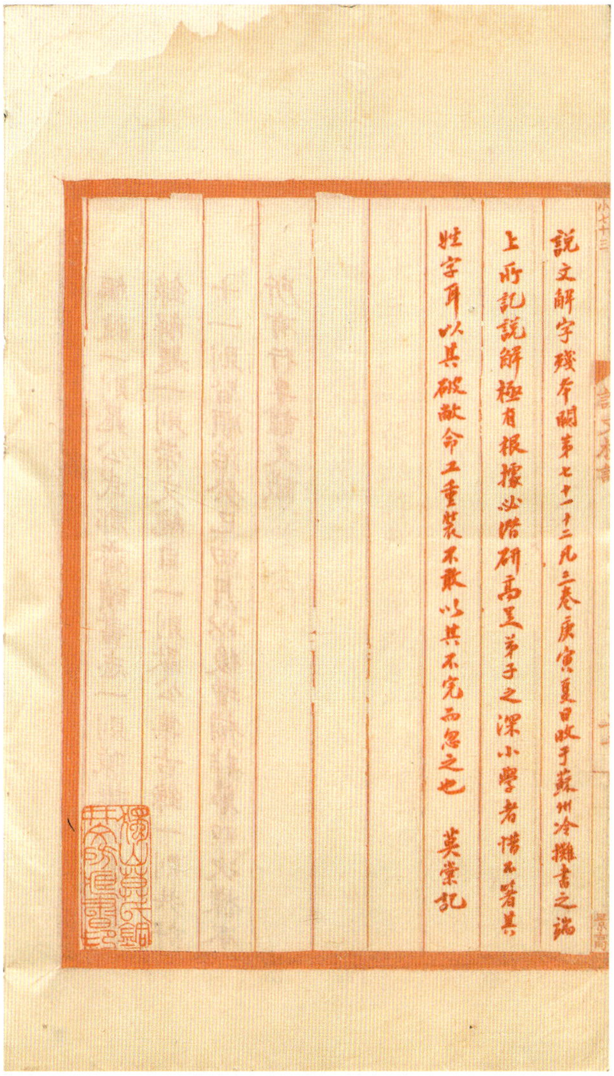
說文解字殘本闕第七十一十二凡三卷庚寅夏日收于蘇州冷攤書之端上所記說解極有根據必諳研高郵弟子之深小學者惜不署其姓字耳以其破敝命工重裝不敢以其不完而忽之也 莫棠記

062-3 莫棠跋之二

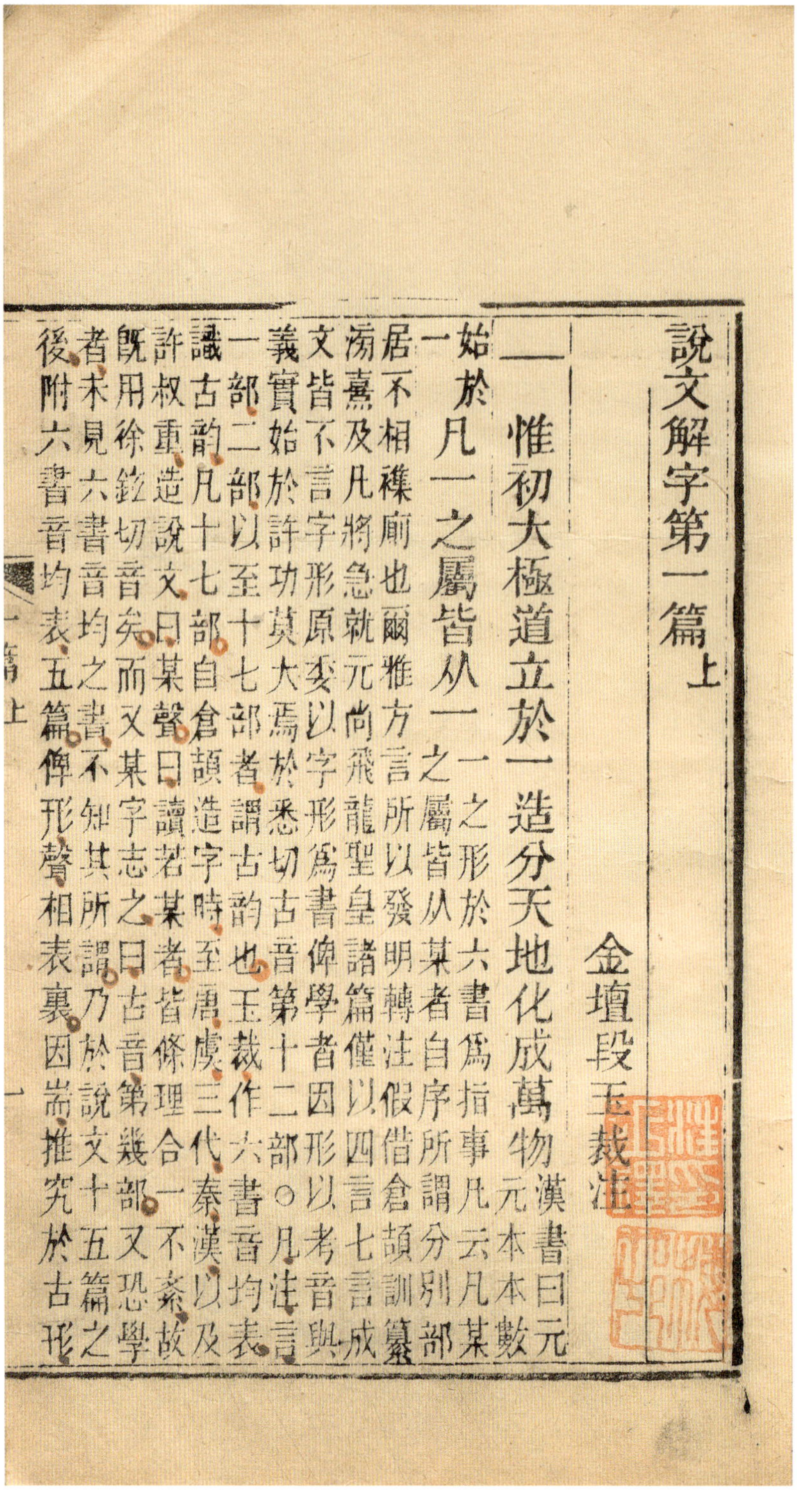

063-1 《説文解字注》卷一卷端

063 説文解字注三十六卷六書音均表五卷汲古閣説文訂一卷 〔清〕段玉裁撰 清同治十一年(1872)湖北崇文書局刻本 清汪士鐸批 黄侃題識 存十四卷(卷一、三至四、六、八、十、十三至十四,六書音均表五卷,汲古閣説文訂一卷)

開本高 26.8 厘米,寬 17.3 厘米。框高 19.4 厘米,寬 13.9 厘米。半葉九行,行二十二字,小字雙行同,白口,四周雙邊。鈐"汪士鐸印""梅邨""悔翁""黄侃季剛""寄勤閑室藏書"印。索書號:善 002561、善 002565、善 002566。

者也禘祭王
者之先[illegible]
[illegible]物天子
[illegible]禘或[illegible]
與周王註[illegible]也
是其天子矣
魯祀文王周公
不可以五年之
大禘也又不配天
之郊祀也魯之
祖固曰文王而
宗周公於禮不
特禘嚳郊
稷何僭於天子矣

兩言祼之言灌凡云之言者皆通其音義以爲詁訓非如讀爲之易其字讀如之定其音如載師載之言事族師師之言帥襢衣襢之言亶翣柳柳之言聚副編次副之言覆禋祀禋之言煙卝人卝之言礦皆是未嘗曰禋卽讀煙副卽讀覆也以是言之祼之音本讀如果卝之音本爲卝則讀如鯤與灌礦爲雙聲後人竟讀灌讀礦全失鄭意古音有不見於周人有韵之文而可意知者此類是也

𥜶 數祭也廣雅釋詁曰𥜶謝也釋天曰𥜶祭也數讀數罟之數雙聲也从示毳聲讀若春麥爲毳之毳凡言讀若者皆擬其音也凡傳注言讀爲者皆易其字也注經必兼茲二者故有讀爲有讀若讀爲亦言讀曰讀若亦言讀如字書但言其本字本音故有讀若無讀爲也讀爲讀若之分唐人作正義已不能知爲與若兩字注中時有譌亂爲毳之毳字从木各本譌从示不可解廣雅毳舂也楚芮反說文無毳字卽臼部舂去麥皮曰毳也江氏聲云說文解說內或用方言俗字篆文則仍不載毳此芮切十五部

祝 祭主贊詞者从示从儿口此以三字會意

一篇上　三

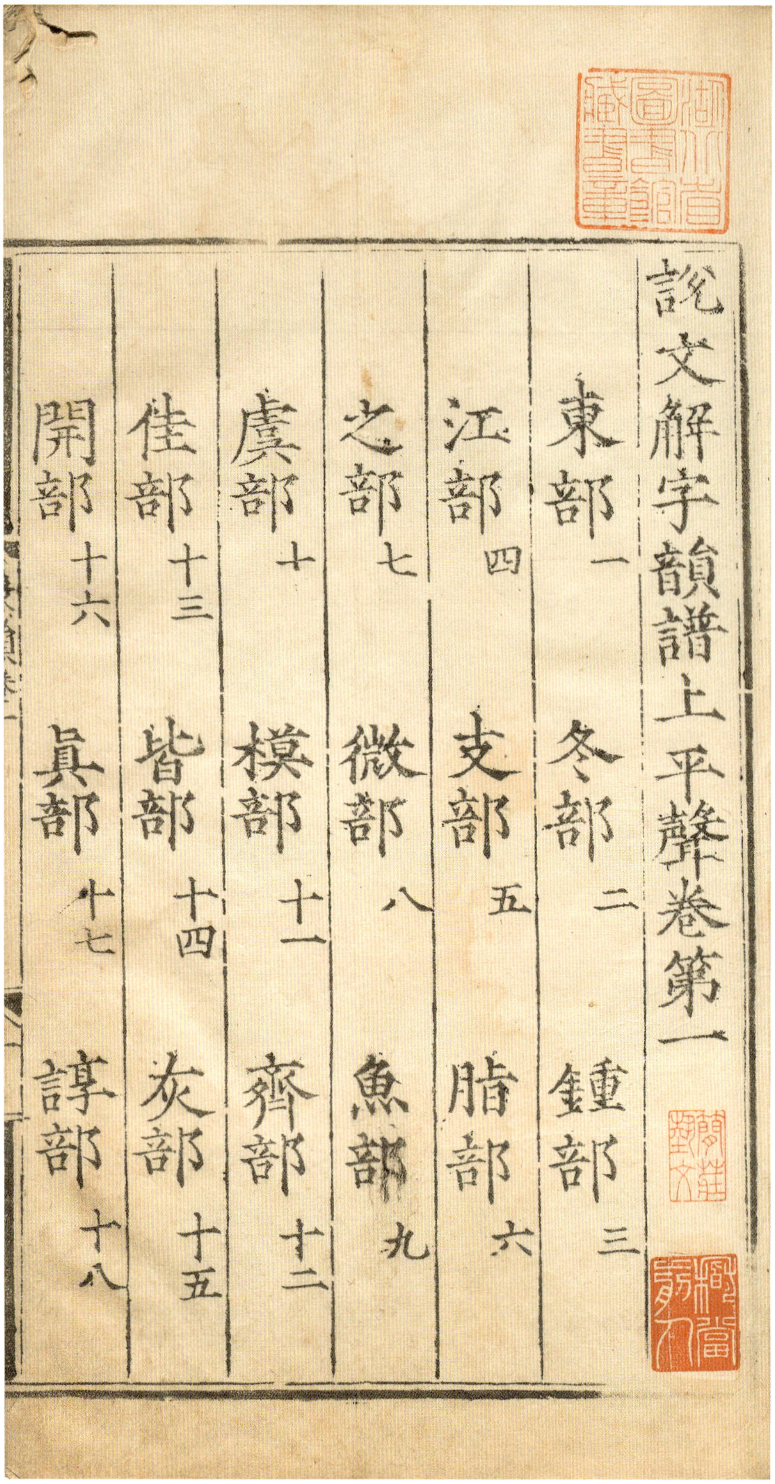

說文解字韻譜上平聲卷第一

東部一　冬部二　鍾部三
江部四　支部五　脂部六
之部七　微部八　魚部九
虞部十　模部十一　齊部十二
佳部十三　皆部十四　灰部十五
開部十六　眞部十七　諄部十八

064-1　《説文解字篆韵譜》卷一卷端

064 説文解字篆韵譜五卷　〔南唐〕徐鍇撰　明李顯刻公文紙印本

開本高 27.1 厘米，寬 16.7 厘米。框高 21.3 厘米，寬 14.5 厘米。半葉七行，行十字，黑口，四周雙邊。鈐“仲魚圖象”“得此書費辛苦後之人其鑒我”“得者寶之”“海寧陳鱣觀”“簡莊藝文”“陳守吾文房印”“海陵陳寶晋康甫氏鑒藏經籍金石文字書畫之印章”“戴延德遂良印信長壽”“南陵徐乃昌校勘經籍記”等印。索書號：善 000502。

國家珍貴古籍名録編號：12474。

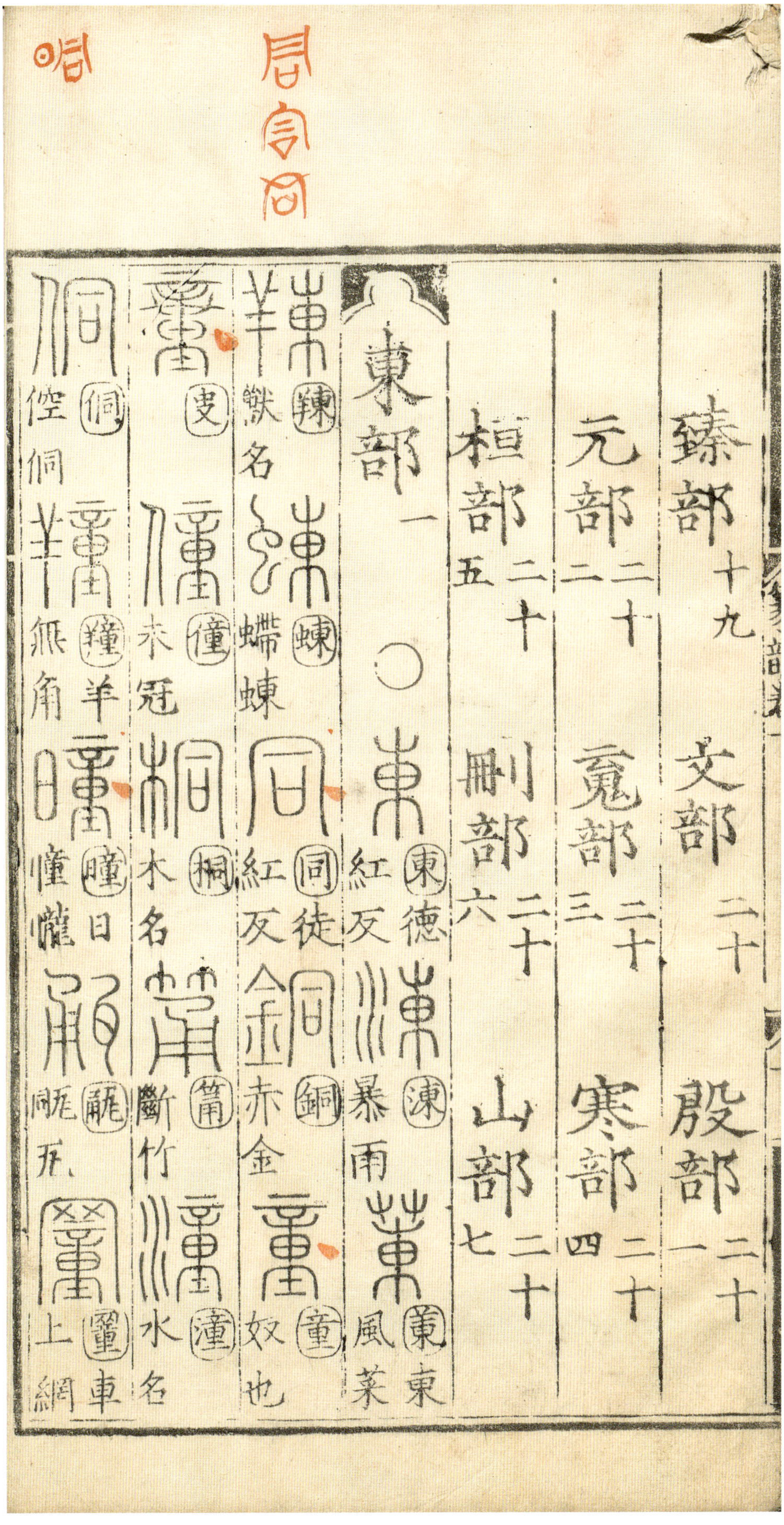
臻部十九　文部二十　殷部二十一
元部二十二　寬部二十三　寒部二十四
桓部二十五　刪部二十六　山部二十七
東部一
○
東 德紅反
涷 暴雨
菄 東風菜
鶇 獸名
蝀 螮蝀
同 徒紅反
銅 赤金
童 奴也
叓
僮 未冠
桐 木名
筩 斷竹
潼 水名
侗 倥侗
犝 羊無角
曈 曈曨日
[illegible] [illegible]
罿 車上網

064-2　《説文解字篆韻譜》卷一卷端

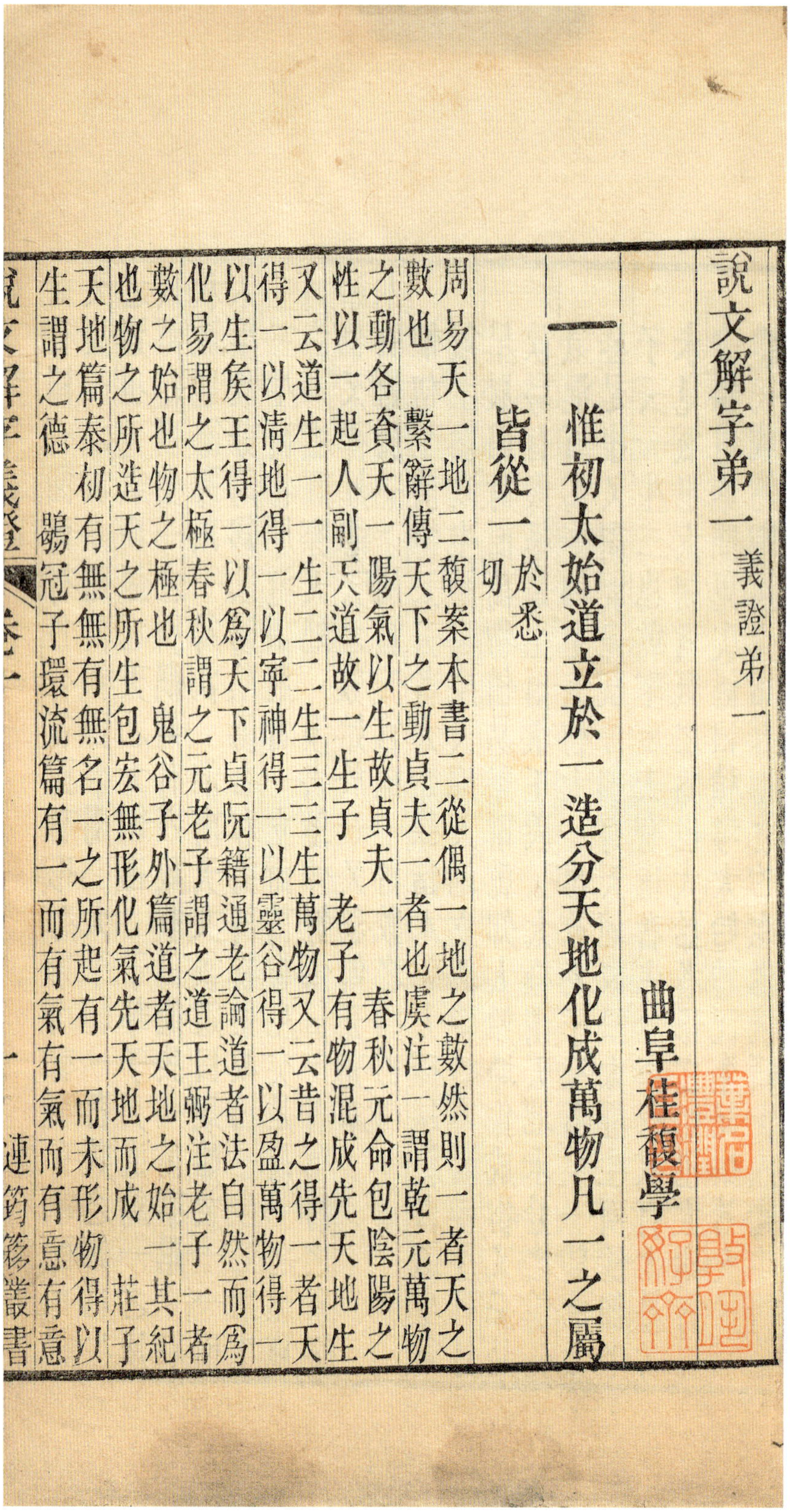
說文解字弟一　義證弟一

曲阜桂馥學

一　惟初太始道立於一造分天地化成萬物凡一之屬皆從一　於悉切

周易天一地二馥案本書二從偶一地之數然則一者天之數也　繫辭傳天下之動貞夫一者也虞注一謂乾元萬物之動各資天一陽氣以生故貞夫一　春秋元命包陰陽之性以一起人副天道故一生子　老子有物混成先天地生又云道生一一生二二生三三生萬物又云昔之得一者天得一以清地得一以寧神得一以靈谷得一以盈萬物得一以生矦王得一以爲天下貞阮籍通老論道者法自然而爲化易謂之太極春秋謂之元老子謂之道王弼注老子一者數之始也物之極也　鬼谷子外篇道者天地之始一其紀也物之所造天之所生包宏無形化氣先天地而成　莊子天地篇泰初有無無有無名一之所起有一而未形物得以生謂之德　鶡冠子環流篇有一而有氣有氣而有意有意

說文解字義證卷一　連筠簃叢書

065-1　《說文解字義證》卷一卷端

065　說文解字義證五十卷　〔清〕桂馥撰　清道光三十年至咸豐二年（1850—1852）靈石楊氏刻連筠簃叢書本　徐恕題識

開本高 24.9 厘米，寬 15.1 厘米。框高 18.6 厘米，寬 13.3 厘米。半葉十行，行二十三字，小字雙行同，白口，左右雙邊。鈐“葉名澧潤臣印”“敦夙好齋”印。索書號：經九 /5029。

說文纂證 陳慶鏞譔處獻有論詆此說 張穆孔氏書獻撰[illegible]

繫山山翁許印林為此書立校例三一曰補例

一曰刪例一曰改例又撰注遺忘校議條辨復

增校例七條印林因文病不能遠離再移局于

贛榆之請口讓距印林家止百里咸豐五年冬[illegible]

藏多未印多少而墨林石洲先後歿未能移版

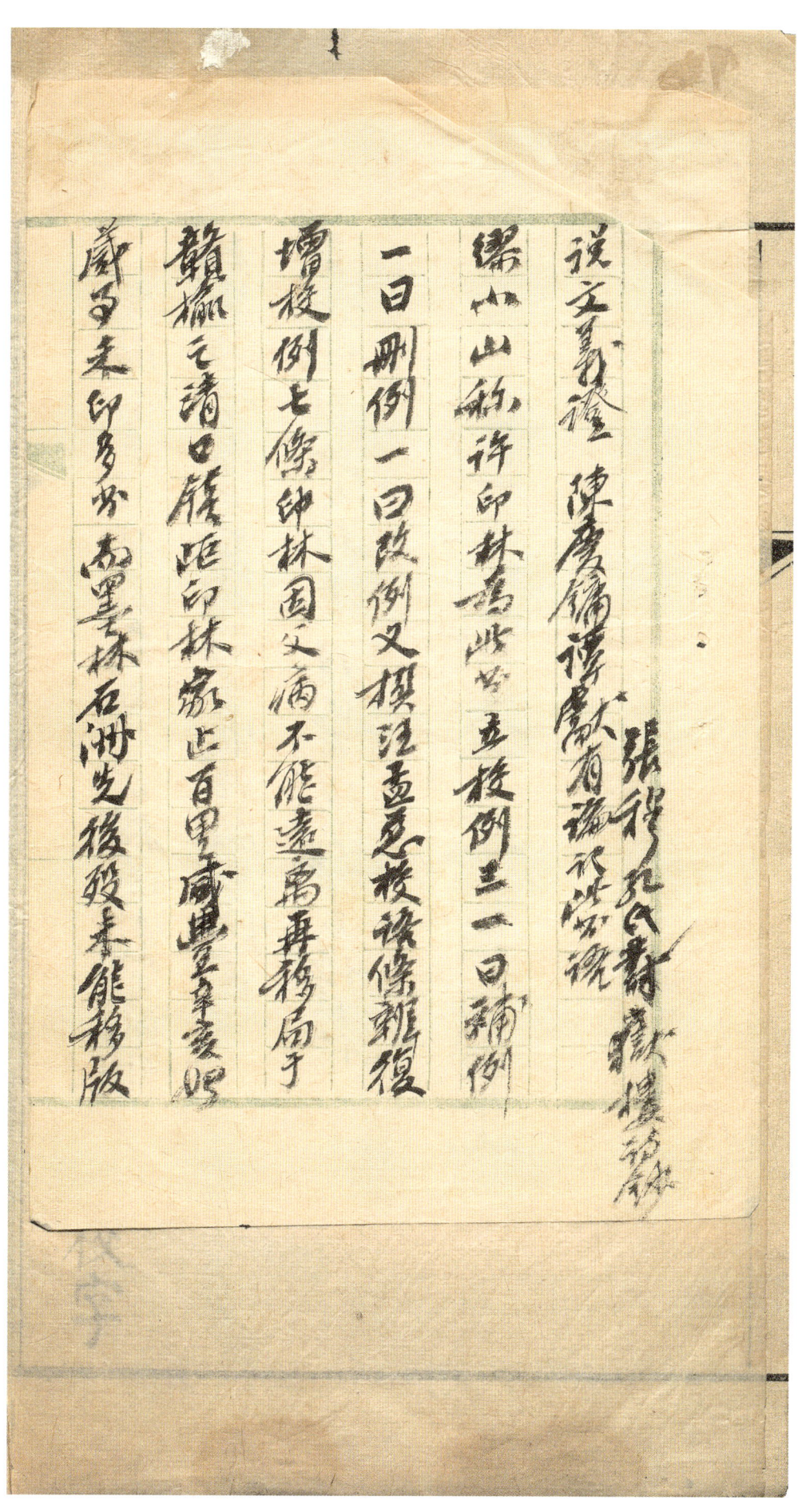

065-2 徐恕題識

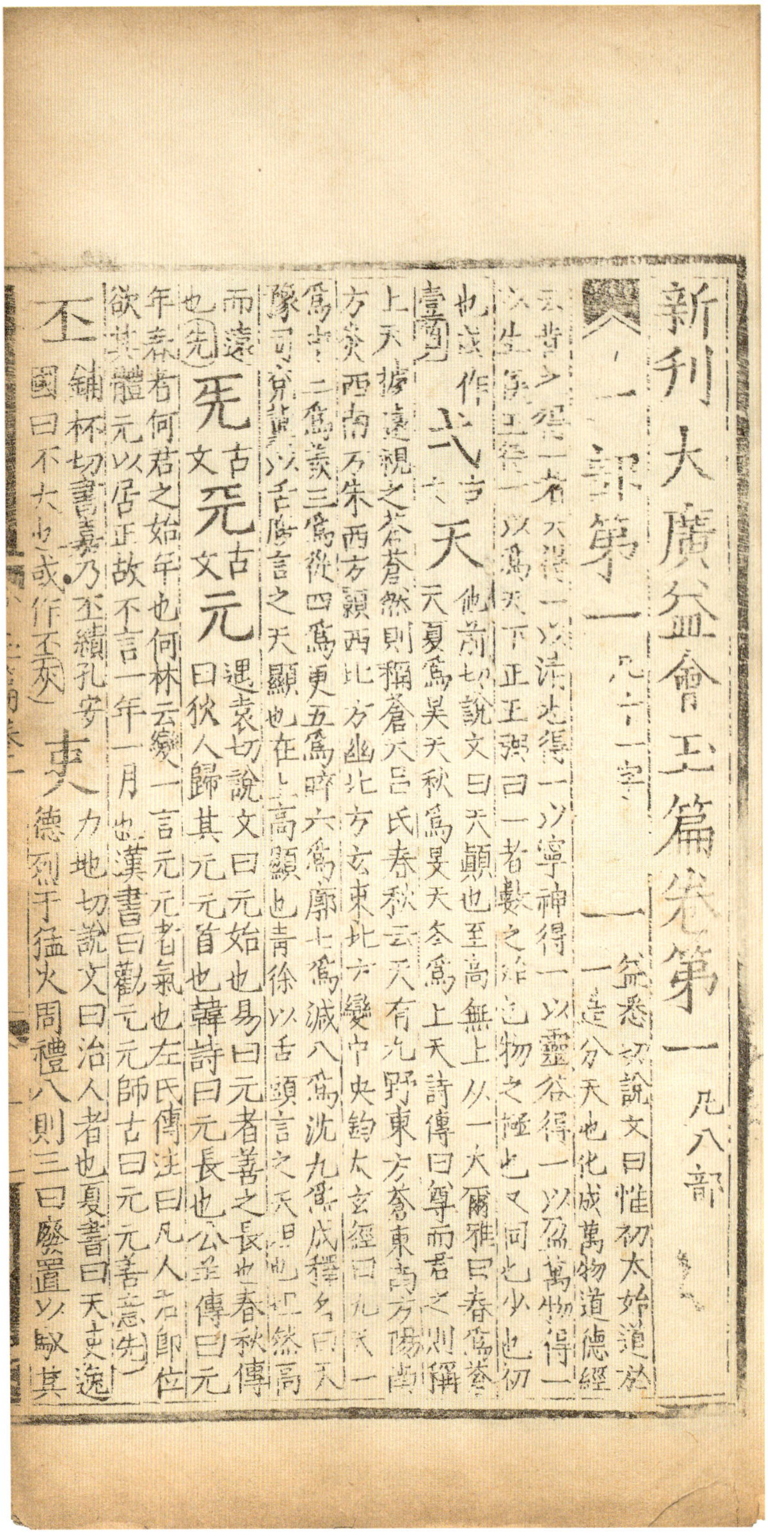
新刊大廣益會玉篇卷第一 凡八部

一部第一 凡六十一字

066 《新刊大廣益會玉篇》卷一卷端

066 新刊大廣益會玉篇三十卷 〔南朝梁〕顧野王撰 〔唐〕孫强增字 〔宋〕陳彭年等重修 **玉篇廣韵指南一卷** 明萬曆元年（1573）益藩刻本

開本高 30.7 厘米，寬 17.8 厘米。框高 22.9 厘米，寬 15.7 厘米。半葉九行，行三十字，黑口，四周雙邊。鈐“伯虎”“勤有樓圖書”印。索書號：善 000533。

湖北省珍貴古籍名録編號：00276。

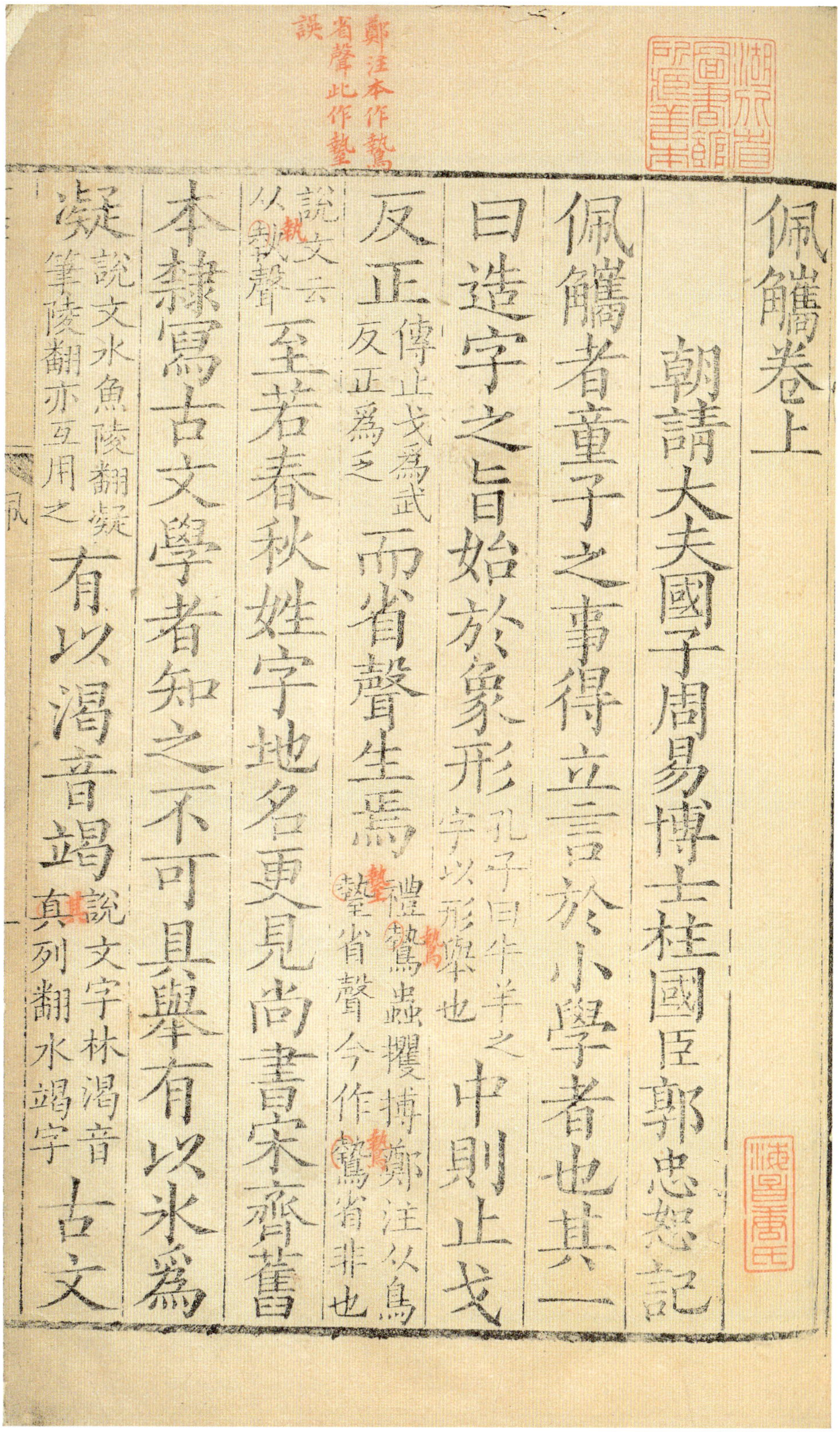

067-1 《佩觽》卷上卷端

067 佩觽三卷 〔宋〕郭忠恕撰 清康熙四十九年（1710）張士俊澤存堂刻澤存堂五種本 清唐仁壽跋並録清羅有高、桂馥校及翁方綱、丁杰、吴騫校跋，又録錢泰吉跋

開本高 25.5 厘米，寬 16.7 厘米。框高 20.5 厘米，寬 15.5 厘米。半葉八行，行十七字，小字雙行不等，白口，左右雙邊。鈐“海昌唐氏”“若問生涯指六經”“曾歸徐氏彊誃”印。索書號：善 000536。

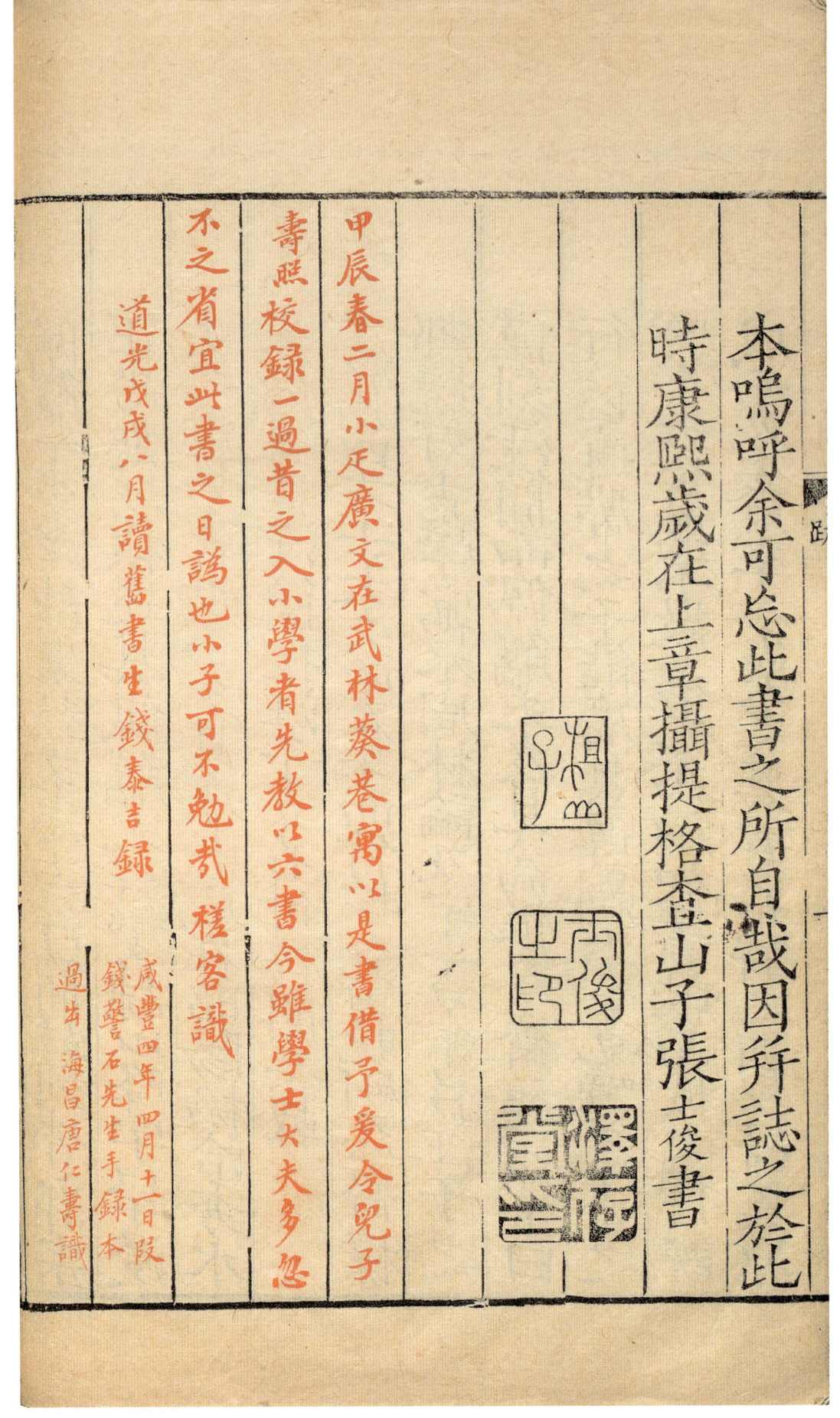

本嗚呼余可忘此書之所自哉因并誌之於此
時康熙歲在上章攝提格査山子張士俊書

甲辰春二月小疋廣文在武林葵巷寓以是書借予爰令兒子
壽照校録一過昔之入小學者先教以六書今雖學士大夫多忽
不之省宜此書之日譌也小子可不勉哉　槎客識

道光戊戌八月讀舊書生錢泰吉録

咸豐四年四月十一日段
錢警石先生手録本
過出　海昌唐仁壽識

067-2　清唐仁壽跋並録清吴騫跋、錢泰吉跋

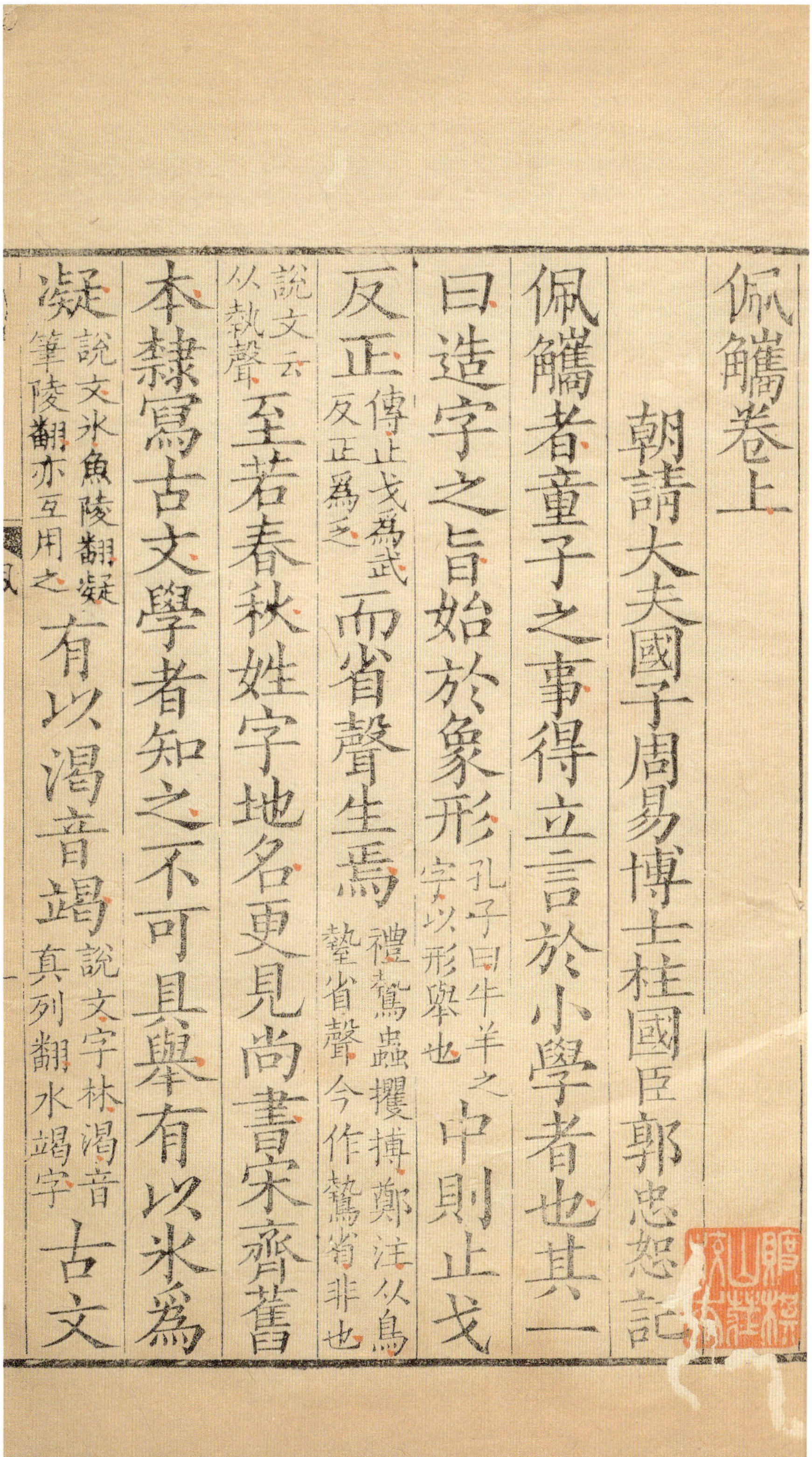
佩觿卷上
朝請大夫國子周易博士柱國臣郭忠恕記
佩觿者童子之事得立言於小學者也其一曰造字之旨始於象形孔子曰牛羊之字以形舉也中則止戈反正傳止戈爲武反正爲乏而省聲生焉禮鷙蟲攫搏鄭注从鳥摯省聲今作鷙省非也說文云从埶聲至若春秋姓字地名更見尚書宋齊舊本隸寫古文學者知之不可具舉有以米爲凝說文冰魚陵翻凝筆陵翻亦互用之有以渴音竭說文字林渴音真列翻水竭字古文

068-1　《佩觿》卷上卷端

068　佩觿三卷　〔宋〕郭忠恕撰　清康熙四十九年（1710）張士俊刻澤存堂五種本　清謝章鋌校並圈點題跋

開本高27.2厘米，寬17.2厘米。框高20.5厘米，寬15.5厘米。半葉八行，行十七字，小字雙行不等，白口，左右雙邊。索書號：善000537。

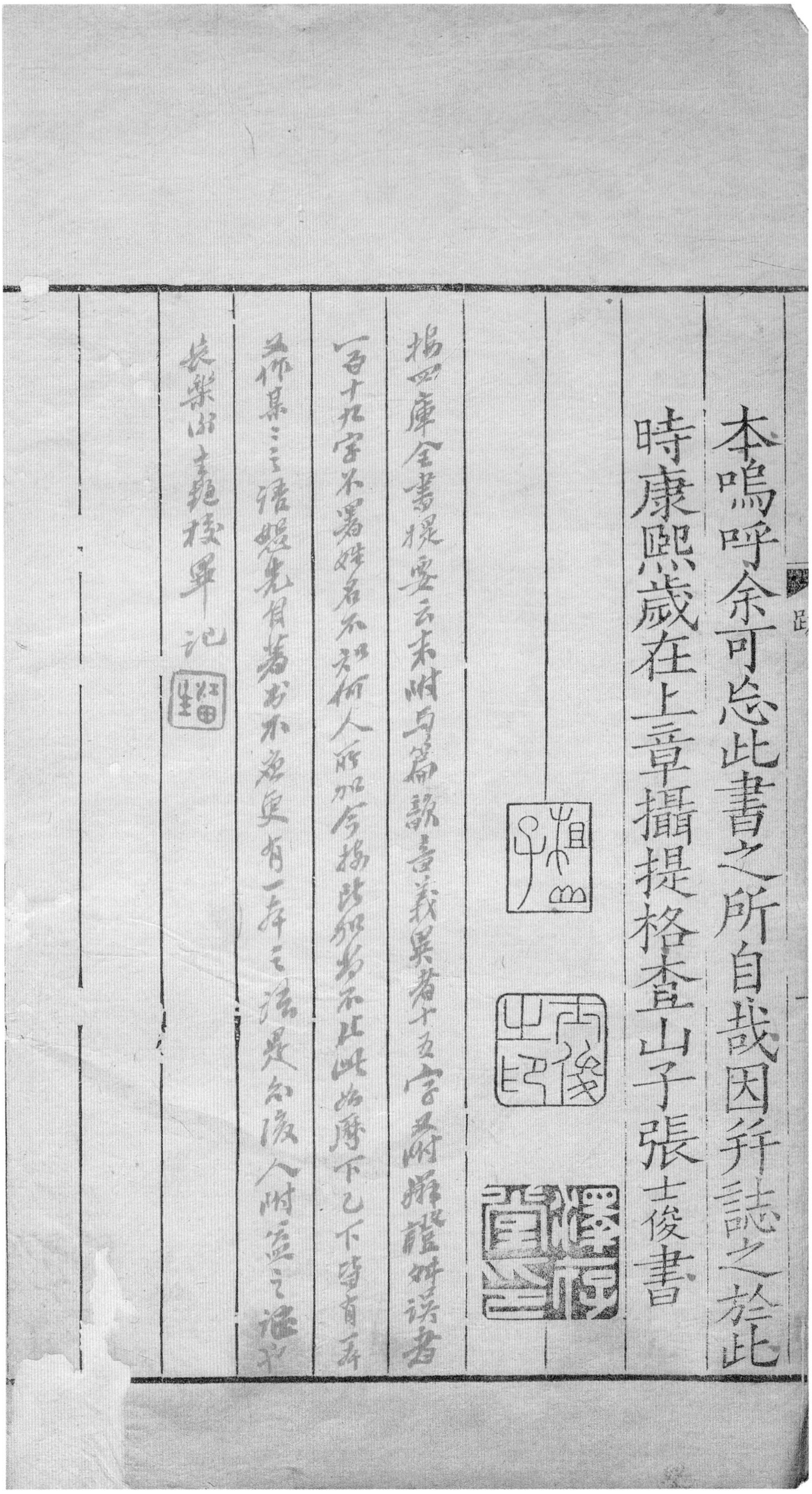

本嗚呼余可忘此書之所自哉因并誌之於此

時康熙歲在上章攝提格查山子張士俊書

按四庫全書提要云末附五篇韻音義異者十五字爲辨證其誤者

一百十九字不署姓名不知何人所加今按此所出不止此始于麻下已下皆有一本

並作某某語疑先有舊本不定其有一本之語是知後人附益之證也

長樂謝章鋌記

068-2 清謝章鋌跋

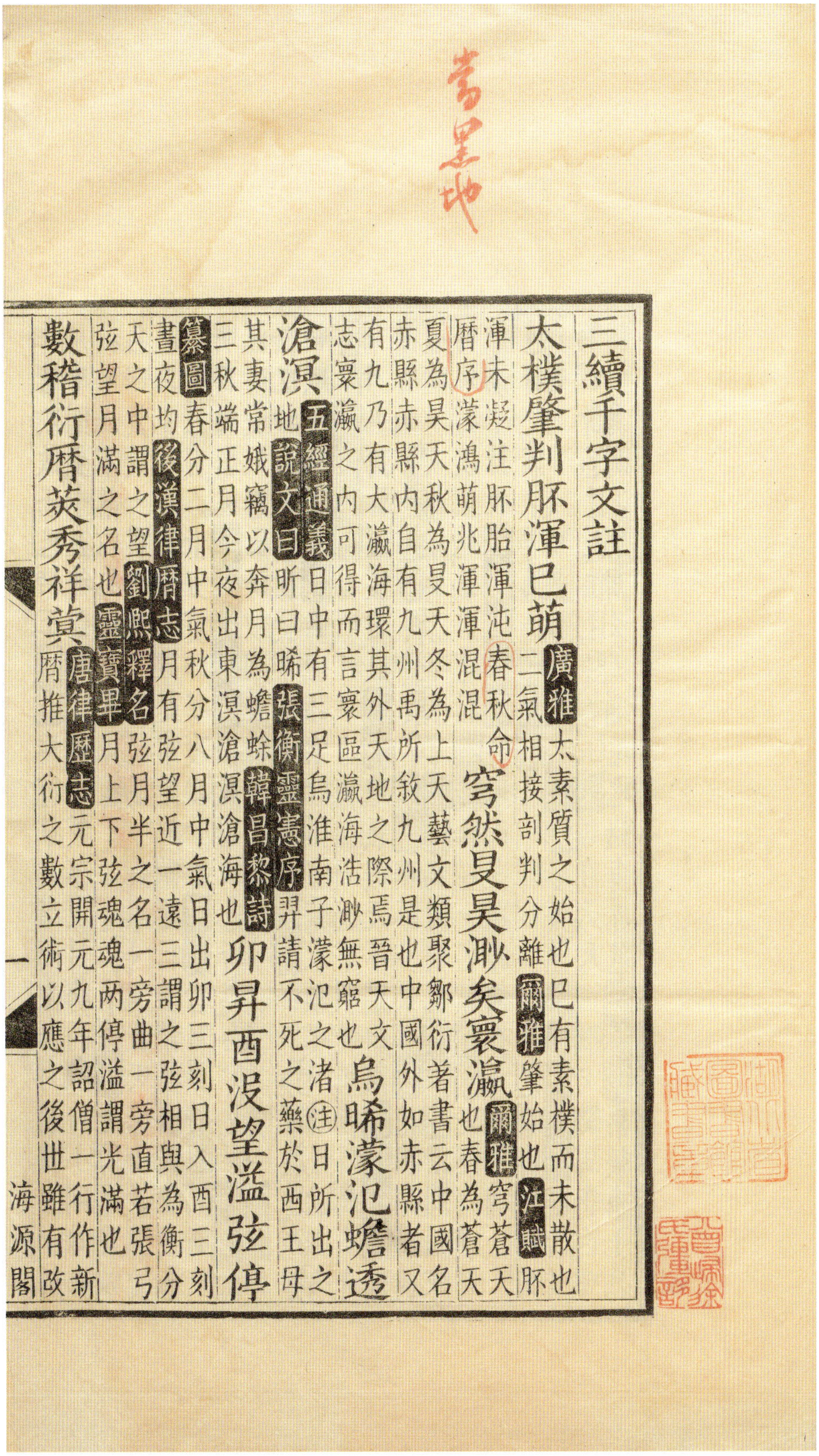
當是地
三續千字文註
太樸肇判胚渾巳萌廣雅太素質之始也巳有素樸而未散也二氣相接剖判分離爾雅肇始也江賦胚
渾未凝注胚胎渾沌春秋命曆序濛鴻萌兆渾渾混混穹然旻昊渺矣寰瀛爾雅穹蒼天也春為蒼天
夏為昊天秋為旻天冬為上天藝文類聚鄒衍著書云中國名赤縣赤縣內自有九州禹所敘九州是也中國外如赤縣者又
有九乃有大瀛海環其外天地之際焉晉天文志寰瀛之內可得而言寰區瀛海浩渺無窮也烏晞濛汜蟾透
滄溟五經通義日中有三足烏淮南子濛汜之渚注日所出之地說文曰昕曰晞張衡靈憲序羿請不死之藥於西王母
其妻常娥竊以奔月為蟾蜍韓昌黎詩三秋端正月今夜出東溟滄溟滄海也卯昇酉没望溢弦停
纂圖春分二月中氣秋分八月中氣日出卯三刻日入酉三刻晝夜均後漢律曆志月有弦望近一遠三謂之弦相與為衡分
天之中謂之望劉熙釋名弦月半之名一旁曲一旁直若張弓弦望月滿之名也靈寶畢月上下弦魂魂兩停溢謂光滿也
數稽衍曆莢秀祥蓂唐律歷志元宗開元九年詔僧一行作新曆推大衍之數立術以應之後世雖有改
一
海源閣

069-1　《三續千字文注》卷端

069　三續千字文注一卷　〔宋〕葛剛正撰　清咸豐楊氏刻海源閣叢書本　清袁芳瑛批

開本高 33.2 厘米，寬 21.2 厘米。框高 23.3 厘米，寬 15.2 厘米。半葉十行，行二十四字，小字雙行同，白口，四周雙邊。鈐“曾歸徐氏彊誃”印。索書號：善 003238。

葛勝仲卽侍其良器之甥仿作千文有勝仲序侍其千文附丹陽溪集中

存僅此例亦不用複字視前二篇文徑尤纖仄而聯綴皆有典可覈遞注犂然愜合刻之前二篇佚莫覯也案江陰縣志載葛勝仲字魯卿卽注所稱爲皇祐二年進士朝棫大夫侍其公暐作墓志之文康公志載葛邲字楚輔文康孫謚文定卽注所稱伯祖而選舉志無剛正名藝文亦遂志不及此篇豈以沾沾小學未足采與而吾邱氏衍學古編載續千字文葛剛正書字法極好其所稱者篆書卽注所謂以備古篆之體此本楷法勁秀雅近率更當亦屬原刻且新注次韻詳詁續作己復繼而三之雖未彙證梁陳隋唐書所載之他本而就其所見勘正蒐輯亦可謂勤覃厥思者矣脫此篇幷佚後世又疇知江陰葛氏有剛

069-2　清袁芳瑛批

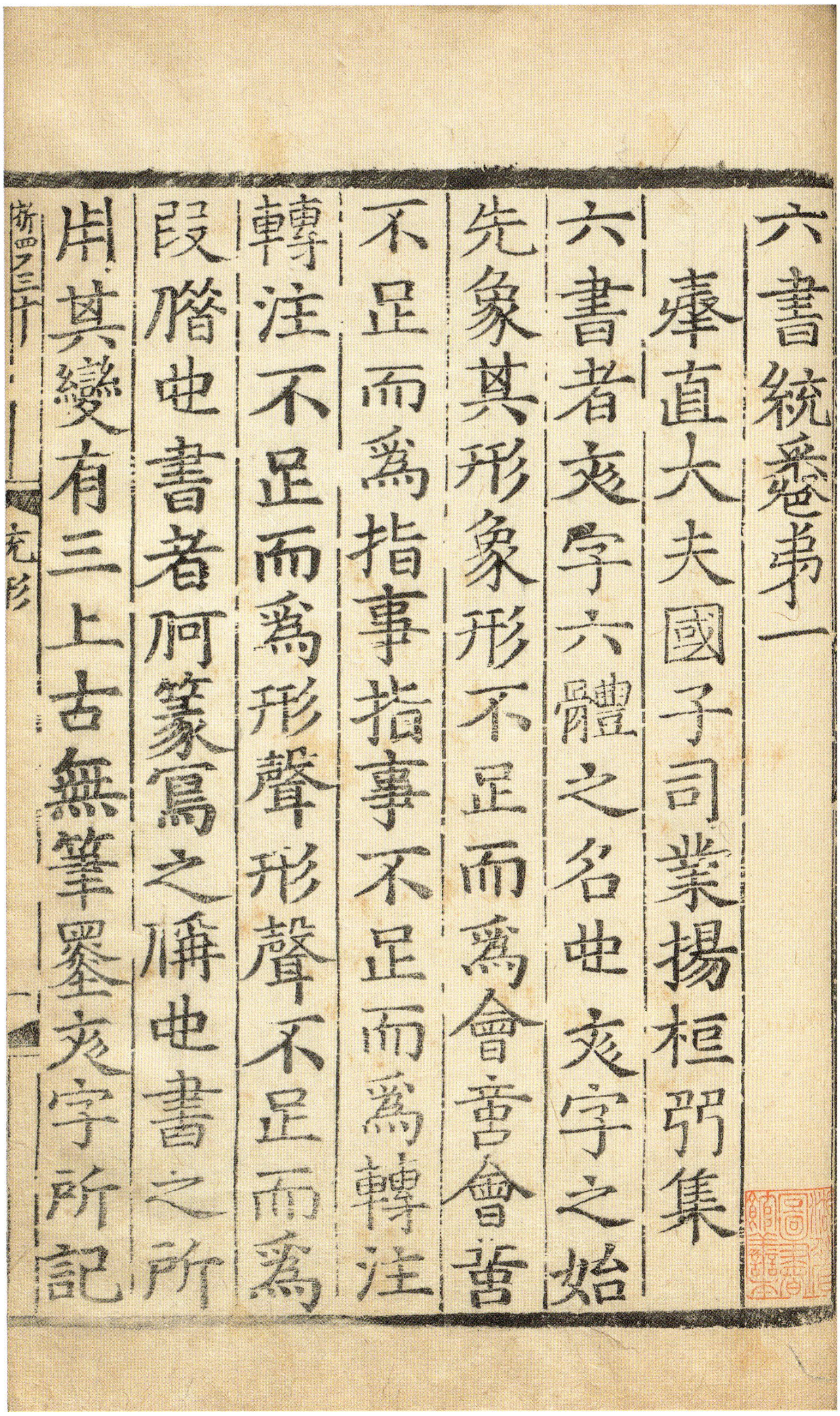
六書統卷弟一
奉直大夫國子司業楊桓弜集
六書者文字之名也文字之始
先象其形象形不足而爲會意會意
不足而爲指事指事不足而爲轉注
轉注不足而爲形聲形聲不足而爲
叚借也書者冋篆寫之偁也書之所
用其變有三上古無筆墨文字所記

070　《六書統》卷一卷端

070 六書統二十卷　〔元〕楊桓撰　元至大元年（1308）江浙行省儒學刻元明遞修本　存十九卷（卷一至十三、十五至二十）

開本高 27.7 厘米，寬 18.6 厘米。框高 22.5 厘米，寬 17.1 厘米。半葉八行，行十四字，黑口，左右雙邊。鈐“王定安印”“鼎丞珍賞”“寶宋閣”“俵陵王氏寶宋閣收藏之印”印。索書號：善 000515。

國家珍貴古籍名録編號：12353。湖北省珍貴古籍名録編號：00002。

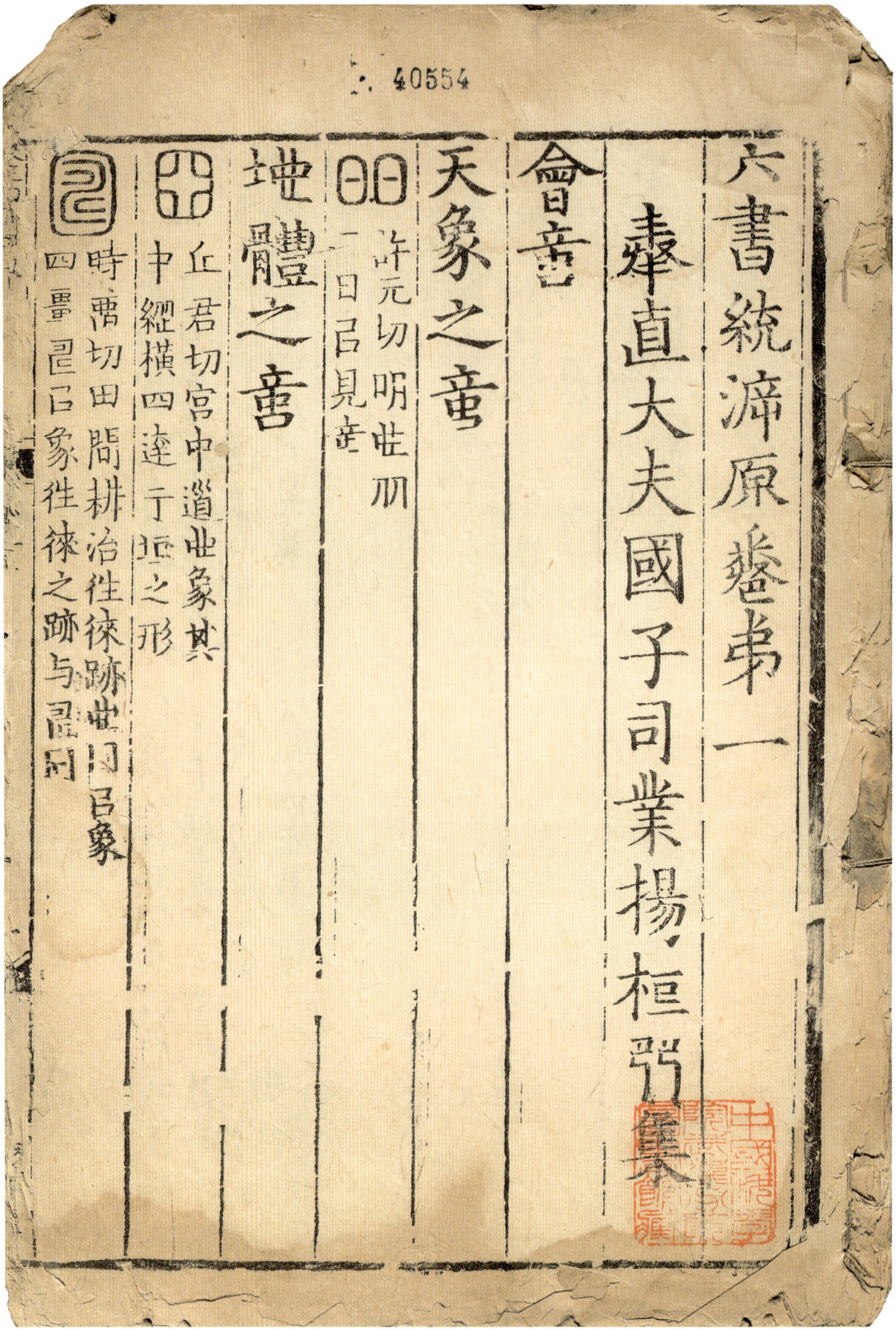

071　《六書統溯原》卷一卷端

071　六書統溯原十三卷〔元〕楊桓撰　元至大元年（1308）江浙行省儒學刻元明遞修本　存十一卷（卷一至七、十至十三）

開本高 27.1 厘米，寬 18.7 厘米。框高 23.0 厘米，寬 16.8 厘米。半葉八行，行字不等，黑口，左右雙邊。鈐"忠孝鄉曹氏藏書印"印。索書號：善 000519。

國家珍貴古籍名録編號：12354。

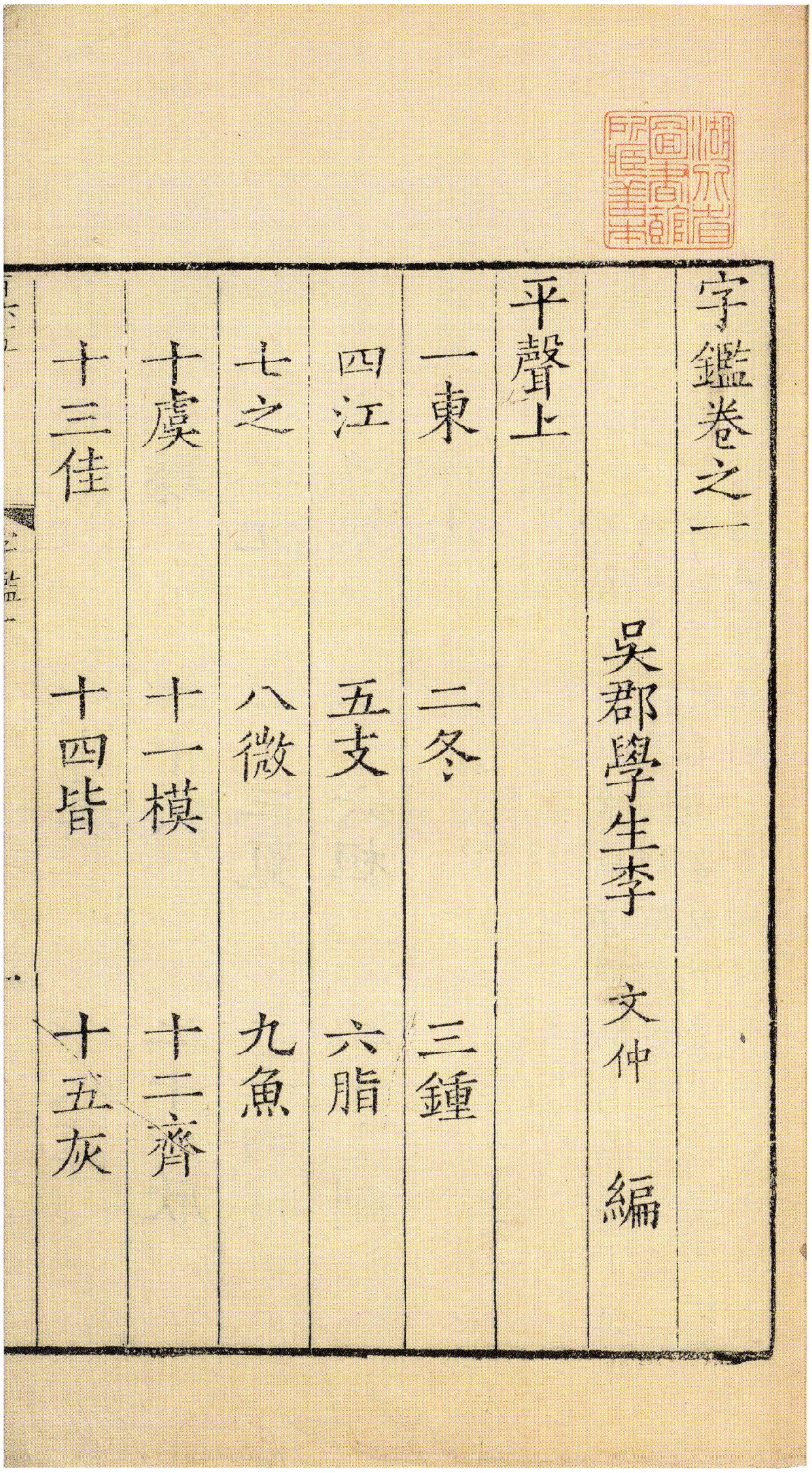
字鑑卷之一
吴郡學生李文仲編
平聲上
一東 二冬 三鍾
四江 五支 六脂
七之 八微 九魚
十虞 十一模 十二齊
十三佳 十四皆 十五灰

072-1 《字鑑》卷一卷端

072 字鑑五卷 〔元〕李文仲編 清康熙四十八年（1709）張士俊刻澤存堂五種本 清王頌蔚校跋並録清顧廣圻批校

開本高 25.7 厘米，寬 16.8 厘米。框高 19.0 厘米，寬 14.0 厘米。半葉八行，行十九字，小字雙行同，白口，四周單邊。索書號：善 000543。

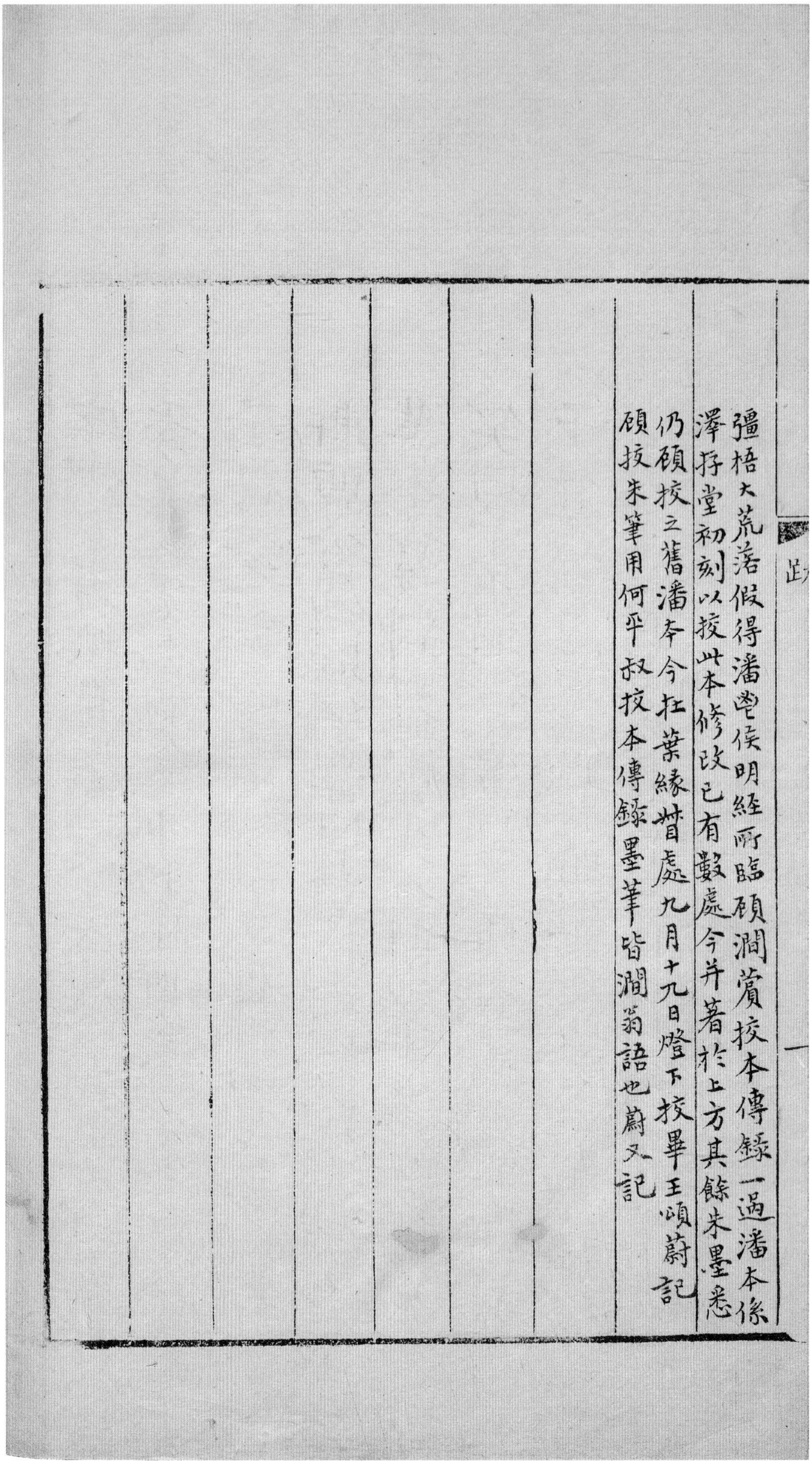
彊梧大荒落假得潘鬯侯明經所臨顧澗蕢挍本傳錄一過潘本係澤存堂初刻以挍此本修改已有數處今并著於上方其餘朱墨悉仍顧挍之舊潘本今在葉緣督處九月十九日燈下挍畢王頌蔚記

顧挍朱筆用何平叔挍本傳錄墨筆皆澗翁語也蔚又記

072-2 清王頌蔚跋

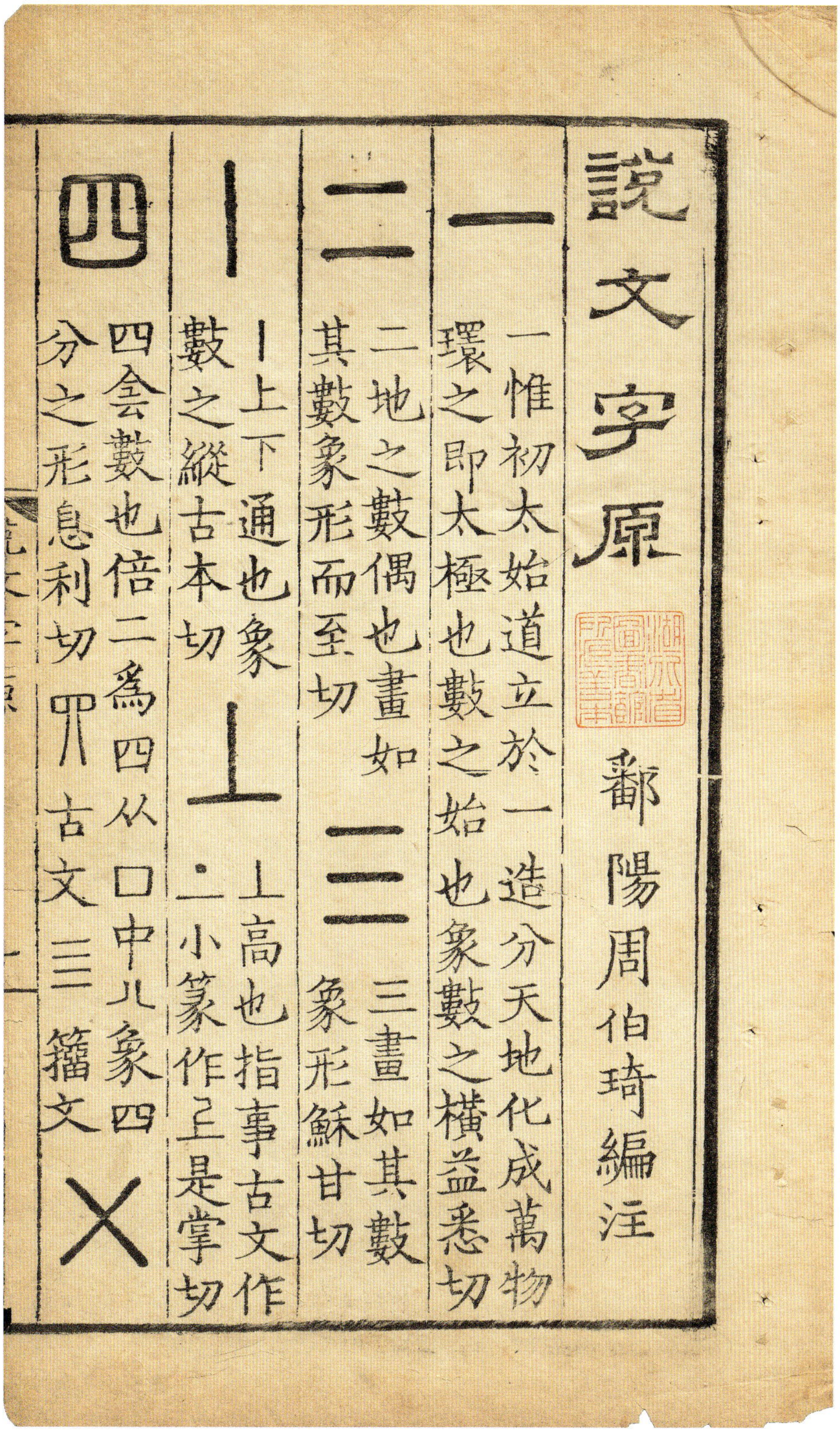
說文字原
鄱陽周伯琦編注
一 一惟初太始道立於一造分天地化成萬物
環之即太極也數之始也象數之横益悉切
二 二地之數偶也畫如
其數象形而至切
三 三畫如其數
象形穌甘切
丨 丨上下通也象
數之縱古本切
丄 丄高也指事古文作
二小篆作上是掌切
四 四会數也倍二為四从口中儿象四
分之形息利切 罒古文 亖籒文
乂

073 《説文字原》卷端

073 説文字原一卷 〔元〕周伯琦撰 明嘉靖元年（1522）于鏊刻本

開本高 29.8 厘米，寬 18.0 厘米。框高 25.2 厘米，寬 15.5 厘米。半葉五行，行字不等，小字雙行二十字，黑口，左右雙邊。鈐“潘”“留餘堂圖書記”“柯逢時印”“武昌柯氏”“息園”“鄰園藏書”“鄰園鑒賞圖書”“延陵”“吴儂”“淡宜軒”“緘”“静學齋”“留鴻爪齋圖書”“江元之印”等印。索書號：善 000508。

國家珍貴古籍名録編號：07447。

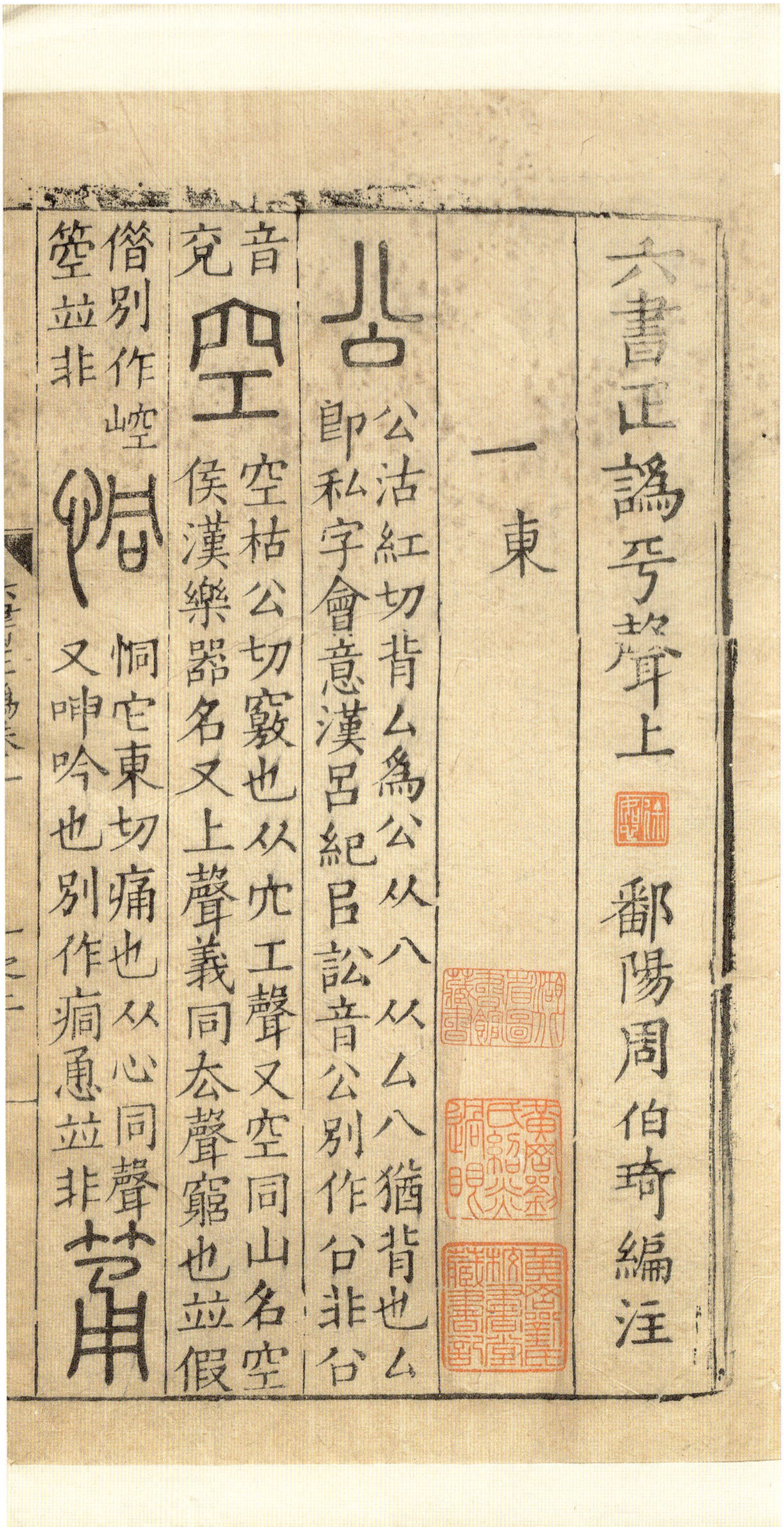

074 《六書正譌》卷一卷端

074 六書正譌五卷 〔元〕周伯琦撰 明嘉靖元年（1522）刻本 佚名批

金鑲玉裝。開本高 30.6 厘米，寬 19.1 厘米。框高 23.8 厘米，寬 15.1 厘米。半葉五行，行字不等，小字雙行二十字，白口，左右雙邊。鈐“謝墉印”“東墅”“松石齋考藏”“古潭州袁卧雪廬收藏”“黄鶴軒”“黄岡劉氏校書堂藏書記”“黄岡劉氏紹炎過眼”“徐恕讀過”等印。索書號：善 000516。

湖北省珍貴古籍名録編號：00044。

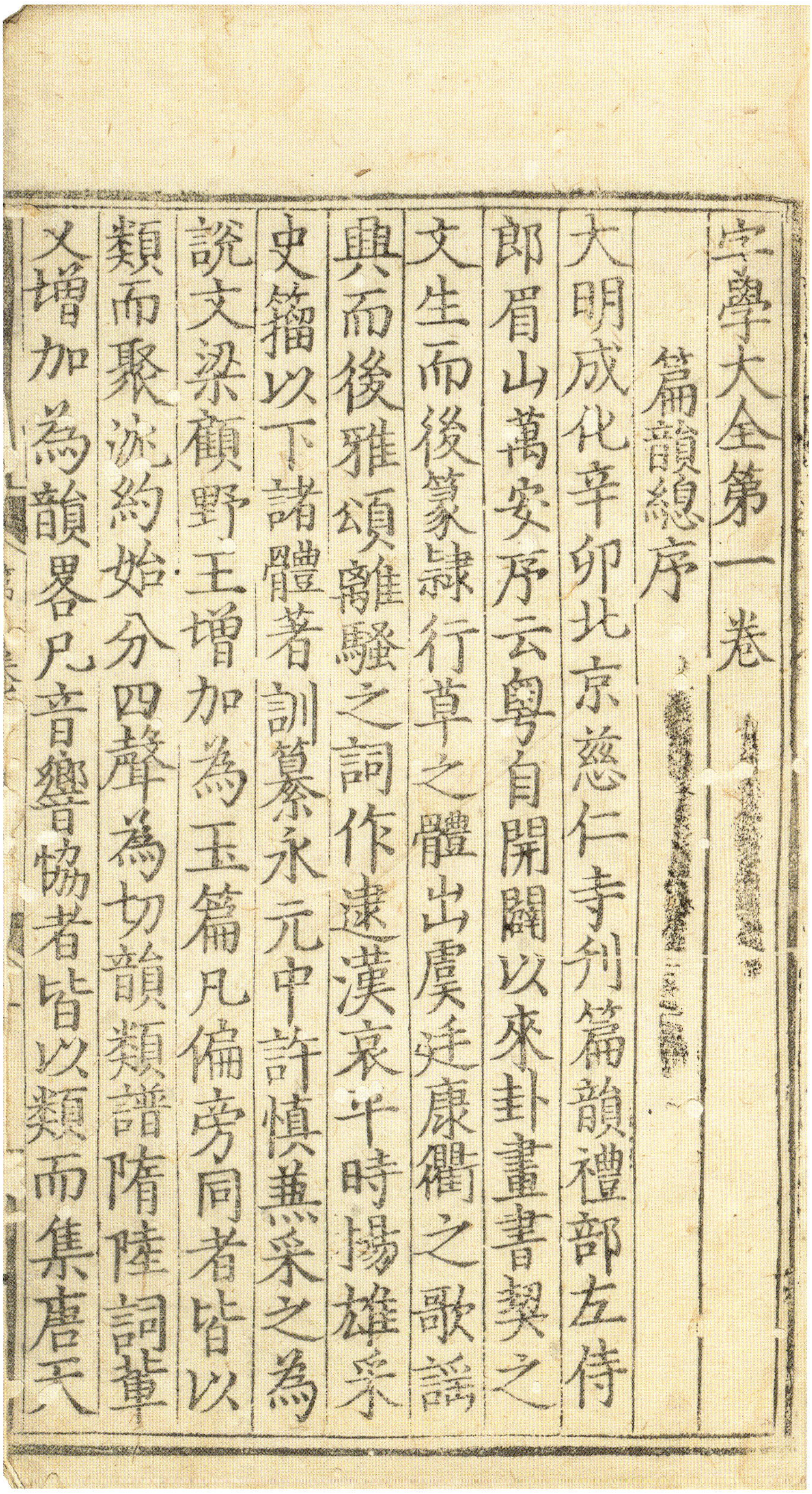
字學大全第一卷
篇韻總序
大明成化辛卯北京慈仁寺刊篇韻禮部左侍郎眉山萬安序云粤自開闢以來卦畫書契之文生而後篆隸行草之體出虞廷康衢之歌謠興而後雅頌離騷之詞作逮漢哀平時揚雄采史籀以下諸體著訓纂永元中許慎兼采之為說文梁顧野王增加為玉篇凡偏旁同者皆以類而聚沈約始分四聲為切韻類譜隋陸詞輩又增加為韻畧凡音響協者皆以類而集唐天

075-1 《字學大全》卷一卷端

075 字學大全三十二卷 〔明〕王三聘撰 明嘉靖四十三年（1564）自刻本

開本高 27.9 厘米，寬 17.4 厘米。框高 23.5 厘米，寬 15.4 厘米。半葉十行，行十八字，黑口，四周雙邊。鈐“曾在張春霆處”印。索書號：善 000546。

國家珍貴古籍名録編號：03443。

第二十四卷　韻　上聲　舊九卷
第二十五卷　韻　去聲　舊十卷
第二十六卷　韻　去聲　舊十一卷
第二十七卷　韻　去聲　舊十二卷
第二十八卷　韻　入聲　舊十三卷
第二十九卷　韻　入聲　舊十四卷
第三十卷　韻　入聲　舊十五卷
第三十一卷　法　切韻
第三十二卷　法　貫珠集

嘉靖四十三年甲子中秋刊至丙寅閏十月完

075-2 《統刊字學大全引》

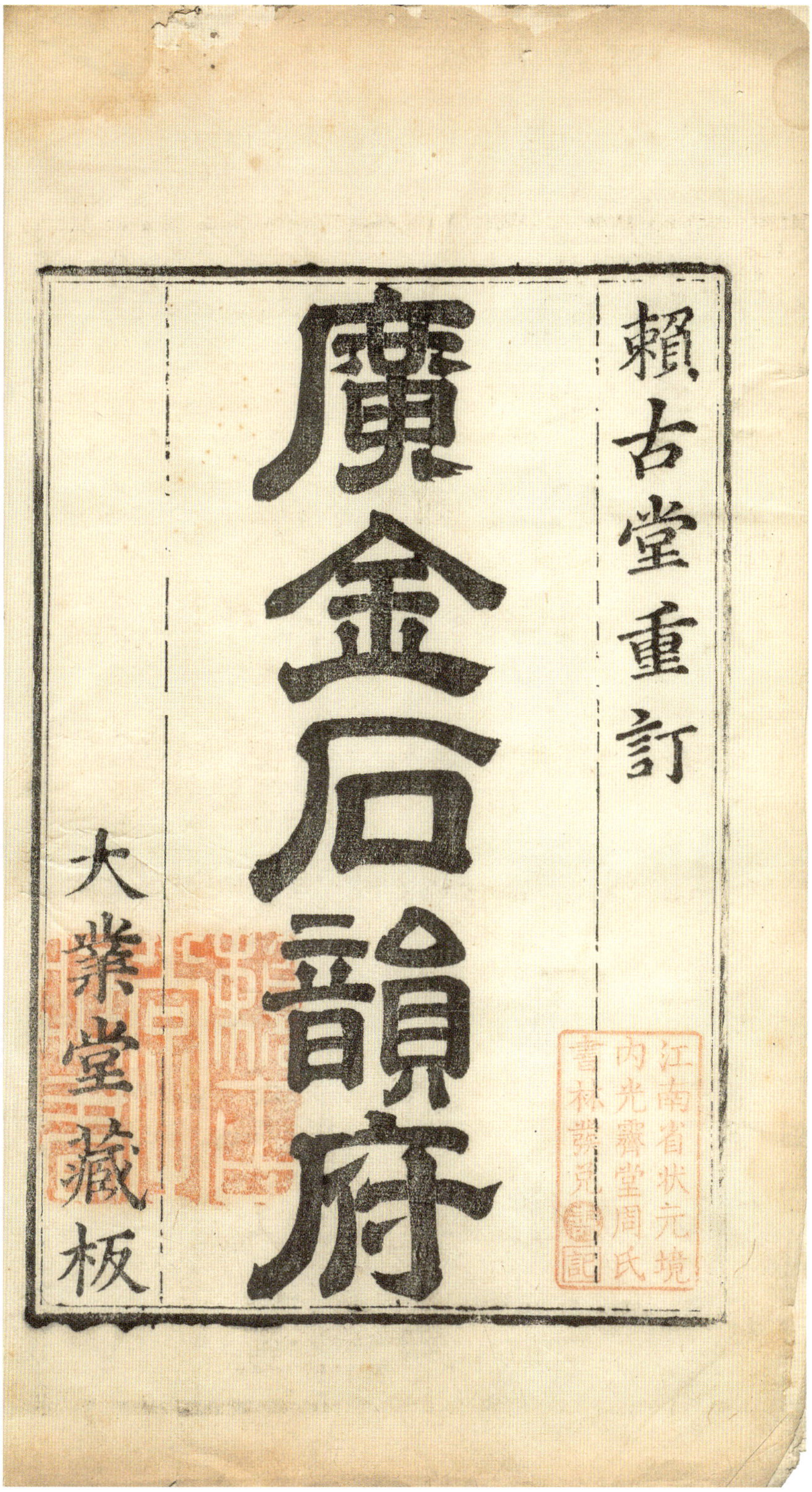

076-1 《廣金石韵府》封面

076 廣金石韵府五卷纂集玉篇偏傍形似釋疑文字一卷 〔清〕林尚葵輯 〔清〕李根校正 〔清〕周亮工重訂 清康熙九年（1670）大業堂刻朱墨套印本

開本高28.4厘米，寬17.9厘米。框高21.5厘米，寬15.0厘米。半葉六行，行字不等，白口，四周單邊。索書號：善000608。

湖北省珍貴古籍名録編號：00220。

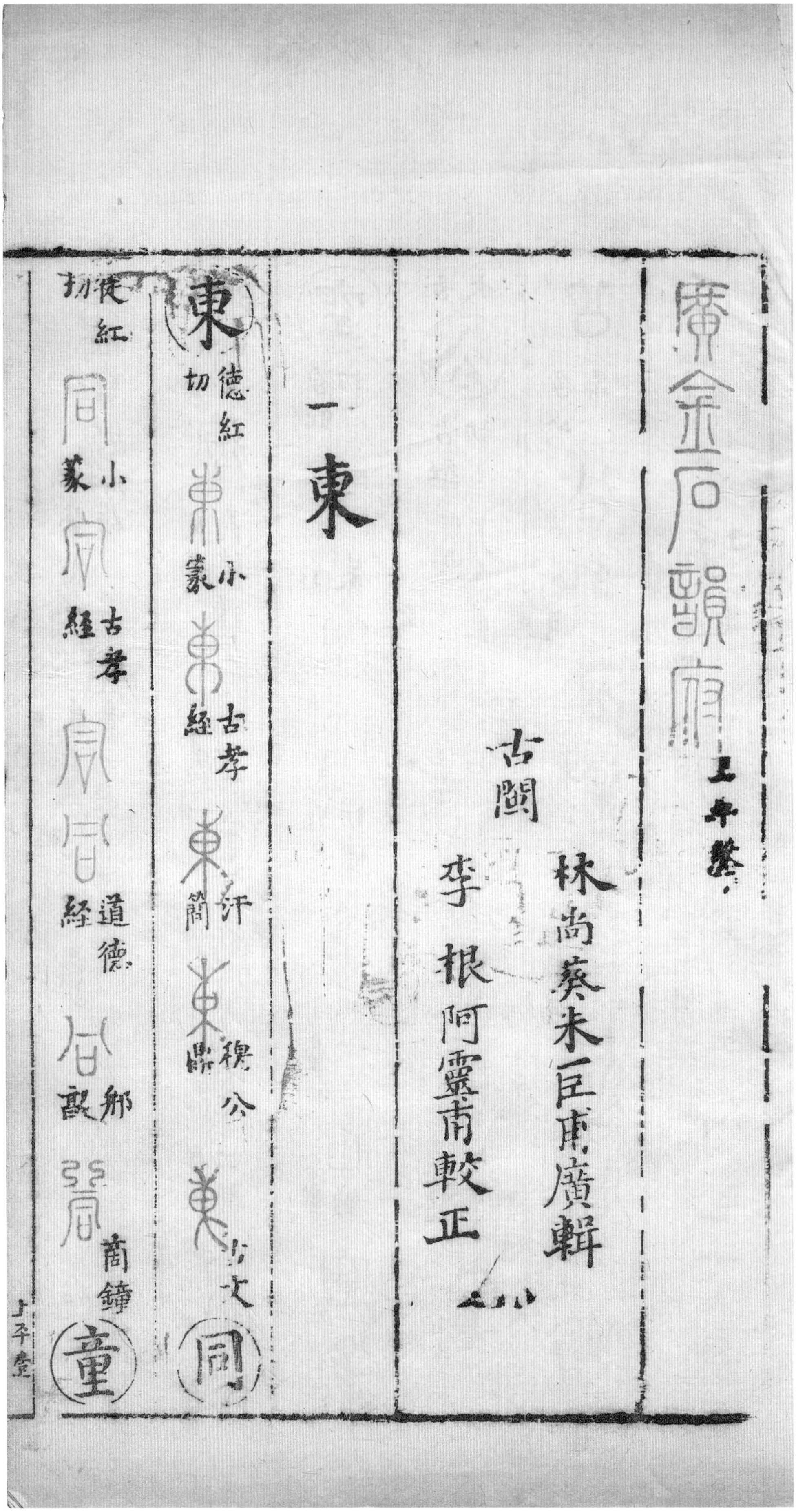

廣金石韻府　上平聲

古閩　林尚葵朱臣甫廣輯
李根阿靈甫較正

一東

東　德紅切　小篆　古孝經　汗簡　禝公鼎　古文

同　徒紅切　小篆　古孝經　道德經　鄉敦　商鐘

童

上平壹

076-2　《廣金石韻府》卷一卷端

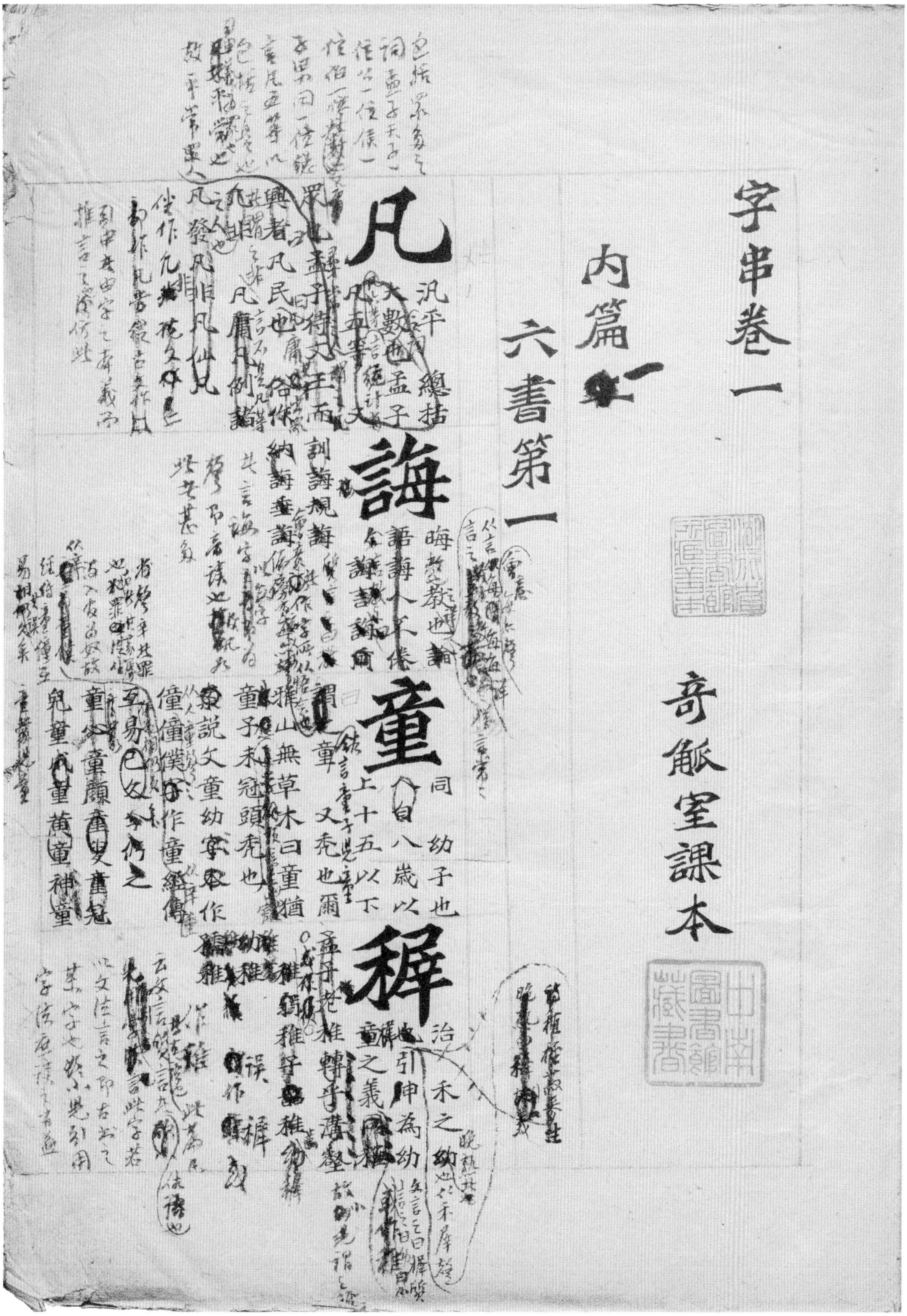

077　《字串》卷一卷端

077 字串二卷 劉心源撰　稿本

開本高 27.0 厘米，寬 20.4 厘米。無框欄，半葉八行，行八字，小字雙行不等。索書號：善004085。

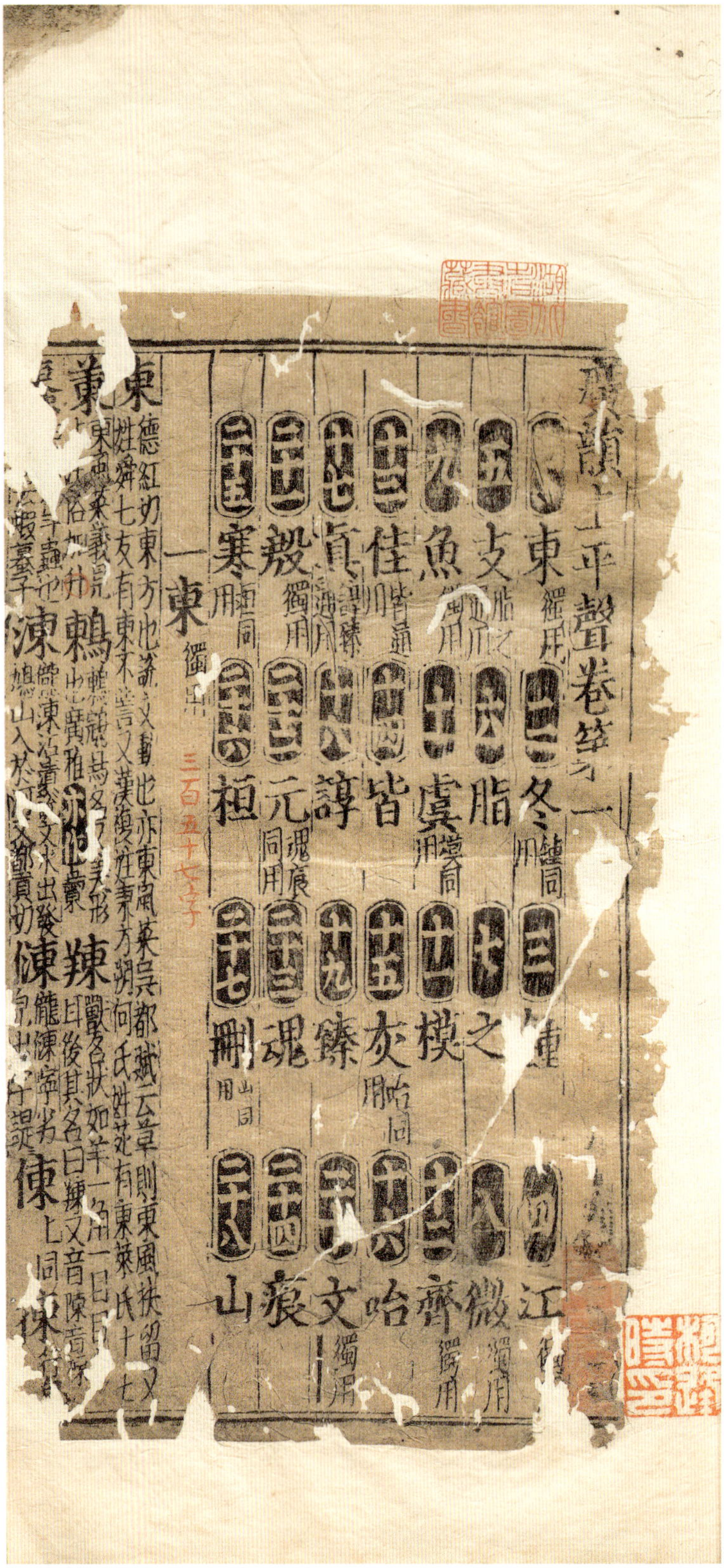

078 《廣韵》卷一卷端

078 廣韵五卷 〔宋〕陳彭年等撰 明刻本 清柯逢時題識 佚名批

金鑲玉裝。開本高 30.7 厘米，寬 17.3 厘米。框高 21.2 厘米，寬 12.7 厘米。半葉十二行，行二十七至三十字，黑口，四周雙邊。鈐“義齋藏書”“柯逢時印”印。索書號：善 000572。

湖北省珍貴古籍名録編號：00001。

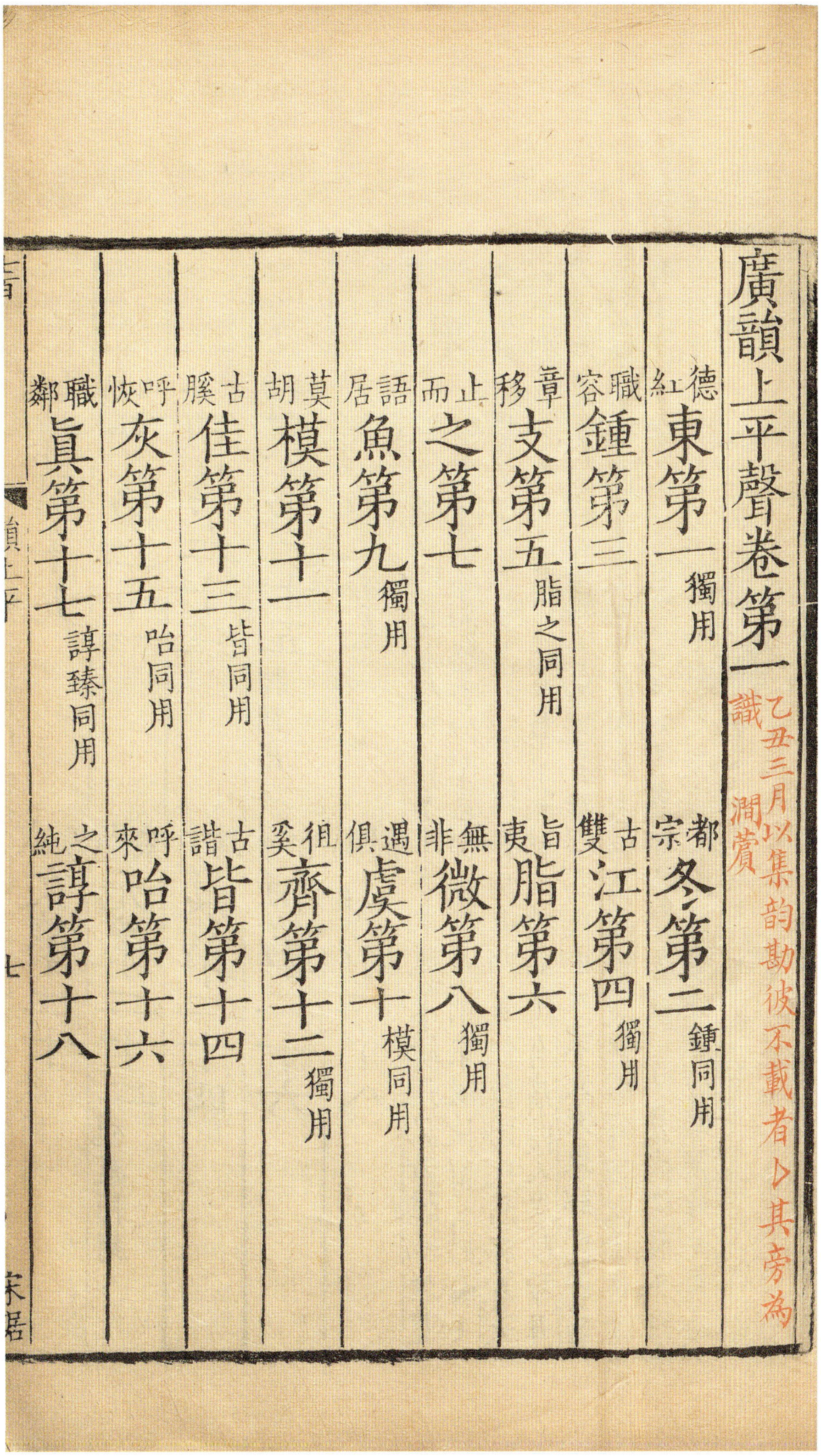

079-1 《廣韵》卷一卷端

079 廣韵五卷 〔宋〕陳彭年等撰 清康熙四十二至四十三年（1703—1704）張士俊刻澤存堂五種本 清潘錫爵題識並録清惠棟、段玉裁批校及顧廣圻批校題識

開本高 27.3 厘米，寬 17.8 厘米。框高 21.0 厘米，寬 15.8 厘米。半葉十行，行二十字，小字雙行二十七字，白口，左右雙邊。鈐“銅井山廬藏書”“秦曼青”“秦更年印”印。索書號：善 000573。

略云褭坌衣香又於及於輒二切 稖耕種 殗殗殜不動皃 㤿㥷頭也 浥潤也 敆敆斂相著 鍂椎鍂田器 鞥

車具又於合切 䶈䶈鼻也 餣餣飽也 晻晻閉目 ○殜殗殜亦作殜余葉切二 諜樂器 ○跲躓也巨業切五 拾劒匣

䀁䁯䀁 极极插 笈書笈又初洽其輒二切

三十四○乏匱也房法切三 泛水聲又孚梵切 姂好皃 ○法則也數也常也又姓左傳齊襄王法章之後秦滅齊子孫

不敢稱故以法爲氏宣帝時徙三輔代爲二千石後漢有扶風法雄法子眞竝有傳方乏切二 灋上同 ○𢍆法矢皃孚法切一 ○偈恐受

財史記云恐偈諸侯起法切又呼葛切二 姂好皃 ○䫙飛上皃女法切三 澀澀濈水皃 歮靜歮 ○插插䫙飛上皃丑法切一

廣韻入聲卷第五

惠松崖先生閱本 乾隆乙卯小門生顧廣圻録原書附

更定四聲稾以別為一書故不具閏月十二日敬識

段若膺先生較尤精確五月五日借讀爰并録焉廣圻又識

嘉慶乙丑再讀覺舊校多未安廣圻又記 咸豐丁巳十一月從顧河之孝廉假録 錫爵

079-2 清潘錫爵題識並録清顧廣圻題識

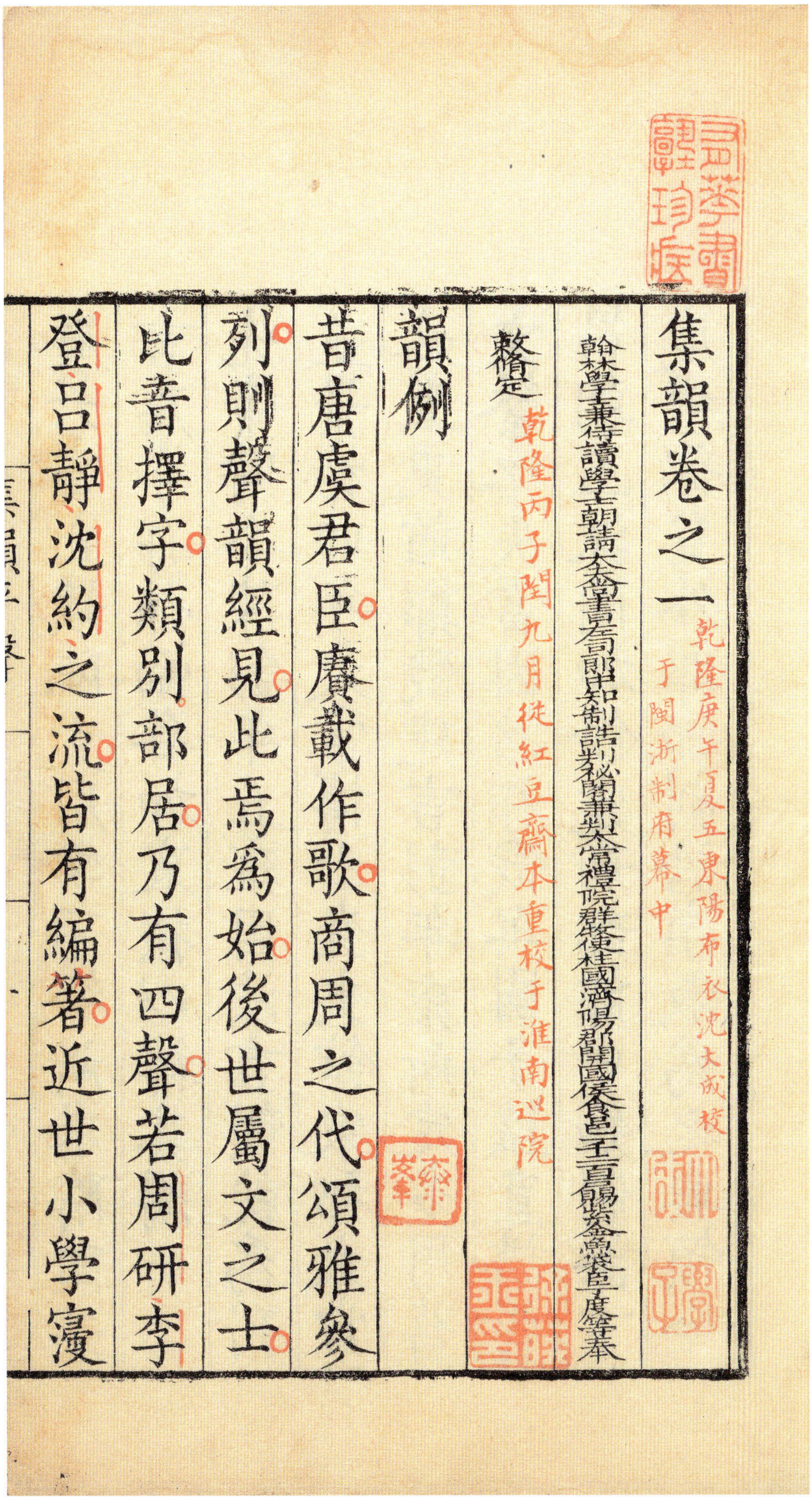

080-1 《集韵》卷一卷端

080 集韵十卷 〔宋〕丁度等撰 清康熙四十五年（1706）揚州使院刻曹楝亭五種本 清沈大成校並題識、圈點 徐恕批校

開本高22.5厘米，寬14.2厘米。框高16.4厘米，寬11.4厘米。半葉八行，行十六字，小字雙行二十字，黑口，左右雙邊。鈐“徐暎玉印”“南樓”“泰峰”“有華書塾珍藏”印。索書號：善000575。

漢有尚書張林

許曰請子之義未悉是以玄鳥來乃人祈子之候以請為祈謂人請子之候其巳巢亦避戊己以便育子耶

⿰虫焉蠻蟲曲息也 焉 語助 ○ 焉 於虔切說文鳥黃色出於江淮象形凡字朋者羽蟲之長烏者日中之禽舄者知太歲之所在燕者請子之候作巢避戊巳所貴者故皆象形焉亦是也一曰何也文九 漹 說文水出西河中陽北沙南入河 嫣 長皃 閼 閼氏匈奴妻號 蔫 說文菸也 鄢 傿 鄢陵縣名在潁川亦姓或从人 ⿰虫焉 ⿰虫焉蠻蟲曲息也 ⿰忄焉 憶也 ○ 愆 𡩨 僁 𨔶 愆 丘虔切說文過也或从寒省籀作僁亦作𨔶愆文二十二 䇂 說文辠也从干二二古文上字張林說俗作愆非是 褰 ⿰衤蹇 ⿰衤搴 ⿰衤虔 說文絝也引春秋傳徵褰與襦或作⿰衤蹇攐⿰衤虔 騫 說文馬腹縶也一曰虧也亦姓又邑名 ⿺走虔 ⿱寒走 說文⿱寒走行⿺走虔⿱寒走也或作蹇 攐 搴 方言取也楚謂之攐一曰縮也拔也或作搴 嘕 ⿰口焉 方言樂也

集韻平聲三

080-2 徐𤊹批（朱筆）

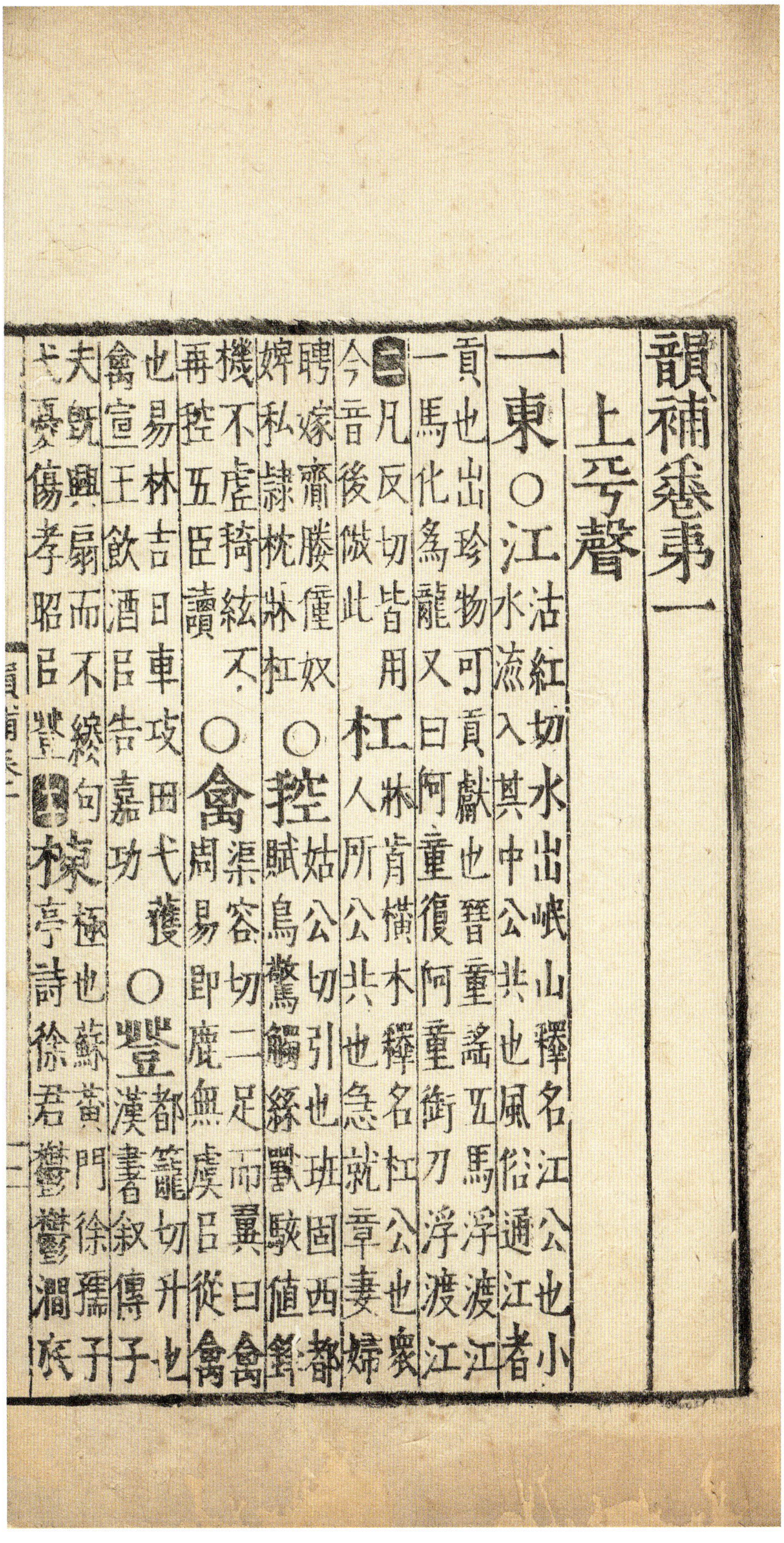
韻補卷第一
上平聲
一東○江沽紅切水出岷山釋名江公也小水流入其中公共也風俗通江者
貢也出珍物可貢獻也晉董謠五馬浮渡江一馬化為龍又曰阿童復阿童銜刀浮渡江
凡反切皆用今音後倣此　杠林肯橫木釋名杠公也衆人所公共也急就章妻婦
聘嫁齎媵僮奴婢私隸枕牀杠○控姑公切引也班固西都賦鳥驚觸絲獸駭値鋋
機不虛掎絃不再控五臣讀○禽渠容切二足而羽曰禽周易即鹿無虞吕從禽
也易林吉日車攻田弋獲禽宣王飲酒吕告嘉功○豐都籠切升也漢書叙傳子
夫既興扇而不縱句弋憂傷孝昭吕豐　椋極也蘇黃門徐孺子亭詩徐君鬱鬱澗底

081-1　《韵補》卷一卷端

081　韵補五卷　〔宋〕吴棫撰　明嘉靖許宗魯刻本　徐恕題識並録徐鴻寶校

開本高 26.5 厘米，寬 16.4 厘米。框高 18.7 厘米，寬 13.4 厘米。半葉九行，行十七字，小字雙行同，黑口，左右雙邊。索書號：善 000578。

國家珍貴古籍名録編號：07461。

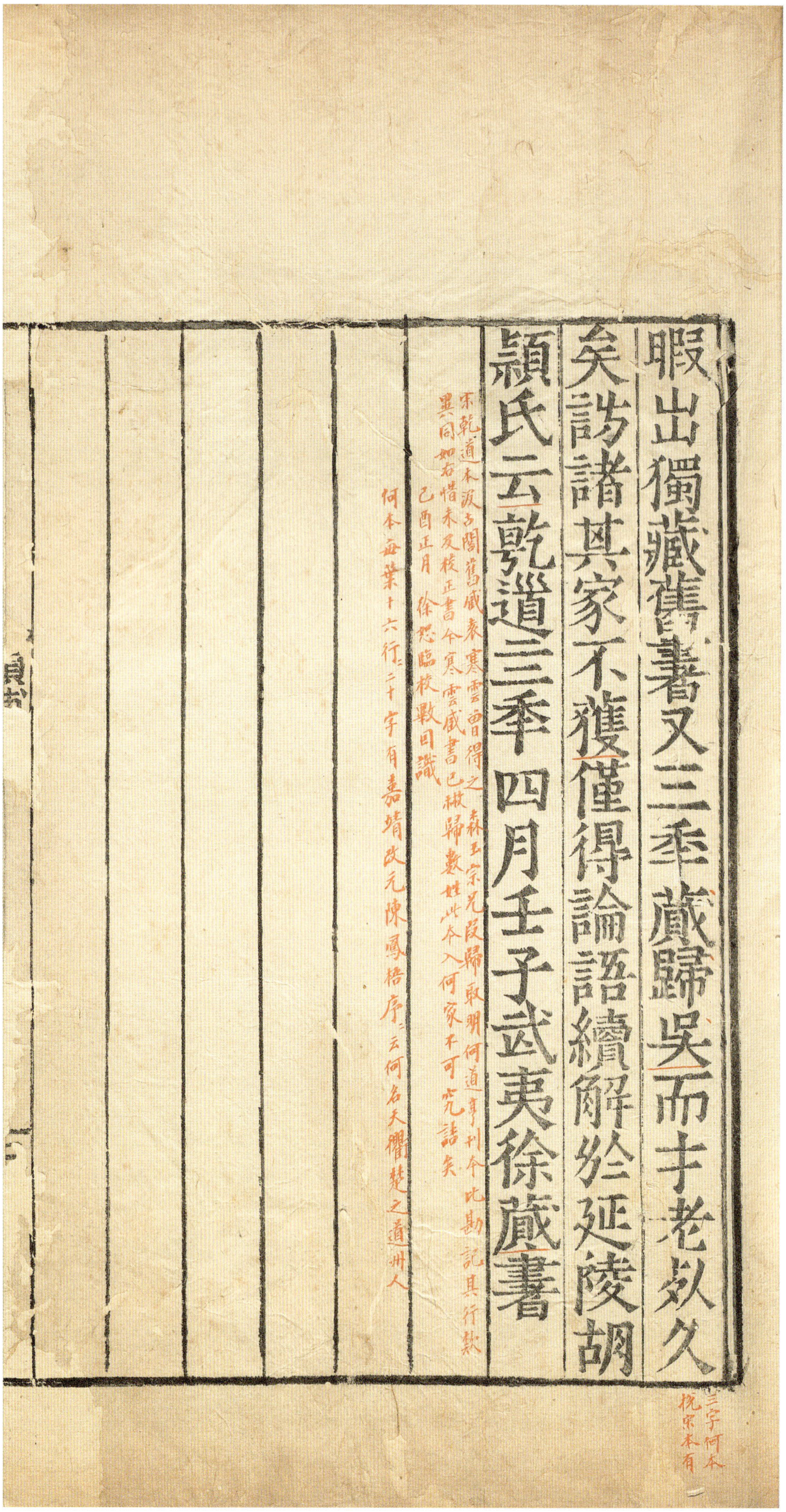

暇出獨藏舊書又三秊藏歸吳而手老奴久
矣訪諸其家不獲僅得論語續解於延陵胡
潁氏云乾道三秊四月壬子武夷徐蕆書

宋乾道本汲古閣舊藏袁寒雲曾得之森玉宗兄臤歸取明何道亨刊本比勘記其行款異同如右惜未及校正書今寒雲藏書已櫛歸數姓此本入何家不可究詰矣
乙酉正月 徐恕臨校數日識

何本每葉十六行行二十字有嘉靖改元陳鳳梧序序云何名天衢楚之道州人

三字何本梲宋本有

081-2 徐恕題識

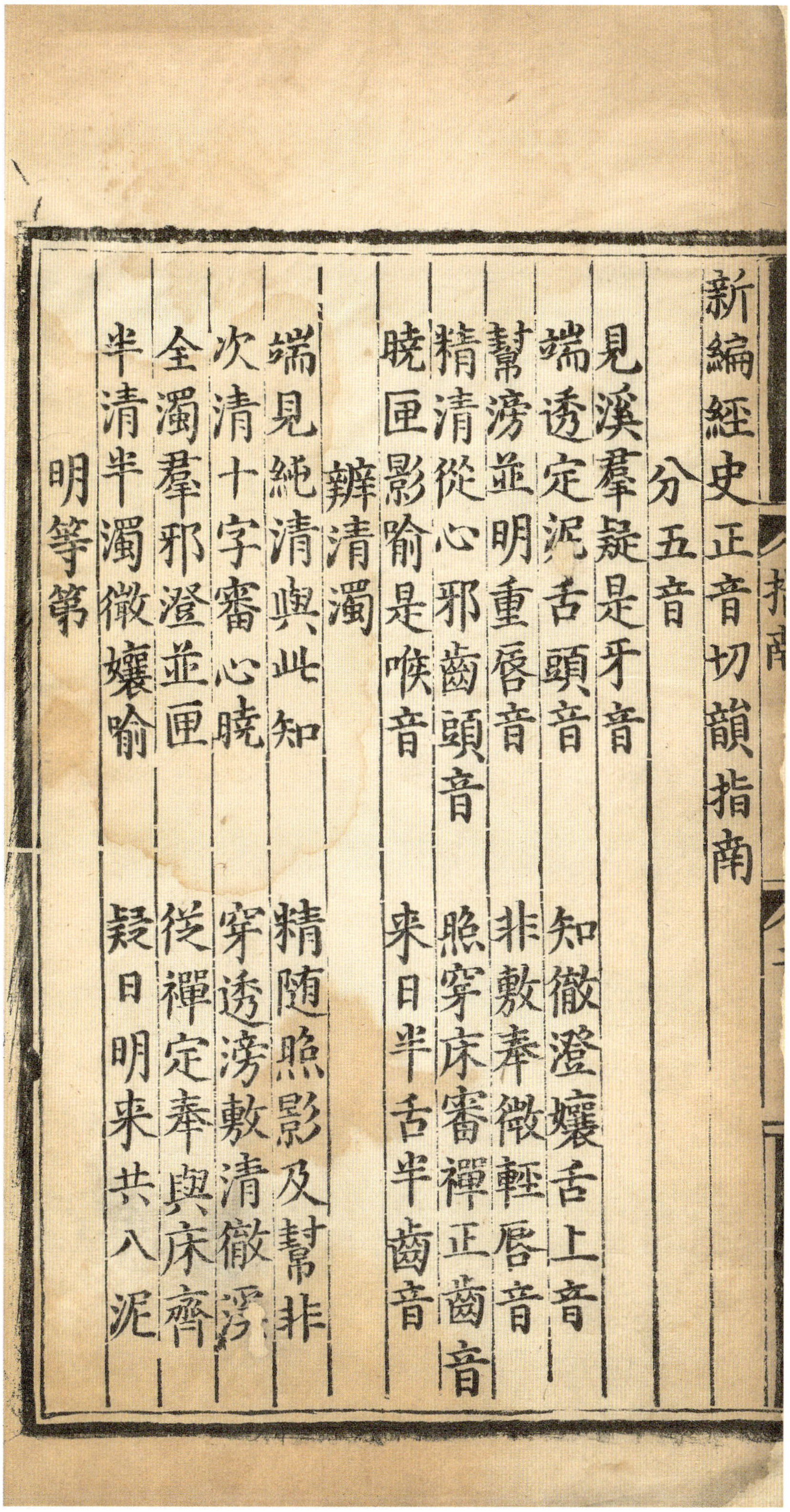
新編經史正音切韻指南
分五音
見溪羣疑是牙音
端透定泥舌頭音　知徹澄孃舌上音
幫滂並明重脣音　非敷奉微輕脣音
精清從心邪齒頭音　照穿床審禪正齒音
曉匣影喻是喉音　来日半舌半齒音
辨清濁
端見純清與此知　精隨照影及幫非
次清十字審心曉　穿透滂敷清徹溪
全濁羣邪澄並匣　從禪定奉與床齊
半清半濁微孃喻　疑日明来共入泥
明等第

082-1　《新編經史正音切韻指南》卷端

082　新編經史正音切韻指南一卷　〔元〕劉鑑撰　明弘治九年（1496）釋思宜刻本

開本高22.7厘米，寬15.0厘米。框高20.7厘米，寬14.6厘米。半葉十三行，行十八字，黑口，四周雙邊。鈐“霜松雪柏之軒藏書印”“桐風廎藏”印。索書號：善000588。

湖北省珍貴古籍名録編號：00049。

此乃門法之分也如是誤者豈勝道耶其雜稱
齋癸稱貴菊稱韭字之類乃方言之不可憑者
則不得已而姑從其俗至讀聖賢之書首貴乎
知音其可不稽其本哉其或稽者非口授難明
幸得傳者歸正隨謬者成風以致天下之書不
能同其音也故僕於暇日因其舊制次成十六
通攝作檢韻之法析繁補隙詳分門類并私述
玄關六段總括諸門盡其蘊奧名之曰經史正
音切韻指南與韓氏五音集韻互為體用諸韻
字音皆由此韻而出也末兼附字音動靜顯與
朋友共之庶為斯文之一助云爾至元二年歲
在丙子良月關中劉鑑士明自序
旹大明弘治九年仲冬吉日金臺釋子思宜重刊

082-2 元劉鑑自序

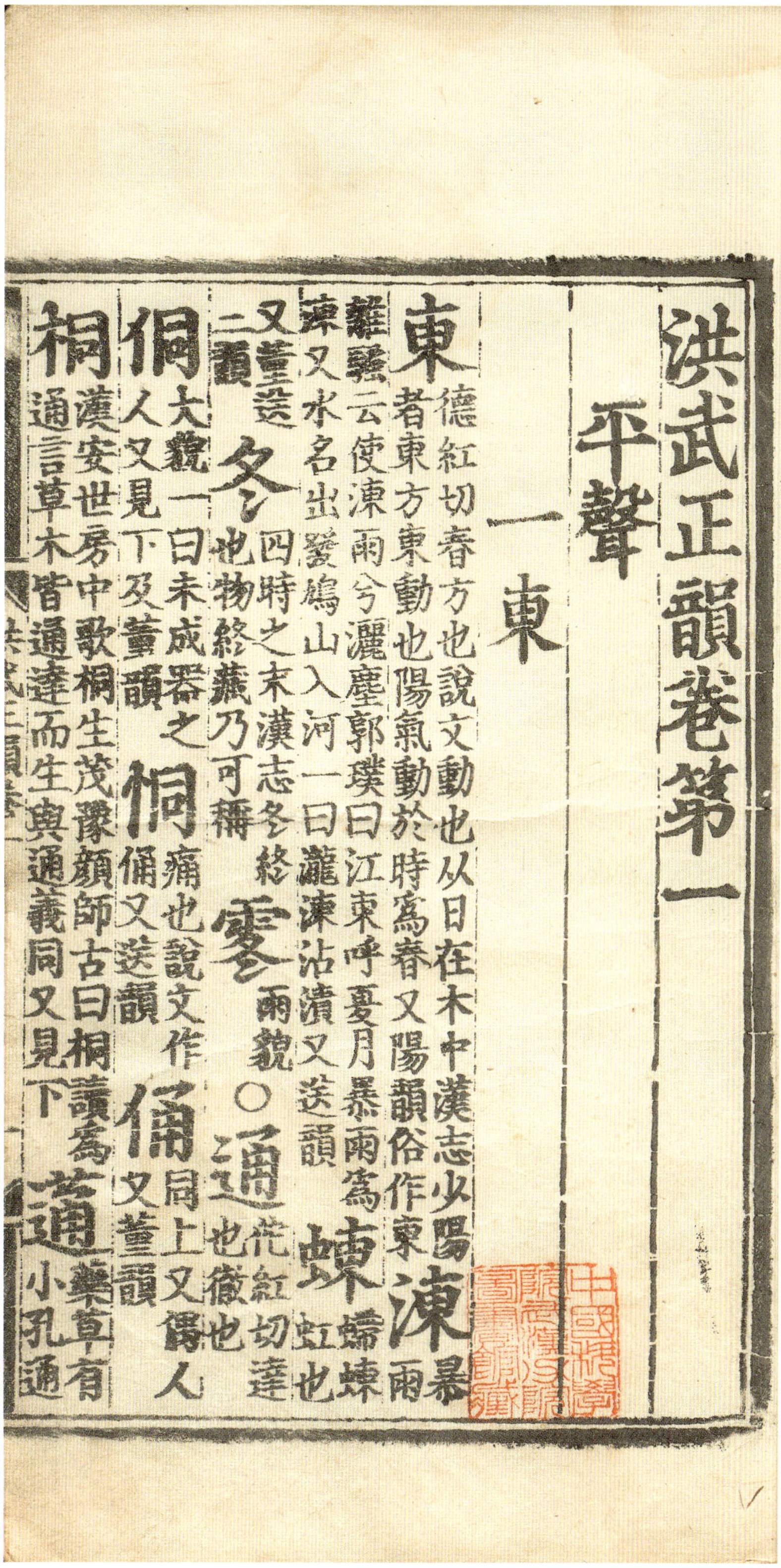

083 《洪武正韵》卷一卷端

083 洪武正韵十六卷 〔明〕樂韶鳳等撰 明初刻本

開本高 29.5 厘米，寬 17.8 厘米。框高 22.0 厘米，寬 14.9 厘米。半葉八行，行十二字，小字雙行二十四字，黑口，四周雙邊。索書號：善 000590。

湖北省珍貴古籍名録編號：00051。

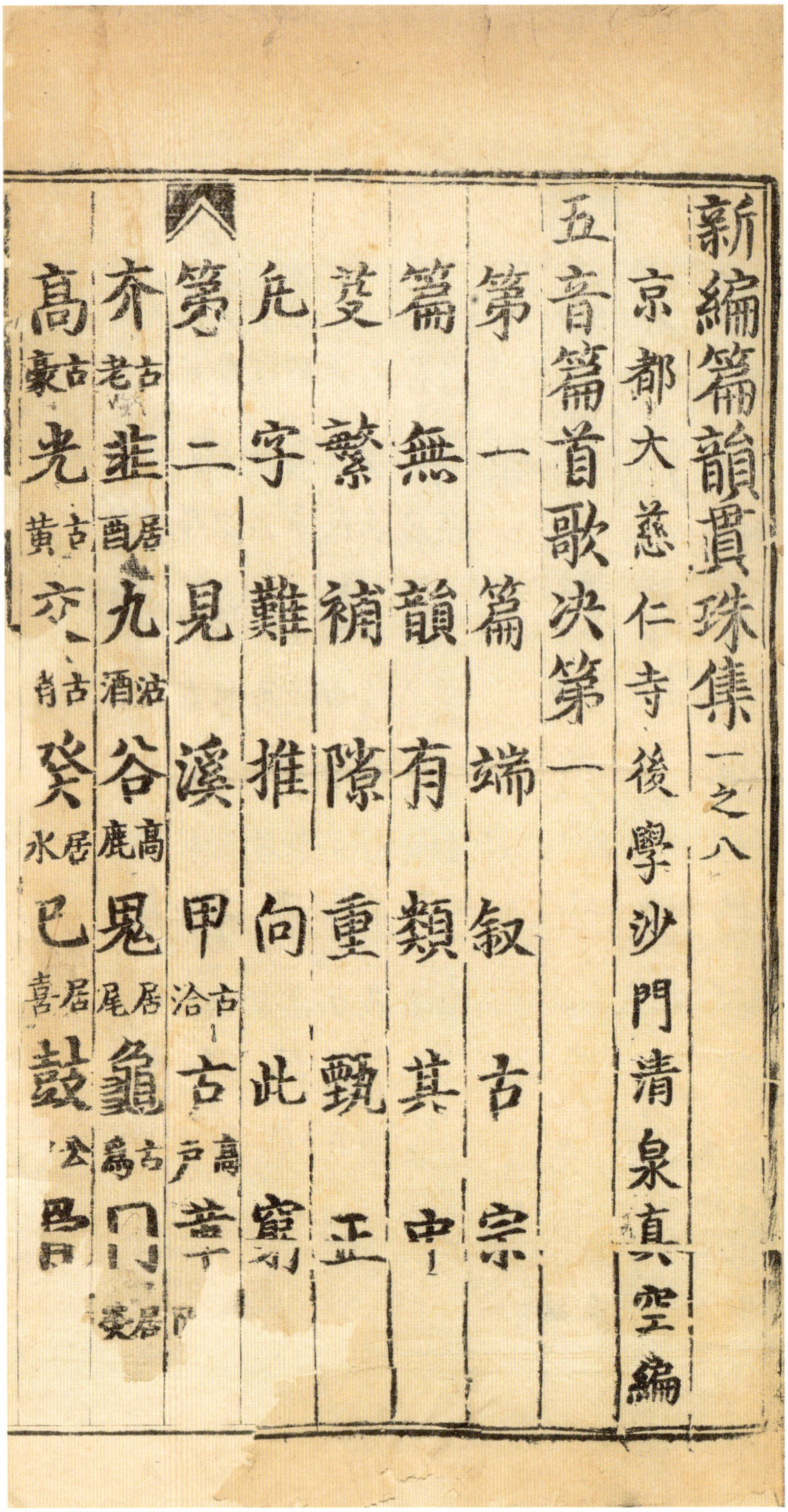

084-1　《新編篇韻貫珠集》卷一卷端

084　新編篇韻貫珠集八卷直指玉鑰匙門法一卷　〔明〕釋真空編　**重覓五音借部免疑隱形一百八十字一卷**　〔明〕釋慶傳撰　明正德十一年（1516）金臺衍法寺釋覺恒刻萬曆十七年（1589）重修本　佚名題識

開本高 35.7 厘米，寬 26.5 厘米。框高 30.0 厘米，寬 19.2 厘米。半葉十行，行十六字，小字雙行三十二字，黑口，四周雙邊。鈐"士修堂珍藏圖書"印。索書號：善 000585。

操奉 李大經 刘繼銘

東四牌樓三条巷觀音庵僧人敬安 敬蓮 宗貴 宗住

普

萬曆拾柒年黃鍾月冀生日刊施

乾坤散人高鳳字書

崇禎五年三月下澣習教等字大衆請大藏韻一部安

置崇國寺大殿禪堂永遠供奉

板在衍法寺

084-2 佚名供養題記

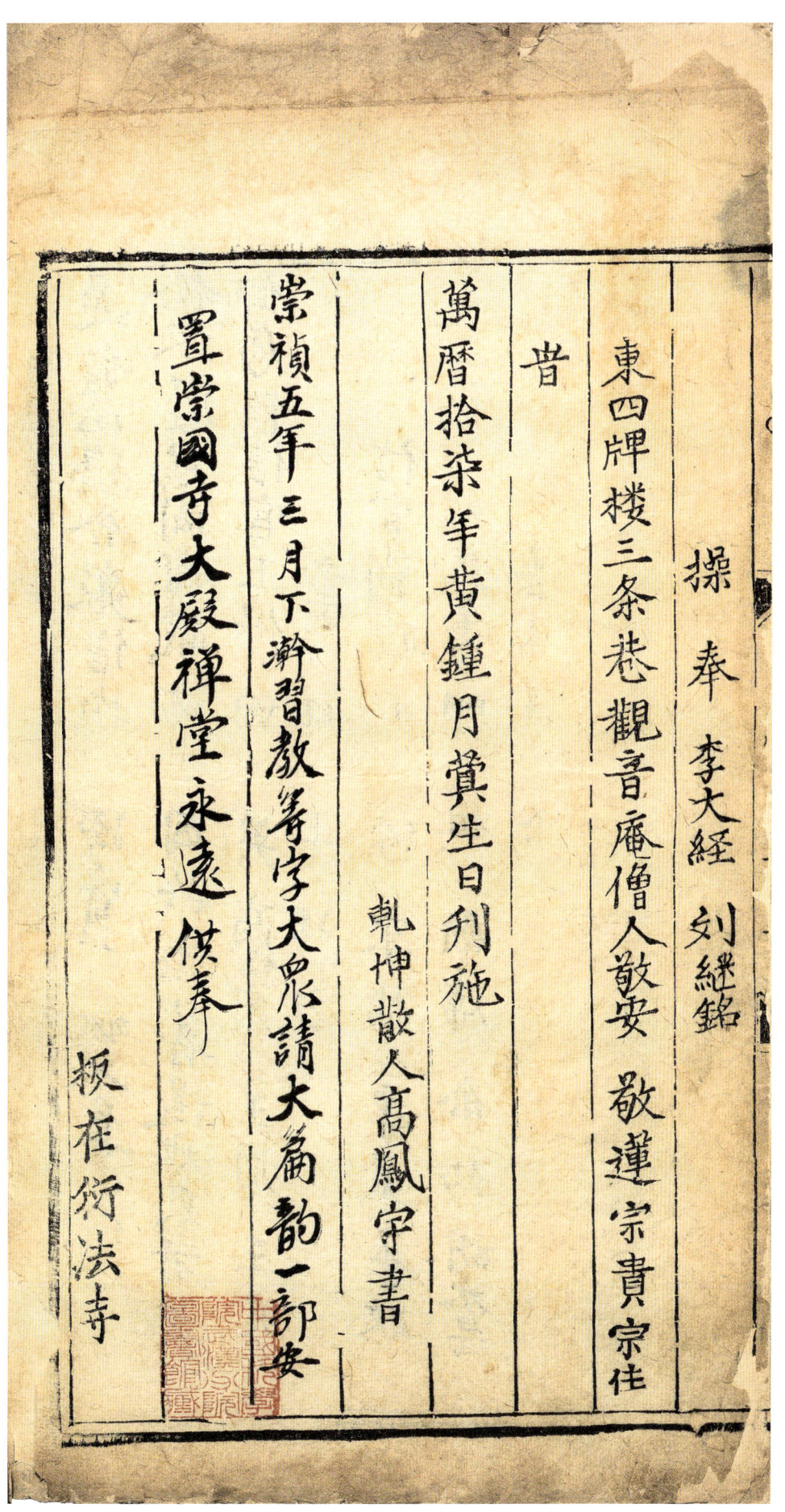

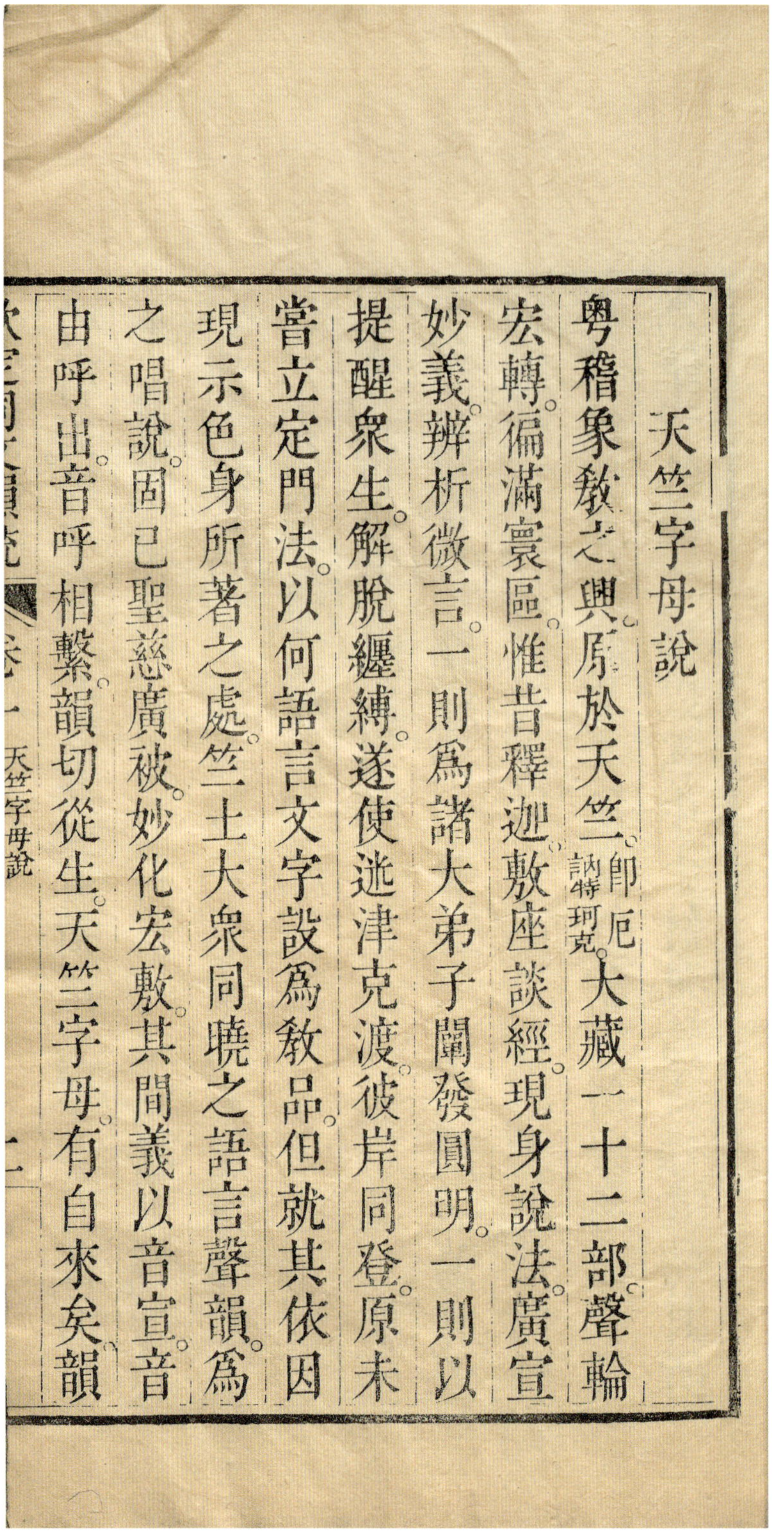

天竺字母說

粤稽象教之興原於天竺（郎尼 訥特珂克）大藏一十二部聲輪宏轉徧滿寰區惟昔釋迦敷座談經現身說法廣宣妙義辨析微言一則爲諸大弟子闡發圓明一則以提醒衆生解脫纏縛遂使迷津克渡彼岸同登原未嘗立定門法以何語言文字設爲教品但就其依因現示色身所著之處竺土大衆同曉之語言聲韻爲之唱說固已聖慈廣被妙化宏敷其間義以音宣音由呼出音呼相繫韻切從生天竺字母有自來矣韻

天竺字母說

085-1　《欽定同文韵統》卷一卷端

085 欽定同文韵統六卷　〔清〕允禄等監纂　〔清〕章加胡土克圖纂修　〔清〕劉統勳等彙編　清乾隆十五年（1750）内府刻朱墨套印本

開本高 27.9 厘米，寬 17.6 厘米。框高 20.9 厘米，寬 13.8 厘米。半葉九行，行十二字，白口，四周雙邊。索書號：善 000616。

湖北省珍貴古籍名録編號：00221。

[illegible] 豻 [illegible]安切	匝 鐕 匝安切	擦 [illegible] 擦安切	雜 鐕 雜安切	囃 撍 囃安切	[illegible] 撚 [illegible]安切	查 柟 查安切
疑 銀 疑因切	吝 怎 吝因切	雌 ⿰音雌 雌因切	資 ⿰音資 資因切	貲 ⿰音貲 貲因切	尼 ⿰音尼 尼因切	支 眞 支因切
吾 ⿰亻軍 吾溫切	租 尊 租溫切	粗 村 粗溫切	徂 蹲 徂溫切	蒩 樽 蒩溫切	御 ⿰溫御 御溫切	諸 諄 諸溫切
哦 垠 哦恩切	則 ⿰恩則 則恩切	策 ⿰恩策 策恩切	⿸尼雜 ⿰恩⿸尼雜 ⿸尼雜恩切	鰂 ⿰恩鰂 鰂恩切	捏 ⿰恩捏 捏恩切	遮 [illegible] 遮恩切
訛 岏 訛彎切	撮 鑽 撮彎切	磋 [illegible] 磋彎切	侳 [illegible] 侳彎切	左 攢 左彎切	渚 [illegible] 渚彎切	[illegible] [illegible] [illegible]彎切

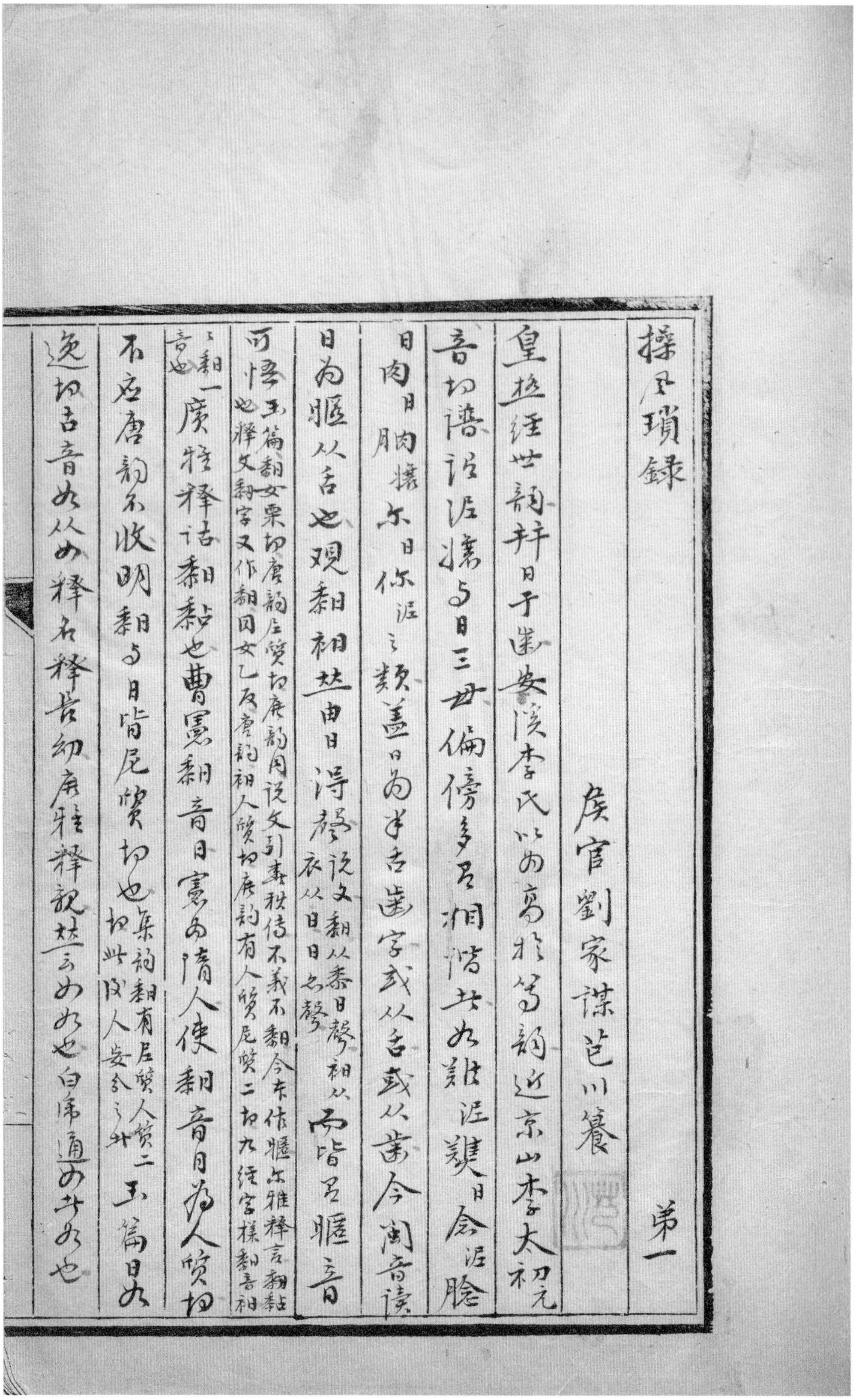

086-1　《操風瑣録》卷一卷端

086 操風瑣録四卷　〔清〕劉家謀撰　稿本　清謝章鋌跋

開本高 26.3 厘米，寬 19.1 厘米。框高 19.4 厘米，寬 13.7 厘米。半葉十行，行二十一至二十五字，小字雙行三十六至三十七字，白口，四周雙邊。鈐“臣劉家謀”“芑川”印。索書號：善 004814。

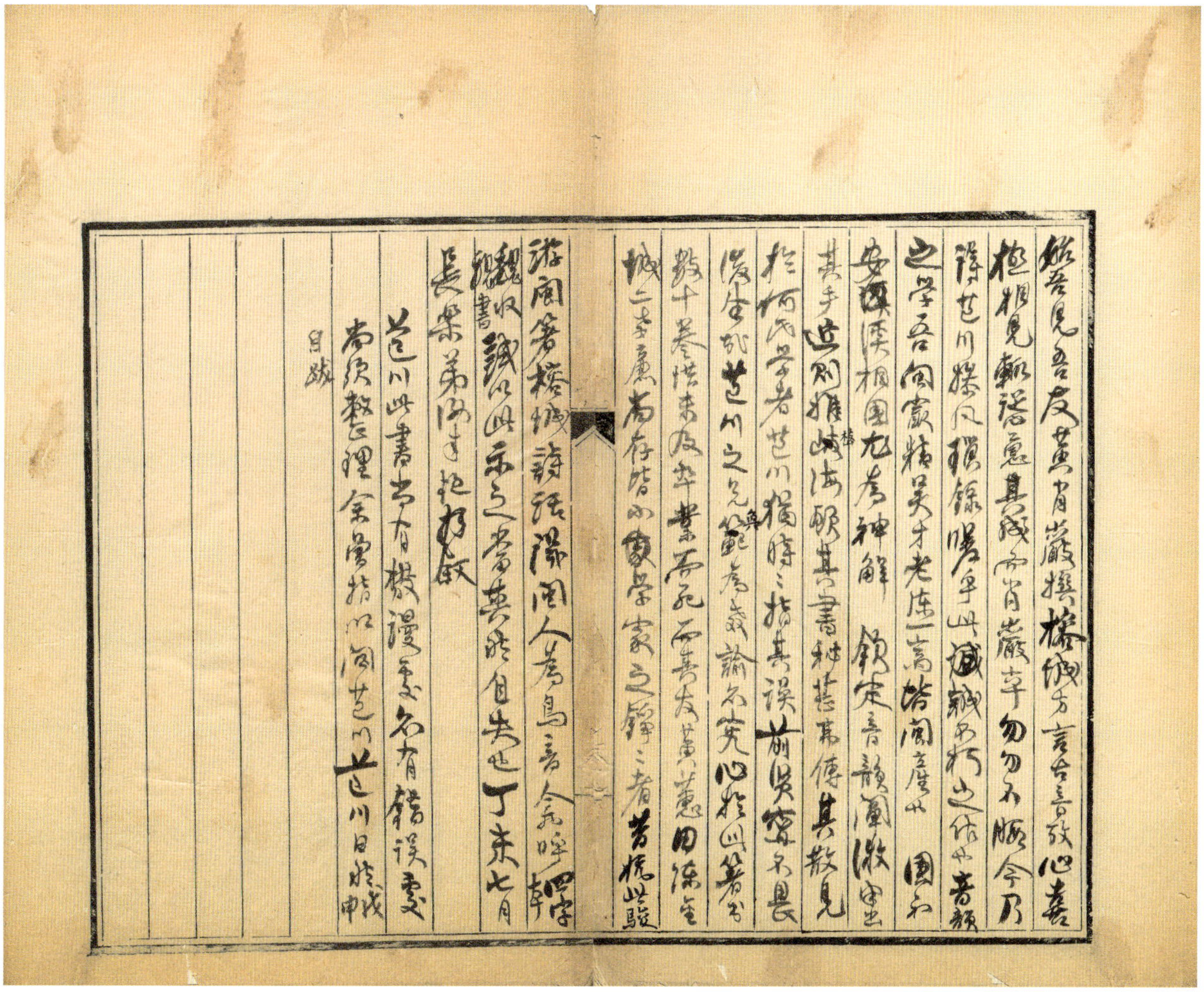

嘗吾見吾友葉肖巖撰榕城方言古音考心喜
極相見輒謂意甚殷而肖巖卒匆匆不暇今乃
得芑川樣凡撰録嗟乎此誠賴而行之仍也書類
之學吾閩最精英才老陳一齋諸閩産也 國初
安溪李文貞相國尤爲神解 欽定音韻闡微出
其手近則雅棒峽海敷其書秘藏未傳其散見
於何氏學者芑川獨時時指其誤前賢寧不畏
後生耶芑川之兄魚範爲義論不完心於此者有
數十卷皆未及卒業而死而其友葉蕙田探筆
城之考慮尚存皆以東學家之所稱之者芳據此跋
諸閩籍榕城詩話謂閩人爲鳥言今亮呼四字卓
觀收藏書鐵以此示之當甚能自失也丁未七月
長樂弟謝章鋌敘
芑川此書尚有數處未及多有錯誤處
尚須整理余曾指以問芑川 芑川日於戊申
日跋

086-2　清謝章鋌跋

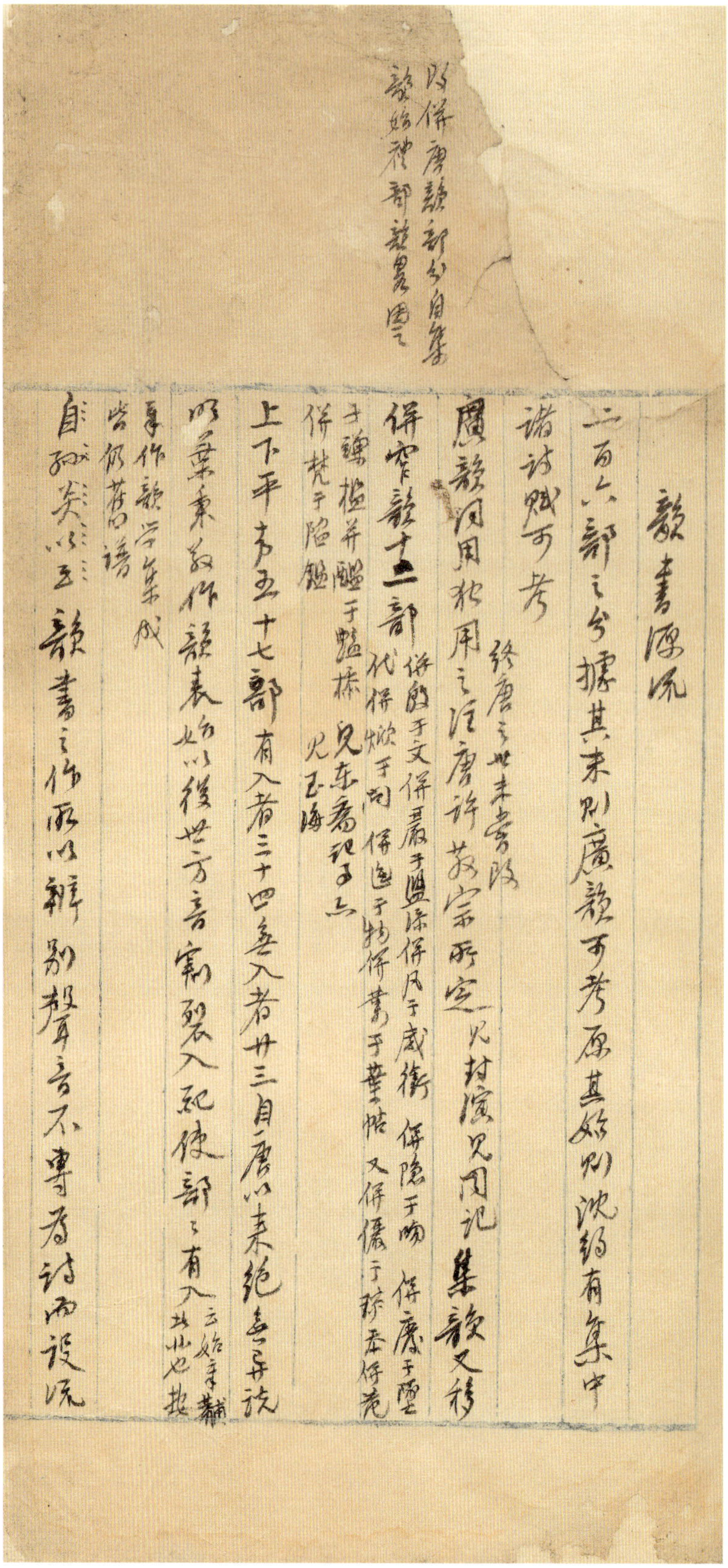

087-1 《音韻學稽古録》卷端

087 音韻學稽古録一卷 〔清〕劉傳瑩撰 稿本

開本高 27.3 厘米，寬 15.4 厘米。框高 18.0 厘米，寬 12.7 厘米。半葉十行，行字不等，小字雙行不等，白口，四周單邊。索書號：善 004440。

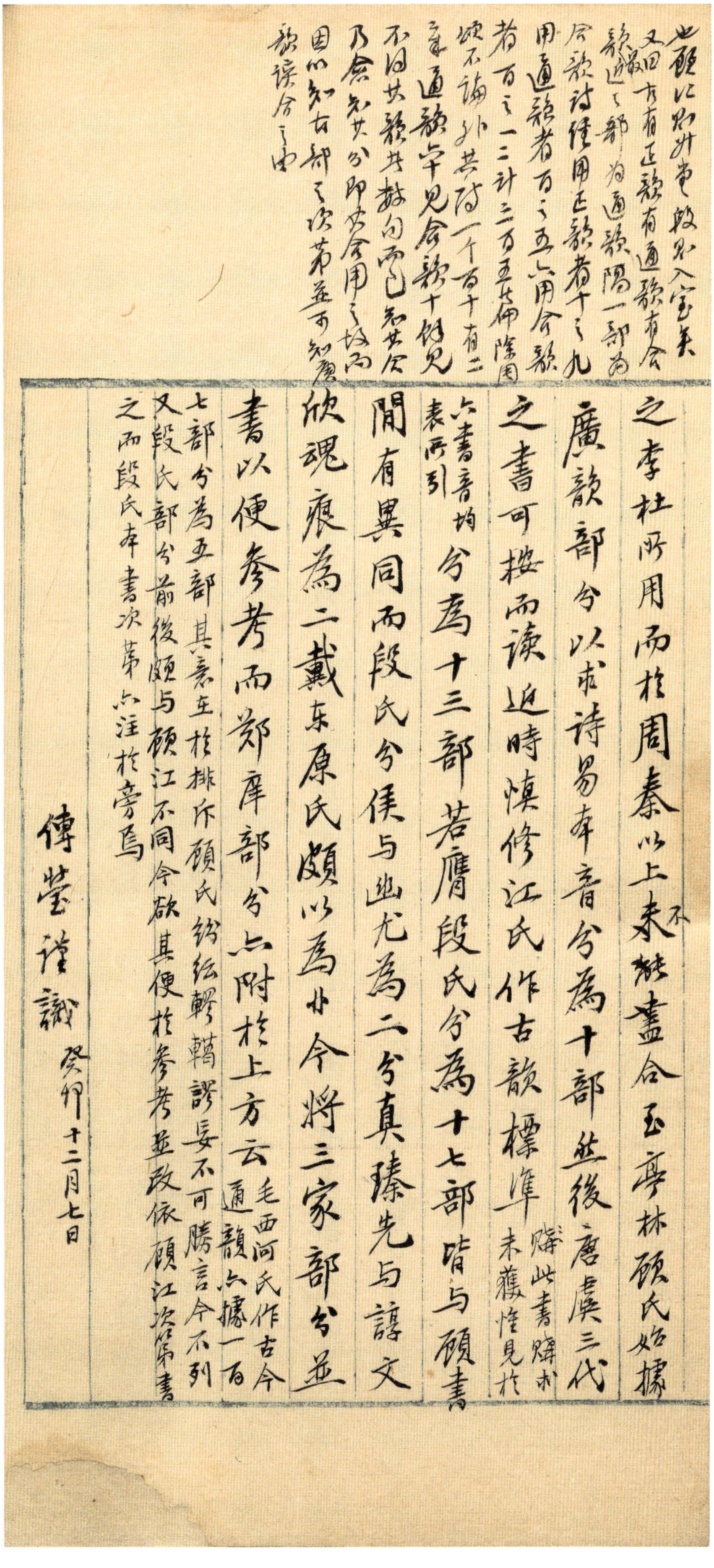
也顧江兩書收入寶集
又曰古有正韻有通韻有合
韻最近之部為通韻隔一部為
合韻詩經用正韻者十之九
用通韻者百之五六用合韻
者百之一二計三百五篇除周
頌不論外共韻一千百十有二
之通韻字見合韻十餘見
不得其韻共韻自當已知其合
乃合知其分即知其合用之故而
因以知古部之次第並可知廣
韻誤合之由
之李杜所用而於周秦以上未不能盡合至亭林顧氏始據
廣韻部分以求詩易本音分為十部然後唐虞三代
之書可按而讀近時慎修江氏作古韻標準購此書購求未獲惟見於
六書音均表所引分為十三部若膺段氏分為十七部皆與顧書
間有異同而段氏分侯與幽尤為二分真臻先與諄文
欣魂痕為二戴東原氏頗以為非今將三家部分並
書以便參考而鄭庠部分亦附於上方云毛西河氏作古今通韻亦據一百
七部分為五部其意在於排斥顧氏紛紜轇轕謬妄不可勝言今不列
又段氏部分前後頗與顧江不同今欲其便於參考並改依顧江次第書
之而段氏本書次第亦注於旁焉
傳瑩謹識 癸卯十二月七日

087-2 清劉傳瑩落款

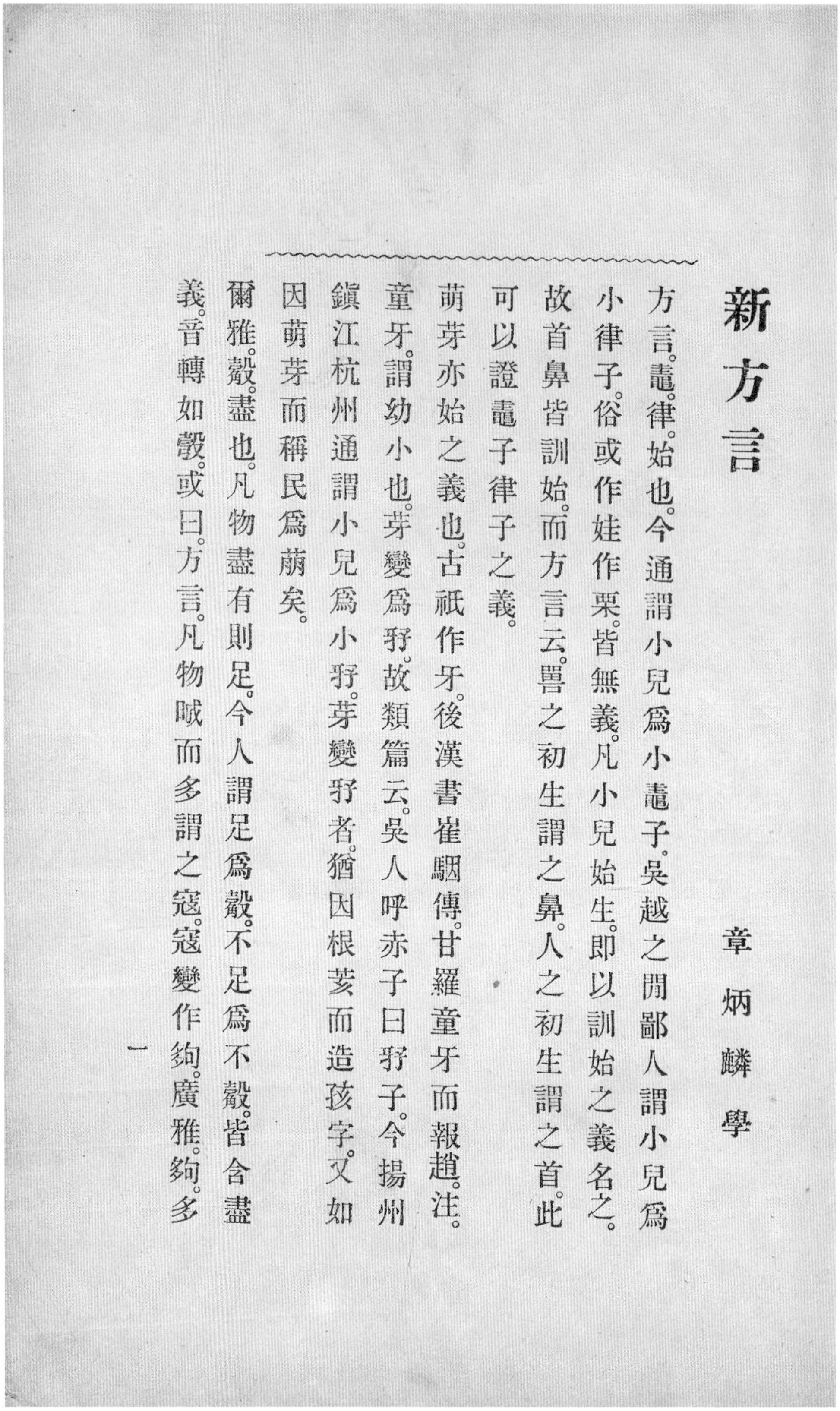

新方言

章炳麟學

方言。鼃律。始也。今通謂小兒爲小鼃子。吳越之閒鄙人謂小兒爲小律子。俗或作娃作栗。皆無義。凡小兒始生。即以訓始之義名之。故首鼻皆訓始。而方言云。嘼之初生謂之鼻。人之初生謂之首。此可以證鼃子律子之義。

萌芽亦始之義也。古祇作牙。後漢書崔駰傳。甘羅童牙而報趙。注。童牙。謂幼小也。芽變爲犽。故類篇云。吳人呼赤子曰犽子。今揚州鎭江杭州通謂小兒爲小犽。芽變犽者。猶因根荄而造孩字。又如因萌芽而稱民爲萠矣。

爾雅。穀。盡也。凡物盡有則足。今人謂足爲穀。不足爲不穀。皆含盡義。音轉如彀。或曰。方言。凡物賊而多謂之寇。寇變作夠。廣雅。夠。多

一

088-1　《新方言》卷端

088 新方言一卷 章炳麟撰 清光緒三十三年（1907）民報社日本鉛印本 章炳麟、黄侃、黄焯跋

開本高22.2厘米，寬15.0厘米。無框欄，半葉十二行，行二十五字，小字雙行不等。索書號：善003014。

新方言三百七十事贈黄季剛季剛昔爲我次蘄州語及諸詞气復以新所診發集爲十篇都八百二十餘事余竟愚無所任舊歷漸衰念今小學訓詁浸益放失不量其孱欲自儋何以告邦人諸友讒慝孔多終已不得返鄉里上先人冢墓其佗云云復何敢驩季剛季剛年方盛壯學術能與愚心相適又寂泊願握苦節此八百事剛賴季剛扰大之余自分問學不逮子雲隃遠身爲皇漢之逸民差無符命投閣之恥念欲自擬幼安次宗又劣弱不勝也保氏舊文危若引髮絕續之際願季剛亹亹而已章炳麟書

088-2　章炳麟跋

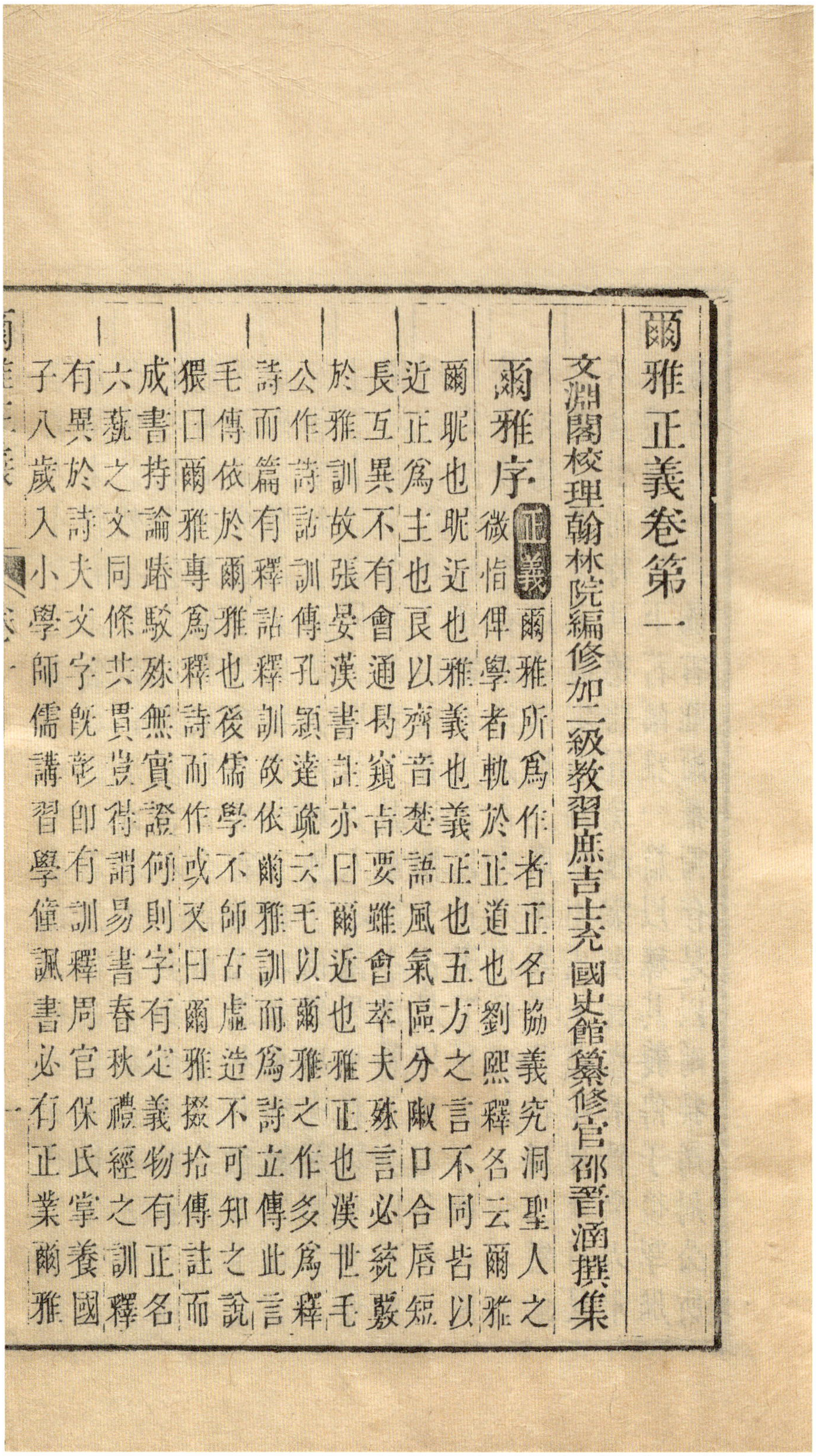
爾雅正義卷第一
文淵閣校理翰林院編修加二級教習庶吉士充國史館纂修官邵晉涵撰集
爾雅序 正義 爾雅所爲作者正名協義究洞聖人之
微恉俾學者軌於正道也劉熙釋名云爾雅
爾昵也昵近也雅義也義正也五方之言不同皆以
近正爲主也艮以齊音楚語風氣區分斂口合脣短
長互異不有會通曷覩吉要雖會萃夫殊言必統覈
於雅訓故張晏漢書註亦曰爾近也雅正也漢世毛
公作詩詁訓傳孔穎達疏云毛以爾雅之作多爲釋
詩而篇有釋詁釋訓故依爾雅訓而爲詩立傳此言
毛傳依於爾雅也後儒學不師古虛造不可知之說
猥曰爾雅專爲釋詩而作或又曰爾雅掇拾傳註而
成書持論踳駁殊無實證何則字有定義物有正名
六藝之文同條共貫豈得謂易書春秋禮經之訓釋
有異於詩夫文字既彰即有訓釋周官保氏掌養國
子八歲入小學師儒講習學僮諷書必有正業爾雅

089-1 《爾雅正義》卷一卷端

089 爾雅正義二十卷 〔清〕邵晉涵撰 **釋文三卷** 〔唐〕陸德明撰 清乾隆五十三年（1788）邵氏家塾刻五十四年（1789）重修本 清洪子彬跋並録清汪士鐸校跋及甘元焕跋

開本高24.0厘米，寬15.3厘米。框高17.3厘米，寬12.0厘米。半葉九行，行二十一字，小字雙行同，白口，四周雙邊。索書號：善000630。

彊圉赤奮若且月晦日假甘劍侯孝廉家
藏本過錄歷五日而竣事子彬謹誌
時方鈔錄汪梅村先生手批說文彊吾大歡
樂集襍著語錄詩文集筆記不由衷話錄
各稿本藏之歷十八日而畢　相月十日又記

爾雅正義序

089-2　清洪子彬跋

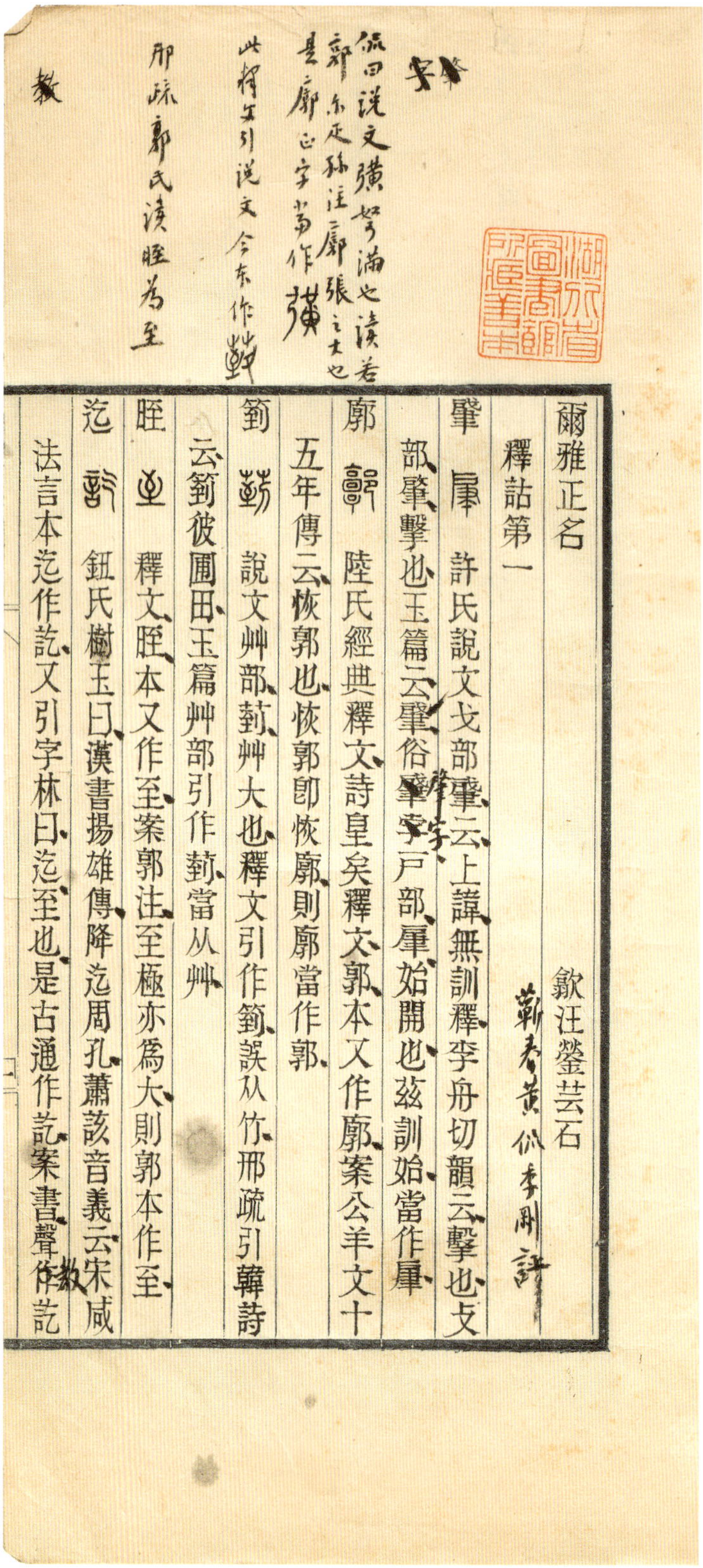
爾雅正名　歙汪鎣芸石
釋詁第一
肁　許氏說文攴部肁云上諱無訓釋李舟切韻云擊也攴
部肇擊也玉篇云肇俗肁字戶部肁始開也茲訓始當作肁
廓　陸氏經典釋文詩皇矣釋文郭本又作廓案公羊文十
五年傳云恢郭也恢郭即恢廓則廓當作郭
箌　說文艸部菿艸大也釋文引作箌誤从竹邢疏引韓詩
云箌彼圃田玉篇艸部引作菿當从艸
胵　釋文胵本又作至案郭注至極亦爲大則郭本作至
迄　鈕氏樹玉曰漢書揚雄傳降迄周孔蕭該音義云宋咸
法言本迄作訖又引字林曰迄至也是古通作訖案書

090-1　《爾雅正名》卷一卷端

090　爾雅正名十九卷　〔清〕汪鎣撰　清抄本　黄侃批並跋　章炳麟跋

開本高 28.8 厘米，寬 15.6 厘米。框高 17.8 厘米，寬 11.7 厘米。半葉十一行，行二十五字，藍口，左右雙邊。索書號：善 004472。

國家珍貴古籍名録編號：12471。

癸亥三月廿六夕閱竟　黃侃季剛記

訓詁字[redacted]說文無者欲作篆尚易[redacted]尋本字名物字說文所無者欲作篆唯有擇據舊本必不可任意改作孔子曰蓋有不知而作者我無是也吾猶及史之闕文也豈有參驗明徵宜儲可無念乎

乾隆中戴鎣撰爾雅郭注補正法君適與同名亦治爾雅然戴氏之書尚不能及此也

090-2　黃侃跋

季剛歿後求其遺著有說文音韵爾雅略說三種出汪氏爾雅正名評則餘行可所得有其閒精覈之語不少行可將舉以付刻余先為登之制言蓋所謂遺著者今人亦不必遜于昔儒也民國二十五年一月章炳麟識

章炳麟

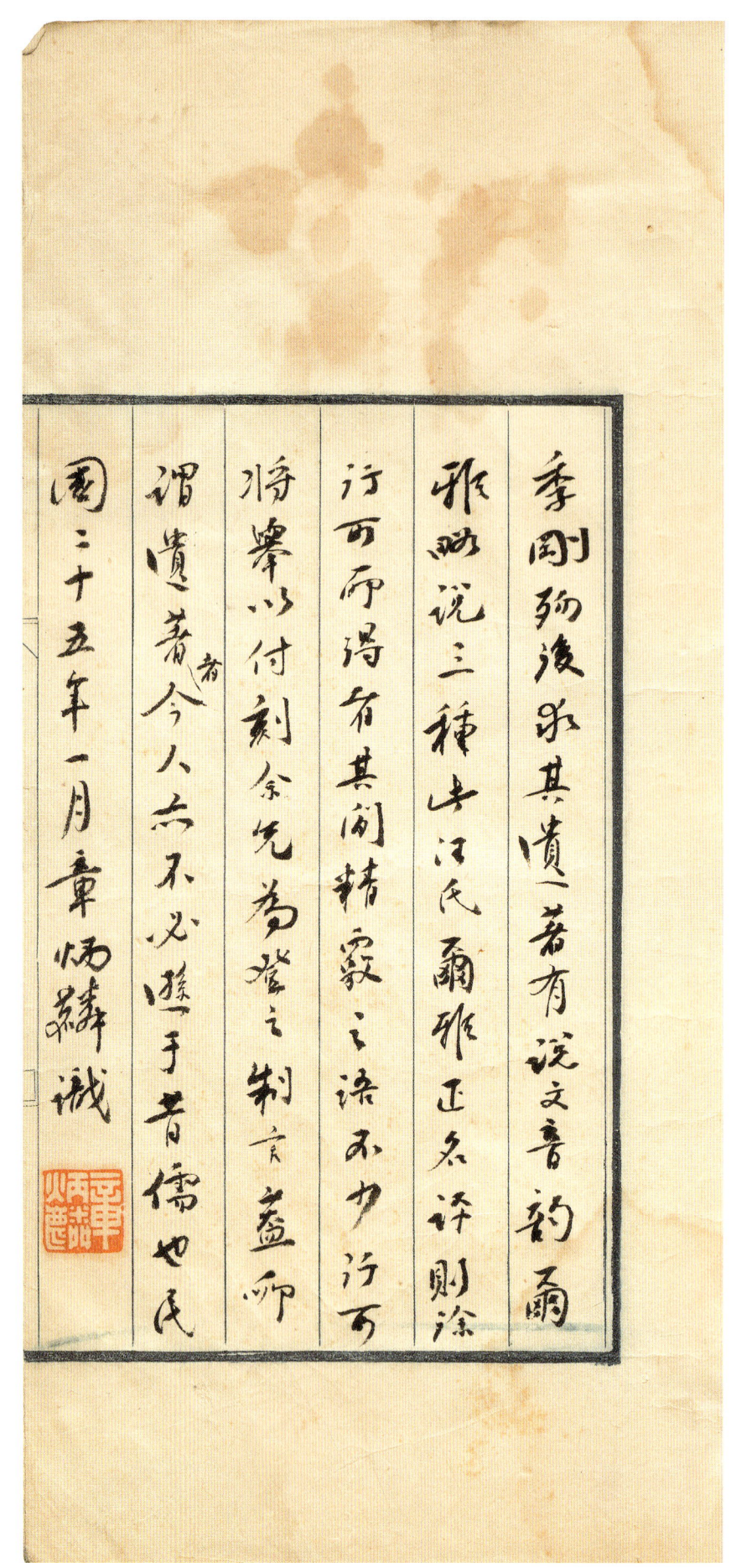

090-3　章炳麟跋

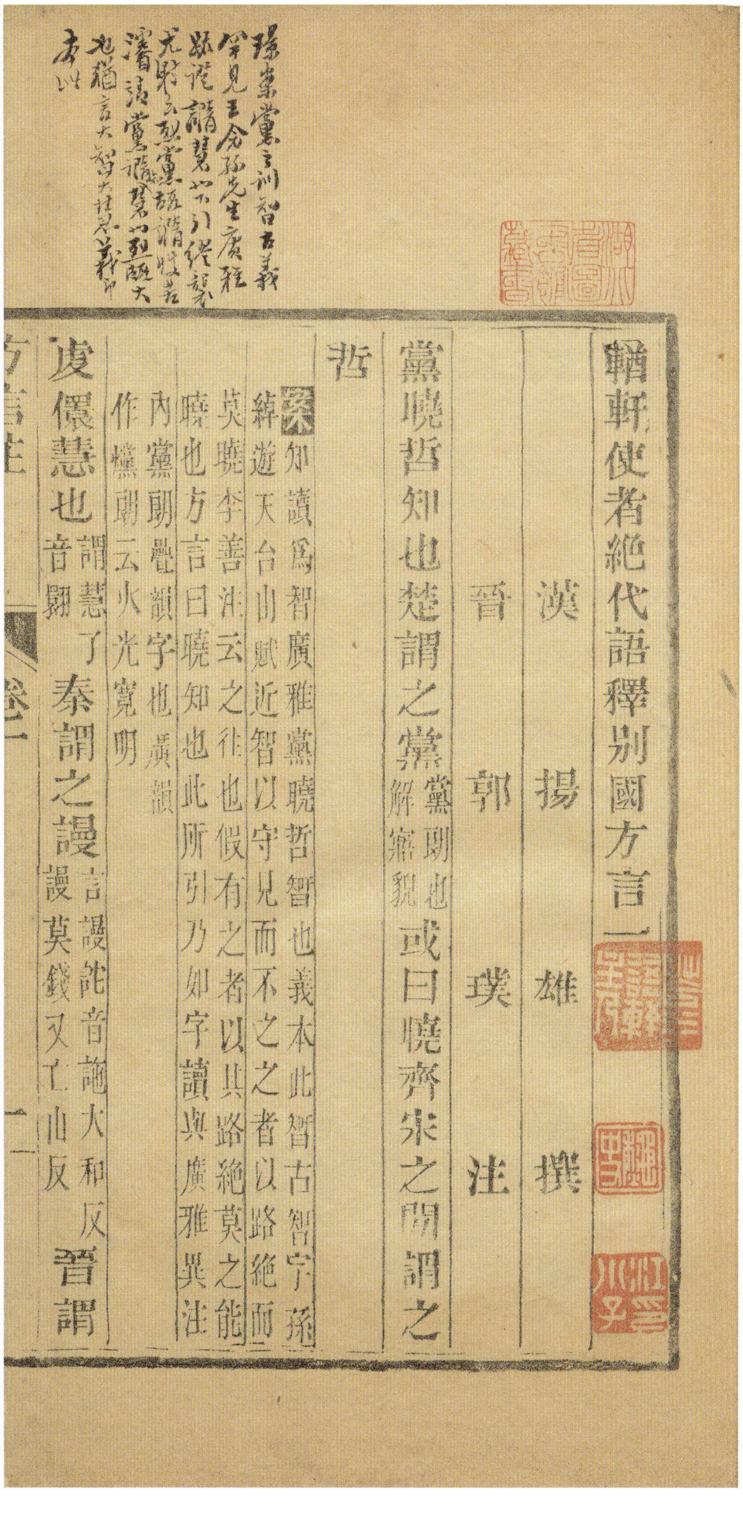

輶軒使者絶代語釋別國方言一

漢　揚　雄　撰

晉　郭　璞　注

黨曉哲知也楚謂之黨黨朗也解寤皃或曰曉齊宋之閒謂之哲

案知讀爲智廣雅黨曉哲智也義本此智古智字孫綽遊天台山賦近智以守見而不之之者以路絶而莫曉李善注云之往也假有之者以其路絶莫之能曉也方言曰曉知也此所引乃知字讀與廣雅異注內黨朗黜頟字也廣韻作𤓰朗云火光寬明

虔儇慧也謂慧了音翾秦謂之謾言謾訑音施大和反謾莫錢又亡山反晉謂

方言注　卷一　二

091-1　《輶軒使者絶代語釋别國方言》卷一卷端

091　輶軒使者絶代語釋别國方言十三卷　〔漢〕揚雄撰　〔晋〕郭璞注　清乾隆武英殿木活字印武英殿聚珍版書本　清江德量校並圈點　清□璟、成蓉鏡校

開本高 27.1 厘米，寬 17.0 厘米。框高 19.3 厘米，寬 12.6 厘米。半葉九行，行二十一字，小字雙行同，白口，四周雙邊。鈐“成嘉”“秋史”“凌寒竹軒江氏藏書”“江川子印”“小窗清暇”“古伊祁氏”“答水語軒祁氏藏書”“寅亮讀過”“見山樓”“寶應成氏”“蓉鏡讀過”“木犀香館范氏藏書”印。索書號：善 000638。

德量按列子湯問篇此注乃唐當塗縣丞殷敬順釋文非張湛注也德量從儀曹任大椿處借得道藏殷氏釋文八卷校録一過

方言注 卷四

谷際岐校

反幧頭也自關而西秦晉之郊曰絡頭南楚江湘之閒曰帞頭自河以北趙魏之閒曰幧頭或謂之帑或謂之幓其偏者謂之鬢帶今之偏疊幧頭也或謂之䰄帶䰄亦結也

案廣雅帞頭帑鬢帶䰄帶絡頭幧頭也鬢䰄髻也釋名云綃頭或曰陌頭言其從後橫陌而前也齊人謂之幓言幓斂髮使上從也綃即幧陌即帞列子湯問篇北國之人鞨巾而裘張湛注云方言俗人帞頭是也帞頭幧頭也帞又作鞨又作帓俗人二字當即絡頭之訛帞帞同史記絳侯周勃世家太后以冒絮提文帝集解應劭曰帞額絮也晉灼曰巴蜀異物志謂頭上巾爲冒絮索隱引方言幧巾南楚之閒云帞額也此連上條爲一應劭稱帞額亦通方言作帞頭引之作帞額者或後人因應劭語改而同之耳鄭康成注儀禮喪服篇云髽露紒也猶男子之括髮斬衰括髮以麻則髽亦用麻以麻者自項而前交于額上卻

091-02 清江德量校

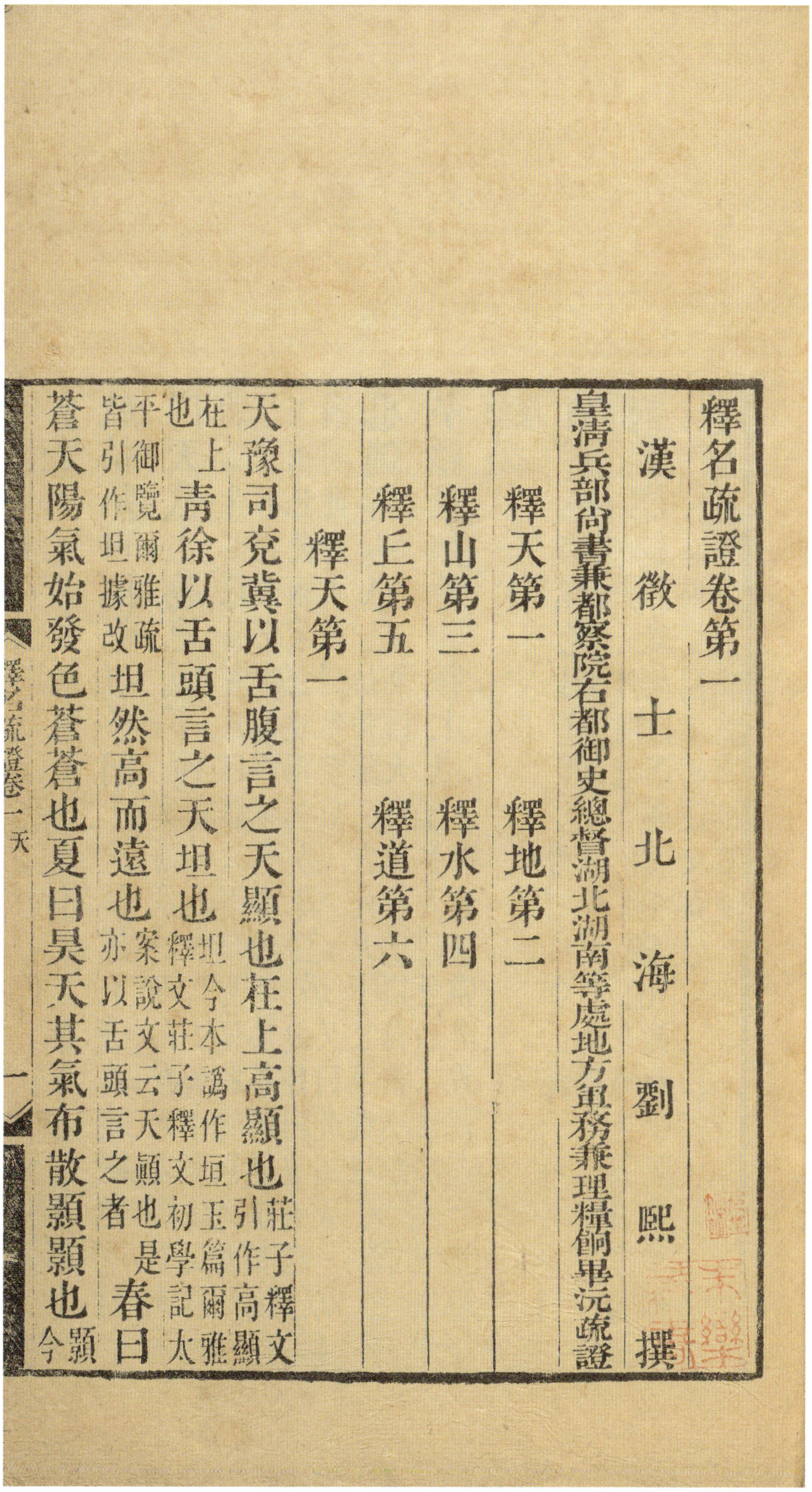
釋名疏證卷第一
漢 徵 士 北 海 劉 熙 撰
皇清兵部尚書兼都察院右都御史總督湖北湖南等處地方軍務兼理糧餉畢沅疏證
釋天第一 釋地第二
釋山第三 釋水第四
釋丘第五 釋道第六
釋天第一
天豫司兖冀以舌腹言之天顯也在上高顯也莊子釋文引作高顯在上也青徐以舌頭言之天坦也坦今本譌作垣玉篇爾雅釋文莊子釋文初學記太平御覽爾雅疏皆引作坦據改坦然高而遠也案說文云天顛也是亦以舌頭言之者春曰蒼天陽氣始發色蒼蒼也夏曰昊天其氣布散顥顥也顥今
釋名疏證卷一 天 一

092 《釋名疏證》卷一卷端

092 釋名疏證八卷補遺一卷續釋名一卷 〔清〕畢沅撰 清乾隆五十四年（1789）畢氏靈巖山館刻本

開本高 28.5 厘米，寬 17.5 厘米。框高 19.0 厘米，寬 15.0 厘米。半葉十一行，行二十二字，小字雙行同，黑口，四周單邊。鈐“朱欒藏書”“九芝仙館”“遲鴻軒主”“臣顯”“臣顯之印”“曾歸徐氏彊誃”印。索書號：善 000634。

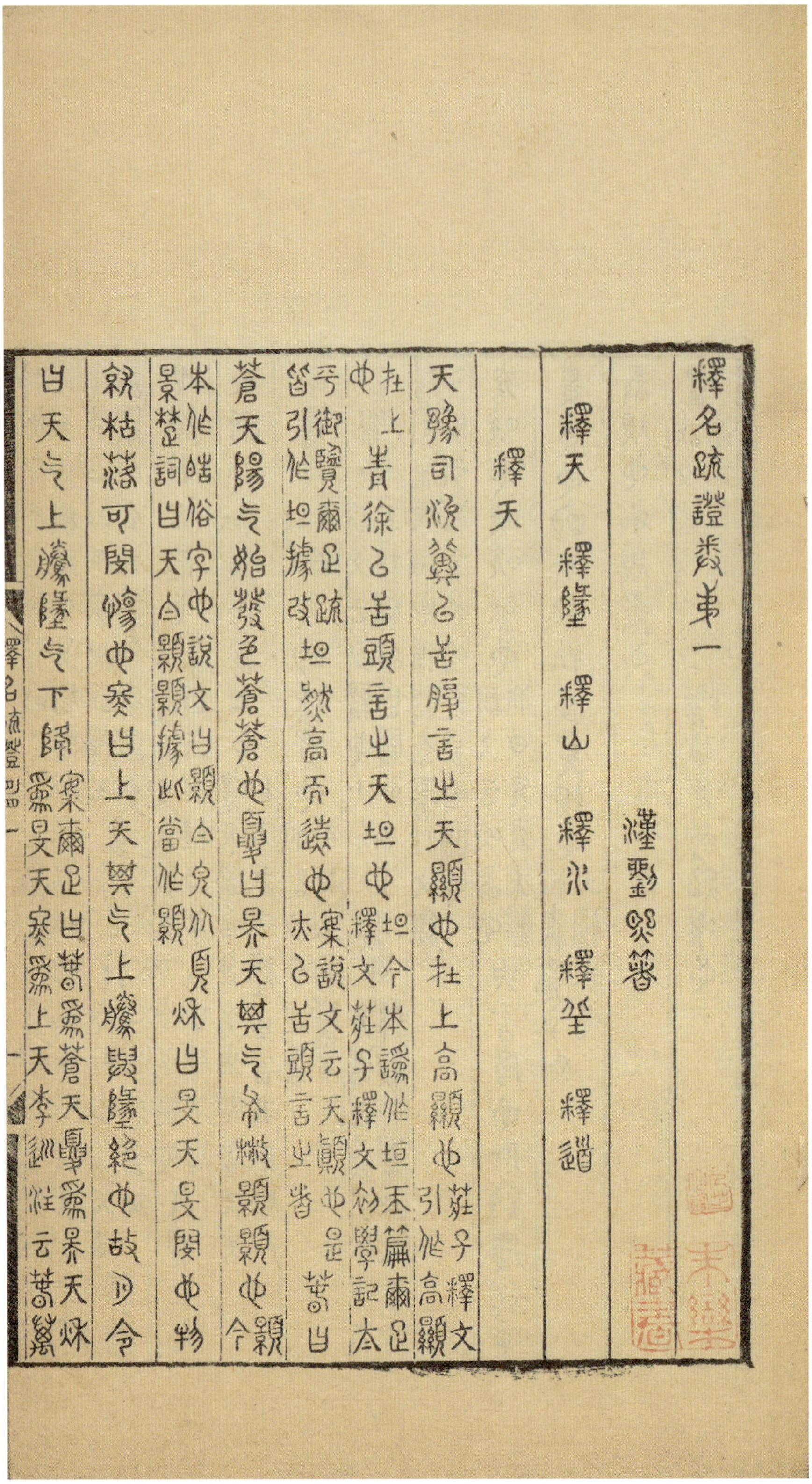
釋名疏證卷第一

漢劉熙著

釋天 釋地 釋山 釋水 釋丘 釋道

釋天

天豫司兗冀以舌腹言之天顯也在上高顯也

093 《釋名疏證》卷一卷端

093 釋名疏證八卷補遺一卷續釋名一卷 〔清〕畢沅撰 清乾隆五十五年（1790）經訓堂刻本

開本高 28.5 厘米，寬 17.5 厘米。框高 19.6 厘米，寬 14.9 厘米。半葉十一行，行二十二字，小字雙行同，黑口，四周單邊。鈐“朱樂藏書”“九芝仙館”“有窮遐方絶域盡天下古文奇字之志”“自恣荆楚”“桐風廎繙戢疏録之書”印。索書號：善 000489。

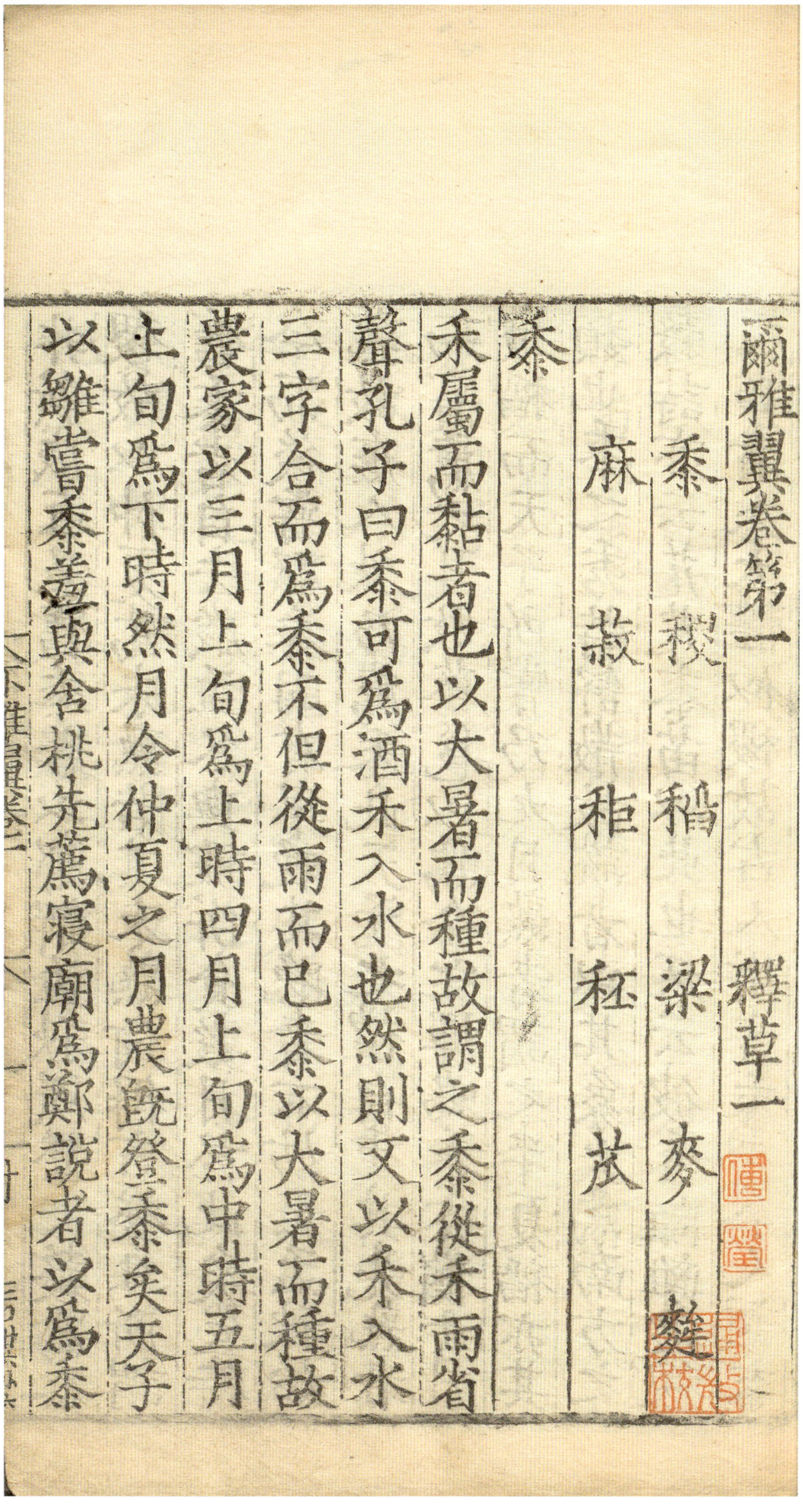
爾雅翼卷第一　　釋草一
黍　稷　稻　粱　麥　麰
麻　菽　秬　秠　苽
黍
禾屬而黏者也以大暑而種故謂之黍從禾雨省
聲孔子曰黍可爲酒禾入水也然則又以禾入水
三字合而爲黍不但從雨而已黍以大暑而種故
農家以三月上旬爲上時四月上旬爲中時五月
上旬爲下時然月令仲夏之月農既登黍矣天子
以雛嘗黍羞以含桃先薦寢廟爲鄭說者以爲黍

094　《爾雅翼》卷一卷端

094　爾雅翼三十二卷　〔宋〕羅願撰　明正德十四年（1519）羅文殊刻本

開本高 26.6 厘米，寬 16.0 厘米。框高 19.9 厘米，寬 14.7 厘米。半葉十行，行十九字，白口，左右雙邊。鈐“傳瑩”“通眉生藏書印”等印。索書號：善 000627。

湖北省珍貴古籍名録編號：00042。

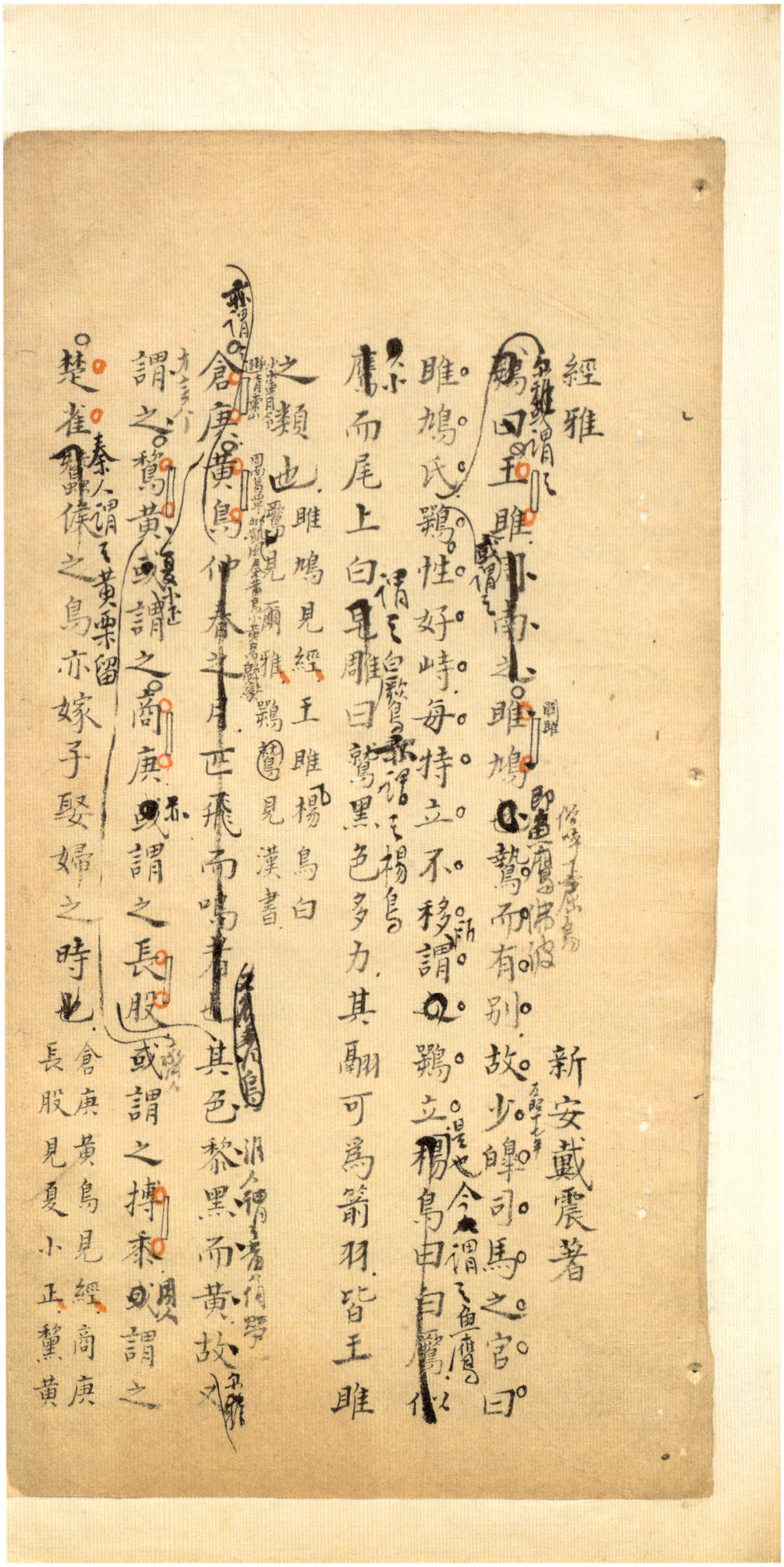
經雅
新安戴震著
鴡曰王雎。雎鳩之雎。鳩也。鷙而有別。故少皡司馬之官曰
雎鳩氏。鶚性好峙。每持立不移。謂之鶚。立鶚鳥由白鷹似
鷹而尾上白。是雎曰鷙。黑色多力。其翮可為箭羽。皆王雎
之類也。雎鳩見經。王雎楊鳥白鷢見爾雅。鶚鷹見漢書。
倉庚黃鳥。仲春之月。世飛而鳴者也。其色黎黑而黃。故
謂之鵹黃。或謂之商庚。或謂之長股。或謂之搏黍。或謂之
楚雀。之鳥亦嫁子娶婦之時也。倉庚黃鳥見經。商庚長股見夏小正。鵹黃

095-1 《經雅》卷端

095 經雅不分卷 〔清〕戴震撰 稿本

金鑲玉裝。開本高 29.2 厘米，寬 17.9 厘米。無框欄，半葉八行，行二十二字。鈐“繼涵之印”“南洲”“濰縣高翰生藏經籍印”“故才高者菀其鴻裁”“翰生”“翰生秘笈”印。索書號：善 004411。

國家珍貴古籍名録編號：03411。

雅記

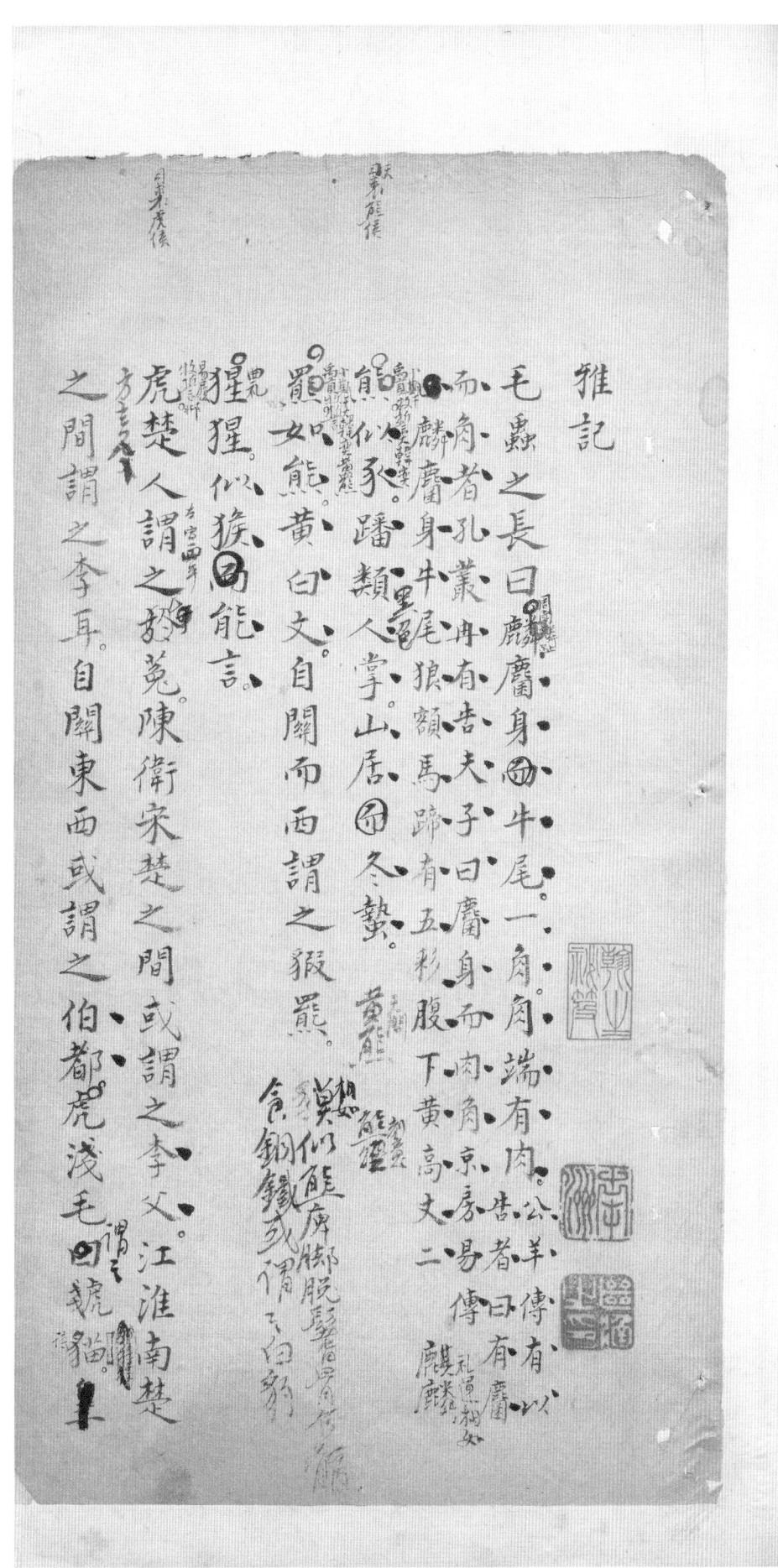

毛蟲之長曰麒麟。麕身、牛尾、一角。角端有肉。公羊傳有以告者曰有麕而角者。孔叢冉有告夫子曰麕身而肉角。京房易傳麟麕身牛尾狼額馬蹄有五彩腹下黃高丈二。

熊似豕、蹯類人掌、山居、冬蟄。

羆如熊、黃白文、自關而西謂之貑羆。

猩猩似猴而能言。

虎楚人謂之於菟。陳衛宋楚之間或謂之李父。江淮南楚之間謂之李耳。自關東西或謂之伯都。虎淺毛曰虦貓。

貘似熊庳脚脫髮……食銅鐵或謂之白豹

史部

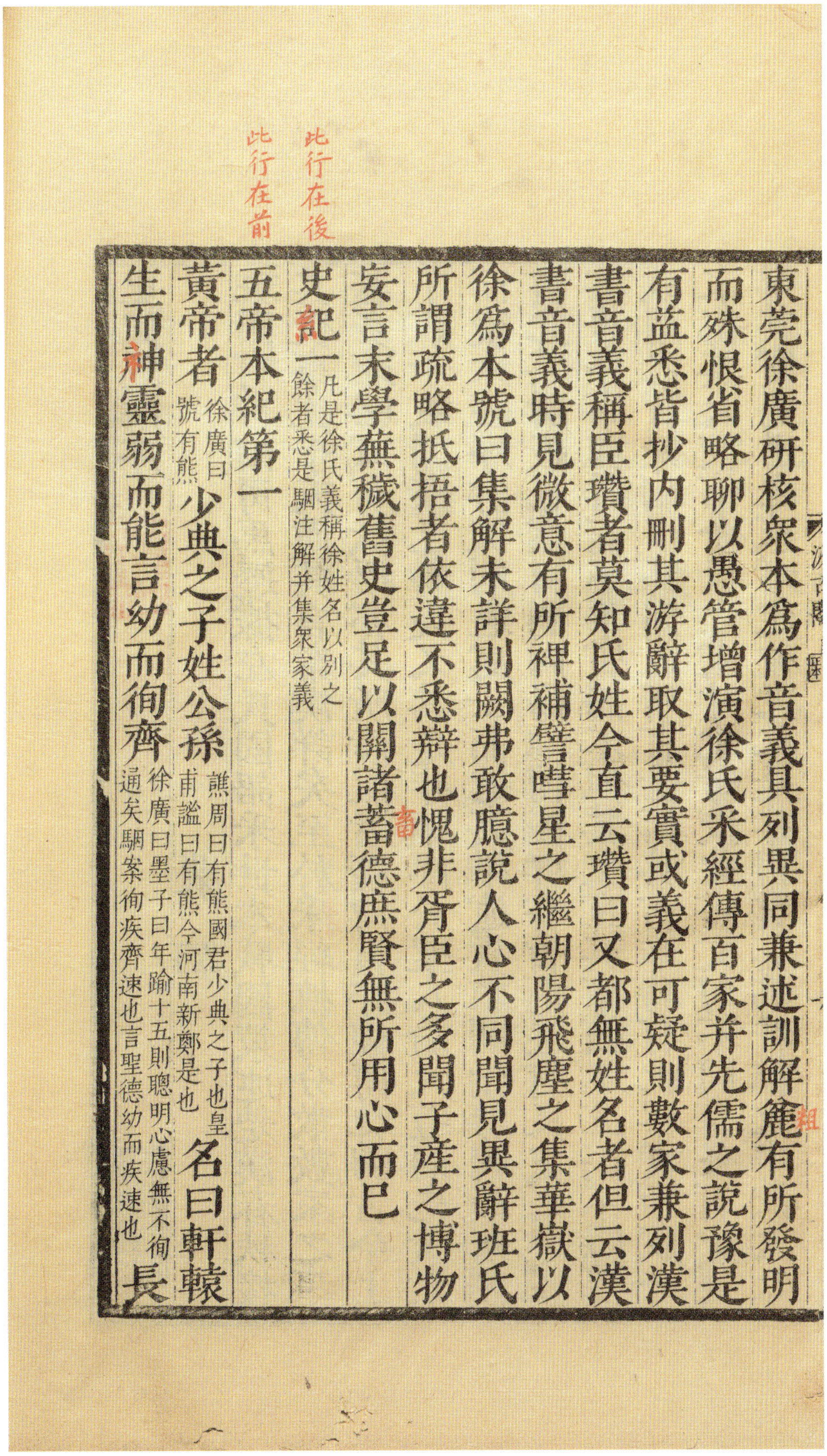
此行在後
此行在前

東莞徐廣研核衆本爲作音義具列異同兼述訓解麄有所發明而殊恨省略聊以愚管增演徐氏采經傳百家并先儒之説豫是有益悉皆抄内删其游辭取其要實或義在可疑則數家兼列漢書音義稱臣瓚者莫知氏姓今直云瓚曰又都無姓名者但云漢書音義時見微意有所裨補譬嘒星之繼朝陽飛塵之集華嶽以徐爲本號曰集解未詳則闕弗敢臆說人心不同聞見異辭班氏所謂疏略抵捂者依違不悉辯也愧非胥臣之多聞子産之博物妄言末學蕪穢舊史豈足以關諸畜德庶賢無所用心而已

史記一 凡是徐氏義稱徐姓名以別之餘者悉是駰注解并集衆家義

五帝本紀第一

黄帝者 徐廣曰號有熊 少典之子姓公孫 譙周曰有熊國君少典之子也皇甫謐曰有熊今河南新鄭是也 名曰軒轅生而神靈弱而能言幼而徇齊 徐廣曰墨子曰年踰十五則聰明心慮無不徇通矣駰案徇疾齊速也言聖德幼而疾速也 長

096-1　《史記》卷一卷端

096　史記一百三十卷　〔漢〕司馬遷撰　〔南朝宋〕裴駰集解　明崇禎十四年（1641）毛氏汲古閣刻本　清黄丕烈校跋（清佚名代校）　清王芑孫跋

開本高 29.7 厘米，寬 20.0 厘米。框高 22.0 厘米，寬 15.4 厘米。半葉十二行，行二十五字，小字雙行三十七字，白口，左右雙邊。鈐“復翁”“王芑孫”“王鐵夫閲過”“徐恕私印”等印。索書號：善 000788。

國家珍貴古籍名録編號：12487。

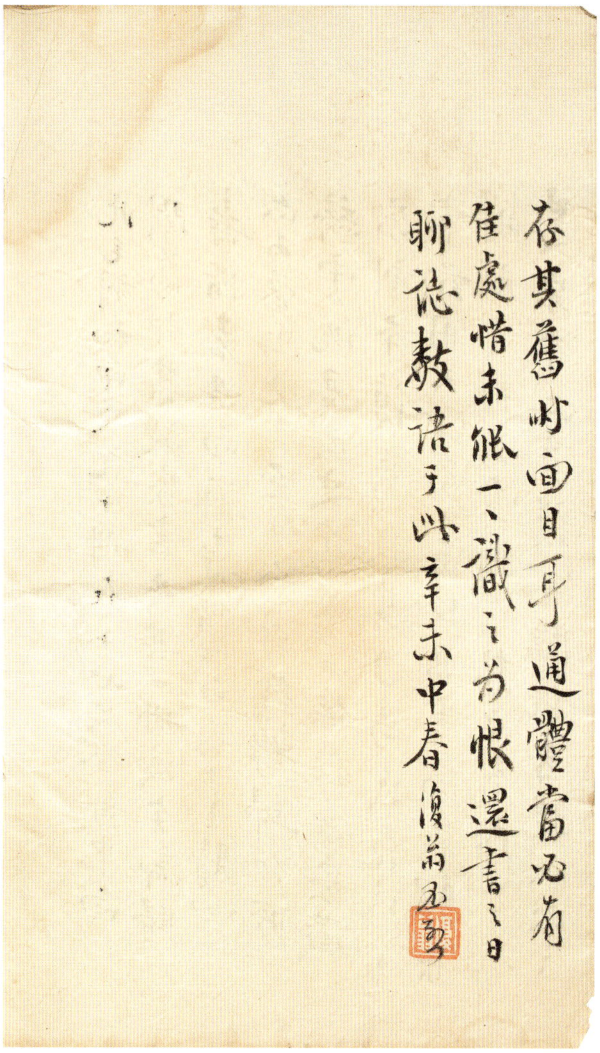
存其舊式面目耳通體當必有
佳處惜未能一一識之為恨還書之日
聊誌數語于此 辛未中春復翁記

096-2　清黄丕烈跋

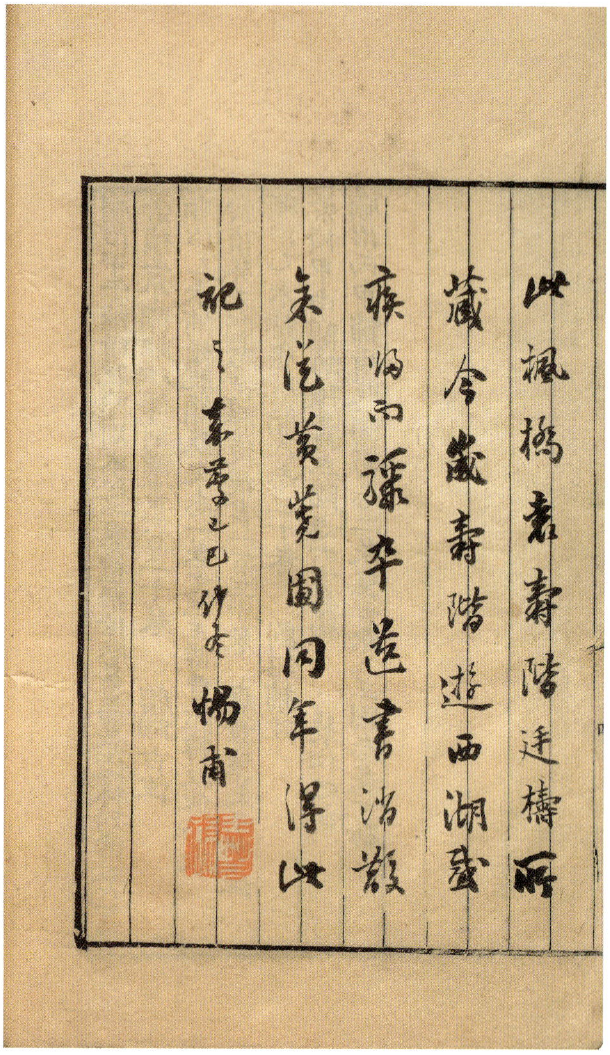
此楓橋袁壽階廷檮所
藏今歲壽階遊西湖感
疾歿而孫舉遺書出鬻
余從黃蕘圃同年得此
記之 嘉慶己巳仲冬 惕甫

096-3　清王芑孫跋

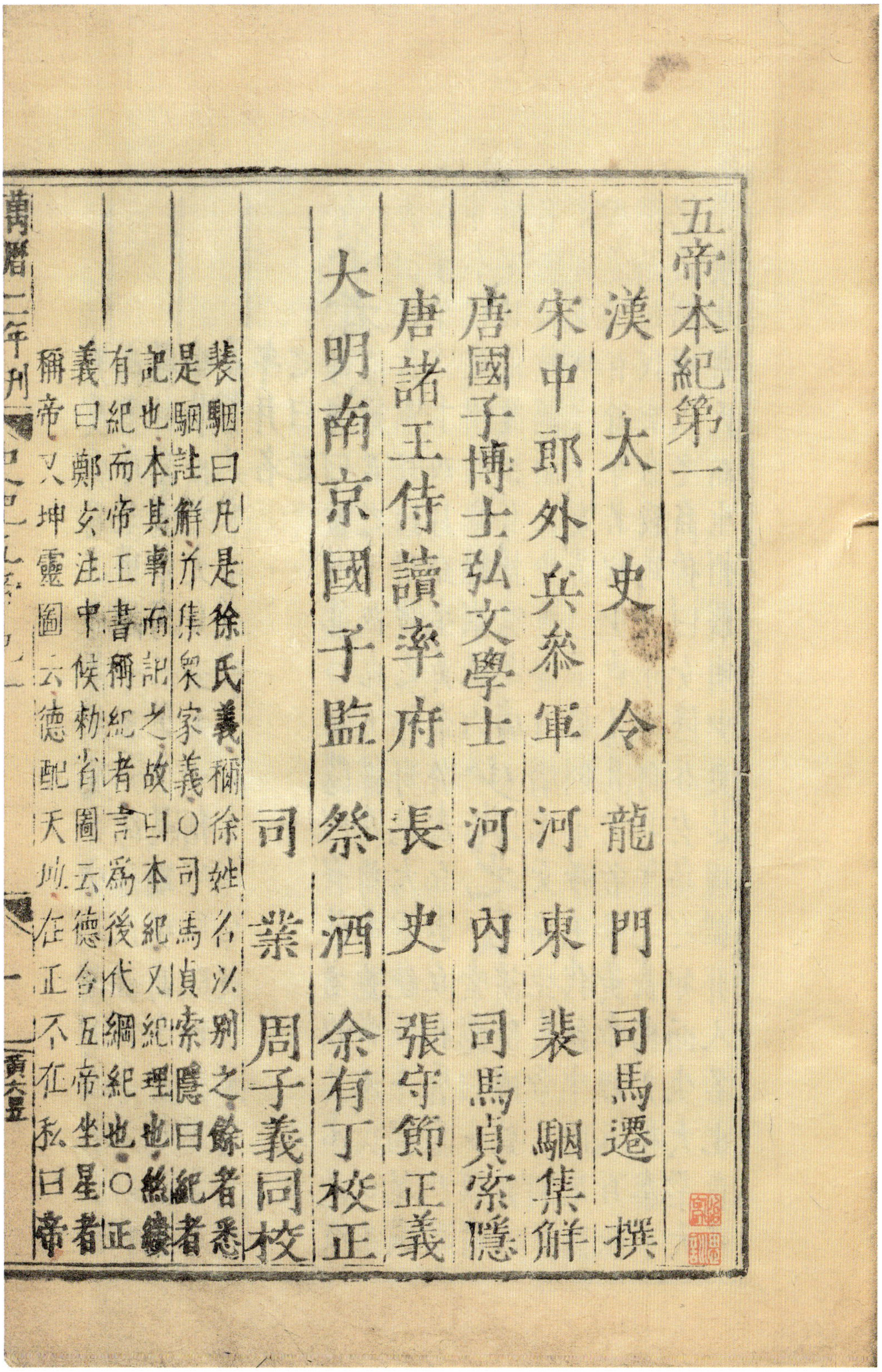
五帝本紀第一
漢太史令龍門司馬遷撰
宋中郎外兵參軍河東裴駰集解
唐國子博士弘文學士河内司馬貞索隱
唐諸王侍讀率府長史張守節正義
大明南京國子監祭酒余有丁校正
司業周子義同校
裴駰曰凡是徐氏義稱徐姓名以別之餘者悉是駰註解并集衆家義○司馬貞索隱曰紀者記也本其事而記之故曰本紀又紀理也絲縷有紀而帝王書稱紀者言爲後代綱紀也○正義曰鄭玄注中候勑省圖云德合五帝坐星者稱帝又坤靈圖云德配天地在正不在私曰帝

097-1　《史記》卷一卷端

097　史記一百三十卷　〔漢〕司馬遷撰　〔南朝宋〕裴駰集解　〔唐〕司馬貞索隱　〔唐〕張守節正義　明萬曆二至三年（1574—1575）南京國子監刻本　清劉思訓跋　佚名録明歸有光等評校

開本高 26.5 厘米，寬 20.5 厘米。框高 21.4 厘米，寬 14.9 厘米。半葉十行，行二十一字，小字雙行同，白口，四周雙邊。鈐“思訓”“怡亭”印。索書號：善 000777。

秦本紀方成一篇文字以前本紀舊史皆亡故多湊合秦雖暴乱史職不廢太史公当日蓋有所因也歸

案秦之姓趙氏後人多只為疑惑銘謂秦嬴姓而自蒙造父趙城之號故別為趙氏此古人姓氏之別也始皇自
自謂趙氏至始皇已生於趙倚皇帝後所以趙為姓此古天子建德因生為姓之義也後人不知古義多妄駁之非也

秦始皇本紀第六　　史記六

秦始皇帝者秦莊襄王子也莊襄王為秦質子於趙見呂不韋姬悅而取之生始皇以秦昭王四十八年正月生於邯鄲及生名為政姓趙氏徐廣曰一作正宋忠云以正月旦生故名正索隱曰系本作政又生於趙故曰趙政一曰秦與趙同祖以趙城為榮故姓趙氏○正義曰正音政後以始皇諱故音征年十三歲莊襄王死政代立為秦王當是之時秦地已并巴蜀漢中越宛有郢置南郡矣北收上郡以東有河東太原上黨郡東至滎陽滅二周置三川郡唐順之曰將言始皇并天下故先提出此呂不韋為相封十萬戶號曰文信侯招致賓客游士欲以并天下李斯為舍人文穎曰主廐內小吏官名或曰

政聞正是子之正也知史記皆本是正字今皆改作政惟高誘呂氏春秋序……

志疑曰始皇以正月生遂名正……

萬曆三年刊

097-2　佚名録明歸有光等評校

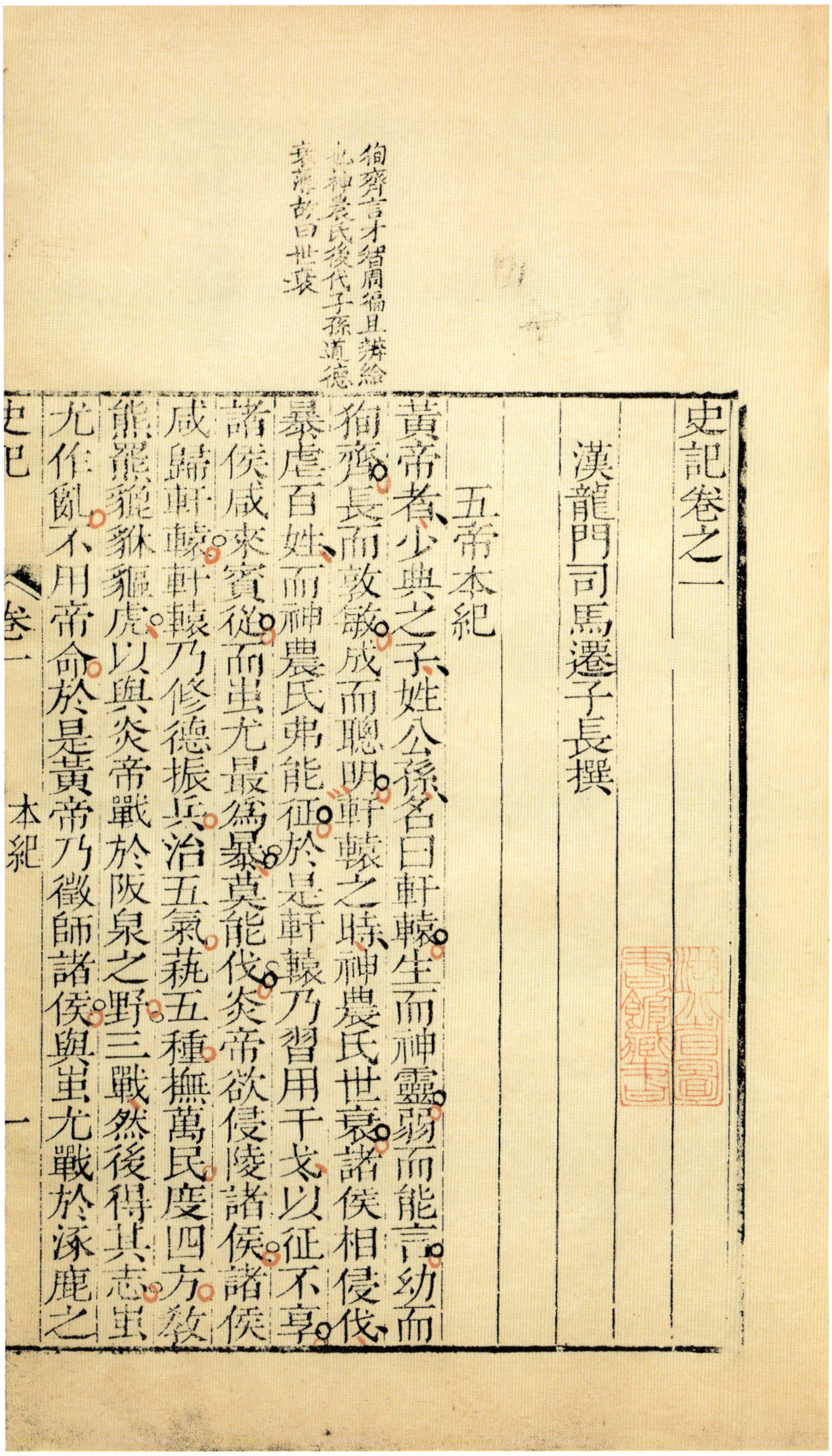

098-1 《史記》卷一卷端

098 史記一百三十卷 〔漢〕司馬遷撰 〔清〕王鳴盛略詮 清乾隆三十一年（1766）刻本 張繼煦跋並録清何紹基校跋

開本高 24.7 厘米，寬 16.1 厘米。框高 16.4 厘米，寬 13.0 厘米。半葉十二行，行二十四字，白口，左右雙邊。鈐“曾在張春霆處”印。索書號：善 000817。

史記……卷一百三十

署推三代錄秦漢上記軒轅下至于茲著十二本紀既科條之矣並時異世年差不明作十表禮樂損益律歷改易兵權山川鬼神天人之際承敝通變作八書二十八宿環北辰三十輻共一轂運行無窮輔拂股肱之臣配焉忠信行道以奉主上作三十世家扶義俶儻不令已失時立功名于天下作七十列傳凡百三十篇五十二萬六千五百字爲太史公書序略以拾遺補藝成一家之言厥協六經異傳整齊百家雜語藏之名山副在京師俟後世聖人君子第七十

太史公曰余述歷黃帝以來至太初而訖百三十篇

觀自叙足知其本篇用意者不少春秋後之一書非三傳所可抗也

初五永卅泊

癸酉十二月武昌成化書局以何子貞批汲古閣本史記見示因逐録于此卷凡三日而畢

枝江張春霆識

098-2　張繼煦跋並録清何紹基跋

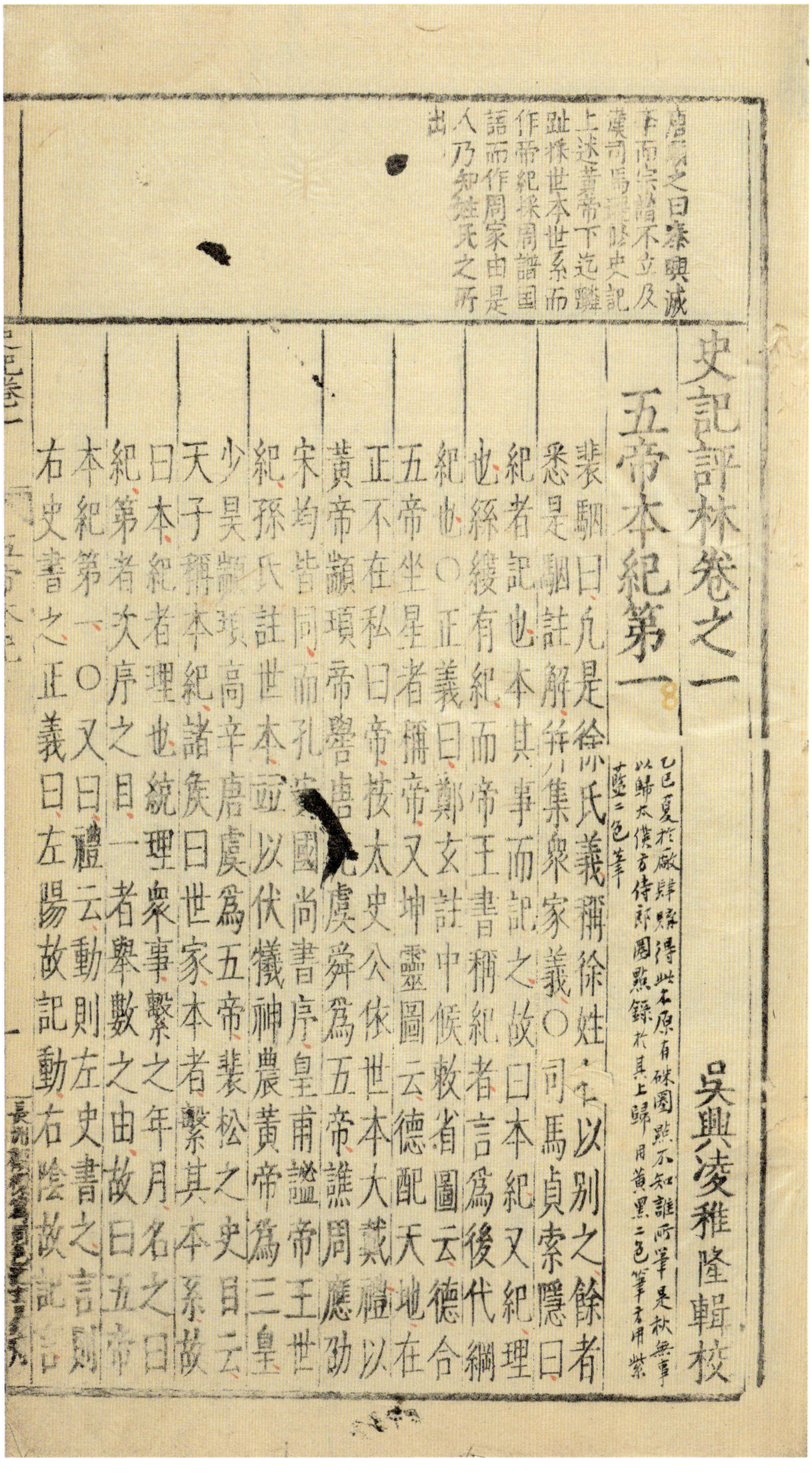
唐順之曰秦興滅學而宗譜不立及漢司馬父子史記上述黃帝下迄麟趾採世本世系而作帝紀採周譜國語而作周家由是人乃知姓氏之所出

史記評林卷之一　吳興凌稚隆輯校

五帝本紀第一

乙巳夏於廠肆購得此本原有硃圈點不知誰所筆是秋無事以歸太僕方侍郎圈點錄於其上歸用黃黑二色筆方用紫藍二色筆

裴駰曰凡是徐氏義稱徐姓以別之餘者悉是駰註解幷集衆家義○司馬貞索隱曰紀者記也本其事而記之故曰本紀又紀理也絲縷有紀而帝王書稱紀者言爲後代綱紀也○正義曰鄭玄註中候敕省圖云德合五帝坐星者稱帝又坤靈圖云德配天地在正不在私曰帝按太史公依世本大戴禮以黃帝顓頊帝嚳唐堯虞舜爲五帝譙周應劭宋均皆同而孔安國尚書序皇甫謐帝王世紀孫氏註世本並以伏羲神農黃帝爲三皇少昊顓頊高辛唐虞爲五帝裴松之史目云天子稱本紀諸侯曰世家本者繫其本系故曰本紀紀者理也統理衆事繫之年月名之曰紀第者次序之目一者舉數之由故曰五帝本紀第一○又曰禮云動則左史書之言則右史書之正義曰左陽故記動右陰故記言

史記卷之一

099-1　《史記評林》卷一卷端

099　史記評林一百三十卷　〔明〕凌稚隆輯　明萬曆二至四年（1574—1576）凌稚隆刻本　清劉傳瑩校跋並録明歸有光、清方苞圈點　存一百十卷（卷一至八十四、九十五至一百十二、一百二十二至一百三十）

開本高 27.6 厘米，寬 17.6 厘米。兩節版，框高 24.5 厘米，寬 14.8 厘米。上欄行數不等，行七字；下欄十行，行十九字，小字雙行同，白口，左右雙邊。鈐“通纍生”印。索書號：善 000776。

隴右隴西今平涼是　福祿县今甘肅肅州　原州平陽县今甘肅平涼府平涼县是空桐二處皆有而雞頭惟平涼有之瑩案空桐當以平涼為是應劭韋昭索隱及括地志後説皆指平涼云

梁曰凡古丸字凡字中从一正義失分明

瑩案方輿紀要云湘山即君山在洞庭湖中一名洞庭山今屬岳州巴陵县与地理志所云一地也

曰丸音扶嚴反○正義曰丸音桓括地志云丸山郎丹山在青州臨朐縣界朱虛故縣西北二十里丹水出焉丸音紈守節按地志唯有凡山葢凡山丸山是一山耳諸處字誤或丸或凡也漢書郊祀志云禪丸山顏師古云在朱虛亦與括地志相合明丸山是也**及岱宗**正義曰泰山東岳也在兗州博城縣西北三十里也**西至于空桐**應劭曰山名韋昭曰在隴右**登雞頭**索隱曰山名也後漢王孟塞雞頭道在隴西一曰崆峒山之別名○正義曰括地志云空桐山在肅州福祿縣東南六十里抱朴子內篇云黃帝西見中黃子受九品之方過空桐從廣成子受自然之經即此山括地志又云笄頭山一名崆峒山在原州平陽縣西百里禹貢涇水所出輿地志云或即雞頭山也酈元云蓋大隴山異名也莊子云廣成子學道崆峒山黃帝問道於廣成子蓋在此按二處崆峒皆云黃帝登之未詳孰是**南至于江登熊湘**駰案封禪書曰南伐至于召陵登熊山地理志曰湘山在長沙益陽縣○正義曰括地志云熊耳山在商州洛縣西十里

099-2　清劉傳瑩校

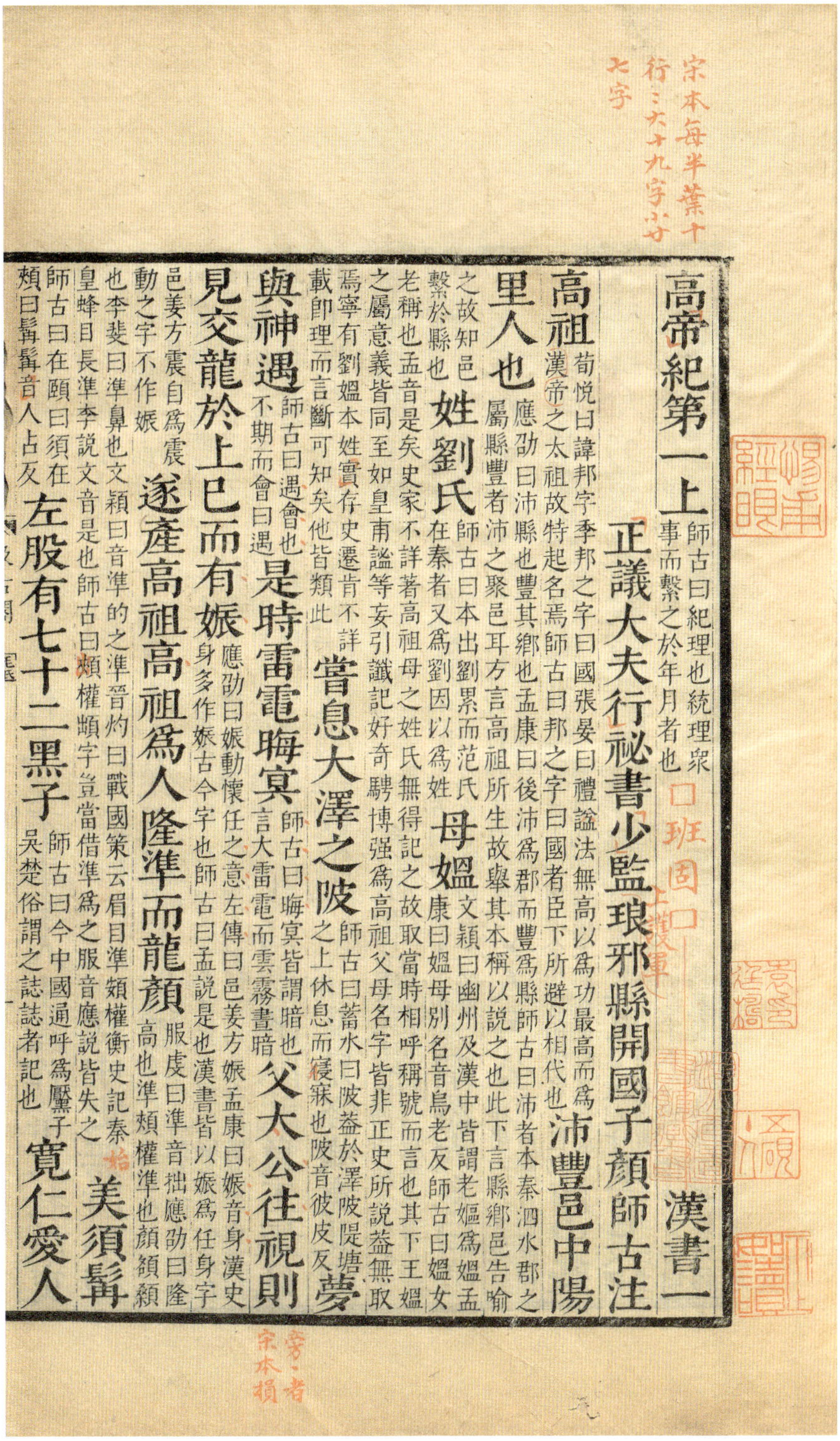

100-1 《漢書》卷一卷端

100 漢書一百卷 〔漢〕班固撰 〔唐〕顔師古注 明崇禎十五年（1642）毛氏汲古閣刻本 清袁廷檮校跋並録清顧廣圻校跋 清王芑孫跋 清段玉裁批

開本高 29.5 厘米，寬 20.0 厘米。框高 22.0 厘米，寬 15.4 厘米。半葉十二行，行二十五字，小字雙行三十七字，白口，左右雙邊。鈐“袁廷檮印”“楓橋五硯樓收藏印”“引生”“漚波舫”“愓甫借觀”“愓甫經眼”“沈慈印記十峰鑒藏”“正如讀”“屺雲所藏”“徐恕私印”等印。索書號：善 000789。

國家珍貴古籍名録編號：12490。

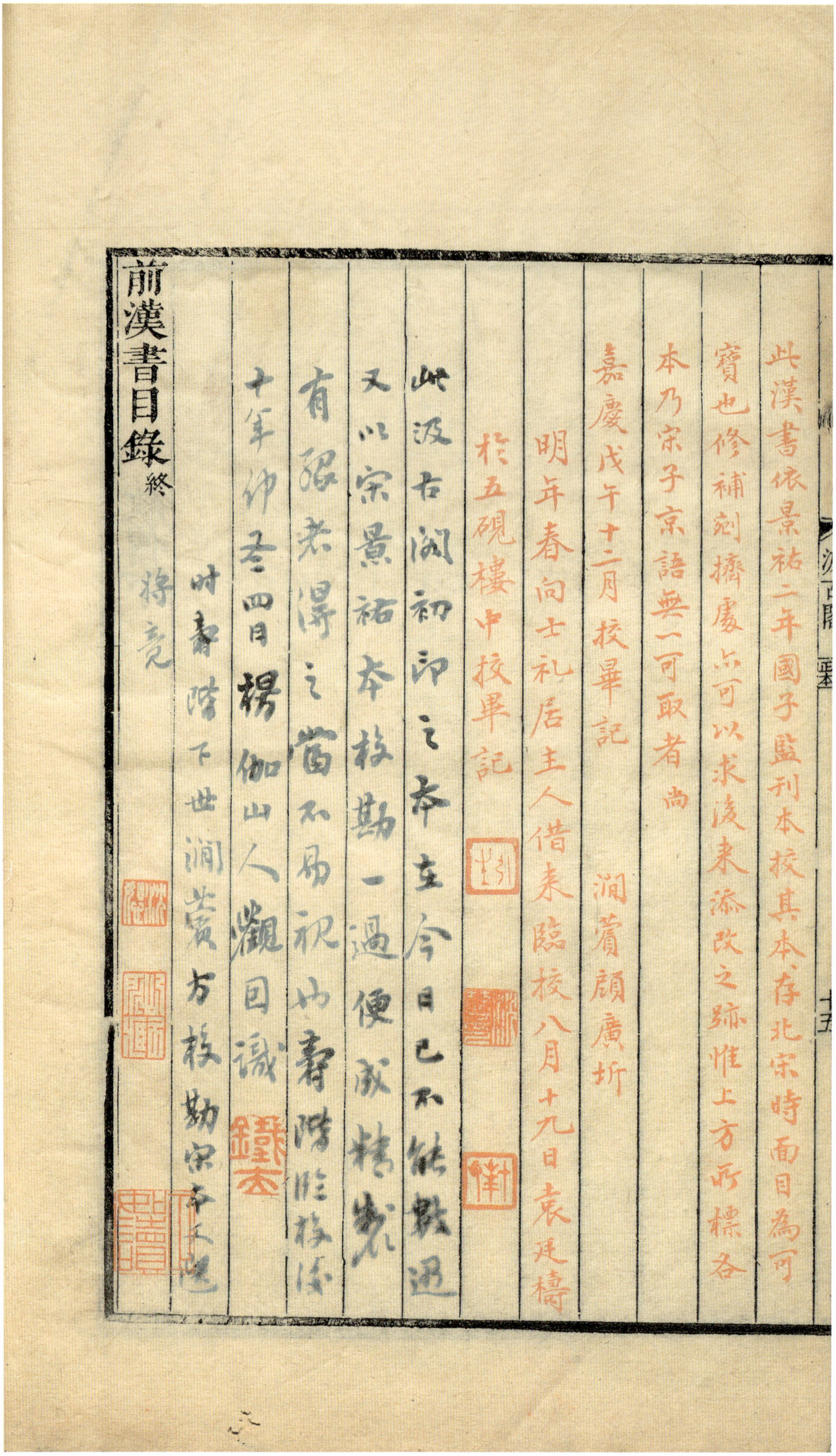
此漢書依景祐二年國子監刊本校其本存北宋時面目為可
寶也修補剜擠處亦可以求淺來添改之跡惟上方所標各
本乃宋子京語無一可取者尚
嘉慶戊午十二月校畢記　澗薲顧廣圻
明年春向士礼居主人借來臨校八月十九日袁廷檮
於五硯樓中校畢記
此汲古閣初印之本在今日已不能數遇
又以宋景祐本校勘一過便成精鑿[?]
有留心[?]者得之當不啻視如壽階於校添[?]
十年仲冬[?]四日楞伽山人觀因識
時壽階下世澗薲方校勘宋本文選
前漢書目録終
將竟

100-2　清袁廷檮跋並録清顧廣圻跋　清段玉裁跋

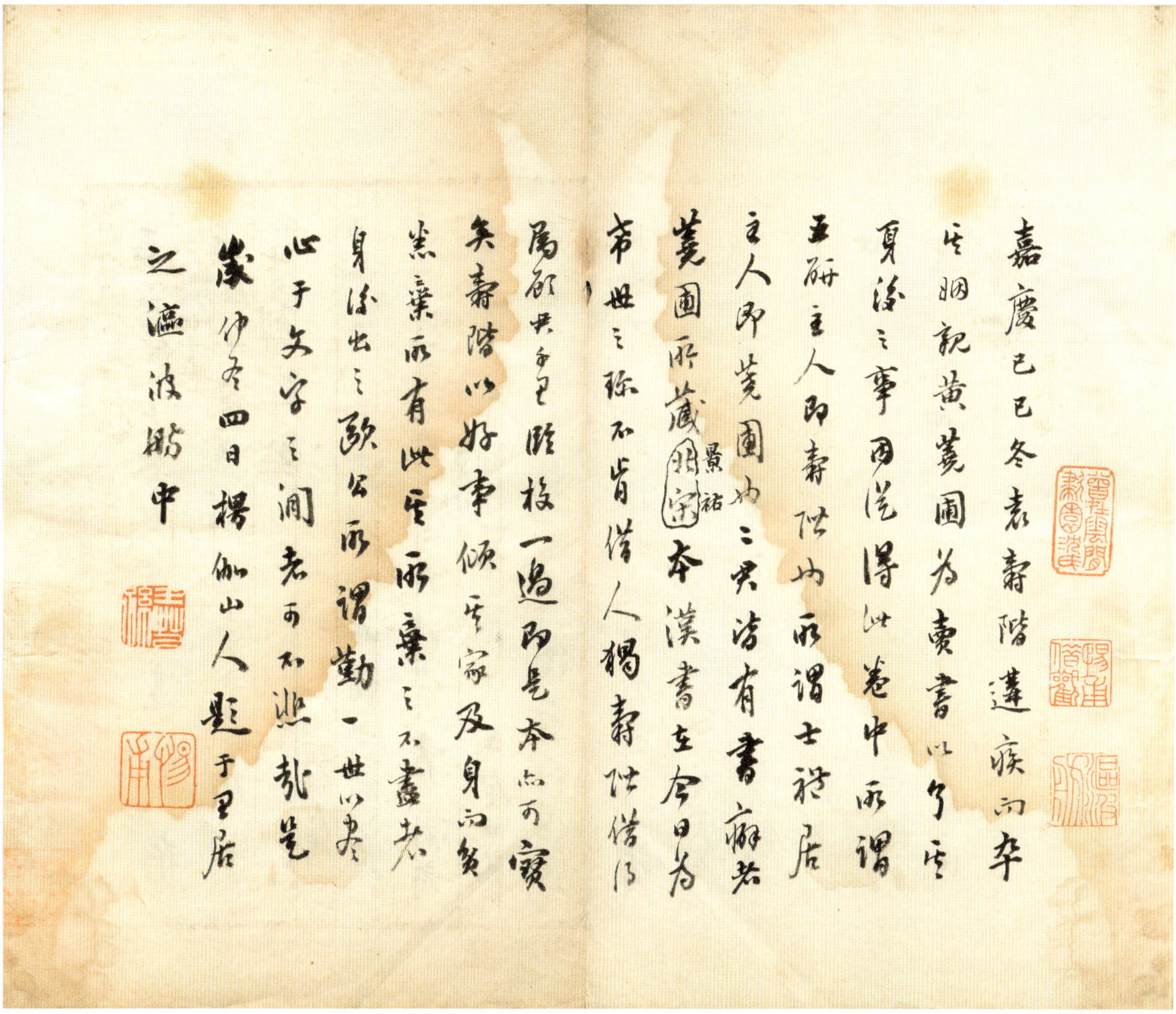
嘉慶己巳冬袁壽階遘疾而卒其明觀黃蕘圃為賣書以了其身後之事因覽得此卷中所謂五硯主人即壽階也所謂士禮居主人即蕘圃也二君皆有書癖若蕘圃所藏北宋景祐本漢書至今日為希世之珍不肯借人獨壽階借得為所共手自點校一過即是本亦可寶矣壽階以好事傾其家及身而負累棄所有此其所棄之不盡者身後出之歐公所謂勤一世以盡心于文字之間者可不悲乎是歲仲冬四日楞伽山人題于里居之漚波舫中

100-3　清王芑孫跋

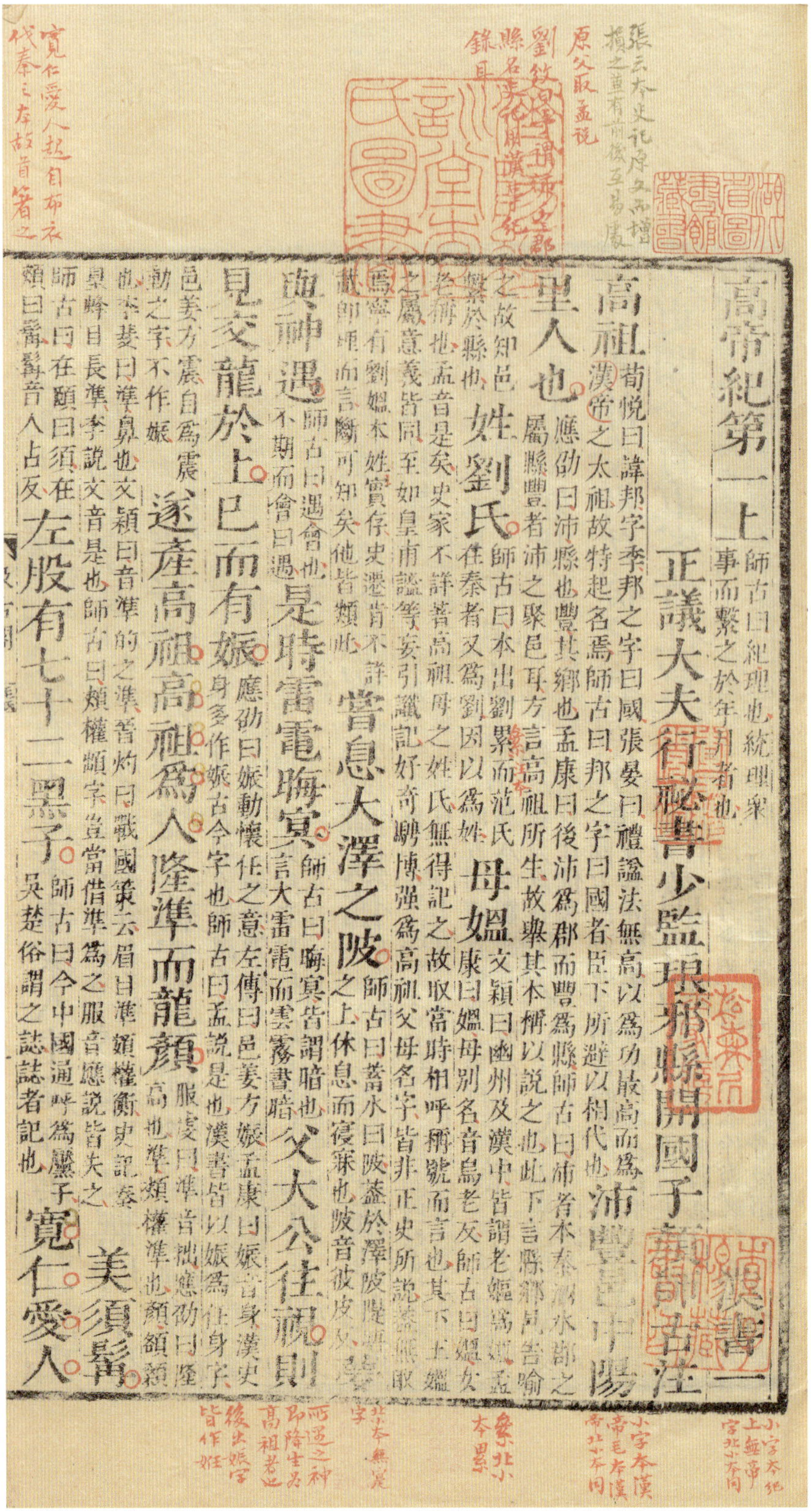

101-1 《漢書》卷一卷端

101 漢書一百卷 〔漢〕班固撰 〔唐〕顔師古注 清刻本 清查日華校跋並録清何焯批校

開本高 28.3 厘米，寬 17.3 厘米。框高 21.8 厘米，寬 15.4 厘米。半葉十二行，行二十五字，小字雙行三十七字，白口，左右雙邊。鈐“濟陽經訓堂查氏圖書”“紫藤花館”“曾在張春霆處”等印。索書號：善 002607。

舌巖入地上天長喙塞英莖咸韶
濩嗣音巍巍南董為主客此本葫
蘆足奇香參稽先期鍊風骨格特
贈爾伴酒一瓶吚唔一篇一浮白
道光辛丑冬十月盥古生日松森居士日華題於
紫藤花館

101-2 清查日華跋

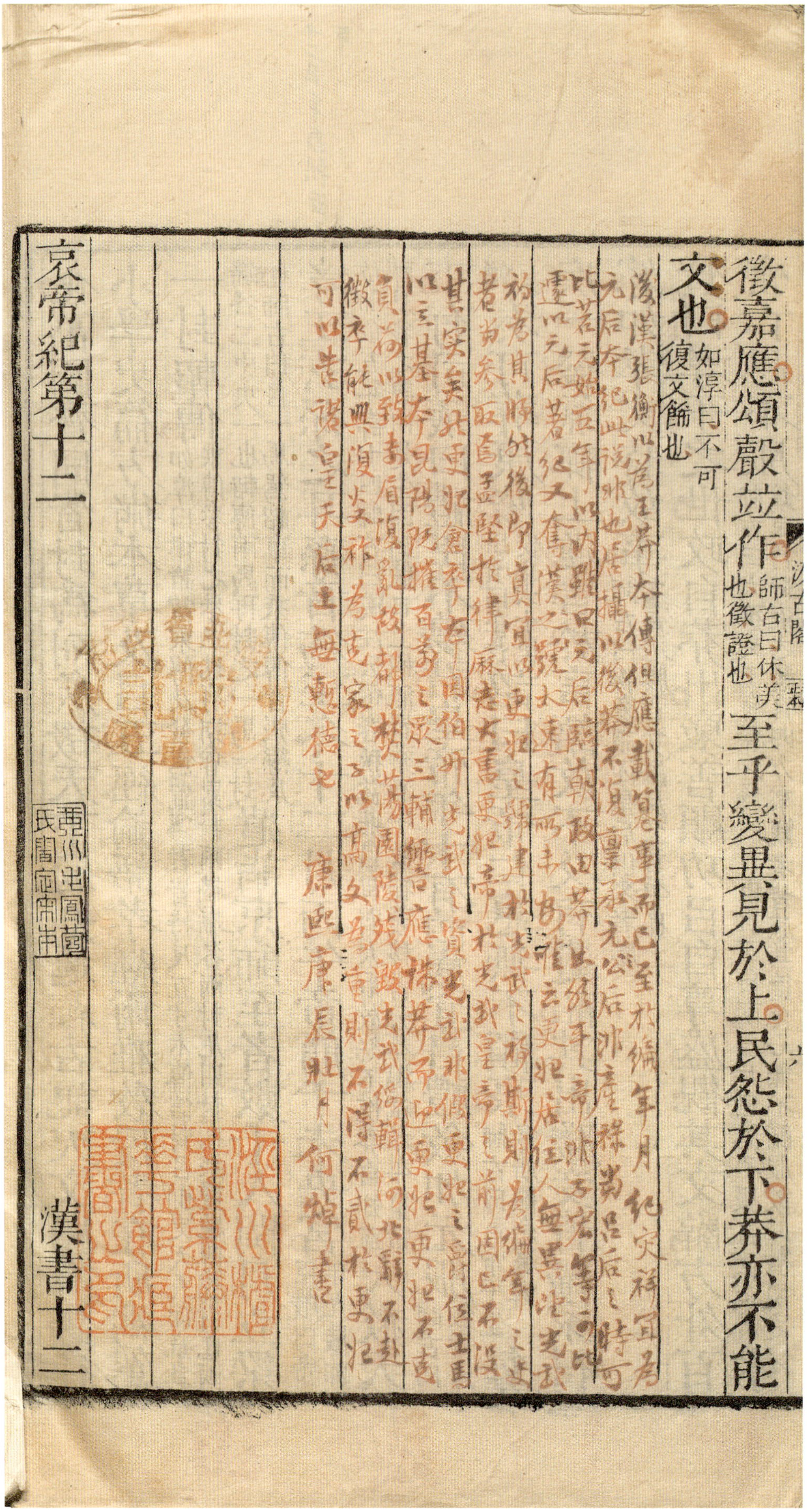
徵嘉應頌觳竝作師古曰休美也徵證也至乎變異見於上民怨於下莽亦不能
文也如淳曰不可復文飾也

後漢張衡以爲王莽本傳但應載篡事而已至於編年月紀災祥宜爲
元后本紀此説非也居攝以後莽不復稟承元后非產祿當呂后之時可
比若元始五年以前雖曰元后臨朝政由莽出紀年帝外子宏等之比
還以元后著紀又奪漢之號太速有所未安雖云更始居位人無異詞光武
初爲其臣後即真宜以更始之號建於光武之前斯則爲編年之近
者尚參取舊孟堅於律麻志大書更始帝於光武皇帝之前固已不沒
其實矣然更始倉卒本因伯升光武之資光武非假更始之爵位士馬
以立基本昆陽既摧百萬之衆三輔響應誅莽而迎更始更始不遠
負荷以致赤眉復亂故都焚蕩園陵殘毀光武綏輯河北雖不赴
徵本能興復炎祚爲光家之子以高文爲宗則不得不貳於更始
可以告諸皇天后土無慙德也
康熙庚辰壯月 何焯書

哀帝紀第十二
漢書十二

101-3 清查日華録清何焯跋

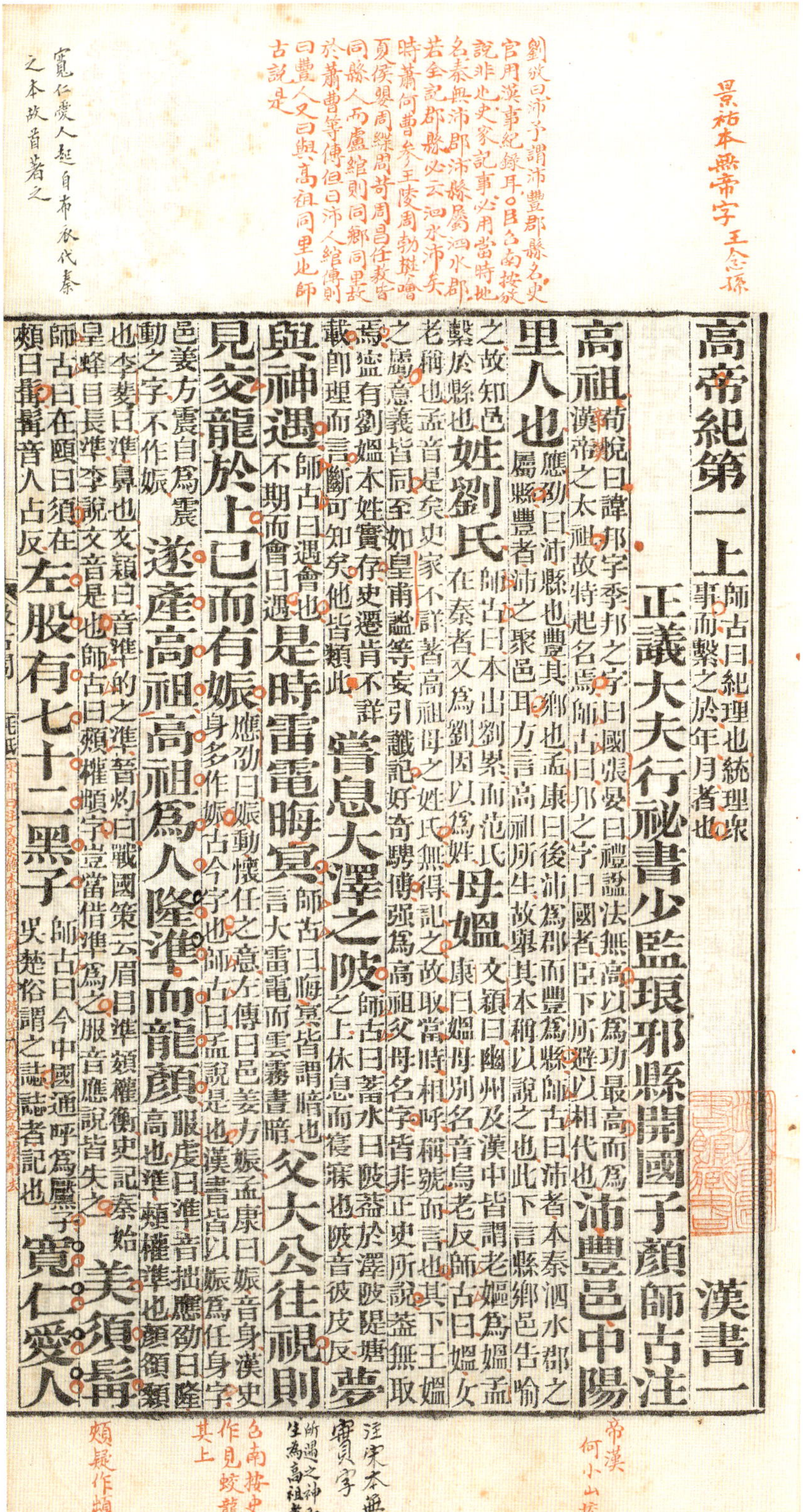

景祐本無帝字 王念孫

劉攽曰沛予謂沛豐郡縣名史官用漢事紀錄耳。邑南按攽說非也史家記事必用當時地名秦無沛郡沛縣屬泗水郡若全記郡縣必云泗水沛矣時蕭何曹參王陵周勃樊噲夏侯嬰周緤周苛周昌任敖皆同縣人而盧綰則同鄉同里故於蕭曹等傳但曰沛人綰傳則曰豐人又曰與高祖同里也師古說是

寬仁愛人起自布衣代秦之本故首著之

高帝紀第一上 師古曰紀理也統理眾事而繫之於年月者也 漢書一

正義大夫行祕書少監琅邪縣開國子顏師古注

高祖 荀悅曰諱邦字季邦之字曰國張晏曰禮謚法無高以為功最高而為漢帝之太祖故特起名焉師古曰邦之字曰國者臣下所避以相代也 沛豐邑中陽里人也 應劭曰沛縣也豐其鄉也孟康曰後沛為郡而豐為縣師古曰沛者本秦泗水郡之屬縣豐者沛之聚邑耳方言高祖所生故舉其本稱以說之也此下言縣鄉邑告喻之故知邑繫於縣也 姓劉氏 師古曰本出劉累而范氏在秦者又為劉因以為姓 母媼 文穎曰幽州及漢中皆謂老嫗為媼孟康曰媼母別名音烏老反師古曰媼女老稱也孟說是矣史家不詳著高祖母之姓氏無得記之故取當時相呼稱號而言也其下王媼之屬意義皆同至如皇甫謐等妄引讖記好奇騁博強為高祖父母名字皆非正史所說蓋無取焉寧有劉媼本姓實存史遷肯不詳載即理而言斷可知矣他皆類此 嘗息大澤之陂 師古曰蓄水曰陂蓋於澤陂隄塘之上休息而寢寐也陂音彼皮反 夢與神遇 師古曰遇會也不期而會曰遇 是時雷電晦冥 師古曰晦冥皆謂暗也言大雷電而雲霧晝暗 父太公往視則見交龍於上已而有娠 應劭曰娠動懷任之意左傳曰邑姜方娠孟康曰娠音身漢史身多作娠古今字也師古曰孟說是也漢書皆以娠為任身字邑姜方震自為震動之字不作娠 遂產高祖高祖為人隆準而龍顏 服虔曰準音拙應劭曰隆高也準頰權準也顏額顙也李斐曰準鼻也文穎曰音準的之準晉灼曰戰國策云眉目準頞權衡史記秦始皇蜂目長準李說文音是也師古曰頰權頞字豈當借準為之服音應說皆失之 美須髯 師古曰在頤曰須在頰曰髯髯音人占反 左股有七十二黑子 師古曰今中國通呼為黶子吳楚俗謂之誌誌者記也 寬仁愛人

帝漢 何小山校本

注宋本無寶字

所遇之神即降生為高祖者也

邑南按史記作見蛟龍於其上

頰疑作頞 何校

102-1 《漢書》卷一卷端

102 漢書一百卷 〔漢〕班固撰 〔唐〕顏師古注 清同治八年（1869）金陵書局刻本 王秉恩録清錢泰吉批校（佚名代録）

開本高 29.7 厘米，寬 19.0 厘米。框高 21.2 厘米，寬 15.2 厘米。半葉十二行，行二十五字，小字雙行三十七字，白口，左右雙邊。索書號：善 002651。

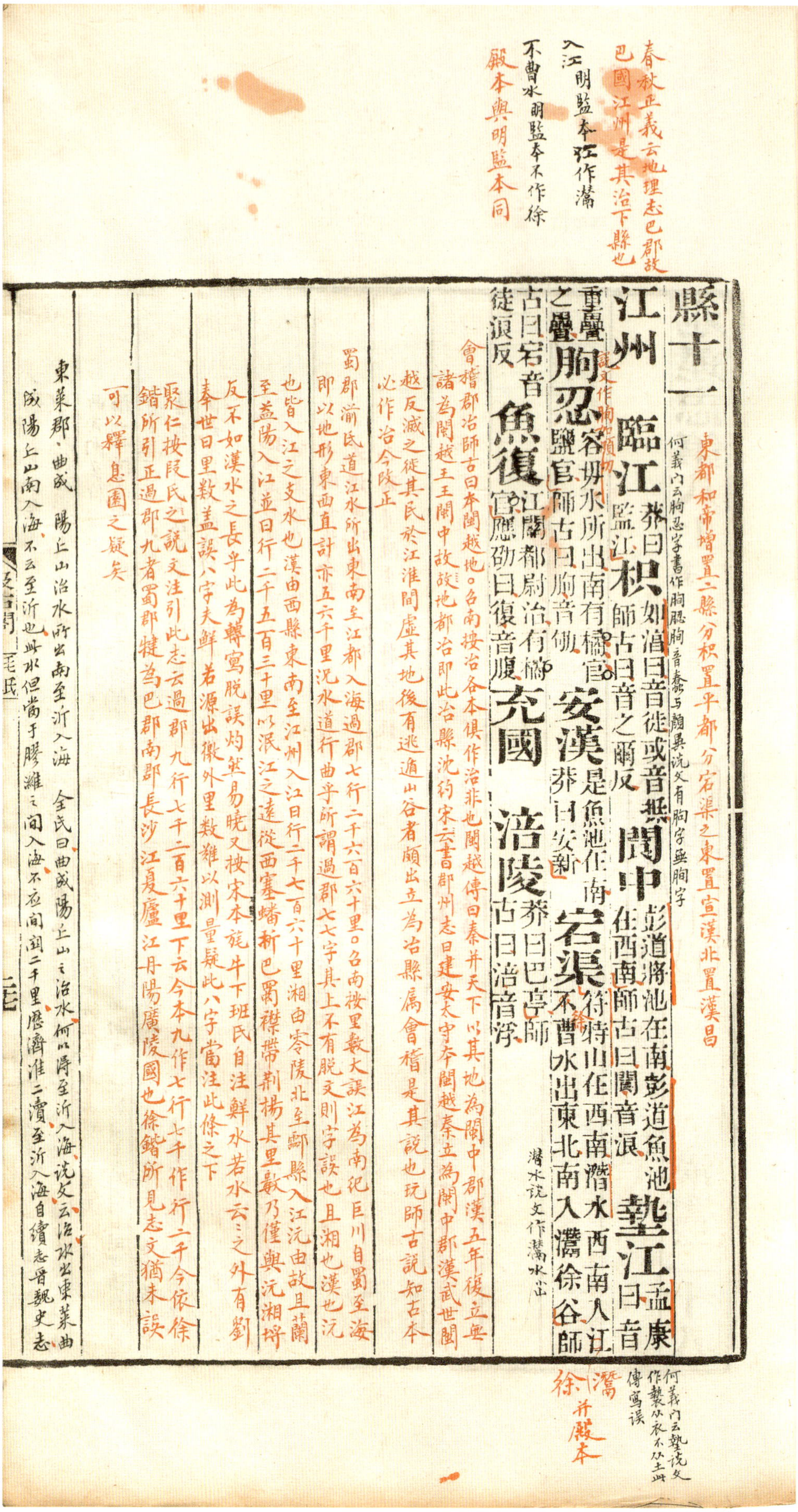

春秋正義云地理志巴郡故巴國江州是其治下縣也

入江 明監本江作灊

不曹水 明監本不作徐

殿本與明監本同

縣十一 東都和帝增置二縣分枳置平都分宕渠之東置宣漢北置漢昌

江州 臨江 莽曰監江 枳 如淳曰音徒或音牴師古曰音之爾反 何義門云朐忍字書作朐䏰朐音蠢与顏異說文有朐字無朐字 閬中 彭道將池在南彭道魚池在西南師古曰閬音浪 墊江 孟康曰音重疊之疊 何義門云墊說文作褺从衣不从土此傳寫誤 朐忍 說文作朐加願切 容毋水所出南有橘官鹽官師古曰朐音劬 安漢 是魚池在南莽曰安新 宕渠 符特山在西南潛水西南入江不曹水出東北南入灊徐谷師古曰宕音徒浪反 潛水說文作灊水出 濳 徐 并殿本 魚復 江關都尉治有橘官應劭曰復音腹 充國 涪陵 莽曰巴亭師古曰涪音浮

會稽郡治師古曰本閩越地。名南按治各本俱作治非也閩越傳曰秦并天下以其地為閩中郡漢五年復立無諸為閩越王王閩中故故地都治即此治縣沈約宋云書郡州志曰建安太守本閩越秦立為閩中郡漢武世閩越反滅之徙其民於江淮間虛其地後有逃遁山谷者頗出立為治縣屬會稽是其說也玩師古說知古本必作治今改正

蜀郡湔氐道江水所出東南至江都入海過郡七行二千六百六十里。名南按里數大誤江為南紀巨川自蜀至海即以地形東西直計亦五六千里況水道行曲乎所謂過郡七七字其上不有脫文則字誤也且湘也漢也沅也皆入江之支水也漢由西縣東南至江州入江日行二千七百六十里湘由零陵北至酃縣入江沅由故且蘭至益陽入江並日行二千五百三十里以泯江之遠從西塞蟠析巴蜀襟帶荊揚其里數乃僅與沅湘埒反不如漢水之長乎此為轉寫脫誤灼然易曉又按宋本旄牛下班氏自注鮮水若水云云之外有劉奉世曰里數蓋誤八字夫鮮若源出徼外里數難以測量疑此八字當注此條之下

聚仁按段氏之說文注引此志云過郡九行七千二百六十里下云今本九作七行七千作行二千今依徐鍇所引正過郡九者蜀郡犍為巴郡南郡長沙江夏廬江丹陽廣陵國也徐鍇所見志文猶未誤可以釋息園之疑矣

東萊郡、曲成 陽丘山治水所出南至沂入海 全氏曰曲成陽丘山之治水何以得至沂入海說文云治水出東萊曲成陽丘山南入海不云至沂也此水但當于膠潍之間入海不應間闊二千里歷濟淮二瀆至沂入海自續志晉魏史志

毛氏

102-2 王秉恩録清錢泰吉批校（佚名代録）

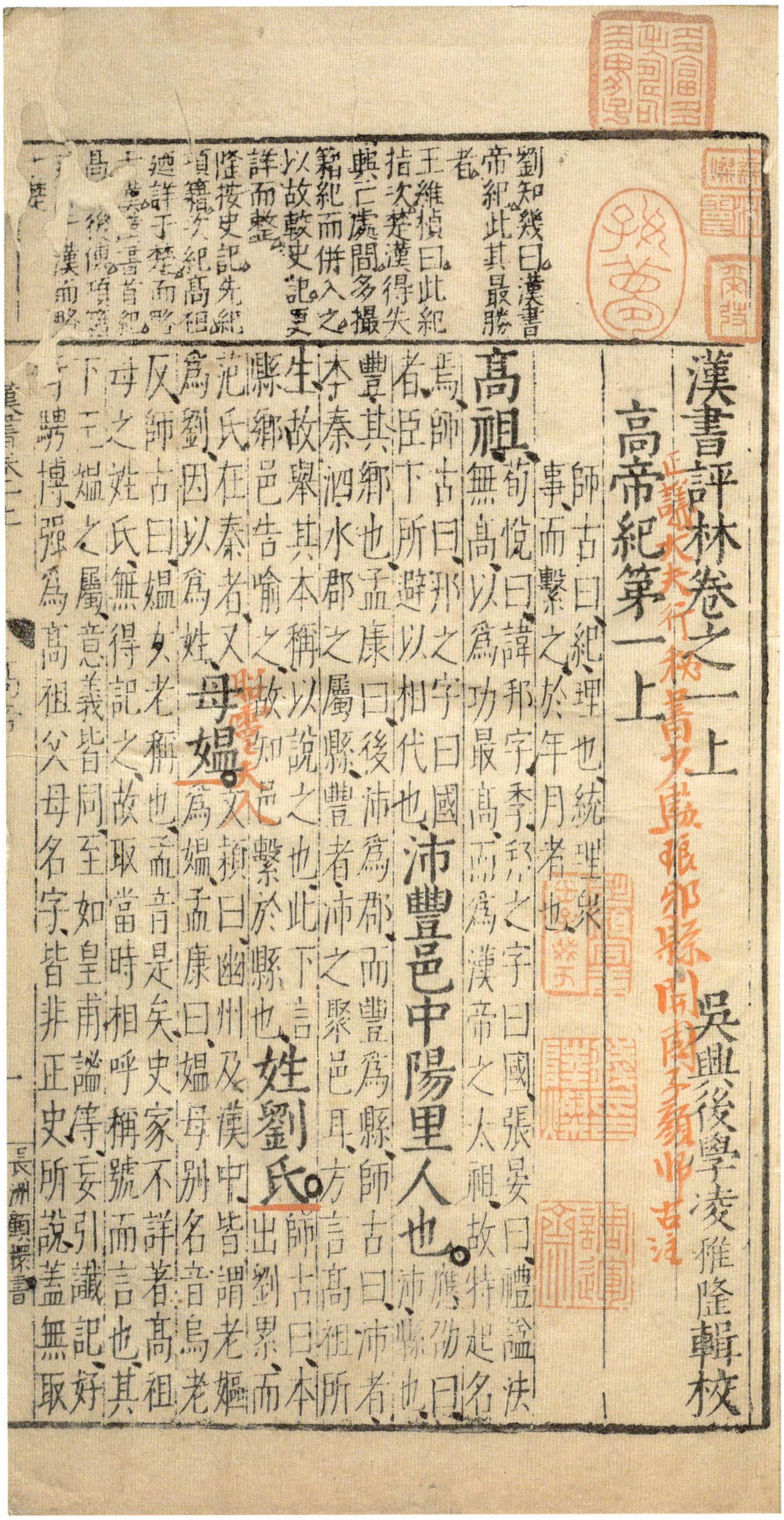

103-1 《漢書評林》卷一卷端

103 漢書評林一百卷 〔明〕凌稚隆輯 明萬曆九年（1581）吴興凌稚隆刻本 清錢陸燦批校並跋

開本高 28.5 厘米，寬 16.8 厘米。框高 24.2 厘米，寬 14.7 厘米。半葉十行，行二十字，小字雙行同，白口，左右雙邊。鈐“錢陸燦印”“湘靈”“調運齋”“彭祖同庚壬子癸丑”“鐵牛道燦”等印。索書號：善 003067。

國家珍貴古籍名録編號：12491。

陸按贊意總結在此数句上

信哉師古曰統言不絕也由是推之漢承堯運德祚已盛斷蛇著符旗幟上赤協于火德自然之應得天統矣孟康曰十一月天統物萌色赤故云得天統也臣瓚曰漢承堯緒為火德秦承周後以火代木得天之統序故曰得天統漢初因秦正至太初元年始用夏正不用十一月為正也師古曰瓚說得之

丙辰臘月九日冰雪後稍和讀高帝紀一册

陸燦

湘靈

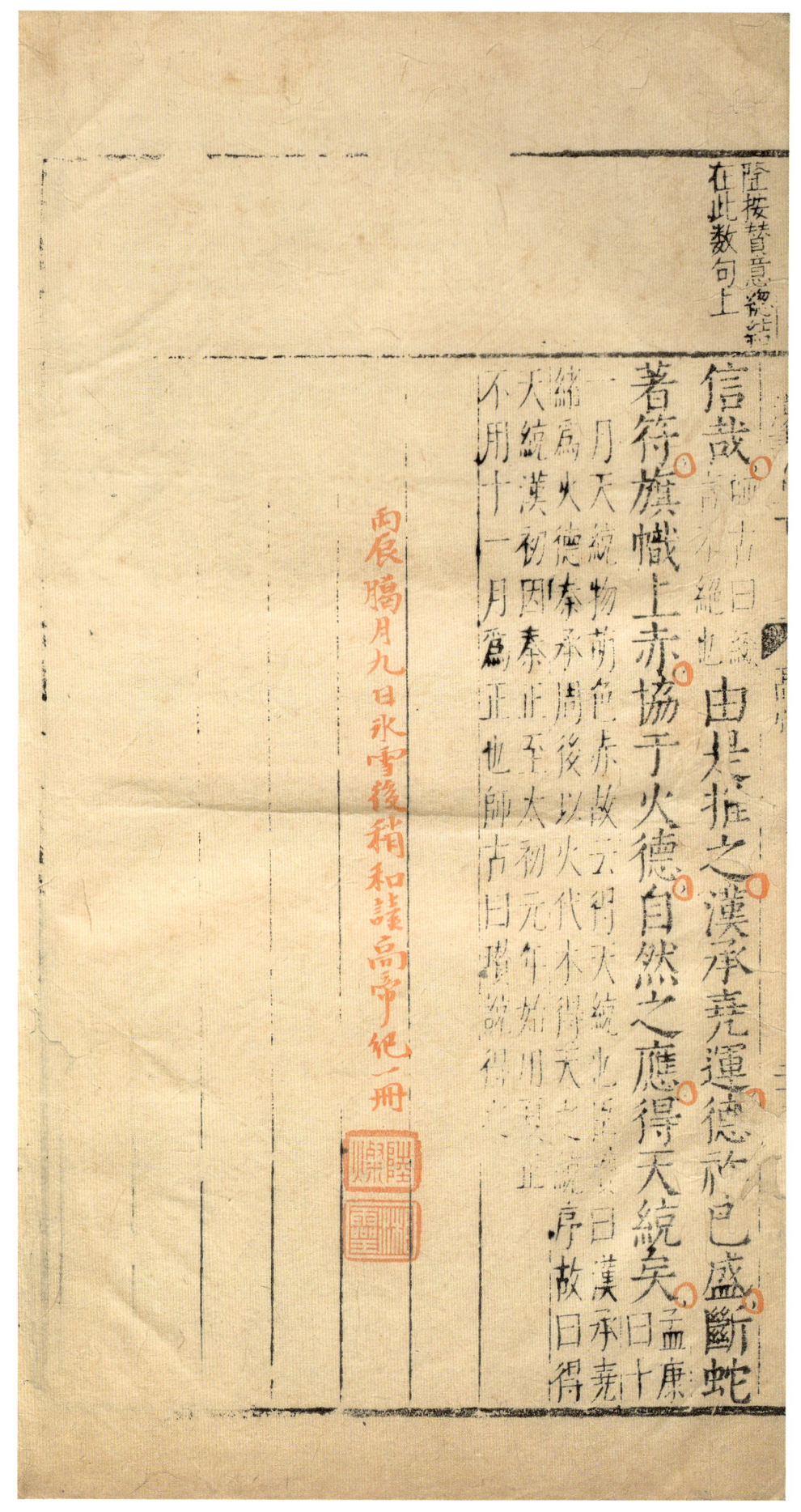

103-2 清錢陸燦跋

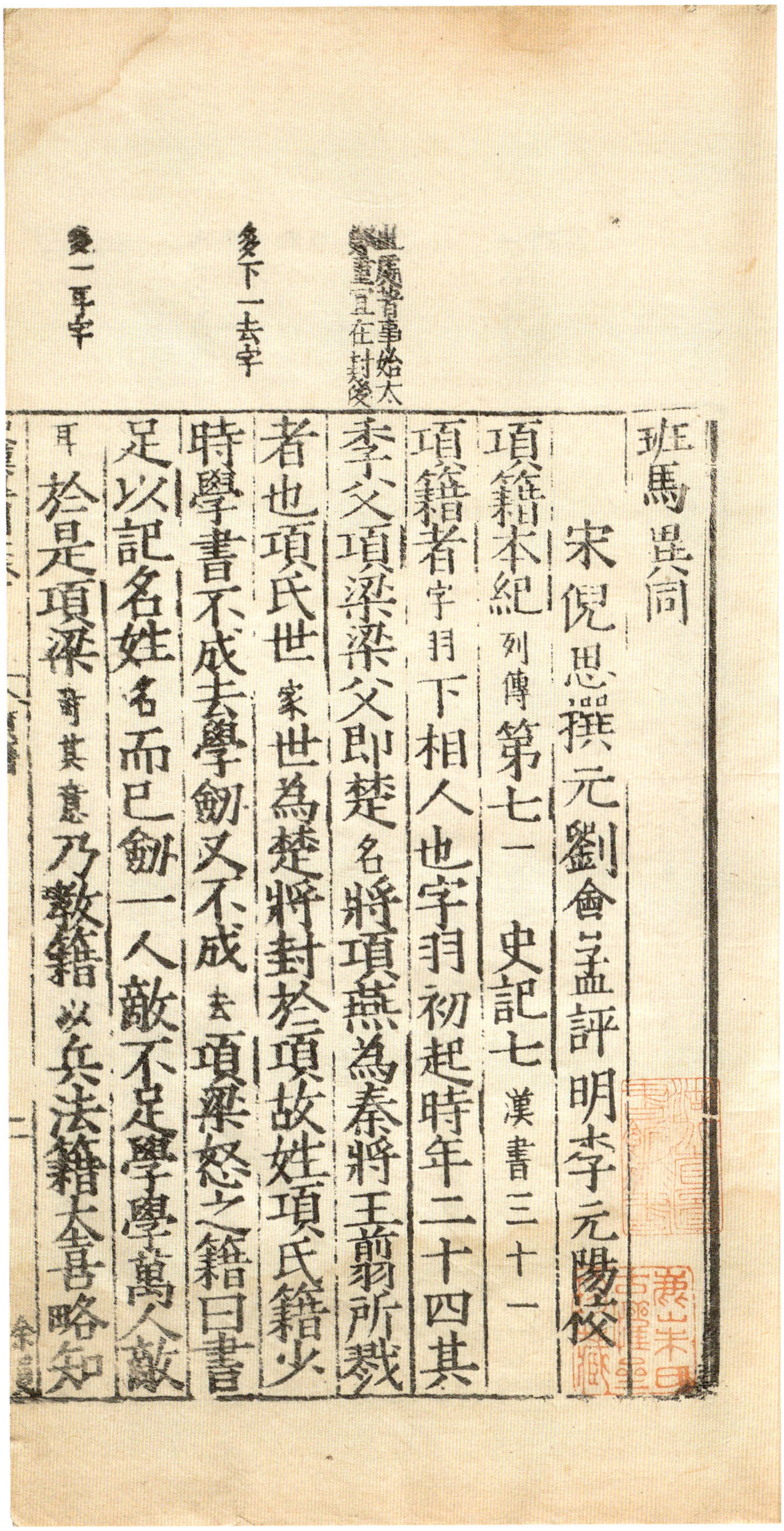

104-1 《班馬異同》卷一卷端

104 班馬異同三十五卷 〔宋〕倪思撰 〔宋〕劉辰翁評 明嘉靖十六年（1537）李元陽刻本

開本高 26.4 厘米，寬 15.8 厘米。框高 17.1 厘米，寬 12.9 厘米。半葉九行，行十九字，小字雙行同，白口，左右雙邊。鈐“九葉傳經”“星渚干元仲珍藏書籍”“鹿山朱氏古懽齋珍藏”“朱舲之印”“芷汀”“鄂渚徐氏藏本”印。索書號：善 000779。

國家珍貴古籍名録編號：07527。

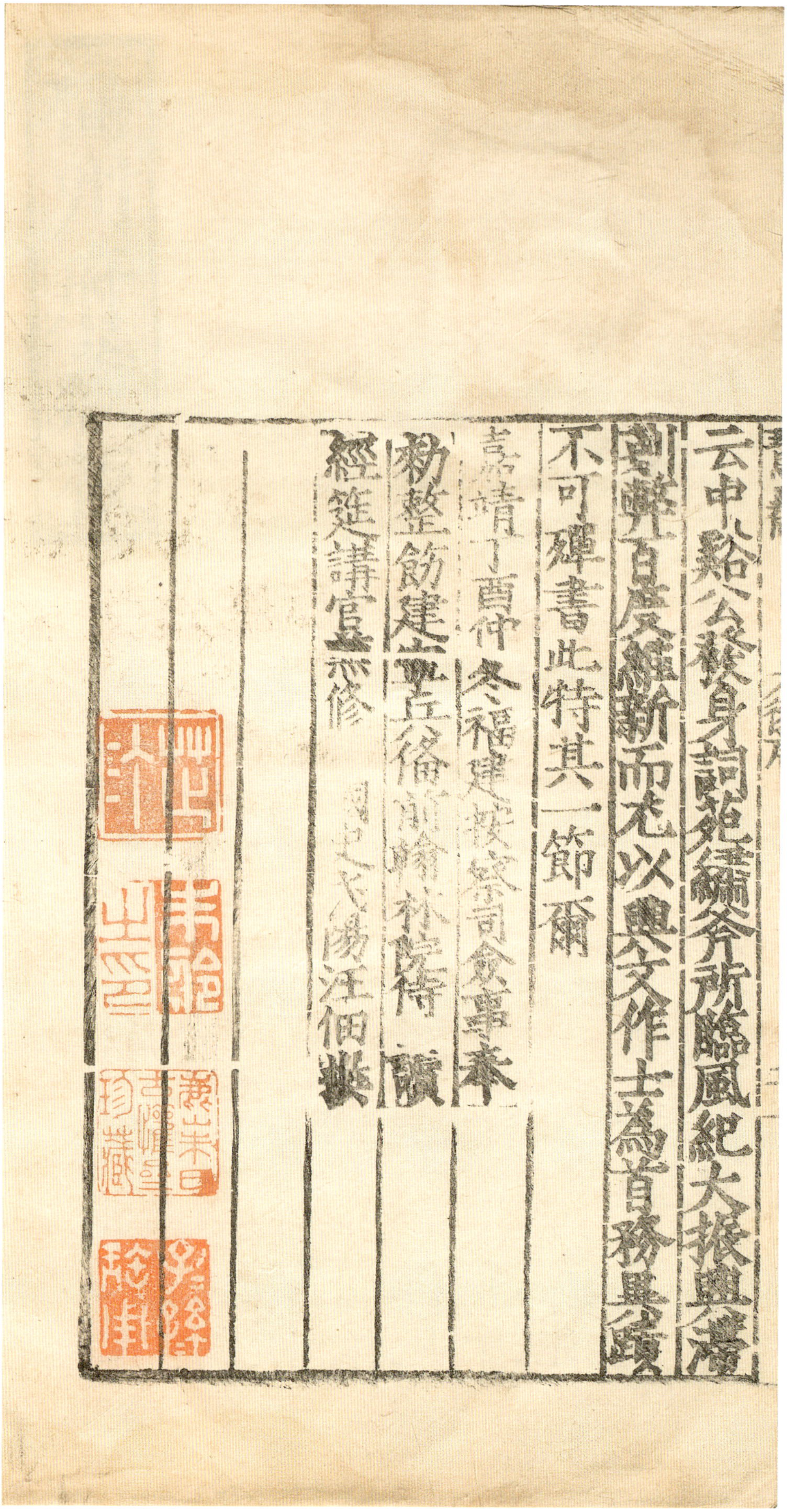

云中谿公發身詞苑繡斧所臨風紀大振興滯
剔弊百廢維新而尤以興文作士爲首務異蹟
不可殫書此特其一節爾
嘉靖丁酉仲冬福建按察司僉事奉
勑整飭建寧兵備前翰林院侍讀
經筵講官兼修
國史弋陽汪佃撰

104-2　明嘉靖十六年（1537）汪佃《序刻班馬異同後》

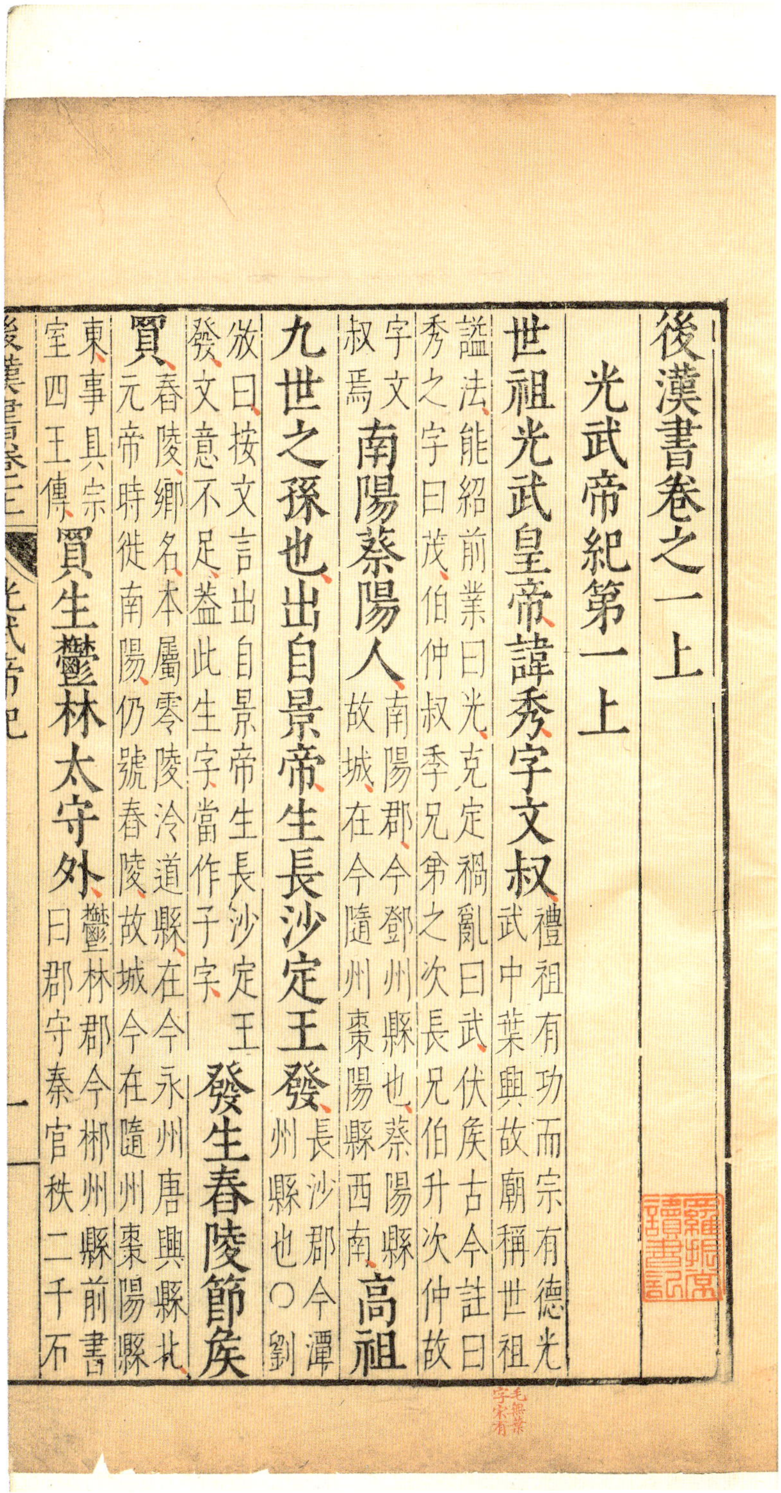

後漢書卷之一上

光武帝紀第一上

世祖光武皇帝諱秀字文叔禮祖有功而宗有德光武中興故廟稱世祖謚法能紹前業曰光克定禍亂曰武伏侯古今註曰秀之字曰茂伯仲叔季兄弟之次長兄伯升次仲故字文叔焉南陽蔡陽人南陽郡今鄧州縣也蔡陽縣故城在今隨州棗陽縣西南高祖九世之孫也出自景帝生長沙定王發長沙郡今潭州縣也○劉攽曰按文言出自景帝生長沙定王發文意不足葢此生字當作子字發生春陵節矦買春陵鄉名本屬零陵泠道縣在今永州唐興縣北元帝時徙南陽仍號春陵故城今在隨州棗陽縣東事具宗室四王傳買生鬱林太守外鬱林郡今郴州縣前書曰郡守秦官秩二千石

後漢書卷之一　光武帝紀　一

105-1　《後漢書》卷一卷端

105　後漢書九十卷　〔南朝宋〕范曄撰　〔唐〕李賢注　**志三十卷**　〔晋〕司馬彪撰　〔南朝梁〕劉昭注　明末陳氏嘯樹堂刻本　清汪由敦校跋並録清何焯評、沈寶研跋　清□福跋　羅振常跋並補録清汪由敦跋

金鑲玉裝。開本高 30.6 厘米，寬 29.0 厘米。框高 21.8 厘米，寬 15.0 厘米。半葉九行，行二十字，小字雙行同，白口，左右雙邊。鈐“汪由敦印”“謹堂”“少圃校閲”“西齋珍藏圖書記”“蟫隱廬所得善本”印。索書號：善 000812。

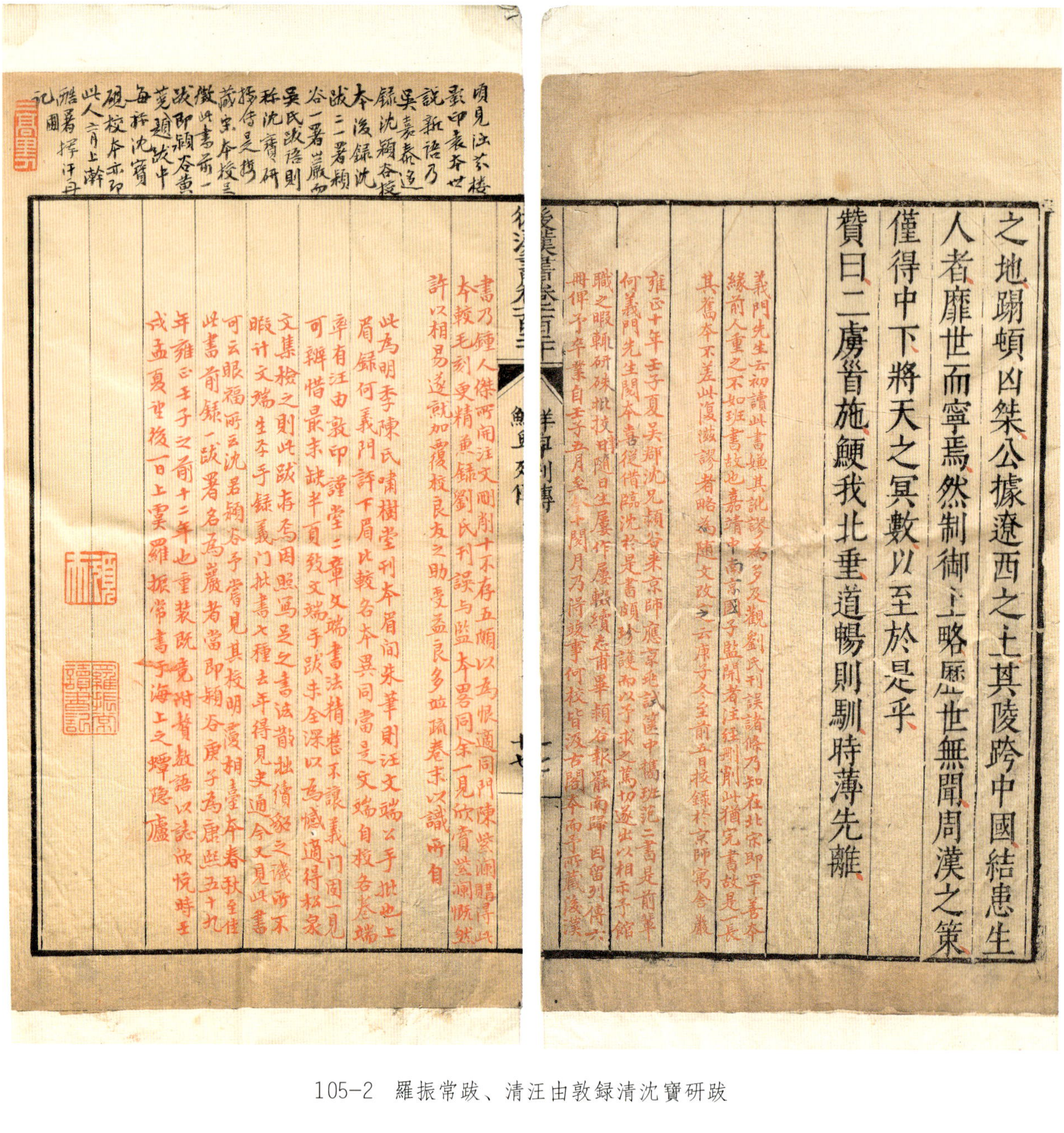
之地踢頓凶桀公據遼西之上其陵跨中國結患生
人者靡世而寧焉然制御上略歷世無聞周漢之策
僅得中下將天之冥數以至於是乎
贊曰二虜首施鯁我北垂道暢則馴時薄先離

義門先生云初讀此書嫌其訛謬為多及覩劉氏刊誤諸條乃知在北宋即罕善本
緣前人重之不如班書故也嘉靖中南京國子監開者注經删削此猶完書故是一長
其舊本不差此復滋謬者略為隨文改之云庚子冬至前五日校録於京師寓舍巖

雍正十年壬子夏吳郡沈兄穎谷來京師應京兆試篋中攜班范二書是前輩
何義門先生閲本喜從借臨沈於是書頗珍護而以予求之篤切遂出以相示予館
職之暇輒研硃批校日隨日生屢作屢輟續志甫畢穎谷報罷南歸因留列傳六
冊俾予卒業自壬子五月至十閏月乃得竣事何校皆汲古閣本而予所藏後漢

書乃鍾人傑所刊注文删削十不存五頗以為恨適同門陳瑩瀾購得此
本較毛刻更精兼録劉氏刊誤与監本異同余一見欣賞瑩瀾慨然
許以相易遂就加覆校良友之助受益良多並疏卷末以識所自

此為明季陳氏嘯樹堂刊本眉間朱筆則汪文端公手批也上
眉録何義門評下眉比較各本異同當是文端自校名考端
率有汪由敦印謹堂二章文端書法精整不讓義门固一見
可辨惜最末缺半頁致文端手跋未全深以為憾適得松泉
文集檢之則此跋亦在因照寫足之書法雖拙借貂之譏所不
暇計文端生平手録義门批書七種去年得見史通今又見此書
可云眼福所云沈君穎谷予嘗見其校明覆相臺本春秋至佳
此書前録一跋署名為巖者當即穎谷庚子為康熙五十九
年雍正壬子之前十二年也重裝既竟附贅數語以誌欣悅時壬
戌孟夏望後一日上虞羅振常書于海上之蟫隱廬

105-2 羅振常跋、清汪由敦録清沈寶研跋

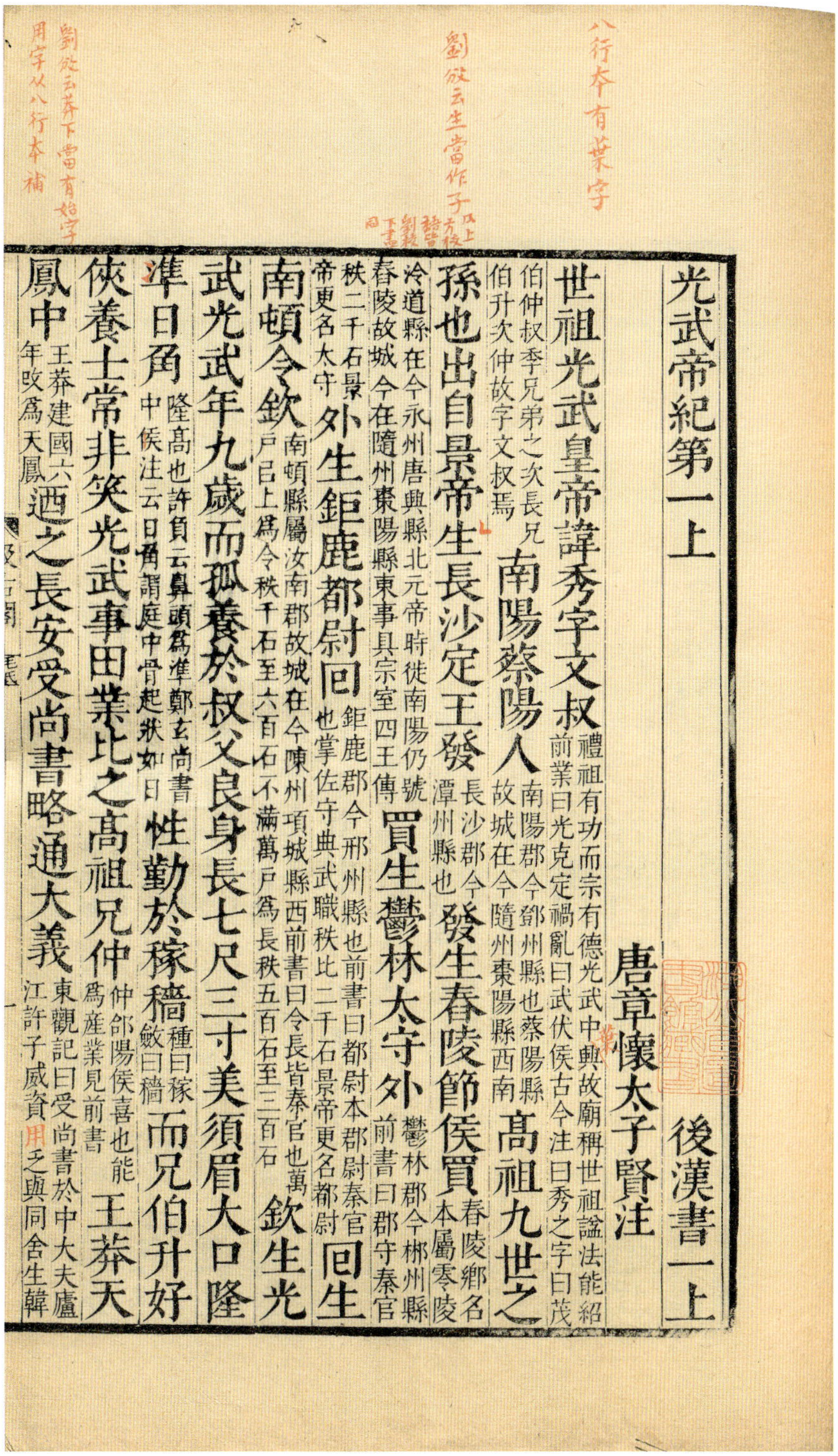
光武帝紀第一上　　後漢書一上

唐章懷太子賢注

世祖光武皇帝諱秀字文叔禮祖有功而宗有德光武中興故廟稱世祖諡法能紹前業曰光克定禍亂曰武伏侯古今注曰秀之字曰茂伯仲叔季兄弟之次長兄伯升次仲故字文叔焉南陽蔡陽人南陽郡今鄧州縣也蔡陽縣故城在今隨州棗陽縣西南高祖九世之孫也出自景帝生長沙定王發長沙郡今潭州縣也發生舂陵節侯買舂陵鄉名本屬零陵泠道縣在今永州唐興縣北元帝時徙南陽仍號舂陵故城今在隨州棗陽縣東事具宗室四王傳買生鬱林太守外鬱林郡今郴州縣前書曰郡守秦官秩二千石景帝更名太守外生鉅鹿都尉回鉅鹿郡今邢州縣也前書曰都尉本郡尉秦官也掌佐守典武職秩比二千石景帝更名都尉回生南頓令欽南頓縣屬汝南郡故城在今陳州項城縣西前書曰令長皆秦官也萬戶已上爲令秩千石至六百石不滿萬戶爲長秩五百石至三百石欽生光武光武年九歲而孤養於叔父良身長七尺三寸美須眉大口隆準日角隆高也許負云鼻頭爲準鄭玄尚書中候注云日角謂庭中骨起狀如日性勤於稼穡種曰稼斂曰穡而兄伯升好俠養士常非笑光武事田業比之高祖兄仲仲郃陽侯喜也能爲産業見前書王莽天鳳中王莽建國六年改爲天鳳迺之長安受尚書略通大義東觀記曰受尚書於中大夫廬江許子威資用乏與同舍生韓

八行本有葉字

劉攽云生當作子

劉攽云莽下當有始字

用字从八行本補

106-1　《後漢書》卷一卷端

106　後漢書九十卷　〔南朝宋〕范曄撰　〔唐〕李賢注　**志三十卷**　〔晋〕司馬彪撰　〔南朝梁〕劉昭注　明崇禎十六年（1643）毛氏汲古閣刻本　清黄丕烈校跋（清陸損之代校）

開本高 29.5 厘米，寬 20.0 厘米。框高 22.0 厘米，寬 15.4 厘米。半葉十二行，行二十五字，小字雙行三十七字，白口，左右雙邊。鈐“黄丕烈印”“士禮居精校書籍”“復翁”印。索書號：善000790。

國家珍貴古籍名録編號：12493。

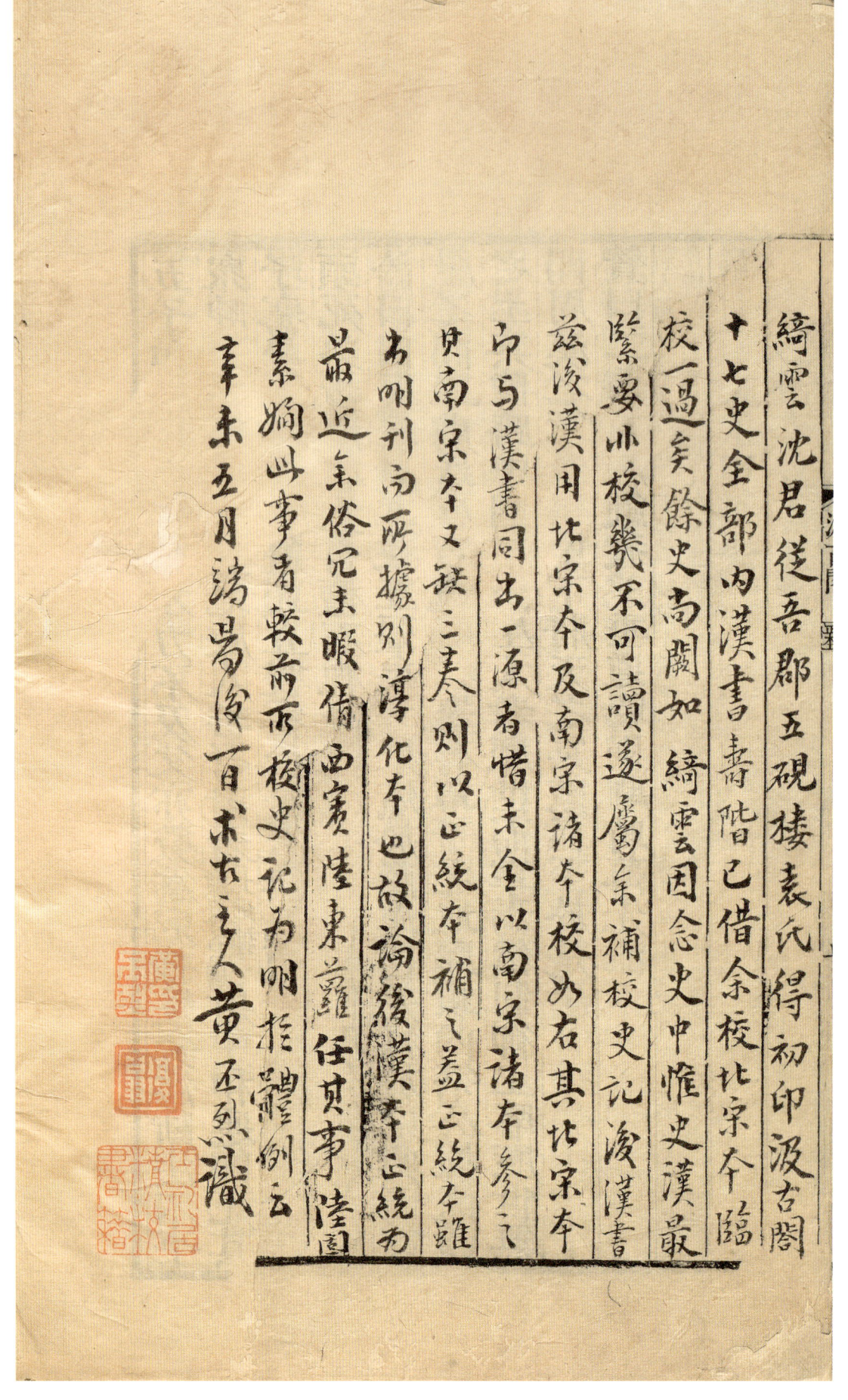

綺雲沈君從吾郡五硯樓袁氏得初印汲古閣
十七史全部，内漢書壽階已借余校北宋本臨
校一過矣，餘史尚闕如。綺雲因念史中惟史漢最
緊要，小校幾不可讀，遂屬余補校史記後漢書。
茲後漢用北宋本及南宋諸本校如右，其北宋本
即與漢書同出一源者，惜未全，以南宋諸本參之。
見南宋本文缺三卷，則以正統本補之，蓋正統本雖
出明刊，而所據則淳化本也，故論後漢本，正統為
最近。余俗冗未暇，借西賓陸東蘿任其事。陸[illegible]
素嫻此事者，較前所校史記為明於體例云。
辛未五月端陽後一日求古主人黃丕烈識

106-2　清黃丕烈跋

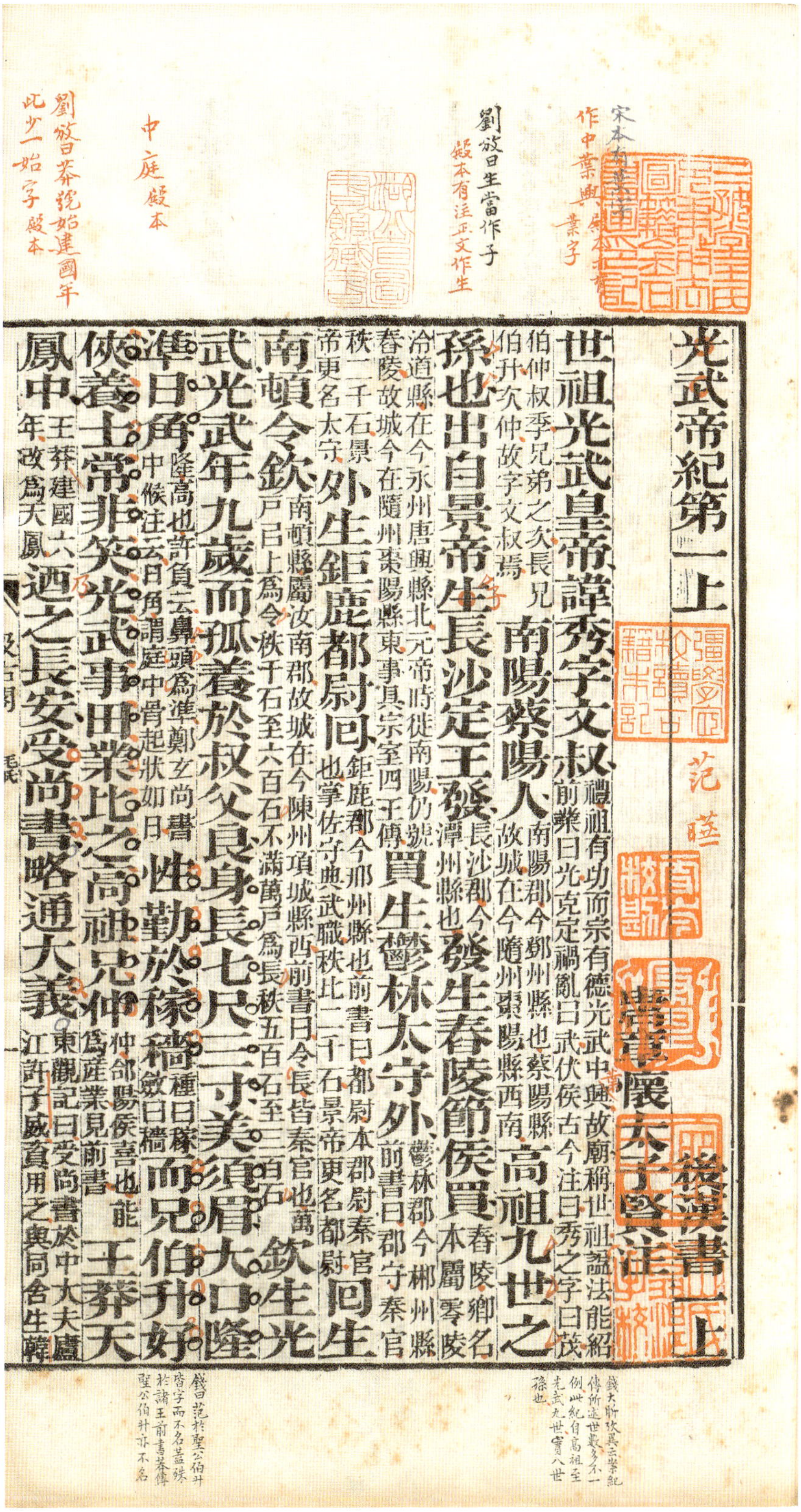

107-1　《後漢書》卷一卷端

107　後漢書九十卷　〔南朝宋〕范曄撰　〔唐〕李賢注　**志三十卷**　〔晋〕司馬彪撰　〔南朝梁〕劉昭注　清同治八年（1869）金陵書局刻本　王秉恩題識并録清錢泰吉批校（佚名代録）

開本高 29.8 厘米，寬 19.0 厘米。框高 20.7 厘米，寬 15.2 厘米。半葉十二行，行二十五字，小字雙行三十七字，白口，左右雙邊。鈐“宛平王氏雪岑”“臣秉恩印”等印。索書號：善 002652。

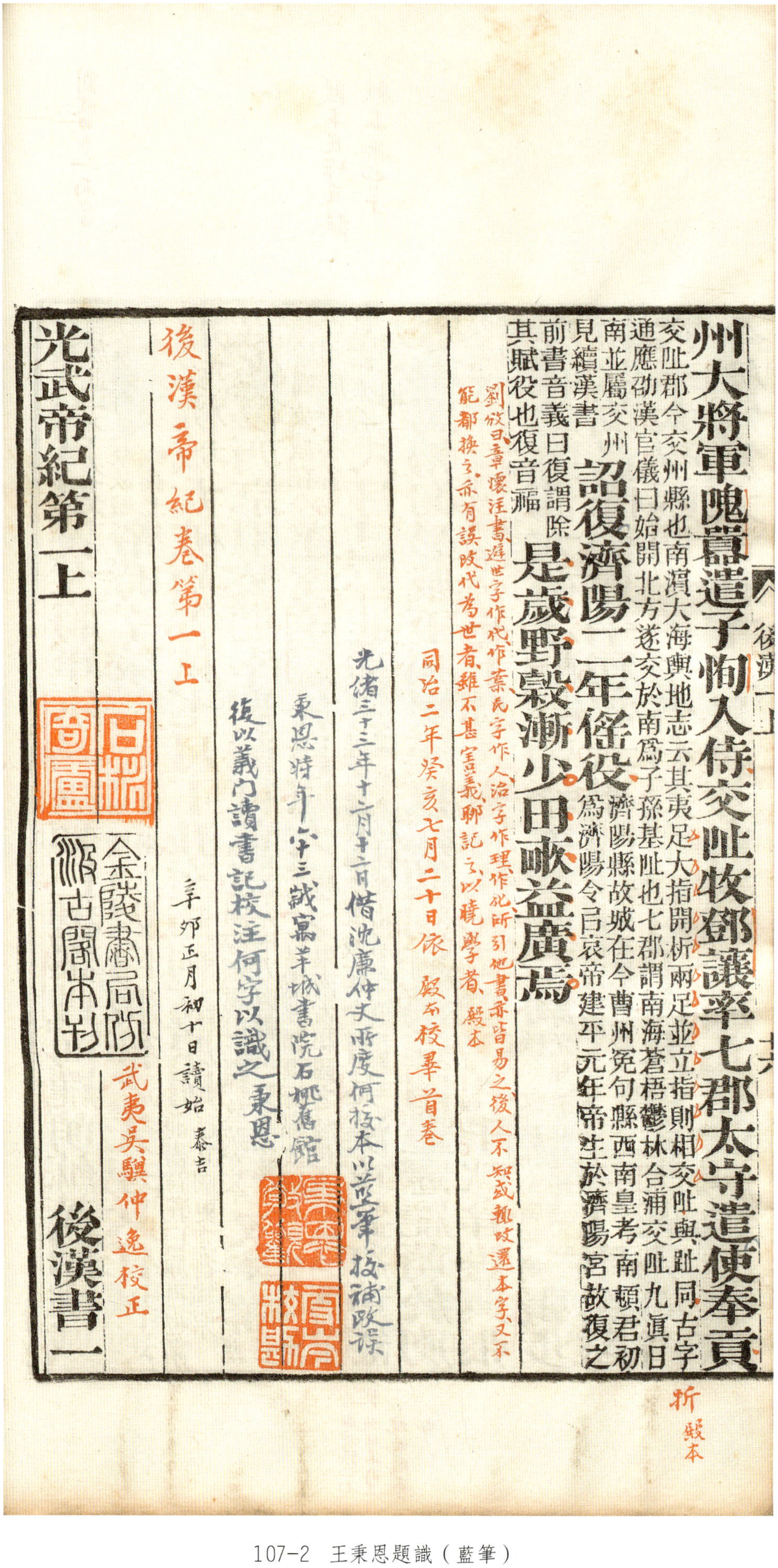

州大將軍隗囂遣子恂入侍交阯牧鄧讓率七郡太守遣使奉貢

交阯郡今交州縣也南濱大海輿地志云其夷足大指開析兩足並立指則相交阯與趾同古字通應劭漢官儀曰始開北方遂交於南爲子孫基阯也七郡謂南海蒼梧鬱林合浦交阯九眞日南並屬交州見續漢書

詔復濟陽二年徭役

爲濟陽令目哀帝建平元年帝生於濟陽宮故復之濟陽縣故城在今曹州冤句縣西南皇考南頓君初前書音義曰復謂除其賦役也復音福

是歲野穀漸少田畝益廣焉

劉攽曰章懷注書避世字作代作葉民字作人治字作理作化所引他書亦皆易之後人不知或輒改還本字又不能都換之亦有誤改代爲世者雖不甚害義聊記之以曉學者 殿本

析 殿本

同治二年癸亥七月二十日依殿本校畢首卷

光緒三十三年十二月十二日借沈廉仲丈所度何校本以藍筆校補改誤

秉恩特年六十三歲寓羊城書院石枧舊館

後以義門讀書記校注何字以識之秉恩

辛卯正月初十日讀始 泰吉

後漢帝紀卷第一上

光武帝紀第一上

金陵書局仿汲古閣本刊

武夷吳騏仲逸校正

後漢書一

107-2 王秉恩題識（藍筆）

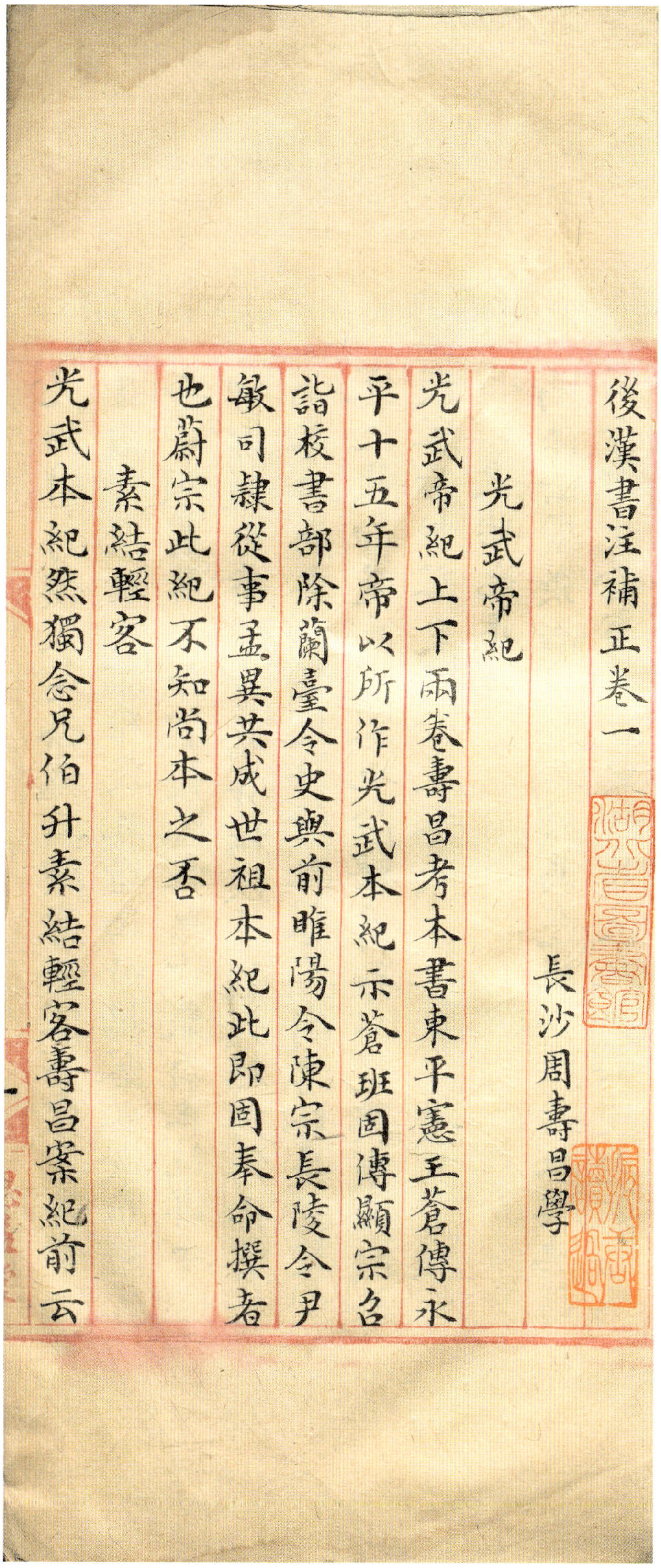
後漢書注補正卷一

長沙周壽昌學

光武帝紀

光武帝紀上下兩卷壽昌考本書東平憲王蒼傳永平十五年帝以所作光武本紀示蒼班固傳顯宗名詣校書部除蘭臺令史與前睢陽令陳宗長陵令尹敏司隸從事孟異共成世祖本紀此即固奉命撰者也蔚宗此紀不知尚本之否

素結輕容

光武本紀烝獨念兄伯升素結輕客壽昌案紀前云

108-1 《後漢書注補正》卷一卷端

108 後漢書注補正八卷 〔清〕周壽昌撰 稿本

開本高28.5厘米，寬15.5厘米。框高17.8厘米，寬12.3厘米。半葉十行，行二十字，白口，四周雙邊。鈐“宜秋館藏書”“振唐讀過”印。索書號：善004313。

張安世稱張子孺

朱穆傳注引鄭吉張子孺行〻漢廷王懋竑謂張安世字子孺而鄭吉名安世不名者章懷避諱所改也壽昌案王說爲信覩章帝紀注張子孺領尚書事及本注益可知或謂上語述聖賢履〻之上世世字未避所避也蓋太宗取名世民原相傳有濟世安民之語故於安世名避之尤無不惜改正文也

必去也　案後何敞傳宜當克己以疇四海之心亦宜當兩字連文

手握兩語

朱穆傳太學書生劉陶等訟穆奏有曰手握王爵口含天憲八字本書宦者傳序即用此語

晏晏頌君無別

何敞傳敞奏記太尉宋由有曰明公履晏晏之純德案書文思安安作晏晏鄭注引考靈耀云寬容覆載謂之晏漢人以頌君上屢見本書即敞上疏亦云陛下履晏晏之姿茲頌宋由如此固其時無語忌亦何

108-2　《後漢書注補正》卷四第十五葉

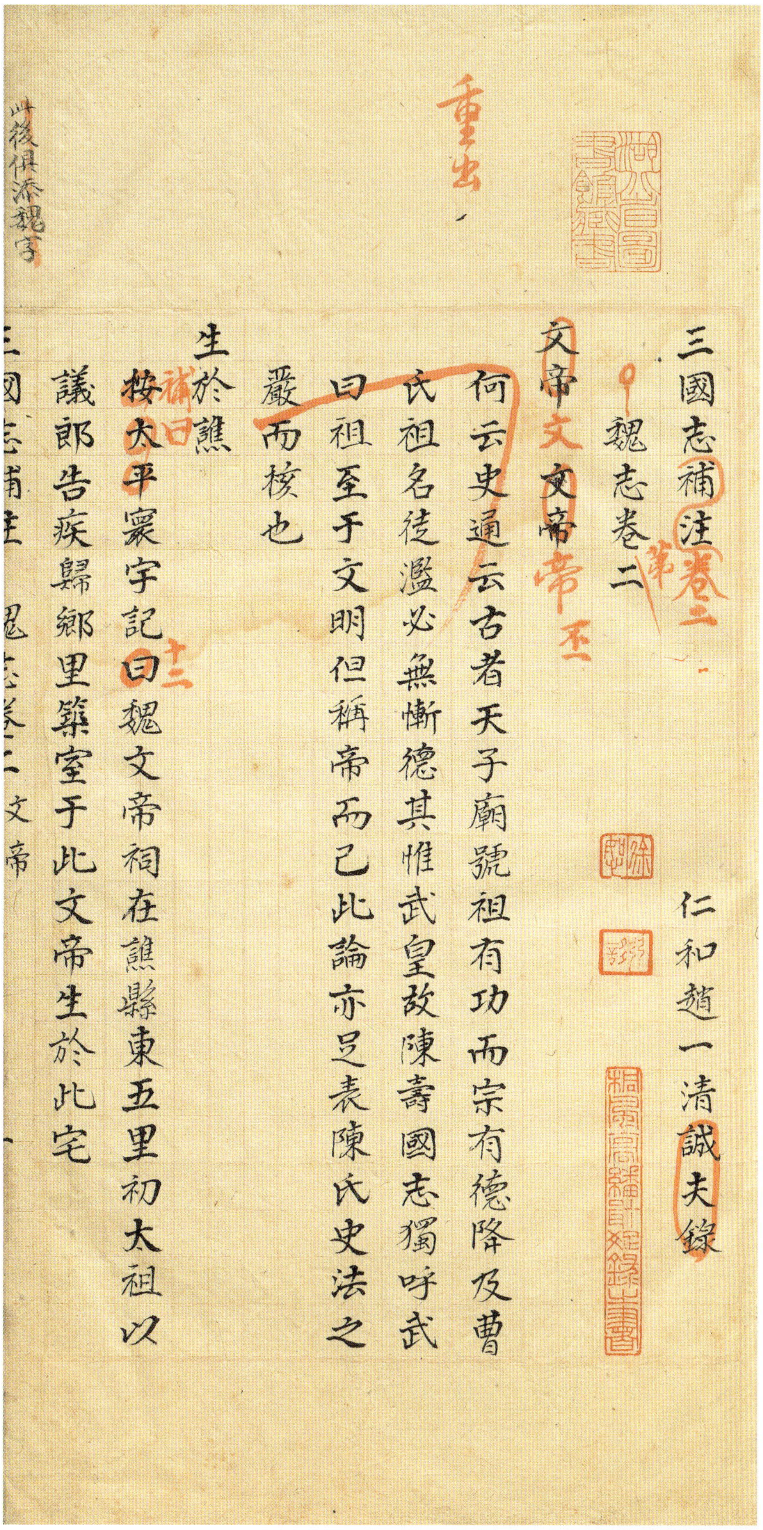

三國志補注
魏志卷二
仁和趙一清誠夫録
文帝
何云史通云古者天子廟號祖有功而宗有德降及曹氏祖名徒濫必無慚德其惟武皇故陳壽國志獨呼武曰祖至于文明但稱帝而已此論亦足表陳氏史法之嚴而核也
生於譙
按太平寰宇記曰魏文帝祠在譙縣東五里初太祖以議郎告疾歸鄉里築室于此文帝生於此宅

109 《三國志注補》卷二卷端

109 三國志注補六十五卷 〔清〕趙一清撰 稿本 存四十五卷（卷二至三、六至十三、二十一至四十七、五十七至六十四，其中卷三十七至四十、四十二至四十五殘缺嚴重）

開本高 29.3 厘米，寬 17.5 厘米。框高 20.0 厘米，寬 14.7 厘米。半葉十行，行二十二字，白口，左右雙邊。鈐“徐恕”“彊誃”“桐風廎繙戢疏録之書”印。索書號：善 004315。

國家珍貴古籍名録編號：12494。

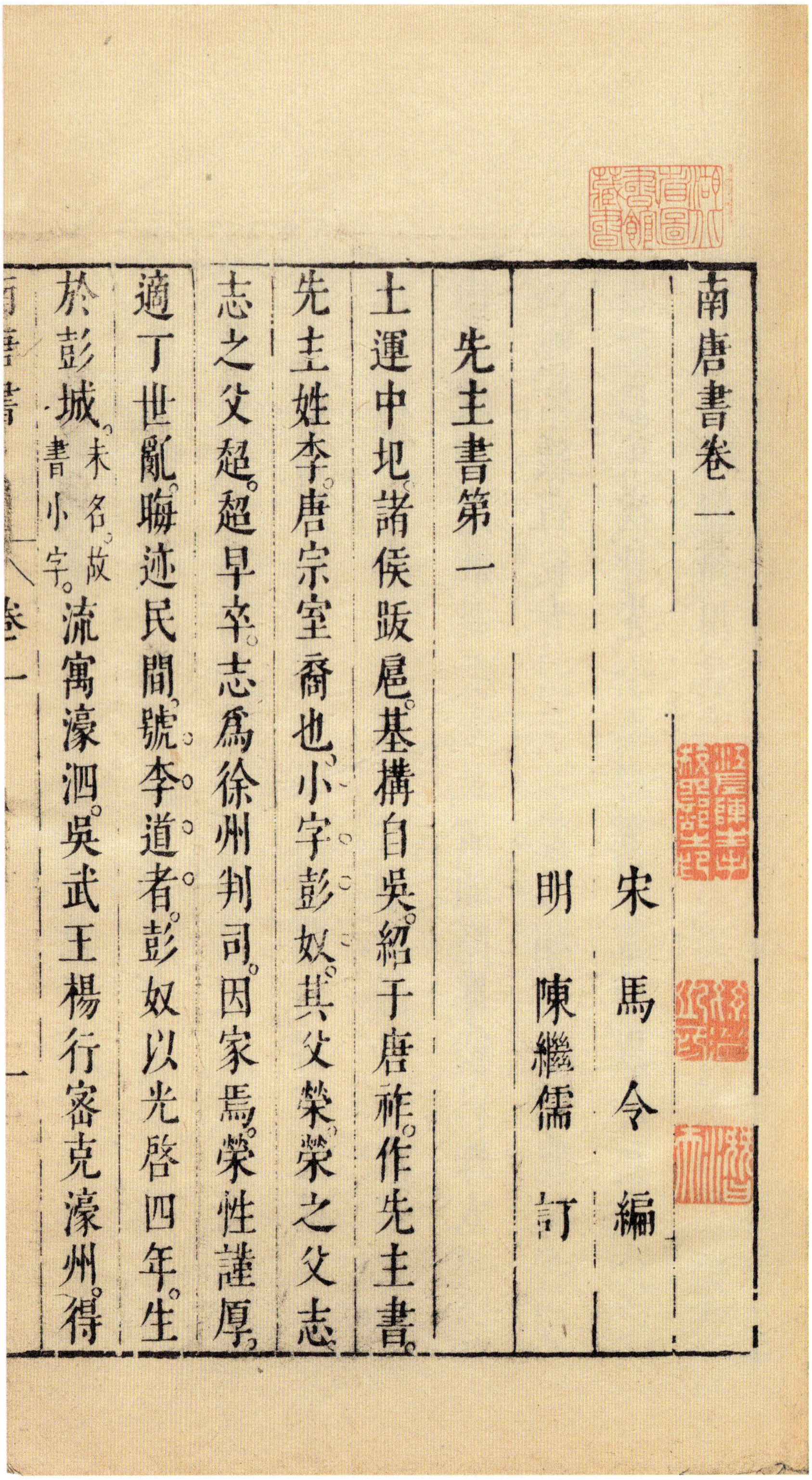

110-1　《南唐書》卷一卷端

110　南唐書三十卷　〔宋〕馬令編　**南唐近事三卷**　〔宋〕鄭文寶編　明末讀書坊刻本　清孫潛校跋並圈點

開本高 27.3 厘米，寬 17.3 厘米。框高 20.1 厘米，寬 14.1 厘米。半葉九行，行二十字，小字雙行同，白口，四周單邊。鈐“孫潛之印”“孫潛”“潛夫”“鬱岡精舍”“江左陳生手校四部之印”“野田借讀弍過”“春霆印信”印。索書號：善 000969。

氏建國未久。政在徐溫。而知訓。知誥。景通。景遷。景遂。
繼秉國政者三十餘年。睿衍與溥。位號空存而已。故
賈崇謂嗣主曰。臣事先朝二十餘年。韓熙載謂後主
曰。嚮化踰於四紀。胡則曰。我等世受主恩。由是觀之。
先主雖以季年得位。享國六年。而遺命專制。其尚來
矣。

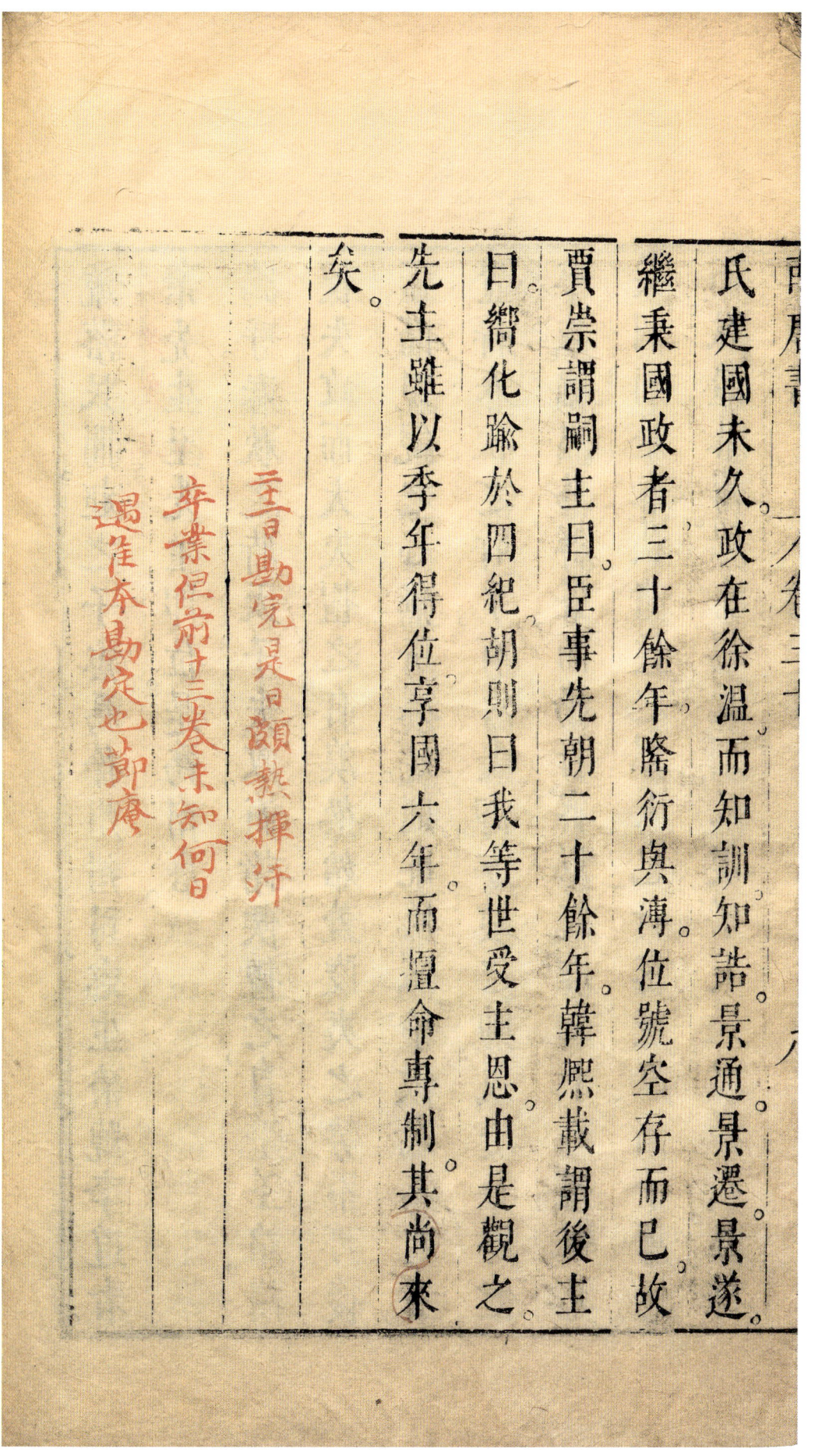

二十日勘完。是日頗熱揮汗
卒業。但前十三卷未知何日
過准本勘定也。節庵

110-2 清孫潛跋

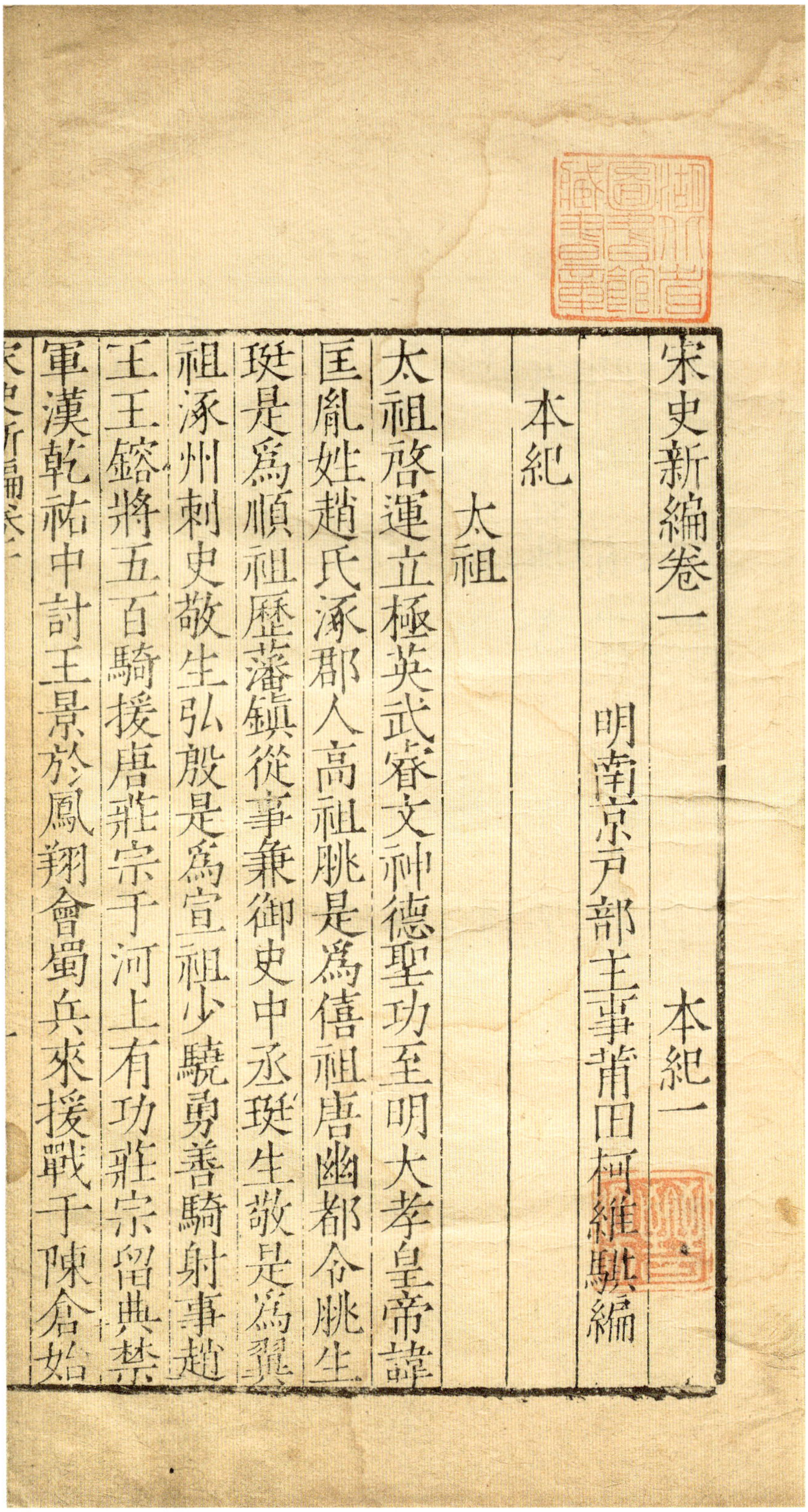
宋史新編卷一　本紀一
明南京戸部主事莆田柯維騏編
本紀
太祖
太祖啓運立極英武睿文神德聖功至明大孝皇帝諱
匡胤姓趙氏涿郡人高祖朓是爲僖祖唐幽都令朓生
珽是爲順祖歷藩鎮從事兼御史中丞珽生敬是爲翼
祖涿州刺史敬生弘殷是爲宣祖少驍勇善騎射事趙
王王鎔將五百騎援唐莊宗于河上有功莊宗留典禁
軍漢乾祐中討王景於鳳翔會蜀兵來援戰于陳倉始

111　《宋史新編》卷一卷端

111　宋史新編二百卷　〔明〕柯維騏撰　明嘉靖刻本

開本高 26.5 厘米，寬 16.8 厘米。框高 18.9 厘米，寬 13.1 厘米。半葉十行，行二十一字，白口，四周單邊。鈐“七十二峰主人”“晋昜”“蟫隱廬所得善本”印。索書號：善 000806。

國家珍貴古籍名録編號：03566。

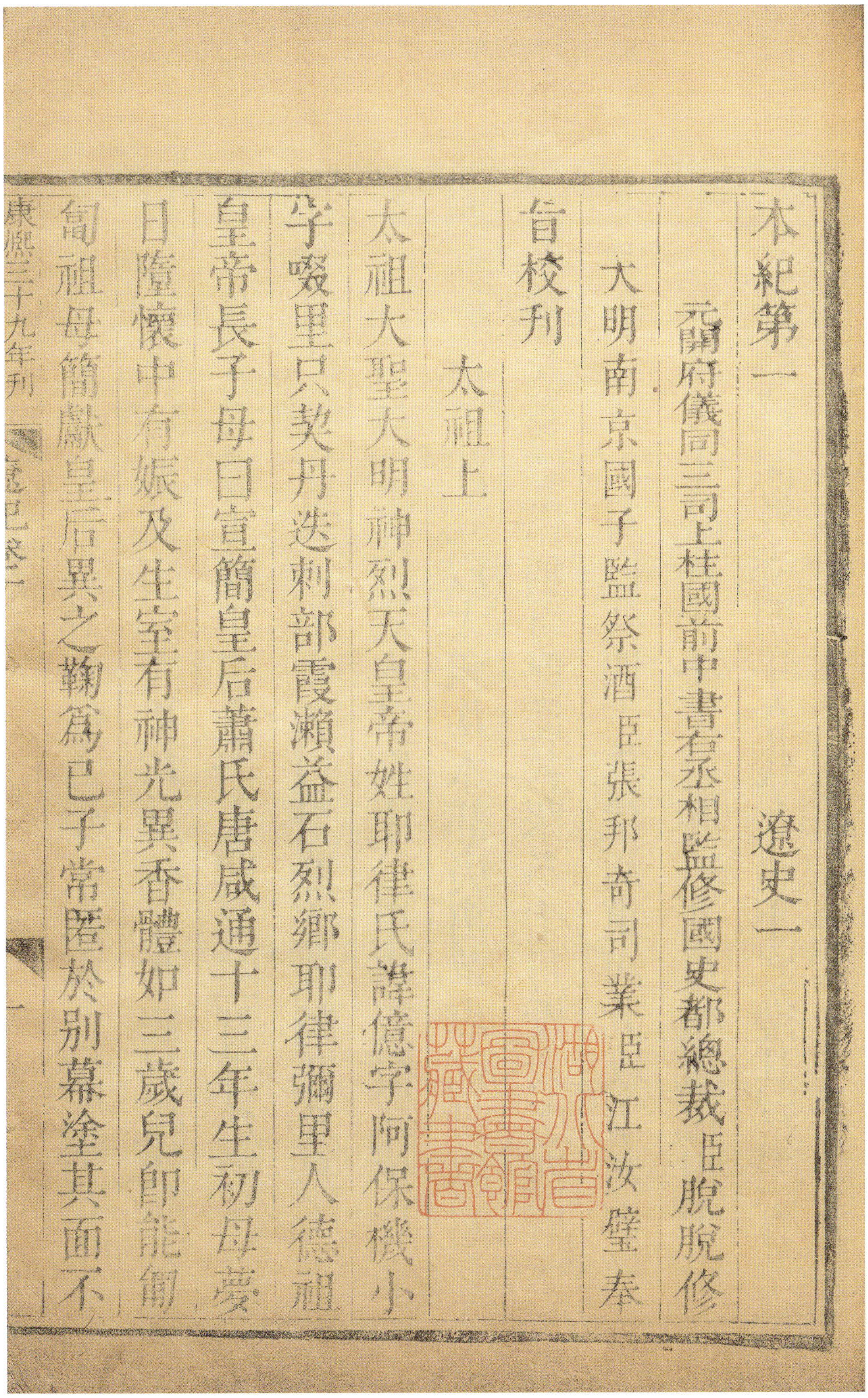
本紀第一　遼史一
元開府儀同三司上柱國前中書右丞相監修國史都總裁臣脫脫修
大明南京國子監祭酒臣張邦奇司業臣江汝璧奉
旨校刊
太祖上
太祖大聖大明神烈天皇帝姓耶律氏諱億字阿保機小
字啜里只契丹迭剌部霞瀨益石烈鄉耶律彌里人德祖
皇帝長子母曰宣簡皇后蕭氏唐咸通十三年生初母夢
日墮懷中有娠及生室有神光異香體如三歲兒卽能匍
匐祖母簡獻皇后異之鞠爲己子常匿於别幕塗其面不
康熙三十九年刊　遼史卷一　一

112 《遼史》卷一卷端

112 遼史一百十六卷 〔元〕脱脱等撰 明嘉靖八年（1529）南京國子監刻明清遞修本

開本高 25.1 厘米，寬 17.7 厘米。框高 21.0 厘米，寬 15.4 厘米。半葉十行，行二十二字，黑口間白口，左右雙邊間四周雙邊間四周單邊。鈐“提督湖北學政張之洞所置書”“提督湖北學政關防”印，後一印爲滿漢合璧印。索書號：善 003469。

湖北省珍貴古籍名録編號：00062。

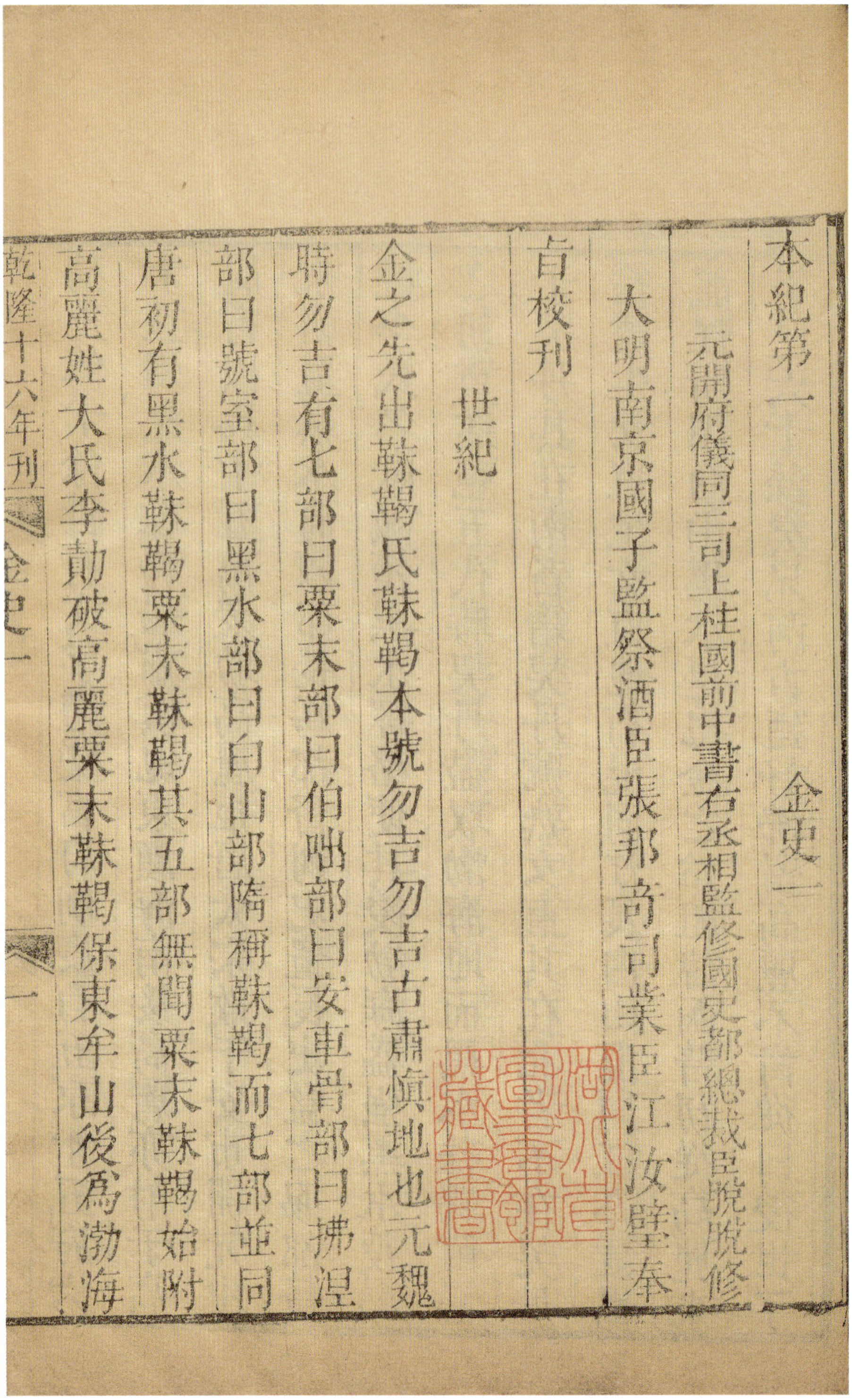
本紀第一　金史一
元開府儀同三司上柱國前中書右丞相監修國史都總裁臣脫脫修
大明南京國子監祭酒臣張邦奇司業臣江汝璧奉
旨校刊
世紀
金之先出靺鞨氏靺鞨本號勿吉勿吉古肅慎地也元魏
時勿吉有七部曰粟末部曰伯咄部曰安車骨部曰拂涅
部曰號室部曰黑水部曰白山部隋稱靺鞨而七部並同
唐初有黑水靺鞨粟末靺鞨其五部無聞粟末靺鞨始附
高麗姓大氏李勣破高麗粟末靺鞨保東牟山後爲渤海
乾隆十六年刊　金史一　一

113　《金史》卷一卷端

113　金史一百三十五卷目録二卷　〔元〕脱脱等撰　明嘉靖八年（1529）南京國子監刻清順治乾隆遞修本

開本高 25.1 厘米，寬 17.4 厘米。框高 19.7 厘米，寬 15.9 厘米。半葉十行，行二十二字，小字雙行同，黑口間白口，左右雙邊間四周雙邊間四周單邊。鈐“提督湖北學政張之洞所置書”“提督湖北學政關防”印，後一印爲滿漢合璧印。索書號：善 003468。

湖北省珍貴古籍名録編號：00060。

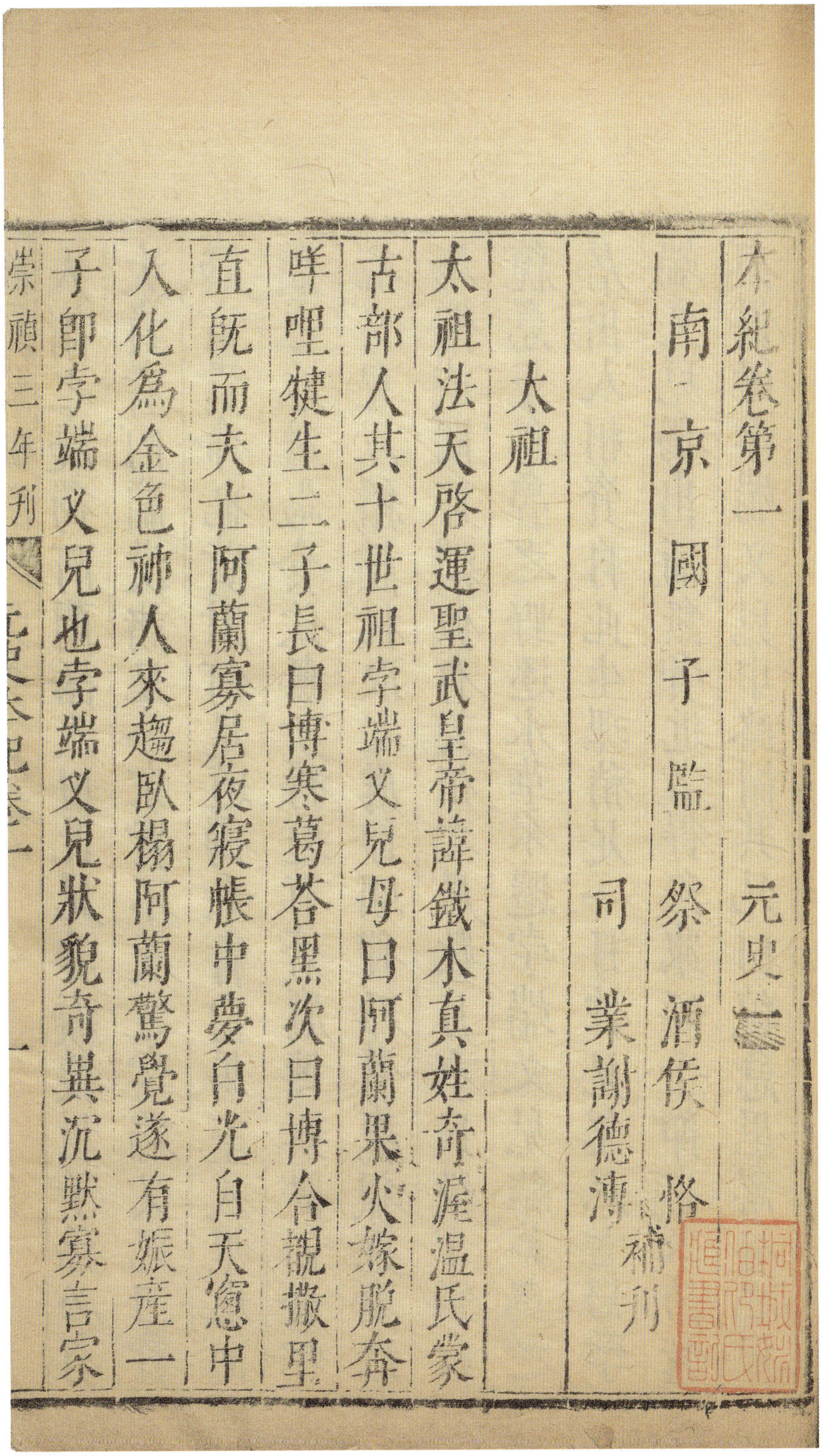
本紀卷第一　元史一

南京國子監祭酒侯恪

司業謝德溥補刊

太祖

太祖法天啓運聖武皇帝諱鐵木真姓奇渥温氏蒙古部人其十世祖孛端叉兒母曰阿蘭果火嫁脱奔咩哩犍生二子長曰博寒葛荅黒次曰博合覩撒里直既而夫亡阿蘭寡居夜寢帳中夢白光自天窗中入化爲金色神人來趨臥榻阿蘭驚覺遂有娠産一子即孛端叉兒也孛端叉兒狀貌奇異沉默寡言家

崇禎三年刊　元史紀卷一　一

114 《元史》卷一卷端

114 元史二百十卷目録二卷 〔明〕宋濂等撰 明洪武三年（1370）内府刻明清遞修本

開本高 28.5 厘米，寬 18.4 厘米。框高 23.3 厘米，寬 16.5 厘米。半葉十行，行二十字，黑口間白口，四周雙邊間四周單邊間左右雙邊。鈐“桐城姚伯昂氏藏書記”“提督湖北學政張之洞所置書”“提督湖北學政關防”印，最後一印爲滿漢合璧印。索書號：善 003470。

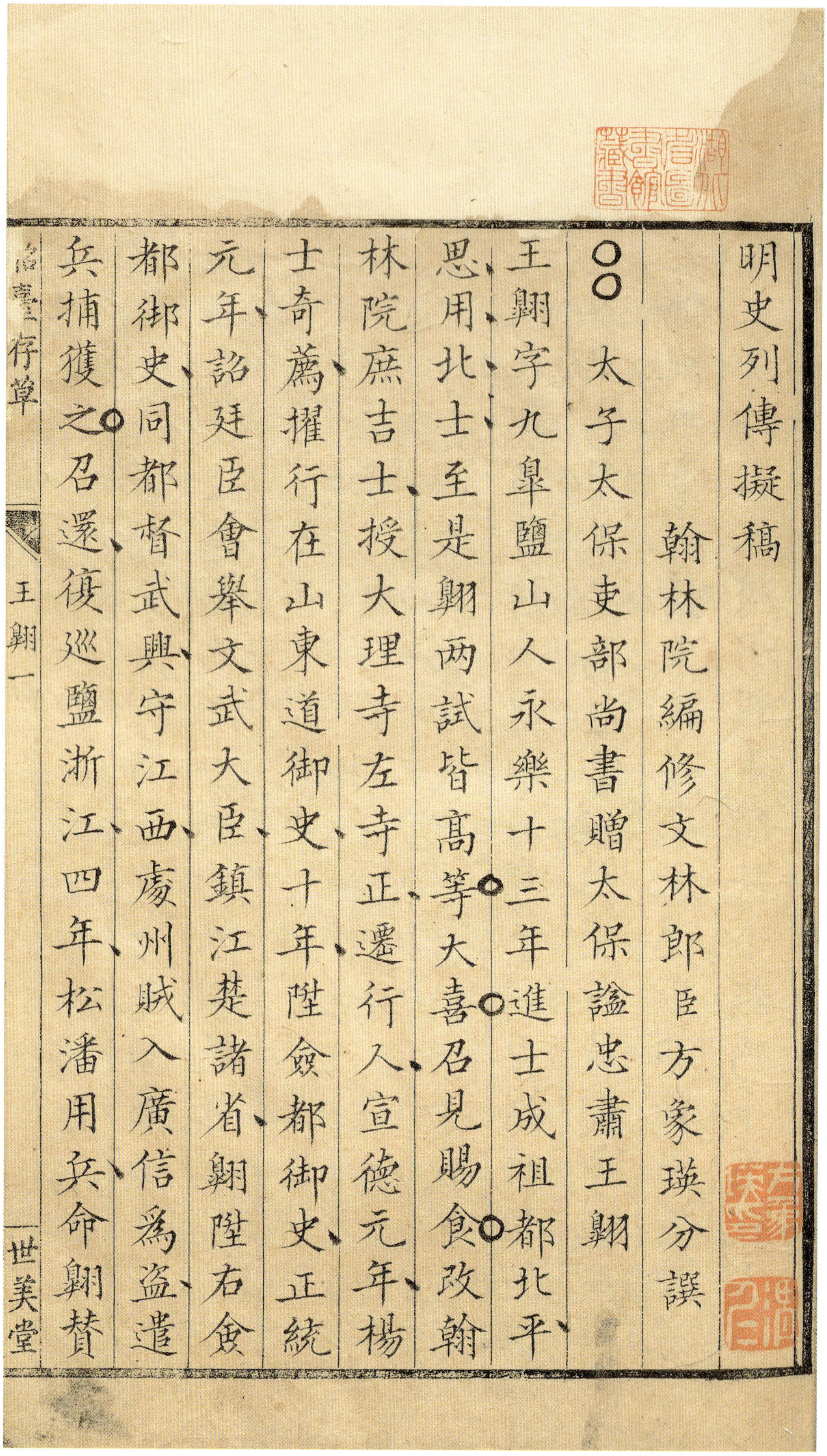

明史列傳擬稿
翰林院編修文林郎臣方象瑛分譔
○○太子太保吏部尚書贈太保謚忠肅王翺
王翺字九皐鹽山人永樂十三年進士成祖都北平思用北士至是翺兩試皆高等大喜召見賜食改翰林院庶吉士授大理寺左寺正遷行入宣德元年楊士奇薦擢行在山東道御史十年陞僉都御史正統元年詔廷臣會舉文武大臣鎮江楚諸省翺陞右僉都御史同都督武興守江西處州賊入廣信爲盜遣兵捕獲之召還復巡鹽浙江四年松潘用兵命翺賛

王翺 一

世美堂

115-1 《明史列傳擬稿》卷端

115 明史列傳擬稿不分卷 〔清〕方象瑛撰 稿本 清毛際可題辭 清倪燦、李澄中、施閏章批

開本高 27.0 厘米，寬 17.4 厘米。框高 21.5 厘米，寬 15.5 厘米。半葉十行，行二十字，小字雙行同，白口，左右雙邊。鈐“方象瑛印”“象瑛私印”“渭仁”“字渭仁舊字玉英”“毛際可印”“鶴舫”“徐恕”印。索書號：善 004836。

國家珍貴古籍名録編號：12495。

疑去取皆不可定故不敢刊布所什襲以傳於
家猶夫名山石室之藏焉吁嗟乎予與渭仁弱冠較
文語石少年豪放各以史才自命今忽又弍十餘年
予杜門家居偶有撰述如候蟲旹鳥無當於輕重渭
仁雖尋行異志所不能自勤一書異顯於世也夫尚
有所待未嘗不羨之掩卷而太息也

同學姻弟毛際可

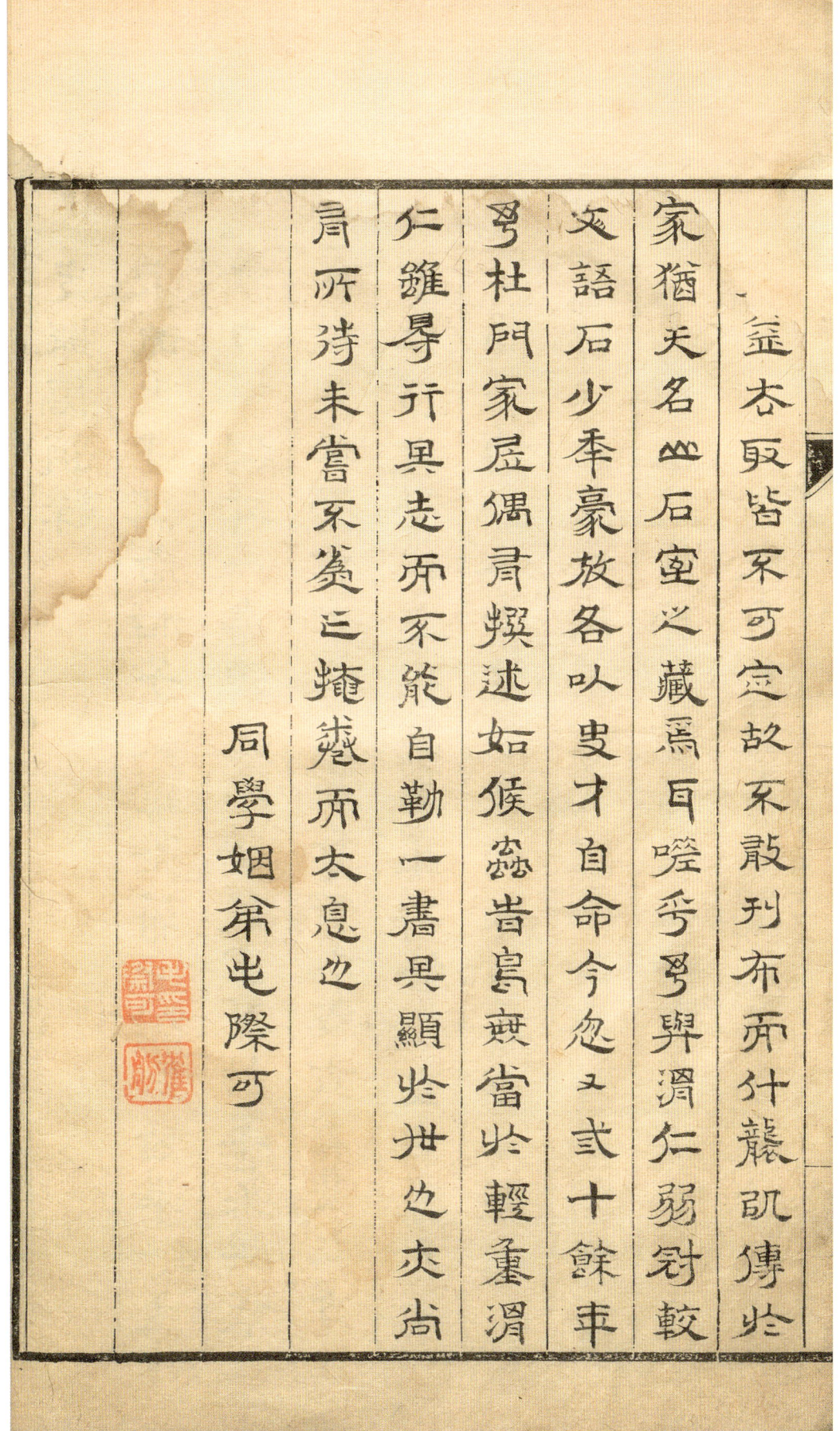

115-2　清毛際可題辭

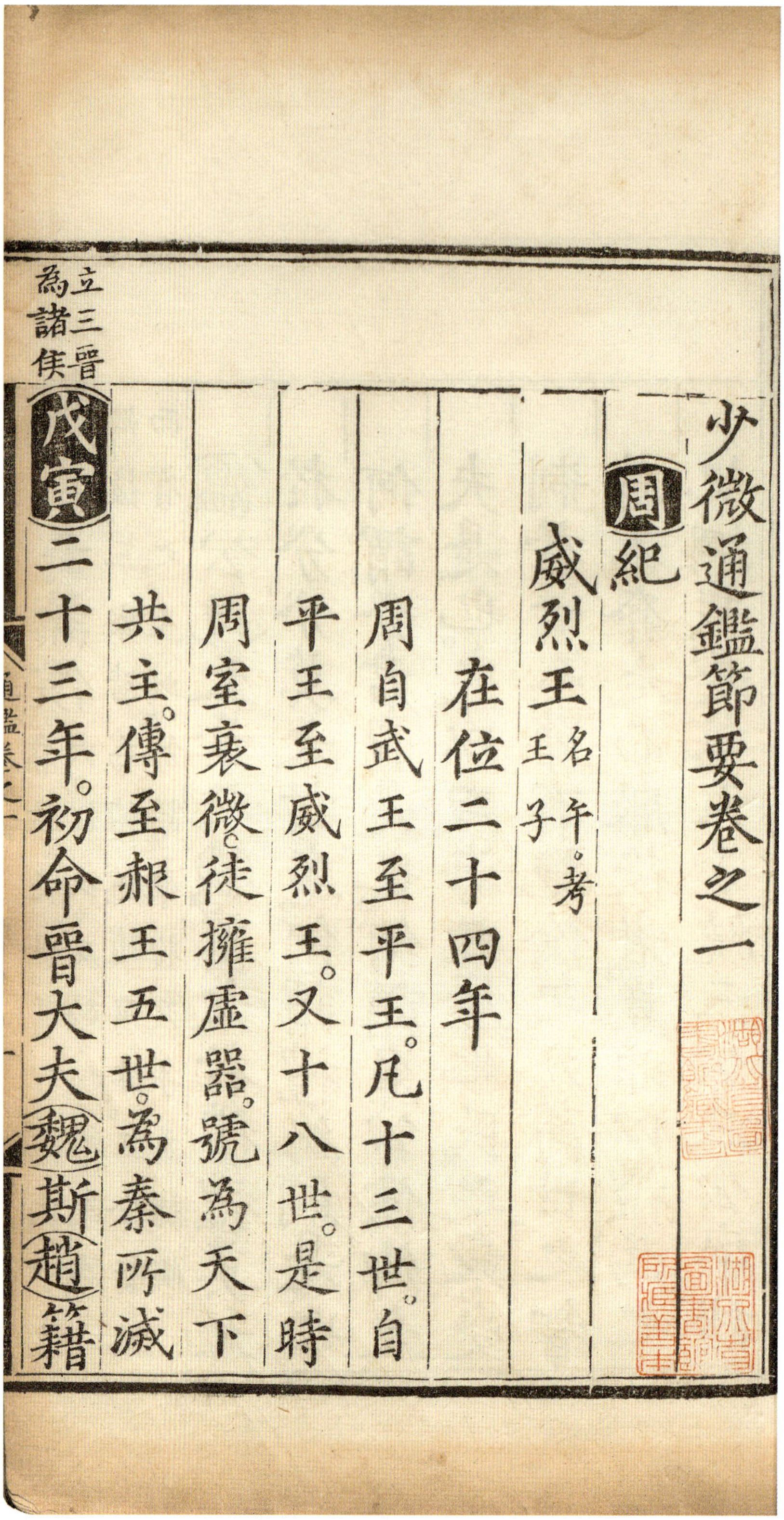

少微通鑑節要卷之一

周紀

威烈王 名午。考王子

在位二十四年

周自武王至平王。凡十三世。自平王至威烈王。又十八世。是時周室衰微。徒擁虛器。號為天下共主。傳至赧王五世。為秦所滅

戊寅 二十三年。初命晉大夫魏斯趙籍

立三晉為諸侯

通鑑卷之一

116-1　《少微通鑑節要》卷一卷端

116　少微通鑑節要五十卷外紀四卷　〔宋〕江贄撰　明正德九年（1514）司禮監刻本

開本高 29.8 厘米，寬 18.1 厘米。框高 22.5 厘米，寬 15.2 厘米。半葉九行，行十五字，小字雙行同，黑口，四周雙邊。鈐“廣運之寶”“于氏藏書”印。索書號：善 000843。

國家珍貴古籍名録編號：12496。湖北省珍貴古籍名録編號：00284。

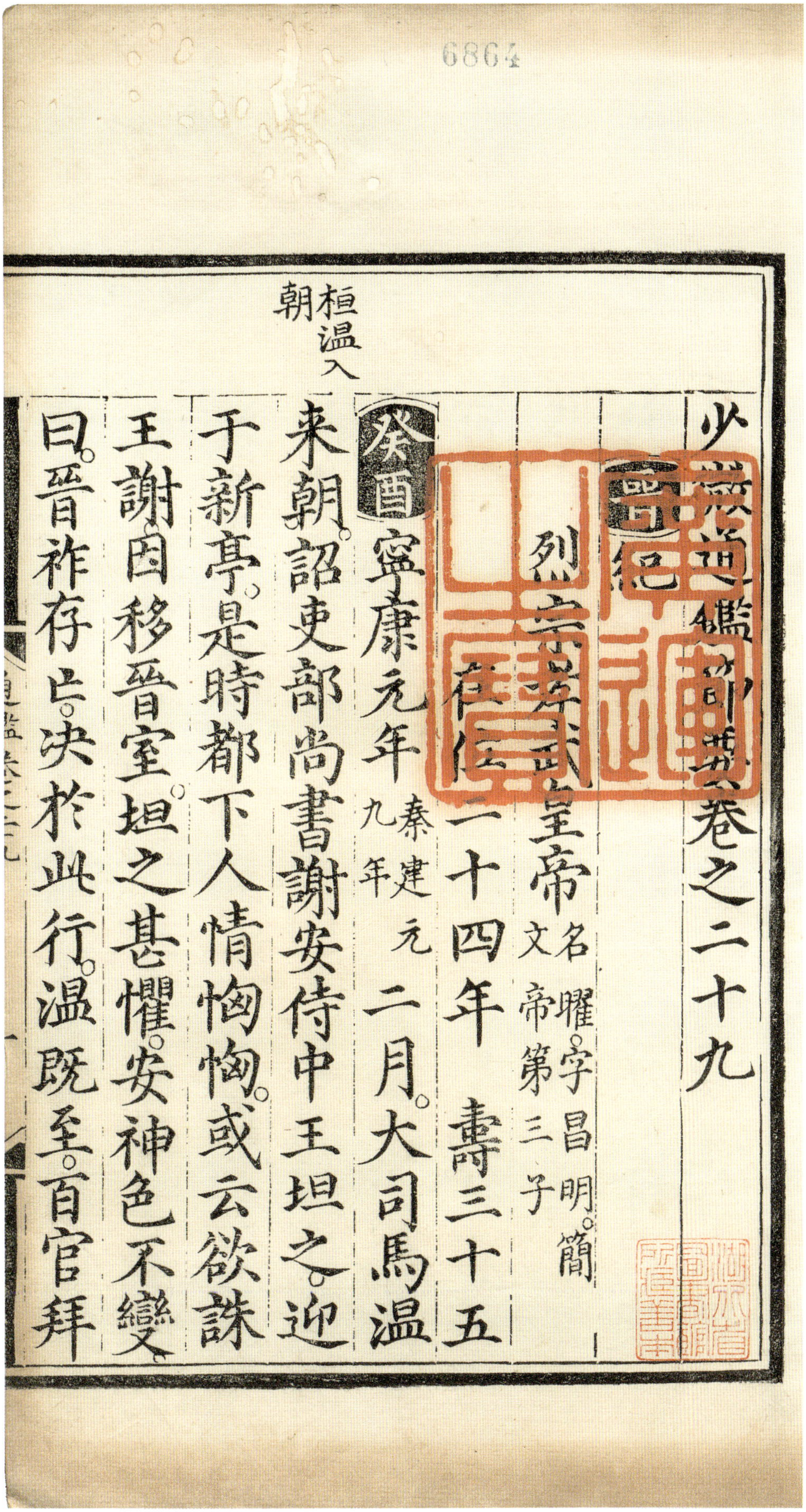
6864
少微通鑑節要卷之二十九
晉紀
烈宗孝武皇帝 名曜字昌明簡文帝第三子
在位二十四年壽三十五
桓溫入朝
癸酉 寧康元年 秦建元九年 二月大司馬溫
來朝詔吏部尚書謝安侍中王坦之迎
于新亭是時都下人情恟恟或云欲誅
王謝因移晉室坦之甚懼安神色不變
曰晉祚存亡決於此行溫既至百官拜

116-2 《少微通鑑節要》卷二十九卷端

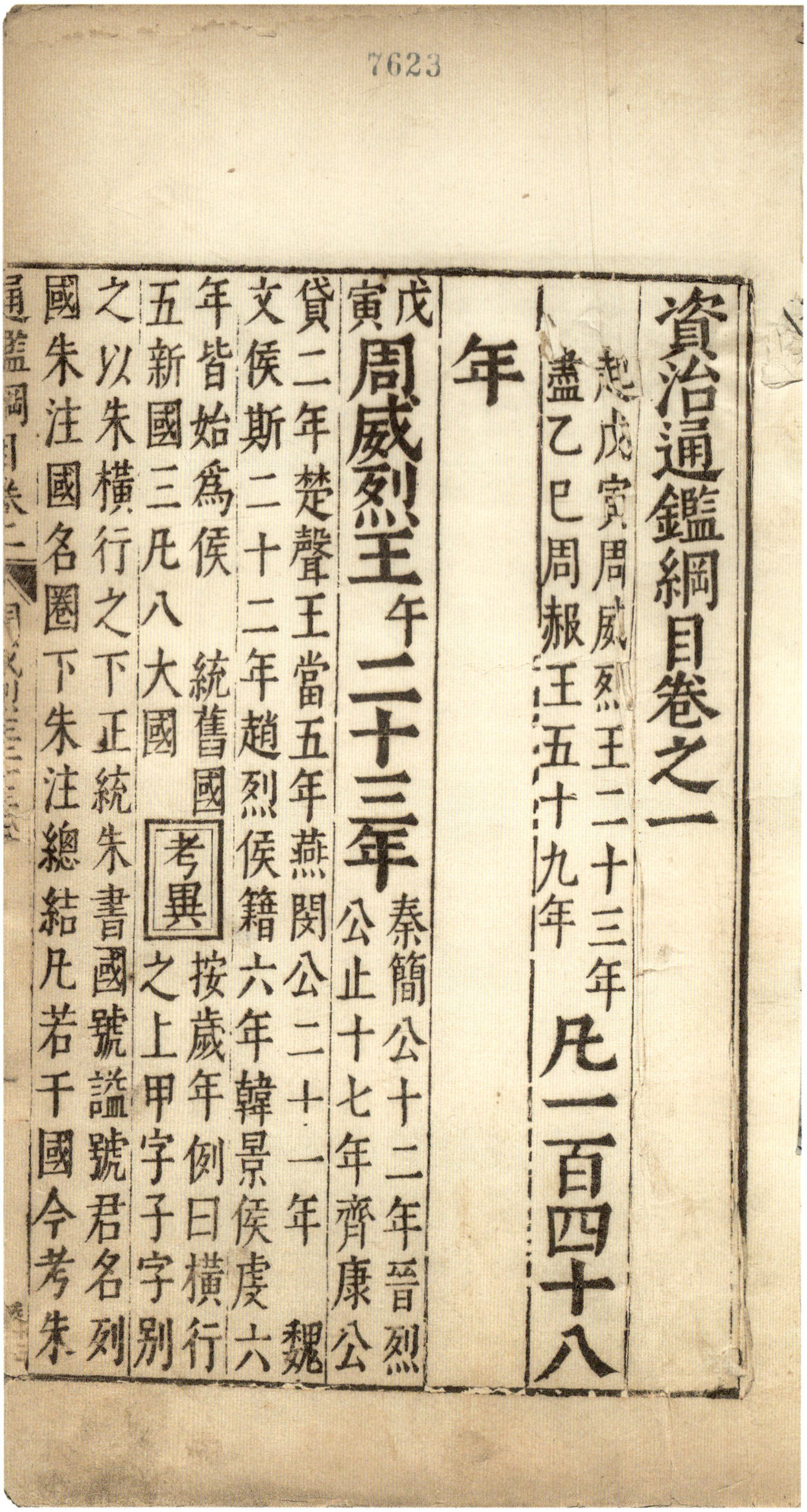

117-1　《資治通鑑綱目》卷一卷端

117　資治通鑑綱目五十九卷首一卷　〔宋〕朱熹撰　明萬曆二十八年（1600）朱燮元刻通鑑綱目全書本　清黄彭年跋

開本高 30.5 厘米，寬 19.3 厘米。框高 23.1 厘米，寬 15.9 厘米。半葉七行，行十八字，小字雙行同，白口，左右雙邊。索書號：善 000853。

此書字畫完整古香溢人然考成化御製序文云盡去考異考證不使並傳與書中體式不類則此本亦非明代發板特取御製序冠其端耳末附陳桱通鑑續編第二卷尤無謂也咸豐八年正月黄彭年題

編檢全書少三葉命童子以綿連紙鈔補

117-2 清黄彭年跋

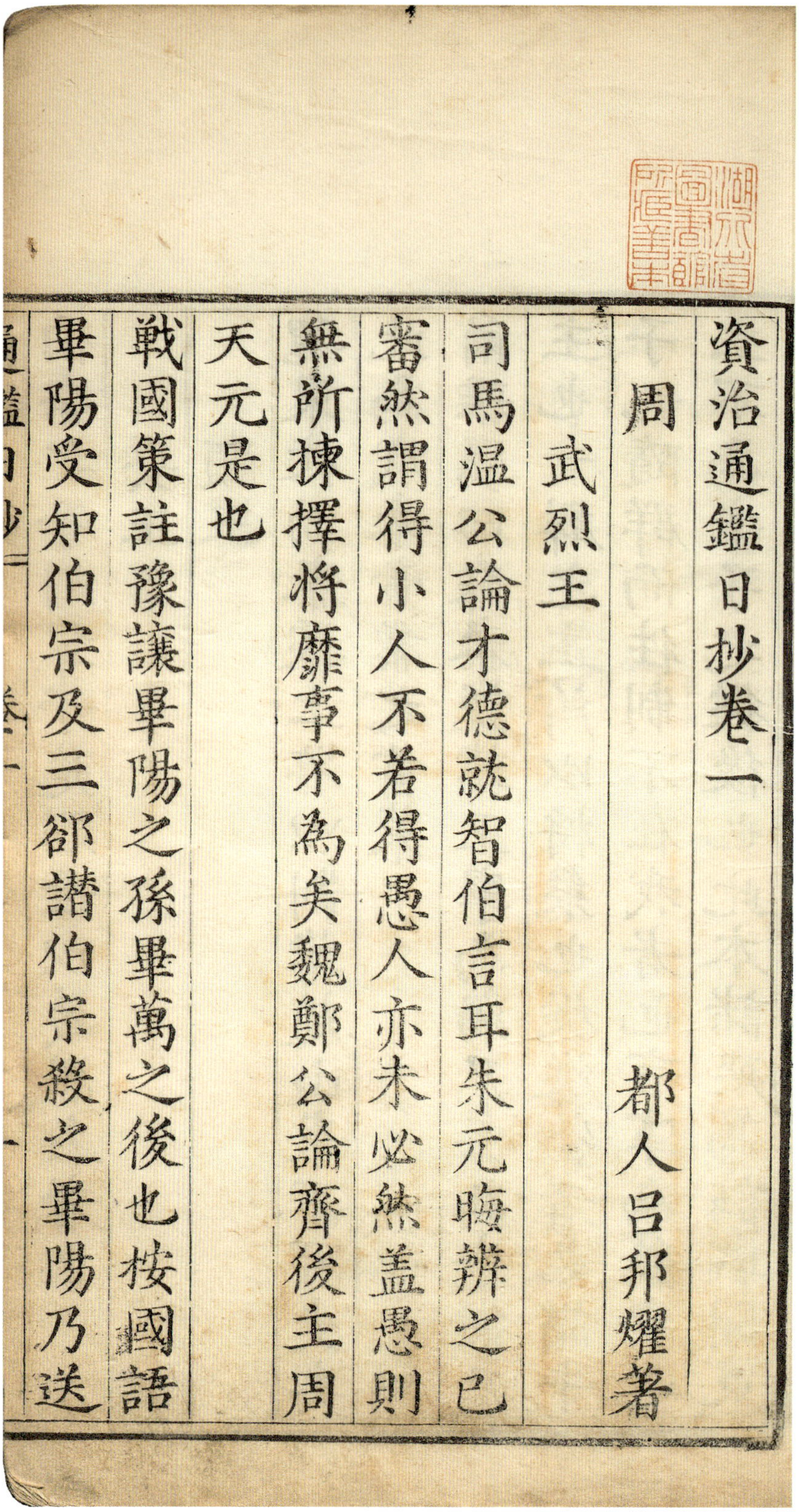

資治通鑑日抄卷一

周　　都人呂邦燿著

武烈王

司馬温公論才德兢智伯言耳朱元晦辨之已審然謂得小人不若得愚人亦未必然蓋愚則無所揀擇將靡事不為矣魏鄭公論齊後主周天元是也

戰國策註豫讓畢陽之孫畢萬之後也桉國語畢陽受知伯宗及三郤譖伯宗殺之畢陽乃送

通鑑日抄　卷一

118　《資治通鑑日抄》卷一卷端

118　資治通鑑日抄十七卷　〔明〕吕邦耀撰　明萬曆四十六年（1618）紀汝清刻本

開本高 27.7 厘米，寬 17.4 厘米。框高 21.1 厘米，寬 15.1 厘米。半葉九行，行十八字，白口，四周雙邊。索書號：善 000961。

湖北省珍貴古籍名録編號：00065。

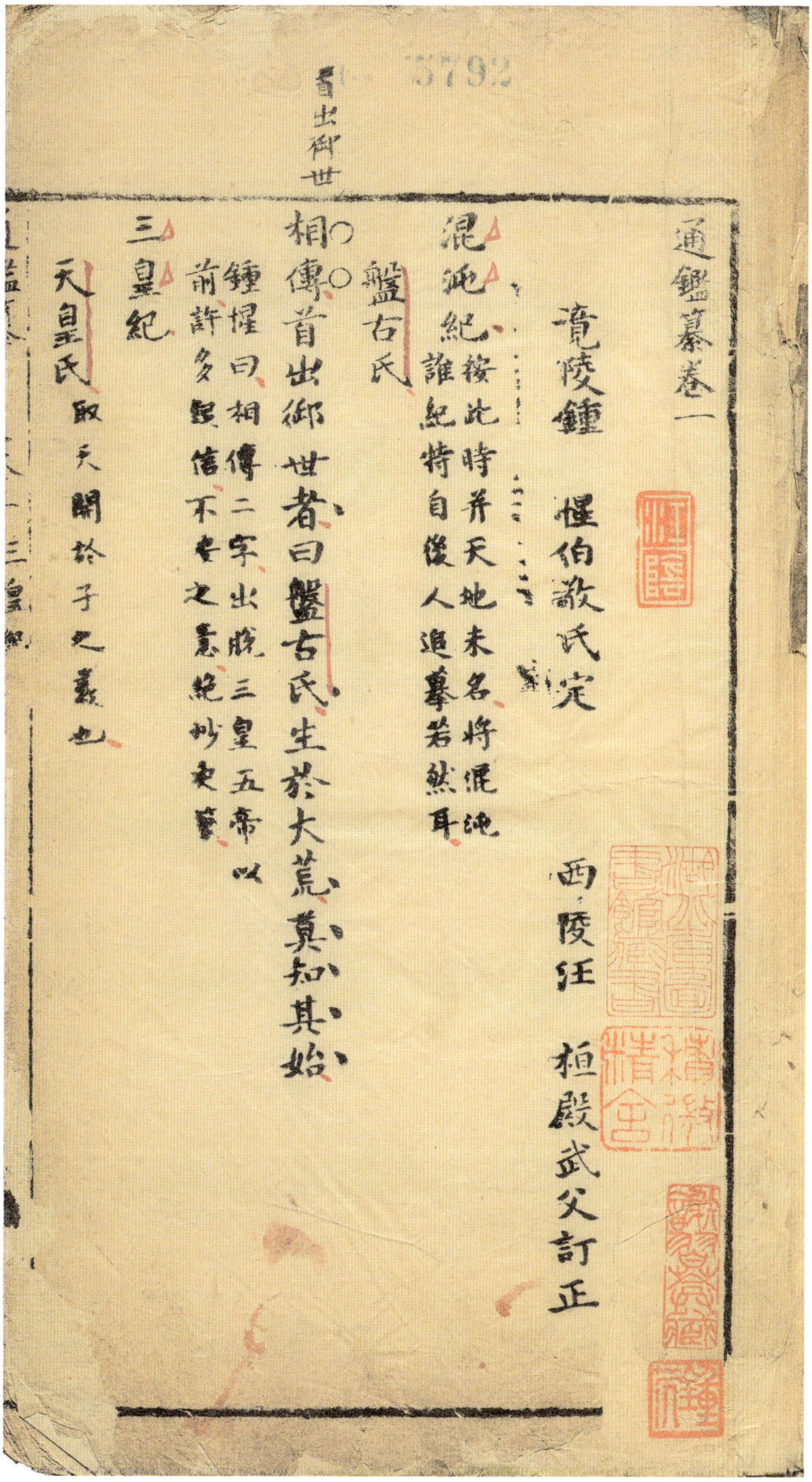
首出御世

通鑑纂卷一

竟陵鍾　惺伯敬氏定　　西陵任　植殿武父訂正

混沌紀　按此時并天地未名將混沌誰紀特自後人追摹若然耳

盤古氏

相傳首出御世者曰盤古氏生於大荒莫知其始　鍾惺曰相傳二字出脫三皇五帝以前許多疑信不定之意絕妙史筆

三皇紀

天皇氏　取天開於子之義也

119　《通鑑纂》卷一卷端

119　通鑑纂二十卷　〔明〕鍾惺撰　明末刻本

開本高 23.5 厘米，寬 14.7 厘米。框高 19.3 厘米，寬 12.0 厘米。半葉九行，行二十六字，小字雙行同，白口，四周單邊。鈐“積微精舍”“江陰”“謝習莽藏”等印。索書號：善 001259。

湖北省珍貴古籍名録編號：00066。

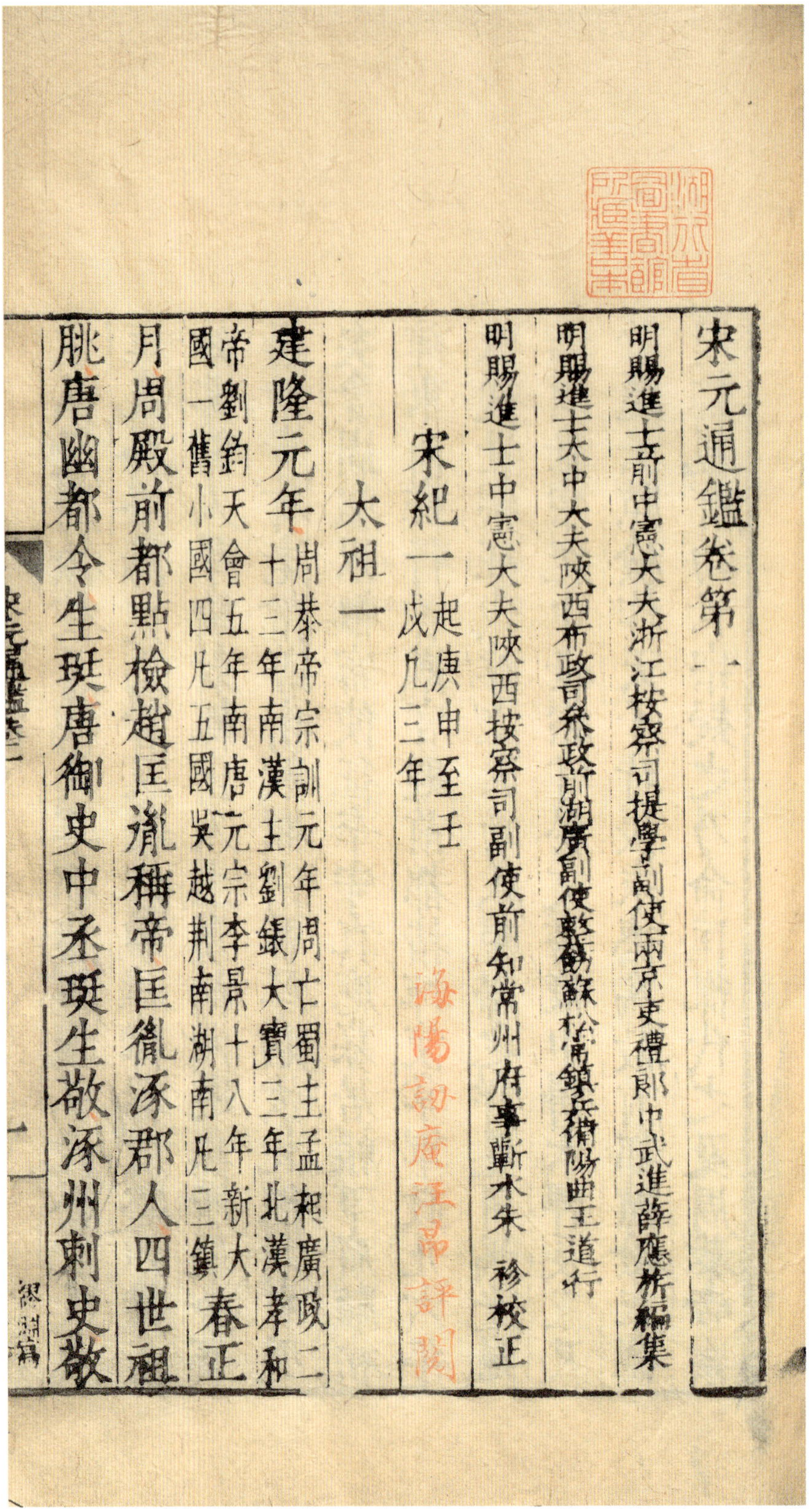
宋元通鑑卷第一
明賜進士前中憲大夫浙江按察司提學副使兩京吏禮郎中武進薛應旂編集
明賜進士大中大夫陝西布政司參政前湖廣副使整飭蘇松常鎮兵備陽曲王道行
明賜進士中憲大夫陝西按察司副使前知常州府事蘄水朱　移校正
海陽訒庵汪昂評閱
宋紀一起庚申至壬戌凡三年
太祖一
建隆元年周恭帝宗訓元年周亡蜀主孟昶廣政二十三年南漢主劉鋹大寶三年北漢孝和帝劉鈞天會五年南唐元宗李景十八年新大國一舊小國四凡五國吳越荊南湖南凡三鎮春正月周殿前都點檢趙匡胤稱帝匡胤涿郡人四世祖朓唐幽都令生珽唐御史中丞珽生敬涿州刺史敬

120　《宋元通鑑》卷一卷端

120　宋元通鑑一百五十七卷　〔明〕薛應旂撰　明嘉靖四十五年（1566）自刻本　清汪昂批並題識

開本高 28.0 厘米，寬 17.6 厘米。框高 20.0 厘米，寬 14.5 厘米。半葉十行，行二十字，小字雙行同，白口，四周單邊。索書號：善 000839。

國家珍貴古籍名録編號：03728。

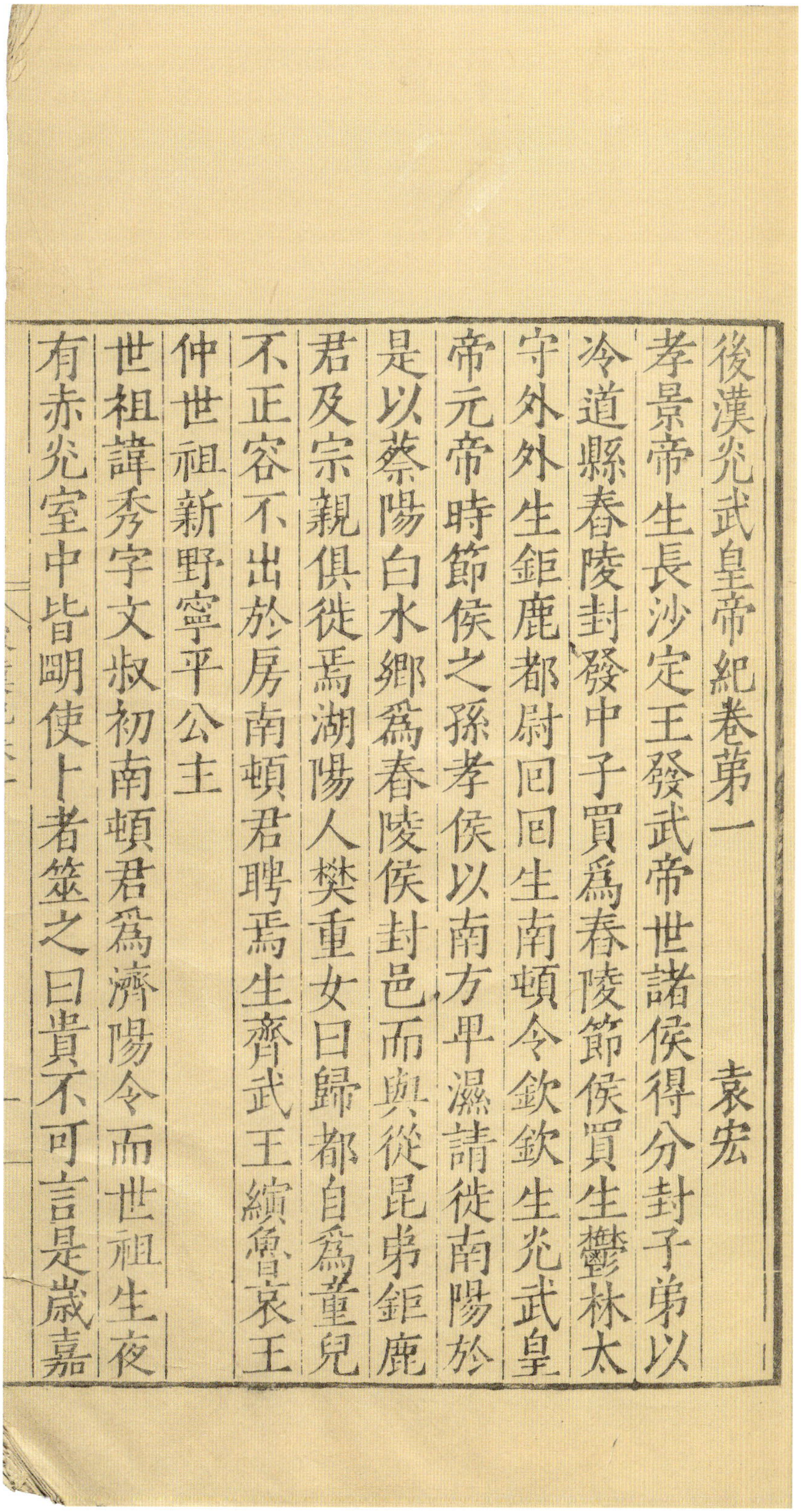
後漢光武皇帝紀卷第一　袁宏
孝景帝生長沙定王發武帝世諸侯得分封子弟以
冷道縣春陵封發中子買爲春陵節侯買生鬱林太
守外外生鉅鹿都尉回回生南頓令欽欽生光武皇
帝元帝時節侯之孫孝侯以南方卑濕請徙南陽於
是以蔡陽白水鄉爲春陵侯封邑而與從昆弟鉅鹿
君及宗親俱徙焉湖陽人樊重女曰歸都自爲童兒
不正容不出於房南頓君聘焉生齊武王縯魯哀王
仲世祖新野寧平公主
世祖諱秀字文叔初南頓君爲濟陽令而世祖生夜
有赤光室中皆明使卜者筮之曰貴不可言是歲嘉

121-1　《後漢紀》卷一卷端

121　後漢紀三十卷　〔晋〕袁宏撰　明嘉靖二十七年（1548）黄姬水刻兩漢紀本　清袁文郃、郭晋、裴謙、劉光第校　張繼煦跋

開本高 27.7 厘米，寬 17.5 厘米。框高 19.4 厘米，寬 14.7 厘米。半葉十一行，行二十字，白口，左右雙邊。鈐“致霖”“春霆印信”印。索書號：善 000849。

禮樂褒少有大度結髮傳充學尤多好禮事常慕叔
孫通爲漢制儀晝夜研精當其屬不覺旁之有人舉
孝廉除郎遷陳留圉令捕得他郡盜徒五人守馬嚴
風縣殺之褒曰夫絶人命者天亦絶之皐陶不爲盜
制死刑昔管仲遇盜而升諸公今承旨而殺之是逆
心俯順人意其罰重矣如得全此而身坐之願也
不爲殺嚴奏褒軟弱免官百姓號泣送之三月護
尉博育追虜出塞遇塞夏四月丙子令天下死
減死一等徙戍邊廷尉郭躬上疏曰聖恩所以
天下死罪使戍邊者欲實壇境而重人命也去死
土與老弱復相見莫不懽喜自丙子巳來犯罪者

字下道思字闕　裴
出塞二字改戰殁二字　裴
育字改傳育原本　劉光第
字訛
壇改疆　裴

121-2　清裴謙、劉光第校

是書蒼松書屋舊藏

是書民國十九年購于鄂垣書肆聞係湘省某家售出者每本簽注訛誤數十條惜多脫落不能識標簽下注裴字書面有分校裴謙校訖簽出刊本訛錯若干處改補寫本訛錯若干處等木戳查四庫全書提要繕書處分校列翰林院編修裴謙是此書為四庫全書鈔繕藍本無疑惟中間數條下書劉光第名字紙條色較新當係清光緒戊戌政變被戮之劉光第意者此本原係官書後流入劉之手耶抑劉官翰林時讀中秘書加以讎校後始流出耶姑識數語以待識者

枝江張繼煦識

121-3　張繼煦跋

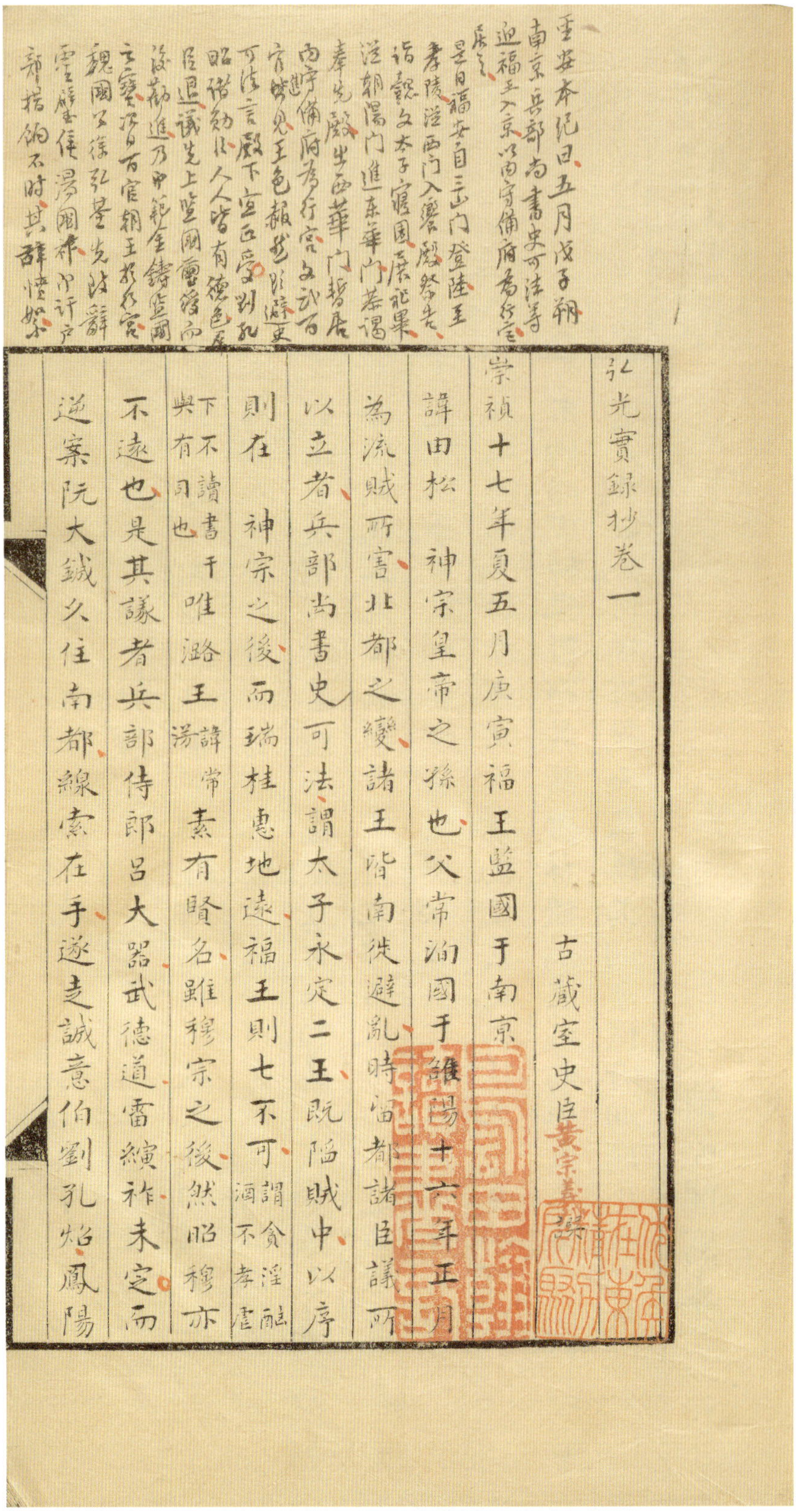
弘光實録抄卷一

古藏室史臣黄宗羲撰

崇禎十七年夏五月庚寅福王監國于南京

諱由崧　神宗皇帝之孫也父常洵國于雒陽十六年正月

為流賊所害北都之變諸王皆南徙避亂時留都諸臣議所

以立者兵部尚書史可法謂太子永定二王既陷賊中以序

則在　神宗之後而瑞桂惠地遠福王則七不可謂貪淫酗酒不孝虐

下不讀書干與有司也唯潞王諱常淓素有賢名雖穆宗之後然昭穆亦

不遠也是其議者兵部侍郎呂大器武德道雷縯祚未定而

逆案阮大鋮久住南都線索在手遂走誠意伯劉孔炤鳳陽

122-1　《弘光實録鈔》卷一卷端

122 弘光實録鈔四卷　〔清〕黄宗羲撰　清清吟閣抄本　清傅以禮校並題識

開本高 28.7 厘米，寬 18.1 厘米。框高 19.0 厘米，寬 13.2 厘米。半葉十行，行二十三至二十四字，小字雙行同，黑口，左右雙邊。鈐“島田翰讀書記”“偉裔所收善本”“曾在張春霆處”印。索書號：善 004257。

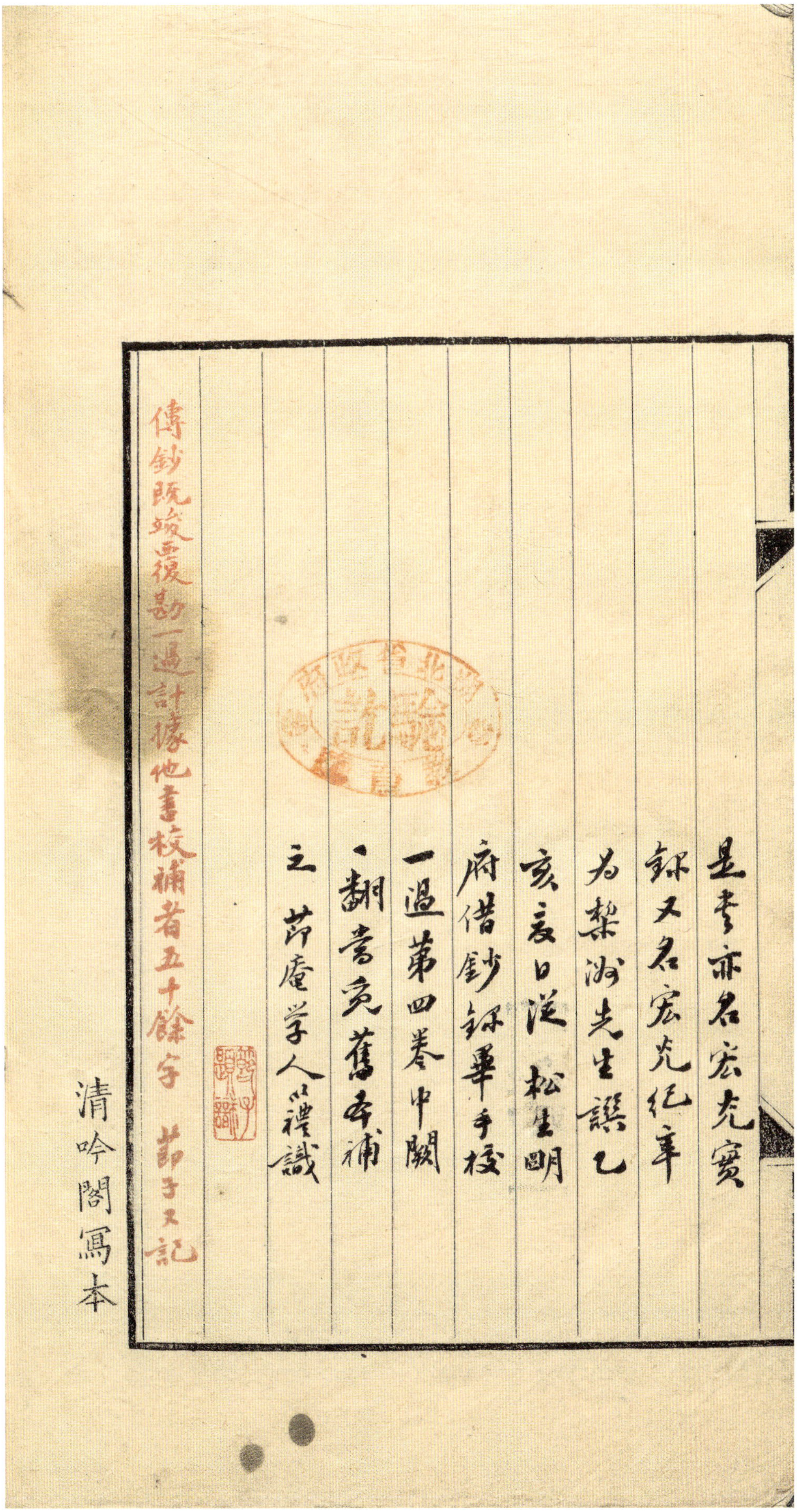
是書亦名宏光實
錄又名宏光紀年
爲棃洲先生譔乙
亥夏日從松生明
府借鈔錄畢手校
一過第四卷中闕
一翻當覓舊本補
之 節菴學人以禮識

傳鈔既竣覆勘一過計據他書校補者五十餘字 節子又記

清吟閣寫本

122-2 清傅以禮題識

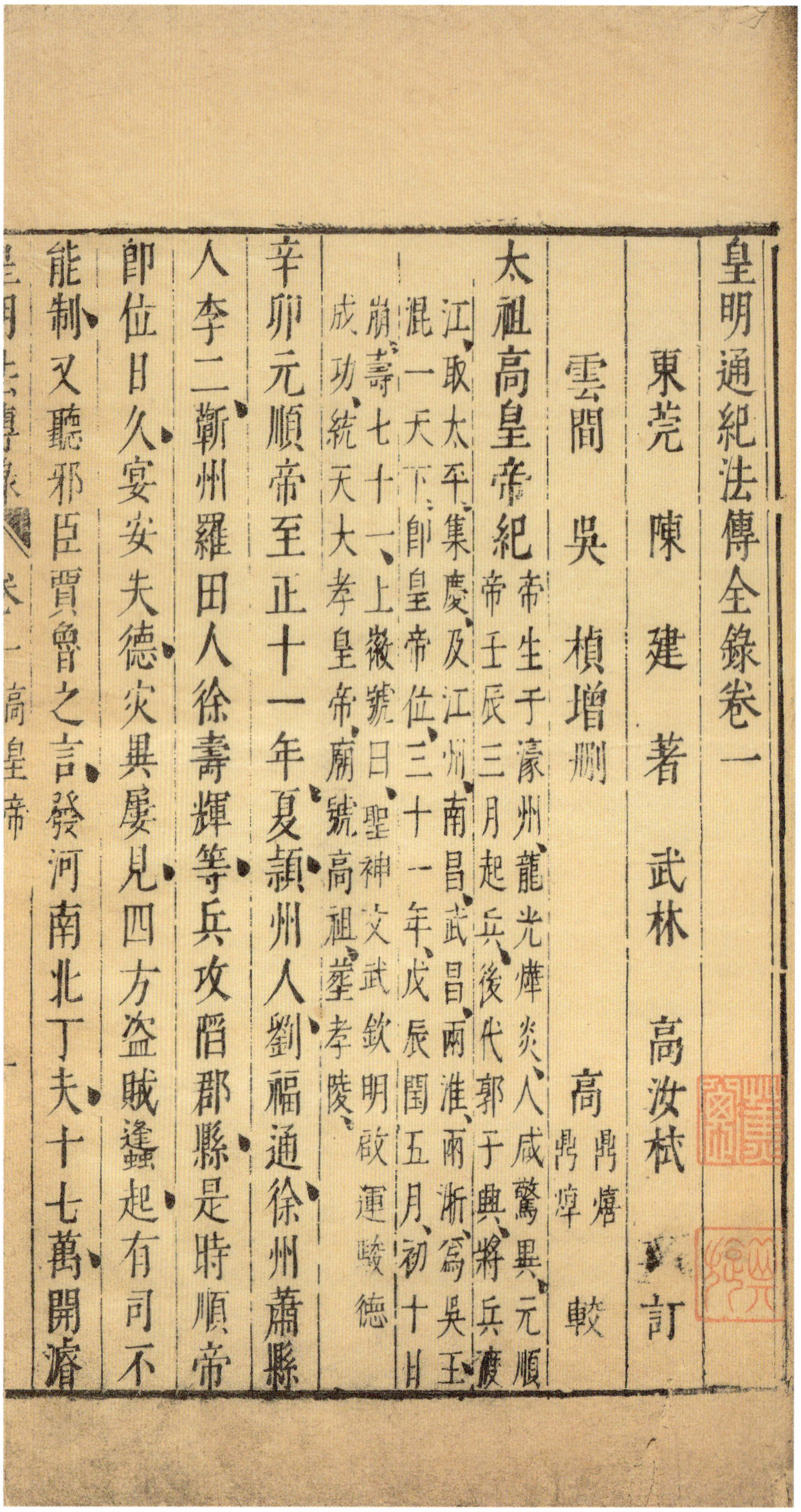
皇明通紀法傳全錄卷一
東莞 陳 建 著 武林 高汝栻 訂
雲間 吳 楨 增刪 高爾膺 高爾淳 較
太祖高皇帝紀帝生于濠州龍光燁炎人咸驚異元順帝壬辰三月起兵後代郭子興將兵渡江取太平集慶及江州南昌武昌兩淮兩浙爲吳王混一天下即皇帝位三十一年戊辰閏五月初十日崩壽七十一上徽號曰聖神文武欽明啓運竣德成功統天大孝皇帝廟號高祖葬孝陵
辛卯元順帝至正十一年夏潁州人劉福通徐州蕭縣
人李二蘄州羅田人徐壽輝等兵攻陷郡縣是時順帝
即位日久宴安失德災異屢見四方盜賊蠭起有司不
能制又聽邪臣賈魯之言發河南北丁夫十七萬開濬
皇明法傳錄 卷一 高皇帝 一

123 《皇明通紀法傳全録》卷一卷端

123 皇明通紀法傳全録二十八卷 〔明〕陳建撰 〔明〕高汝栻訂 〔明〕吴楨增刪 **皇明法傳録嘉隆紀六卷續紀三朝法傳全録十六卷** 〔明〕高汝栻輯 明崇禎刻本 缺十三卷（皇明法傳録嘉隆紀六卷、皇明續紀三朝法傳全録卷一至七）

開本高 27.0 厘米，寬 17.0 厘米。框高 20.9 厘米，寬 14.4 厘米。半葉十行，行二十一字，小字雙行同，白口，左右雙邊。鈐“澹園之印”“李象漌儀圖書”“箕旋”“蕉窗”印。索書號：善 000833。

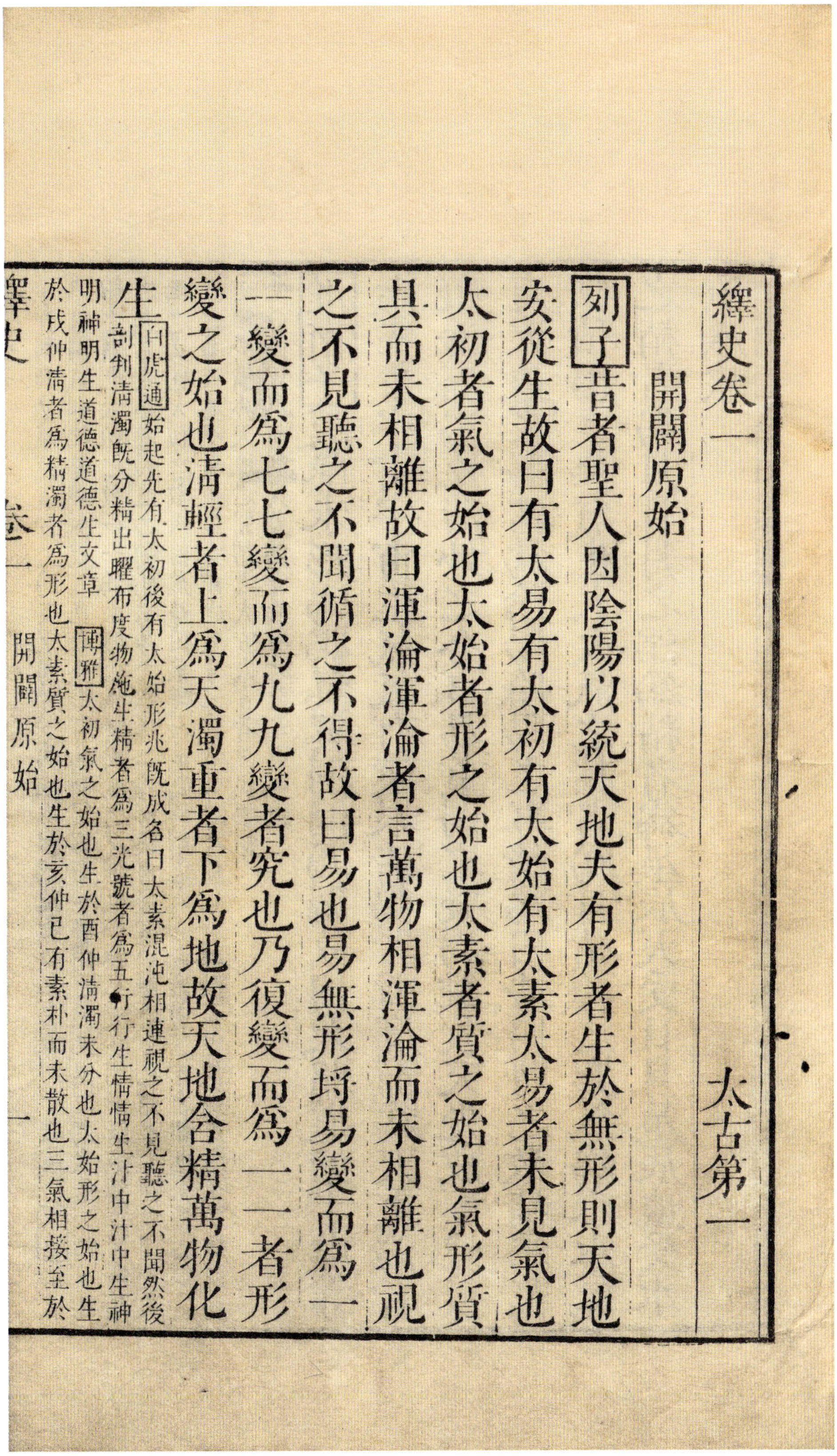
繹史卷一　　太古第一

開闢原始

列子昔者聖人因陰陽以統天地夫有形者生於無形則天地安從生故曰有太易有太初有太始有太素太易者未見氣也太初者氣之始也太始者形之始也太素者質之始也氣形質具而未相離故曰渾淪渾淪者言萬物相渾淪而未相離也視之不見聽之不聞循之不得故曰易也易無形埒易變而爲一一變而爲七七變而爲九九變者究也乃復變而爲一一者形變之始也清輕者上爲天濁重者下爲地故天地合精萬物化生白虎通始起先有太初後有太始形兆既成名曰太素混沌相連視之不見聽之不聞然後剖判清濁既分精出曜布度物施生精者爲三光號者爲五行行生情情生汁中汁中生神明神明生道德道德生文章博雅太初氣之始也生於酉仲清濁未分也太始形之始也生於戌仲清者爲精濁者爲形也太素質之始也生於亥仲已有素朴而未散也三氣相接至於

繹史　卷一　開闢原始　一

124 《繹史》卷一卷端

124 繹史一百六十卷世系圖一卷年表一卷 〔清〕馬驌撰 清康熙刻本

開本高 26.1 厘米，寬 17.3 厘米。框高 19.3 厘米，寬 14.3 厘米。半葉十一行，行二十四字，小字雙行三十六字，白口，左右雙邊。鈐“曾歸徐氏彊誃”印。索書號：善 000872。

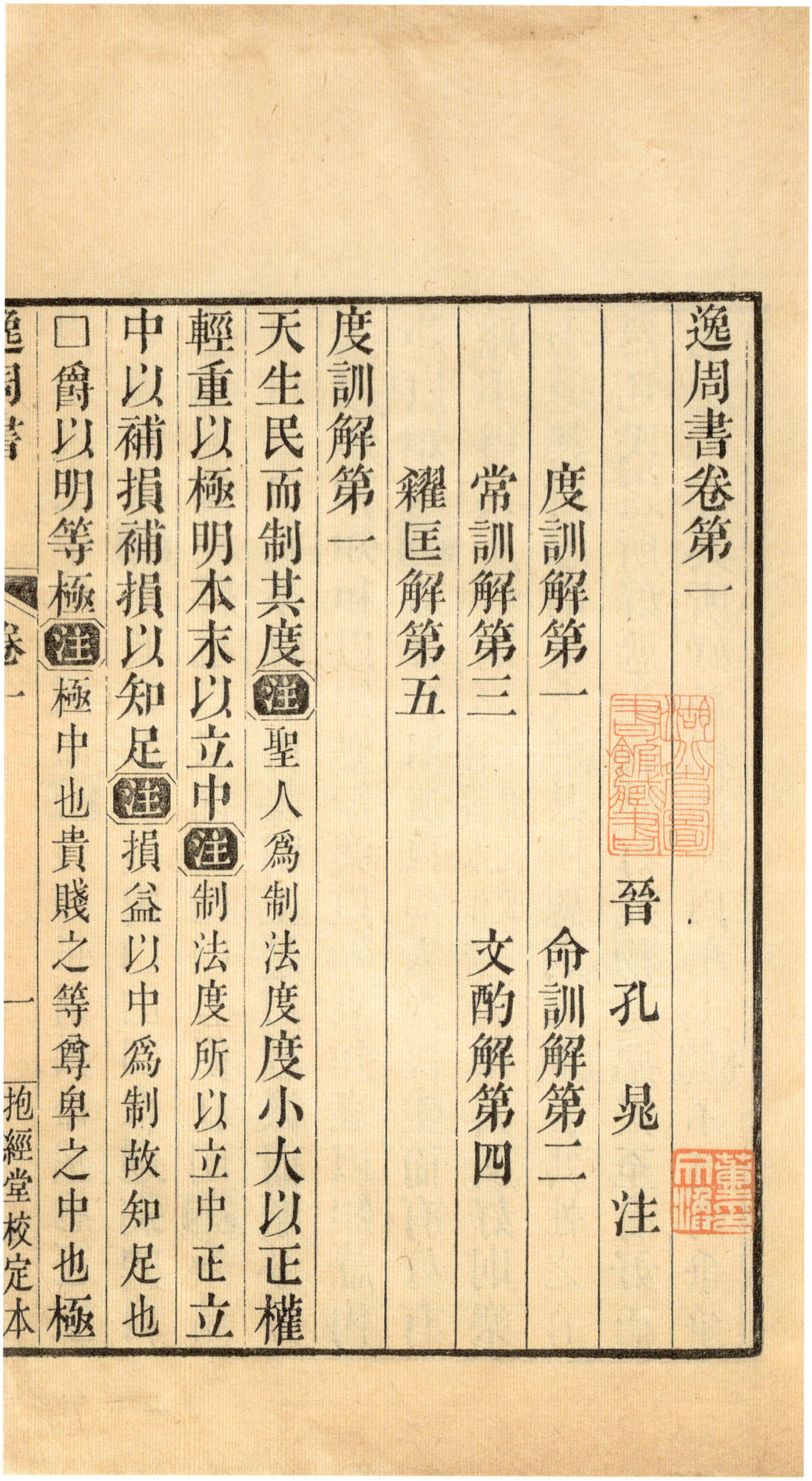

逸周書卷第一
晉孔晁注
度訓解第一　命訓解第二
常訓解第三　文酌解第四
糴匡解第五
度訓解第一
天生民而制其度注聖人爲制法度度小大以正權
輕重以極明本末以立中注制法度所以立中正立
中以補損補損以知足注損益以中爲制故知足也
口爵以明等極注極中也貴賤之等尊卑之中也極
逸周書　卷一　一　抱經堂校定本

125-1　《逸周書》卷一卷端

125　逸周書十卷校正補遺一卷附録一卷　〔晋〕孔晁注　清乾隆五十一年（1786）盧文弨刻抱經堂叢書本　清董文渙校跋

開本高 24.9 厘米，寬 16.0 厘米。框高 18.0 厘米，寬 13.2 厘米。半葉十行，行二十字，小字雙行同，白口，左右雙邊。鈐“董文渙”“良史後裔”“研樵氏”“徐恕讀過”等印。索書號：善 002816。

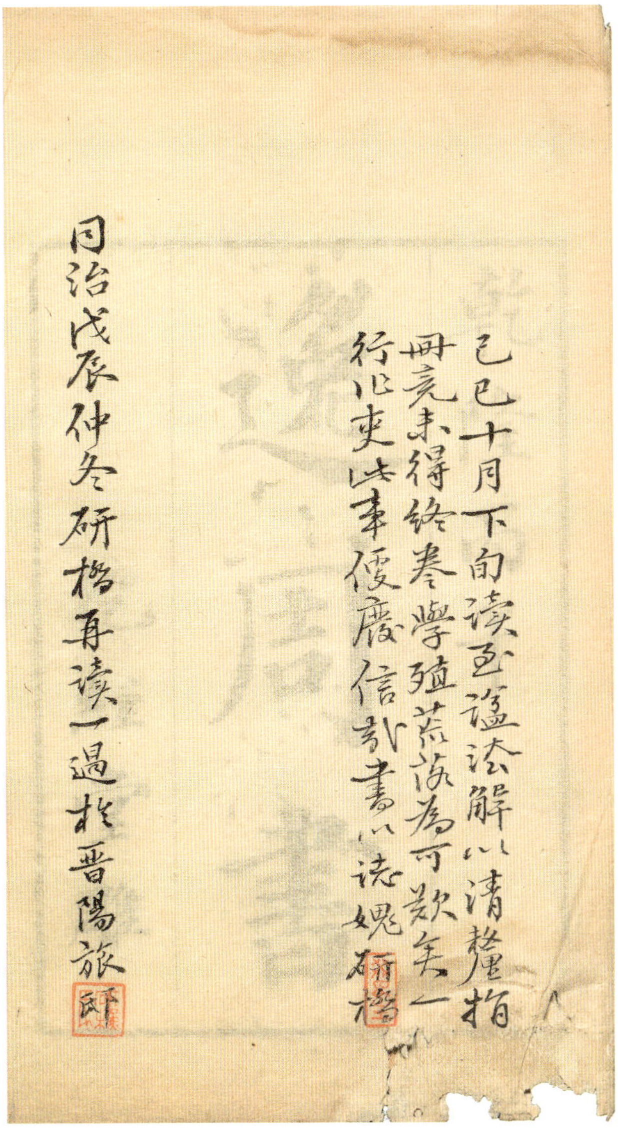

己巳十月下旬讀至謚法解以清釐指毋亮未得終卷學殖荒落爲可歎矣一行作吏此事便廢信都書以誌媿研樵

同治戊辰仲冬研樵再讀一過於晉陽旅

125-2　清董文涣跋

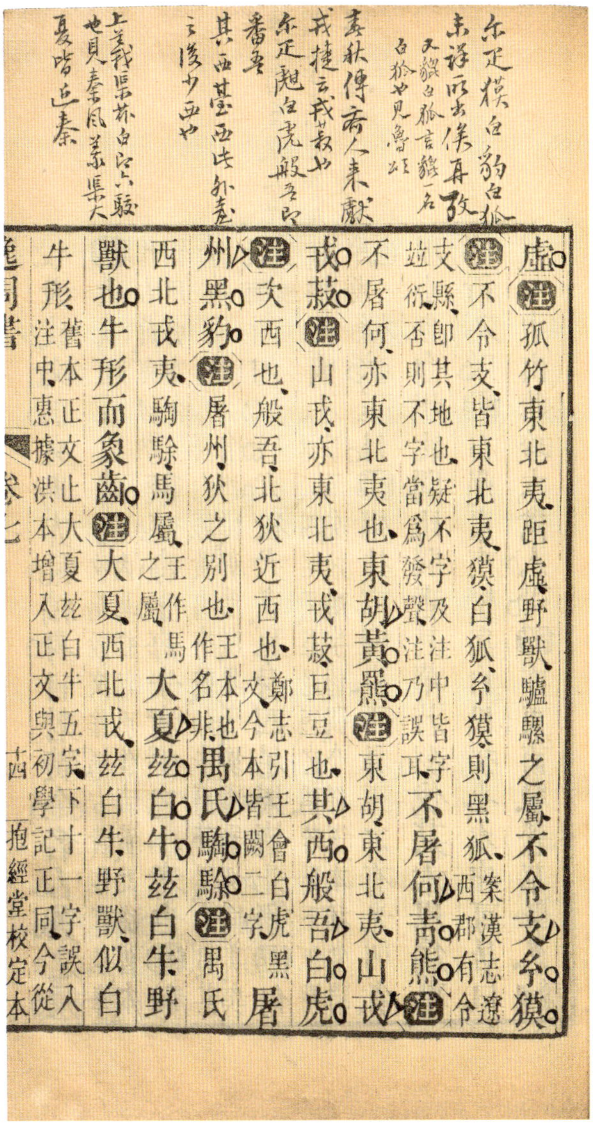

虛 注 孤竹東北夷距虛野獸驢騾之屬 不令支玄獏 注 不令支皆東北夷獏白狐玄獏則黑狐 案漢志遼西郡有令支縣即其地也疑不字及注中皆字衍否則不字當爲發聲注乃誤耳 不屠何青熊 注 不屠何亦東北夷也 東胡黃羆 注 東胡東北夷 山戎戎菽 注 山戎亦東北夷戎菽巨豆也 其西般吾白虎 注 次西也般吾北狄近西也 鄭志引王會白虎黑文今本皆闕二字 屠州黑豹 注 屠州狄之別也 王本也作名非 禺氏騊駼 注 禺氏西北戎夷騊駼馬屬 王作馬之屬 大夏茲白牛茲白牛野獸也牛形而象齒 注 大夏西北戎茲白牛野獸似白牛形 注中 舊本正文止大夏茲白牛五字下十一字誤入注中惠據洪本增入正文與初學記正同今從

逸周書　卷七　十四　抱經堂校定本

125-3　清董文涣批校

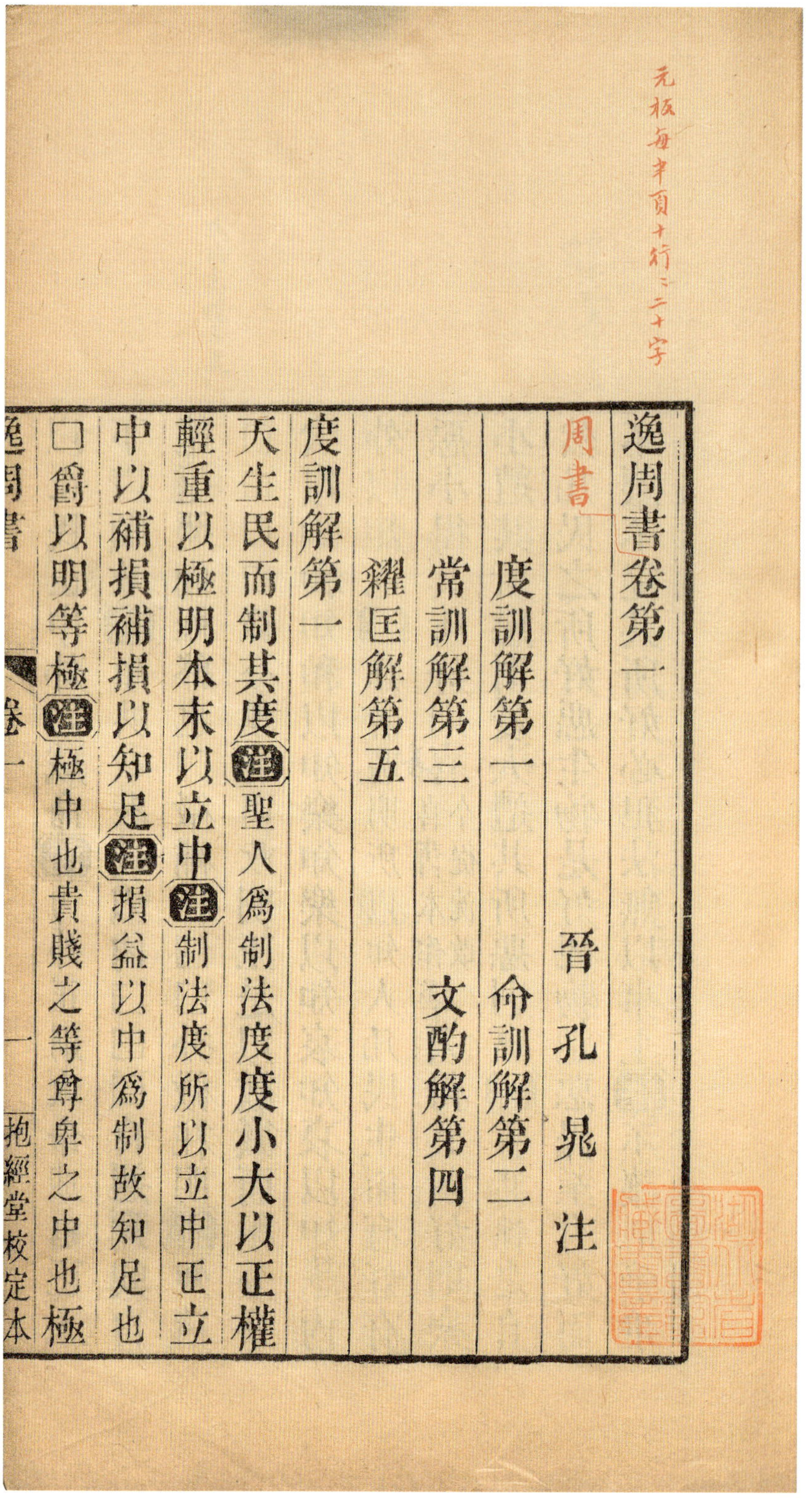
元板每半頁十行二十字
逸周書卷第一　　晉孔晁注
周書
度訓解第一　命訓解第二
常訓解第三　文酌解第四
糴匡解第五
度訓解第一
天生民而制其度注聖人爲制法度度小大以正權
輕重以極明本末以立中注制法度所以立中正立
中以補損補損以知足注損益以中爲制故知足也
口爵以明等極注極中也貴賤之等尊卑之中也極
逸周書　卷一　一　抱經堂校定本

126-1　《逸周書》卷一卷端

126　逸周書十卷校正補遺一卷附録一卷　〔晋〕孔晁注　清乾隆五十一年（1786）盧文弨刻抱經堂叢書本　陳尊默校跋並録清盧文弨、佚名校　鄺承銓跋並録清邵恩多校跋

開本高 24.9 厘米，寬 16.0 厘米。框高 17.8 厘米，寬 13.2 厘米。半葉十行，行二十字，小字雙行同，白口，左右雙邊。鈐“平陽汪氏家藏書畫法帖圖記”“陳遵墨”“季臯”“桐香館”“徐恕私印”印。索書號：善 000890。

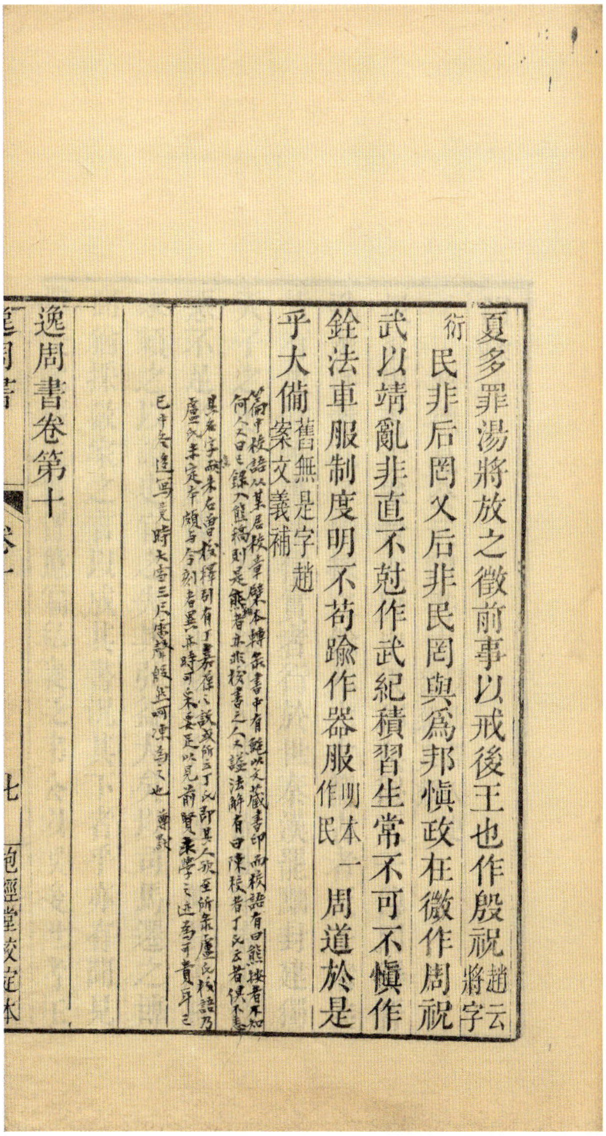
夏多罪湯將放之徵前事以戒後王也作殷祝 趙云將字衍
民非后罔乂后非民罔與爲邦慎政在徵作周祝
武以靖亂非直不尅作武紀積習生常不可不慎作
銓法車服制度明不苟踰作器服 明本作民 一 周道於是
乎大備 舊無是字趙案文義補

逸周書卷第十

七 抱經堂校定本

126-2　陳尊默跋

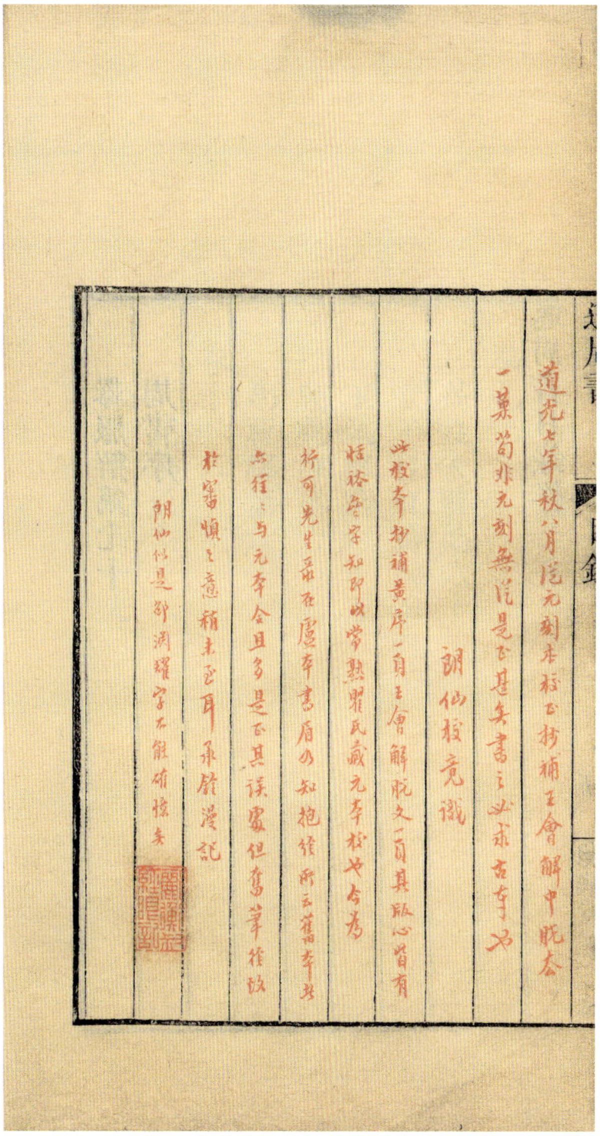
道光七年秋八月從元刻本校正抄補王會解中脫去
一葉前非元刻無從是正甚矣書之必求古本也
朗仙校竟識

126-3　鄺承銓跋

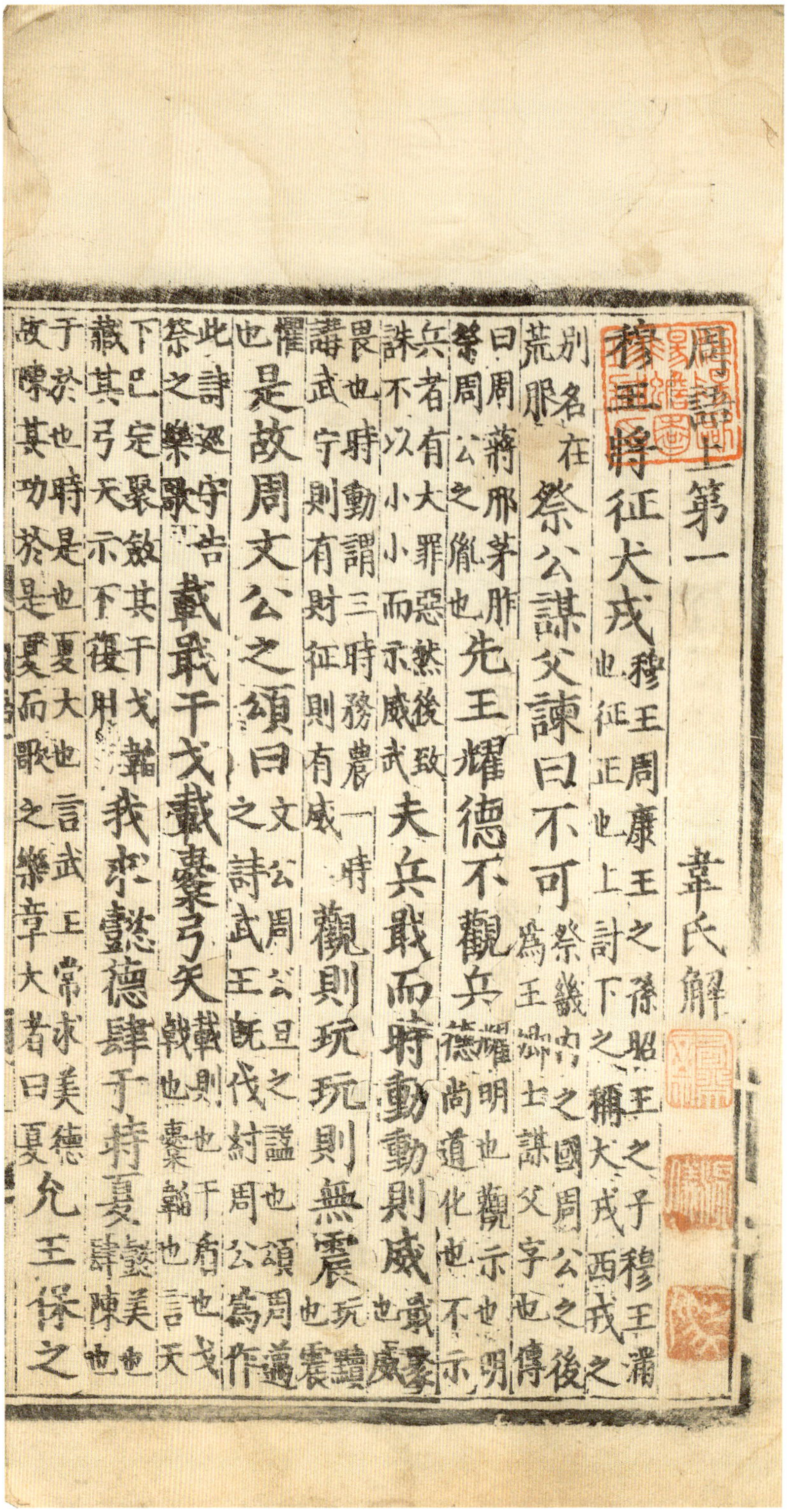

周語上第一　韋氏解
穆王將征犬戎穆王周康王之孫昭王之子穆王滿也征正也上討下之稱犬戎西戎之別名在荒服
祭公謀父諫曰不可祭畿內之國周公之後為王卿士謀父字也傳曰周蔣邢茅胙祭周公之胤也
先王耀德不觀兵耀明也觀示也明德尚道化也不示兵者有大罪惡然後致誅不以小小而示威武
夫兵戢而時動動則威戢聚也威畏也時動謂三時務農一時講武守則有財征則有威
觀則玩玩則無震玩黷也震懼也
是故周文公之頌曰文公周公旦之謚也頌時邁之詩武王既伐紂周公為作此詩巡守告祭之樂歌
載戢干戈載櫜弓矢載則也戢聚也櫜韜也干楯也戈戟也言天下已定聚斂其干戈韜藏其弓矢示天下不復用
我求懿德肆于時夏懿美也肆陳也于於也時是也夏大也言武王常求美德故陳其功於是夏而歌之樂章大者曰夏
允王保之

127　《國語》卷一卷端

127　國語二十一卷　〔三國吴〕韋昭注　**補音三卷**　〔宋〕宋庠撰　明刻本

開本高 30.7 厘米，寬 19.1 厘米。框高 22.7 厘米，寬 15.5 厘米。半葉十行，行二十字，小字雙行同，黑口，四周雙邊。鈐“温儀”“温儀之印”“可象”“紀堂”“有斐齋”“沔陽歐陽蟾園珍藏印”印。索書號：善 000885。

國家珍貴古籍名録編號：03795。

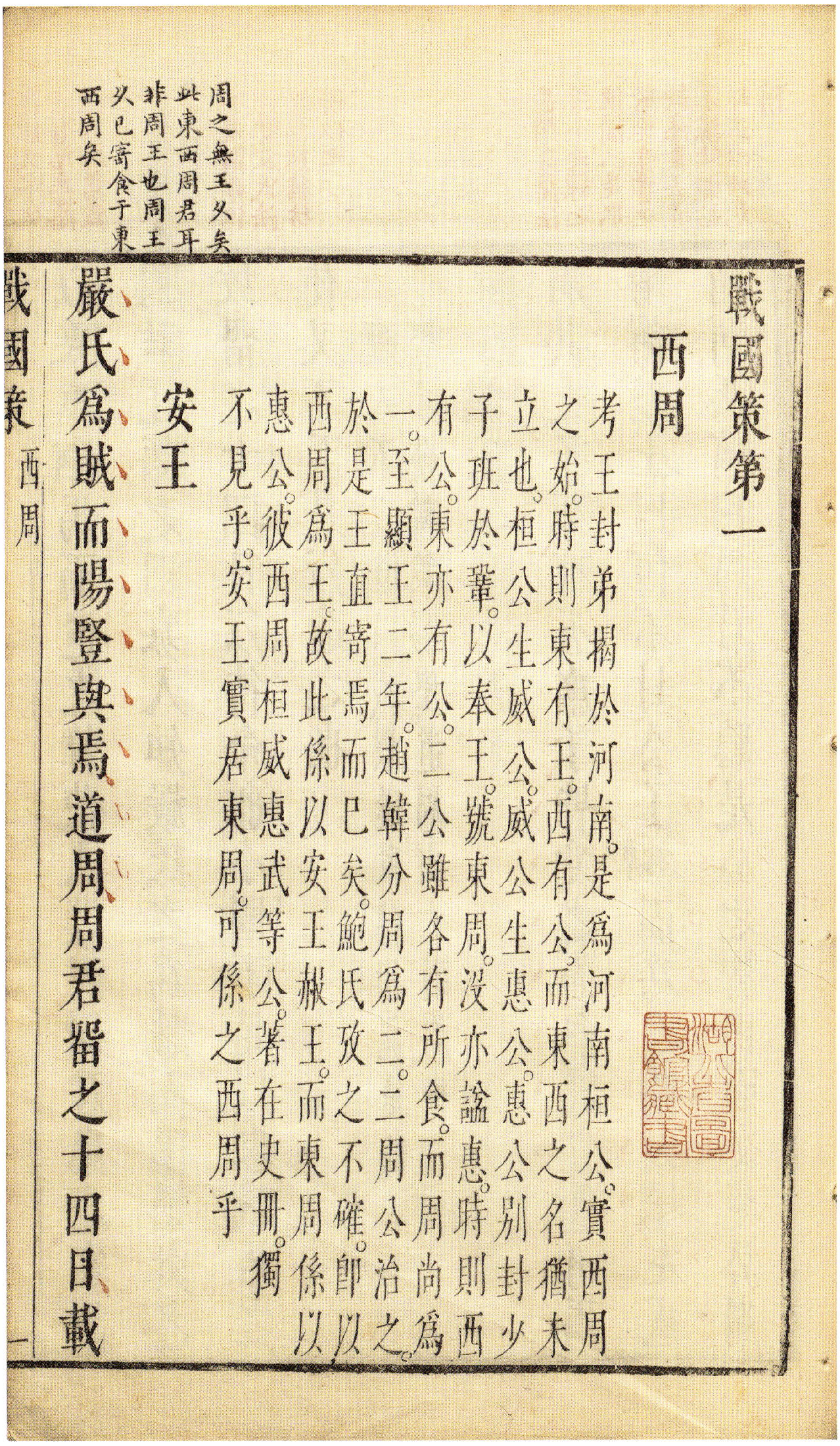

128 《戰國策》卷一卷端

128 戰國策十二卷 〔明〕閔齊伋裁注 明萬曆四十八年（1620）閔齊伋刻三色套印本

開本高 27.0 厘米，寬 17.4 厘米。框高 20.9 厘米，寬 15.2 厘米。半葉九行，行十九字，小字雙行同，白口，四周單邊。鈐“邵父印”“邵氏家藏圖書”印。索書號：善 000887。

湖北省珍貴古籍名録編號：00069。

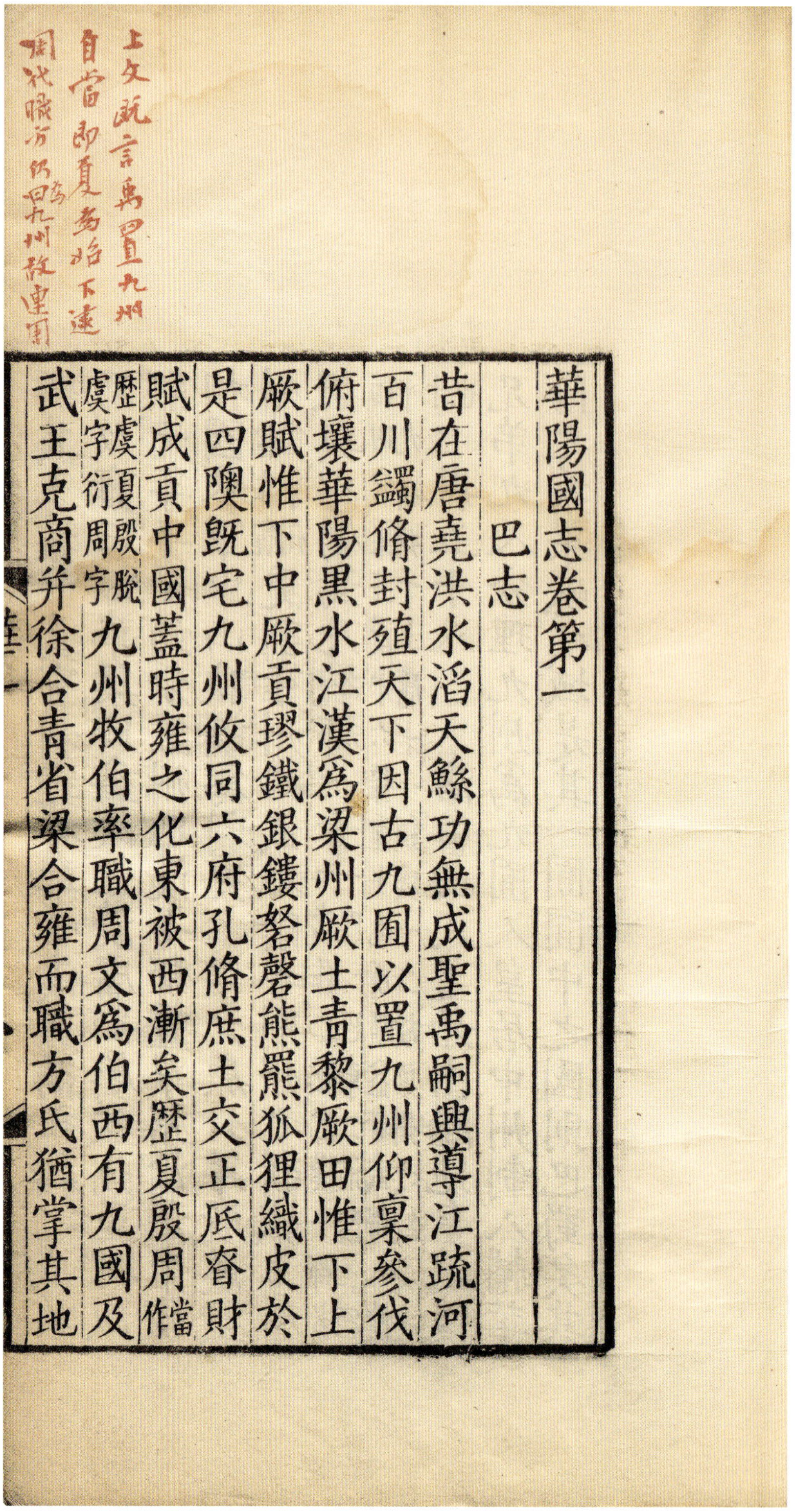
上文既言禹置九州自當即夏為始下逮周代職方仍為九州故連周

華陽國志卷第一

巴志

昔在唐堯洪水滔天鯀功無成聖禹嗣興導江疏河百川蠲脩封殖天下因古九囿以置九州仰稟參伐俯壤華陽黑水江漢爲梁州厥土青黎厥田惟下上厥賦惟下中厥貢璆鐵銀鏤砮磬熊羆狐狸織皮於是四隩既宅九州攸同六府孔脩庶土交正厎眘財賦成貢中國蓋時雍之化東被西漸矣歷夏殷周當作歷虞夏殷脫虞字衍周字九州牧伯率職周文爲伯西有九國及武王克商幷徐合青省梁合雍而職方氏猶掌其地

129-1 《華陽國志》卷一卷端

129 華陽國志十二卷 〔晋〕常璩撰 **補華陽國志三州郡縣目録一卷** 〔清〕廖寅撰 清嘉慶十九年（1814）廖寅題襟館刻本 楊守敬批校

開本高 26.5 厘米，寬 16.3 厘米。框高 17.6 厘米，寬 11.1 厘米。半葉十行，行二十字，小字雙行同，黑口，左右雙邊。鈐“楊守敬印”“宜都楊氏藏書記”“飛青閣藏書印”“徐恕讀過”印。索書號：善 001316。

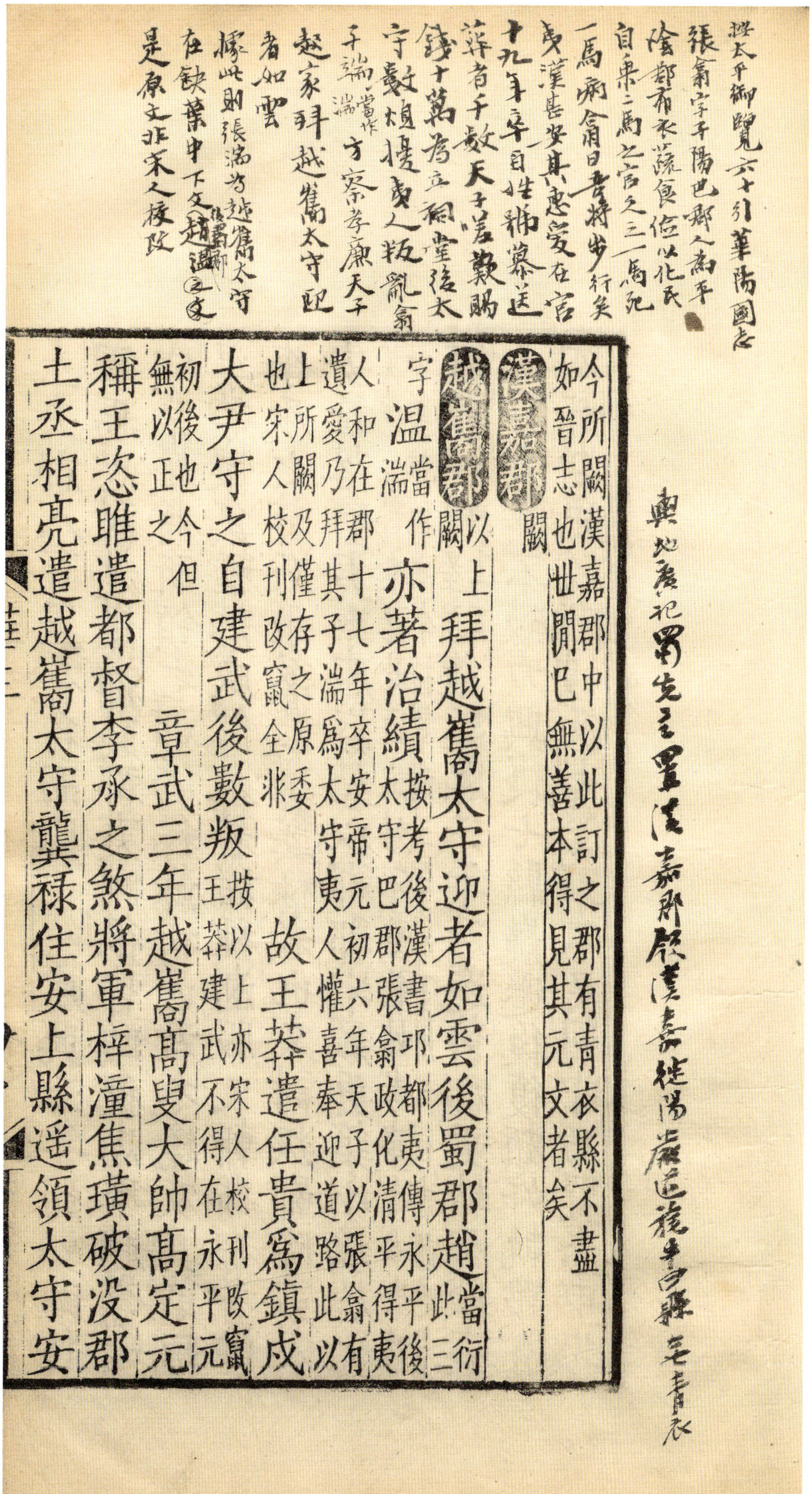

按太平御覽六十引華陽國志
張翕字子陽巴郡人為平
陰都布衣蔬食儉以化民
自乘二馬之官之三一馬死
一馬病翕日吾將步行矣
夷漢甚安其惠愛在官
十九年卒自姓稱慕送
葬者千數天子嗟歎賜
錢十萬為立祠堂後太
守數煩擾夷人叛亂翕
子端（當作湍）方察孝廉天子
越家拜越嶲太守配
者如雲
據此則張湍為越嶲太守
在缺葉中下文趙溫之文（後蜀郡）
是原文非宋人校改

今所闕漢嘉郡中以此訂之郡有青衣縣不盡如晉志也世間已無善本得見其元文者矣

漢嘉郡 闕

越嶲郡 闕以上

拜越嶲太守迎者如雲後蜀郡趙當衍此三字溫當作湍亦著治績按考後漢書邛都夷傳永平後太守巴郡張翕政化清平得夷人和在郡十七年卒安帝元初六年天子以張翕有遺愛乃拜其子湍爲太守夷人懽喜奉迎道路此以上所闕及僅存之原委也宋人校刊改竄全非故王莽遣任貴爲鎮戍大尹守之自建武後數叛按以上亦宋人校刊改竄王莽建武不得在永平元初後也今但無以正之章武三年越嶲高叟大帥高定元稱王恣睢遣都督李承之煞將軍梓潼焦璜破沒郡土丞相亮遣越嶲太守龔祿住安上縣遙領太守安

輿地廣記蜀先主置漢嘉郡改漢嘉徙陽嘉嚴道旄牛縣凡七青衣

129-2 楊守敬批校

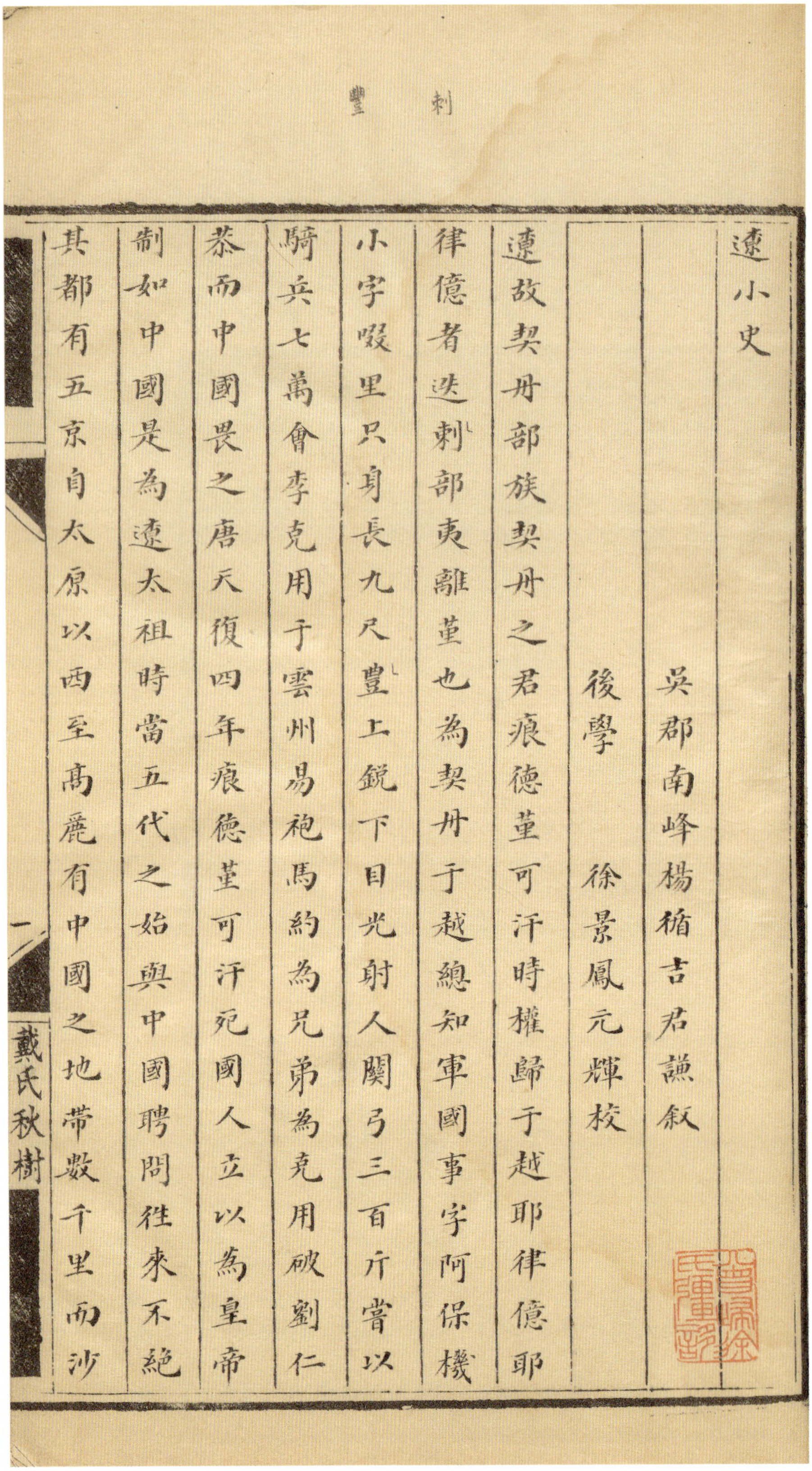
遼小史
吳郡南峰楊循吉君謙叙
後學　徐景鳳元輝校
遼故契丹部族契丹之君痕德堇可汗時權歸于越耶律億耶
律億者迭剌部夷離堇也為契丹于越總知軍國事字阿保機
小字啜里只身長九尺豐上銳下目光射人關弓三百斤嘗以
騎兵七萬會李克用于雲州易袍馬約為兄弟為克用破劉仁
恭而中國畏之唐天復四年痕德堇可汗死國人立以為皇帝
制如中國是為遼太祖時當五代之始與中國聘問往來不絕
其都有五京自太原以西至高麗有中國之地帶數千里而沙

130-1　《遼小史》卷端

130　遼小史一卷金小史八卷　〔明〕楊循吉撰　清戴氏秋樹山房抄本　羅振常校並跋

開本高 27.5 厘米，寬 17.4 厘米。框高 22.6 厘米，寬 15.6 厘米。半葉十行，行二十四字，黑口，四周雙邊。鈐“羅振常讀書記”“曾歸徐氏彊誃”印。索書號：善 004323。

兖王國用安降先後叛入宋投水死地皆入元

山房鈔本

甲戌春以天一閣藏明鈔本校一過抄本奪誤極多然可補正此本處不少其所奪同誤者尚無由是正也蟫隱誌

[印：羅振常讀書記]

金史卷第八　終

130-2　羅振常跋

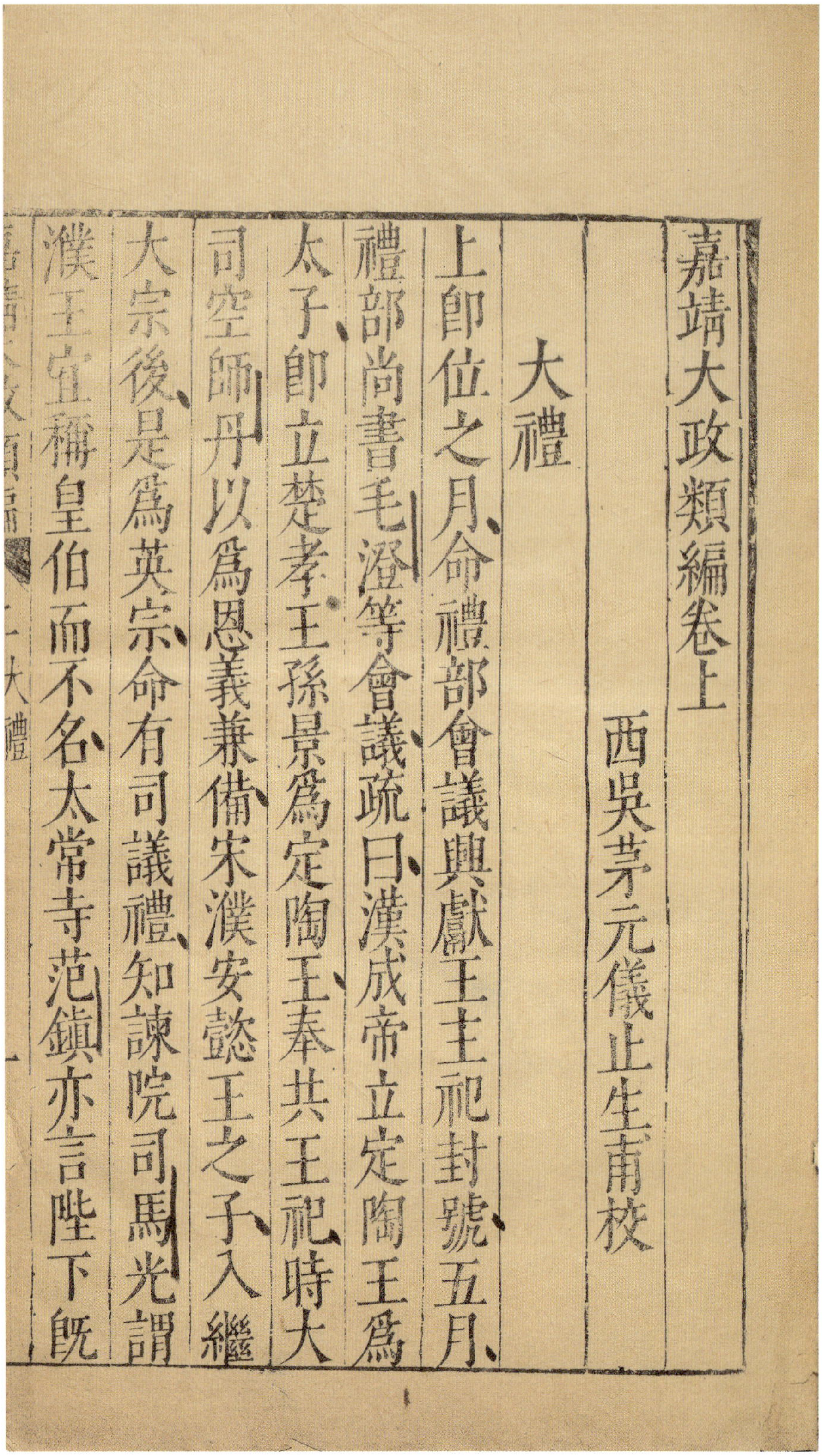

嘉靖大政類編卷上

西吳茅元儀止生甫校

大禮

上即位之月命禮部會議興獻王主祀封號五月禮部尚書毛澄等會議疏曰漢成帝立定陶王爲太子即立楚孝王孫景爲定陶王奉共王祀時大司空師丹以爲恩義兼備宋濮安懿王之子入繼大宗後是爲英宗命有司議禮知諫院司馬光謂濮王宜稱皇伯而不名太常寺范鎮亦言陛下既

嘉靖大政類編　卷上　大禮　一

131　《嘉靖大政類編》卷上卷端

131　嘉靖大政類編二卷　〔明〕黄鳳翔撰　〔明〕茅元儀校　明萬曆三十七年（1609）刻本

開本高 26.7 厘米，寬 17.8 厘米。框高 21.3 厘米，寬 14.1 厘米。半葉九行，行十九字，白口，左右雙邊。鈐“震嶠”“謝光鍾印”“山陰劉氏海天旭日研齋藏書印”“游於藝”印。　索書號：善 000889。

湖北省珍貴古籍名録編號：00288。

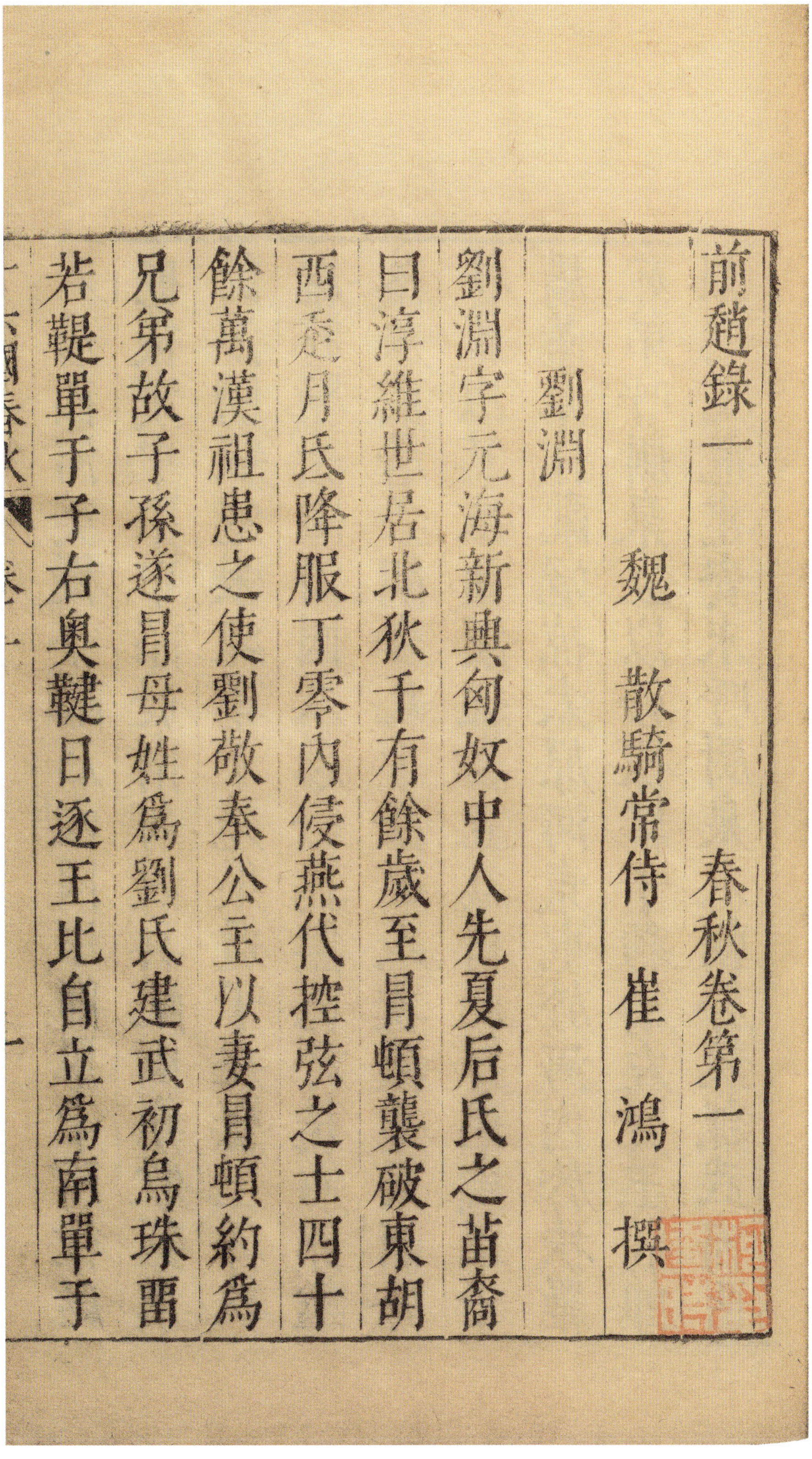
前趙錄一　春秋卷第一
魏　散騎常侍　崔鴻　撰
劉淵
劉淵字元海新興匈奴中人先夏后氏之苗裔
曰淳維世居北狄千有餘歲至冒頓襲破東胡
西走月氏降服丁零內侵燕代控弦之士四十
餘萬漢祖患之使劉敬奉公主以妻冒頓約爲
兄弟故子孫遂冒母姓爲劉氏建武初烏珠留
若鞮單于子右奥鞬日逐王比自立爲南單于

132　《十六國春秋》卷一卷端

132　十六國春秋一百卷　〔北魏〕崔鴻撰　明萬曆三十七年（1609）屠氏蘭暉堂刻本

開本高26.7厘米，寬17.0厘米。框高20.5厘米，寬14.8厘米。半葉九行，行十八字，白口，左右雙邊。鈐“靈溪精舍”“柯逢時印”印。索書號：善000968。

湖北省珍貴古籍名録編號：00289。

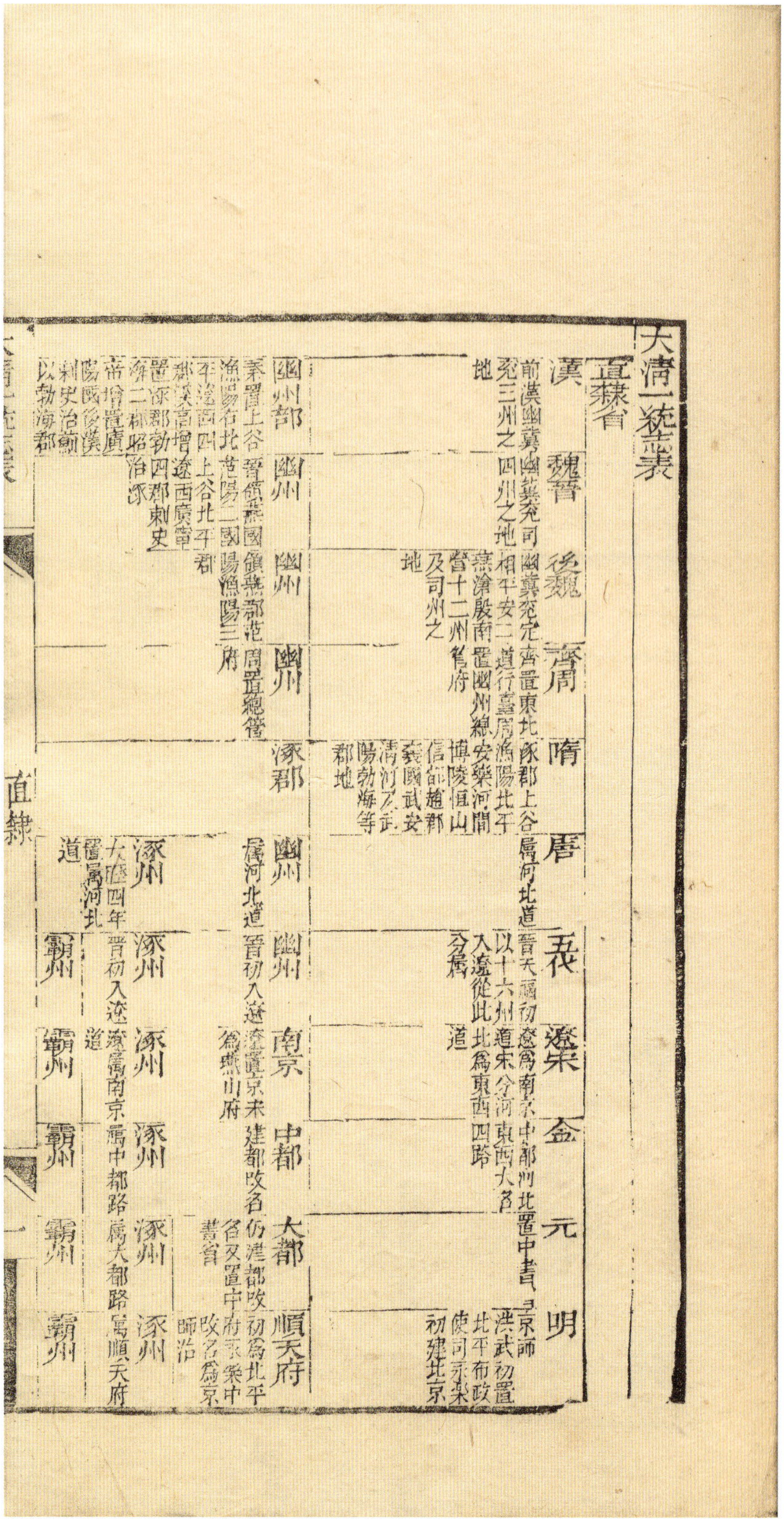

133-1　《大清一統志表》卷端

133　朝代紀元表不分卷　〔清〕萬廷蘭撰　**大清一統志表不分卷**　〔清〕徐午撰　清乾隆五十八年（1793）刻本　楊守敬、佚名批

開本高 25.0 厘米，寬 16.0 厘米。框高 18.1 厘米，寬 11.7 厘米。半葉十行，行二十二字，黑口，四周單邊。鈐“楊守敬印”“宜都楊氏藏書記”印。索書號：善 001050。

州西南 西七十

西漢州西南宋金元州治

贛榆南

州西南

漢麗縣 汪云在州西南錢云在諸城西南三十

州西南七十

漢縣西南南宋膠州西南

南四十

州

黔陬縣 前漢屬琅邪郡後漢屬東萊郡

黔陬縣 晉初屬城陽郡後改屬高密郡爲郡治

黔陬縣 初爲高密郡治孝武義郡屬北海郡

黔陬縣 仍屬高密郡

黔陬縣

大業初省入膠西

高密縣地

膠西縣 元祐三年以板橋鎮置屬密州

膠西縣

膠西縣 州治

太祖置膠州洪武九年改屬萊州府 金初隸□路

省入州

計斤縣 前漢屬琅邪郡後漢省

郑縣 前漢屬琅邪郡後漢省

㕕縣 前漢屬東萊郡後漢屬北海郡

黃云黔陬東城

高密國 文帝十六年置膠西

高密郡 延昌中復置治高密

山東

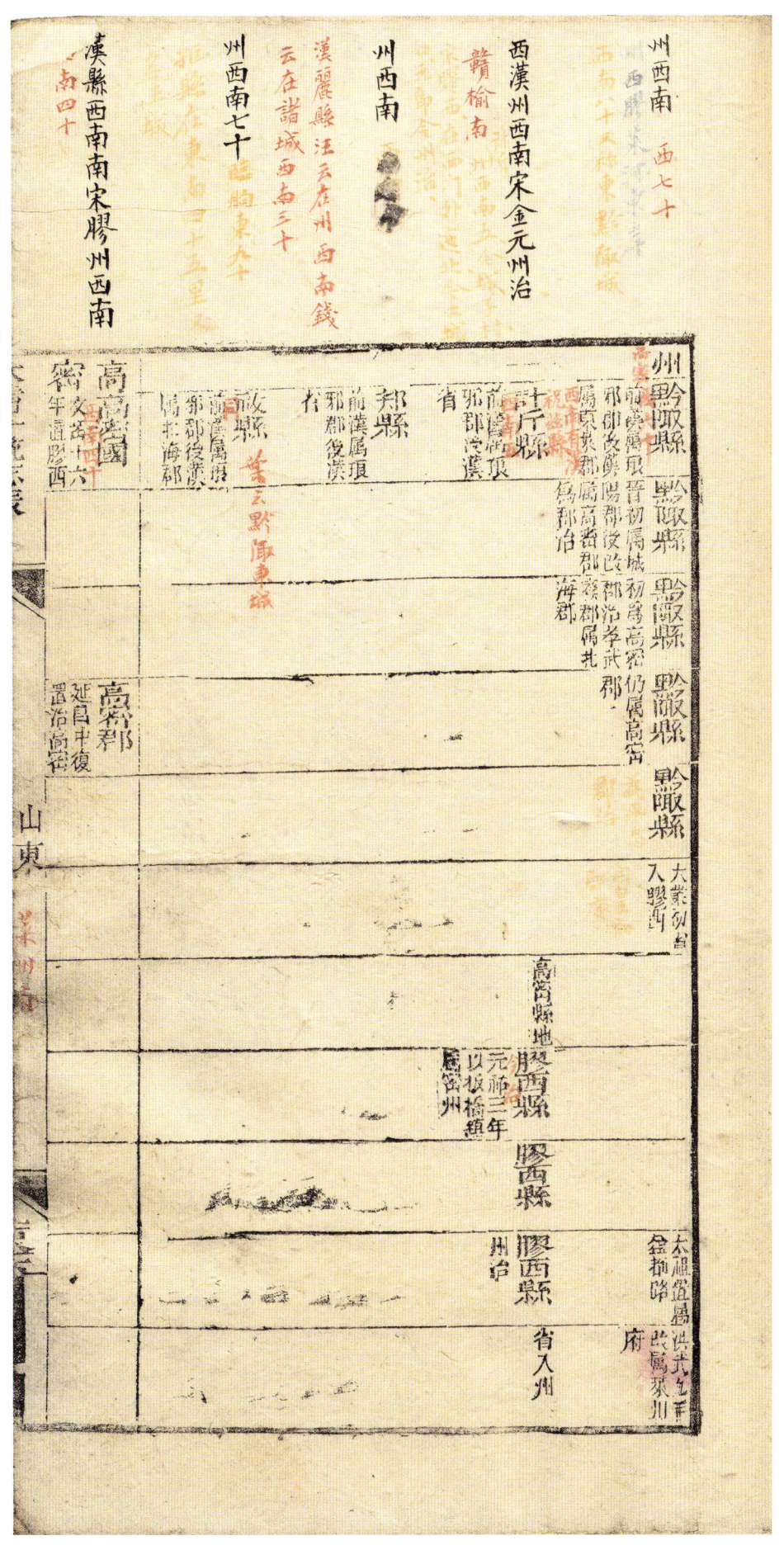

133-2 楊守敬、佚名批

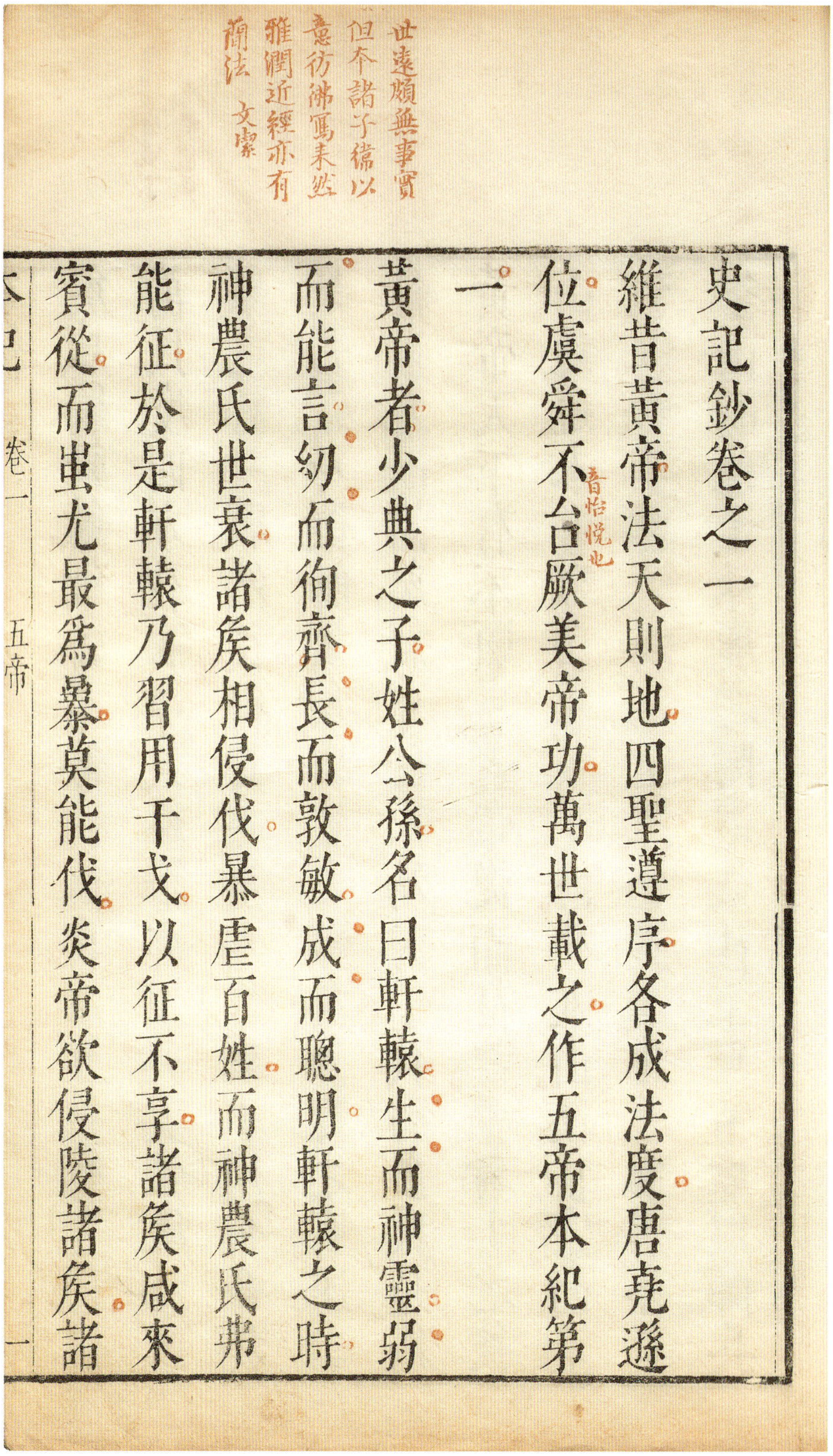

世遠頗無事實
但本諸子儒以
意彷彿寫未然
雅潤近經亦有
簡法　文豪

史記鈔卷之一
維昔黄帝法天則地四聖遵序各成法度唐堯遜
位虞舜不台（音怡悦也）厥美帝功萬世載之作五帝本紀第
一
黄帝者少典之子姓公孫名曰軒轅生而神靈弱
而能言幼而徇齊長而敦敏成而聰明軒轅之時
神農氏世衰諸侯相侵伐暴虐百姓而神農氏弗
能征於是軒轅乃習用干戈以征不享諸侯咸來
賓從而蚩尤最爲暴莫能伐炎帝欲侵陵諸侯諸

本紀　卷一　五帝　一

134　《史記鈔》卷一卷端

134　史記鈔九十一卷　〔明〕茅坤輯　明泰昌元年（1620）閔振業刻朱墨套印本

開本高26.7厘米，寬17.3厘米。框高20.8厘米，寬14.8厘米。半葉九行，行十九字，白口，左右雙邊。鈐“幼陶藏金石文字之印”印。索書號：善000950。

國家珍貴古籍名録編號：04049。

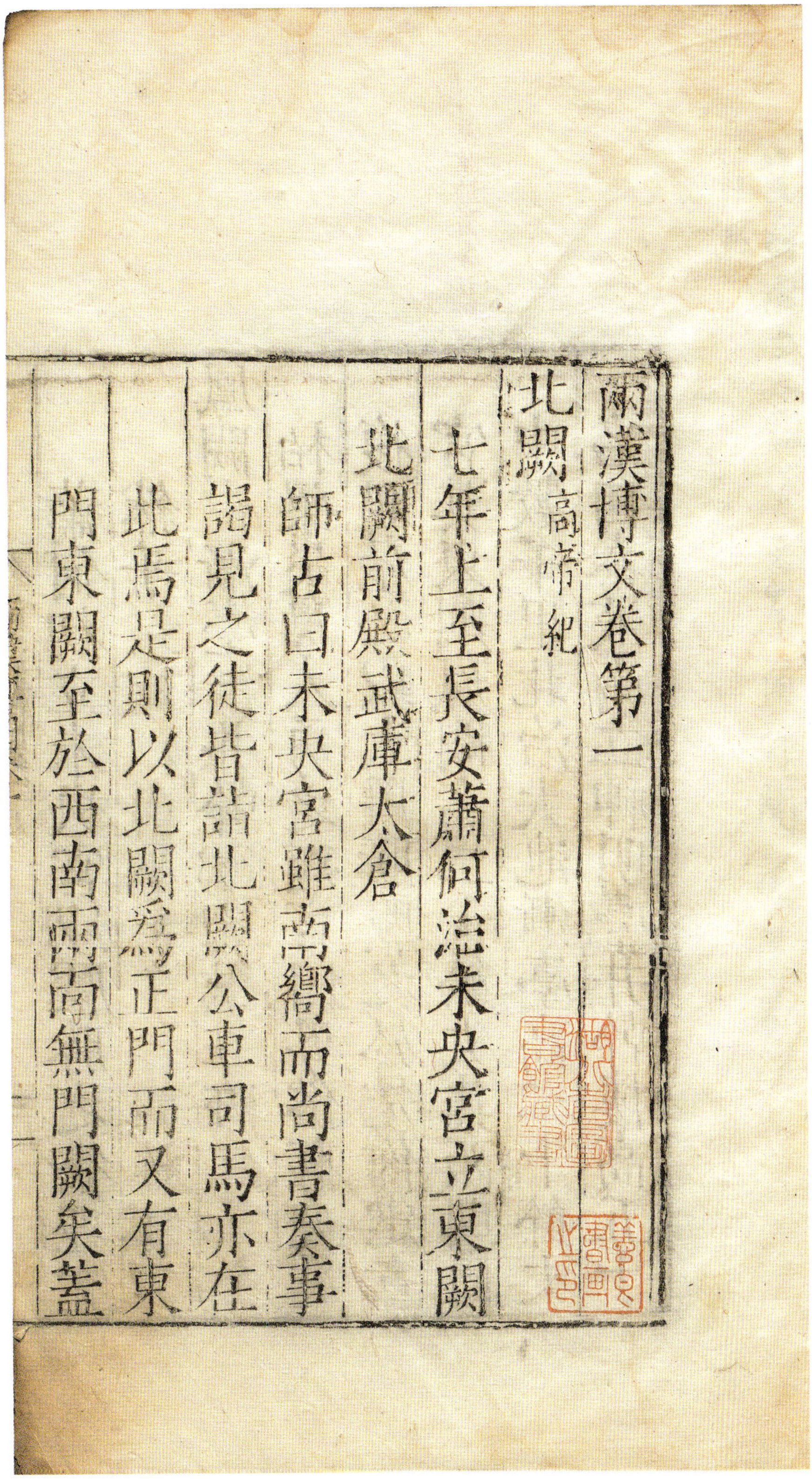

兩漢博文卷第一

北闕 高帝紀

七年上至長安蕭何治未央宮立東闕

北闕前殿武庫太倉

師古曰未央宮雖南嚮而尚書奏事

謁見之徒皆詣北闕公車司馬亦在

北焉是則以北闕爲正門而又有東

門東闕至於西南兩面無門闕矣蓋

135 《兩漢博文》卷一卷端

135 兩漢博文十二卷 〔宋〕楊侃輯 明嘉靖三十七年（1558）黄魯曾刻本

開本高 26.5 厘米，寬 17.0 厘米。框高 17.5 厘米，寬 12.3 厘米。半葉八行，行十六字，小字雙行同，白口，左右雙邊。鈐“善自書畫之印”“大徐年”印。索書號：善 000962。

國家珍貴古籍名録編號：04069。

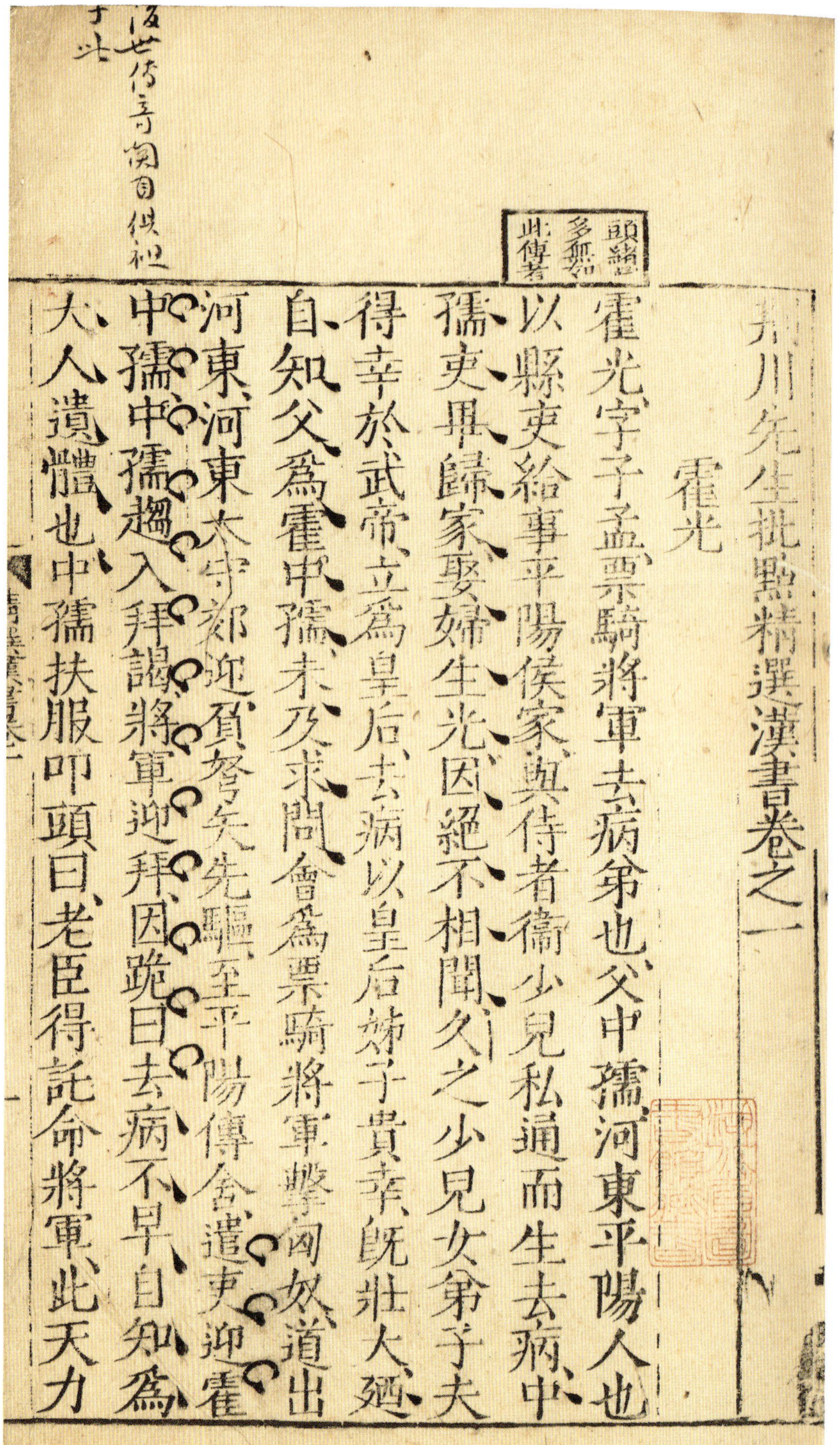

荆川先生批點精選漢書卷之一

霍光

霍光字子孟票騎將軍去病弟也父中孺河東平陽人也以縣吏給事平陽侯家與侍者衛少兒私通而生去病中孺吏畢歸家娶婦生光因絕不相聞久之少兒女弟子夫得幸於武帝立爲皇后去病以皇后姊子貴幸既壯大廼自知父爲霍中孺未及求問會爲票騎將軍擊匈奴道出河東河東太守郊迎負弩矢先驅至平陽傳舍遣吏迎霍中孺中孺趨入拜謁將軍迎拜因跪曰去病不早自知爲大人遺體也中孺扶服叩頭曰老臣得託命將軍此天力

136-1　《荆川先生批點精選漢書》卷一卷端

136　荆川先生批點精選漢書六卷　〔明〕唐順之輯　明萬曆刻本　清錢坫批點並題識　清張廷濟跋　存五卷（卷一、三至六）

開本高 24.6 厘米，寬 15.3 厘米。框高 18.5 厘米，寬 13.6 厘米。半葉十行，行二十二字，白口，四周單邊。鈐“錢坫之印”“十蘭”“張叔未”“廷濟”印。索書號：善 000953。

國家珍貴古籍名録編號：04084。

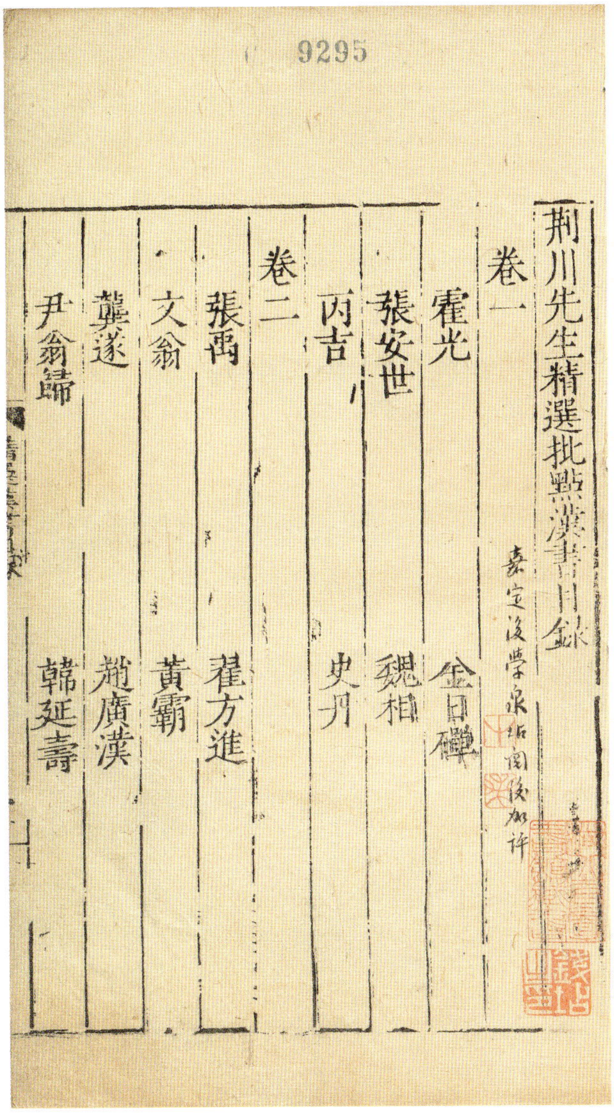

136-2 清錢坫題識

136-3 清張廷濟跋

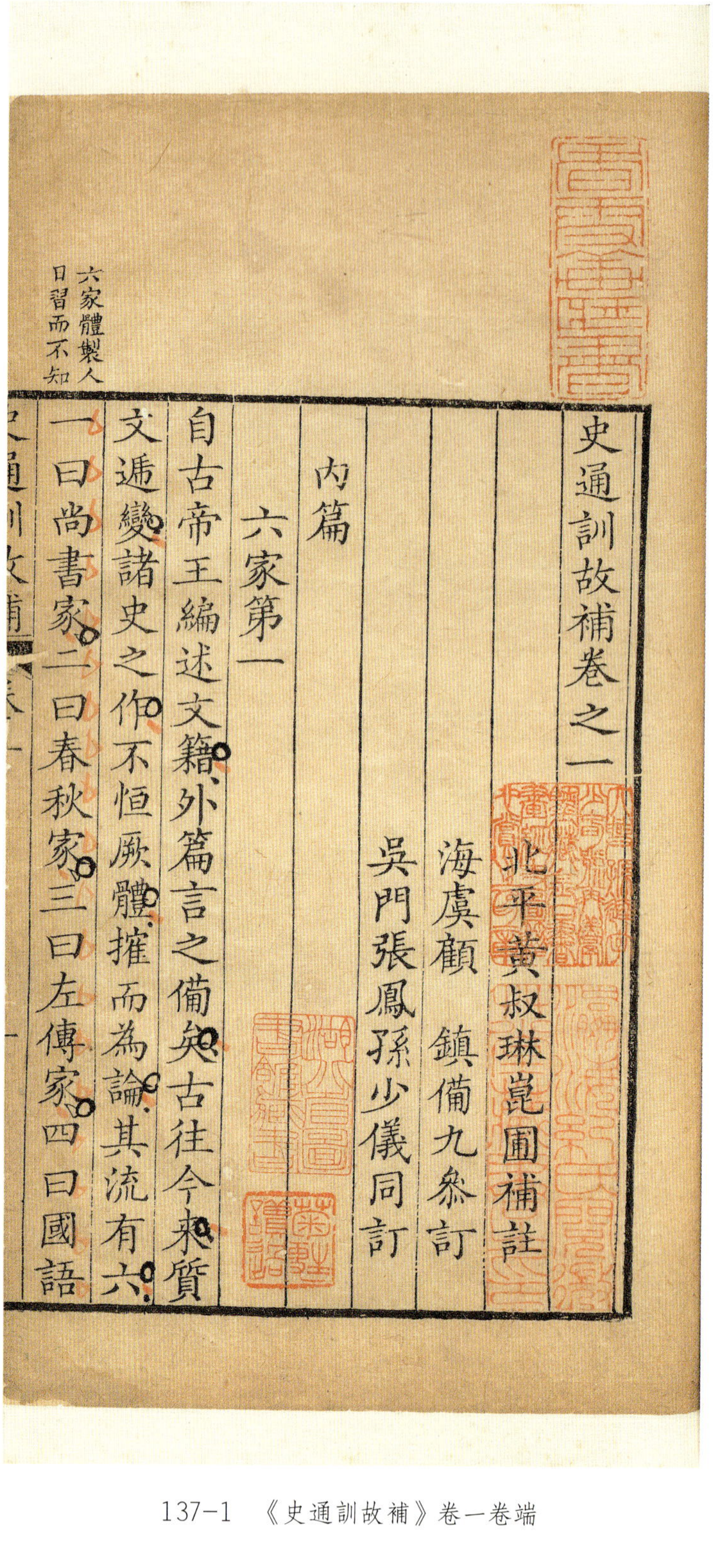

137-1　《史通訓故補》卷一卷端

137　史通訓故補二十卷　〔清〕黄叔琳撰　清乾隆十二年（1747）黄氏養素堂刻本　清紀昀批校並跋　丁菊甦跋

金鑲玉裝。開本高 24.8 厘米，寬 15.0 厘米。框高 15.5 厘米，寬 11.4 厘米。半葉九行，行十九字，小字雙行同，白口，左右雙邊。鈐“瀛海紀氏閱微草堂藏書之印”“大興孫達字少春號再羹鑒藏金石書畫經史圖籍心賞之印章”“丁氏菊甦”“黄山詩衲”“書存徐鄉丁氏”等印。索書號：善 002603。

國家珍貴古籍名録編號：04375。

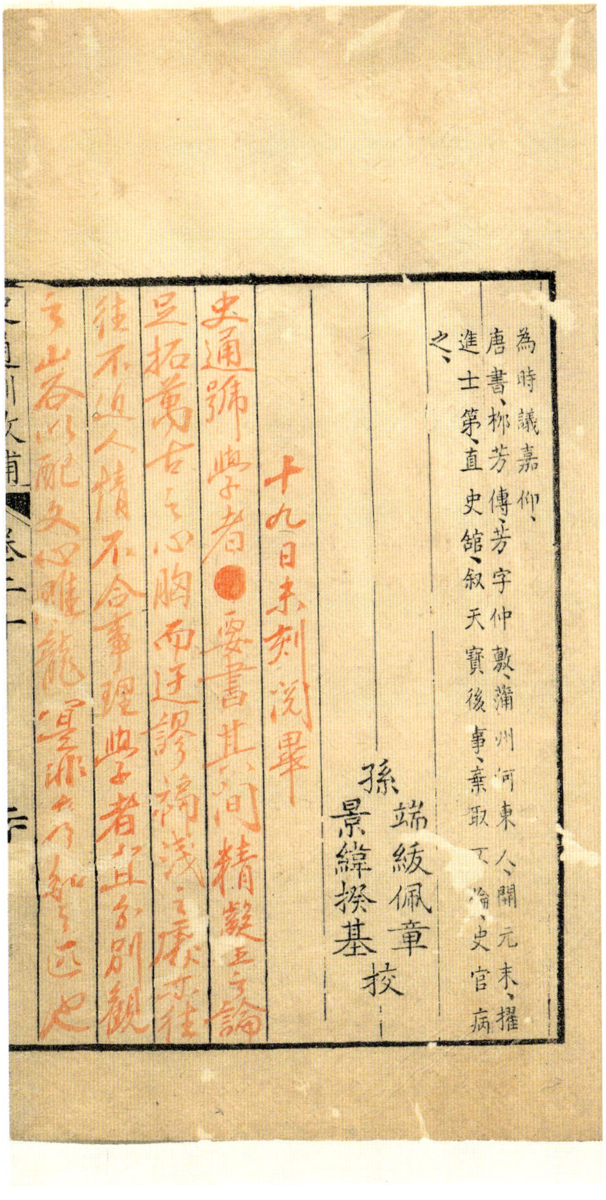

為時議嘉仰。

唐書、柳芳傳：芳字仲敷，蒲州河東人。開元末，擢進士第，直史館。叙天寶後事，棄取不倫，史官病之。

孫 端紱佩章
景緯揆基 校

十九日未刻閱畢

史通號學者必要書，其間精覈之論，足拓萬古之心胸，而迂謬偏淺之處，亦往往不近人情，不合事理，學者宜分別觀之。山谷以配文心雕龍，……

137-2 清紀昀跋

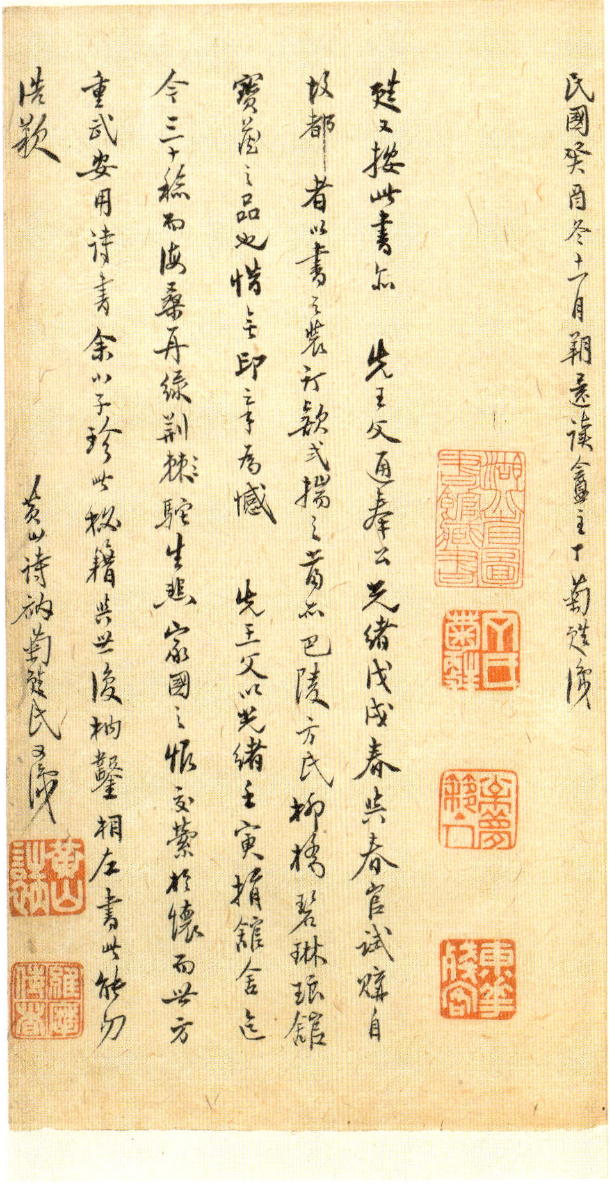

民國癸酉冬十一月朔遠讀盦主丁菊甦識

楚文按此書爲先王父通奉公光緒戊戌春與春官試歸自故都者，以書之裝訂款式揣之，當爲巴陵方氏柳橋碧琳琅館寶藏之品也，惜無印章爲憾。先王父以光緒壬寅捐館舍，迄今三十餘而滄桑再經，荊棘駝生，感家國之恨，更縈於懷而無方重武，安用讀書。余小子珍此秘籍，與此後柄鑿相左，書此能勿浩歎。

黃山詩衲菊甦氏又識

137-3 丁菊甦跋

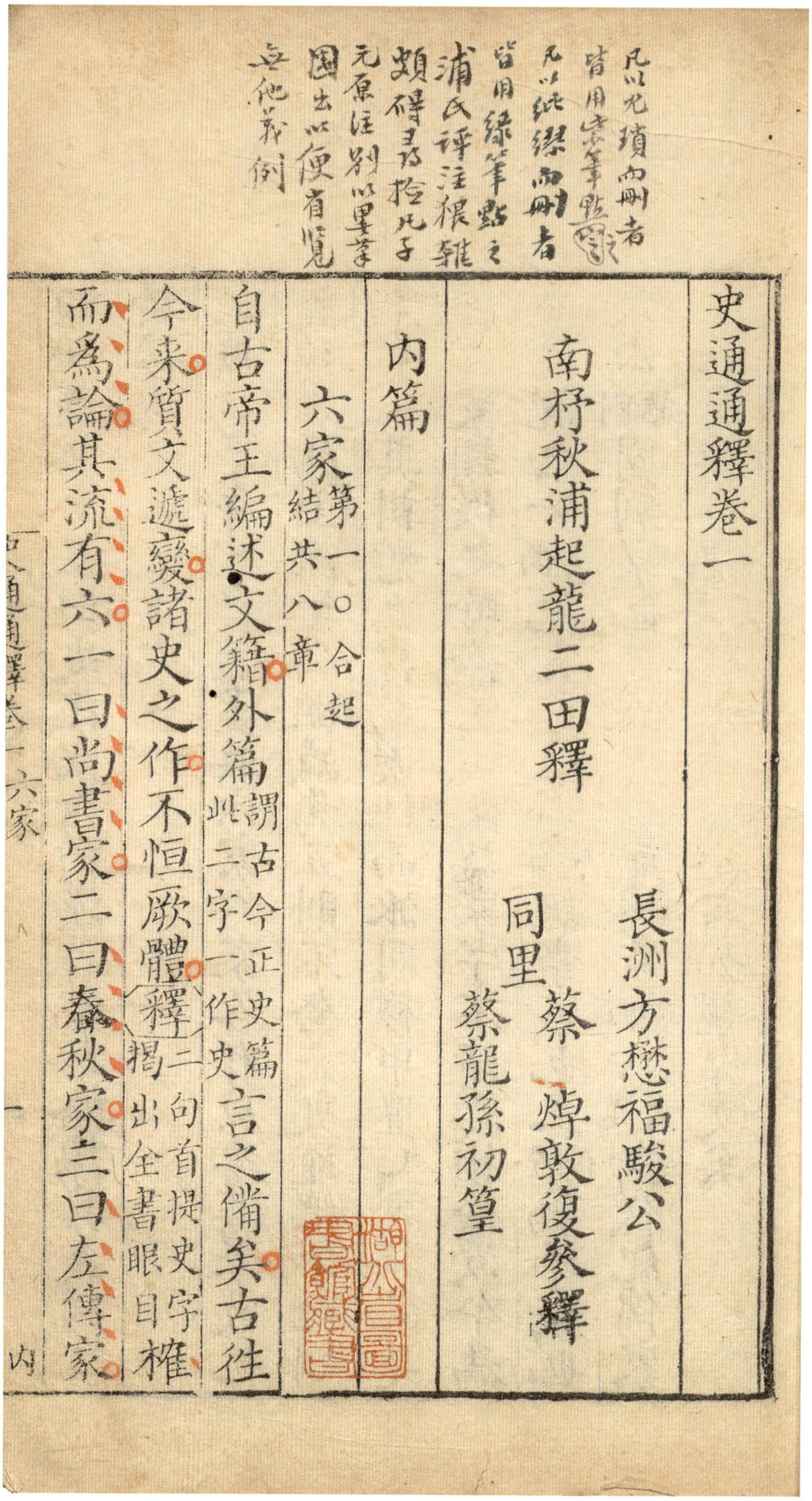

史通通釋卷一

南村秋浦起龍二田釋

長洲方懋福駿公
同里蔡焯敦復參釋
蔡龍孫初篁

内篇

六家第一○合起結共八章

自古帝王編述文籍外篇謂古今正史篇此二字一作史言之備矣古往今來質文遞變諸史之作不恒厥體釋二句首提史字權揭出全書眼目而爲論其流有六一曰尚書家二曰春秋家三曰左傳家

史通通釋卷一 六家 内

138-1 《史通通釋》卷一卷端

138 史通通釋二十卷附録一卷 〔清〕浦起龍撰 清乾隆十七年（1752）浦氏求放心齋刻本 楊守敬録清紀昀批校

開本高 25.2 厘米，寬 15.9 厘米。框高 18.9 厘米，寬 13.5 厘米。半葉九行，行二十二字，小字雙行同，白口，左右雙邊。鈐“孝經樓”“述古先生遺愛”“飛青閣藏書印”“宜都楊氏藏書記”“星吾海外訪得秘笈”印。索書號：善 001111。

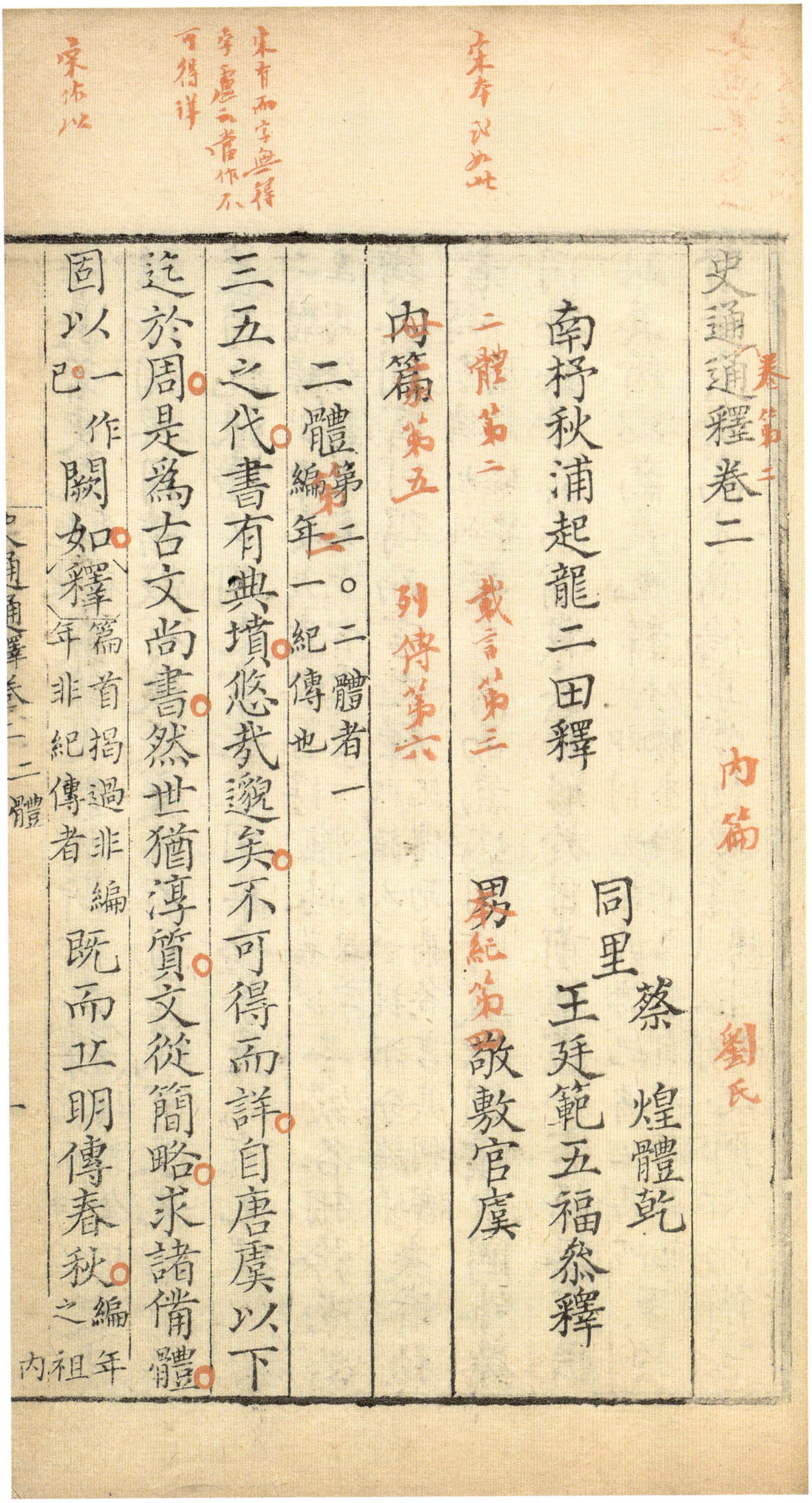
史通通釋卷二

南枰秋浦起龍二田釋

同里 蔡 煌體乾

王廷範五福參釋

男 敬敷官虞

内篇

二體第二（編年一紀傳也）二體者一

三五之代書有典墳悠哉邈矣不可得而詳自唐虞以下迄於周是爲古文尚書然世猶淳質文從簡略求諸備體固以已（一作闕）如（釋篇首揭過非編年非紀傳者）既而丘明傳春秋（編年之祖）

138-2 楊守敬録清紀昀批校

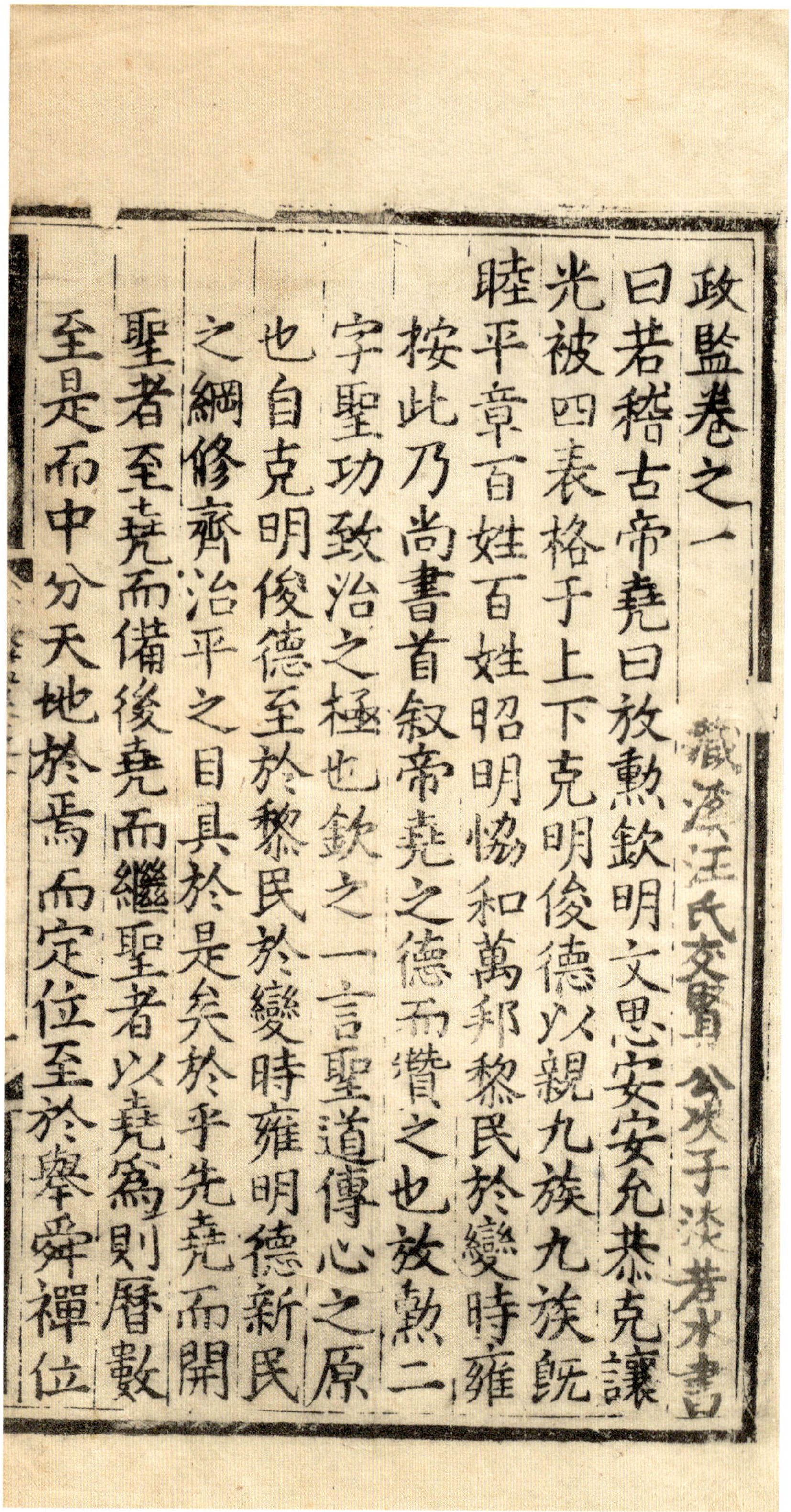
政監卷之一
曰若稽古帝堯曰放勳欽明文思安安允恭克讓
光被四表格于上下克明俊德以親九族九族旣
睦平章百姓百姓昭明協和萬邦黎民於變時雍
按此乃尚書首敘帝堯之德而贊之也放勳二
字聖功致治之極也欽之一言聖道傳心之原
也自克明俊德至於黎民於變時雍明德新民
之綱修齊治平之目具於是矣於乎先堯而開
聖者至堯而備後堯而繼聖者以堯爲則曆數
至是而中分天地於焉而定位至於舉舜禪位

139 《政監》卷一卷端

139 政監三十二卷 〔明〕夏寅撰 明成化刻本

開本高 27.0 厘米，寬 16.2 厘米。框高 21.6 厘米，寬 14.0 厘米。半葉十行，行十九字，黑口，四周雙邊。索書號：善 001107。

國家珍貴古籍名録編號：04381。

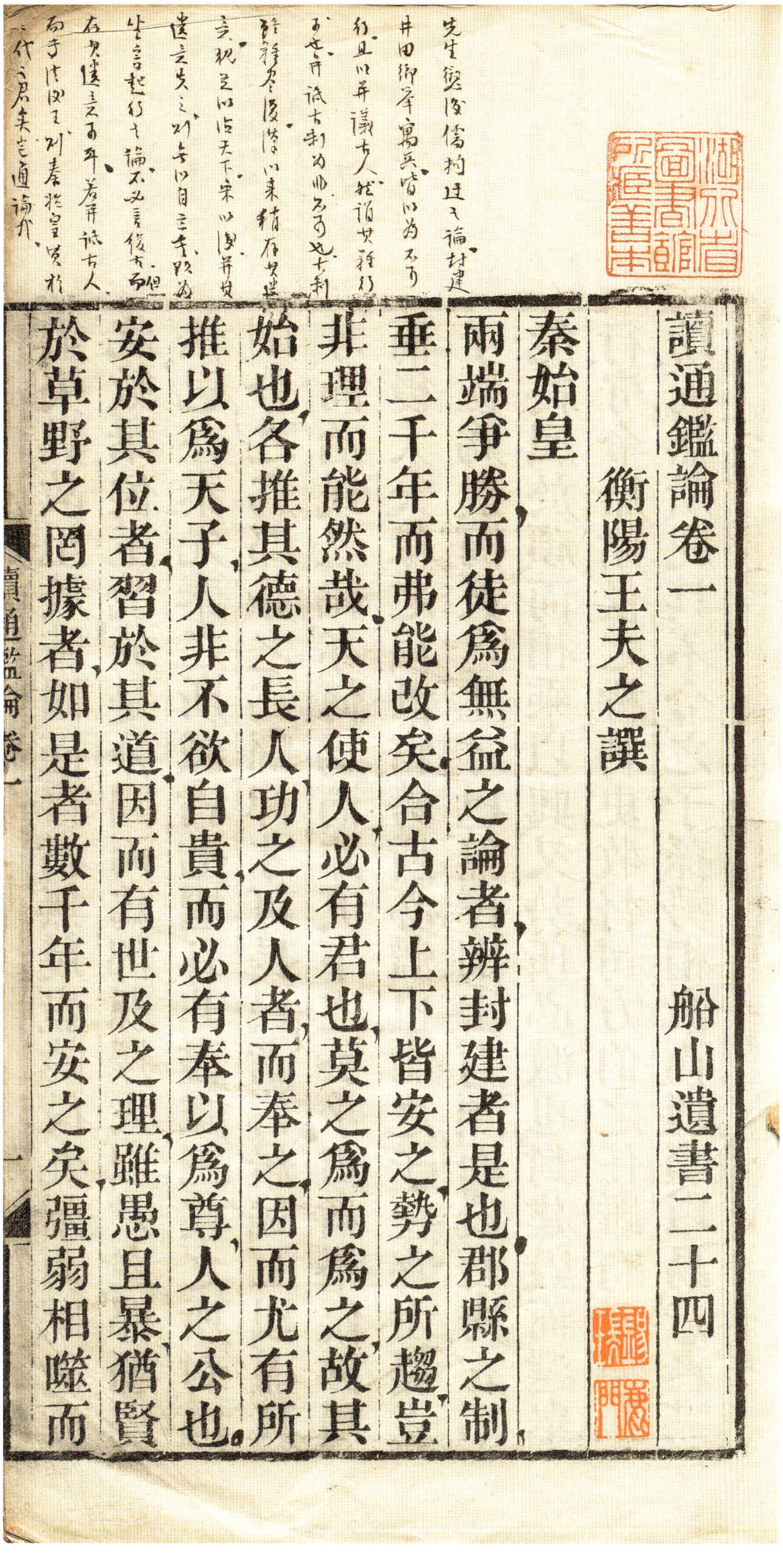

讀通鑑論卷一　　船山遺書二十四

衡陽王夫之譔

秦始皇

兩端爭勝而徒爲無益之論者辨封建者是也郡縣之制垂二千年而弗能改矣合古今上下皆安之勢之所趨豈非理而能然哉天之使人必有君也莫之爲而爲之故其始也各推其德之長人功之及人者而奉之因而尤有所推以爲天子人非不欲自貴而必有奉以爲尊人之公也安於其位者習於其道因而有世及之理雖愚且暴猶賢於草野之罔據者如是者數千年而安之矣彊弱相噬而

讀通鑑論卷一

140　《讀通鑑論》卷一卷端

140　讀通鑑論三十卷末一卷　〔清〕王夫之撰　清同治四年（1865）金陵節署刻本　清皮錫瑞批　存二十七卷（卷一至十八、二十三至三十、卷末）

開本高 25.6 厘米，寬 15.0 厘米。框高 19.3 厘米，寬 12.8 厘米。半葉十行，行二十二字，黑口，左右雙邊。索書號：善 002597。

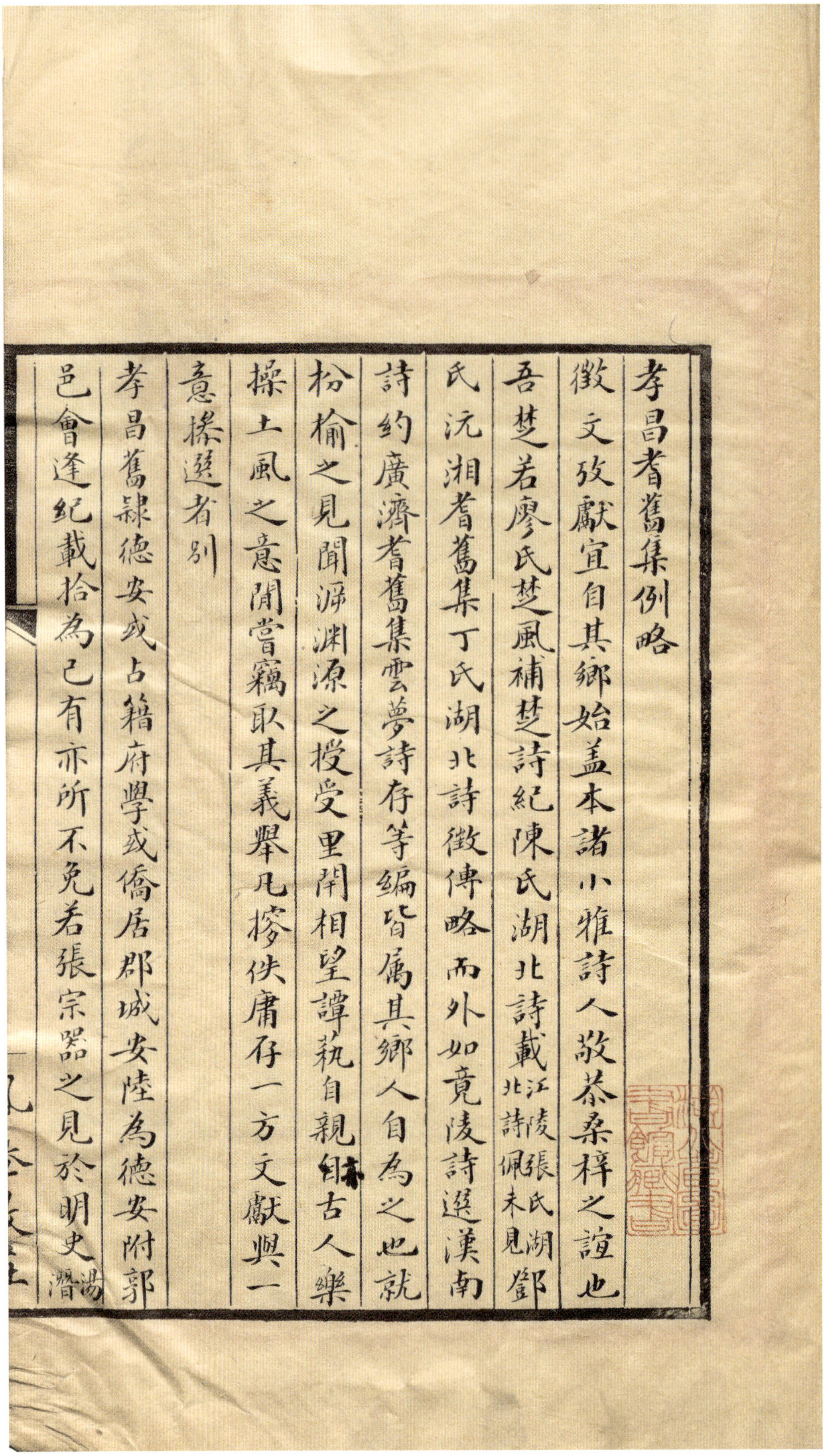
孝昌耆舊集例略
徵文攷獻宜自其鄉始蓋本諸小雅詩人敬恭桑梓之誼也
吾楚若廖氏楚風補楚詩紀陳氏湖北詩載江陵張氏湖北詩佩未見鄧
氏沅湘耆舊集丁氏湖北詩徵傳略而外如竟陵詩選漢南
詩約廣濟耆舊集雲夢詩存等編皆屬其鄉人自為之也就
枌榆之見聞溯淵源之授受里閈相望譚蓺自親緬古人樂
操土風之意閒嘗竊取其義舉凡搜佚庸存一方文獻輿一
意搜選者別
孝昌舊隸德安或占籍府學或僑居郡城安陸為德安附郭
邑會逢紀載拾為己有亦所不免若張宗器之見於明史湯潛

141-1 《孝昌耆舊集例略》

141 ［孝感鳳港文獻四種序例彙編］一卷 黄士冕纂 稿本

開本高 26.3 厘米，寬 17.0 厘米。框高 19.0 厘米，寬 14.2 厘米。半葉十行，行二十四字，小字雙行同，白口，左右雙邊。索書號：善 004165。

鳳港小志指例

吾邑文獻有明以前幾致無徵之歎鳳港迺環之一隅雖地絡縈紆物華彪蔚而兵燹頻仍故家之留遺略盡然其軼時時見於他說特蒐徵洗遴存千百於什一敢曰補前人之闕罅庶克堅後來之傳信云

方志與（於）目錄家隸地理誼宜以輿地為主苟輿地不明不幾茫無限制乎蓋疆域尚焉鳳港雖無高山大澤然濱港東西岡巒綿亘實資屏障亦柏翳傳經酈亭作傳所不廢故類次山水又川原錯亙經流支注不可勝數故以水經明之他若津梁市店坊墓寺觀凡麗於地者合而志之為

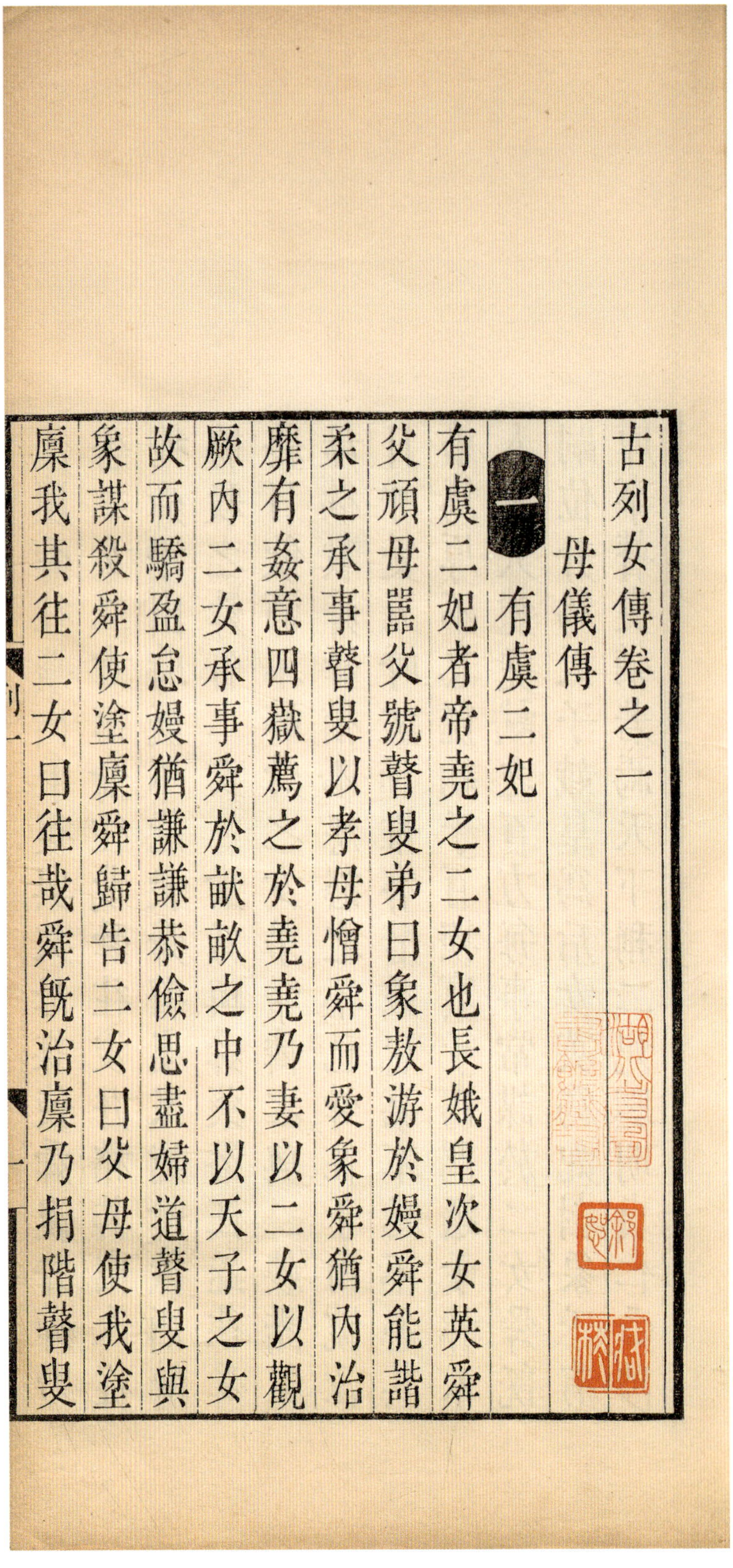

古列女傳卷之一

母儀傳

一　有虞二妃

有虞二妃者帝堯之二女也長娥皇次女英舜父頑母嚚父號瞽叟弟曰象敖游於嫚舜能諧柔之承事瞽叟以孝母憎舜而愛象舜猶內治靡有姦意四嶽薦之於堯堯乃妻以二女以觀厥內二女承事舜於畎畝之中不以天子之女故而驕盈怠嫚猶謙謙恭儉思盡婦道瞽叟與象謀殺舜使塗廩舜歸告二女曰父母使我塗廩我其往二女曰往哉舜旣治廩乃捐階瞽叟

142-1　《古列女傳》卷一卷端

142　古列女傳七卷　〔漢〕劉向撰　**續一卷　考證一卷**　〔清〕顧廣圻撰　清嘉慶元年（1796）顧之逵小讀書堆刻本　清吴騫批校　清李希聖題識

開本高 27.3 厘米，寬 15.5 厘米。框高 17.8 厘米，寬 12.3 厘米。半葉十一行，行十八字，小字雙行二十七字，黑口，左右雙邊。鈐“拜經樓吴氏藏書印”“伯元”“徐恕”等印。索書號：善 002638。

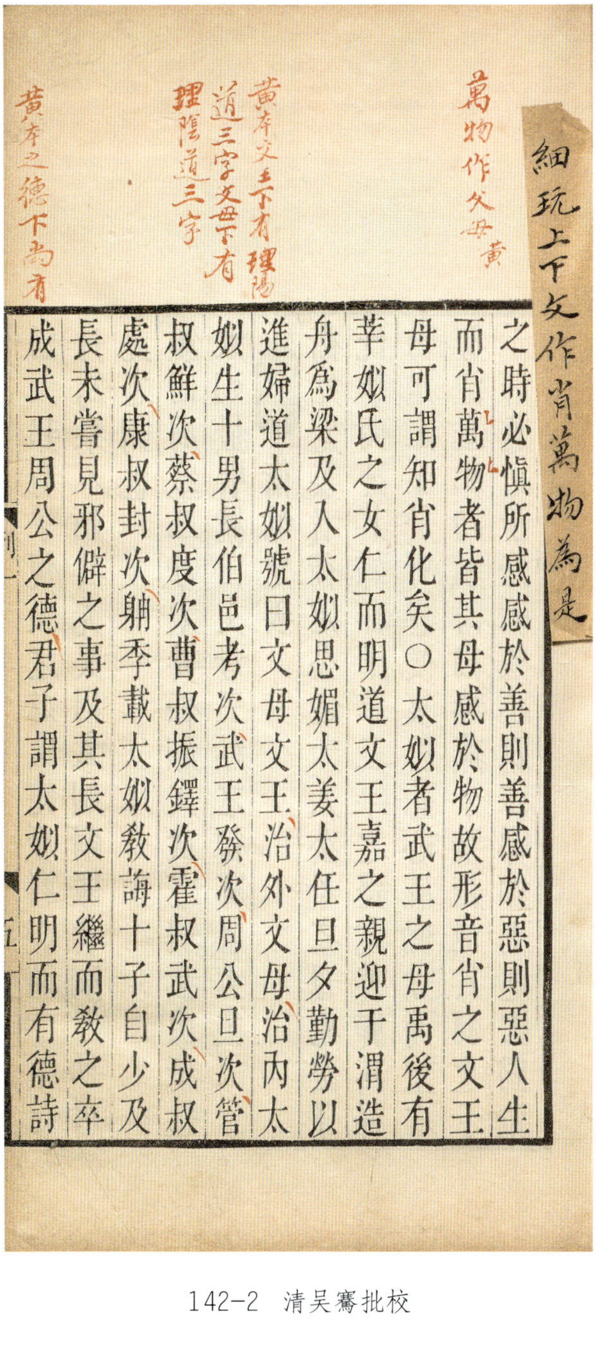
萬物作父母 黃

黃本文王下有理陽道三字文母下有理陰道三字

黃本之德下尚有

細玩上下文作肖萬物爲是

之時必愼所感感於善則善感於惡則惡人生
而肖萬物者皆其母感於物故形音肖之文王
母可謂知肖化矣○太姒者武王之母禹後有
莘姒氏之女仁而明道文王嘉之親迎于渭造
舟爲梁及入太姒思媚太姜太任旦夕勤勞以
進婦道太姒號曰文母文王治外文母治內太
姒生十男長伯邑考次武王發次周公旦次管
叔鮮次蔡叔度次曹叔振鐸次霍叔武次成叔
處次康叔封次聃季載太姒教誨十子自少及
長未嘗見邪僻之事及其長文王繼而教之卒
成武王周公之德君子謂太姒仁明而有德詩

142-2　清吴騫批校

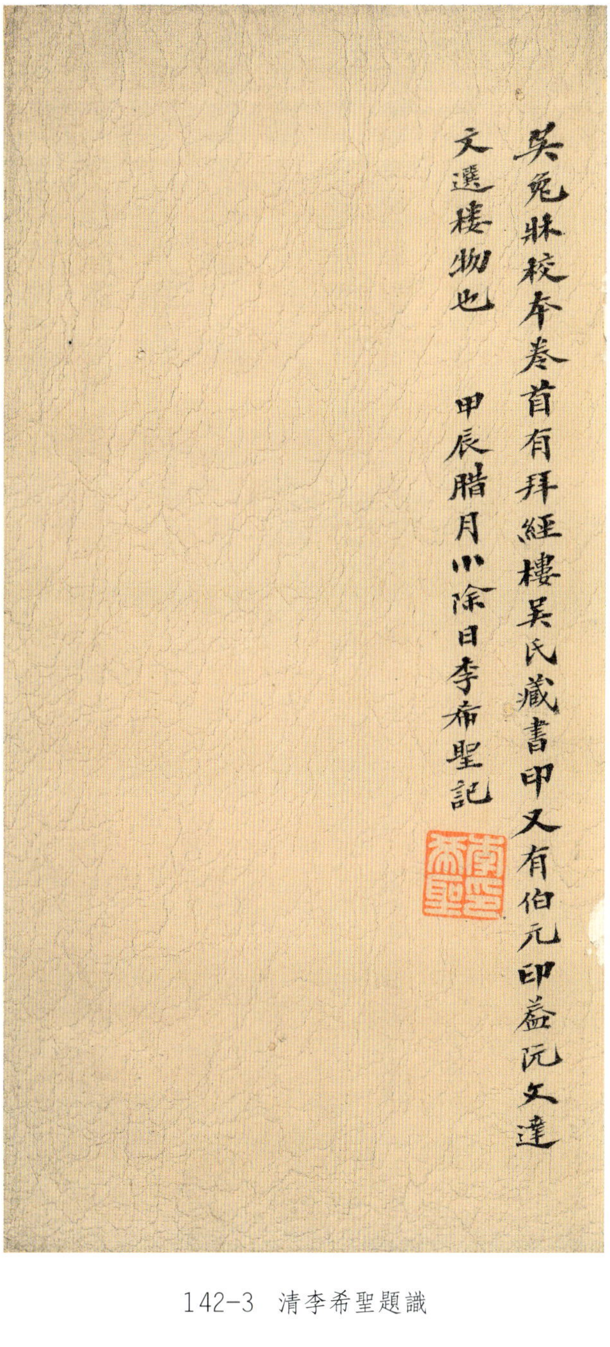
吳兔牀校本卷首有拜經樓吳氏藏書印又有伯元印蓋阮文達文選樓物也

甲辰臘月小除日李希聖記

142-3　清李希聖題識

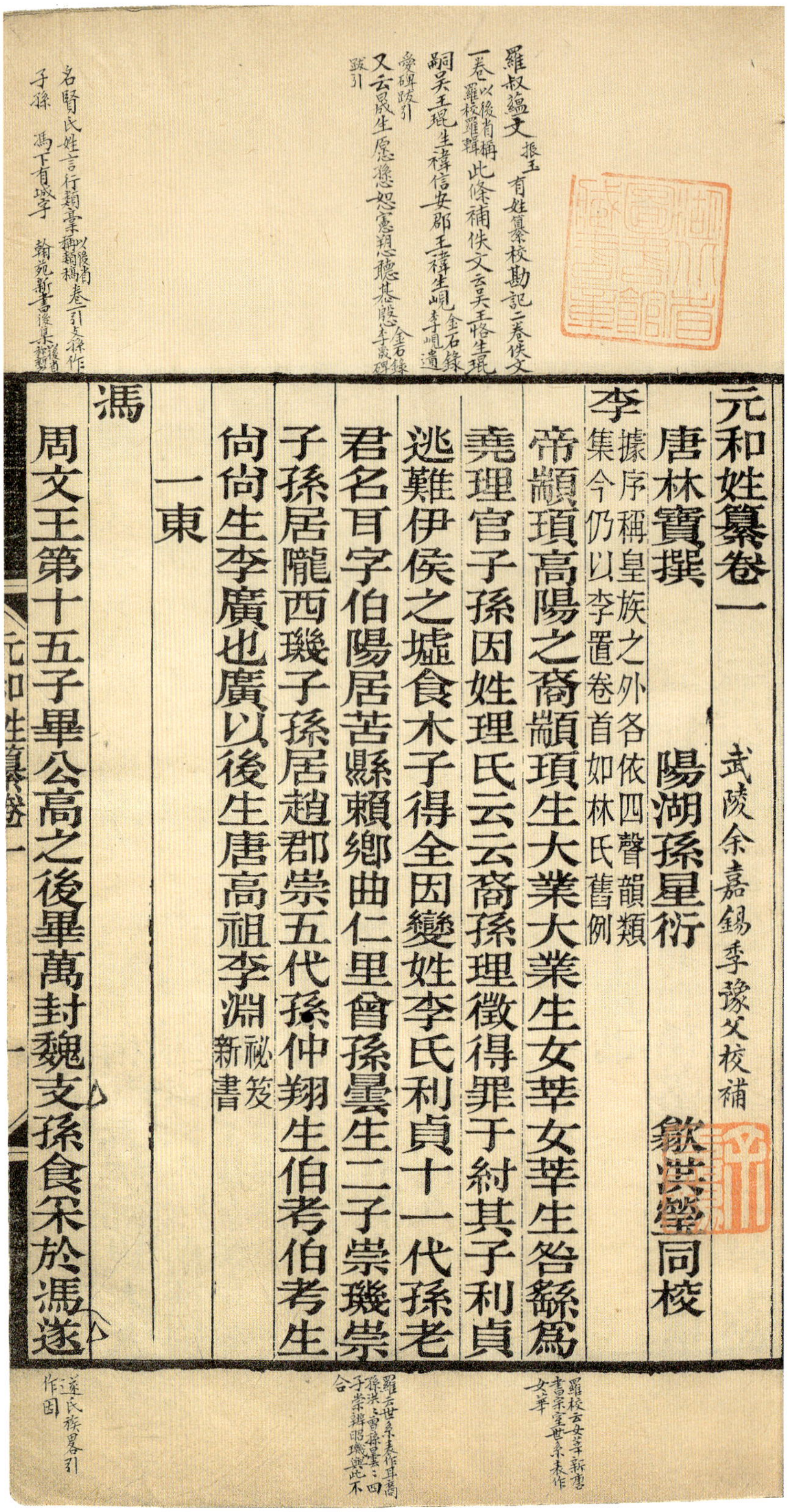

143-1　《元和姓纂》卷一卷端

143　元和姓纂十卷　〔唐〕林寶撰　〔清〕孫星衍　〔清〕洪瑩校　清光緒六年（1880）金陵書局刻本　余嘉錫校並題識

開本高 26.5 厘米，寬 15.6 厘米。框高 17.6 厘米，寬 14.4 厘米。半葉十二行，行二十四字，小字雙行同，黑口，左右雙邊。索書號：善 002685。

辰十月中大夫行兵部員外郎知制誥王涯述

壬申正月廿八日假得文津閣四庫全書本宋章定名賢氏族言行類稾并檢古今姓氏書辯證通志氏族略姓氏急就篇及翰苑新書（洪氏原輯所據之秘笈新書乃坊賈取此書之十餘卷託爲謝坊得作不足爲據也）以校元和姓纂改正脫誤數千字補輯佚文四百餘條凡十四日而畢漫志之於此　二月十一日狷庵

羅文叔言有姓纂校勘記二卷佚文一卷今年三月復手錄此書之中并附以鄙見佚文已全錄入校勘記已得十之九而大病遂未畢業又元人洪晏脩所著古今姓氏遙華韻章定書以蓋本所引姓纂宜可以相參證今雖病起而困於教授亦未暇後校也余友　徐君行可從余借鈔因命小史錄副以贈并畧志數語於簡端庶覩者有考焉

143-2　余嘉錫題識

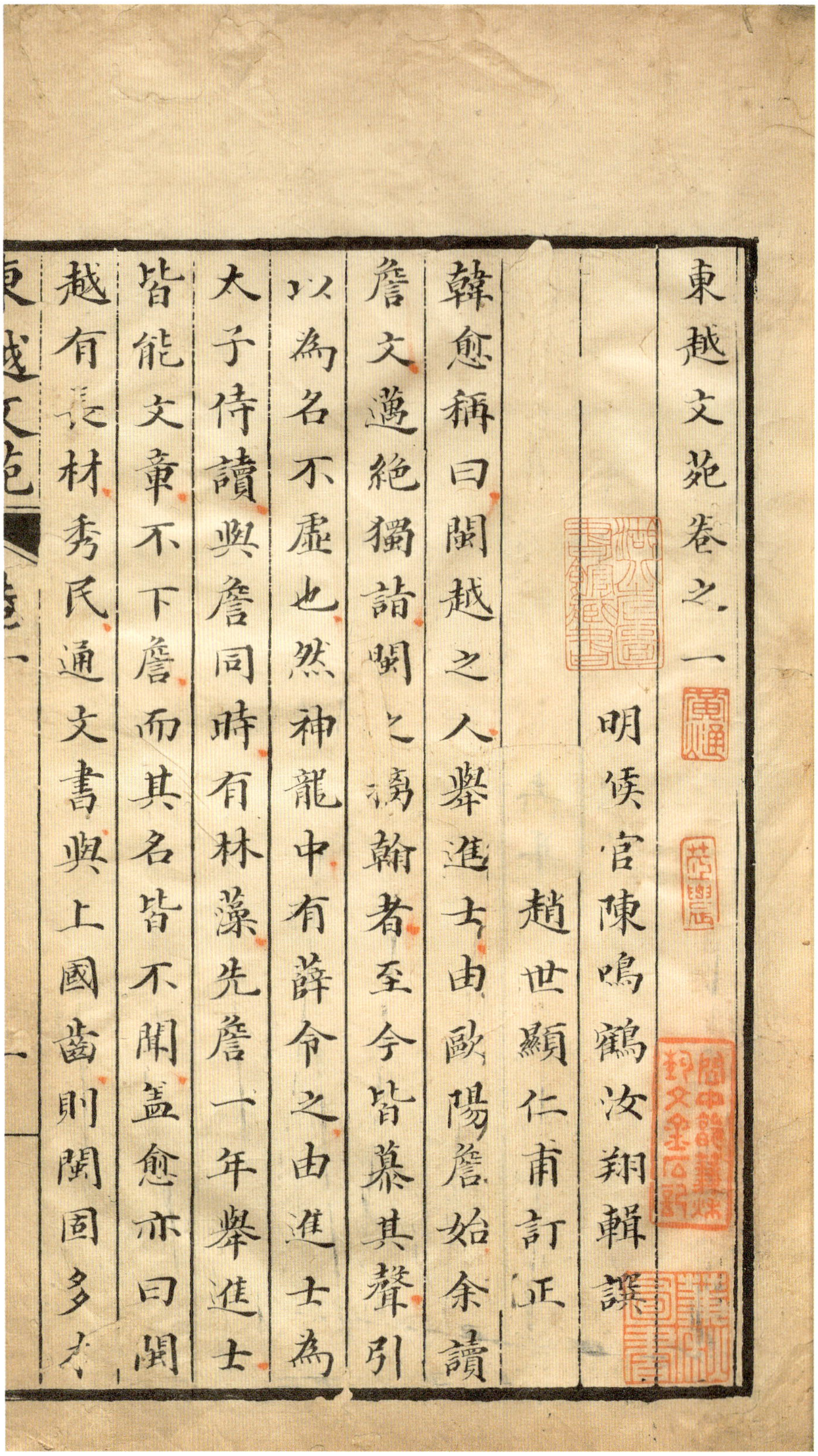
東越文苑卷之一
明侯官陳鳴鶴汝翔輯譔
趙世顯仁甫訂正
韓愈稱曰閩越之人舉進士由歐陽詹始余讀
詹文邁絶獨諸閩之稱翰者至今皆慕其聲引
以為名不虛也然神龍中有薛令之由進士為
太子侍讀與詹同時有林藻先詹一年舉進士
皆能文章不下詹而其名皆不聞蓋愈亦曰閩
越有長林秀民通文書與上國齒則閩固多才

144 《東越文苑》卷一卷端

144 東越文苑六卷 〔明〕陳鳴鶴撰 清抄本

開本高 25.7 厘米，寬 17.0 厘米。框高 20.6 厘米，寬 13.8 厘米。半葉九行，行十八字，白口，左右雙邊。鈐“黄燏”“肖碞具眼”“閩戴成芬芷農圖籍”“茝農”“成芬私印”“臣郭柏蒼”“閩中郭蒹秋藝文金石記”“蒹秋藏書”等印。索書號：善 004169。

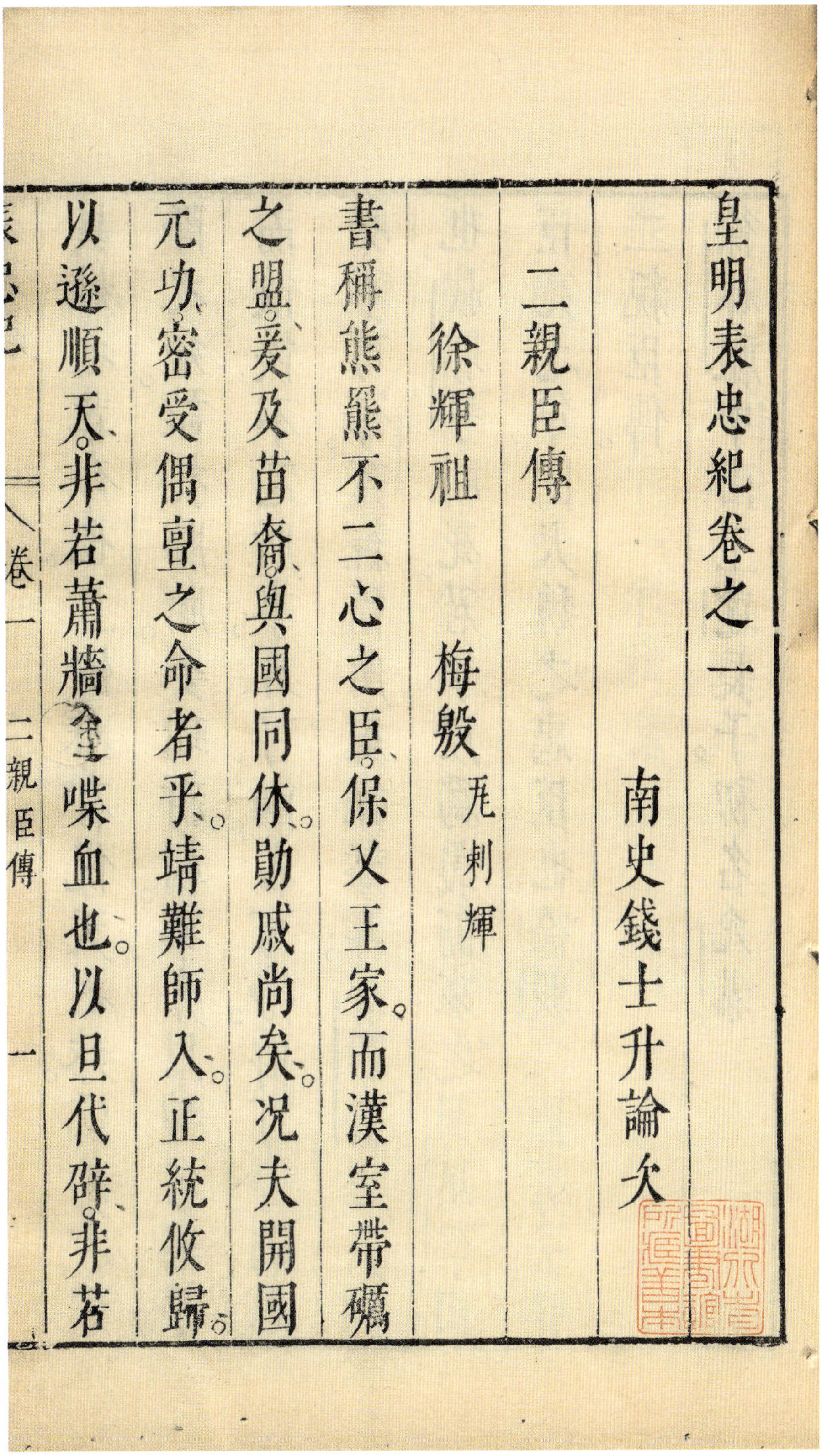
皇明表忠紀卷之一

南史錢士升論次

二親臣傳

徐輝祖　梅殷 尨刺輝

書稱熊羆不二心之臣保乂王家而漢室帶礪

之盟爰及苗裔與國同休勛戚尚矣況夫開國

元功密受偶亶之命者乎靖難師入正統攸歸

以遜順天非若蕭牆釁喋血也以旦代辟非若

表忠紀　卷一　二親臣傳　一

145 《皇明表忠紀》卷一卷端

145 皇明表忠紀十卷首一卷附録一卷 〔明〕錢士升撰 明崇禎胡氏十竹齋刻本 存十一卷（首一卷、卷一至十）

開本高25.9厘米，寬16.1厘米。框高20.7厘米，寬14.4厘米。半葉八行，行十八字，白口，四周單邊。索書號：善000921。

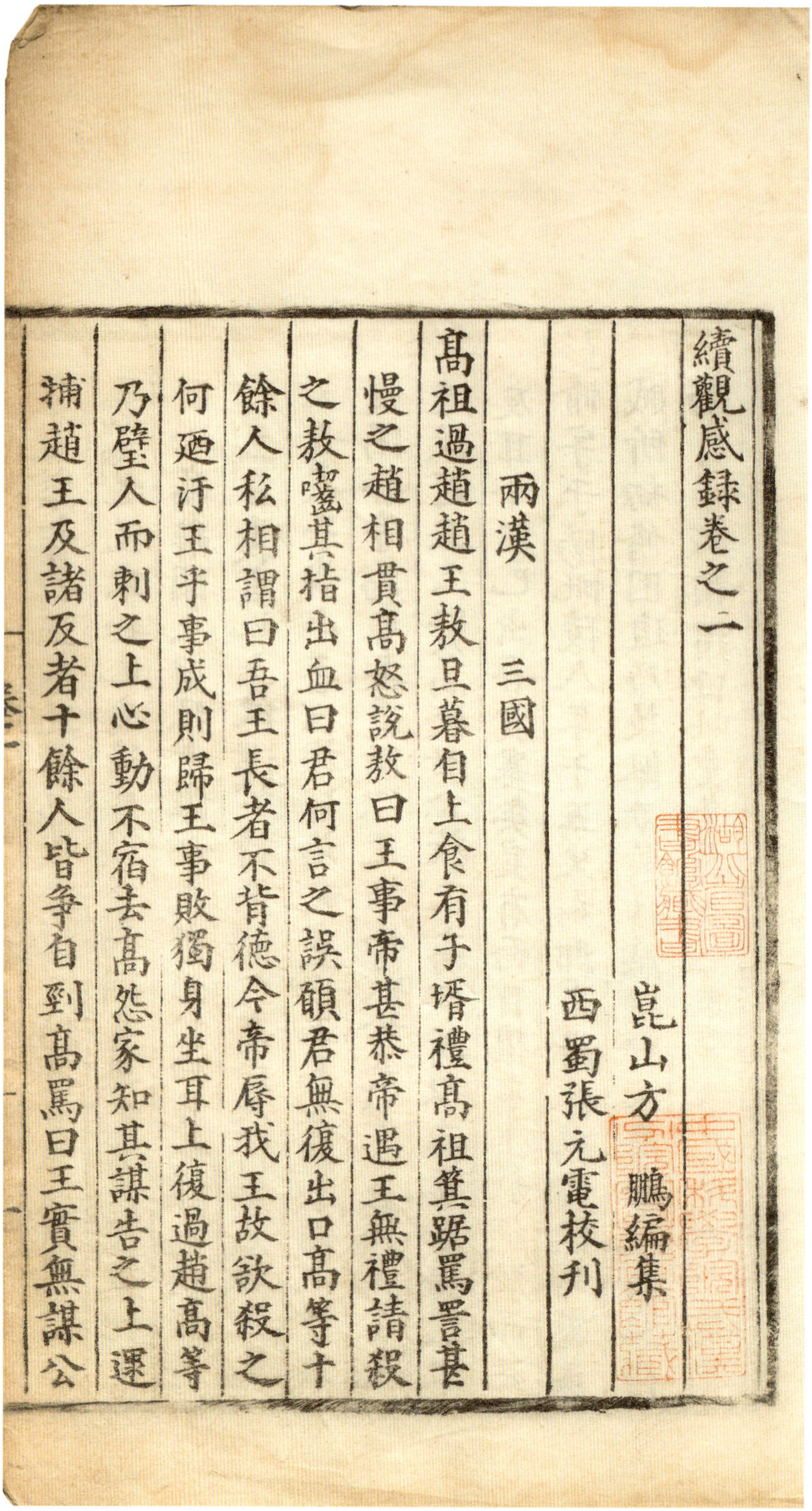

續觀感録卷之一

崑山方　鵬編集

西蜀張元電校刊

兩漢　三國

高祖過趙趙王敖旦暮自上食有子壻禮高祖箕踞罵詈甚慢之趙相貫高怒説敖曰王事帝甚恭帝遇王無禮請殺之敖嚙其指出血曰君何言之誤願君無復出口高等十餘人私相謂曰吾王長者不背德令帝辱我王故欲殺之何迺汙王乎事成則歸王事敗獨身坐耳上復過趙高等乃壁人而刺之上心動不宿去高怨家知其謀告之上逮捕趙王及諸反者十餘人皆爭自剄高罵曰王實無謀公

146　《續觀感録》卷一卷端

146　續觀感録十二卷　〔明〕方鵬輯　明張元電刻本

開本高 28.8 厘米，寬 18.3 厘米。框高 20.8 厘米，寬 15.4 厘米。半葉十一行，行二十三字，白口，左右雙邊。索書號：善 000919。

國家珍貴古籍名録編號：10260。湖北省珍貴古籍名録編號：00076。

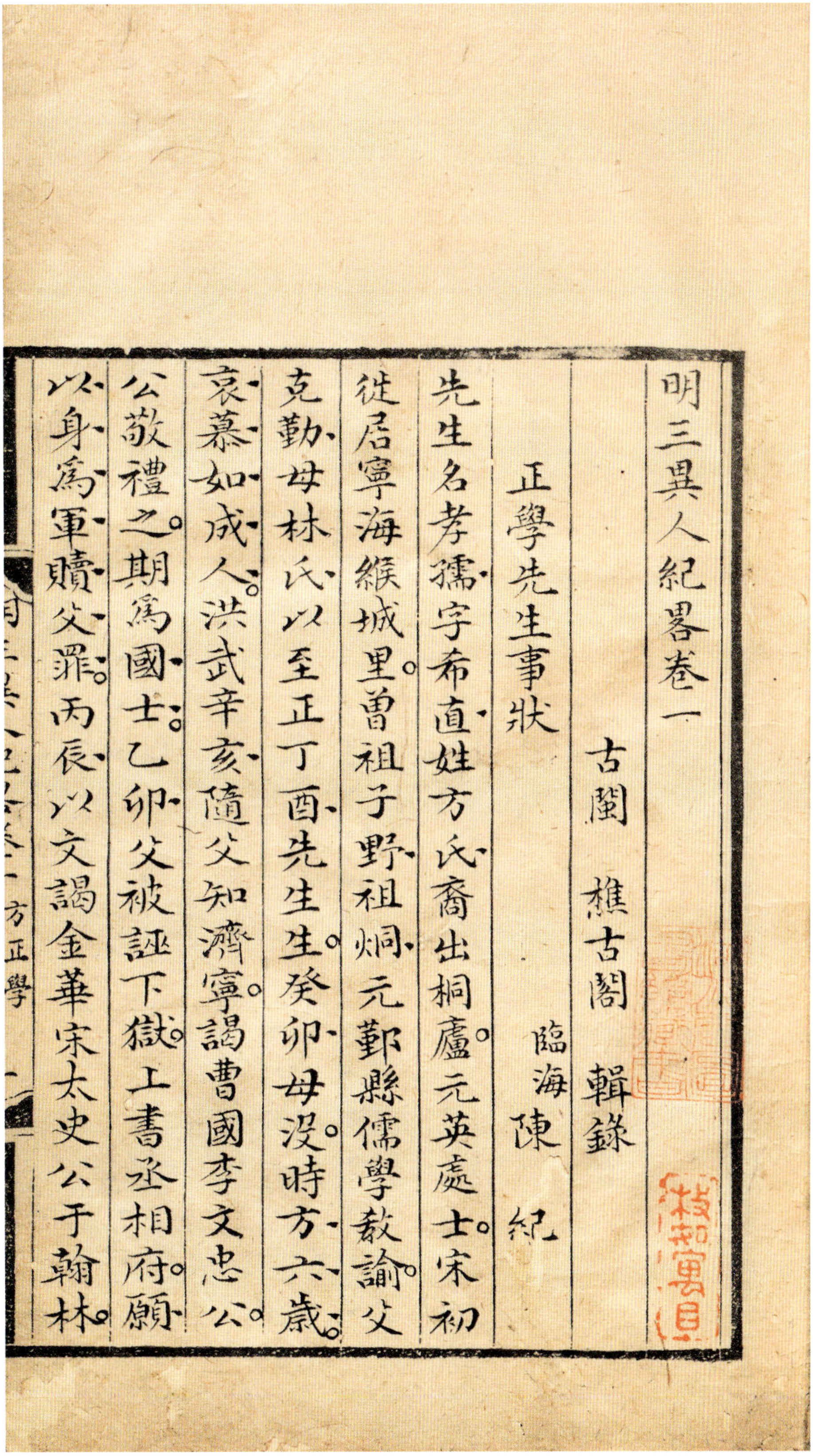
明三異人紀畧卷一
古閩 樵古閣 輯錄
正學先生事狀 臨海陳 紀
先生名孝孺字希直姓方氏裔出桐廬元英處士宋初徙居寧海緱城里曾祖子野祖炯元鄞縣儒學教諭父克勤母林氏以至正丁酉先生生癸卯母沒時方六歲哀慕如成人洪武辛亥隨父知濟寧謁曹國李文忠公公敬禮之期爲國士乙卯父被誣下獄上書丞相府願以身爲軍贖父罪丙辰以文謁金華宋太史公于翰林

147 《明三異人紀略》卷一卷端

147 明三異人紀略四卷 題樵古閣輯 清抄本 清劉家謀跋 清謝章鋌跋

開本高 22.6 厘米，寬 14.7 厘米。框高 15.7 厘米，寬 11.8 厘米。半葉九行，行二十一字，黑口，左右雙邊。鈐“枚如寓目”“長樂小謝”等印。索書號：善 004168。

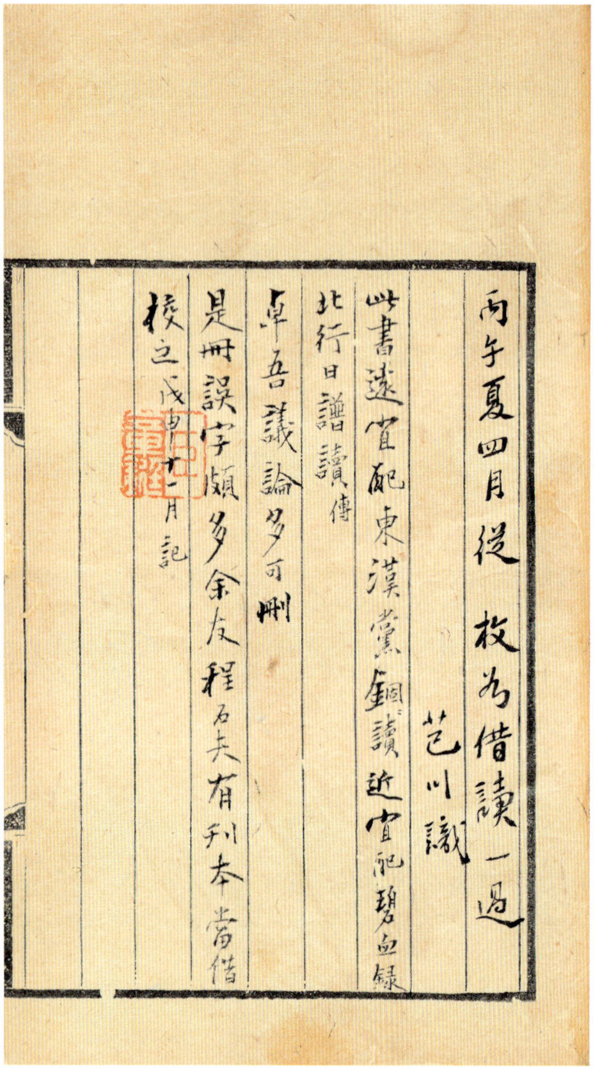
丙午夏四月從　校爲借讀一過
芑川識
此書遠宜配東漢黨錮讀近宜配碧血録
北行日譜讀傳
卓吾議論多可刪
是冊誤字頗多余友程石夫有刊本當借
校之戊申十一月記

147-2　清劉家謀跋、謝章鋌跋

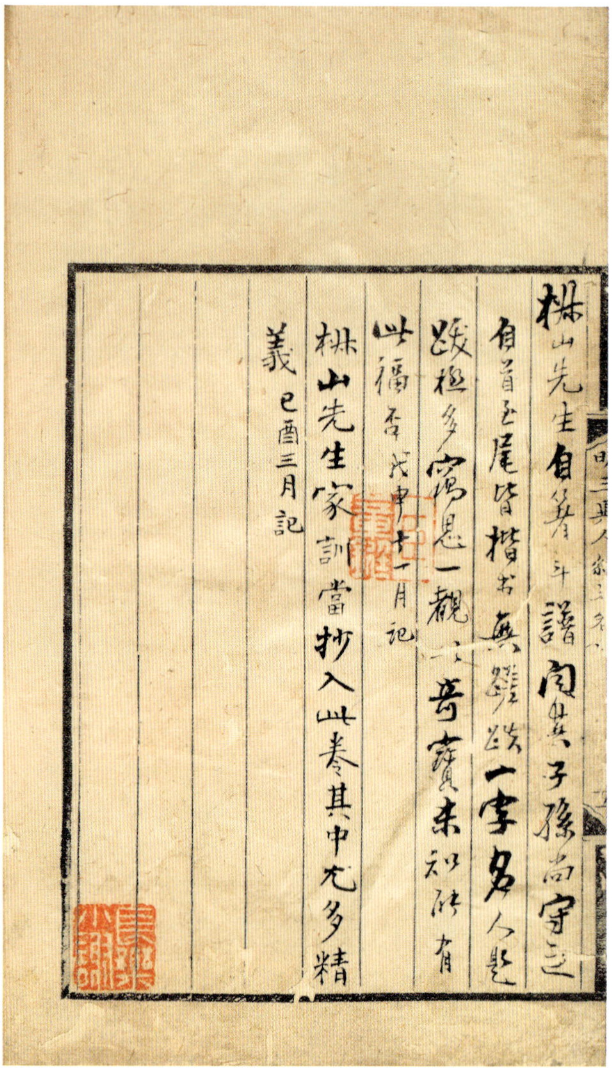
椒山先生自箸年譜閱其子孫尚守之
自首至尾皆楷書無錯誤一字多人題
跋極多寫是一觀之奇寶未知何有
此福否　戊申十一月記
椒山先生家訓當抄入此卷其中尤多精
義　己酉三月記

147-3　清謝章鋌跋

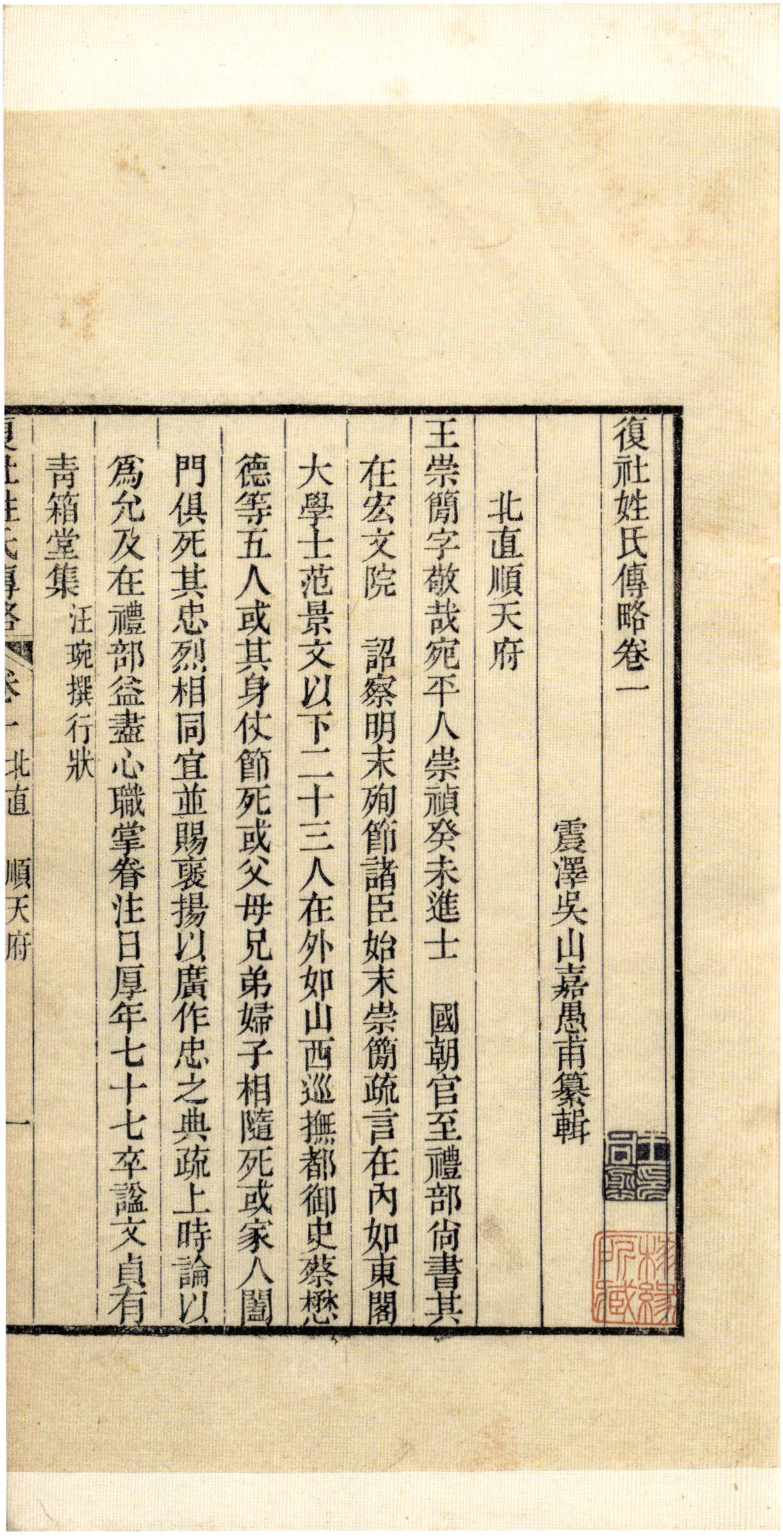

148 《復社姓氏傳略》卷一卷端

148 復社姓氏録一卷南都防亂公揭一卷 〔清〕吴翺輯 **復社姓氏傳略十卷首一卷** 〔清〕吴山嘉撰 清道光十一年（1831）南陔堂刻本

金鑲玉裝。開本高 27.3 厘米，寬 17.0 厘米。框高 16.5 厘米，寬 12.5 厘米。半葉十行，行二十五至二十六字，白口，左右雙邊。鈐“王同愈印”“元和王同愈”“栩緣印信”“栩緣所藏”“栩栩盦”“栩盦長物”印。索書號：善 001291。

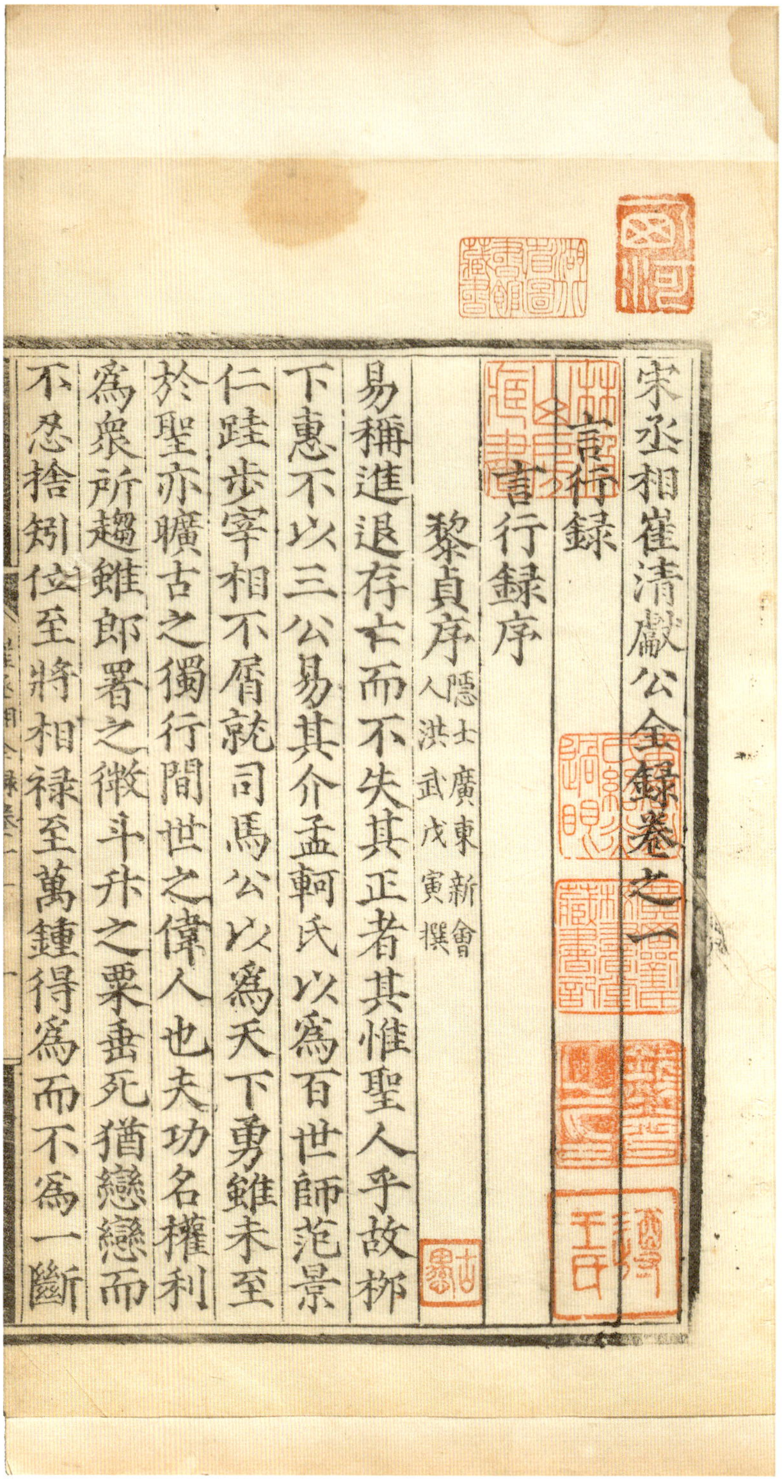
宋丞相崔清獻公全録卷之一
言行録
言行録序
黎貞序 隱士廣東新會人洪武戊寅撰
易稱進退存亡而不失其正者其惟聖人乎故柳
下惠不以三公易其介孟軻氏以爲百世師范景
仁跬步寧相不屑就司馬公以爲天下勇雖未至
於聖亦曠古之獨行間世之偉人也夫功名權利
爲衆所趨雖郎署之微斗升之粟垂死猶戀戀而
不忍捨矧位至將相禄至萬鍾得爲而不爲一斷

149　《宋丞相崔清獻公全録》卷一卷端

149　宋丞相崔清獻公全録十卷　〔宋〕崔與之撰　〔明〕崔子璲輯　〔明〕崔曉增輯　明嘉靖十三年（1534）唐胄、邵煉刻本

金鑲玉裝。開本高 28.4 厘米，寬 18.3 厘米。框高 19.3 厘米，寬 13.9 厘米。半葉十行，行十九字，小字雙行同，黑口，四周雙邊。鈐“遵王氏”“錢曾之印”“林汲山房藏書”“仲氏”“古愚”“西河”“藉書園本”“黄岡劉氏校書堂藏書記”等印，其中錢曾二印疑僞。索書號：善 000912。

國家珍貴古籍名録編號：03964。

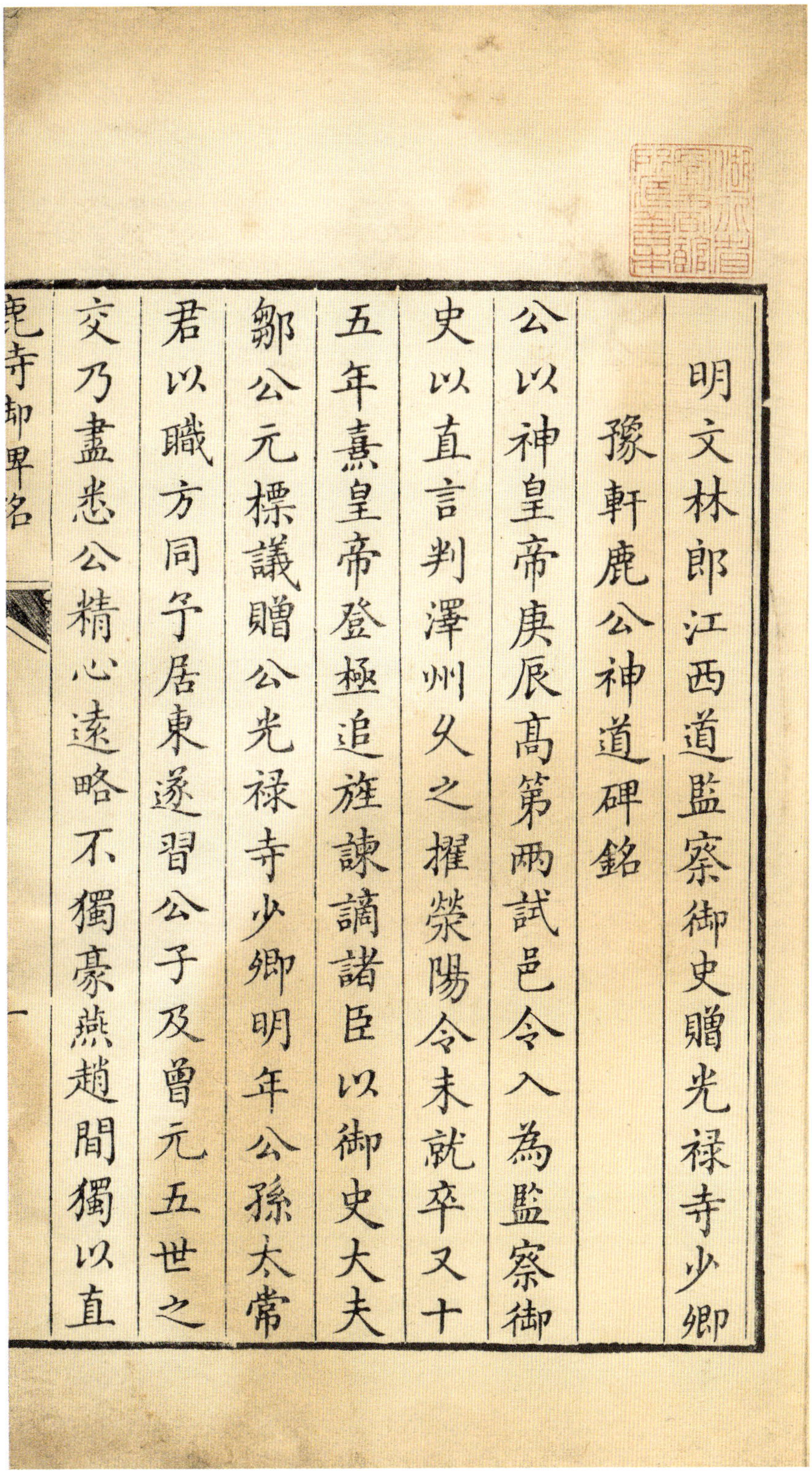

明文林郎江西道監察御史贈光禄寺少卿
豫軒鹿公神道碑銘
公以神皇帝庚辰高第兩試邑令入為監察御
史以直言判澤州久之擢滎陽令未就卒又十
五年熹皇帝登極追旌諫諍諸臣以御史大夫
鄒公元標議贈公光禄寺少卿明年公孫太常
君以職方同予居東遂習公子及曾元五世之
交乃盡悉公精心遠略不獨豪燕趙間獨以直

鹿侍御碑銘　一

150-1　《鹿侍御碑銘》卷端

150　鹿侍御［久徵］碑銘一卷〔明〕孫承宗撰　**鹿太公［正］傳一卷**〔清〕孫奇逢撰　**鹿太常［善繼］傳一卷**〔明〕盧象昇撰　**鹿忠節公［善繼］傳一卷**〔清〕方象瑛撰　**鹿解元［化麟］傳一卷**〔清〕范士楫撰　清乾隆刻本

開本高 26.8 厘米，寬 16.8 厘米。框高 19.7 厘米，寬 14.1 厘米。半葉八行，行十八字，白口，左右雙邊。索書號：善 000946。

鹿太公傳

太公名正號成宇侍御豫軒公長子太常伯順父也侍御宦游公拮据家務一意以明農課子為已任故侍御公無憂內顧太常未嘗北面一塾師而業就生平勤儉持家邮人之急甚於已當厄之與寧直無難色恒慮人有難盡之言也公表弟劉正心以一言之諾養其妻子終身為之娶婦者二嫁女者二葢慷慨好施自其天性

鹿太公傳　一

150-2　《鹿太公傳》卷端

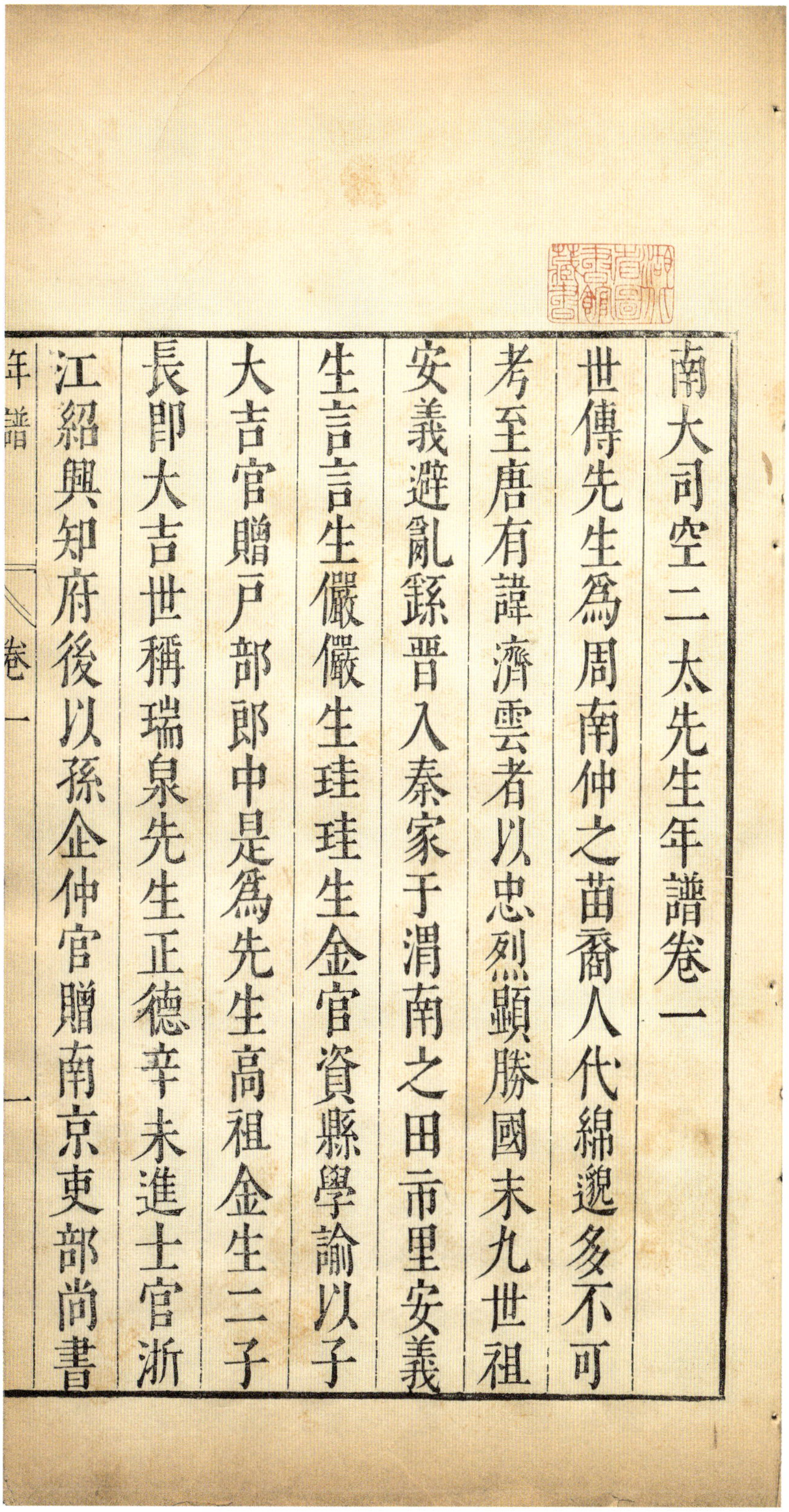
南大司空二太先生年譜卷一
世傳先生爲周南仲之苗裔人代綿邈多不可
考至唐有諱濟雲者以忠烈顯勝國末九世祖
安義避亂繇晋入秦家于渭南之田市里安義
生言言生儼儼生珪珪生金官資縣學諭以子
大吉官贈戸部郎中是爲先生高祖金生二子
長即大吉世稱瑞泉先生正德辛未進士官浙
江紹興知府後以孫企仲官贈南京吏部尚書

年譜　卷一　一

151　《南大司空二太先生年譜》卷一卷端

151　南大司空二太先生［居益］年譜二卷附録二卷　〔明〕王公選等編　明崇禎十三年（1640）南氏刻本

開本高 29.3 厘米，寬 17.4 厘米。框高 20.7 厘米，寬 14.7 厘米。半葉八行，行十八字，白口，四周單邊。索書號：善 000942。

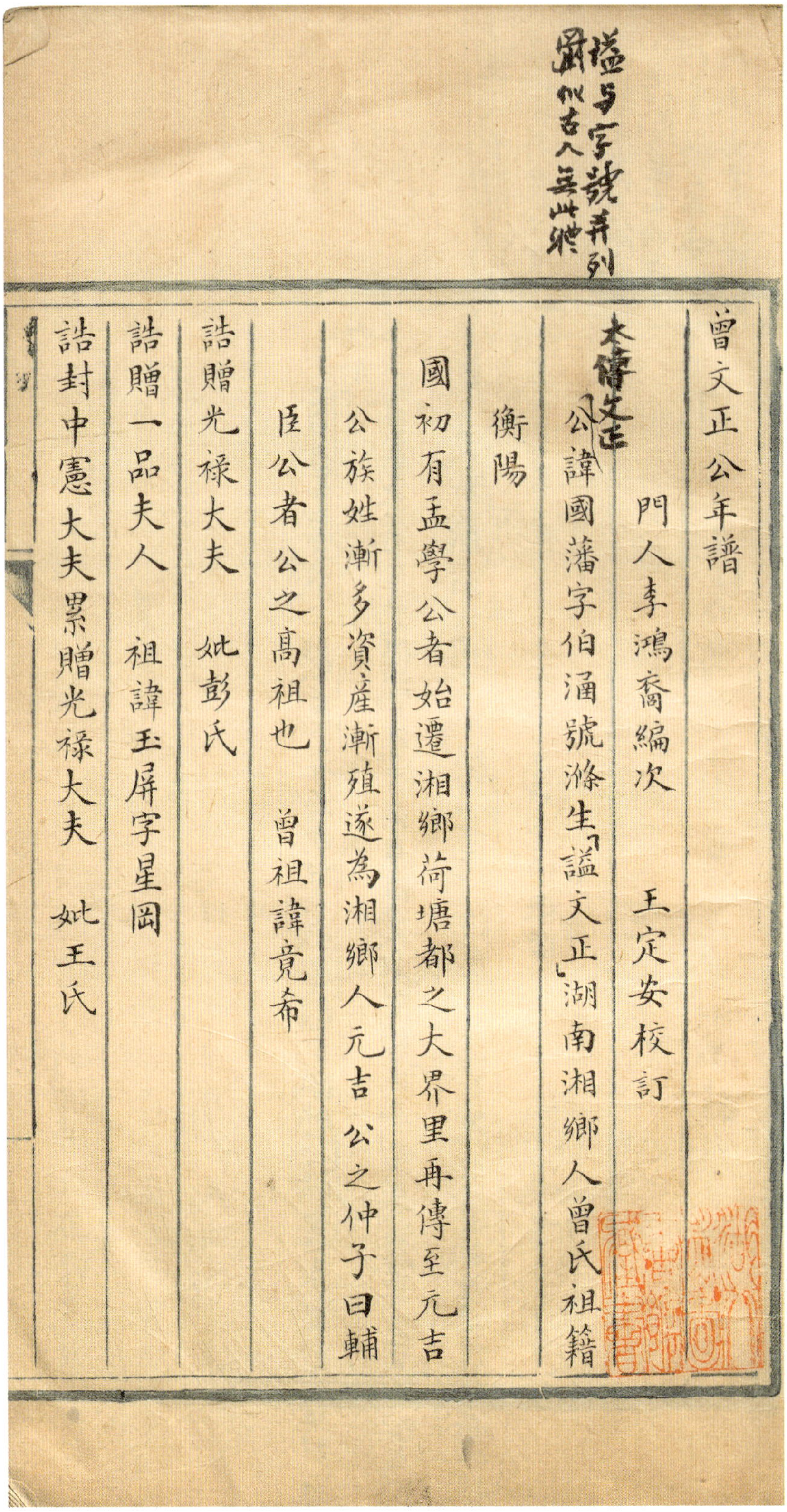

謚與字號并列　殊似古人無此體

曾文正公年譜

門人李鴻裔編次　王定安校訂

[太傅文正]公諱國藩字伯涵號滌生「謚文正」湖南湘鄉人曾氏祖籍

衡陽

國初有孟學公者始遷湘鄉荷塘都之大界里再傳至元吉

公族姓漸多資産漸殖遂為湘鄉人元吉公之仲子曰輔

臣公者公之高祖也　曾祖諱竟希

誥贈光祿大夫　妣彭氏

誥贈一品夫人　祖諱玉屏字星岡

誥封中憲大夫累贈光祿大夫　妣王氏

152　《曾文正公年譜》卷一卷端

152　曾文正公［國藩］年譜不分卷〔清〕李鴻裔撰〔清〕王定安校訂　稿本　缺咸豐四至五年（1854—1855）

開本高 26.2 厘米，寬 15.7 厘米。框高 19.4 厘米，寬 14.0 厘米。半葉十行，行二十四字，緑口，四周雙邊。索書號：善 004829。

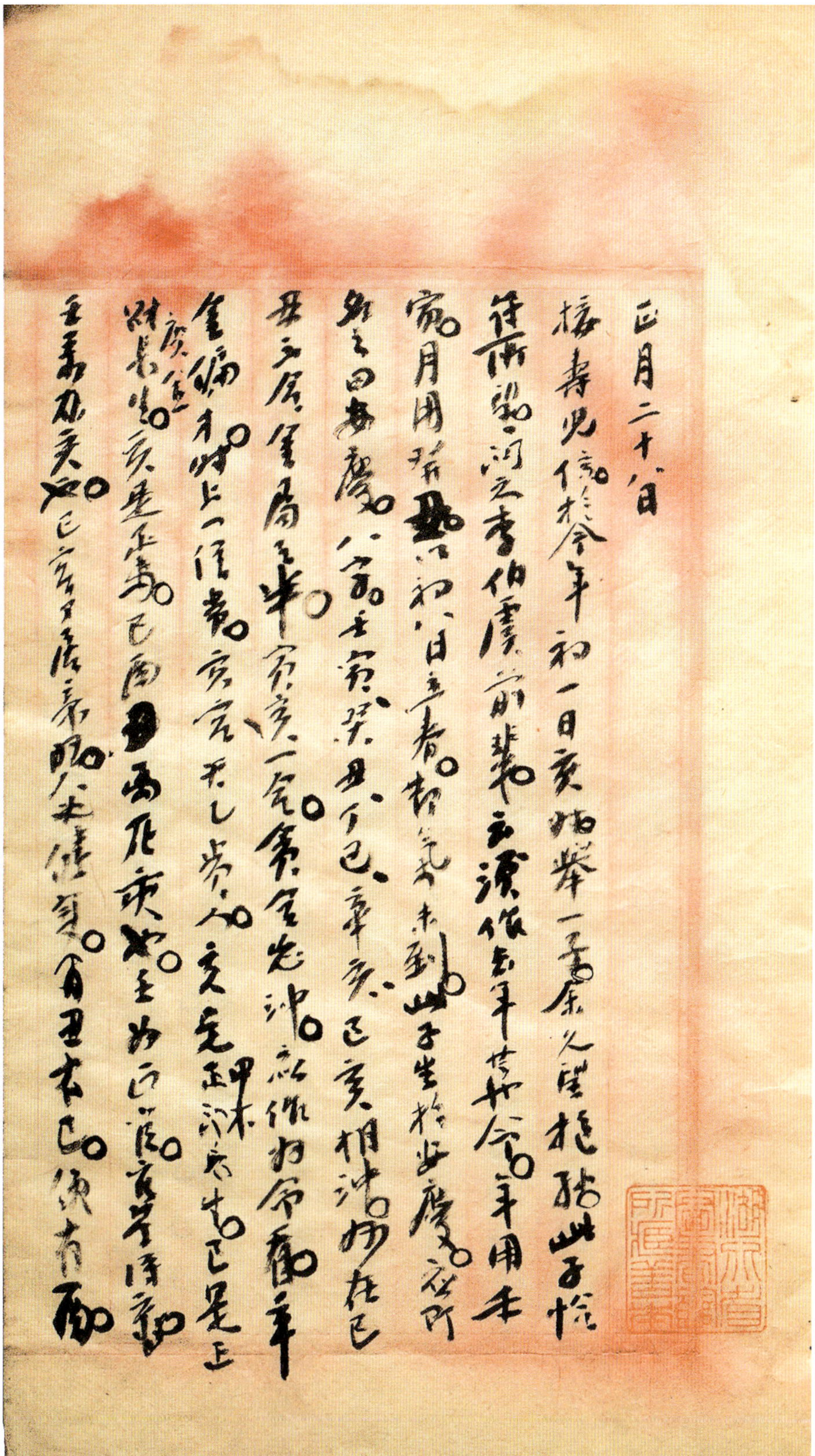

153-1 《左笏卿日記》卷端

153 左笏卿日記 *左紹佐撰 稿本 存清光緒二十九年至民國十六年（1903—1927）*

開本高 24.2 厘米，寬 15.2 厘米。框高 17.7 厘米，寬 11.7 厘米。半葉九行，行字不等，白口，四周雙邊。鈐“楚學精廬書庫”印。索書號：善 004629。

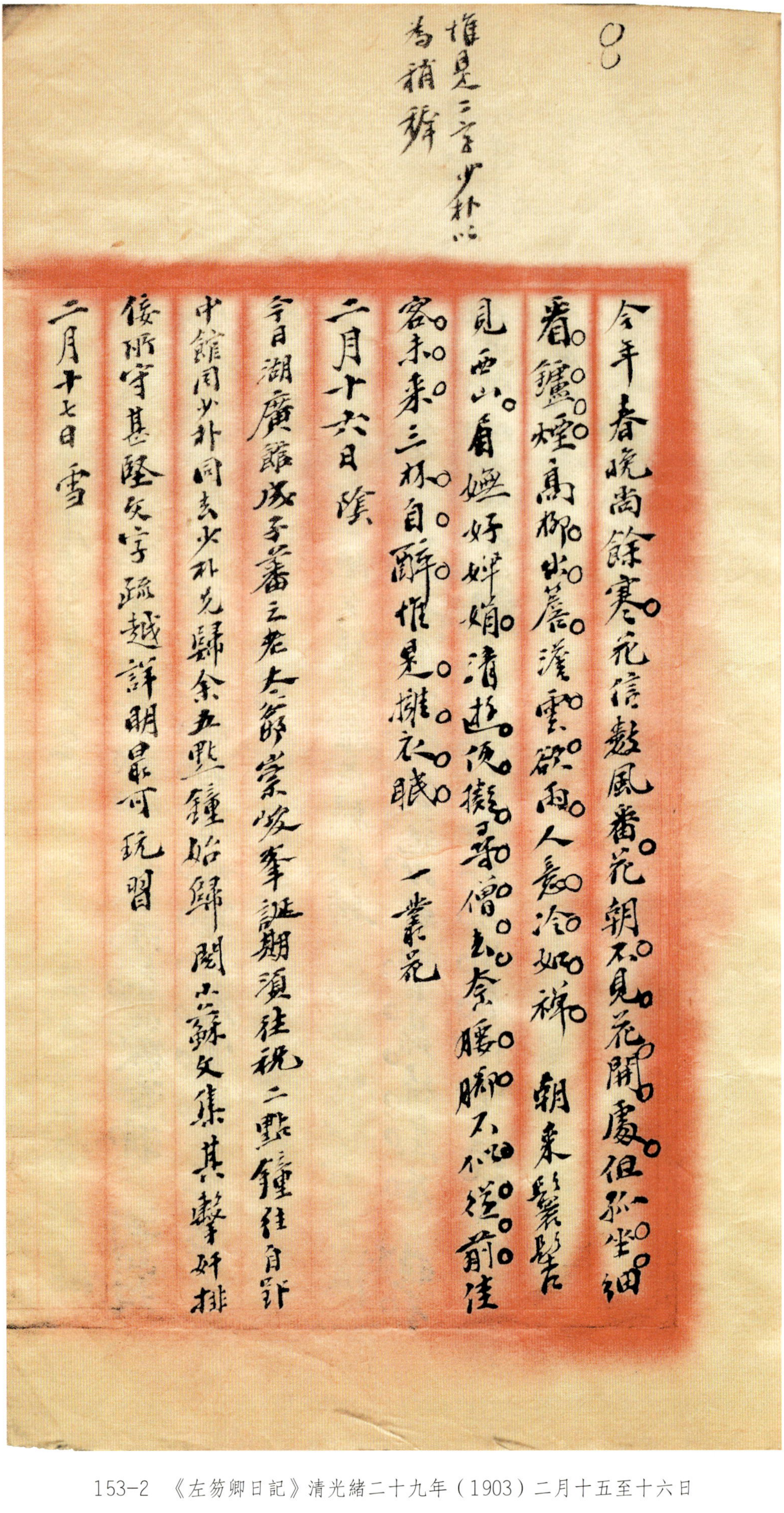
08

惟是二字少朴以為稍豁

今年春晚尚餘寒。花信數風番。花朝不見花開處。但孤坐細看。鑪煙高柳出。層巒雲欲雨。人意冷如禪。 朝來鬢髮見西山。自嫌好嬋娟。清遊便擬尋僧。去奈腰腳不堪從。前往客來。來三杯自醉。惟是擁衣眠。 一叢花

二月十六日 陰

今日湖廣館成子蕃之老太爺崇峻峯誕期須往祝二點鐘往自訴中館同少朴同去少朴先歸余五點鐘始歸 閱小蘇文集其攀奸排後所守甚堅文字疏越詳明最可玩習

二月十七日 雪

153-2 《左笏卿日記》清光緒二十九年（1903）二月十五至十六日

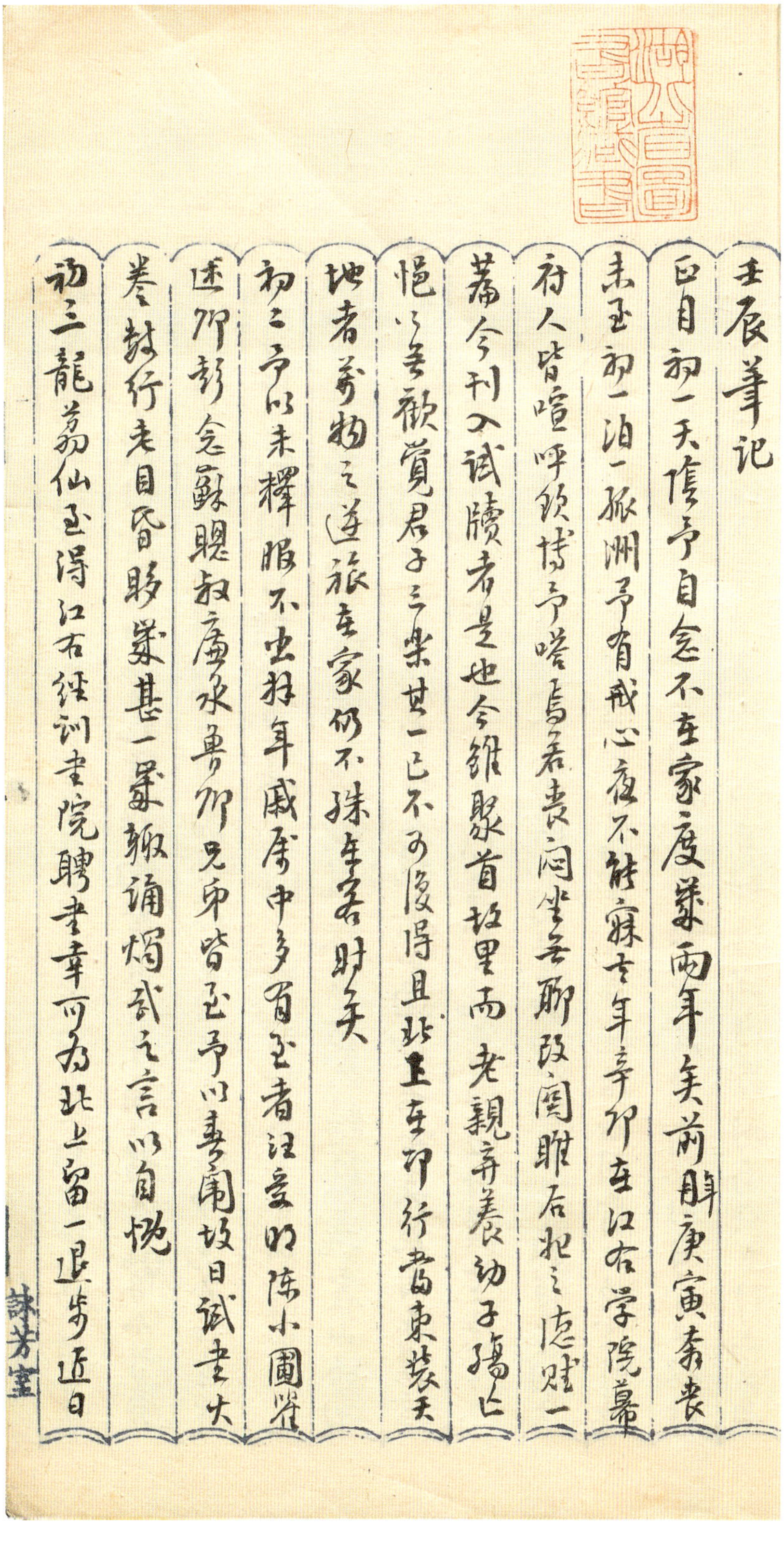

154 《師伏堂日記》卷端

154 師伏堂日記不分卷 〔清〕皮錫瑞撰 稿本 存清光緒十八至三十四年（1892—1908）

開本高 21.0 厘米，寬 12.5 厘米。框高 16.5 厘米，寬 11.3 厘米。半葉十一行，行字不等，藍口、紅口間緑口，四周花邊。索書號：善 004120。

國家珍貴古籍名録編號：03996。

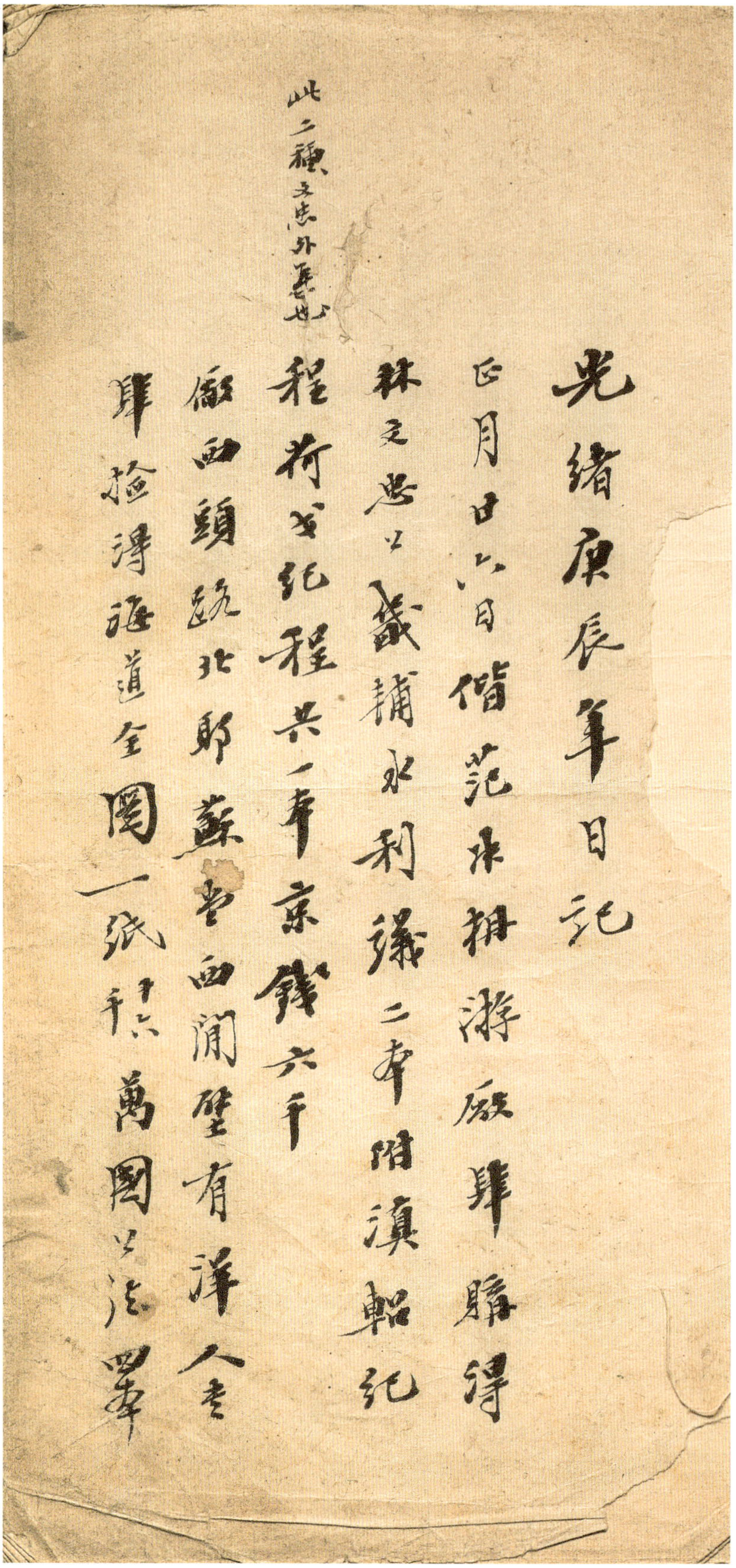
光緒庚辰年日記
正月廿六日偕范禾相游廠肆購得
林文忠公畿輔水利議二本附滇船紀
程荷生紀程共一本京錢六千
廠西頭路北即蘇堂西間壁有洋人書
肆撿得海道全圖一張十六千萬國公法畢
此二種文忠外集也

155-1 《漢陽關季華光緒庚辰年日記》卷端

155 漢陽關季華光緒庚辰年日記 〔清〕關棠撰 稿本

開本高 27.4 厘米，寬 16.7 厘米。無框欄，行數字數不等。索書號：集二 /4980。

人者先使[illegible]
百工也故次以[illegible]

曰日一人在口中之鄙也和木旁有目尺也尺加於心度乎理
也是爲綱不十字即以[illegible]論之治當有[illegible]由
無田上主也田由地田引不可獨存申者中田上下共
也有土有民必得人而理故次以人之才不[illegible]唯[illegible]
馭之[illegible]大者一人也[illegible]不可以驕失之天者大在一上也一人之
智謙有宗當慮[illegible]持宗夫者二人也至是而教乎
成矣井者條理之也至是[illegible]中不遷如羊者群也
不惟有以化之而又以愛之也其爲[illegible]善治之[illegible]

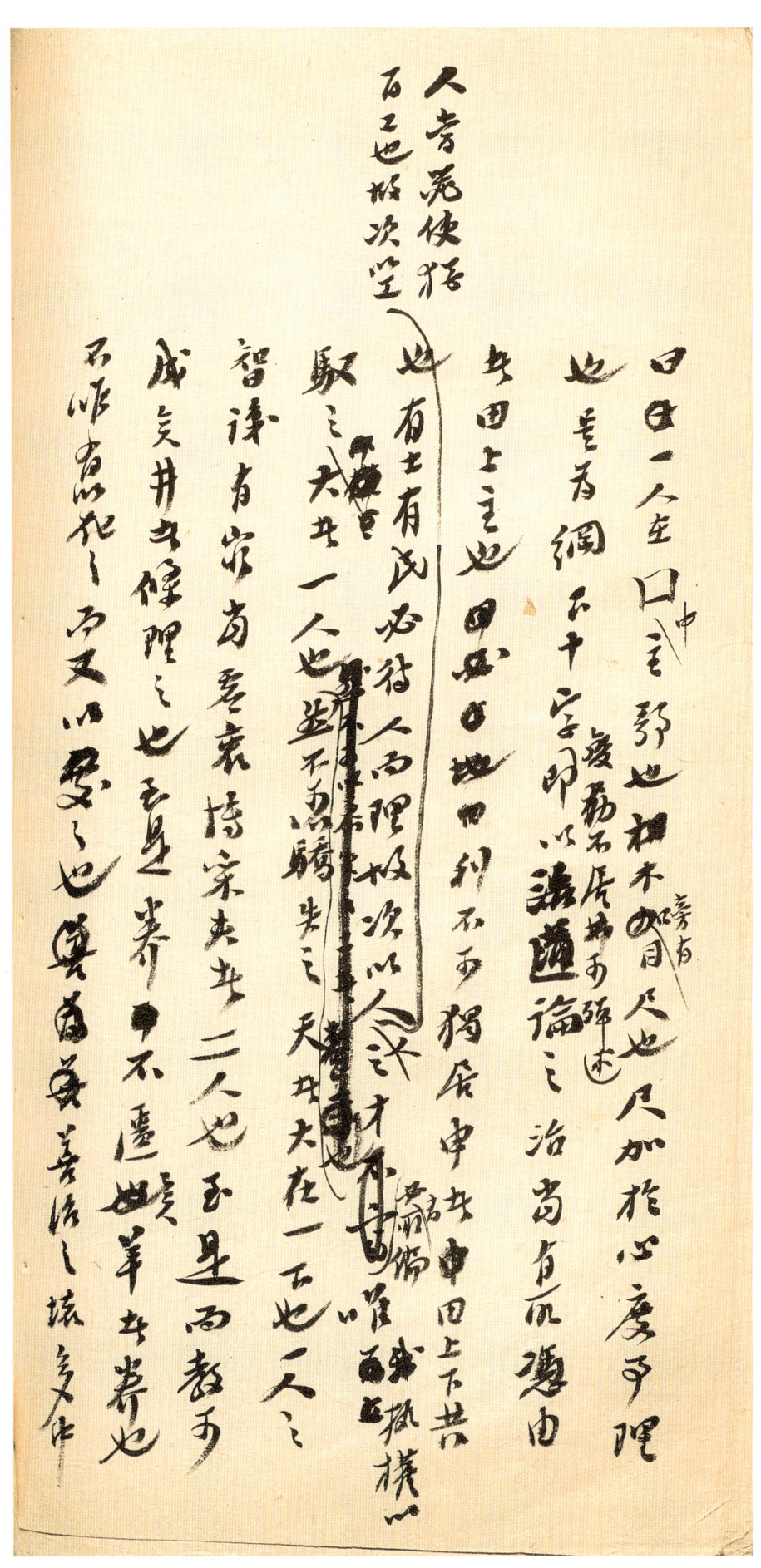

155-2 《漢陽關季華光緒庚辰年日記》六月初八日

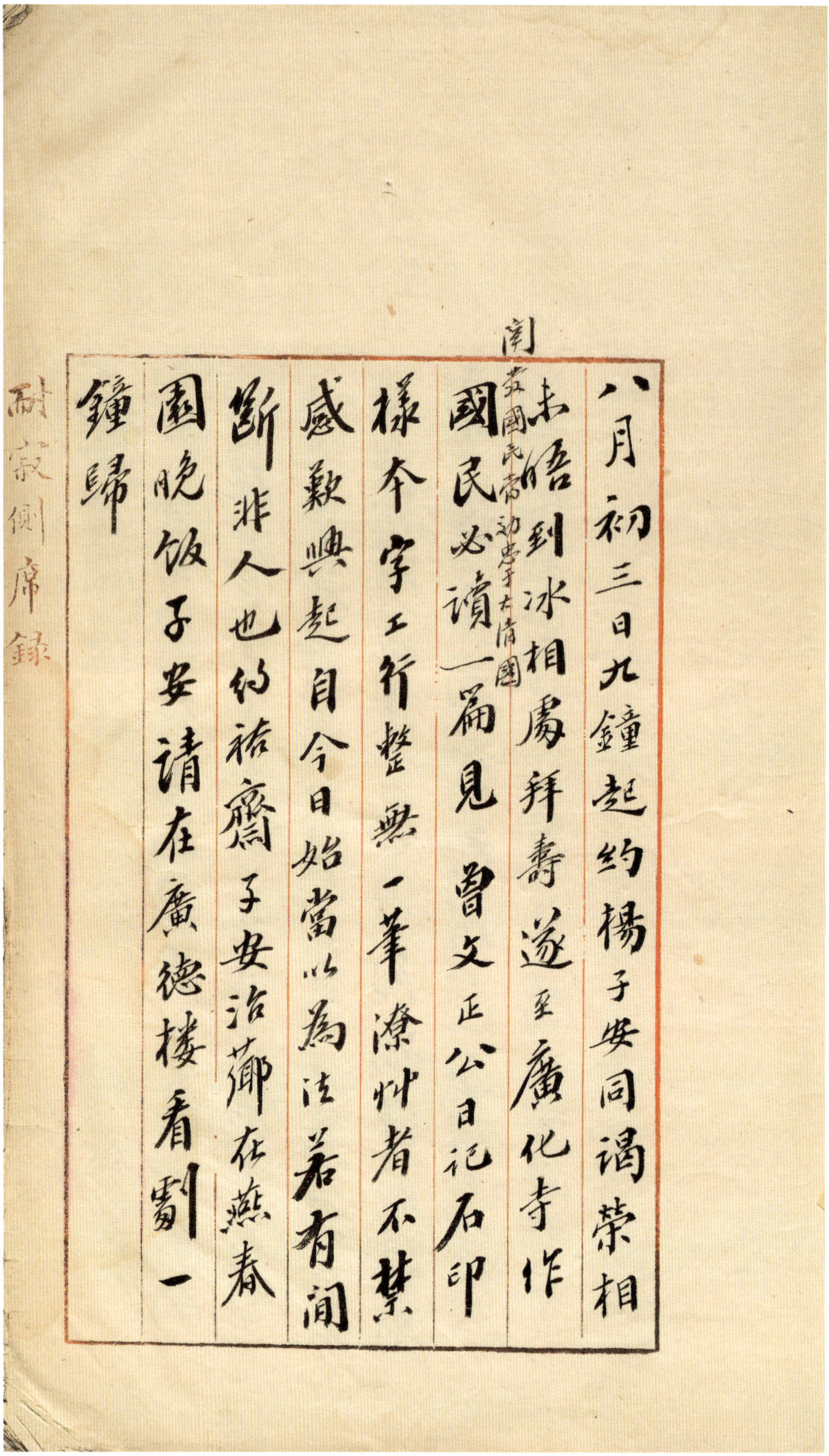

閱

八月初三日九鐘起約楊子安同謁榮相未晤到冰相處拜壽遂至廣化寺作國民必讀一篇見曾文正公日記石印樣本字字行整無一筆潦草者不禁感歎興起自今日始當以為法若有間斷非人也約袺齋子安治薌在燕春園晚飯子安請在廣德樓看劇一鐘歸

耐寂側席録

156-1　《蒼虬閣日記》卷端

156 蒼虬閣日記不分卷 陳曾壽撰　稿本　存宣統元年至民國三十六年（1909—1947）

各册開本行款不一。鈐“陳曾壽”“曾壽”“蒼虬”“陳曾言”“李世煒印”“澄心味象”等印。索書號：善/2629。

甲子三月十二日玉情偕賓胡太夫人于戌

時去世

十三日玉情偕賓至何衡齋處送吳子修

年丈殮 循老臨終詩云寂寞小窗千載與之談笑謔也 十年廷平生師友王粲傷又到相逢痛哭時

十四日畫 崇陵補樹圖傍晚玉情偕賓送

胡太夫人殮

十五日畫山水扇面行芸卿林耳樓君亮之前

偕同率人入城寓後一電玉情偕賓夜寓歸再侍

十六日畫山水扇面祈子久錫賢款 自畫臨

流杖馬二扇面鷄扇面三个 夜入城 因蓬署前失火視大母已安 報馬 大母亦安

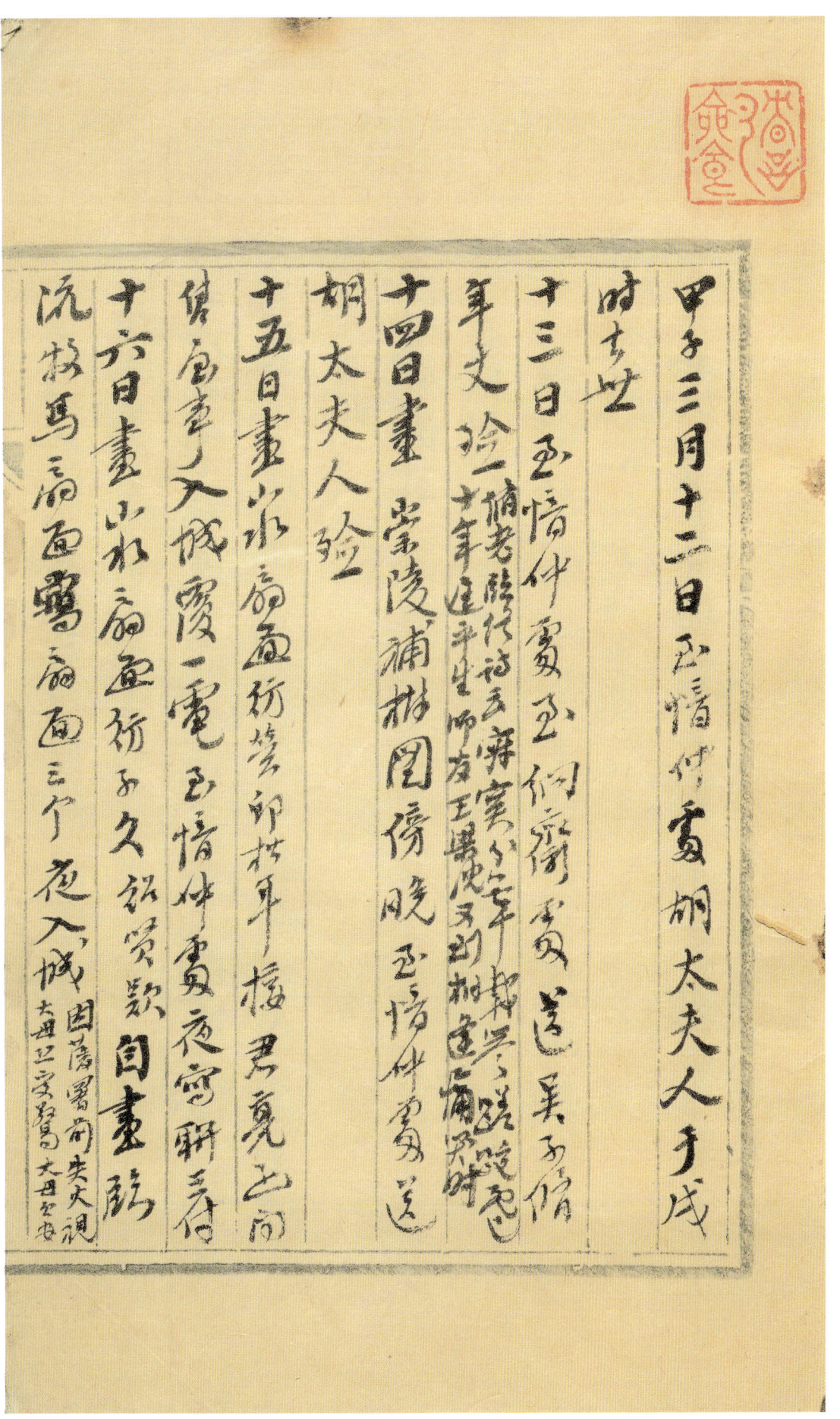

156-2 《蒼虬閣日記》甲子（1924）三月十二日

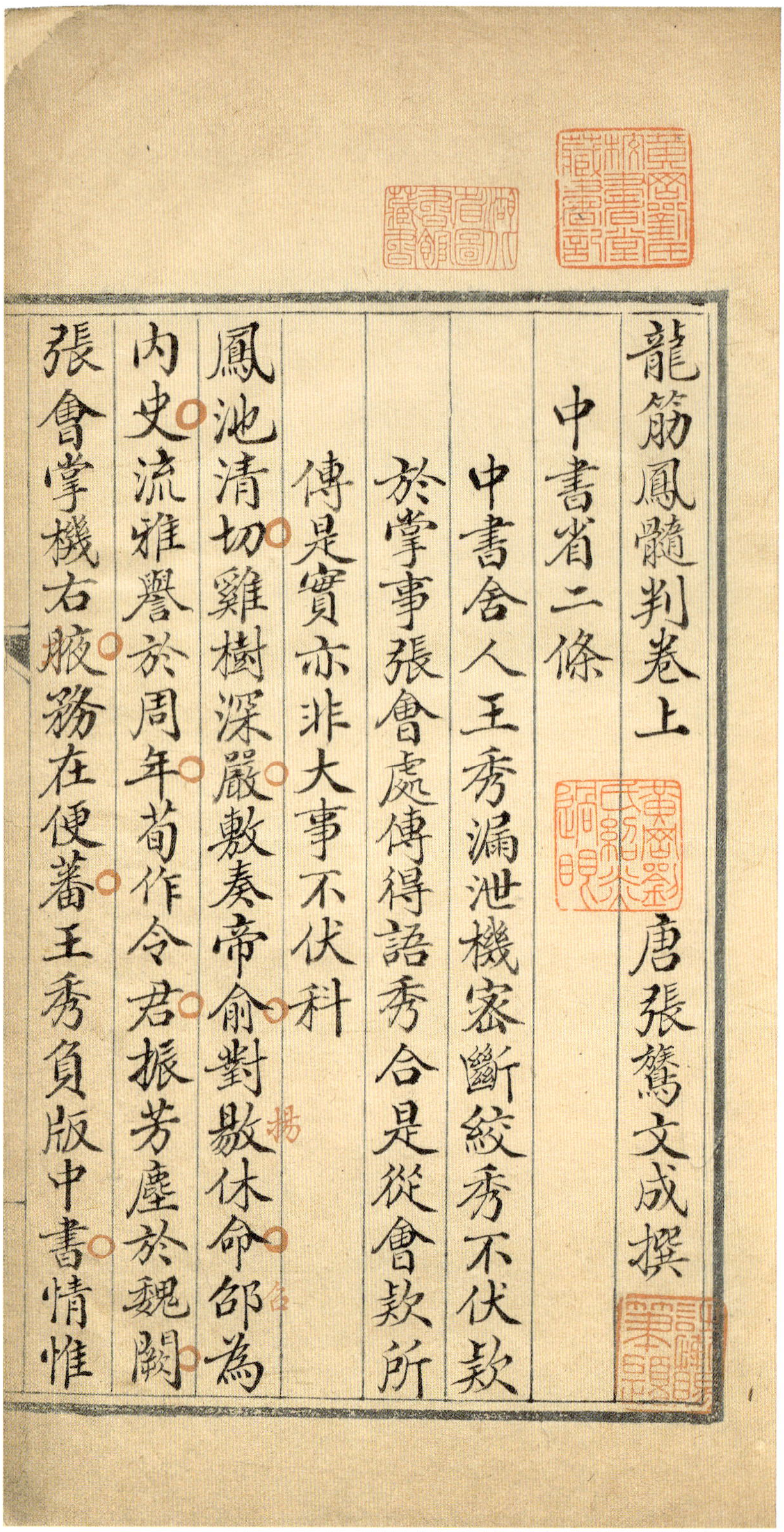
龍筋鳳髓判卷上　唐張鷟文成撰
中書省二條
中書舍人王秀漏泄機密斷絞秀不伏款
於掌事張會處傳得語秀合是從會款所
傳是實亦非大事不伏科
鳳池清切雞樹深嚴敷奏帝俞對揚休命卻為
內史流雅譽於周年荀作令君振芳塵於魏闕
張會掌機右掖務在便蕃王秀負版中書情惟

157-1　《龍筋鳳髓判》卷上卷端

157　龍筋鳳髓判二卷　〔唐〕張鷟撰　清雍正五年（1727）錢陳群抄本　錢陳群批校並題識

開本高 28.0 厘米，寬 16.9 厘米。框高 20.8 厘米，寬 13.8 厘米。半葉八行，行十八字，小字雙行同，白口，四周單邊。鈐“詩慚賜筆題”“宗子美書畫記”“黄岡劉氏校書堂藏書記”“黄岡劉氏紹炎過眼”等印。索書號：善 003871。

湖北省珍貴古籍名録編號：00315。

身失正沒齒歸亂命子以邪生不戒之在色愛妾爲殉死而有害於人違則棄言順爲限惡三年之道雖奉先而無改一言以失難致親於不義誠宜嫁是豈可順非況孝在慎終有同魏顆理命事殊改正未傷莊子難能宜忘在耳之言庶見因心之孝

雍正丁未嘉興香樹錢陳羣手録

157-2 錢陳群題識

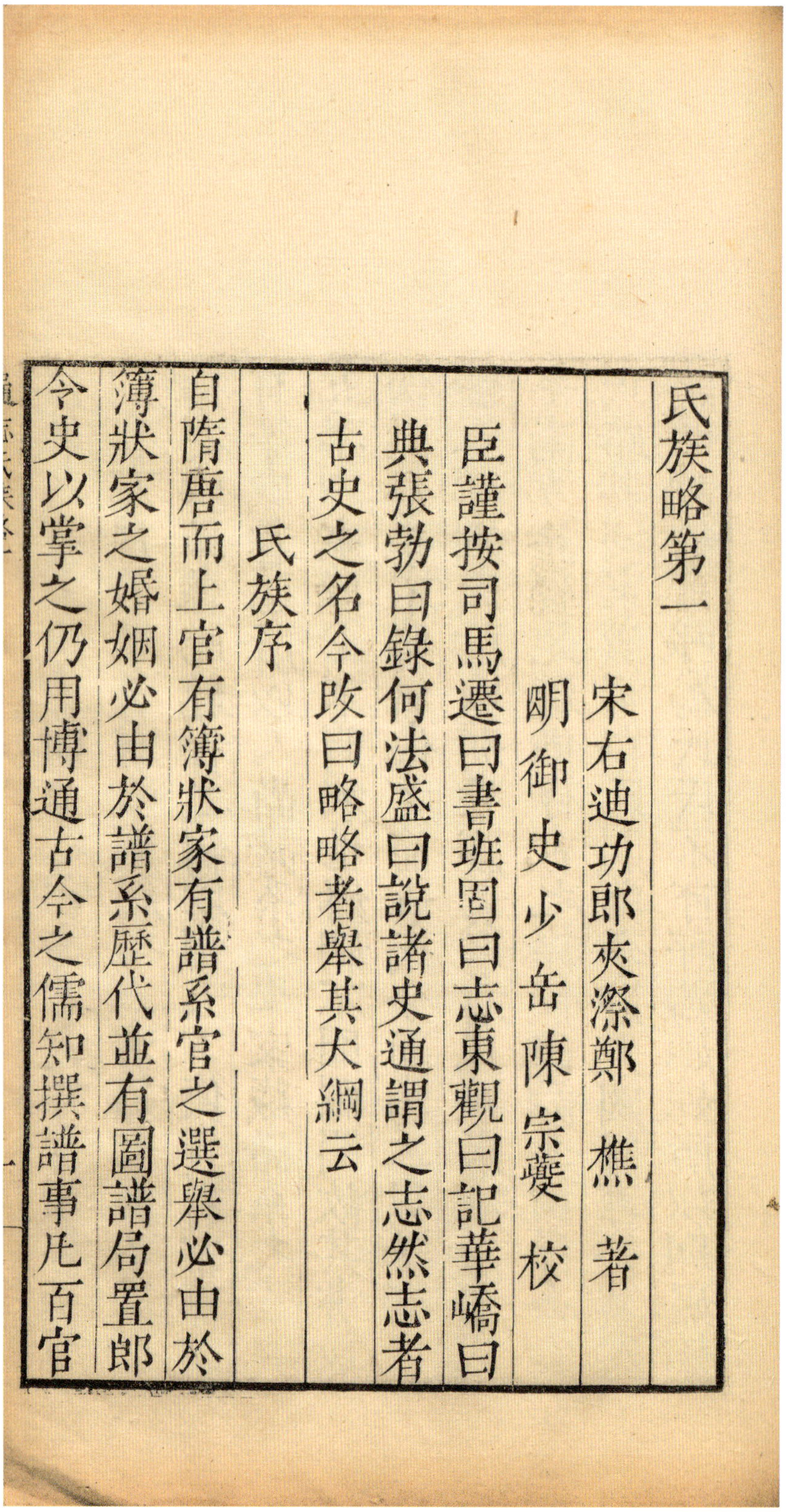
氏族略第一

宋右迪功郎夾漈鄭　樵　著

明御史少岳陳宗夔　校

臣謹按司馬遷曰書班固曰志東觀曰記華嶠曰典張勃曰錄何法盛曰說諸史通謂之志然志者古史之名今攺曰略略者舉其大綱云

氏族序

自隋唐而上官有簿狀家有譜系官之選舉必由於簿狀家之婚姻必由於譜系歷代並有圖譜局置郎令史以掌之仍用博通古今之儒知撰譜事凡百官

158　《通志略》卷一卷端

158　通志略五十二卷　〔宋〕鄭樵撰　明嘉靖二十九年（1550）陳宗夔刻本

開本高 27.6 厘米，寬 17.0 厘米。半葉單框，框高 18.1 厘米，寬 13.2 厘米。半葉十行，行二十字，小字雙行同，白口，四周單邊。索書號：善 002606。

湖北省珍貴古籍名録編號：00080。

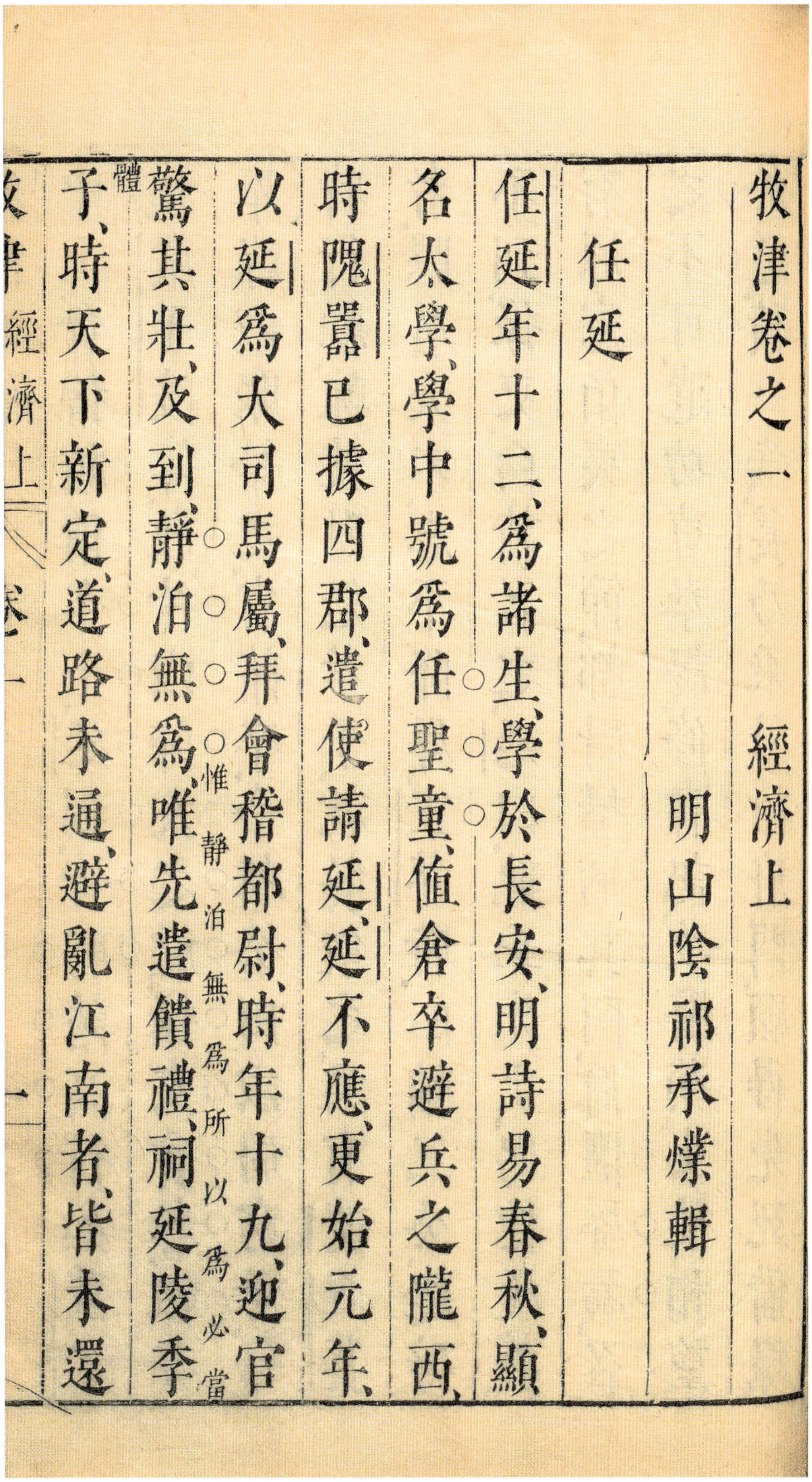
牧津卷之一　　經濟上

明山陰祁承㸁輯

任延

任延年十二、爲諸生、學於長安、明詩易春秋、顯

名太學、學中號爲任聖童、值倉卒避兵之隴西、

時隗囂已據四郡、遣使請延、延不應、更始元年、

以延爲大司馬屬、拜會稽都尉、時年十九、迎官

驚其壯、及到、靜泊無爲、唯先遣饋禮、祠延陵季

子、時天下新定、道路未通、避亂江南者、皆未還

惟靜泊無爲所以爲必當體

牧津　經濟上　卷一　一

159　《牧津》卷一卷端

159 牧津四十四卷　〔明〕祁承㸁輯　明天啓四年（1624）刻本

開本高 25.3 厘米，寬 16.7 厘米。框高 21.2 厘米，寬 14.4 厘米。半葉九行，行十八字，白口，四周單邊。索書號：善 001055。

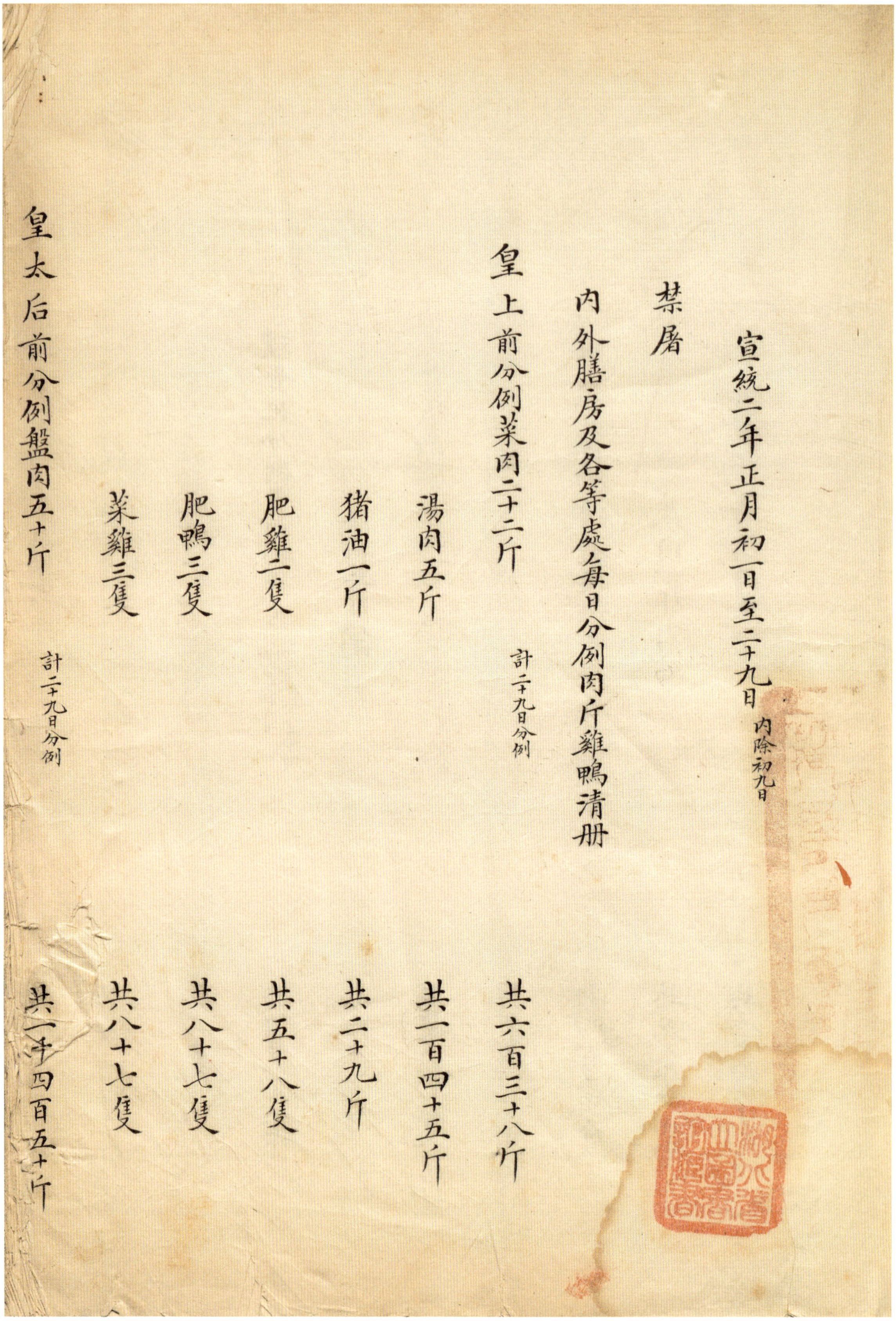

宣統二年正月初一日至二十九日 内除初九日

禁屠

内外膳房及各等處每日分例肉斤雞鴨清册

皇上前分例菜肉二十二斤 計二十九日分例 共六百三十八斤

湯肉五斤 共一百四十五斤

猪油一斤 共二十九斤

肥雞二隻 共五十八隻

肥鴨三隻 共八十七隻

菜雞三隻 共八十七隻

皇太后前分例盤肉五十斤 計二十九日分例 共一千四百五十斤

160-1 《宣統二年正月份膳房辦買肉斤鷄鴨清册》卷端

160 宣統二年正月份膳房辦買肉斤鷄鴨清册不分卷 〔清〕總理茶膳房事務大臣等輯 稿本

開本高 30.1 厘米，寬 23.5 厘米。無框欄，半葉十行，行字不等。索書號：善 004194。

總理茶膳房事務大臣增

宣統二年二月廿二日

160-2 清總理茶膳房事務大臣職名

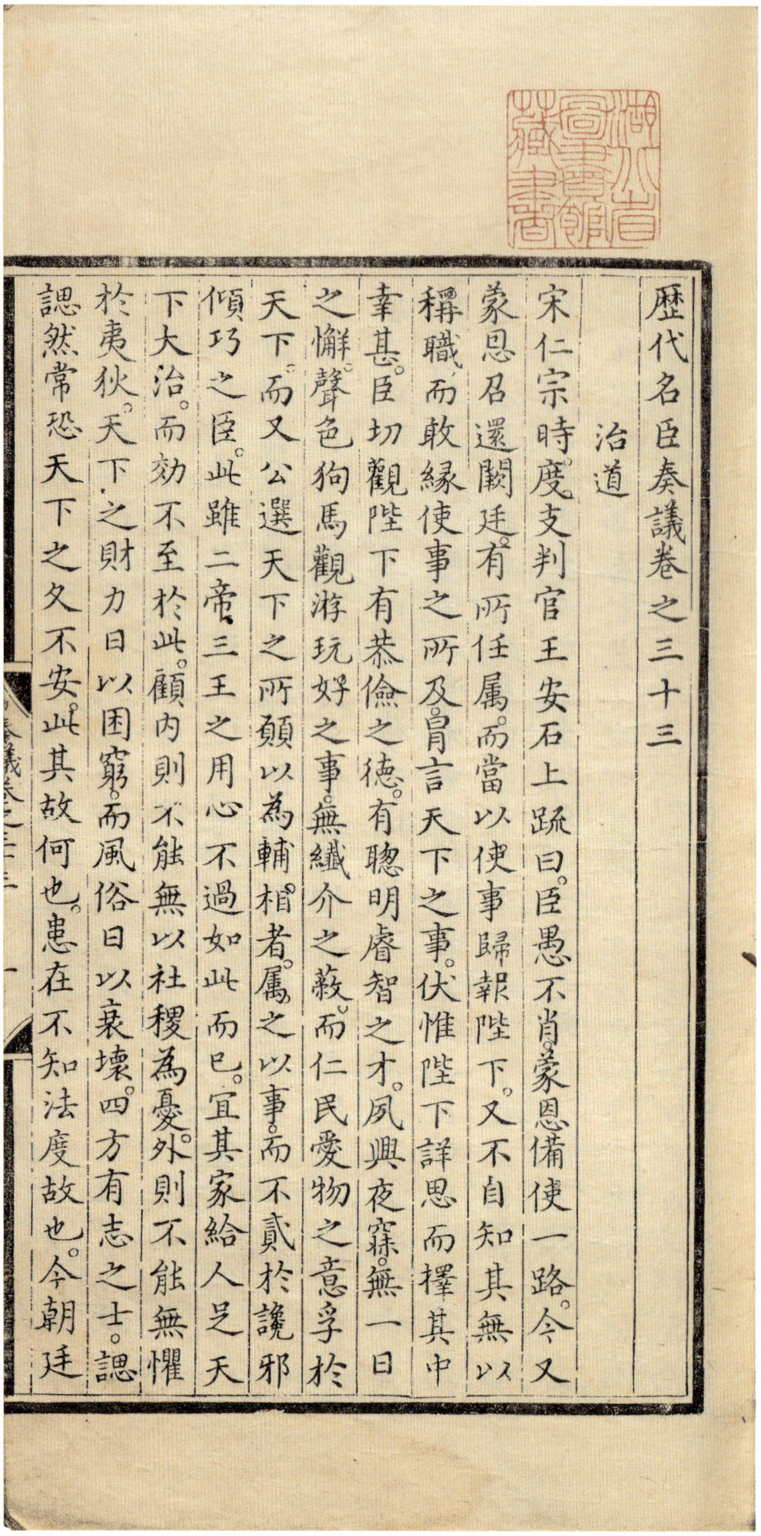
歷代名臣奏議卷之三十三
治道
宋仁宗時度支判官王安石上疏曰臣愚不肖蒙恩備使一路今又蒙恩召還闕廷有所任屬而當以使事歸報陛下又不自知其無以稱職而敢緣使事之所及冒言天下之事伏惟陛下詳思而擇其中幸甚臣切觀陛下有恭儉之德有聰明睿智之才夙興夜寐無一日之懈聲色狗馬觀游玩好之事無纖介之蔽而仁民愛物之意孚於天下而又公選天下之所願以為輔相者屬之以事而不貳於讒邪傾巧之臣此雖二帝三王之用心不過如此而已宜其家給人足天下大治而効不至於此顧內則不能無以社稷為憂外則不能無懼於夷狄天下之財力日以困窮而風俗日以衰壞四方有志之士諰諰然常恐天下之久不安此其故何也患在不知法度故也今朝廷

161　《歷代名臣奏議》卷三十三卷端

161　歷代名臣奏議三百五十卷　〔明〕黄淮等輯　明永樂内府刻本　存二百二十七卷（卷三十三至三十五、三十八至八十一、一百一十六至一百七十五、二百六至二百六十四、二百九十至三百五十）

開本高 34.0 厘米，寬 20.0 厘米。框高 25.6 厘米，寬 16.2 厘米。半葉十二行，行二十六字，黑口，四周雙邊。索書號：善 003498。

湖北省珍貴古籍名録編號：00074。

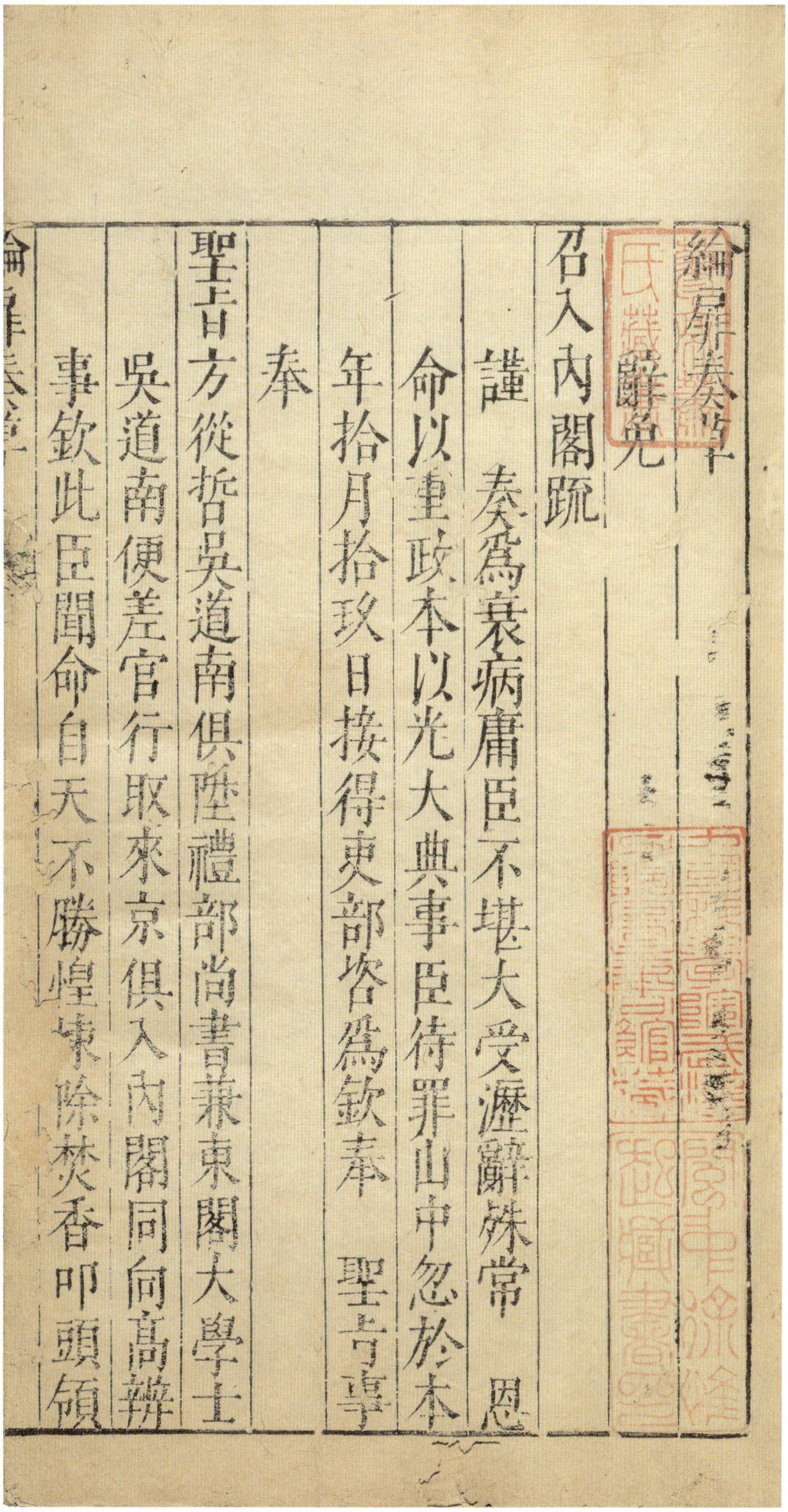
綸扉奏草
召入內閣疏
謹　奏爲衰病庸臣不堪大受瀝辭殊常　恩
命以重政本以光大典事臣待罪山中忽於本
年拾月拾玖日接得吏部咨爲欽奉　聖旨事
奉
聖旨方從哲吳道南俱陞禮部尚書兼東閣大學士
吳道南便差官行取來京俱入內閣同向高辦
事欽此臣聞命自天不勝惶悚除焚香叩頭領
綸扉奏草

162　《綸扉奏草》卷端

162　[吴文恪公書四種]　〔明〕吴道南撰　明天啓刻本　徐恕題端

子目：綸扉奏草一卷　南官牘草一卷　大政議一卷　語録一卷

開本高 25.6 厘米，寬 15.3 厘米。框高 20.8 厘米，寬 13.1 厘米。半葉十行，行二十字，白口，四周單邊。索書號：善 000904。

湖北省珍貴古籍名録編號：00073。

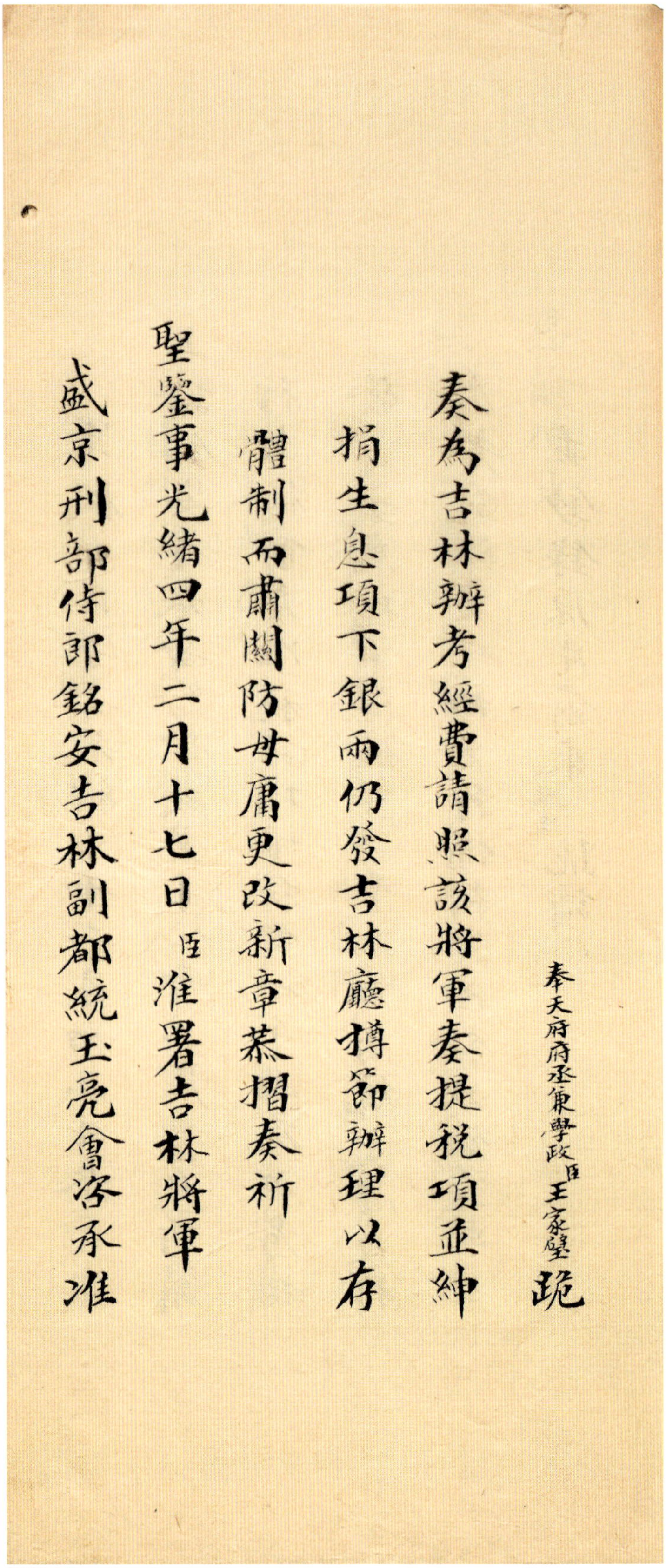

奉天府府丞兼學政臣王家璧跪
奏為吉林辦考經費請照該將軍奏提稅項並紳
捐生息項下銀兩仍發吉林廳撙節辦理以存
體制而肅關防毋庸更改新章恭摺奏祈
聖鑒事光緒四年二月十七日臣准署吉林將軍
盛京刑部侍郎銘安吉林副都統玉亮會咨承准

163　《狄雲行館奏議》卷一卷端

163　狄雲行館奏議四卷　〔清〕王家璧撰　稿本

開本高23.5厘米，寬12.2厘米。無框欄，半葉六行，行二十字。索書號：善004704。

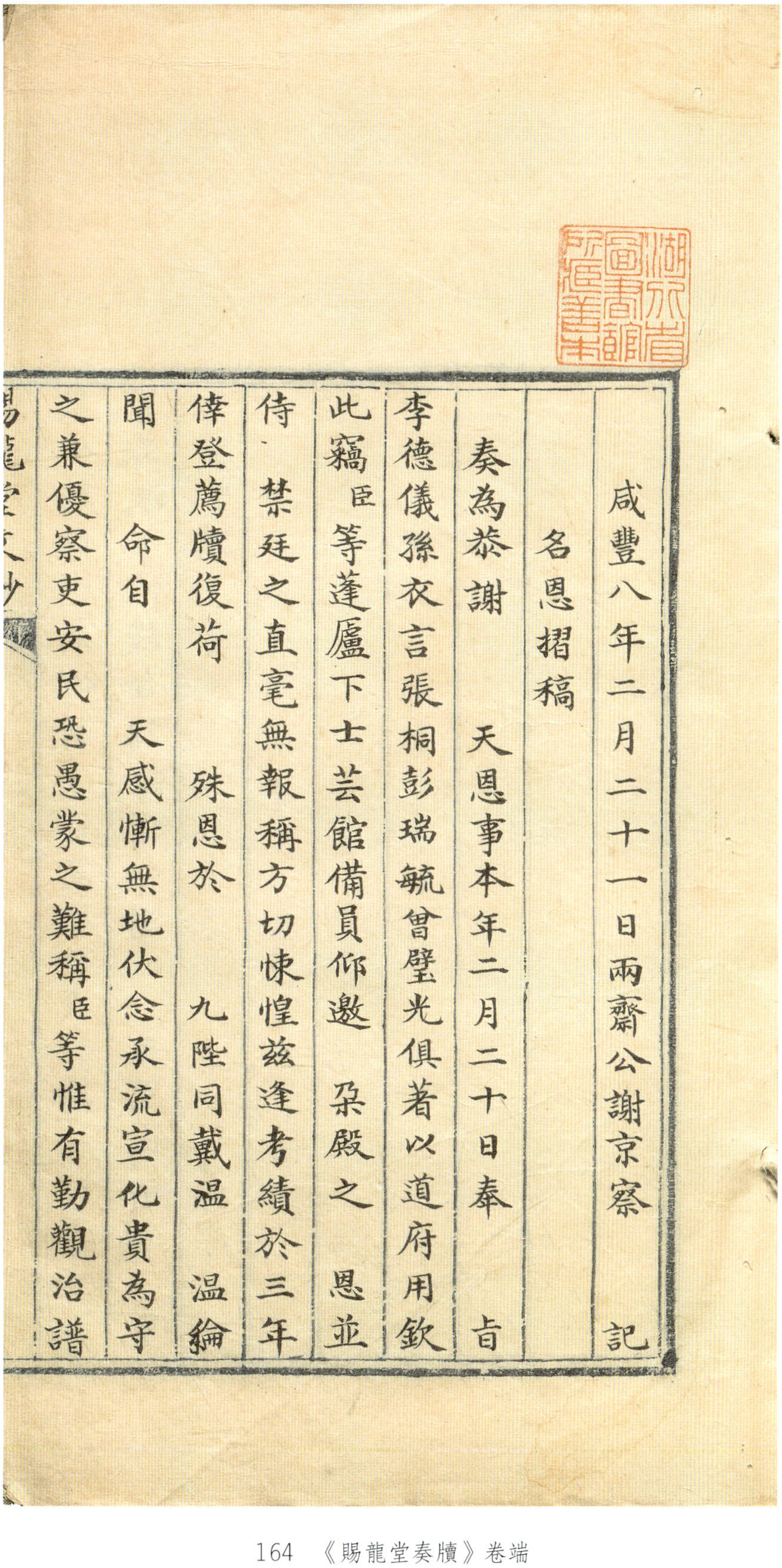

咸豐八年二月二十一日兩齋公謝京察記
名恩摺稿
奏為恭謝 天恩事本年二月二十日奉 旨
李德儀孫衣言張桐彭瑞毓曾璧光俱著以道府用欽
此竊臣等蓬廬下士芸館備員仰邀 朶殿之 恩並
侍 禁廷之直毫無報稱方切悚惶兹逢考績於三年
倖登薦牘復荷 殊恩於 九陛同戴温 温綸
聞 命自 天感慚無地伏念承流宣化貴為守
之兼優察吏安民恐愚蒙之難稱臣等惟有勤覲治譜

164 《賜龍堂奏牘》卷端

164 賜龍堂奏牘一卷 〔清〕彭瑞毓撰 稿本

開本高 26.0 厘米，寬 15.8 厘米。框高 17.3 厘米，寬 12.0 厘米。半葉九行，行二十一字，白口，四周雙邊。鈐“臣彭瑞毓”“文學侍從”印。索書號：善 004099。

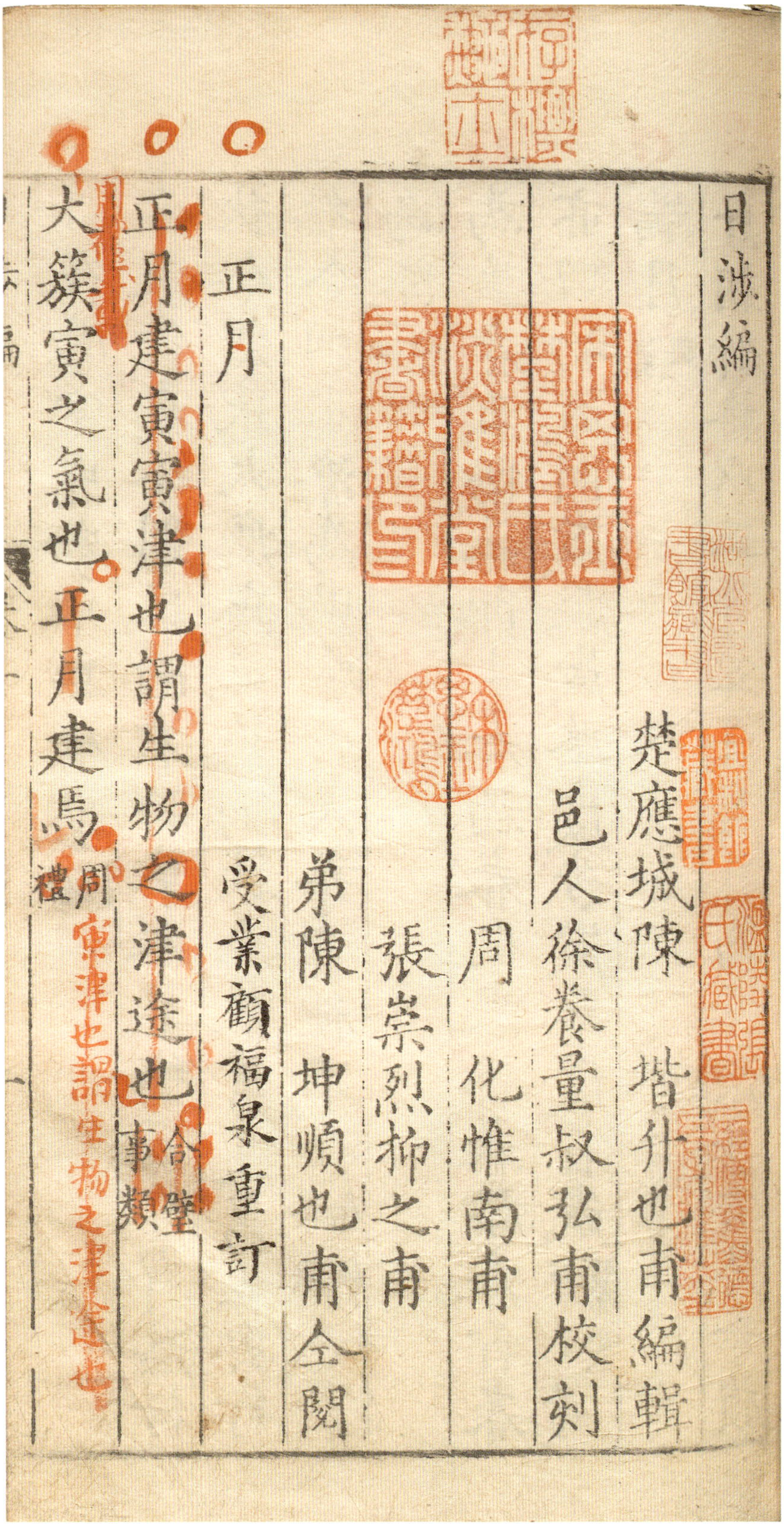

165 《日涉編》卷一卷端

165 日涉編十二卷〔明〕陳堦輯 明萬曆三十九年（1611）徐養量刻本 明顧福泉校跋

開本高 26.8 厘米，寬 16.8 厘米。框高 22.4 厘米，寬 14.3 厘米。半葉九行，行十九字，白口，四周單邊。鈐“存標秋士”“宋思玉楚鴻”“温陵張氏藏書”“宜秋館藏書”等印。索書號：善 000974。

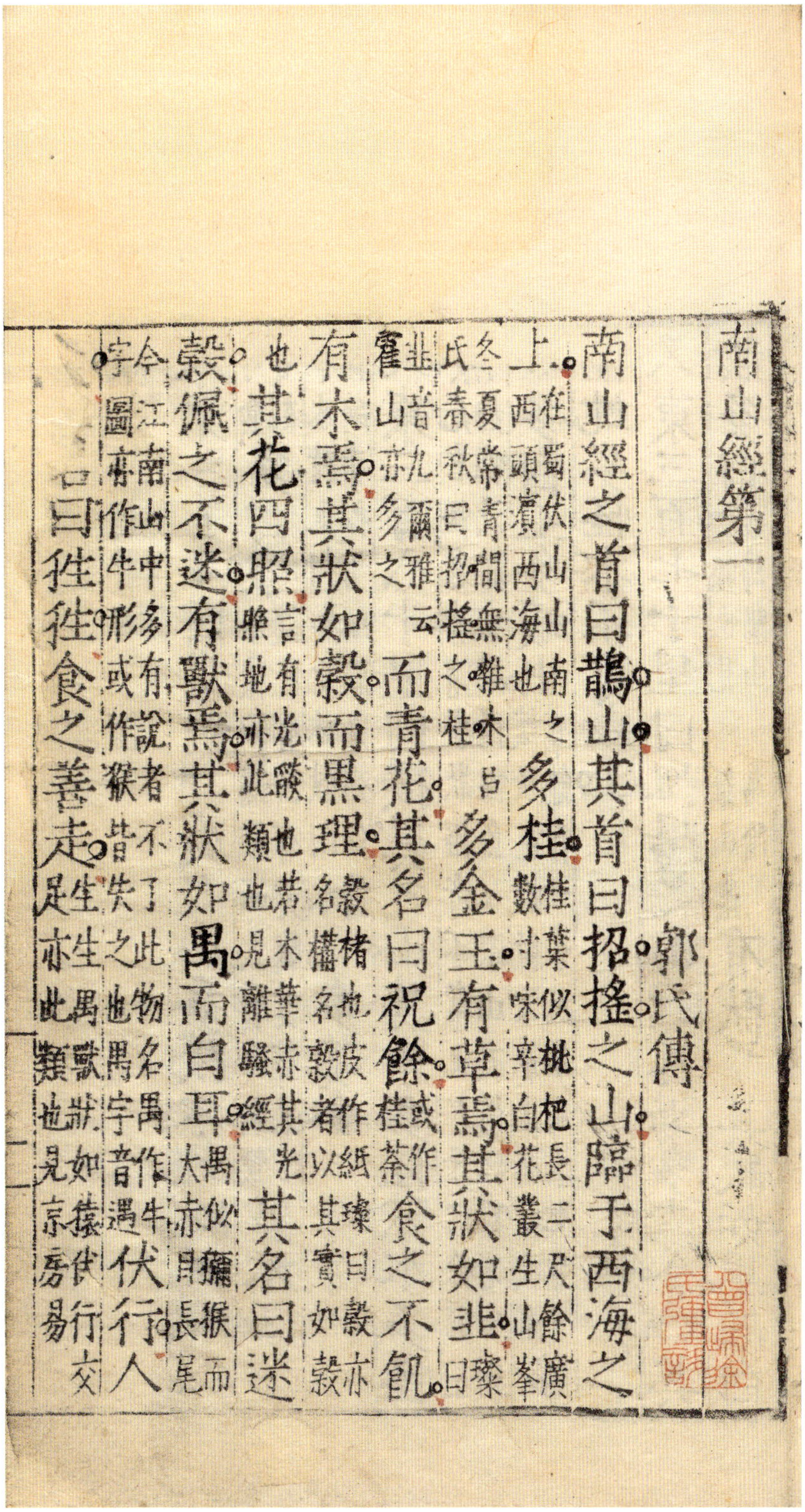

166-1 《山海經》卷 -卷端

166 山海經十八卷 〔晋〕郭璞撰 明嘉靖十五年（1536）潘侃前山書屋刻本 清惠士奇批點 徐恕題識

開本高 27.2 厘米，寬 16.9 厘米。框高 20.0 厘米，寬 14.5 厘米。半葉十一行，行二十字，小字雙行同，白口，四周單邊。鈐“徐恕讀過”“曾歸徐氏彊誃”印。索書號：善 003313。

湖北省珍貴古籍名録編號：00131。

許叔重說文解字引山海經先秦舊典也惜無善本傳寫多譌

山海經序

此經是惠半農先生評閱

晉記室參軍郭璞撰

世之覽山海經者皆以其閎誕迂誇多奇怪俶儻之言莫不疑焉嘗試論之曰莊生有云人之所知莫若其所不知吾於山海經見之矣夫以宇宙之寥廓羣生之紛紜陰陽之煦蒸萬殊之區分精氣渾淆自相濆薄遊魂靈怪觸像而構流形於山川麗狀於木石者惡可勝言乎然則揔其所以乖鼓之於一響成其所以變混之於一象世之所謂異未知其所以異世之所謂不異未知其所以不異何者物不自異待我而後異異果在我非物異也故胡人見布而疑黂越

166-2 清惠士奇批（朱筆）

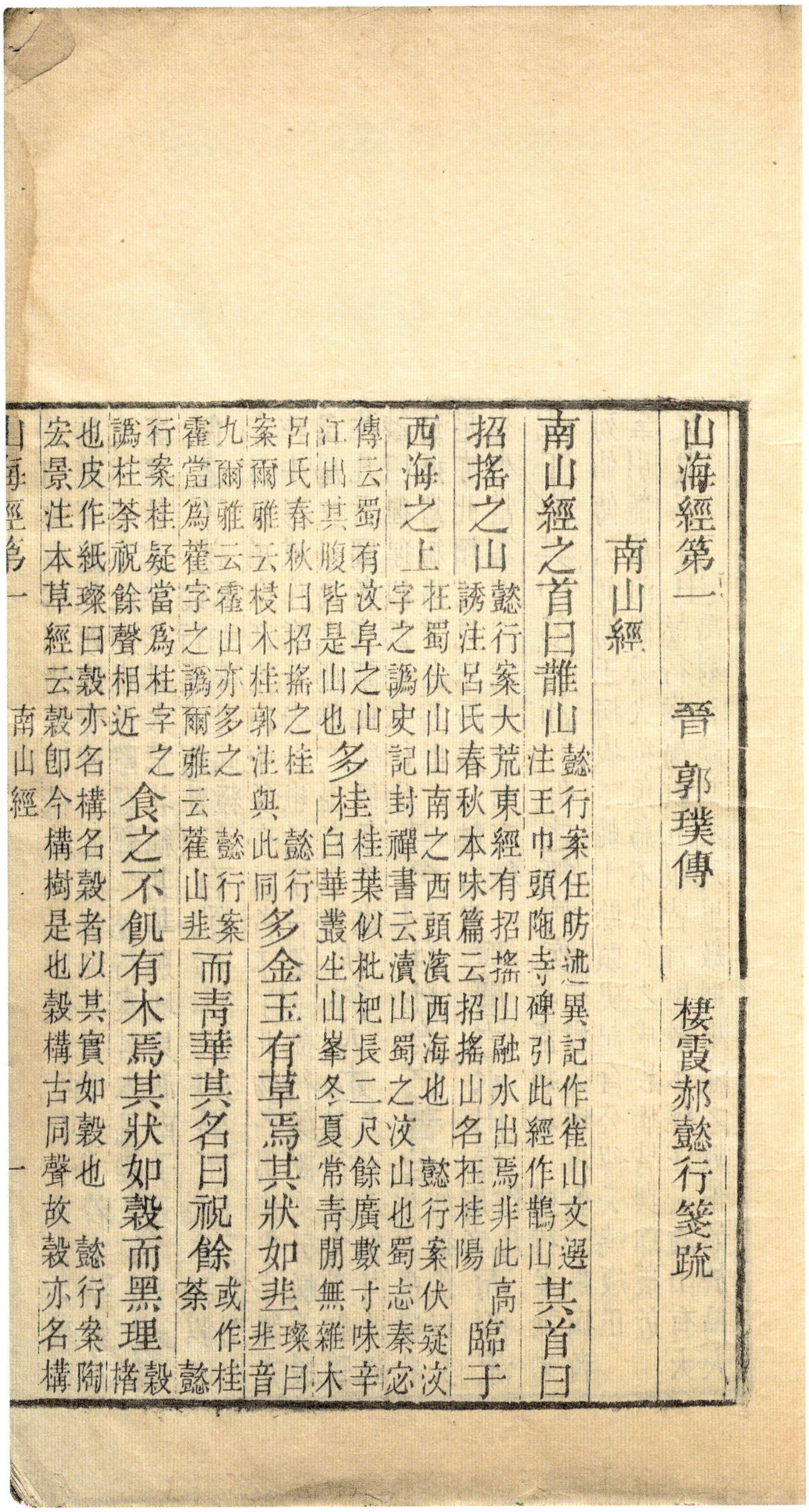
山海經第一　晉　郭璞傳　棲霞郝懿行箋疏
南山經
南山經之首曰䧿山懿行案任昉述異記作雀山文選注王巾頭陁寺碑引此經作鵲山其首曰招搖之山懿行案大荒東經有招搖山融水出焉非此高誘注呂氏春秋本味篇云招搖山名在桂陽臨于西海之上在蜀伏山山南之西頭濱西海也懿行案伏疑汶字之譌史記封禪書云瀆山蜀之汶山也蜀志秦宓傳云蜀有汶阜之山江出其腹皆是山也多桂桂葉似枇杷長二尺餘廣數寸味辛白華叢生山峯冬夏常青閒無雜木呂氏春秋曰招搖之桂懿行案爾雅云梫木桂郭注與此同多金玉有草焉其狀如韭璨曰韭音九爾雅云霍山亦多之懿行案霍當為藿字之譌爾雅云藿山韭而青華其名曰祝餘或作桂荼懿行案桂疑當為柱字之譌柱荼祝餘聲相近食之不飢有木焉其狀如穀而黑理穀楮也皮作紙璨曰穀亦名構名穀者以其實如穀也懿行案陶宏景注本草經云穀即今構樹是也穀構古同聲故穀亦名構
山海經弟一　南山經　一

167-1　《山海經》卷一卷端

167　山海經十八卷　〔晋〕郭璞注　〔清〕郝懿行箋疏　**圖讚一卷訂譌一卷叙録一卷**　〔清〕郝懿行撰　清嘉慶十四年（1809）阮氏琅嬛仙館刻本　楊守敬批校並題識　存十七卷（卷一至十七）

開本高 28.3 厘米，寬 17.9 厘米。框高 18.9 厘米，寬 14.3 厘米。半葉十行，行二十四字，小字雙行同，白口，左右雙邊。鈐“楊守敬印”“飛青閣藏書印”“宜都楊氏藏書記”印。索書號：善 001321。

尋陽之九江，注引鄭氏，乃不以湘沅之九水說之，又云西山經積石之山，其下
有石門，河水冒以西流。海內西經河水出東北隅以行其北，西南又入渤
海，又出海外，入禹所導積石山。此水經所據以立文者。鄭氏駁之，
晉郝氏乃借以翻案，謂蒲昌海之上別有積石，而以西寧東南之
小積石當禹貢積石，指地之謬誤，非漢書之雜記也，非小失也哉。又西山經
是山也，萬物無不有焉。郭注云：水經引山海經積石山在鄧林山東，河
所入也。此鄭氏注引山海經文，鄭氏安得引之？戴東原謂此條為後
人竄入，是也。郝氏未檢酈注，乃云今正文無之，其疏矣。
光緒甲辰春正月五日宜都楊守敬記

167-2 楊守敬題識

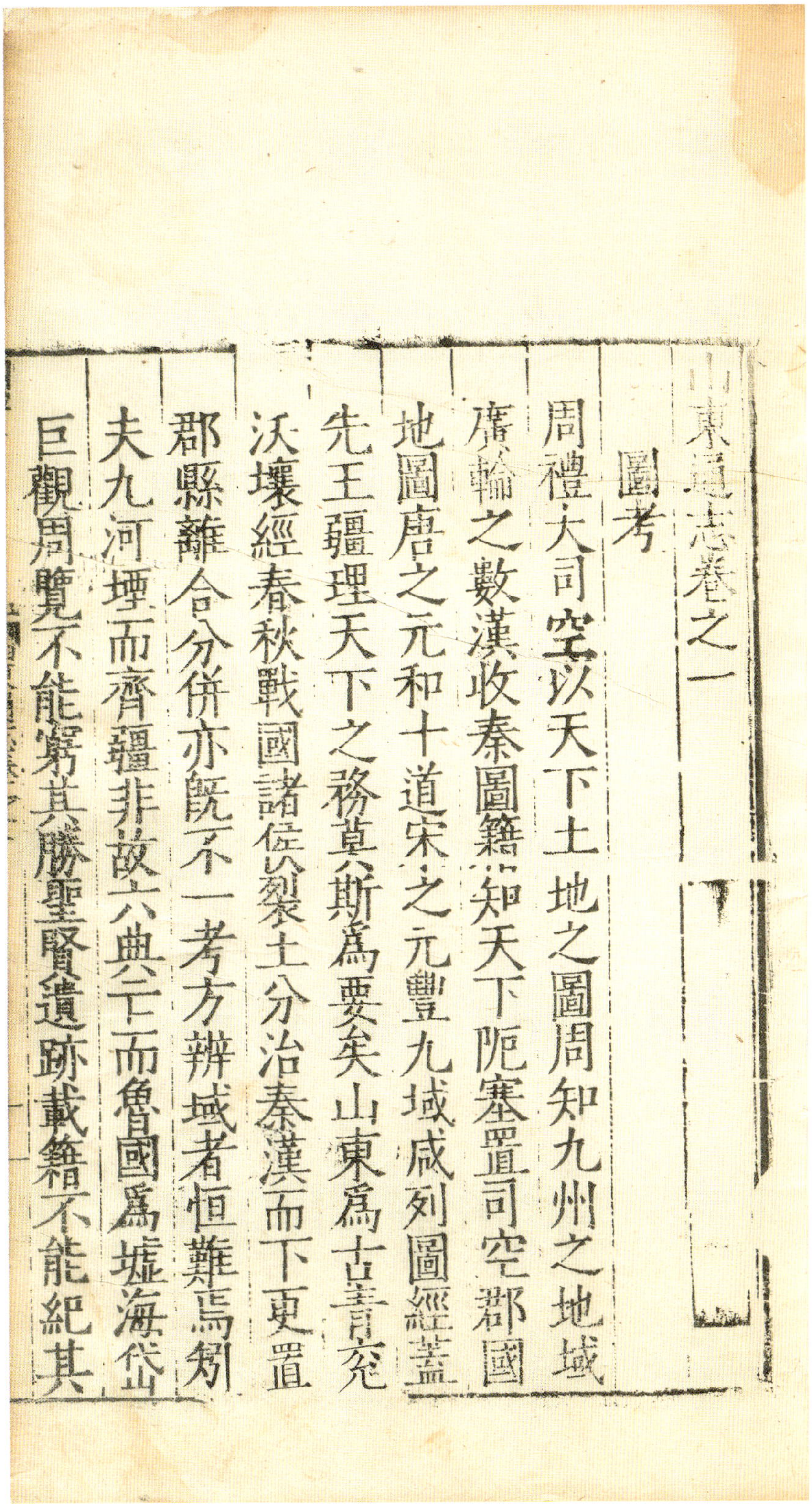
山東通志卷之一

圖考

周禮大司空以天下土地之圖周知九州之地域廣輪之數漢收秦圖籍知天下阸塞置司空郡國地圖唐之元和十道宋之元豐九域咸列圖經蓋先王疆理天下之務莫斯爲要矣山東爲古青兗沃壤經春秋戰國諸侯裂土分治秦漢而下更置郡縣離合分併亦既不一考方辨域者恒難焉矧夫九河堙而齊疆非故六典亡而魯國爲墟海岱巨觀周覽不能窮其勝聖賢遺跡載籍不能紀其

168　《山東通志》卷一卷端

168　[嘉靖] 山東通志四十卷　〔明〕陸釴等纂修　明嘉靖刻本

開本高 32.4 厘米，寬 20.6 厘米。框高 22.7 厘米，寬 17.1 厘米。半葉十行，行二十字，白口，左右雙邊。索書號：善 005109。

國家珍貴古籍名録編號：12547。

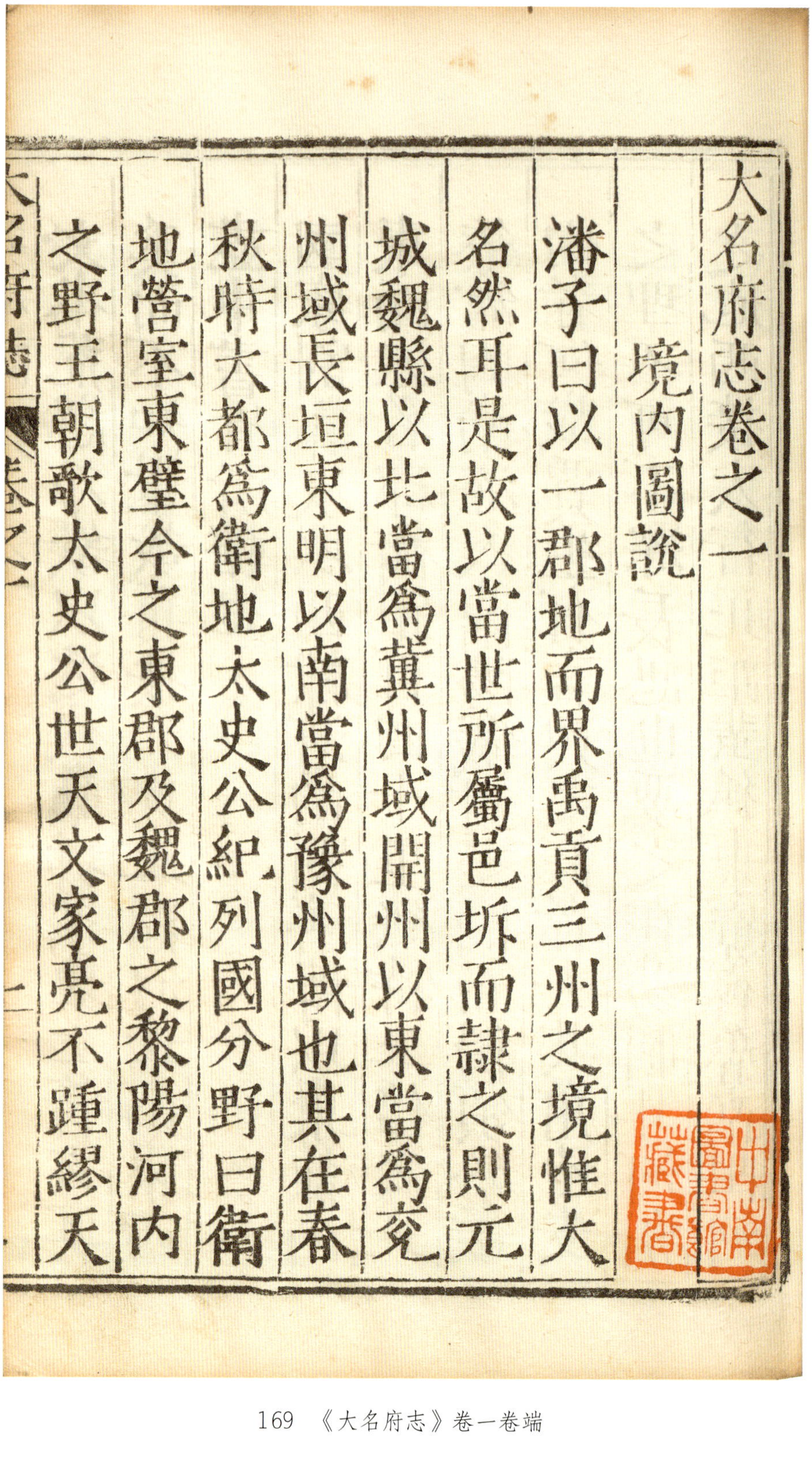
大名府志卷之一
境内圖說
潘子曰以一郡地而界禹貢三州之境惟大
名然耳是故以當世所屬邑圻而隷之則元
城魏縣以北當爲冀州域開州以東當爲兗
州域長垣東明以南當爲豫州域也其在春
秋時大都爲衛地太史公紀列國分野曰衛
地營室東壁今之東郡及魏郡之黎陽河内
之野王朝歌太史公世天文家亮不踵繆天
大名府志　卷之一　一

169　《大名府志》卷一卷端

169　[嘉靖]大名府志二十九卷　〔明〕潘仲驂纂修　〔明〕趙慎修續修　明嘉靖三十七年（1558）刻萬曆十一年（1583）增修本　存十三卷（卷一至三、十至十七、二十三至二十四）

開本高 26.5 厘米，寬 18.2 厘米。框高 22.1 厘米，寬 15.7 厘米。半葉九行，行十八字，小字雙行同，白口，四周雙邊。索書號：善 005024。

國家珍貴古籍名録編號：12534。

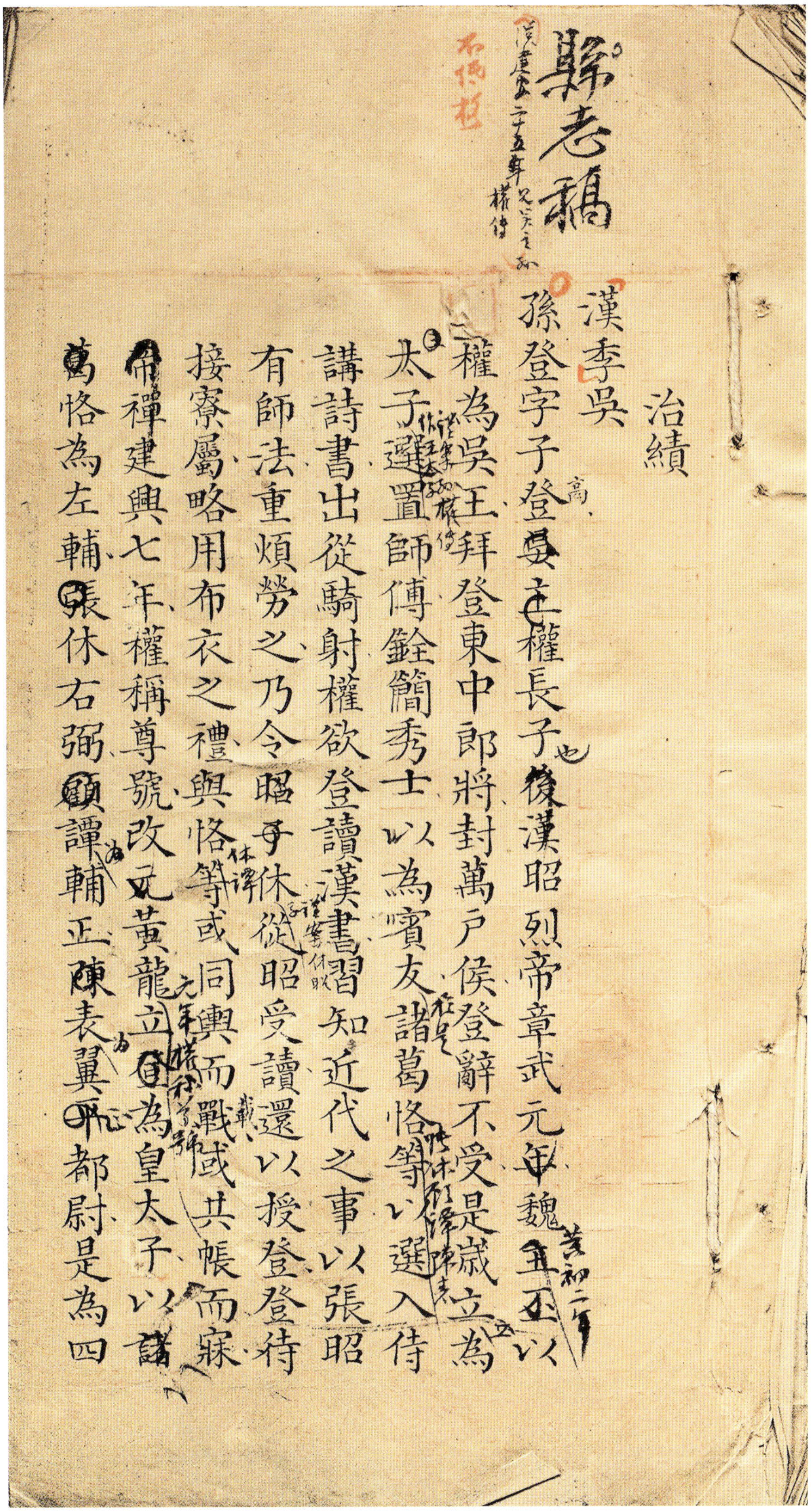
縣志稿
治績
漢季吳
孫登字子登安王權長子後漢昭烈帝章武元年魏王以
權為吳王拜登東中郎將封萬戶侯登辭不受是歲立為
太子選置師傅銓簡秀士以為賓友諸葛恪等以選入侍
講詩書出從騎射權欲登讀漢書習知近代之事以張昭
有師法重煩勞之乃令昭子休從昭受讀還以授登登待
接寮屬略用布衣之禮與恪等或同輿而載或共帳而寐
帝禪建興七年權稱尊號改元黃龍立登為皇太子以諸
葛恪為左輔張休右弼顧譚輔正陳表翼正都尉是為四

170-1 《武昌縣志稿》卷端

170 ［光緒］武昌縣志稿不分卷 〔清〕王家璧纂 稿本

開本高 18.6 厘米，寬 16.0 厘米。框高 21.2 厘米，寬 13.2 厘米。半葉十行，行二十三字，紅口，左右雙邊。索書號：善 004716。

武昌周氏宗譜序

咸豐庚申

王家璧

武昌周氏望族也自吾族籍黄來也世有婚姻之好遷武以後世好彌篤焉咸豐辛酉其家方續修譜牒以家璧習知其先世而又將還京供職不獲與校讐之役屬豫以一言為之序家璧敬惟周氏自其始祖仲彰公避元季亂由南昌遷武昌家焉二世而伯紳公為永清典史攝知縣事當靖難兵起南歸糾義旅勤王已聞讓帝出亡遂遯荒野久之被執遣戍以老得代還壽終事具敕修明史三世而瓛琳珣瑀四公爭代父戍琳字尚貢竟代父出征戰死鷂兒嶺先參政南坡公嘗為之傳尚貢公妻何氏誓死撫孤鄰火及廬有反風滅火

170-2 《武昌周氏宗譜序》

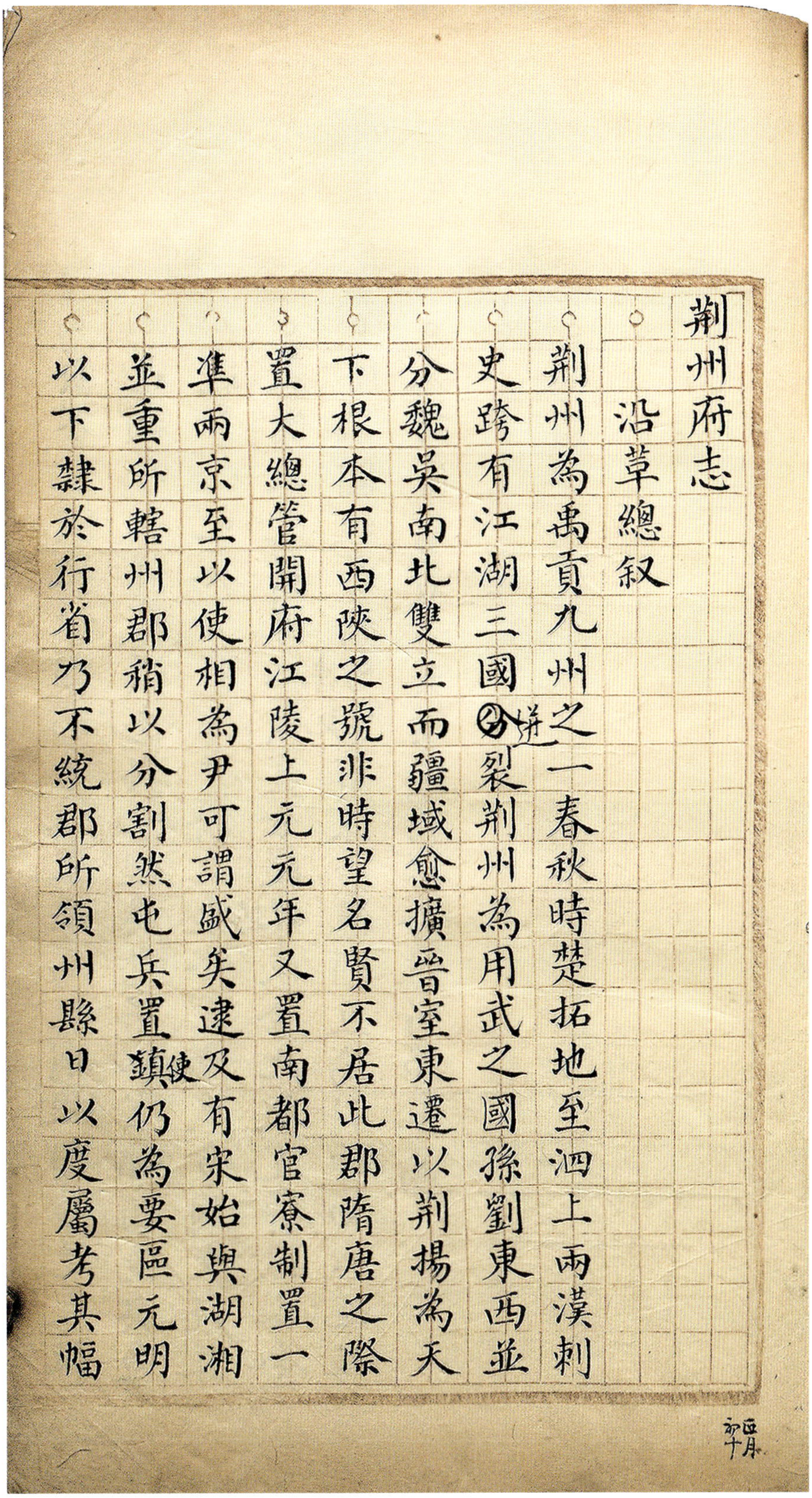
荆州府志
沿革總叙
荆州為禹貢九州之一春秋時楚拓地至泗上兩漢刺
史跨有江湖三國分裂荆州為用武之國孫劉東西並
分魏吳南北雙立而疆域愈擴晉室東遷以荆揚為天
下根本有西陝之號非時望名賢不居此郡隋唐之際
置大總管開府江陵上元元年又置南都官寮制置一
準兩京至以使相為尹可謂盛矣逮及有宋始與湖湘
並重所轄州郡稍以分割然屯兵置鎮使仍為要區元明
以下隸於行省乃不統郡所領州縣日以度屬考其幅

171-1 《荆州府志》卷端

171 ［光緒］荆州府志不分卷 〔清〕楊守敬纂 稿本 清劉恭冕題識

開本高 27.7 厘米，寬 17.7 厘米。框高 21.5 厘米，寬 15.5 厘米。半葉十行，行二十五字，小字雙行同，白口，四周雙邊。鈐“飛青閣藏書印”印。索書號：善 005067。

荊州府領縣表

秦	南郡	昭襄王二十九年白起拔郢置南郡治江陵
漢	南郡	項羽立共敖為臨江王國于此高帝更為臨江國置南蠻校尉以領之五年廣尉國
後漢	南郡	領江陵巫秭歸中盧編當陽華容襄陽邔宜城鄀臨沮枝江夷道夷陵州陵很山十
三國	南郡（吳）	領江陵編當陽華容枝江州陵作唐孱陵九縣
晉	南郡	領江陵編當陽華容鄀旌陽枝江州陵監利松滋石首十一縣
宋	南郡	領江陵華容當陽臨沮編縣枝江六縣
齊	南郡	領江陵華容枝江臨沮編當陽六縣
梁	南郡	梁元帝都江陵為西魏所陷遷後梁居之置江陵總管府領江陵枝江臨沮三縣
隋	南郡	領江陵長楊宜昌枝江當陽松滋長林公安安興紫陵十縣
唐	江陵郡	天寶元年更郡名領江陵枝江當陽長林石首松滋公安荊門
五代	南平国	領縣無考大約因唐之舊
宋	江陵府	江陵郡荊南節度 屬荊湖北路建炎二年升帥府淳熙初改
元	中興路	領江陵公安石首監利松滋枝江宜都潛江
明	荊州	領江陵公安石首監利松滋枝江六縣又領州二彝陵州歸州彝陵領宜都長陽遠

171-2 《荊州府領縣表》

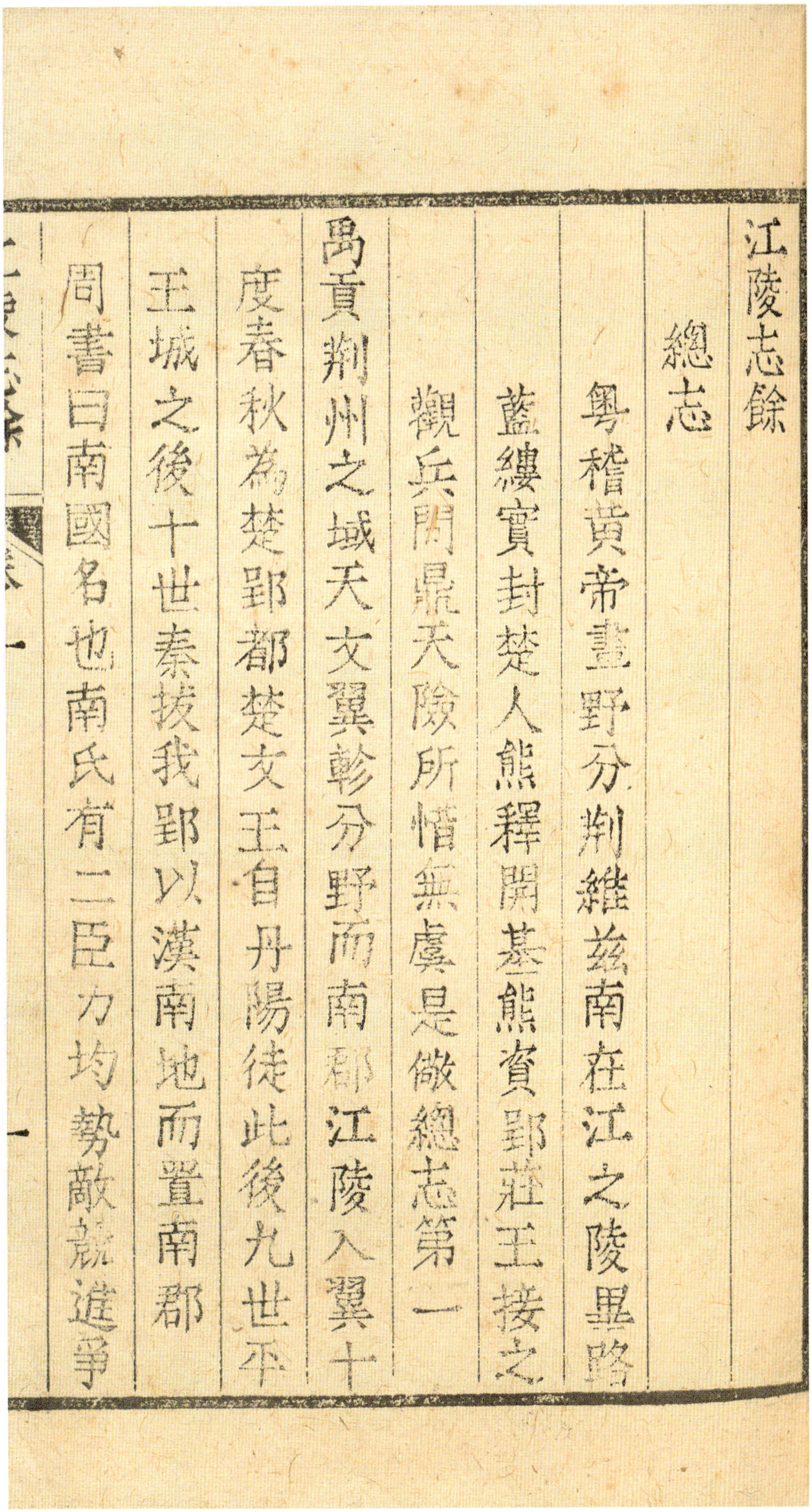

江陵志餘

總志

粤稽黄帝畫野分荆維兹南在江之陵畢路
藍縷實封楚人熊繹開基熊貲郢莊王接之
覲兵問鼎天險所憑無虞是徵總志第一

禹貢荆州之域天文翼軫分野而南郡江陵入翼十
度春秋爲楚郢都楚文王自丹陽徙此後九世平
王城之後十世秦拔我郢以漢南地而置南郡
周書曰南國名也南氏有二臣力均勢敵競進爭

172　《江陵志餘》卷一卷端

172　[順治] 江陵志餘十卷首一卷　〔清〕孔自來撰　清木活字印本

開本高25.4厘米，寬16.0厘米。框高20.4厘米，寬14.4厘米。半葉九行，行二十字，白口，四周單邊。索書號：善005064。

國家珍貴古籍名録編號：04173。

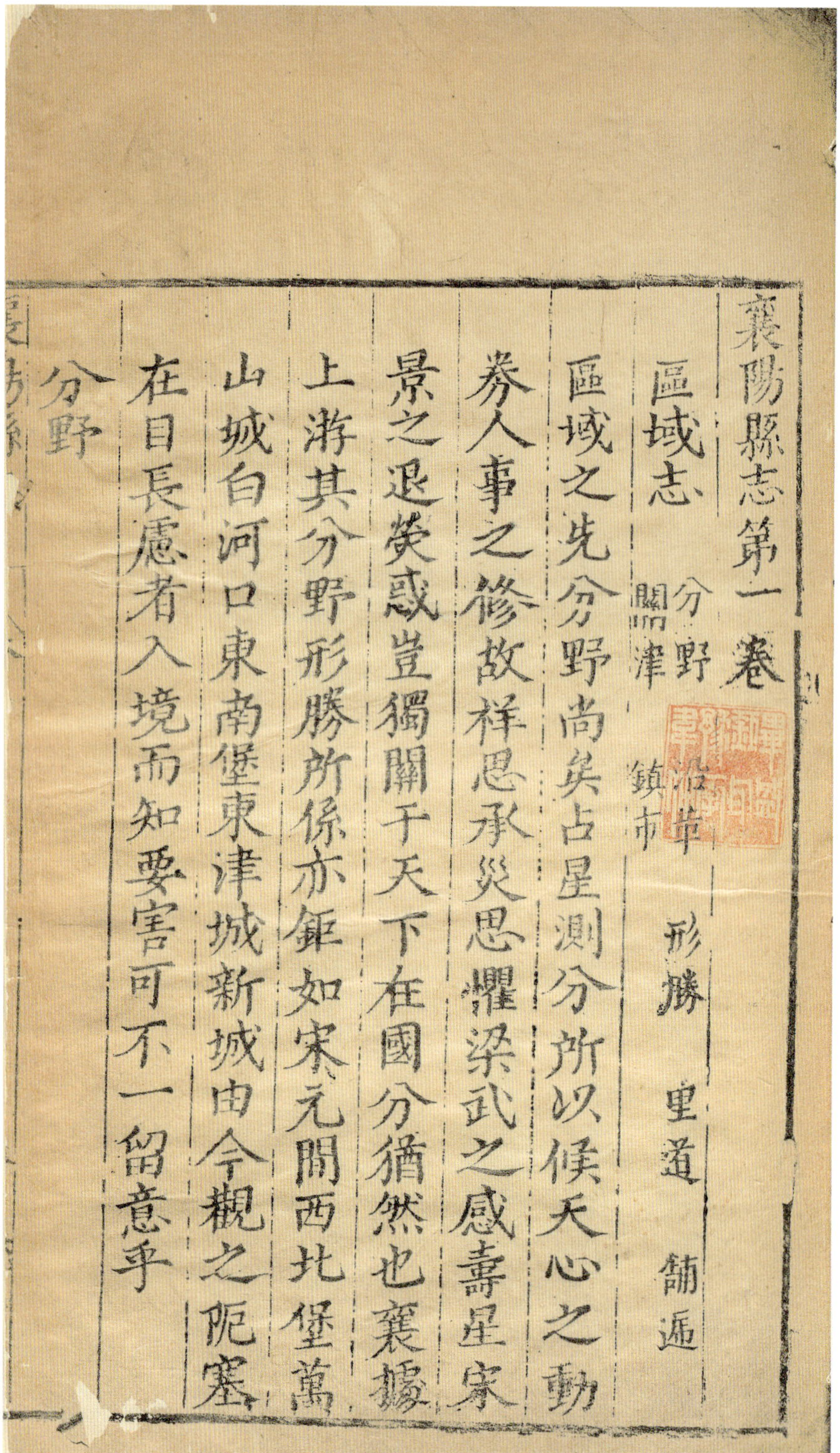

173 《襄陽縣志》卷一卷端

173 ［萬曆］襄陽縣志□□卷 〔明〕李思啓 〔明〕王業浩纂修 〔明〕馮舜臣補輯 明萬曆四十五年（1617）刻本 存二卷（卷一、三）

開本高 26.6 厘米，寬 17.4 厘米。框高 20.2 厘米，寬 14.5 厘米。半葉九行，行二十字，小字雙行同，白口，四周單邊。索書號：善 005061。

國家珍貴古籍名録編號：12572。

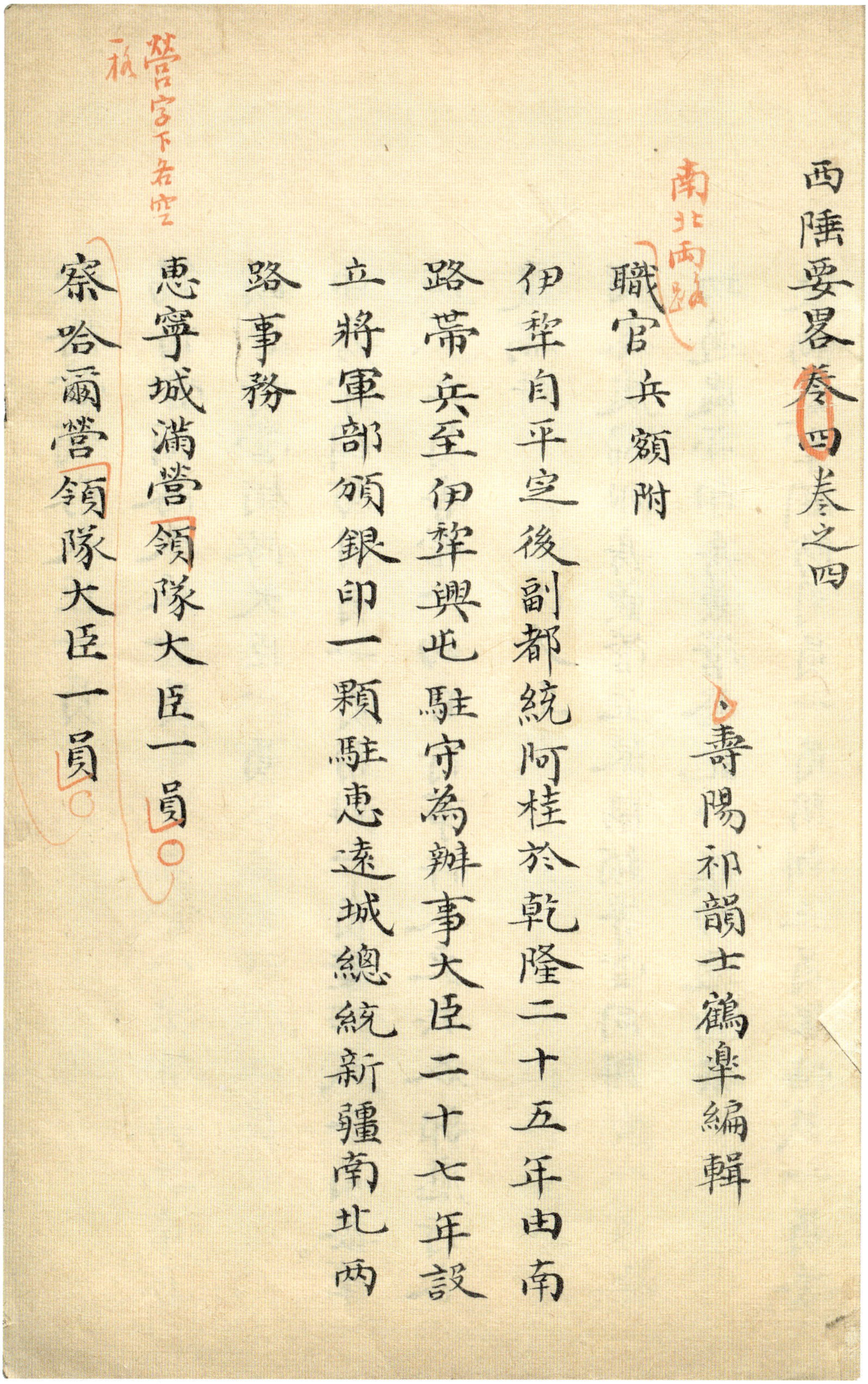
西陲要畧卷四卷之四

壽陽祁韻士鶴皋編輯

職官兵額附

南北兩路

伊犂自平定後副都統阿桂於乾隆二十五年由南

路帶兵至伊犂興屯駐守爲辦事大臣二十七年設

立將軍部頒銀印一顆駐惠遠城總統新疆南北兩

路事務

惠寧城滿營領隊大臣一員

察哈爾營領隊大臣一員

營字下各空一格

174 《西陲要略》卷四卷端

174 西陲要略四卷 〔清〕祁韵士編輯 稿本

開本高 24.5 厘米，寬 17.0 厘米。無框欄，半葉九行，行二十字。索書號：善 004112。

湖北省珍貴古籍名録編號：00295。

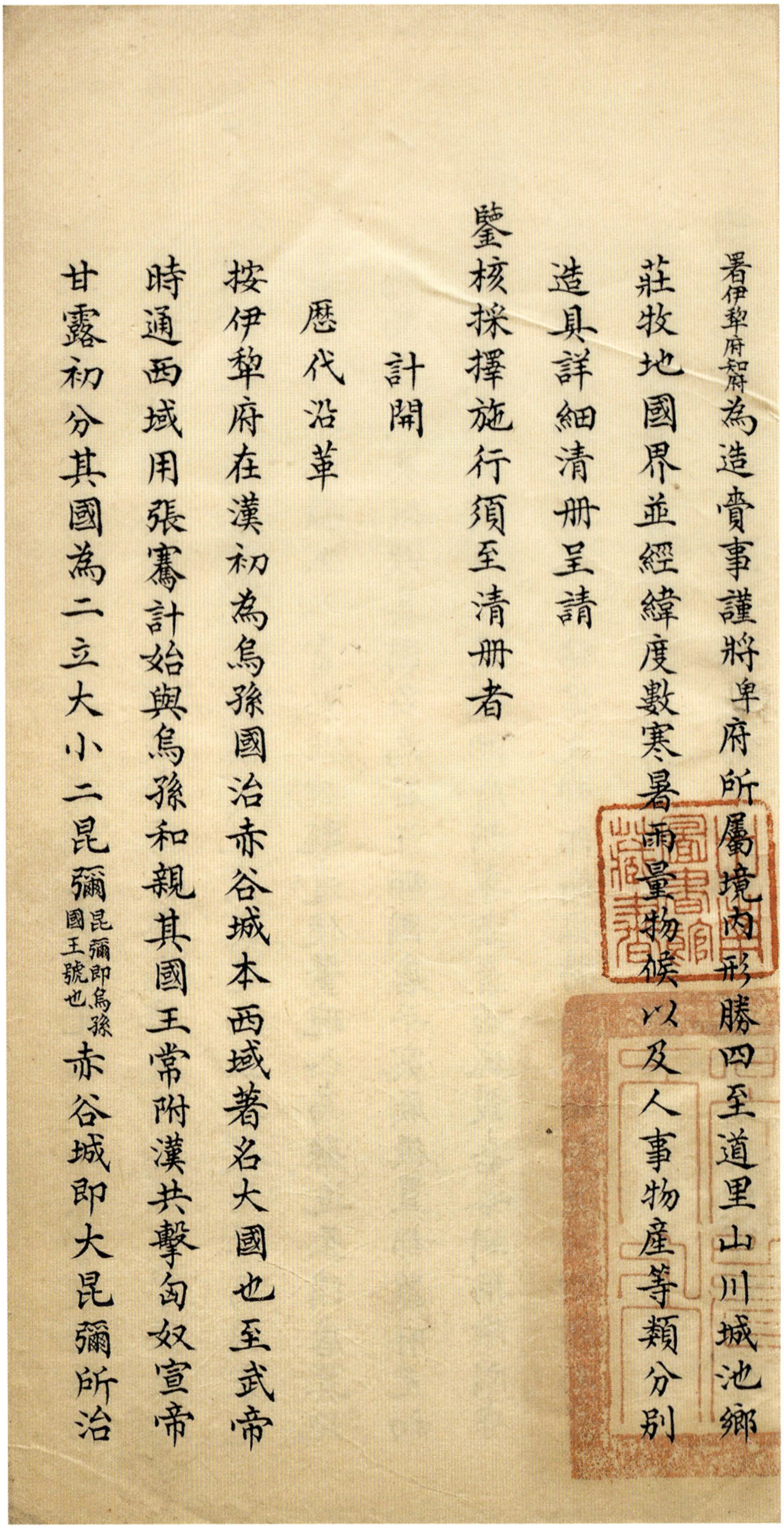

署伊犁府知府為造賫事謹將卑府所屬境內形勝四至道里山川城池鄉莊牧地國界並經緯度數寒暑雨量物候以及人事物產等類分別造具詳細清冊呈請

鑒核採擇施行須至清冊者

計開

歷代沿革

按伊犁府在漢初為烏孫國治赤谷城本西域著名大國也至武帝時通西域用張騫計始與烏孫和親其國王常附漢共擊匈奴宣帝甘露初分其國為二立大小二昆彌（昆彌即烏孫國王號也）赤谷城即大昆彌所治

175-1　《伊犁府鄉土志》卷端

175　[光緒] 伊犁府鄉土志一卷　〔清〕許國楨纂　稿本

開本高 25.7 厘米，寬 15.4 厘米。無框欄，半葉九行，行二十六字，小字雙行不等。鈐“伊犁府印”（滿漢合璧）印。索書號：善 005162。

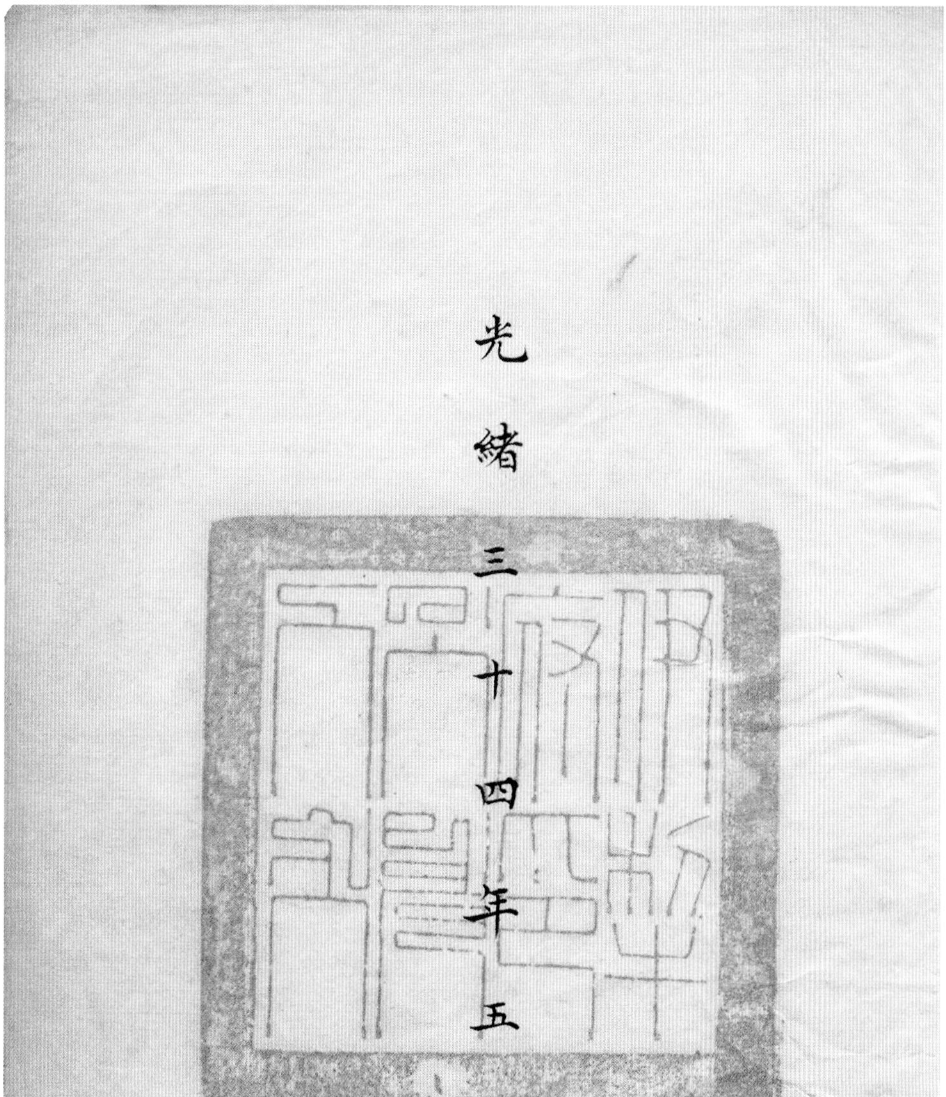

175-2 清許國楨署名

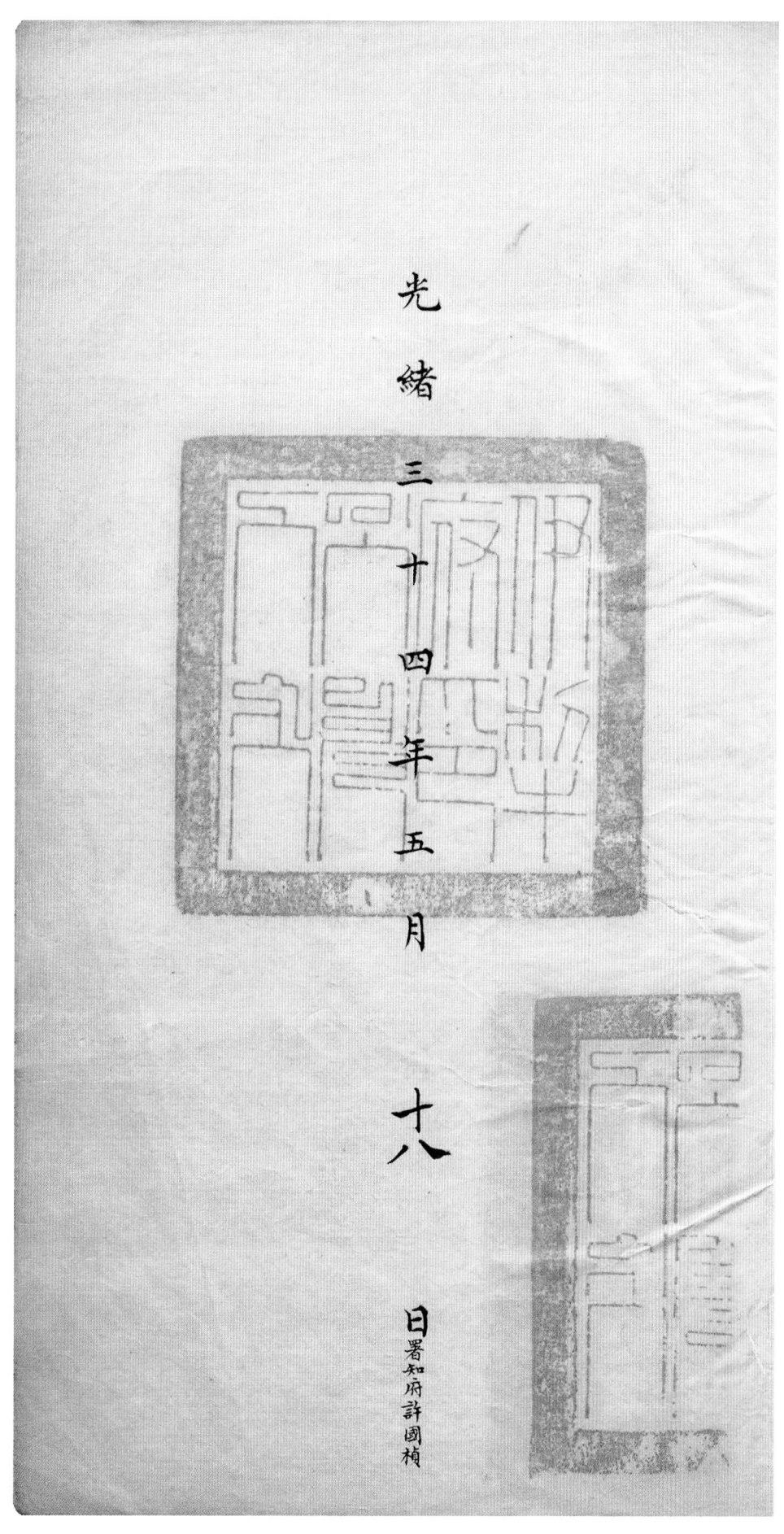

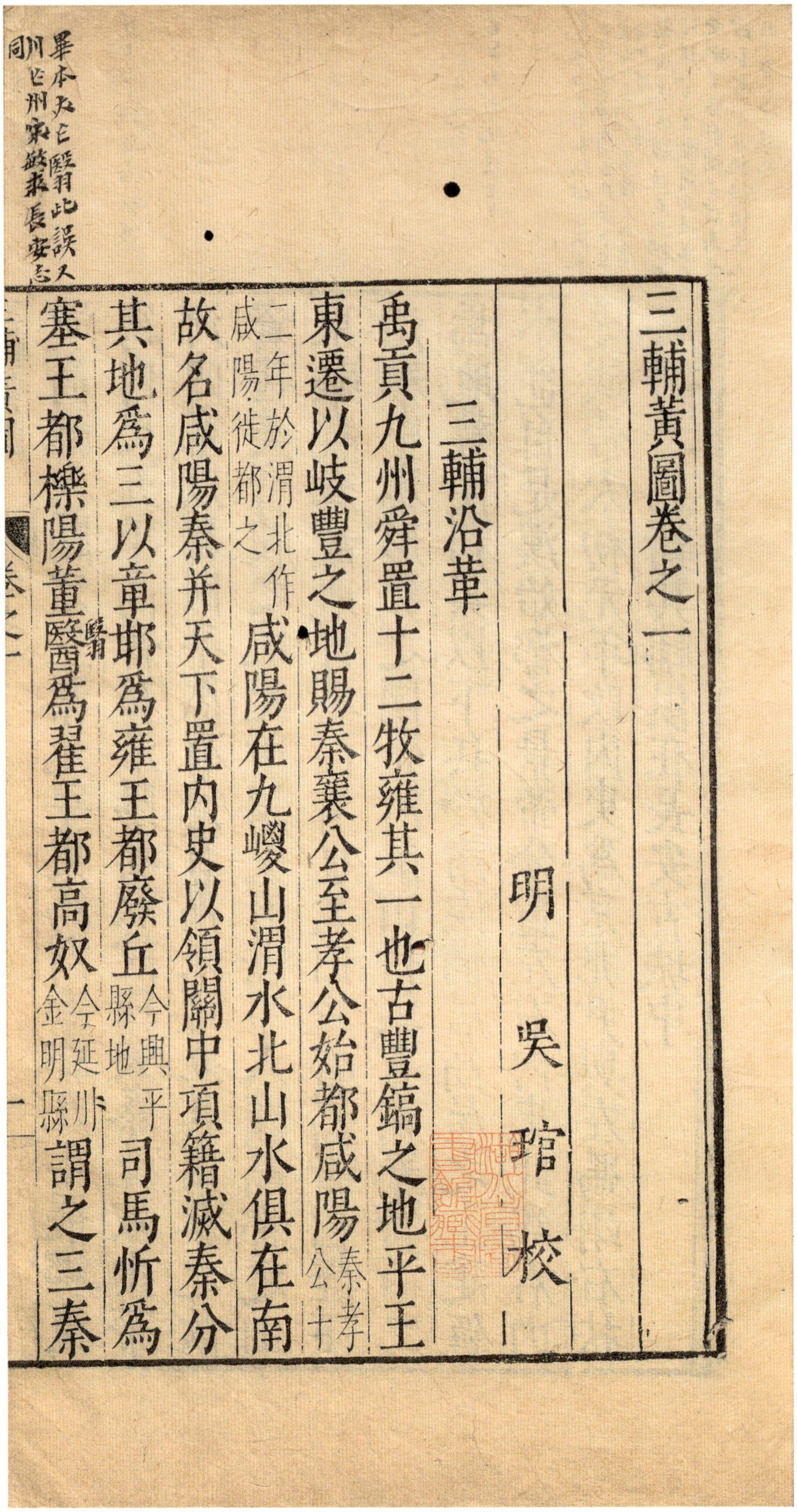
三輔黃圖卷之一
明 吳琯 校
三輔沿革
禹貢九州舜置十二牧雍其一也古豐鎬之地平王東遷以岐豐之地賜秦襄公至孝公始都咸陽秦孝公十二年於渭北作咸陽徙都之咸陽在九嵕山渭水北山水俱在南故名咸陽秦并天下置内史以領關中項籍滅秦分其地爲三以章邯爲雍王都廢丘今興平縣地司馬欣爲塞王都櫟陽董翳爲翟王都高奴今延州金明縣謂之三秦

176-1 《三輔黃圖》卷一卷端

176 三輔黃圖六卷 〔漢〕□□撰 明吳琯刻古今逸史本 陳尊默、張宗祥批校

開本高 28.1 厘米，寬 17.3 厘米。框高 20.3 厘米，寬 13.6 厘米。半葉十行，行二十字，小字雙行同，白口，左右雙邊。鈐“陳遵墨”“季皋”“徐恕讀過”印。索書號：善 003230。

縣烏鼠同穴山東北至華陰入河　豐水出鄠南山
豐谷北入渭　鎬水在昆明池北　牢水出鄠縣西
南入潦谷北流入渭　潏水在杜陵從皇子陂西北
流經昆明池入渭

行可取明萬曆陝西布政使司刊本屬臣校是書勝處無幾
因復參諸畢孫兩本及史漢群籍所載者略著異同臣
報仍無勝處幸　行可為我臧拙也　樽識

三輔黃圖卷之六終

丁丑花朝用致和復紹興本校一過　冷僧

176-2　陳尊默、張宗祥題識

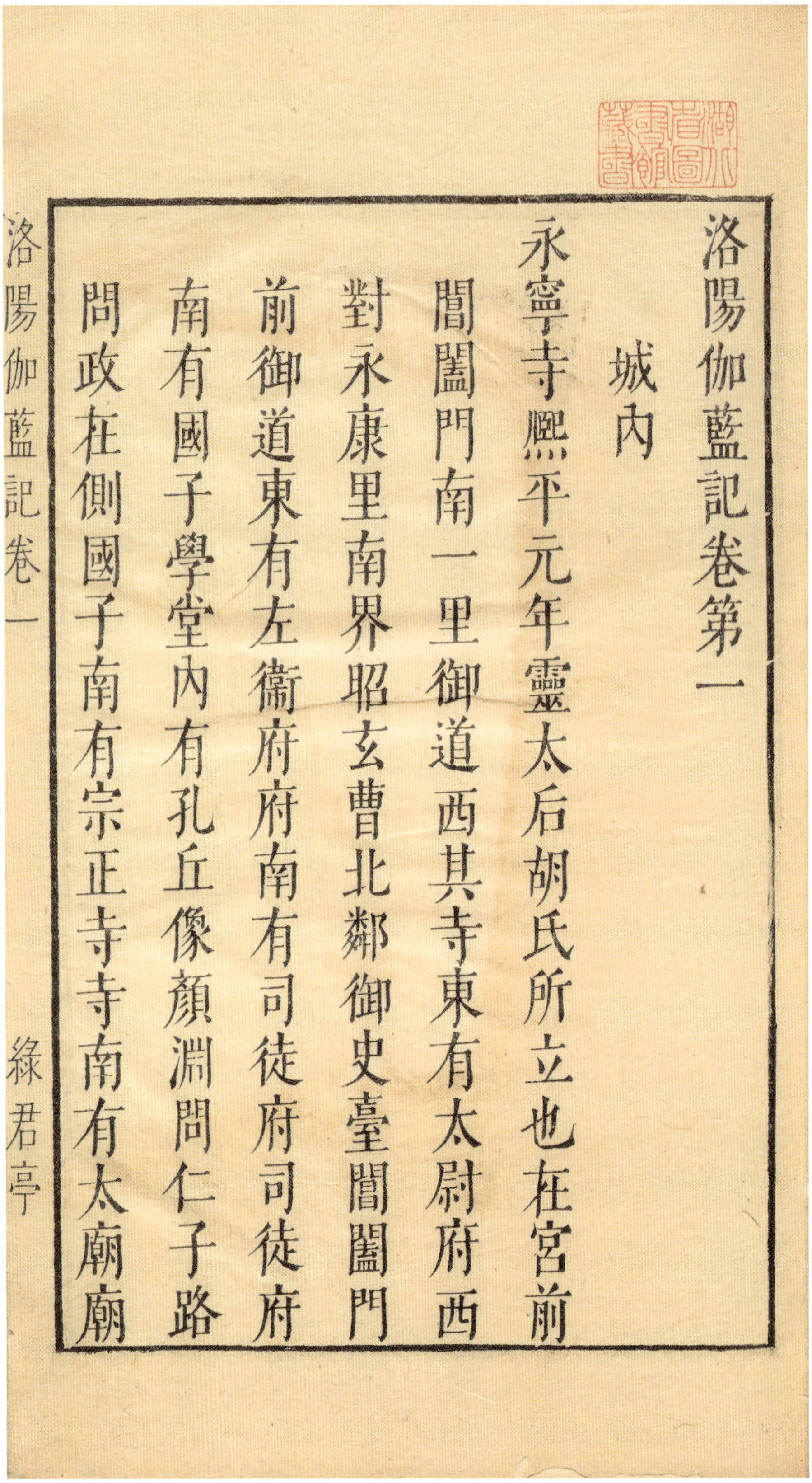

洛陽伽藍記卷第一

城內

永寧寺熙平元年靈太后胡氏所立也在宮前

閶闔門南一里御道西其寺東有太尉府西

對永康里南界昭玄曹北鄰御史臺閶闔門

前御道東有左衛府府南有司徒府司徒府

南有國子學堂內有孔丘像顏淵問仁子路

問政在側國子南有宗正寺寺南有太廟廟

洛陽伽藍記卷一　綠君亭

177　《洛陽伽藍記》卷一卷端

177 洛陽伽藍記五卷　〔北魏〕楊衒之撰　明末毛氏綠君亭刻本

開本高 26.2 厘米，寬 16.5 厘米。半葉單框，框高 20.5 厘米，寬 13.3 厘米。半葉八行，行十八字，小字雙行同，白口，四周單邊。索書號：善 003220。

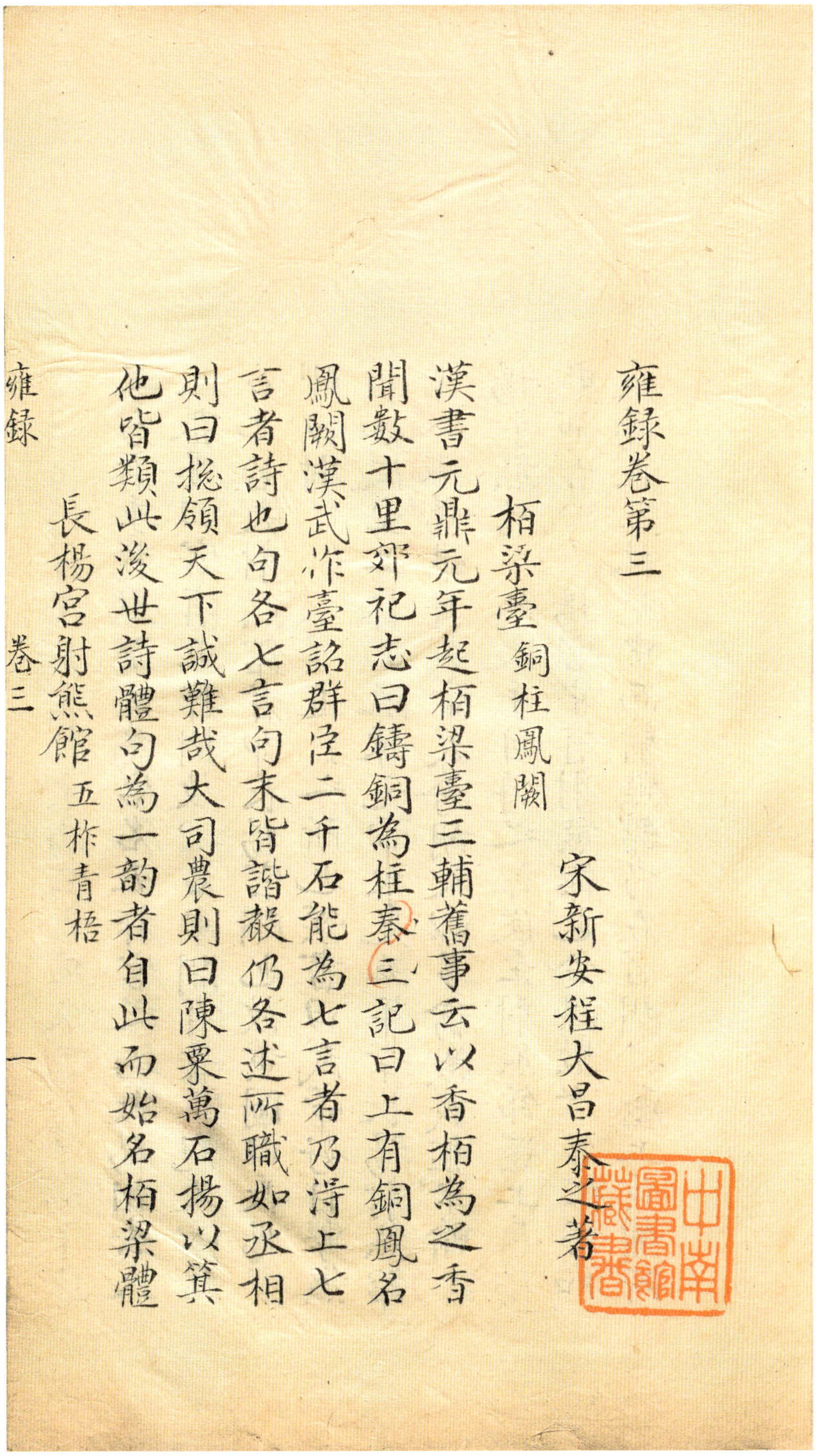
雍録卷第三
宋新安程大昌泰之著
栢梁臺 銅柱鳳闕
漢書元鼎元年起栢梁臺三輔舊事云以香栢為之香
聞數十里郊祀志曰鑄銅為柱秦三記曰上有銅鳳名
鳳闕漢武作臺詔群臣二千石能為七言者乃得上七
言者詩也句各七言句末皆諧韻仍各述所職如丞相
則曰揔領天下誠難哉大司農則曰陳粟萬石揚以箕
他皆類此後世詩體句為一韵者自此而始名栢梁體
長楊宮射熊館 五柞青梧
雍録 卷三 一

178-1 《雍録》卷三卷端

178 雍録十卷 〔宋〕程大昌撰 清乾隆四十四年（1779）抄本 清周星詒題識 清陳徵芝校並跋 清陳樹杓題識

開本高 27.5 厘米，寬 17.6 厘米。無框欄，半葉十行，行二十一字。鈐“周星詒印”“季貺”“祥符周氏瑞瓜堂圖書”“武昌柯逢時收藏校定本”等印。索書號：善 004167。

湖北省珍貴古籍名録編號：00230。

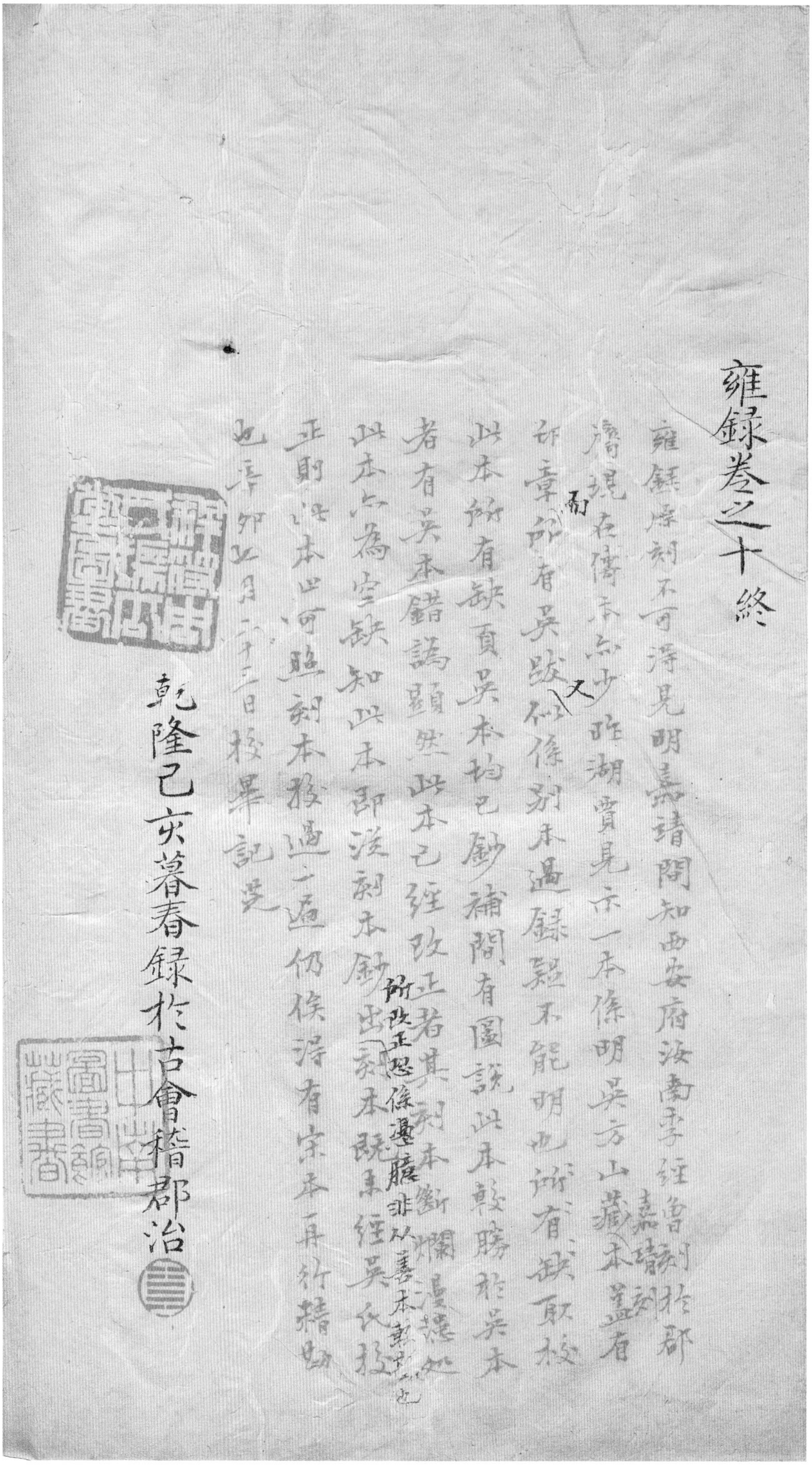
雍録卷之十終

雍録原刻不可得見明嘉靖間知西安府汝南李經魯刻於郡
齋現在傳本亦少近湖賈見示一本係明吴方山藏嘉靖刻本蓋有
印章而所有吴跋又似係别本過録疑不能明也所有缺頁取校
此本所有缺頁吴本均已鈔補間有圖説此本較勝於吴本
者有吴本錯譌顯然此本已經改正若其刻本斷爛漫漶處
此本亦爲空缺知此本即從刻本鈔出所改正恐係憑臆非從善本勘正也刻本既未經吴氏校
正則以此本照刻本校過一遍仍俟得有宋本再行精勘
也辛卯五月二十二日校畢記芝

乾隆己亥暮春録於古會稽郡治

178-2　清陳徵芝題識

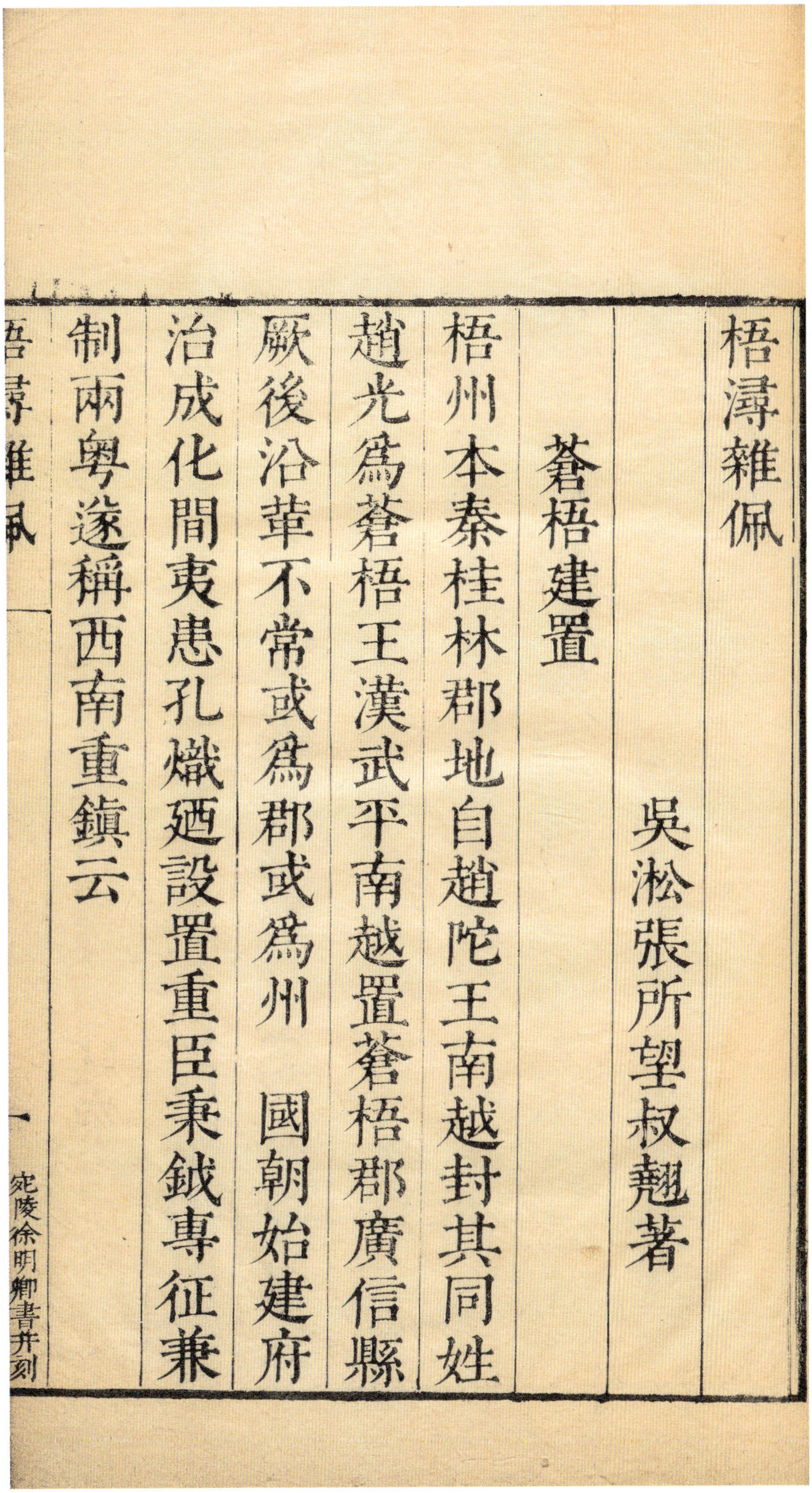
梧潯雜佩

吳淞張所望叔翹著

蒼梧建置

梧州本秦桂林郡地自趙陀王南越封其同姓趙光爲蒼梧王漢武平南越置蒼梧郡廣信縣厥後沿革不常或爲郡或爲州　國朝始建府治成化間夷患孔熾廼設置重臣秉鉞專征兼制兩粵遂稱西南重鎮云

梧潯雜佩　一　宛陵徐明卿書并刻

179　《梧潯雜佩》卷端

179　梧潯雜佩一卷　〔明〕張所望撰　明末刻本

開本高25.6厘米，寬16.0厘米。框高19.0厘米，寬14.3厘米。半葉八行，行十八字，白口，左右雙邊。鈐“王宗炎所見書”印。索書號：善001013。

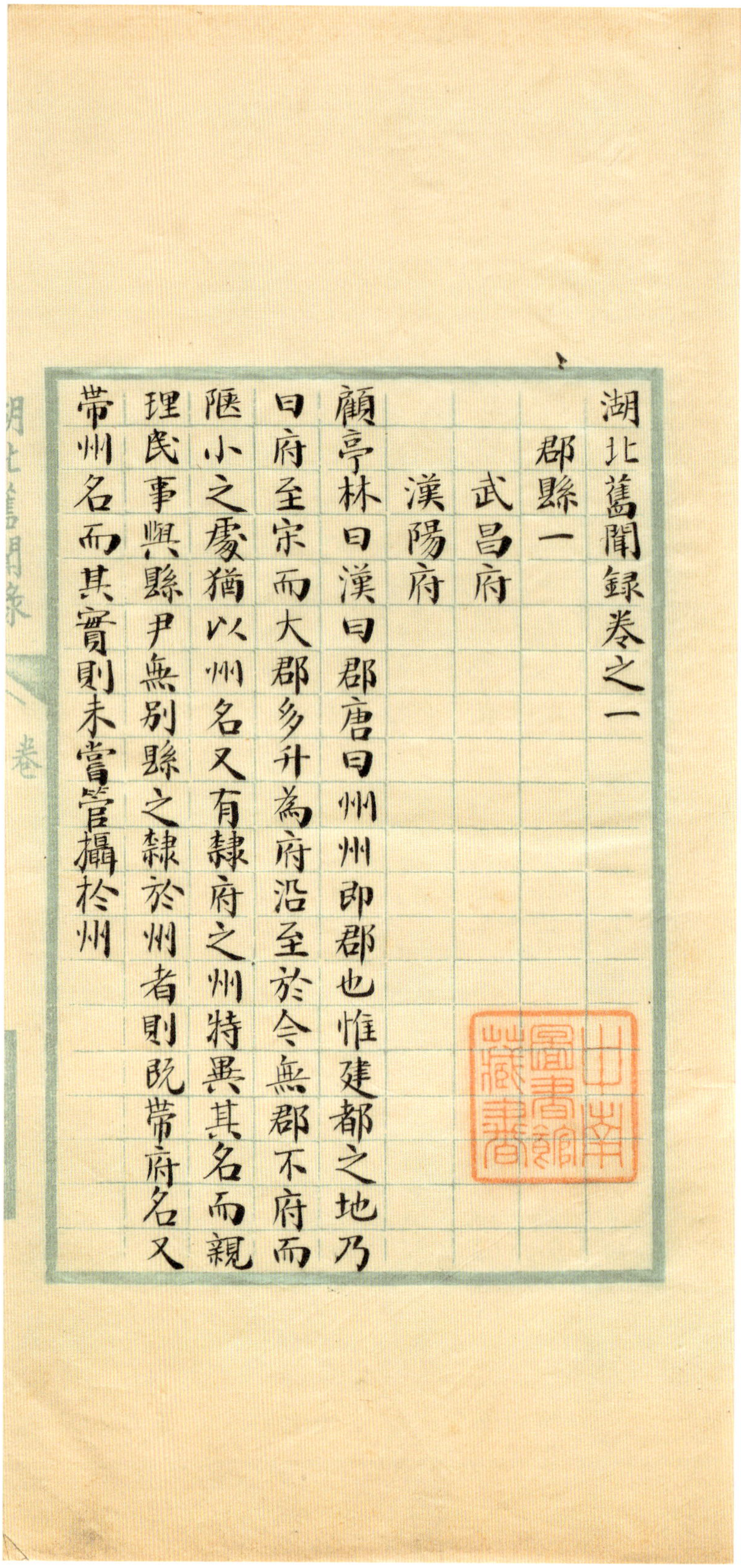
湖北舊聞録卷之一
郡縣一
武昌府
漢陽府
顧亭林曰漢曰郡唐曰州州即郡也惟建都之地乃曰府至宋而大郡多升為府沿至於今無郡不府而陋小之處猶以州名又有隸府之州特異其名而親理民事與縣尹無别縣之隸於州者則旣帶府名又帶州名而其實則未嘗管攝於州

180　《湖北舊聞録》卷一卷端

180　湖北舊聞録四十六卷　〔清〕陳詩撰　清抄本

開本高 27.4 厘米，寬 15.4 厘米。框高 18.5 厘米，寬 12.0 厘米。半葉九行，行二十字，白口，四周雙邊。索書號：善 004679。

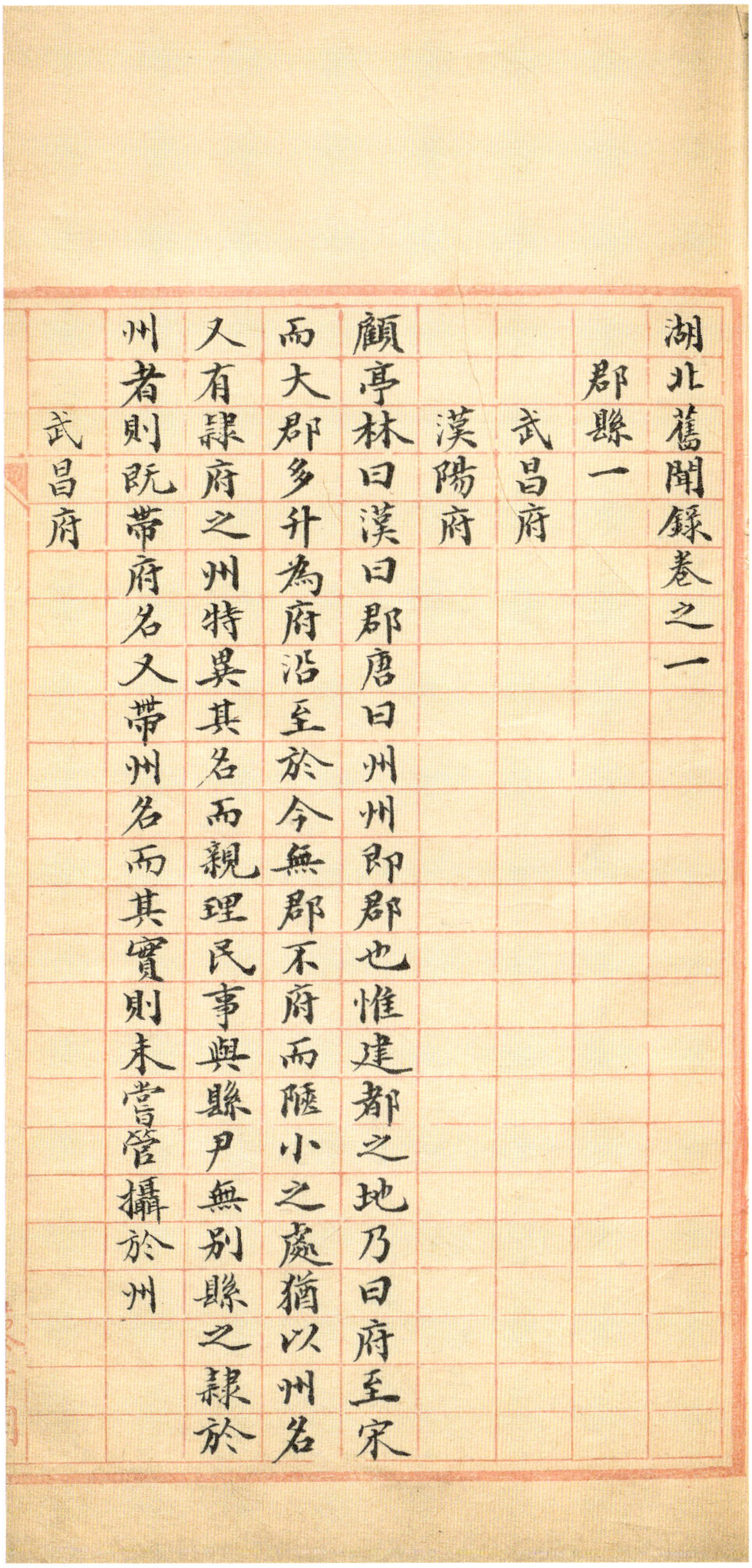
湖北舊聞録卷之一
郡縣一
武昌府
漢陽府
顧亭林曰漢曰郡唐曰州州即郡也惟建都之地乃曰府至宋
而大郡多升為府沿至於今無郡不府而陋小之處猶以州名
又有隸府之州特異其名而親理民事與縣尹無别縣之隸於
州者則既帶府名又帶州名而其實則未嘗管攝於州
武昌府

181-1　《湖北舊聞録》卷一卷端

181　湖北舊聞録四十六卷　〔清〕陳詩撰　清抄本　石榮暲抄補並跋、題詩，另録盧弼、劉文嘉、徐恕題詩　佚名跋

開本高 24.3 厘米，寬 14.1 厘米。框高 18.5 厘米，寬 12.0 厘米。半葉九行，行二十五字，白口，四周雙邊。索書號：善 004851。

題湖北舊聞錄

陽新石榮暲藎年

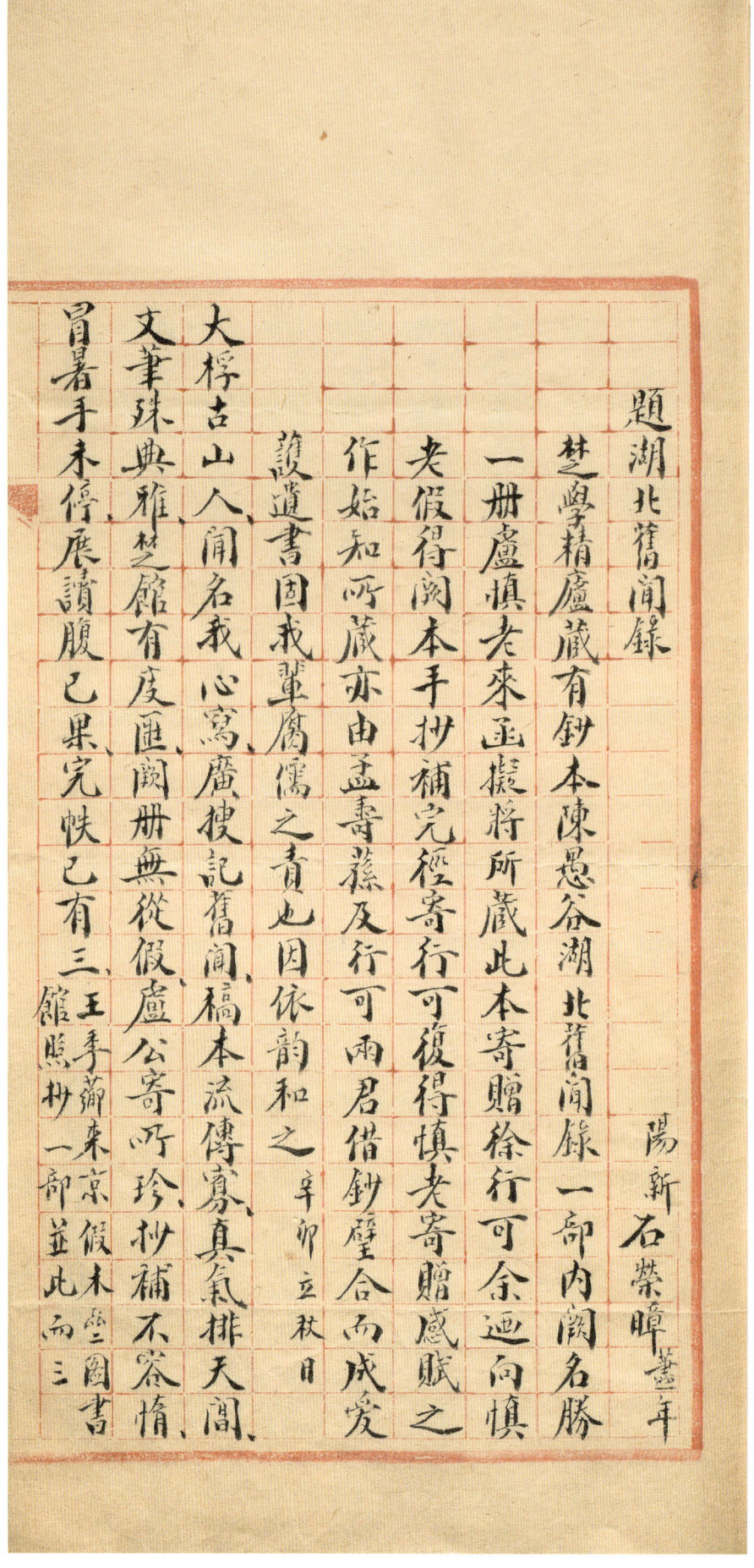

楚學精廬藏有鈔本陳愚谷湖北舊聞錄一部內閣名勝一冊盧愼之來函擬將所藏此本寄贈徐行可余迺向愼老假得閱本手抄補完徑寄行可復得愼老寄贈感賦之作始知所藏亦由孟壽蓀及行可兩君借鈔璧合而成爰護遺書因我輩腐儒之責也因依韵和之 辛卯立秋日

大桴古山人、聞名我心寫、廣搜記舊聞、稿本流傳寡、真氣排天閶、文筆殊典雅、楚館有度匯、閱冊無從假、盧公寄所珍、抄補不容惰、冒暑手未停、展讀腹已果、完帙已有三、王季薌來京假木盦圖書館照抄一部並此而三

181-2 石榮暲題詩

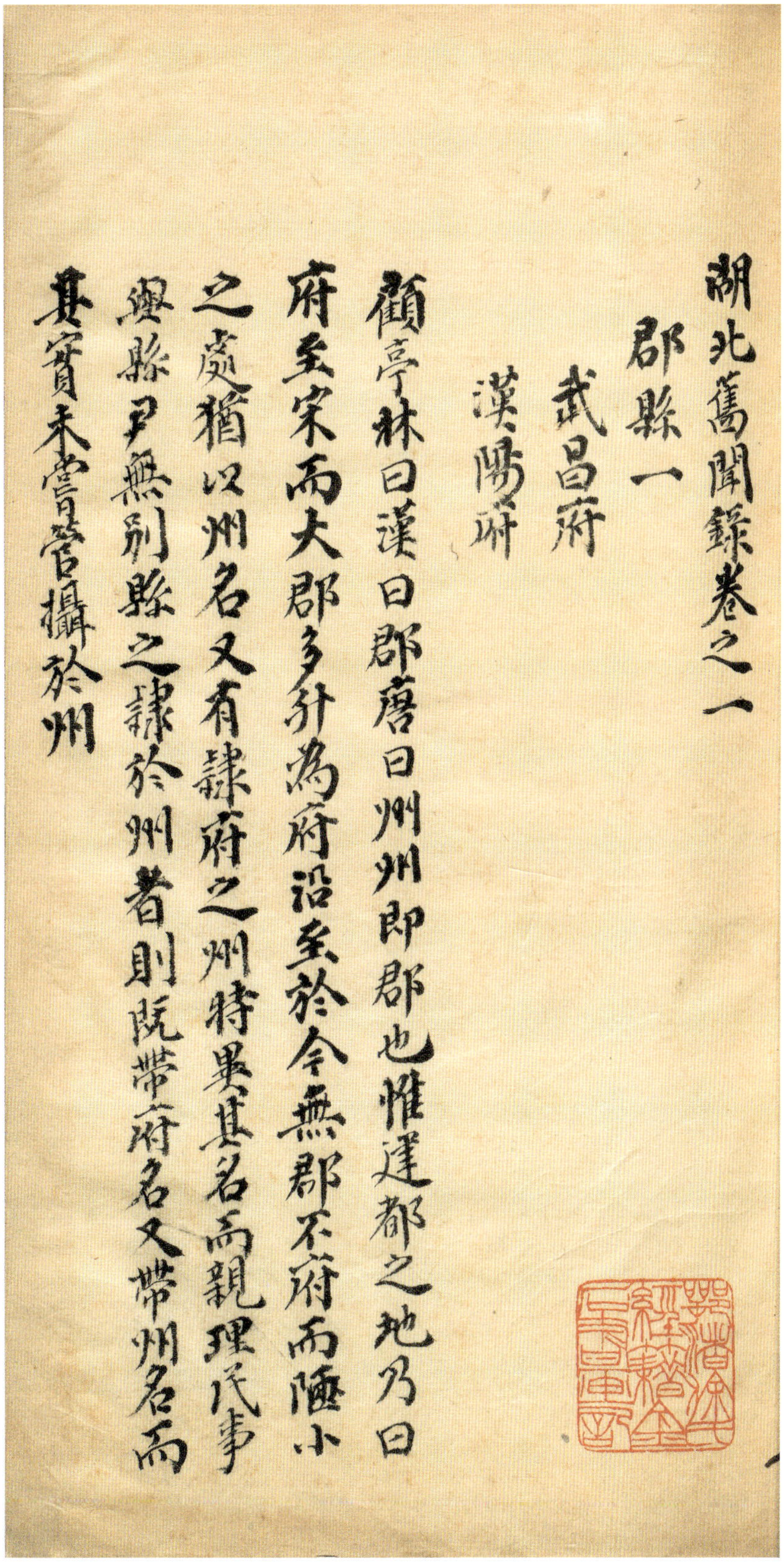
湖北舊聞録卷之一
郡縣一
武昌府
漢陽府
顧亭林曰漢曰郡唐曰州州即郡也惟建都之地乃曰
府至宋而大郡多升為府沿至於今無郡不府而陋小
之處猶以州名又有隸府之州特異其名而親理民事
與縣同無別縣之隸於州者則既帶府名又帶州名而
其實未嘗管攝於州

182-1　《湖北舊聞録》卷一卷端

182　湖北舊聞録四十六卷　〔清〕陳詩撰　清抄本　石榮暲題識

開本高23.0厘米，寬14.2厘米。無框欄，半葉九行，行二十一字。鈐“徐恕私印”“彊誃所得善本”“徐弜誃藏閱書”“以古自華之徒”等印。索書號：善004850。

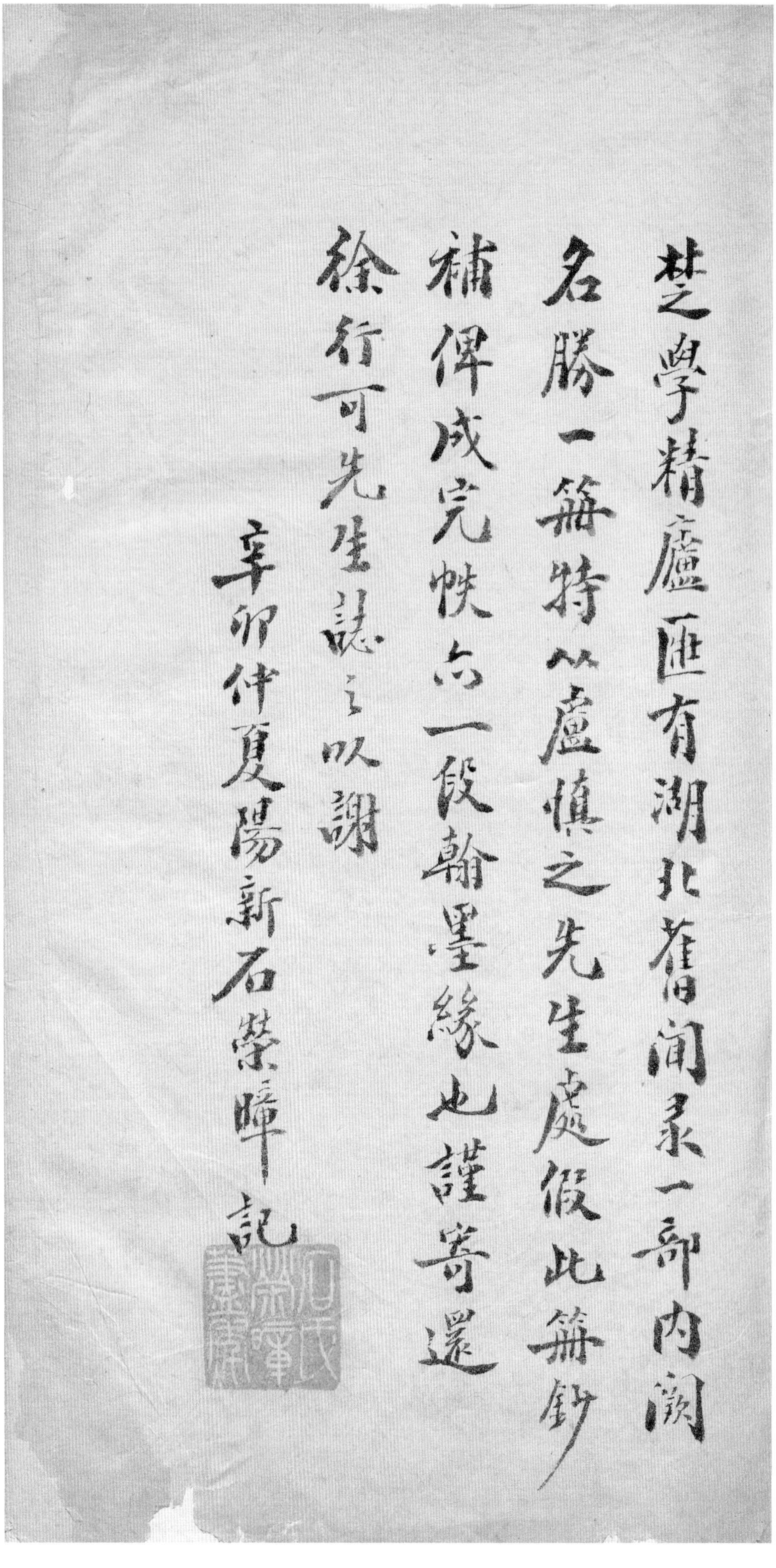

楚學精廬匯有湖北舊聞录一部內闕
名勝一册特以盧慎之先生處假此册鈔
補俾成完帙亦一段翰墨緣也謹寄還
徐行可先生誌之以謝
辛卯仲夏陽新石榮暲記

182-2　石榮暲題識

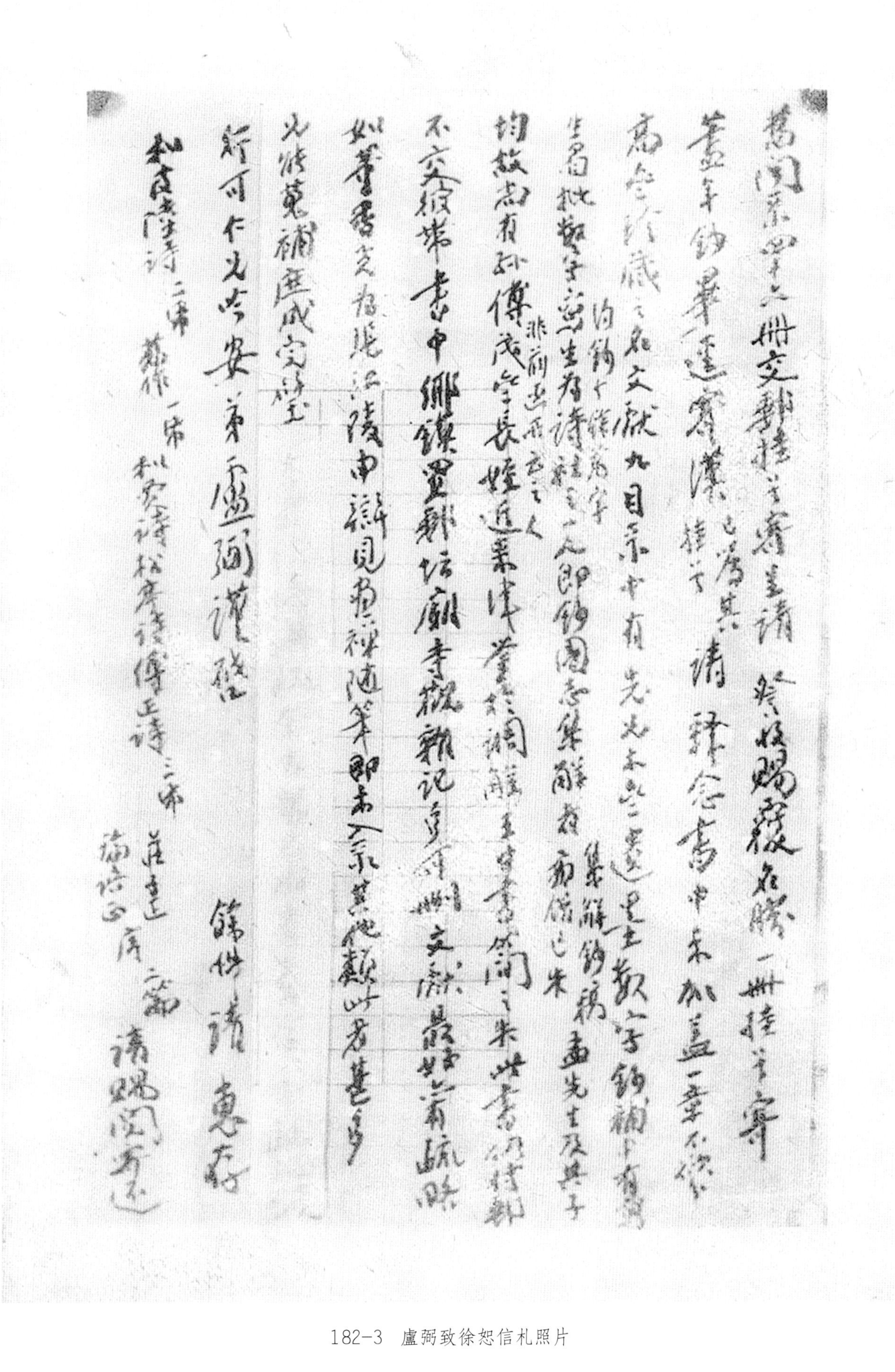

182-3　盧弼致徐恕信札照片

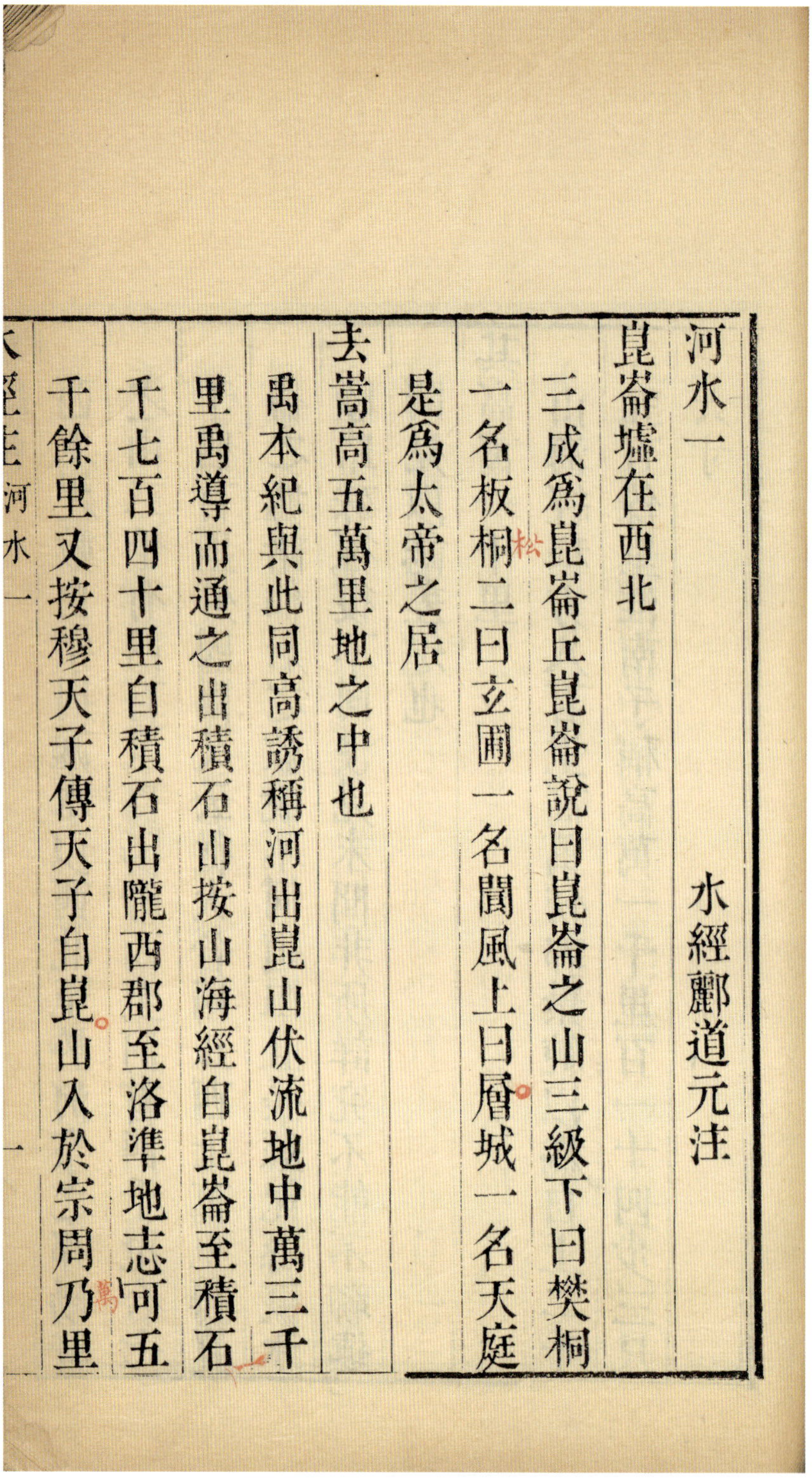
河水一　　　水經酈道元注
崑崙墟在西北
三成爲崑崙丘崑崙說曰崑崙之山三級下曰樊桐
一名板桐二曰玄圃一名閬風上曰層城一名天庭
是爲太帝之居
去嵩高五萬里地之中也
禹本紀與此同高誘稱河出崑山伏流地中萬三千
里禹導而通之出積石山按山海經自崑崙至積石
千七百四十里自積石出隴西郡至洛準地志可五
千餘里又按穆天子傳天子自崑山入於宗周乃里
水經注　河水一　　一

183-1　《河水一》卷端

183　水經注不分卷　〔北魏〕酈道元撰　〔清〕戴震校訂　清乾隆刻本　佚名批校　存河水一、河水二、河水三、渠、陰溝水、汳水、獲水、睢水、瓠子河、汾水、晋水、文水、原公水、同過水、澮水、涑水、湛水、沁水、清水、渭水、漆水、沮水、潼水、洛水、穀水、贛水、漸江水、桓水、葉榆河、温水、存水、浪水、灕水、洭水、溱水、斤員水、禹貢山水澤地

開本高 26.5 厘米，寬 17.1 厘米。框高 19.1 厘米，寬 14.2 厘米。半葉十行，行二十一字，白口，左右雙邊。鈐“楊守敬印”“宜都楊氏藏書記”印。索書號：善 001334。

以爲天地之中也恒水又東逕藍莫塔塔邊有池池中龍守護之阿育王欲破塔作八萬四千塔悟龍王所供知非世有遂止此中空荒無人羣象以鼻取水灑地若蒼梧會稽象耕鳥耘矣恒水又東至五河口蓋五水所會非所詳矣阿難從摩竭國向毗舍利欲般泥洹諸天告阿闍世王王追至河上黎車聞阿難來亦復來迎俱到河上阿難思惟前則阿闍世王致恨卻則黎車復怨卽於中河入火光三昧燒具兩般泥洹身二分分各在一岸二王各持半舍利還起二塔渡河南下一由巡到摩竭提國巴連弗邑邑卽是

183-2　佚名批校

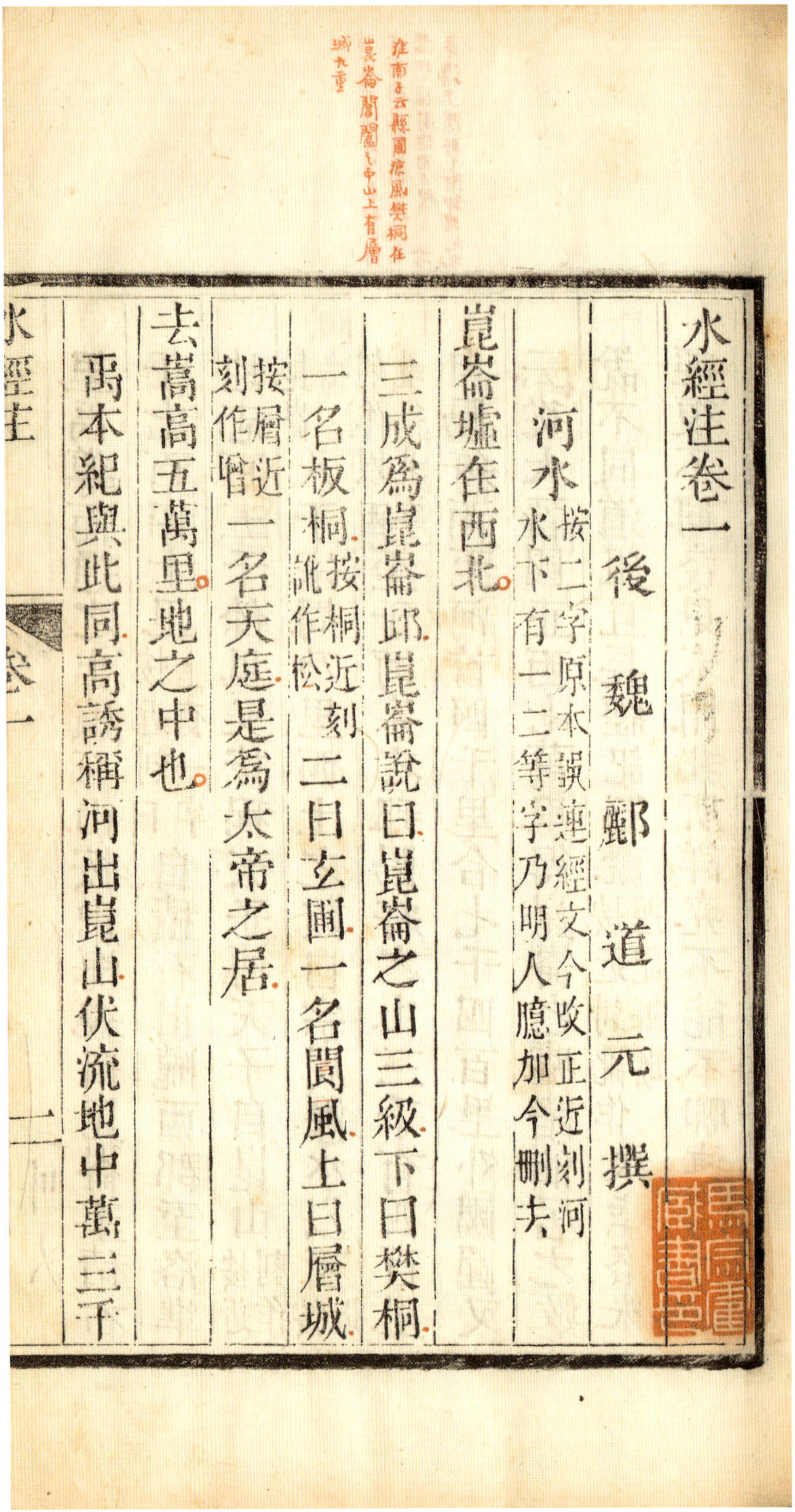

184-1 《水經注》卷一卷端

184 水經注四十卷 〔北魏〕酈道元撰 清乾隆蘇州刻本 馬宗霍題識並批

開本高 29.5 厘米，寬 12.2 厘米。框高 14.1 厘米，寬 10.1 厘米。半葉九行，行二十一字，小字雙行同，白口，四周雙邊。鈐“馬宗霍藏書印”印。索書號：善 001343。

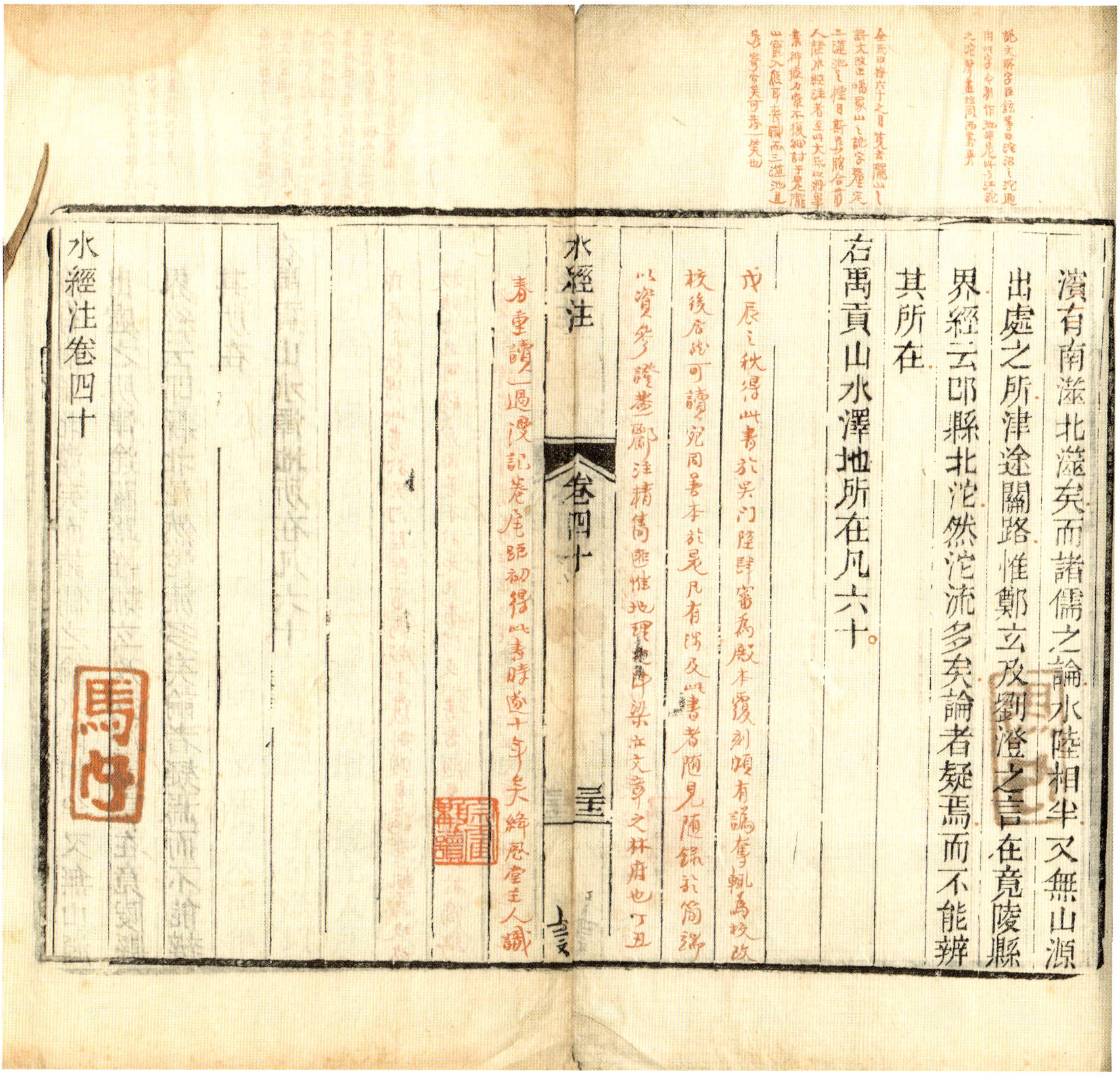

濱有南漾北漾矣而諸儒之論水陸相半又無山源出處之所津途關路惟鄭玄及劉澄之言在竟陵縣界經云邔縣北沱然沱流多矣論者疑焉而不能辨其所在

右禹貢山水澤地所在凡六十。

戊辰之秋得此書於吳門陸肆寓為殿本覆刻頗有譌奪輒為校改校後居然可讀究同善本於是凡有涉及此書者隨見隨錄於簡端以資參證蓋酈注精博匪惟地理抑染江文章之林府也丁丑春重讀一過漫記卷尾距初得此書時逾十年矣絳居堂主人識

水經注　卷四十

水經注卷四十

184-2　馬宗霍題識

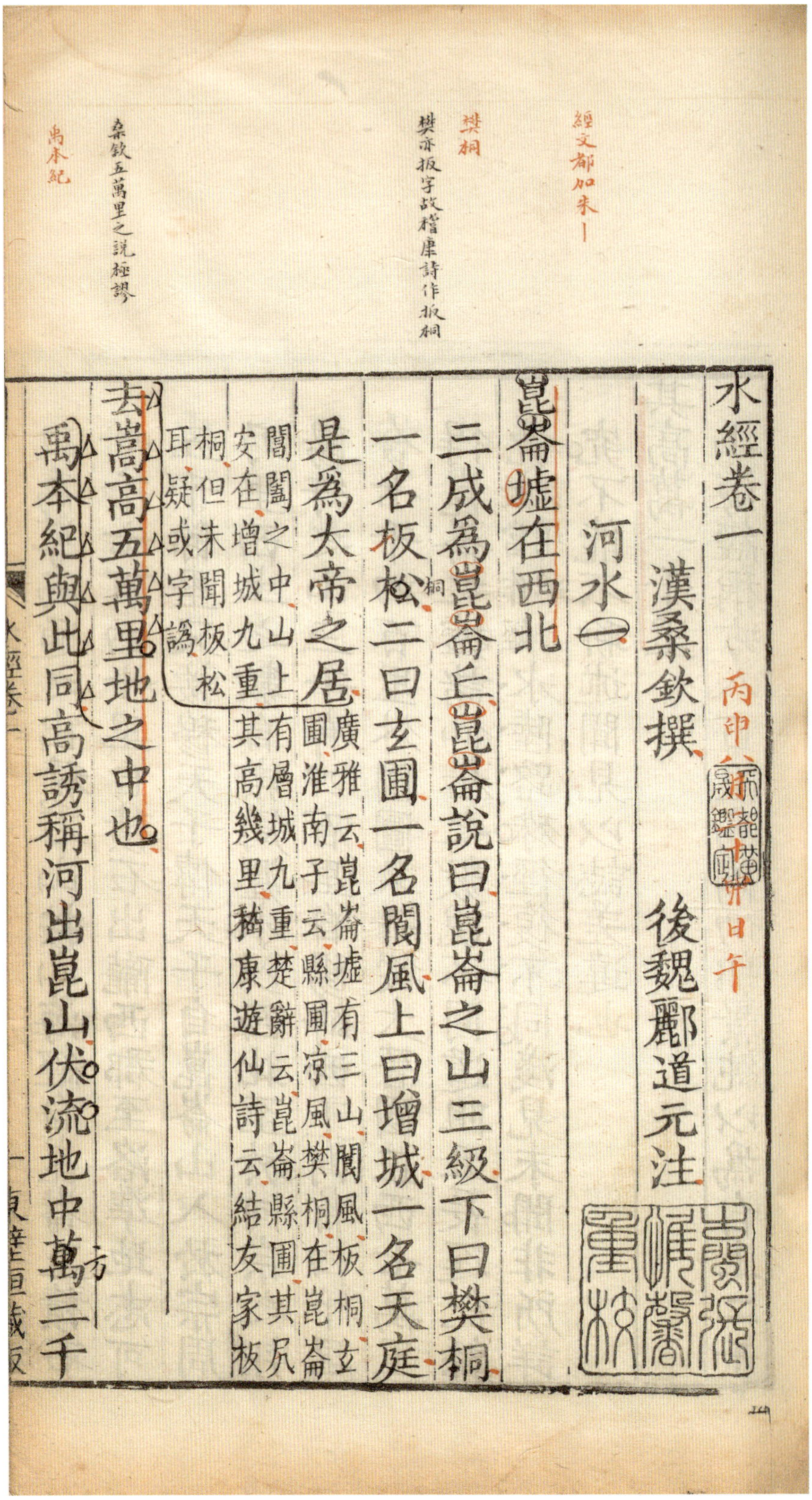

185-1 《水經注》卷一卷端

185 水經注四十卷 〔北魏〕酈道元撰 清乾隆張氏勵志書屋刻本 葉德輝校跋並録清洪亮吉、孫星衍、顧廣圻批校及跋

開本高 25.7 厘米，寬 16.4 厘米。框高 17.6 厘米，寬 13.6 厘米。半葉十一行，行二十一字，小字雙行同，白口，四周單邊。鈐“葉德輝焕彬甫藏閲書”印。索書號：善 001022。

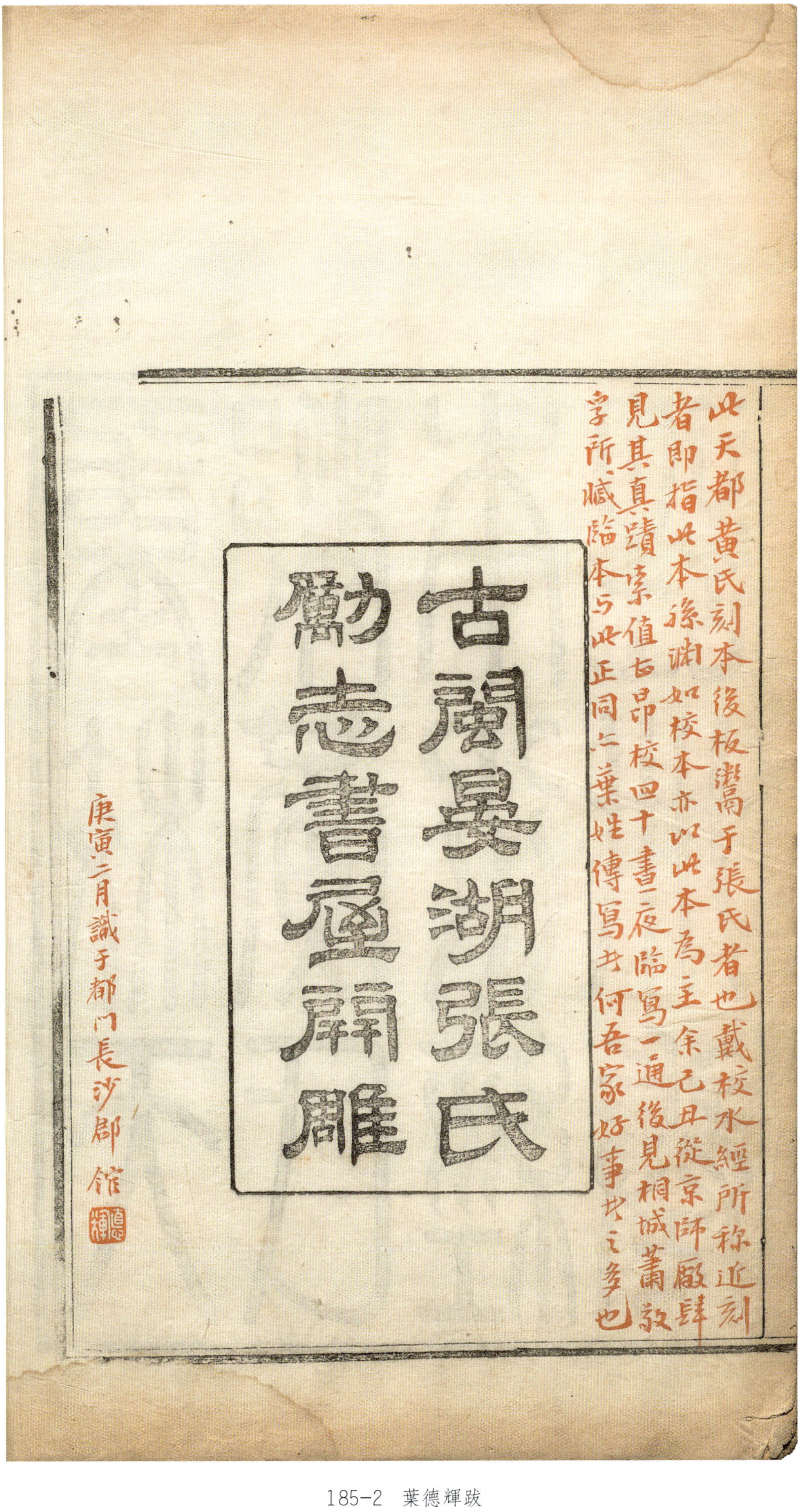

古闔晏湖張氏
勵志書屋開雕

此天都黃氏刻本後板鬻于張氏者也戴校水經所称近刻者即指此本孫淵如校本亦以此本為主余己丑從京師廠肆見其真蹟索值古昂校四十晝夜臨寫一通後見相城蕭敬孚所藏臨本与此正同亡葉姓傳寫耳何吾家好事者之多也

庚寅二月識于都门長沙郋館

185-2　葉德輝跋

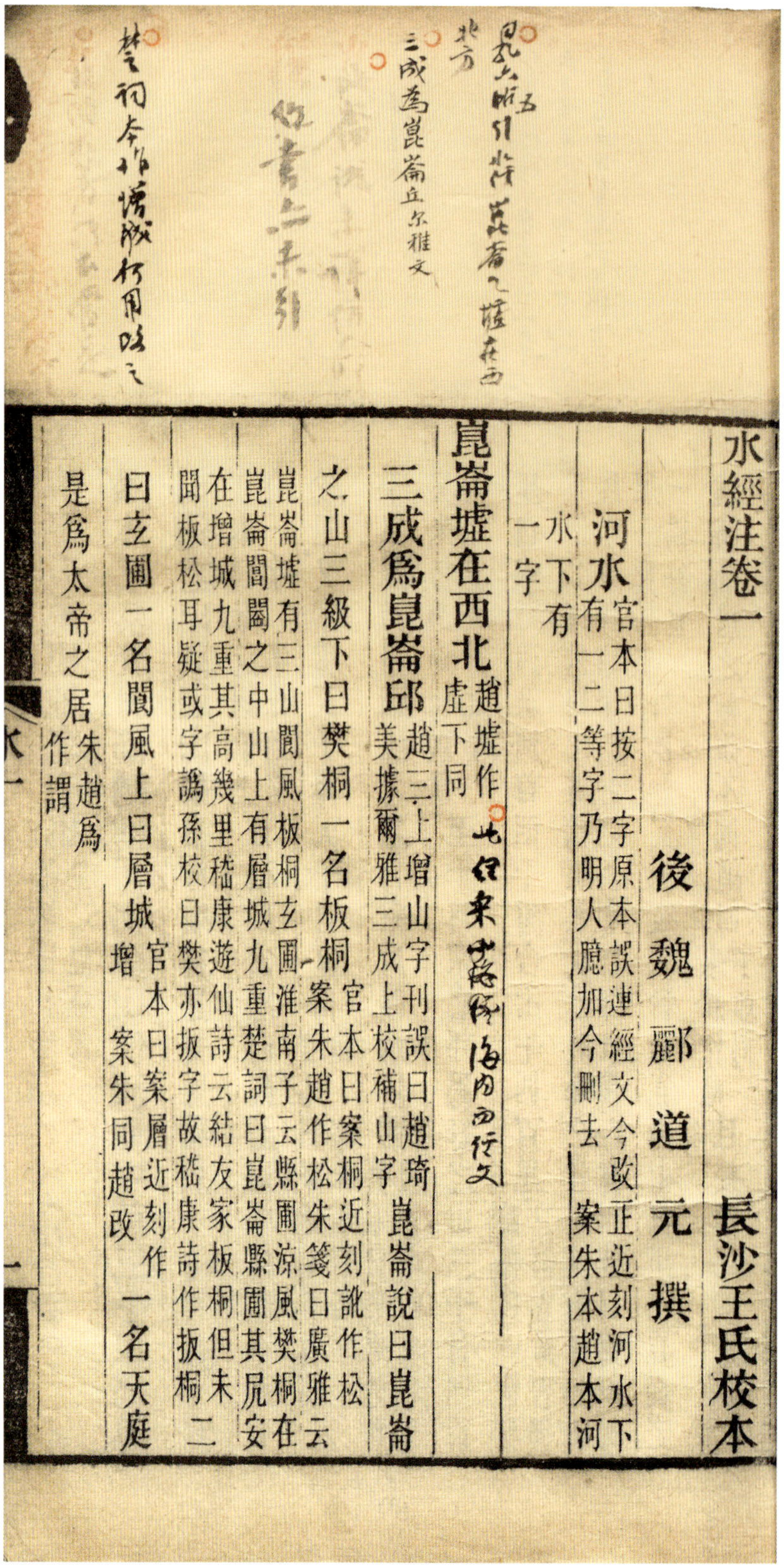

186 《水經注》卷一卷端

186 水經注四十卷首一卷 〔北魏〕酈道元撰 **附録二卷** 〔清〕趙一清輯 清光緒十八年（1892）思賢講舍刻本 楊守敬、熊會貞批校

甲字號本。開本高 26.3 厘米，寬 15.0 厘米。框高 17.9 厘米，寬 13.7 厘米。半葉十一行，行二十四字，小字雙行同，黑口，左右雙邊。鈐“楊守敬印”印。索書號：善 001332。

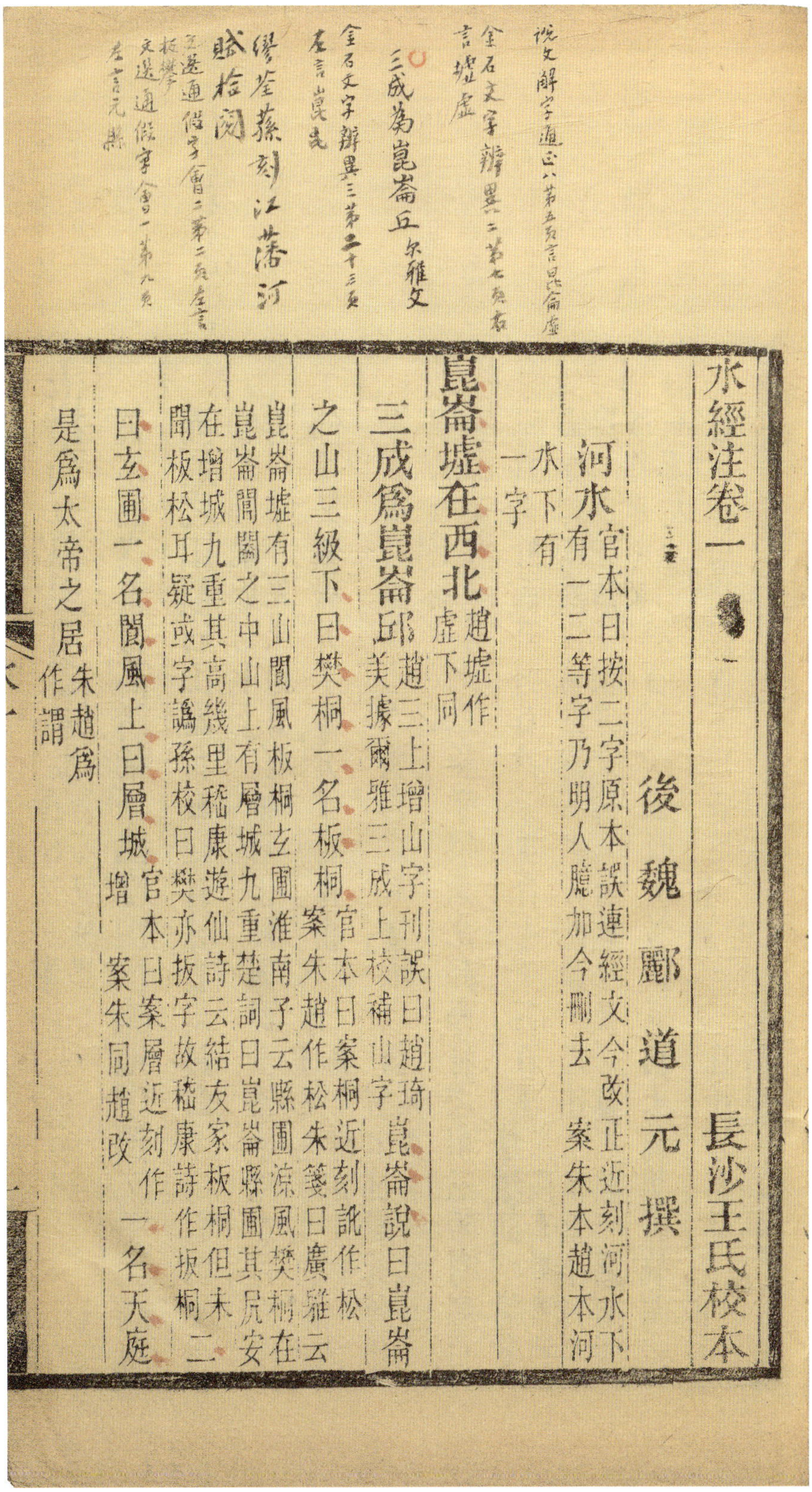

187　《水經注》卷一卷端

187　水經注四十卷首一卷　〔北魏〕酈道元撰　**附録二卷**　〔清〕趙一清輯　清光緒十八年（1892）思賢講舍刻本　楊守敬、熊會貞批校

乙字號本。開本高 25.0 厘米，寬 15.2 厘米。框高 17.8 厘米，寬 13.8 厘米。半葉十一行，行二十四字，小字雙行同，黑口，左右雙邊。鈐“宜都楊氏藏書記”“楊守敬印”印。索書號：善 001338。

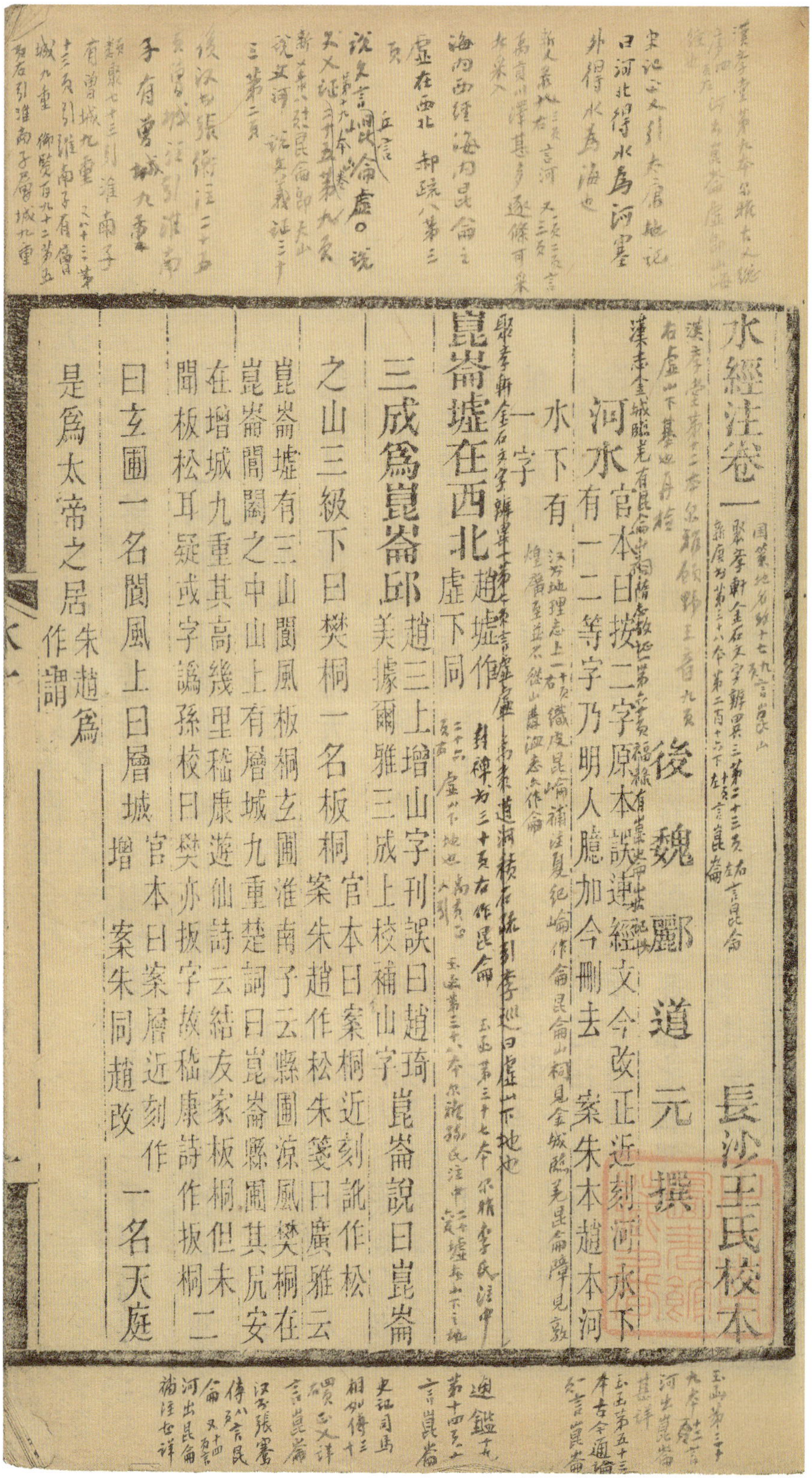

188 《水經注》卷一卷端

188 水經注四十卷首一卷 〔北魏〕酈道元撰 **附録二卷** 〔清〕趙一清輯 清光緒十八年（1892）思賢講舍刻本 楊守敬、熊會貞批校 存四十卷（卷一至四十）

丁字號本。開本高 24.7 厘米，寬 15.3 厘米。框高 17.8 厘米，寬 13.7 厘米。半葉十一行，行二十四字，小字雙行同，黑口，左右雙邊。索書號：善 002580。

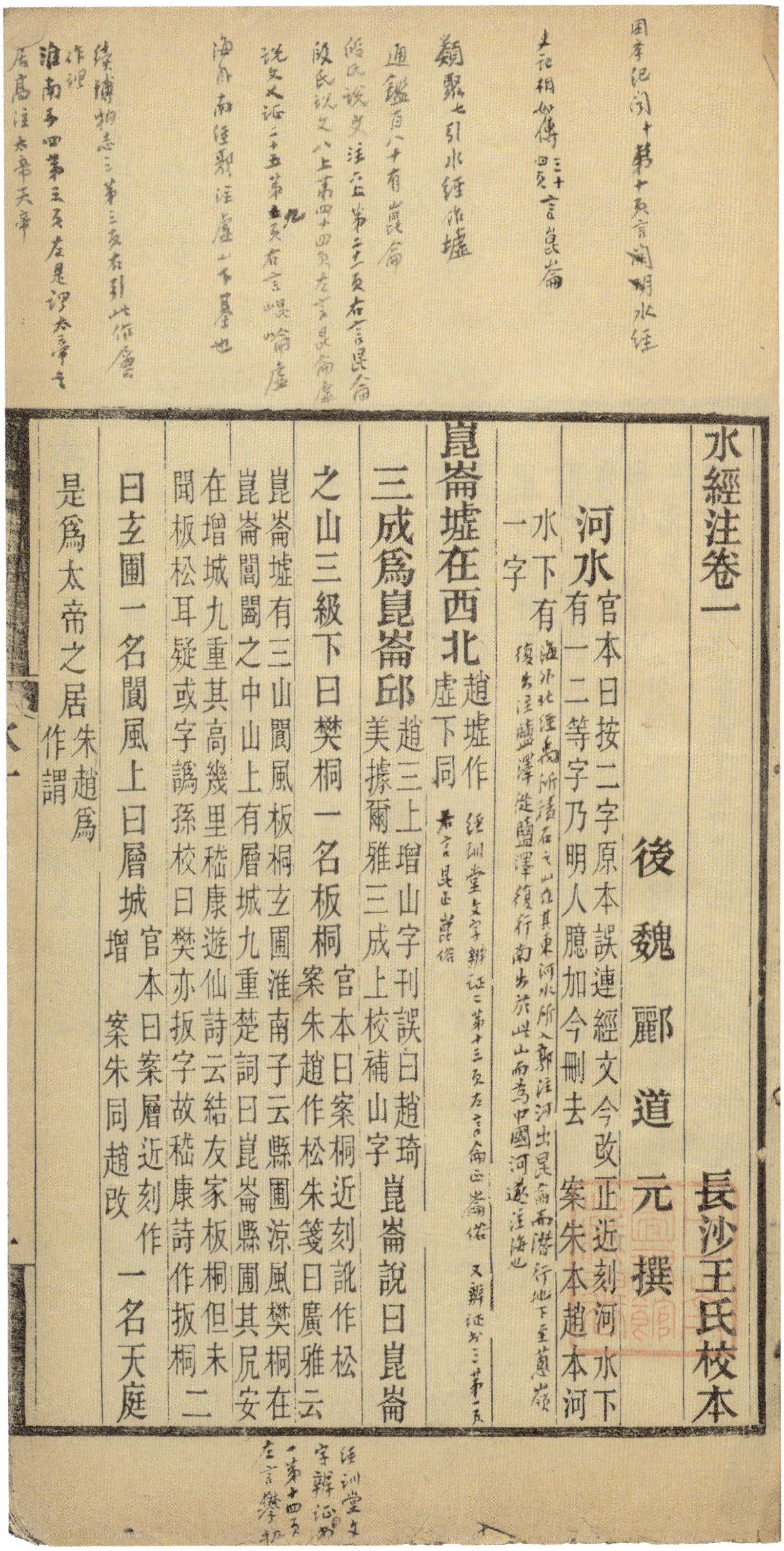

189 《水經注》卷一卷端

189 水經注四十卷首一卷 〔北魏〕酈道元撰 **附録二卷** 〔清〕趙一清輯 清光緒十八年（1892）思賢講舍刻本 熊會貞批校

戊字號本。開本高24.6厘米，寬15.4厘米。框高17.8厘米，寬13.8厘米。半葉十一行，行二十四字，小字雙行同，黑口，左右雙邊。索書號：善002583。

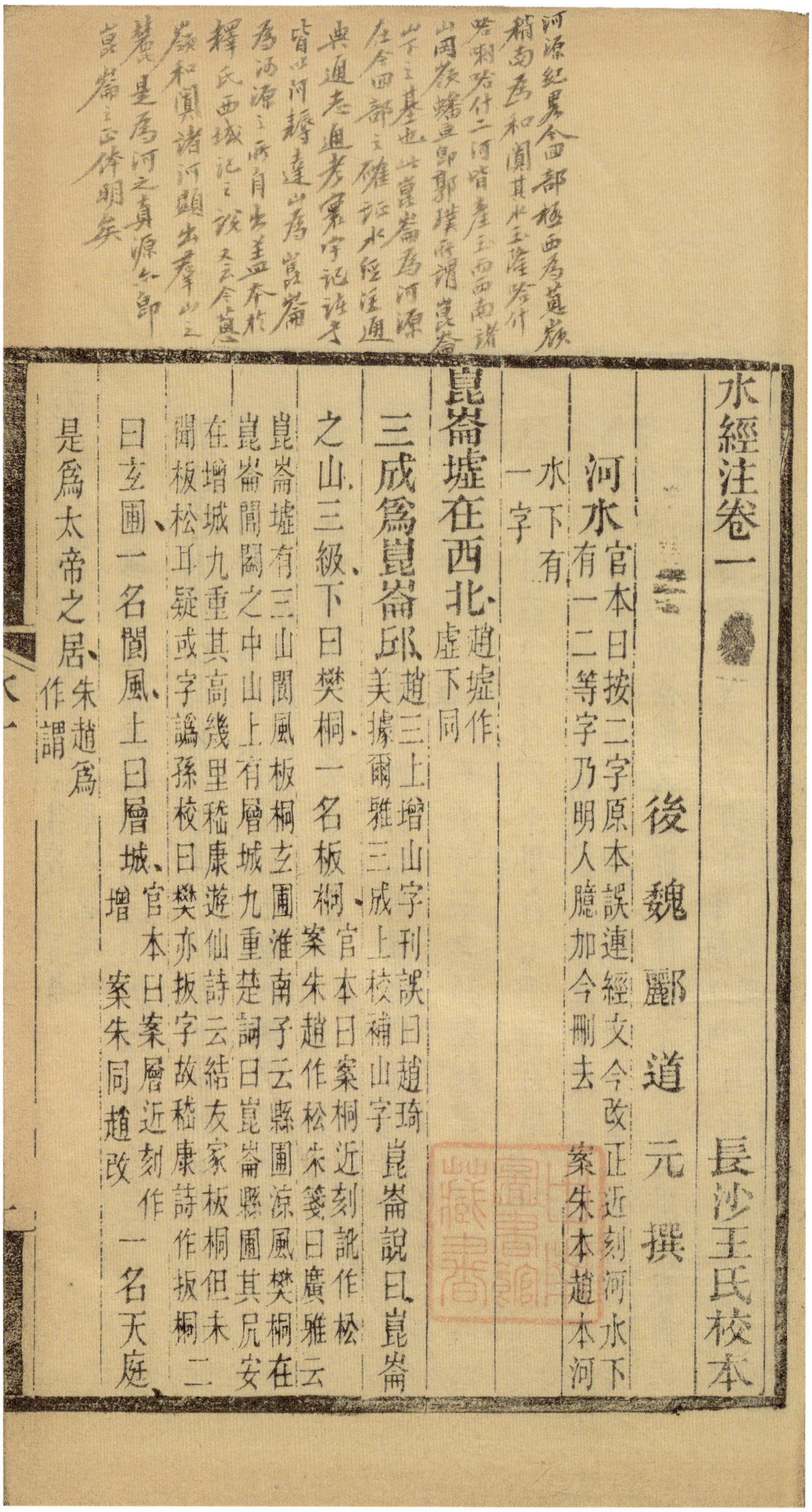
水經注卷一　長沙王氏校本
後魏酈道元撰
河水官本曰按二字原本誤連經文今改正近刻河水下有一二等字乃明人臆加今刪去案朱本趙本河水下有一字
崑崙墟在西北趙墟作虛下同
三成爲崑崙丘趙三上增山字刊誤曰趙琦美據爾雅三成上校補山字崑崙說曰崑崙
之山三級下曰樊桐一名板桐官本曰案桐近刻訛作松案朱趙作松朱箋曰廣雅云
崑崙墟有三山閬風板桐玄圃淮南子云縣圃涼風樊桐在
崑崙閶闔之中山上有層城九重楚詞曰崑崙縣圃其尻安
在增城九重其高幾里嵇康遊仙詩云結友家板桐但未
聞板松耳疑或字譌孫校曰樊亦扳字故嵇康詩作扳桐二
曰玄圃一名閬風上曰層城官本曰案層近刻作增案朱同趙改一名天庭
是爲太帝之居朱趙爲作謂

190　《水經注》卷一卷端

190　水經注四十卷首一卷　〔北魏〕酈道元撰　**附録二卷**　〔清〕趙一清輯　清光緒十八年（1892）思賢講舍刻本　楊守敬、熊會貞批校　存三十九卷（卷首、卷三至四十）

壬字號本。開本高 25.3 厘米，寬 15.7 厘米。框高 17.8 厘米，寬 13.7 厘米。半葉十一行，行二十四字，小字雙行同，黑口，左右雙邊。索書號：善 002582。

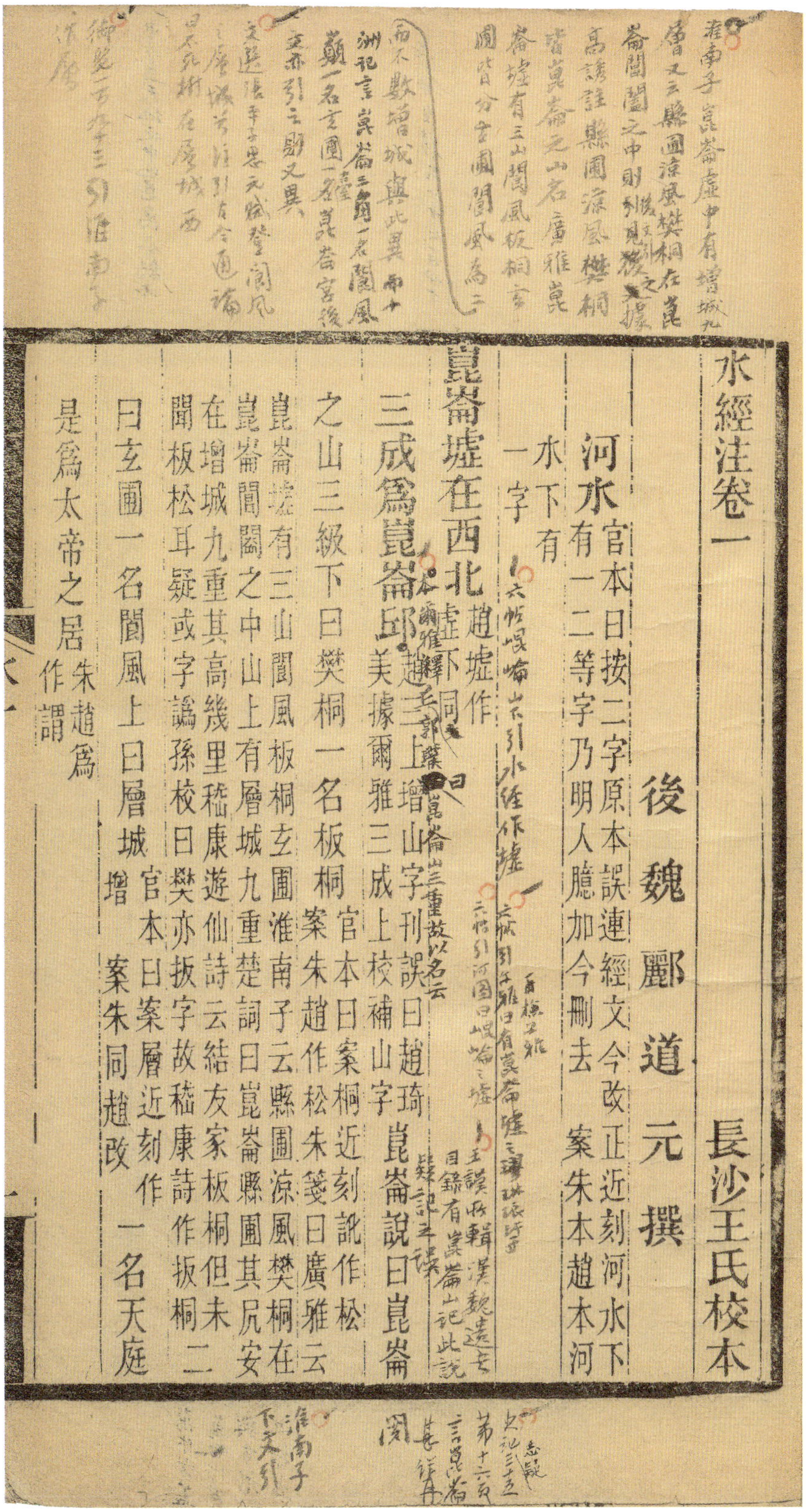
水經注卷一　長沙王氏校本

後魏酈道元撰

河水官本曰按二字原本誤連經文今改正近刻河水下有一二等字乃明人臆加今刪去　案朱本趙本河水下有一字

崑崙墟在西北趙墟作虛下同

三成爲崑崙丘趙三上增山字刊誤曰趙琦美據爾雅三成上校補山字崑崙說曰崑崙之山三級下曰樊桐一名板桐官本曰案桐近刻訛作松案朱趙作松朱箋曰廣雅云崑崙墟有三山閬風板桐玄圃淮南子云縣圃涼風樊桐在崑崙閶闔之中山上有層城九重楚詞曰崑崙縣圃其凥安在增城九重其高幾里嵇康遊仙詩云結友家板桐但未二閬板松耳疑或字譌孫校曰樊亦扳字故嵇康詩作扳桐二曰玄圃一名閬風上曰層城官本曰案層近刻作增　案朱同趙改一名天庭是爲太帝之居朱趙爲作謂

191　《水經注》卷一卷端

191　水經注四十卷首一卷　〔北魏〕酈道元撰　**附録二卷**　〔清〕趙一清輯　清光緒十八年（1892）思賢講舍刻本　熊會貞批校　存十一卷（卷一至三、六至七、三十五至三十七、四十、附録二卷）

開本高 25.1 厘米，寬 16.0 厘米。框高 17.9 厘米，寬 13.7 厘米。半葉十一行，行二十四字，小字雙行同，黑口，左右雙邊。索書號：善 001333。

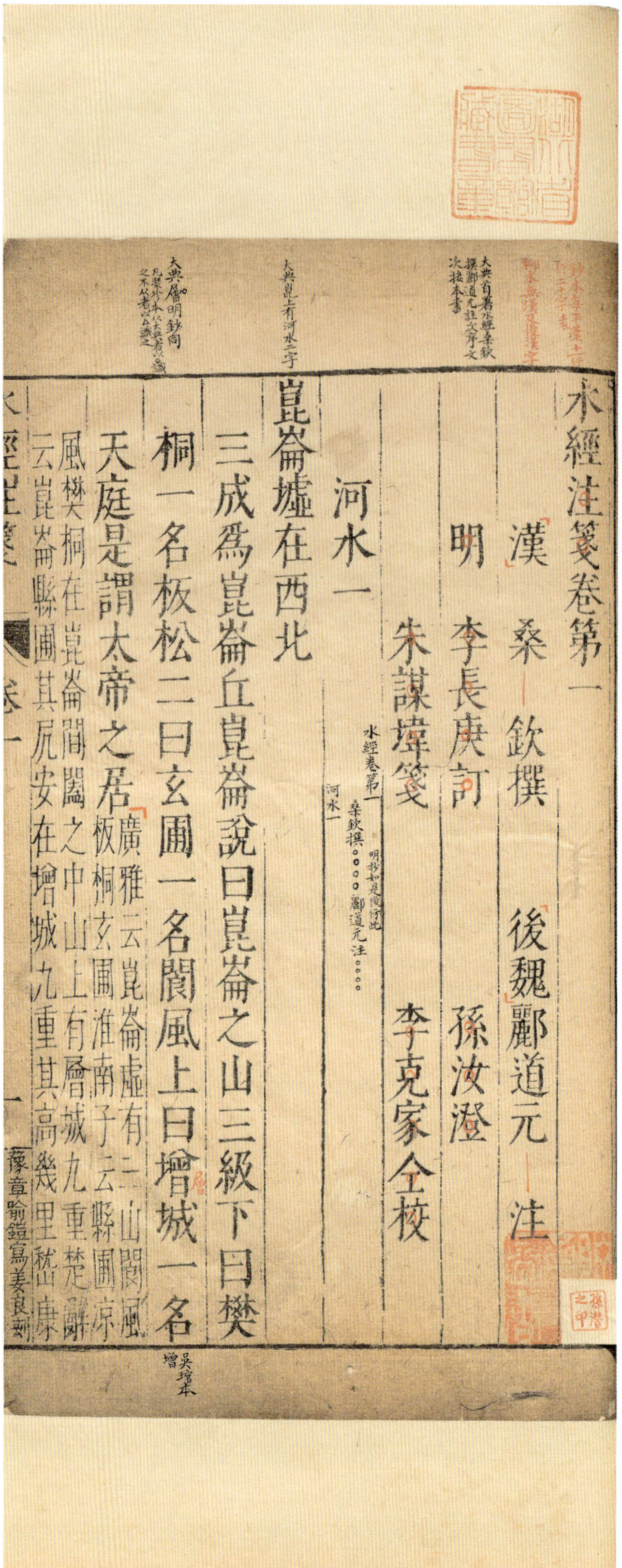

192-1　《水經注箋》卷一卷端

192　水經注箋四十卷　〔明〕朱謀㙔撰　明萬曆四十三年（1615）李長庚刻本　佚名録王國維校

金鑲玉裝。開本高 35.0 厘米，寬 18.6 厘米。框高 21.7 厘米，寬 14.3 厘米。半葉十行，行二十字，小字雙行同，白口，左右雙邊。鈐“貯真齋圖書”“徐恕讀過”印。索書號：善 001000。

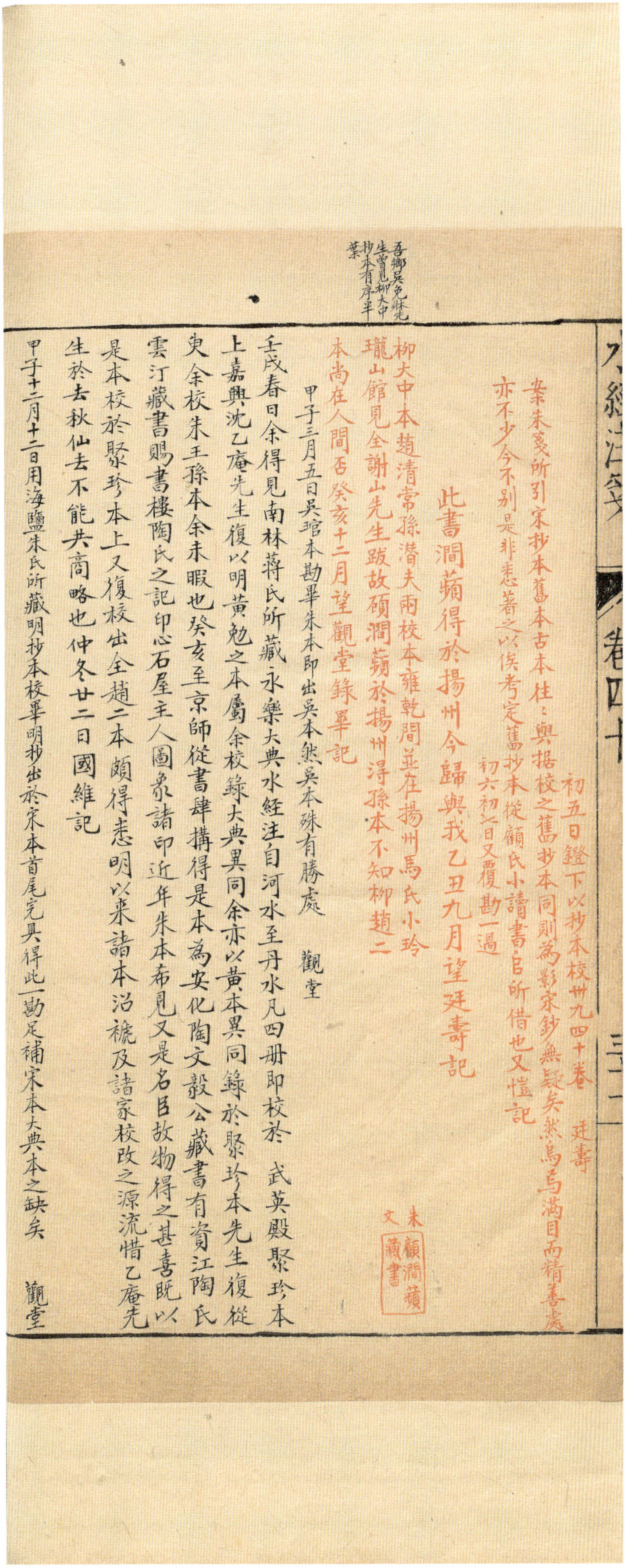

初五日鐙下以抄本校卅九四十卷　廷壽

案朱箋所引宋抄本舊本古本往往與据校之舊抄本同則為影宋鈔無疑矣然烏焉滿目而精善處亦不少今不別是非悉著之以俟考定舊抄本從顧氏小讀書㠛所借也又愷記

初六初七日又覆勘一過

此書澗薲得於揚州今歸與我乙丑九月望廷壽記

柳大中本趙清常孫潛夫兩校本雍乾間並在揚州馬氏小玲瓏山館見全謝山先生跋故頋澗薲於揚州得孫本不知柳趙二本尚在人間否癸亥十二月望觀堂錄畢記

吾鄉吳免牀先生曾見柳大中抄本有序半葉

甲子三月五日吳琯本勘畢朱本即出吳本然吳本殊有勝處　觀堂

壬戌春日余得見南林蔣氏所藏永樂大典水經注自河水至丹水凡四册即校於　武英殿聚珍本上嘉興沈乙庵先生復以明黃勉之本屬余校錄大典異同余亦以黃本異同錄於聚珍本先生復從臾余校朱王孫本余未暇也癸亥至京師從書肆購得是本為安化陶文毅公藏書有資江陶氏雲汀藏書賜書樓陶氏之記印心石屋主人圖象諸印近年朱本希見又是名臣故物得之甚喜既以是本校於聚珍本上又復校出全趙二本頗得悉明以來諸本沿襲及諸家校改之源流惜乙庵先生於去秋仙去不能共商略也仲冬廿二日國維記

甲子十二月十二日用海鹽朱氏所藏明抄本校畢明抄出於宋本首尾完具得此一勘足補宋本大典本之缺矣　觀堂

朱文

顧澗薲藏書

192-2　佚名録王國維題識

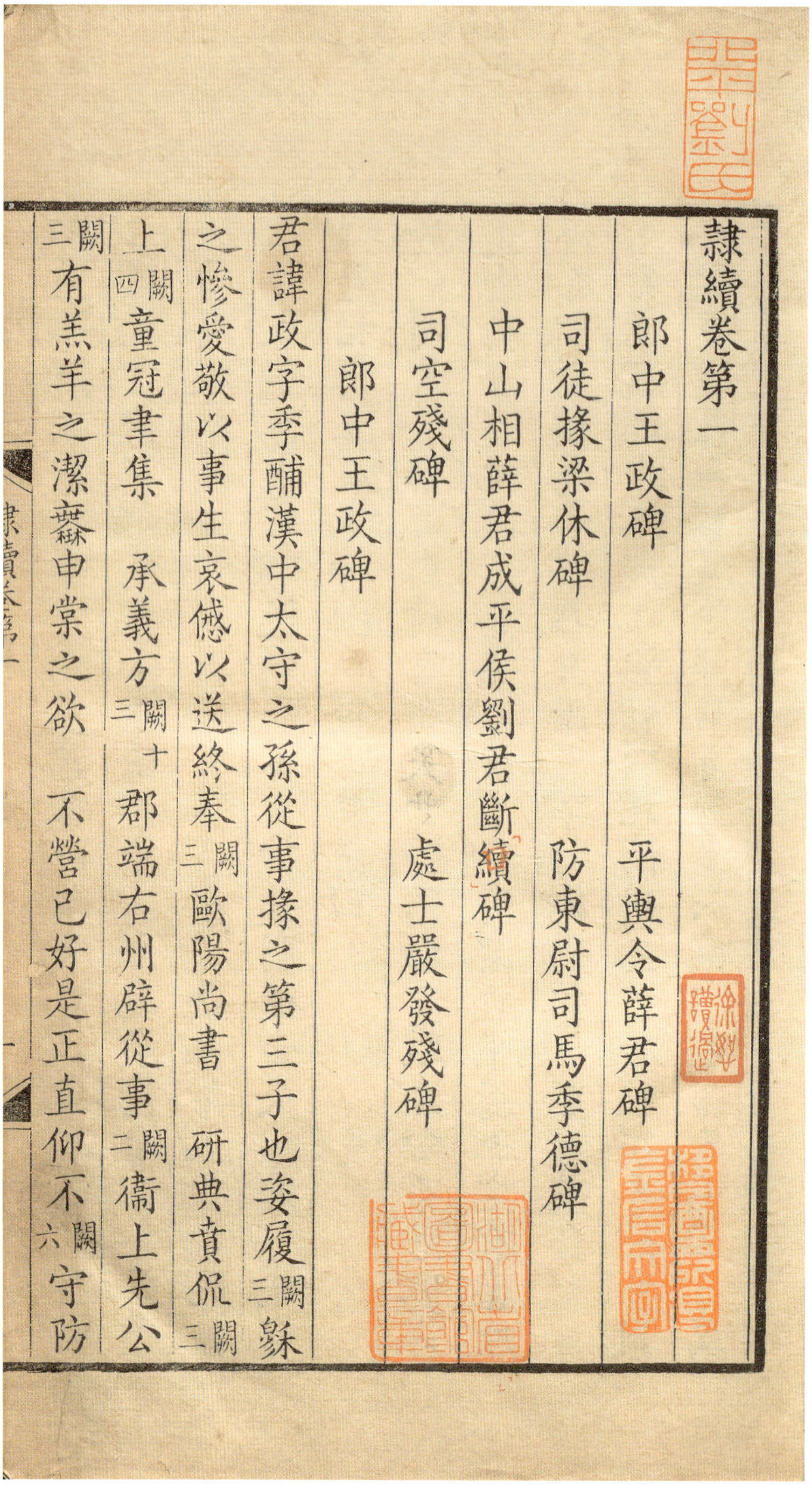

隷續卷第一
郎中王政碑　平輿令薛君碑
司徒掾梁休碑　防東尉司馬季德碑
中山相薛君成平侯劉君斷續碑
司空殘碑　處士嚴發殘碑
郎中王政碑
君諱政字季醻漢中太守之孫從事掾之第三子也姿履闕三繇
之慘愛敬以事生哀慼以送終奉闕三歐陽尚書　研典貢侃闕三
上闕四童冠聿集　承義方闕十三郡端右州辟從事闕二衛上先公
闕三有羔羊之潔蘇申棠之欲　不營己好是正直仰不闕六守防

193-1　《隷續》卷一卷端

193　隷續二十一卷〔宋〕洪適撰　清康熙四十五年（1706）曹寅揚州使院刻本　劉家立校並録清何焯、江恂、李文藻、孔繼涵校　潘承弼跋　徐恕録清顧廣圻校跋

開本高 26.2 厘米，寬 16.8 厘米。框高 20.6 厘米，寬 14.1 厘米。半葉十行，行二十四字，白口，左右雙邊。鈐“北平劉氏”“移盦所得金石文字”“徐恕讀過”等印。索書號：善 001425。

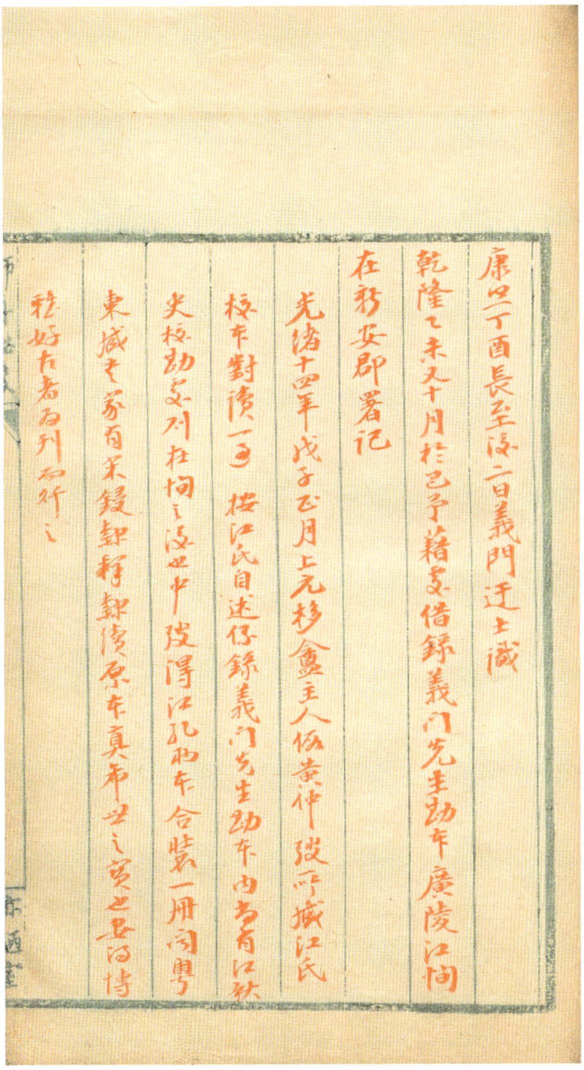

193-2　劉家立跋並録清何焯、江恂跋

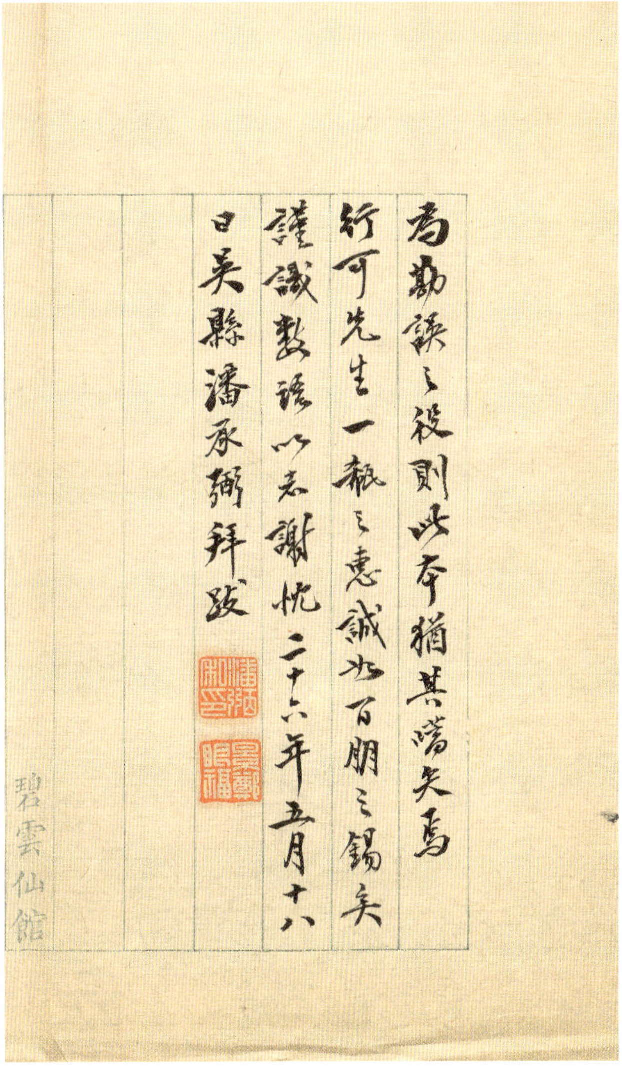

193-3　潘承弼跋

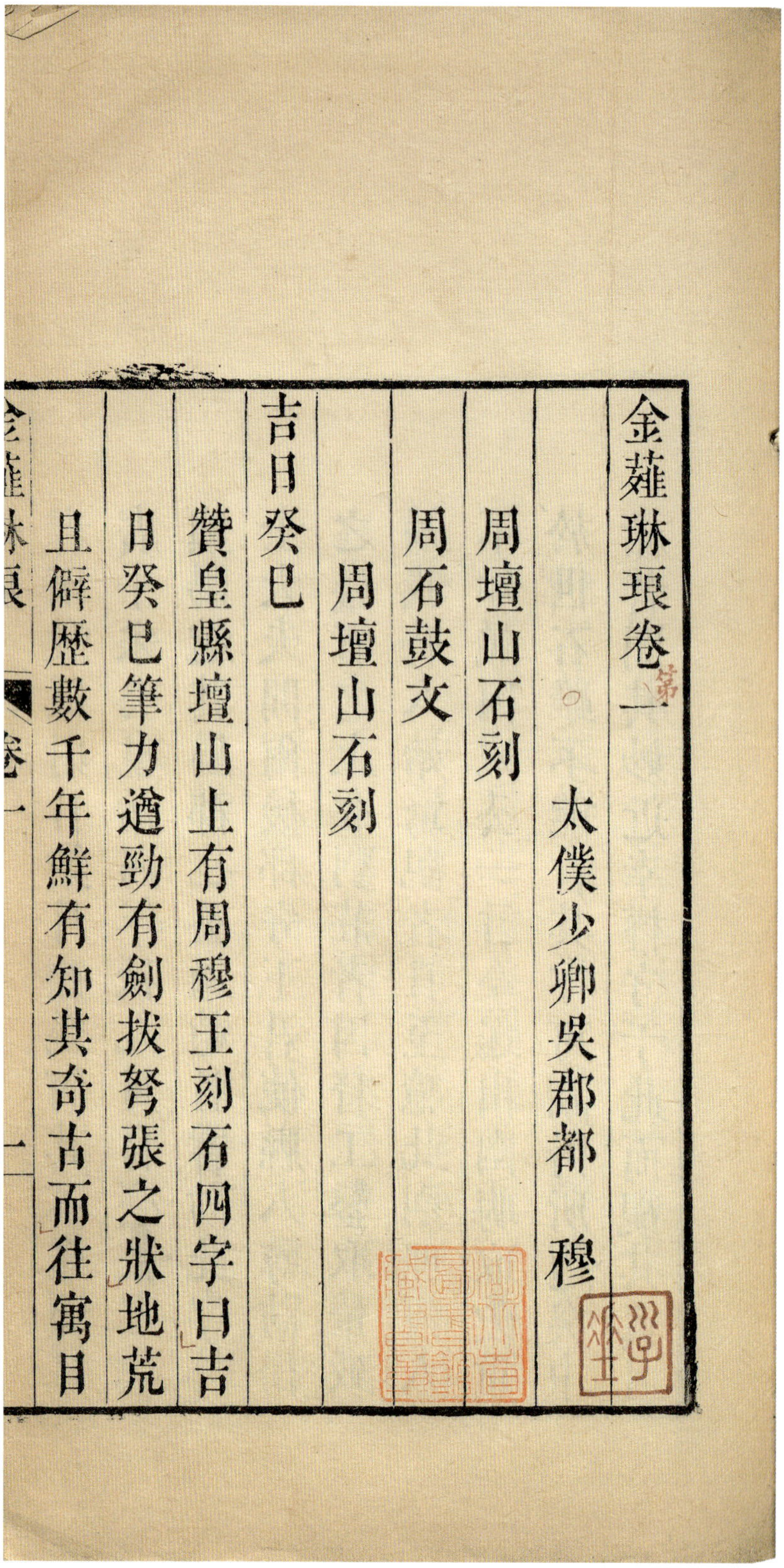

194-1 《金薤琳琅》卷一卷端

194 金薤琳琅二十卷 〔明〕都穆撰 **補遺一卷** 〔清〕宋振譽撰 清乾隆四十三年（1778）汪荻洲刻本 清許瀚録清何焯批校 潘承弼跋

開本高 29.8 厘米，寬 17.4 厘米。框高 19.7 厘米，寬 13.5 厘米。半葉九行，行十八字，小字雙行同，白口，四周單邊。鈐“許瀚私印”印。索書號：善 001193。

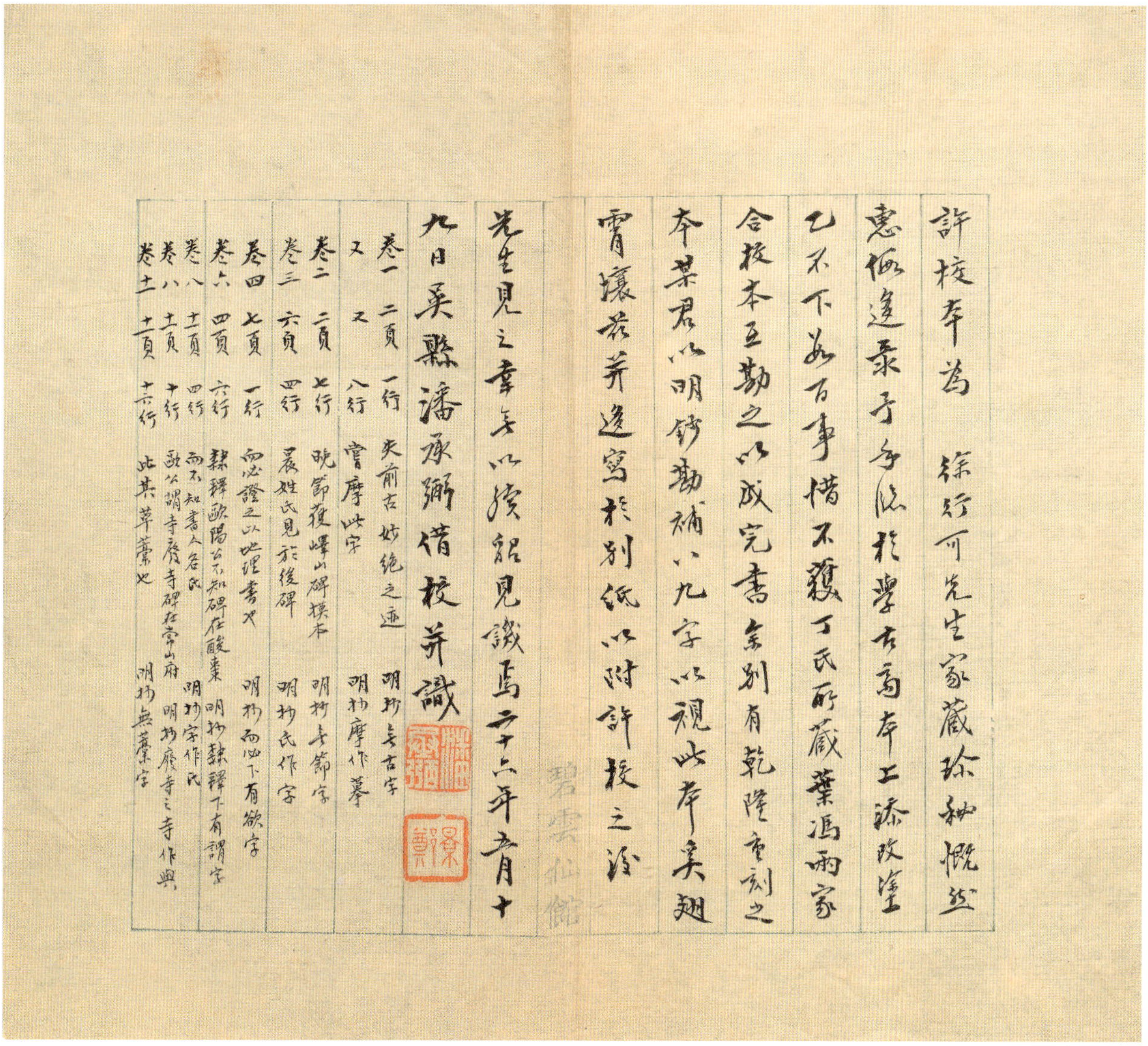

許校本爲　徐行可先生家藏珍秘慨然
惠假遂錄于手臨於學古齋本上添改塗
乙不下數百事惜不獲丁氏所藏葉馮兩家
合校本互勘之以成完書案別有乾隆重刻之
本某君以明鈔勘補八九字以視此本奚翅
霄壤茲并逐寫於別紙以附許校之後
先生見之幸無以續貂見譏焉二十六年六月十
九日吳縣潘承弼借校并識

卷一	二頁	一行	失前古妙絕之迹	明抄無古字
又	又	八行	嘗摩此字	明抄摩作摹
卷二	二頁	七行	既節獲嶧山碑摸本	明抄無節字
卷三	六頁	四行	晨姓氏見於後碑	明抄氏作字
卷四	七頁	一行	而必證之以地理書也	明抄而必下有欲字
卷六	四頁	六行	隸釋歐陽公不知碑在酸棗	明抄隸釋下有謂字
卷八	十一頁	四行	而不知書人名氏	明抄字作氏
卷八	十一頁	十行	歐公謂寺廢寺碑在常山府	明抄廢寺之寺作興
卷十一	十一頁	十六行	此其草藁也	明抄無藁字

194-2　潘承弼跋

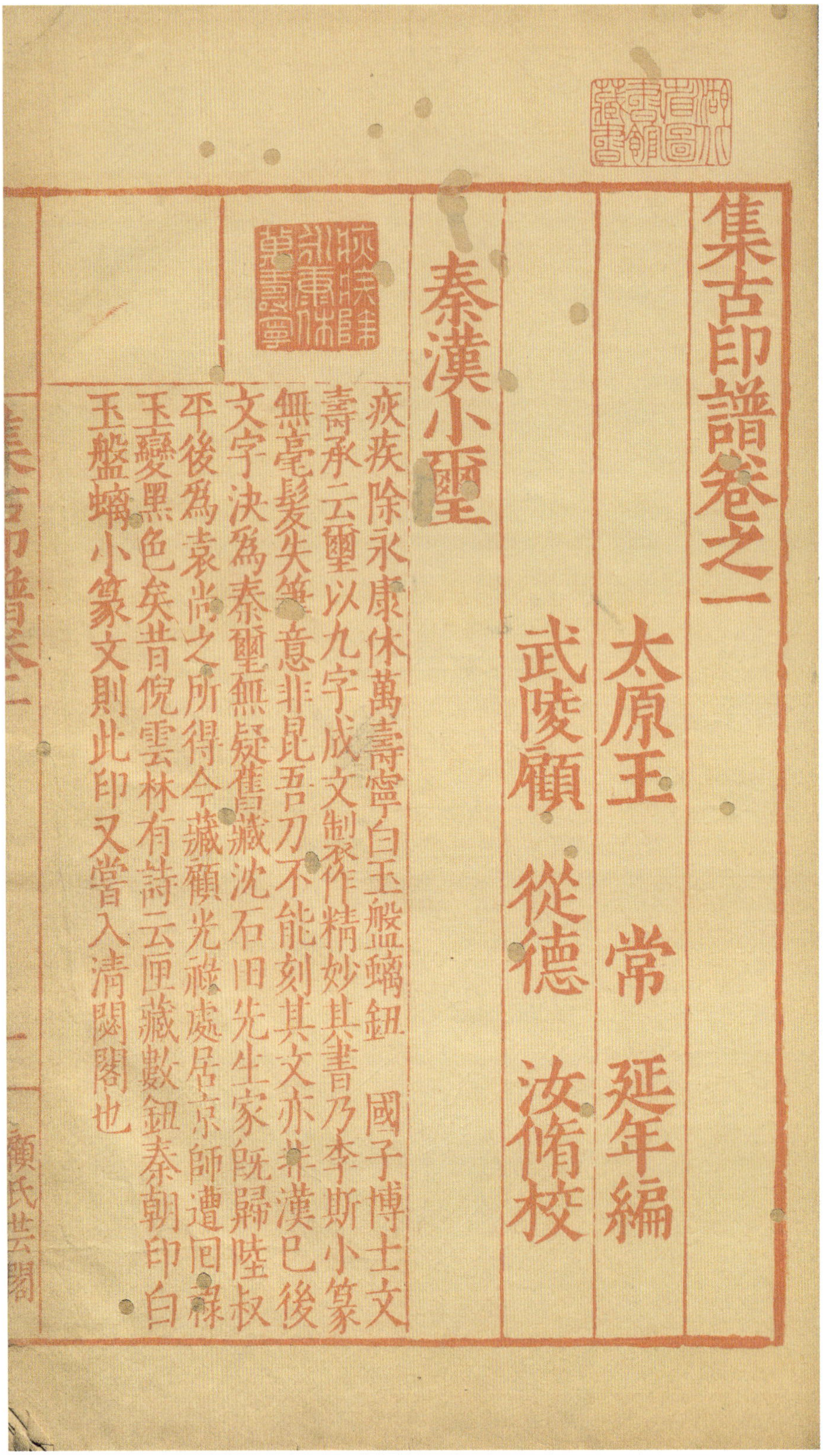

195　《集古印譜》卷一卷端

195　集古印譜六卷　〔明〕王常編　明萬曆三年（1575）顧氏芸閣刻朱印本

開本高 25.8 厘米，寬 16.7 厘米。框高 20.6 厘米，寬 14.5 厘米。半葉十六行，行二十四字，白口，四周單邊。鈐“彭瑞毓圖書記”“江夏彭氏賜龍堂圖書”“春霆印信”印。索書號：善 002609。

湖北省珍貴古籍名録編號：00103。

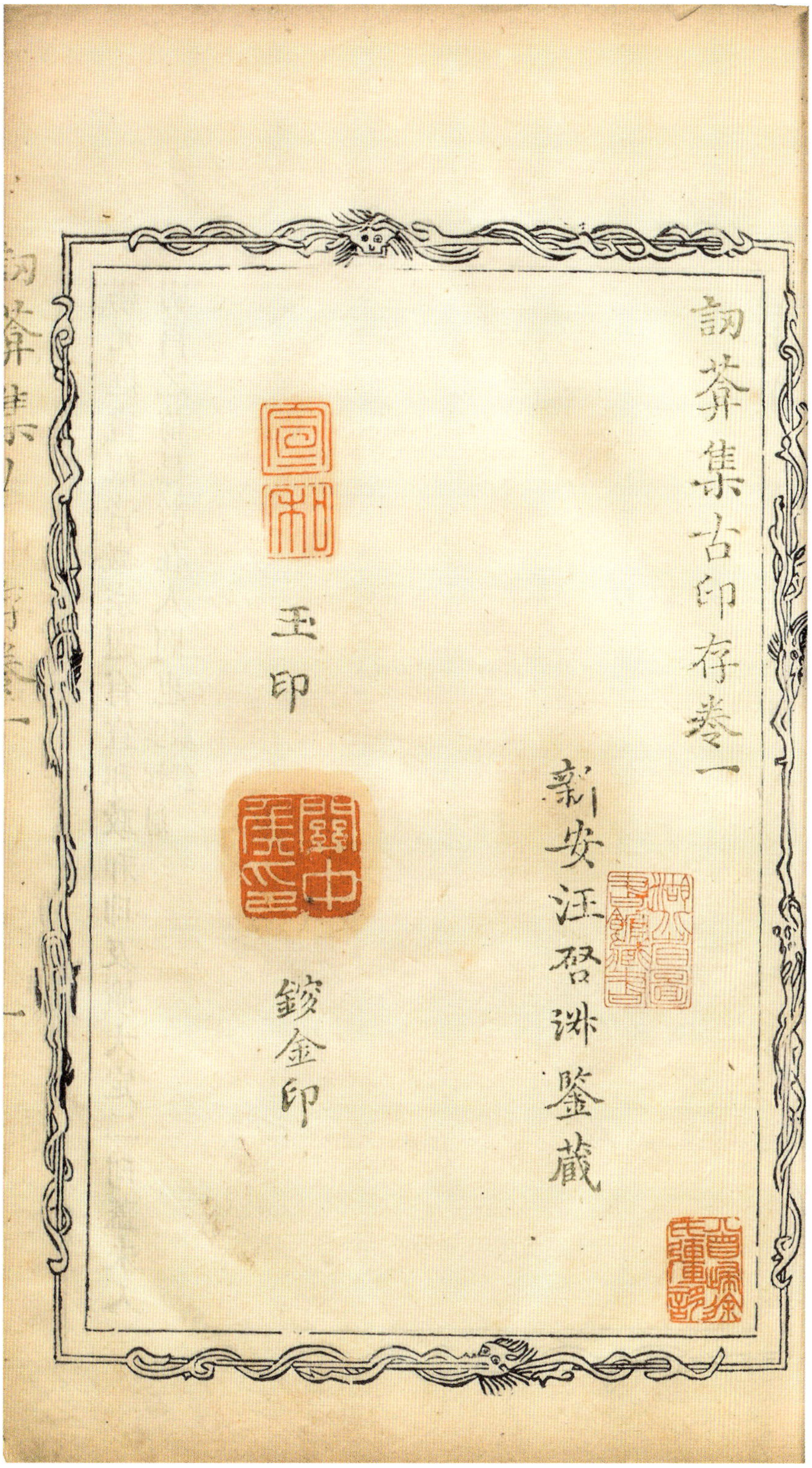

196 《訒葊集古印存》卷一卷端

196 訒葊集古印存三十二卷 〔清〕汪啓淑鑒藏 清乾隆二十五年（1760）汪啓淑開萬樓鈐印本暨三色套印本

開本高 29.3 厘米，寬 18.7 厘米。半葉單框，框高 22.5 厘米，寬 16.3 厘米。每葉印數不等。鈐“曾歸徐氏彊誃”印。索書號：善 001388。

湖北省珍貴古籍名録編號：00235。

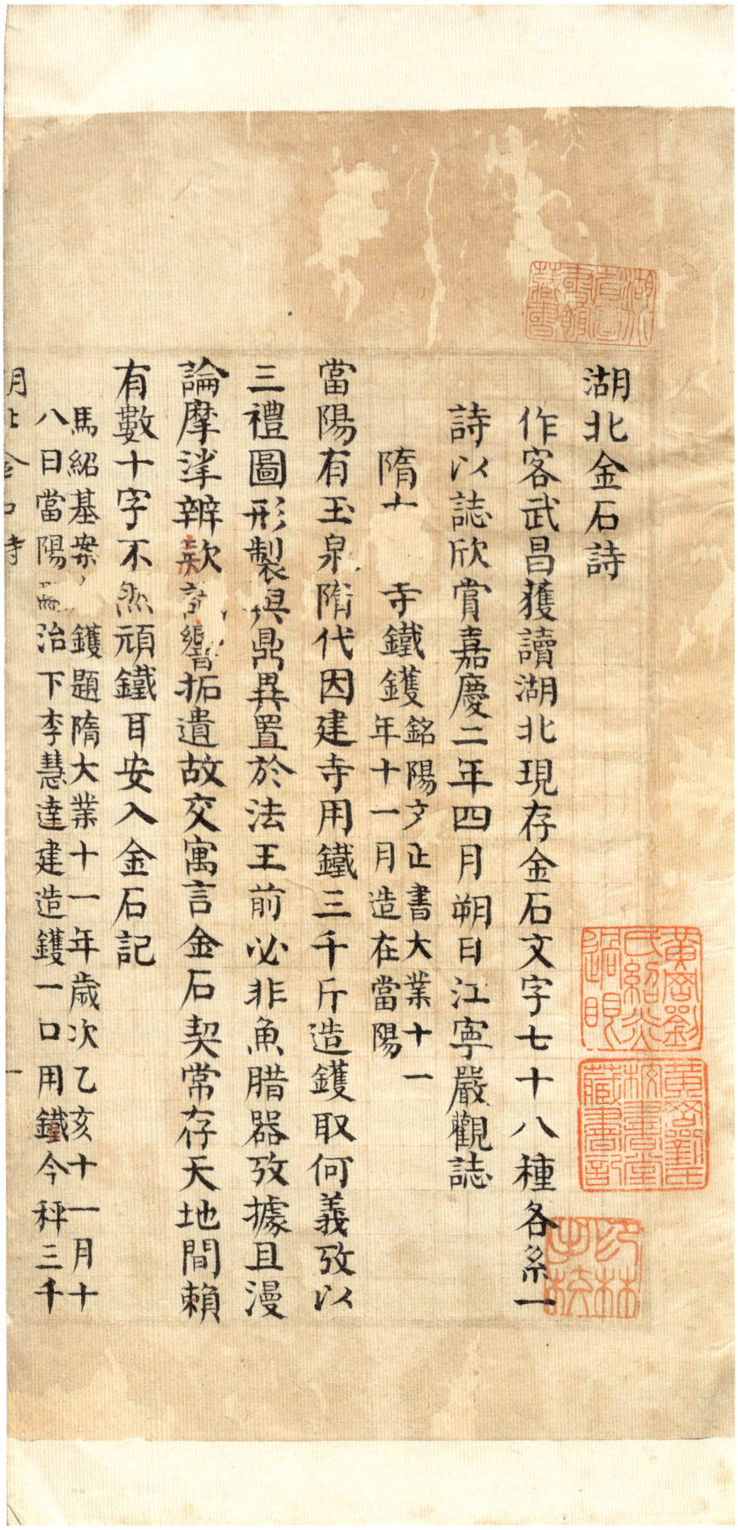
湖北金石詩
作客武昌獲讀湖北現存金石文字七十八種各系一
詩以誌欣賞嘉慶二年四月朔日江寧嚴觀誌
隋□寺鐵鑊銘陽文正書大業十一年十一月造在當陽
當陽有玉泉隋代因建寺用鐵三千斤造鑊取何義致以
三禮圖形製與鼎異置於法王前必非魚腊器攷據且漫
論摩挲辨款識拓遺文寓言金石契常存天地間賴
有數十字不然頑鐵耳安入金石記
馬紹基□鑊題隋大業十一年歲次乙亥十一月十
八日當陽縣治下李慧達建造鑊一口用鐵今秤三千

197-1　《湖北金石詩》卷端

197　湖北金石詩不分卷　〔清〕嚴觀撰　清抄本　清許瀚校跋並録清瞿中溶、楊大鵬題識

金鑲玉裝。開本高 29.8 厘米，寬 18.2 厘米。框高 19.0 厘米，寬 13.1 厘米。半葉九行，行二十二字，小字雙行同，白口，左右雙邊。鈐“臣瀚私印”“印林手校”“黄岡劉氏校書堂藏書記”等印。索書號：善 003869。

國家珍貴古籍名録編號：12610。

瀚案此係[illegible]亦有[illegible]作嚴敬[illegible]巖氏[illegible]以待目證[illegible]今仍[illegible]作下係巖克承大通碑巖元兩條真出巖氏

烱原作同

文亦可喜聽說贍塔人塔前多綠芷
嚴克案右塔題時皇宋嘉祐六年辛丑歲八月十五日
弟子郝言題一行十字塔十三級高七丈重十萬六千
六百斤判門軍當陽縣玉陽鄉山口村八渠堡郝言施
鐵鑄造題字在第二層凡四面一面列長陽當陽峽州
彝陵等縣令及參軍巡檢等官姓名一面列當陽縣衆
姓人氏一面列僧衆等法名一面專敘郝氏祖先及言
現存親屬名氏末
行即前題款也

鐵佛寺幢銘 陽文正書嘉熙四年立在江夏

客舍聞鐘聲[illegible]起度松嶺晨興作近遊訪寺步荒埂入門
見鐘樓木上先引領款題嘉熙年孟珙鑄於郢食邑史闕
文校書消畫[illegible]曾沈土壤中剝落掩光烱初懸漢水東移

197-2 清許瀚校

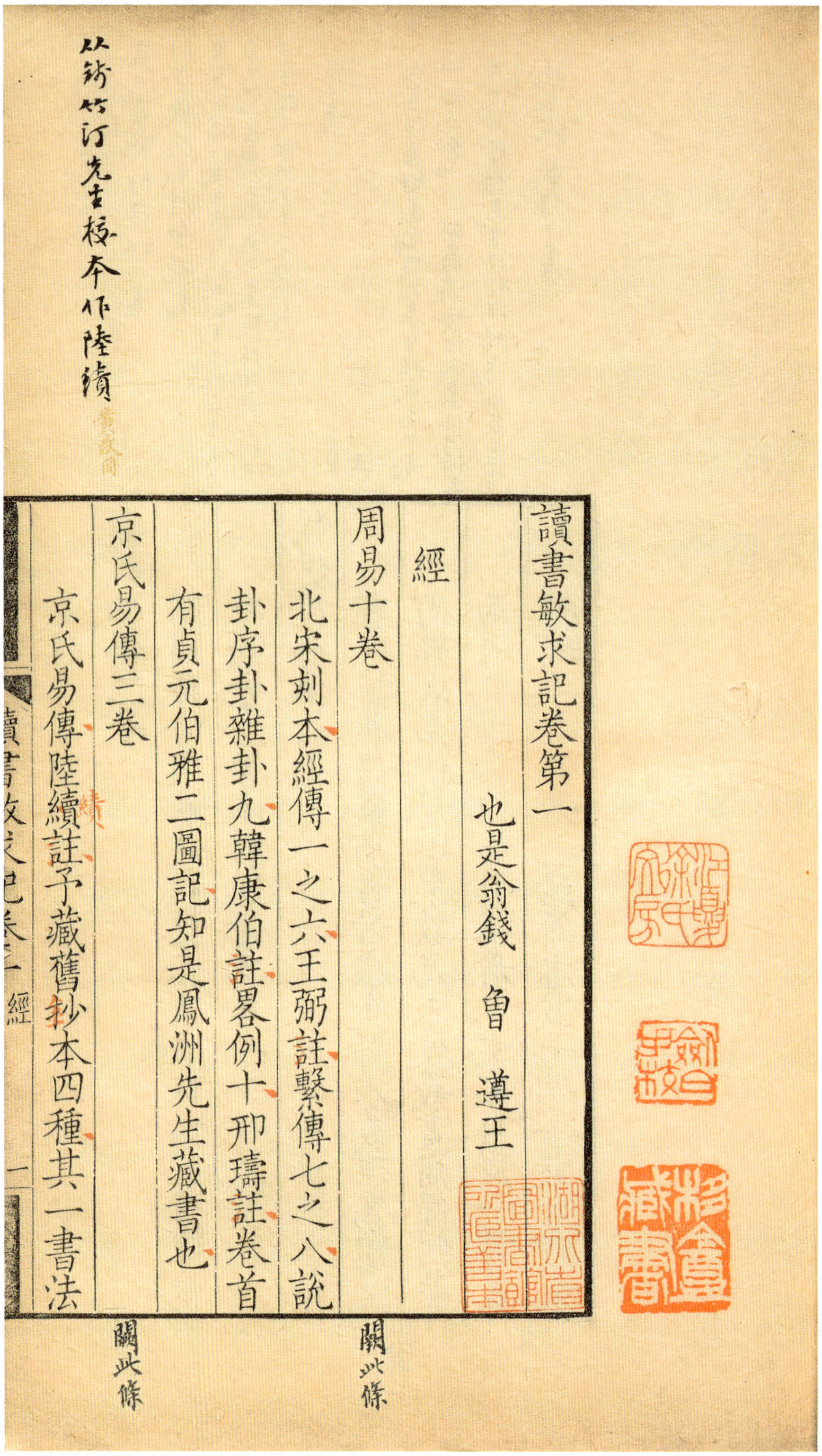

198-1 《讀書敏求記》卷一卷端

198 讀書敏求記四卷〔清〕錢曾撰 清雍正四年(1726)趙孟升松雪齋刻本 劉家立録清吴騫、陳鱣、管庭芬等諸家批校及跋 徐恕校跋並録清黄丕烈批校

開本高26.4厘米，寬17.3厘米。框高15.0厘米，寬11.2厘米。半葉九行，行二十字，黑口，四周單邊。鈐“北平劉氏”“劍伯手校”“移盦藏書”“法古”“徐恕”“江夏徐氏文房”等印。索書號：善001378。

表弟沈子培比部處有此書校本予假得照錄一過半月
畢事此刻脫誤百出經諸先輩一再訂正仍不免時有訛
缺處矣為掃落葉也此校既竟適於廠肆坊中得阮氏
小琅環仙館本復校一次勝此刻多矣因并記之光緒庚
寅小除夕移盦伯子誌于京師寓齋
此校全用朱筆中有墨筆塗乙處乃甲申年原印上
時初得是書借鄭吉亭藏本所校也

198-2 劉家立跋

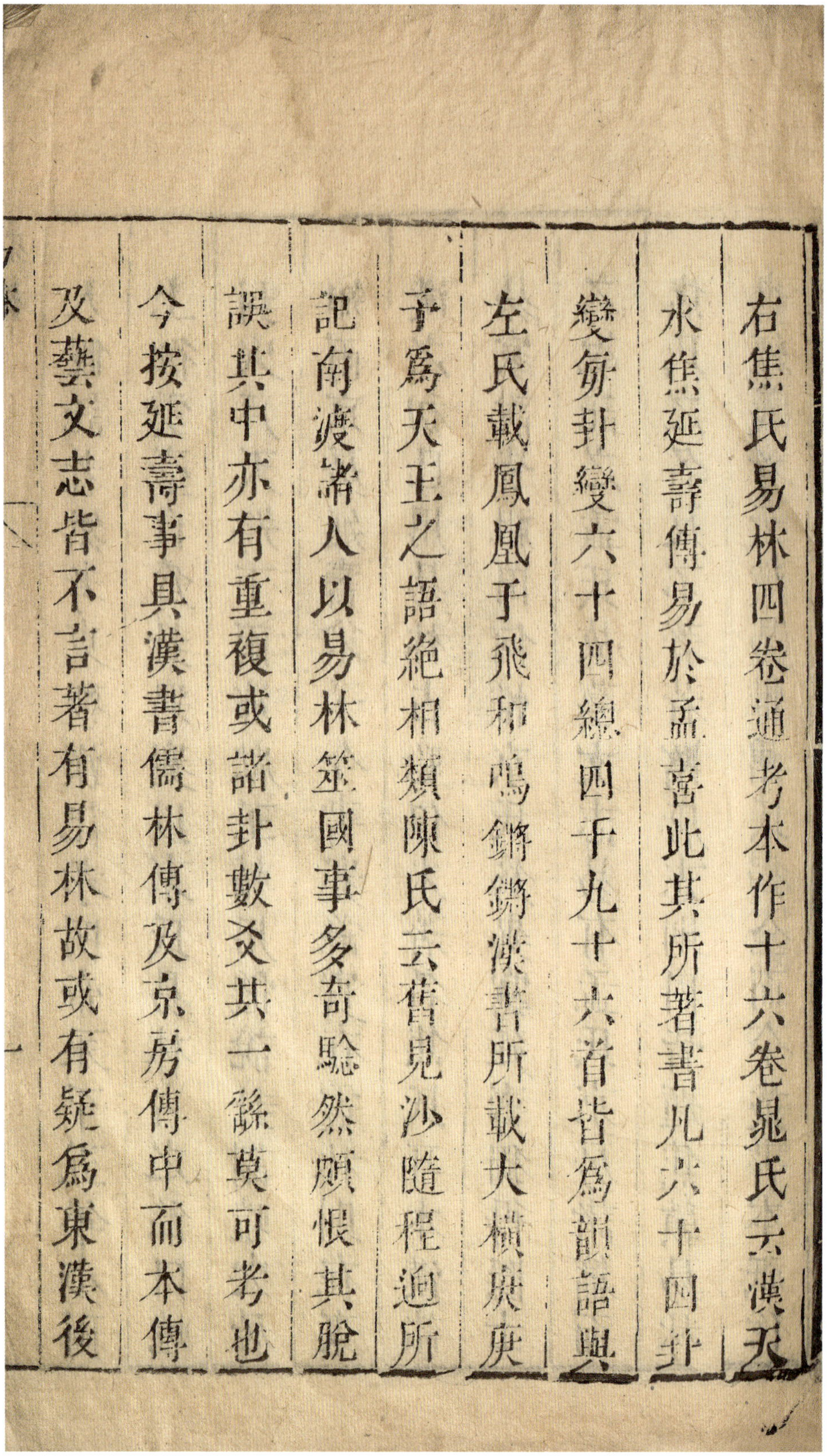

右焦氏易林四卷通考本作十六卷晁氏云漢天水焦延壽傳易於孟喜此其所著書凡六十四卦變每卦變六十四總四千九十六首皆爲韻語與左氏載鳳凰于飛和鳴鏘鏘漢書所載大横庚庚予爲天王之語絶相類陳氏云舊見沙隨程逈所記南渡諸人以易林筮國事多奇驗然頗恨其脫誤其中亦有重複或諸卦數爻共一繇莫可考也今按延壽事具漢書儒林傳及京房傳中而本傳及藝文志皆不言著有易林故或有疑爲東漢後

199-1　《王仁圃群書題跋》卷端

199　[王仁圃群書題跋] 不分卷　〔清〕王謨撰　清乾隆刻本　趙錫嘉題識

開本高 24.4 厘米，寬 15.7 厘米。框高 19.6 厘米，寬 14.6 厘米。半葉九行，行二十字，白口，左右雙邊。索書號：善 001084。

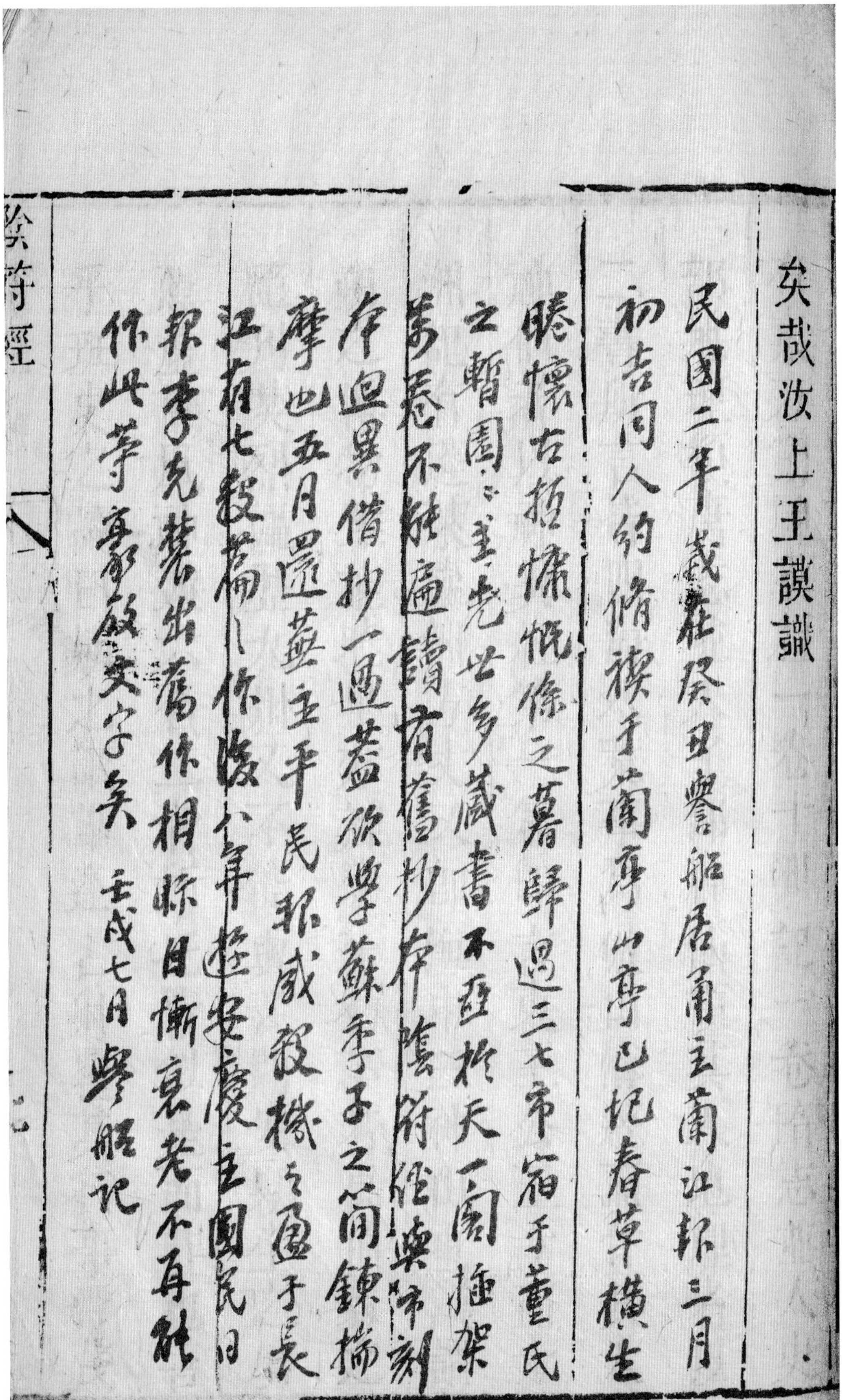
陰符經　二

矣哉汝上王謨識

民國二年歲在癸丑譽船居甬主蘭江邦三月
初吉同人約脩禊于蘭亭山亭已見春草橫生
睠懷古昔愴恍儵之暮歸過三七市宿于董氏
之暫園〻主〻先世多藏書不亞於天一閣插架
萬卷不能遍讀有舊抄本陰符經與市刻
本迥異借抄一過蓋欲學蘇季子之簡鍊揣
摩也五月還甬主平民報成敎樸〻遄于〻長
江有七發篇〻作後六年經安慶主國民日
報李先慧出舊作相眎目漸衰老不再能
作此等高郵啟文字矣　壬戌七月譽船記

199-1　趙錫嘉題識

子部

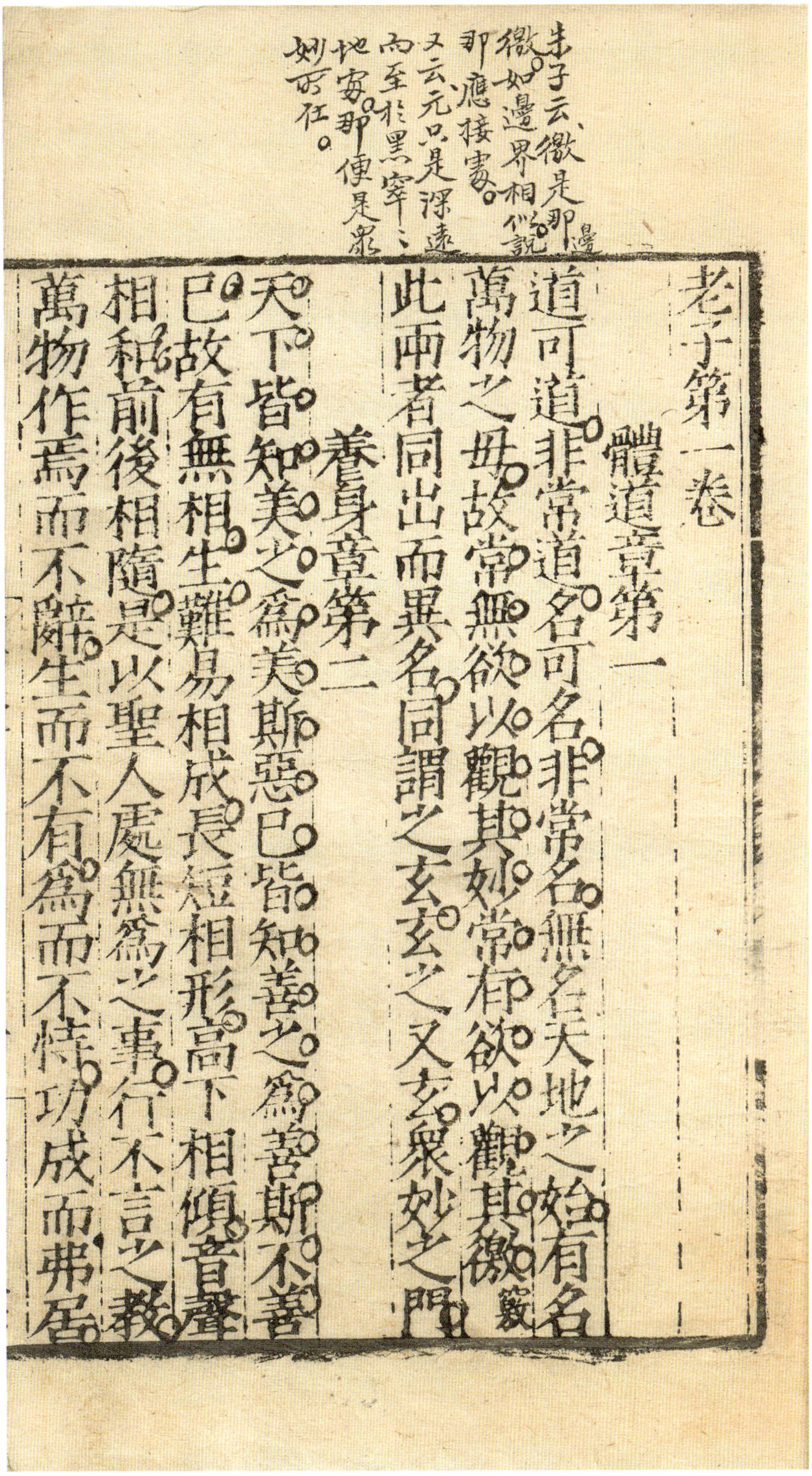
朱子云、徼是那邊徼、如邊界相似、說那應接處。又云、元只是深遠而至於黑窣窣地、安那便是衆妙所在。

老子第一卷

體道章第一

道可道非常道名可名非常名無名天地之始有名萬物之母故常無欲以觀其妙常有欲以觀其徼徼此兩者同出而異名同謂之玄玄之又玄衆妙之門

養身章第二

天下皆知美之為美斯惡已皆知善之為善斯不善已故有無相生難易相成長短相形高下相傾音聲相和前後相隨是以聖人處無為之事行不言之教萬物作焉而不辭生而不有為而不恃功成而弗居

200-1 《老子》卷一卷端

200 六子書六十二卷 〔明〕許宗魯編 明嘉靖六年（1527）樊川別業刻本 清翁方綱批 清王榮官題跋

開本高 24.7 厘米，寬 17.6 厘米。框高 18.3 厘米，寬 13.1 厘米。半葉十行，行二十字，白口，左右雙邊。鈐“覃溪”“王榮官印”“硯芬”等印。索書號：善 001791。

國家珍貴古籍名録編號：04394。

六子本明刻本嘉靖庚寅顧氏雕爲最所
謂世德堂本是也樊川雕本徽遜多矣無意
得之廠肆歸寓備閱種種碻知其爲覃溪翁氏
齋庫中物首卷縱橫批評翁氏少作也辛亥三月
硯蓀自記於宣南旅寓宣統紀元之三年也

瀞師誨存　受業榮拜上　三年五月

宣南聚首兩年無一日不侍譚燕　師不以爲不肖凡元同之旨性命之原
啟發無遺莫逆之喻不自量度吾　師則大喜無而世無併知者即吾
師亦不願人知乃深有望於不肖然則不肖之於或勉爲何如耶亦有江右
之遊不肖何能無言　少一思索覺於吾　師叢傳儒道之大仍多推論六子之論其
庶哉平藉茲以誌嚮往博吾　師一笑也　榮再跋

200-2　清王榮官跋

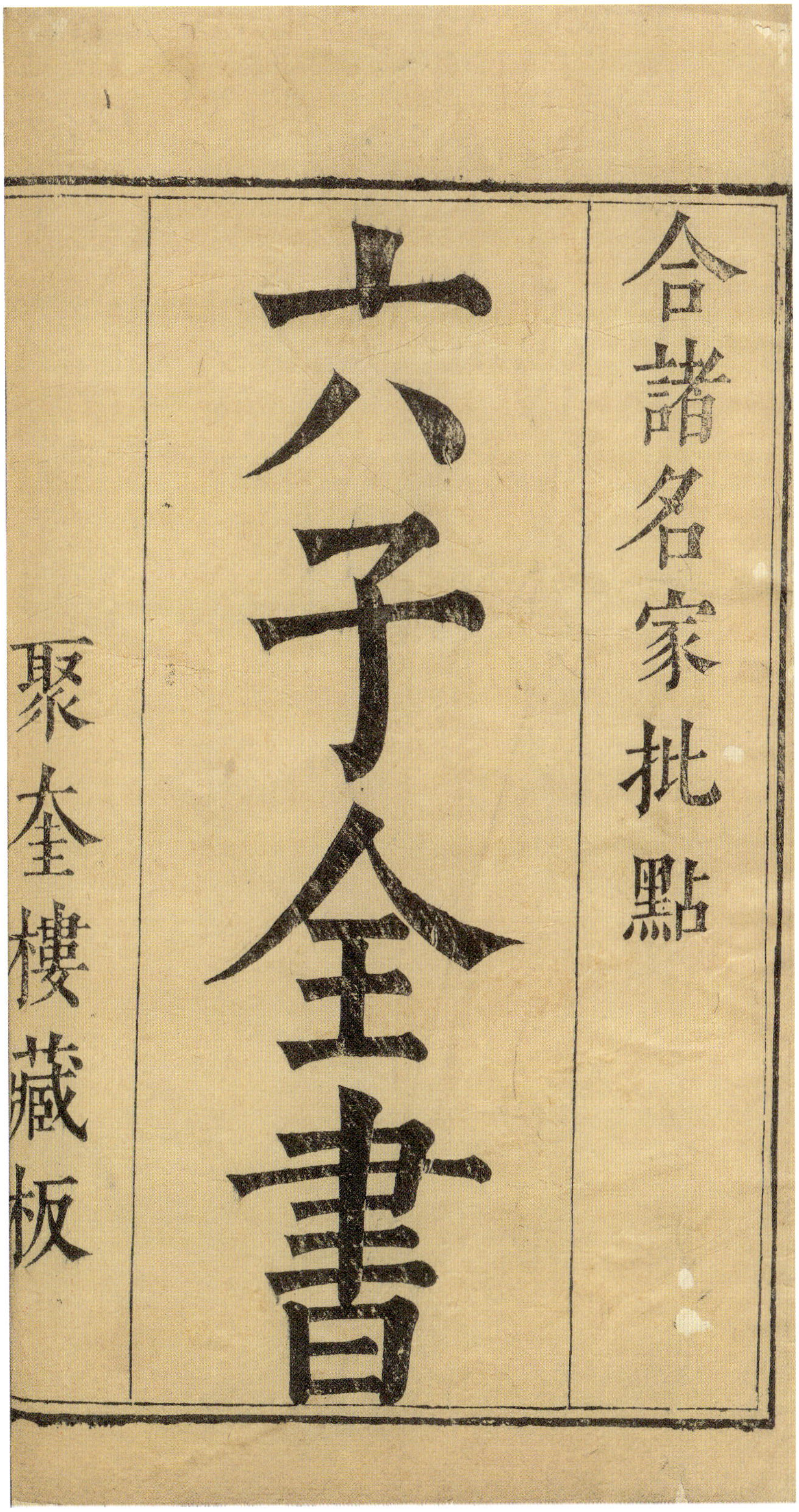

201-1　《六子全書》封面

201　六子全書二十一卷　〔明〕陶元焮輯　明末刻本

開本高 26.1 厘米，寬 16.5 厘米。框高 20.4 厘米，寬 14.7 厘米。半葉九行，行二十字，小字雙行同，白口，四周單邊。鈐“柯逢時印”印。索書號：善 001890。

湖北省珍貴古籍名録編號：00087。

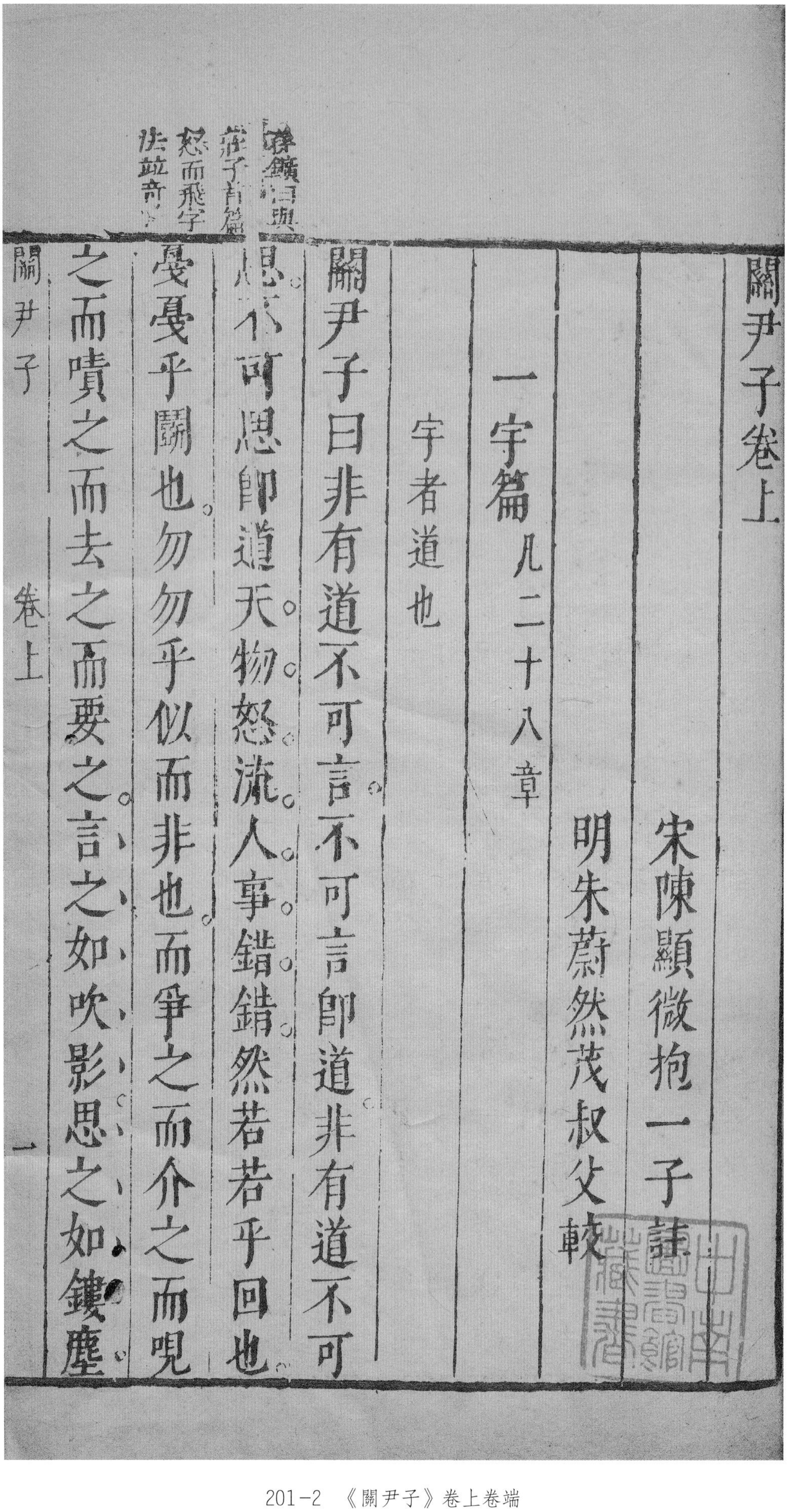
譚鐵簫曰與莊子首篇怒而飛字法並奇

關尹子卷上

宋陳顯微抱一子註

明朱蔚然茂叔父較

一宇篇凡二十八章

宇者道也

關尹子曰非有道不可言不可言即道非有道不可思不可思即道天物怒流人事錯錯然若若乎回也戞戞乎鬭也勿勿乎似而非也而爭之而介之而覞之而嘖之而去之而要之言之如吹影思之如鏤塵

關尹子　卷上　一

201-2 《關尹子》卷上卷端

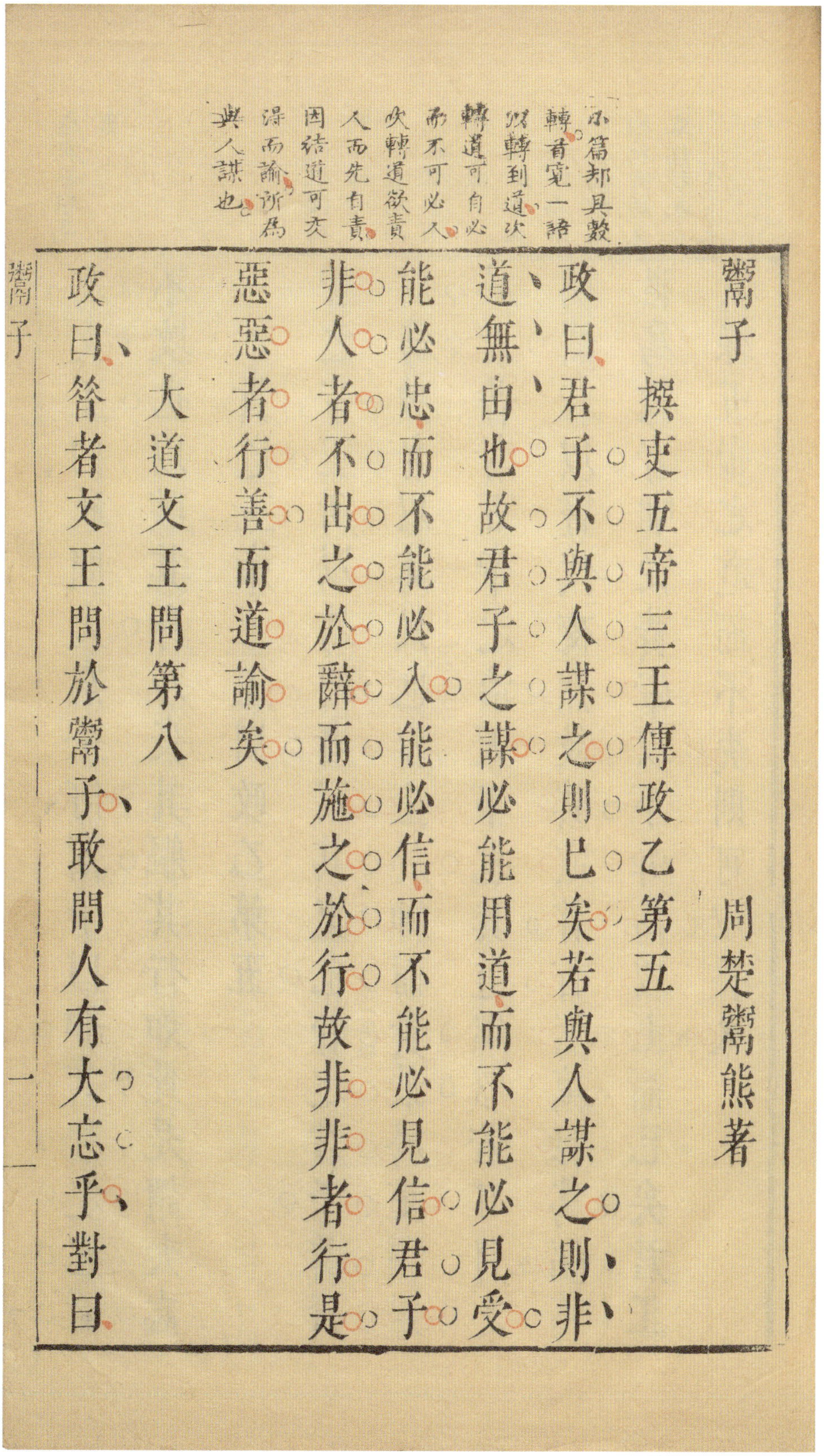
小篇却具數轉首寬一語以轉到道次轉道可自必而不可必入次轉道欲責人而先自責因結道可交淂而諭所為與人謀也

鬻子　周楚鬻熊著

撰吏五帝三王傳政乙第五

政曰君子不與人謀之則已矣若與人謀之則非道無由也故君子之謀必能用道而不能必見受能必忠而不能必入能必信而不能必見信君子非人者不出之於辭而施之於行故非非者行是惡惡者行善而道諭矣

大道文王問第八

政曰昔者文王問於鬻子敢問人有大忘乎對曰

鬻子　一

202　《鬻子》卷端

202　十二子十二卷附二卷　〔明〕方疑編　明刻本

開本高26.5厘米，寬17.1厘米。框高20.4厘米，寬14.9厘米。半葉九行，行十九字，白口，四周單邊。鈐“徐恕”印。索書號：善001792。

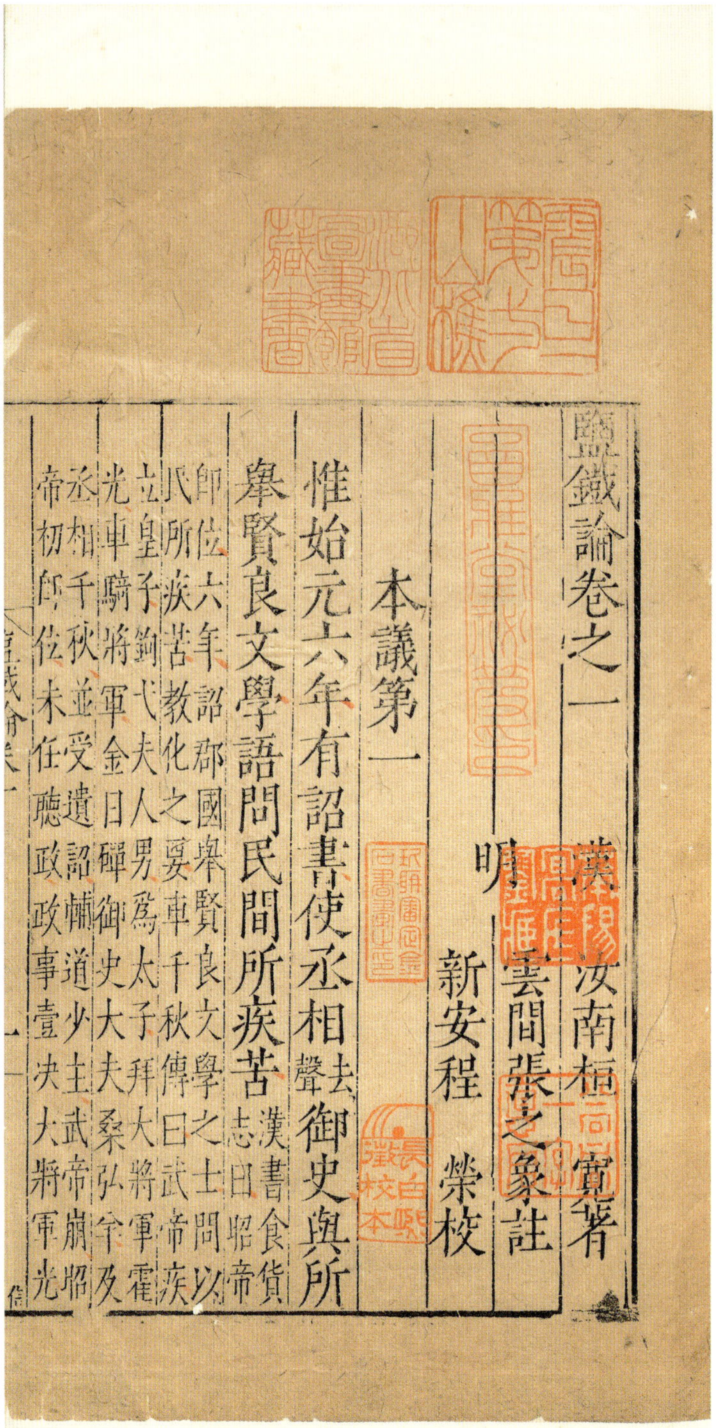

203-1 《鹽鐵論》卷一卷端

203 鹽鐵論十二卷 〔漢〕桓寬撰 〔明〕張之象注 明嘉靖三十三年（1554）張氏猗蘭堂刻明程榮重修本 熙徵校

金鑲玉裝。開本高 31.6 厘米，寬 18.8 厘米。框高 19.5 厘米，寬 14.1 厘米。半葉九行，行十七字，小字雙行同，白口，左右雙邊。鈐“朱檉之印”“玖聃審定金石書畫之印”“震旦第一山樵”“長白熙徵校本”“函雅堂秘笈印”“華陽高氏”“蒼茫齋精鑑章”印。索書號：善 001443。

國家珍貴古籍名録編號：08225。

吏下脫恣字通典通考有

平作平重去聲 平聲

非紅作工

而字去涂同

躍通典作踊下同

躍作騖

侔利自市四字不重

涂本同

者郡國或令（平聲。使令也。）民作布絮吏留難與之爲市吏之所入非獨齊陶之縑蜀漢之布也亦民間之所爲耳而行姦賣平農民重（平聲）苦女紅（音工）再稅未見輸之均也縣官猥（音委）發闔門擅市則萬物並收萬物並收則物騰躍（司馬貞曰。騰躍者。謂物踊貴而價起。有如物之騰躍而起也。）騰躍則商賈（音古）侔利自市（坐販曰賈。行貨曰商。）侔利自市則吏容姦豪而富商積貨儲物以待其急輕賈（音古）姦吏收賤以取貴未見準之平也蓋古之均輸所以

鹽鐵論卷一　十一

203-2 熙徵校

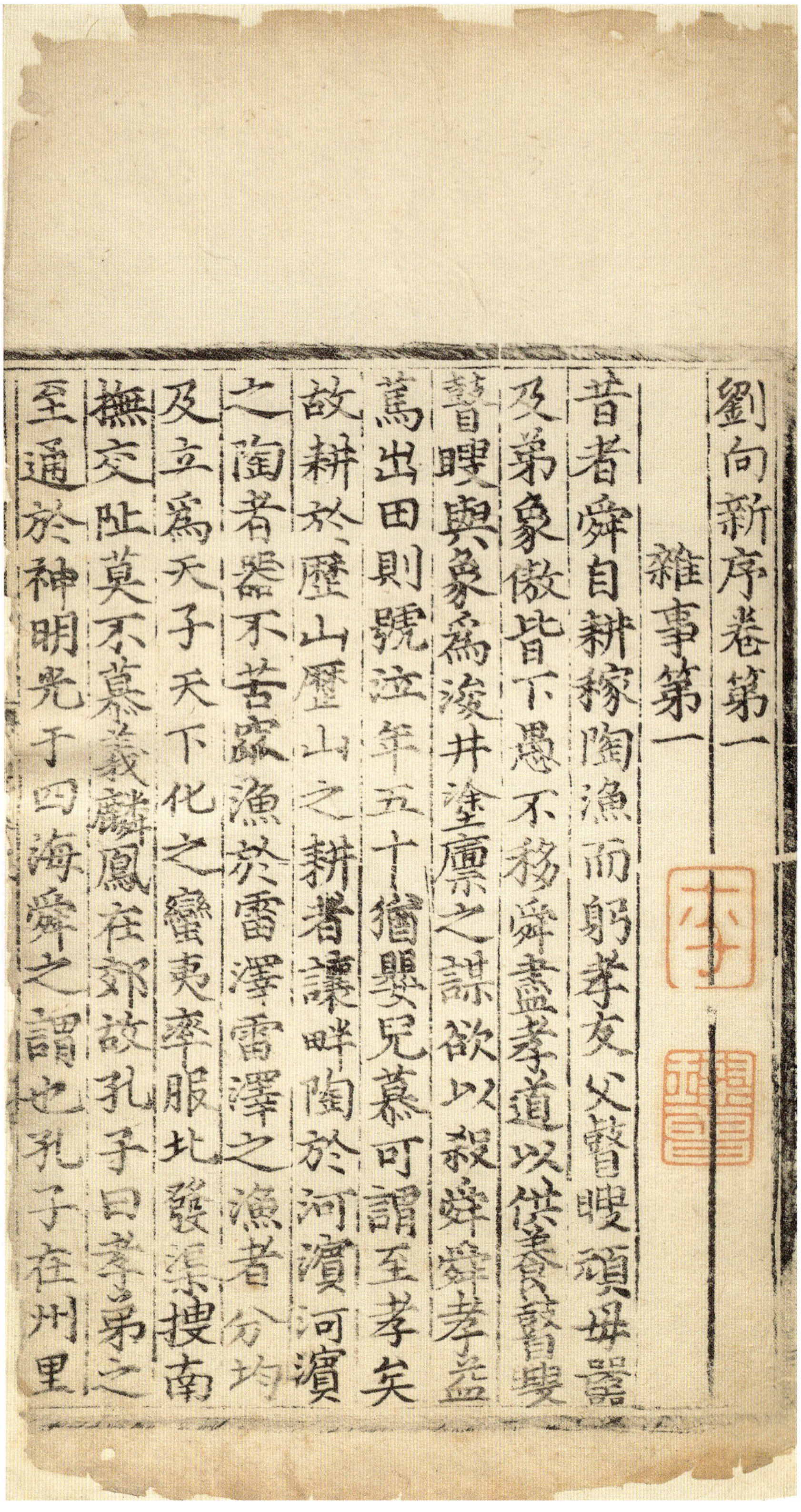

劉向新序卷第一
雜事第一
昔者舜自耕稼陶漁而躬孝友父瞽瞍頑母嚚
及弟象傲皆下愚不移舜盡孝道以供養瞽瞍
瞽瞍與象爲浚井塗廩之謀欲以殺舜舜孝益
篤出田則號泣年五十猶嬰兒慕可謂至孝矣
故耕於歷山歷山之耕者讓畔陶於河濱河濱
之陶者器不苦窳漁於雷澤雷澤之漁者分均
及立爲天子天下化之蠻夷率服北發渠搜南
撫交阯莫不慕義麟鳳在郊故孔子曰孝弟之
至通於神明光于四海舜之謂也孔子在州里

204 《劉向新序》卷一卷端

204 劉向新序十卷 〔漢〕劉向撰 明刻本

開本高 28.4 厘米，寬 17.2 厘米。框高 20.4 厘米，寬 15.5 厘米。半葉十一行，行十八字，黑口，四周雙邊。鈐“李”“璨曾”“於陵李氏”“寶古堂”“王青岩藏書”等印。索書號：善 001488。

國家珍貴古籍名録編號：08232。

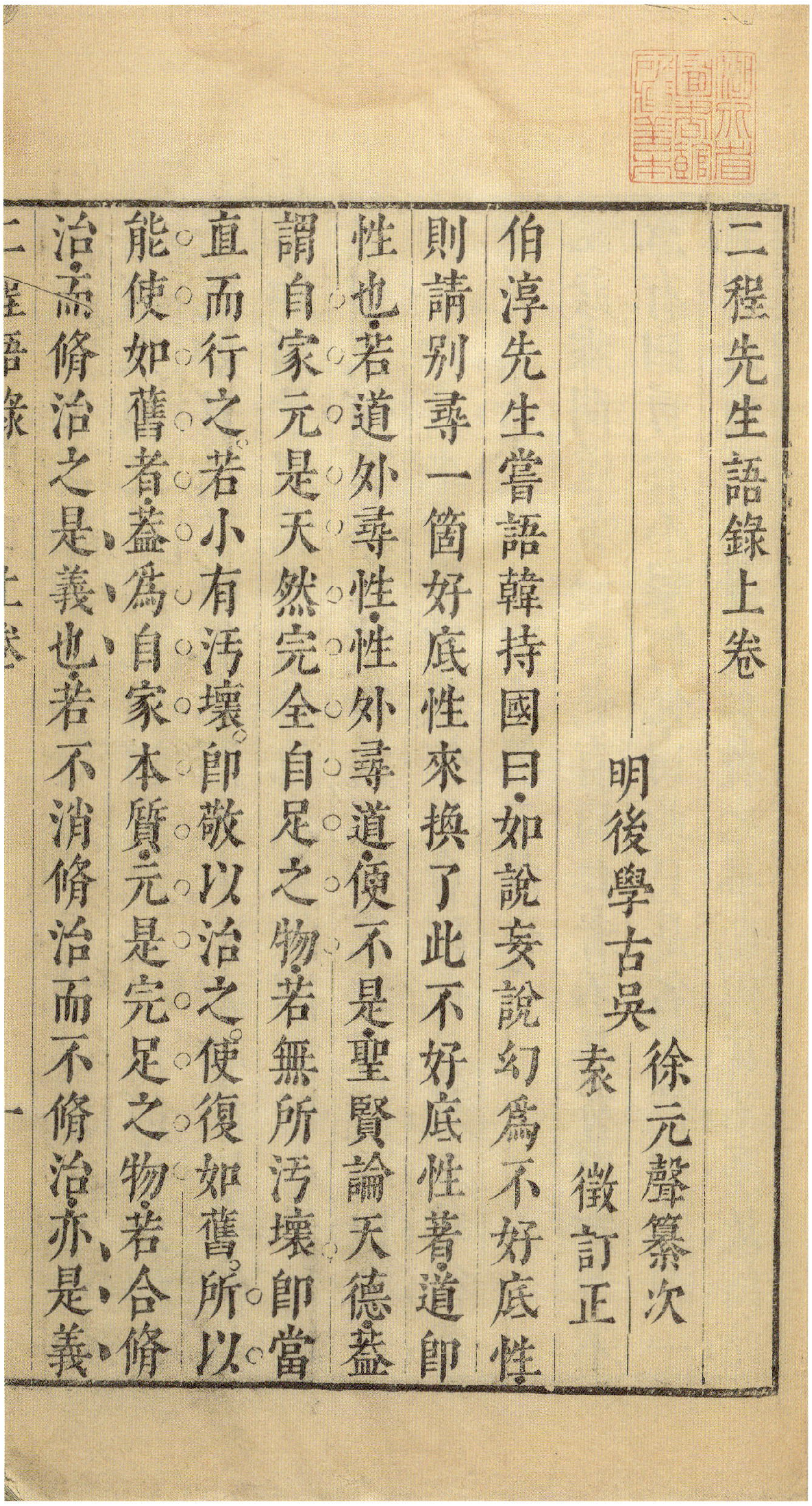

205 《二程先生語録》卷上卷端

205 二程先生語録二卷 〔明〕徐元聲纂次 〔明〕袁徵訂正 明崇禎六年（1633）刻本

開本高 27.0 厘米，寬 16.9 厘米。框高 21.5 厘米，寬 14.5 厘米。半葉十行，行二十字，白口，四周單邊。鈐“慶咸之印”“容仲氏”等印。索書號：善 001452。

湖北省珍貴古籍名録編號：00089。

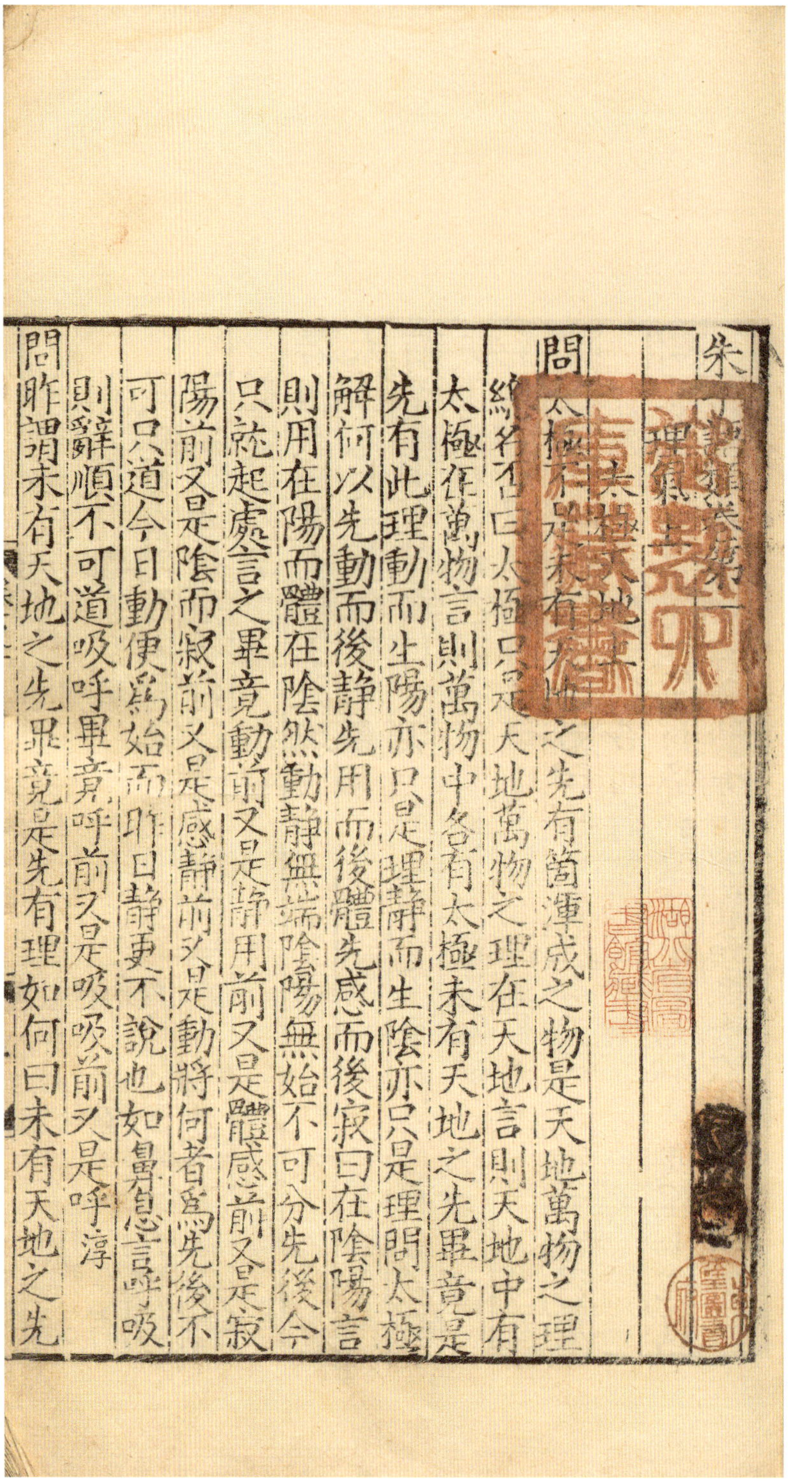
朱子語類卷第一

理氣上　太極天地上

問太極不是未有天地之先有箇渾成之物是天地萬物之理總名否曰太極只是天地萬物之理在天地言則天地中有太極在萬物言則萬物中各有太極未有天地之先畢竟是先有此理動而生陽亦只是理靜而生陰亦只是理問太極解何以先動而後靜先用而後體先感而後寂曰在陰陽言則用在陽而體在陰然動靜無端陰陽無始不可分先後今只就起處言之畢竟動前又是靜用前又是體感前又是寂陽前又是陰而寂前又是感靜前又是動將何者爲先後不可只道今日動便爲始而昨日靜更不說也如鼻息言呼吸則辭順不可道吸呼畢竟呼前又是吸吸前又是呼淳

問昨謂未有天地之先畢竟是先有理如何曰未有天地之先

206　《朱子語類》卷一卷端

206　朱子語類一百四十卷　〔宋〕黎靖德輯　明成化九年（1473）陳煒刻本　存六十四卷（卷一至六十四）

開本高 28.9 厘米，寬 18.0 厘米。框高 20.2 厘米，寬 15.4 厘米。半葉十四行，行二十四字，小字雙行同，白口，左右雙邊。鈐“東壁圖書府”“御製四庫藏書”“錫瑞”“鹿門”“武昌柯氏珍藏書畫”印。索書號：善 003138。

湖北省珍貴古籍名録編號：00090。

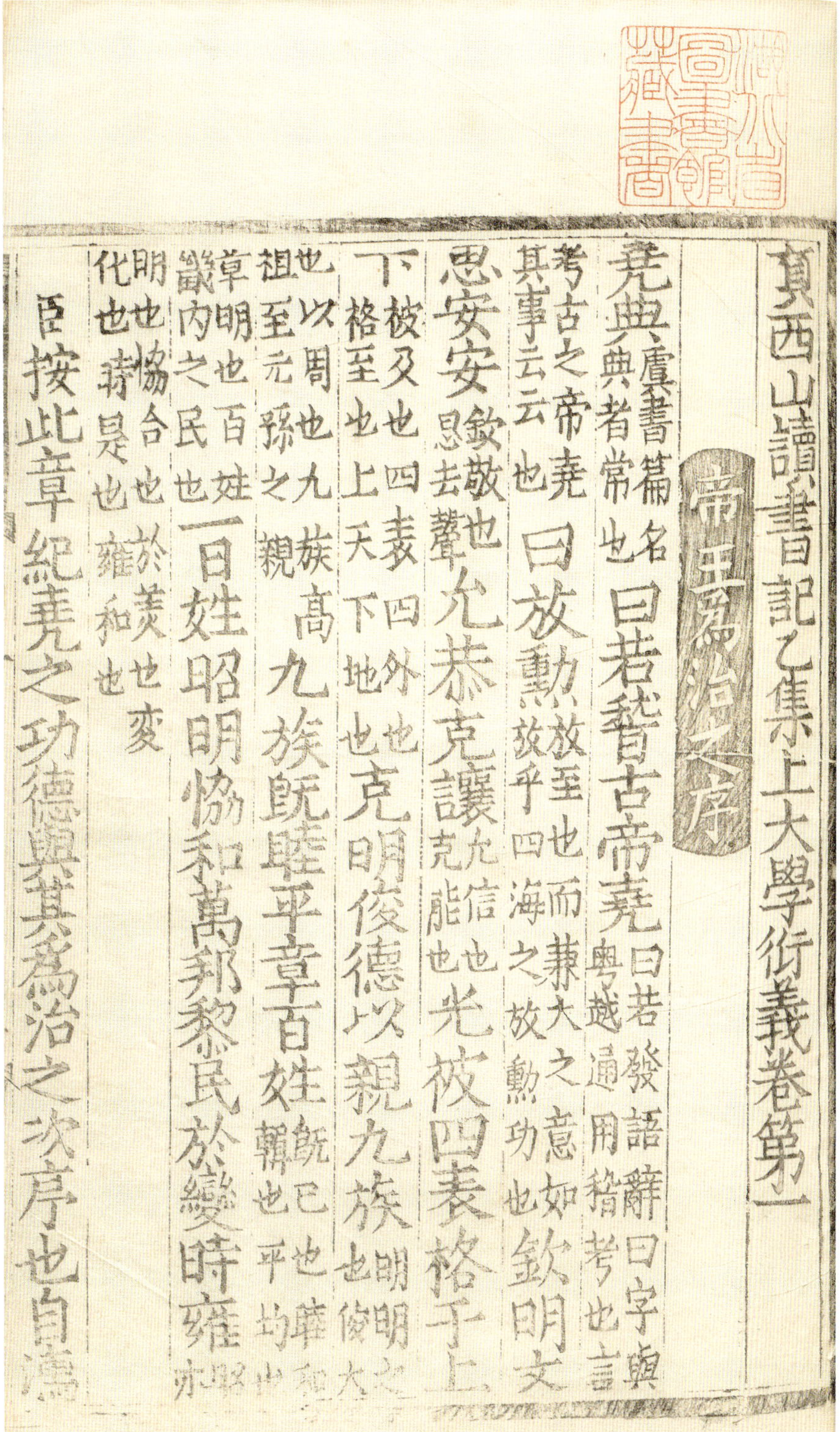
真西山讀書記乙集上大學衍義卷第一
帝王爲治之序
堯典虞書篇名典者常也曰若稽古帝堯曰若發語辭曰字與粵越通用稽考也言
考古之帝堯其事云云也曰放勳放至也而兼大之意如放乎四海之放勳功也欽明文
思安安欽敬也思去聲允恭克讓允信也克能也光被四表格于上
下被及也四表四外也格至也上天下地也克明俊德以親九族明明之也俊大也
也以周也九族高祖至元孫之親九族既睦平章百姓既已也睦和也平均也
章明也百姓畿內之民也百姓昭明協和萬邦黎民於變時雍
明也協合也於歎美辭也變化也時是也雍和也
臣按此章紀堯之功德與其爲治之次序也自

207 《真西山讀書記乙集上大學衍義》卷一卷端

207 真西山讀書記乙集上大學衍義四十三卷 〔宋〕真德秀撰 明刻本

開本高 29.5 厘米，寬 19.3 厘米。框高 23.4 厘米，寬 17.1 厘米。半葉十行，行二十字，小字雙行同，白口間黑口，四周雙邊。鈐“敷教之印”“半偈齋”“延美”“懼以始終”印。索書號：善 001450。

國家珍貴古籍名録編號：08273。

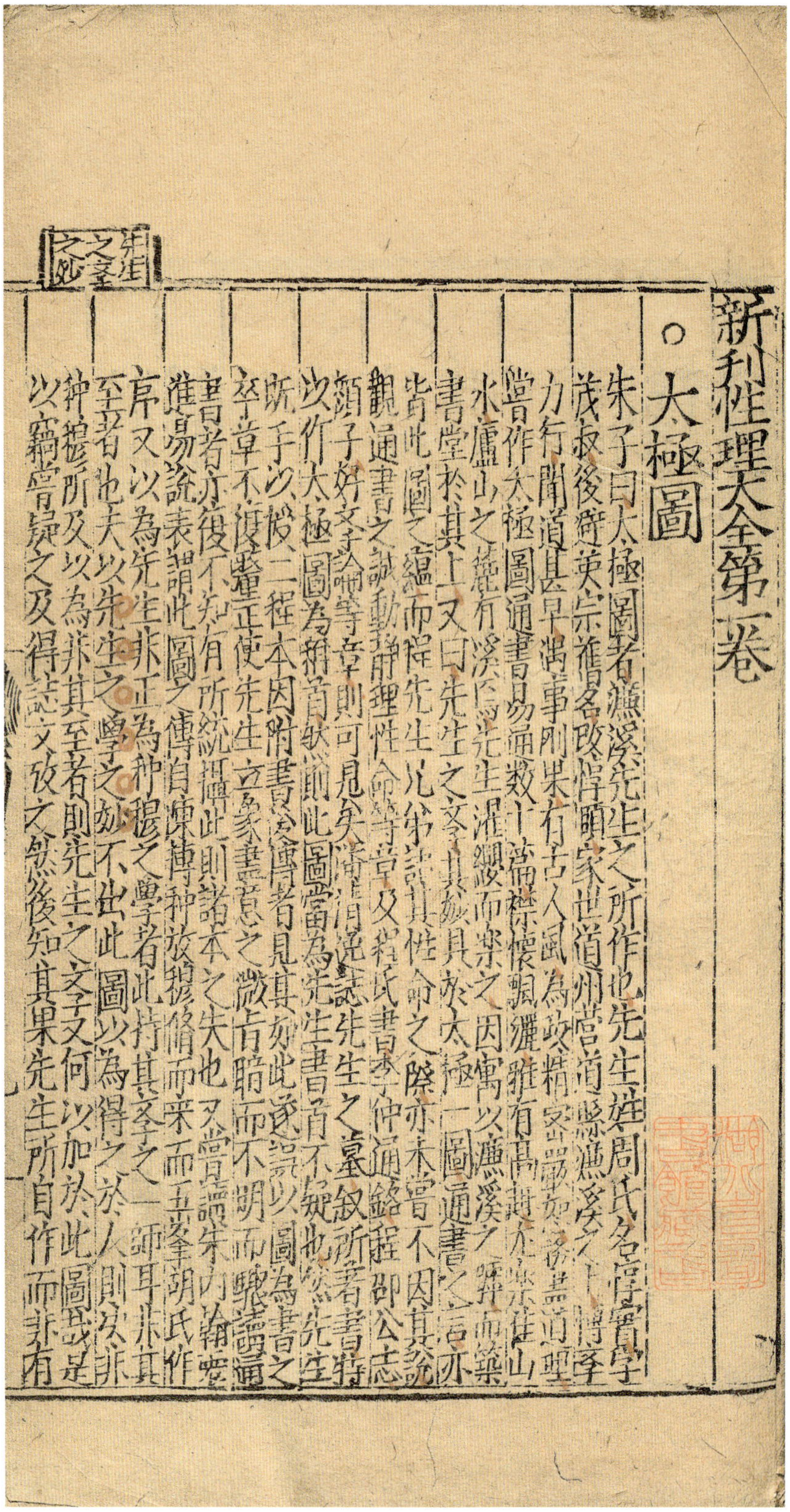

新刊性理大全第一卷

○太極圖

朱子曰太極圖者濂溪先生之所作也先生姓周氏名惇實字茂叔後避英宗舊名改惇頤家世道州營道縣濂溪之上博學力行聞道甚早遇事剛果有古人風為政精密嚴恕務盡道理嘗作太極圖通書易通數十篇襟懷飄灑雅有高趣尤樂佳山水廬山之麓有溪焉先生濯纓而樂之因寓以濂溪之號而築書堂於其上又曰先生之學其妙具於太極一圖通書之言亦皆此圖之蘊而程先生兄弟語及性命之際亦未嘗不因其說觀通書之誠動靜理性命等章及程氏書李仲通銘程邵公誌顏子好學論等篇則可見矣潘清逸誌先生之墓叙所著書特以作太極圖為稱首然則此圖當為先生書首不疑也然先生既手以授二程本因附書後傳者見其如此遂誤以圖為書之卒章不復釐正使先生立象盡意之微旨暗而不明而驟讀通書者亦復不知有所總攝此則諸本之失也又嘗讀朱內翰震進易說表謂此圖之傳自陳摶种放穆脩而來而五峯胡氏作序又以為先生非止為种穆之學者此特其學之一師耳非其至者也夫以先生之學之妙不出此圖以為得之於人則決非种穆所及以為非其至者則先生之學又何以加於此圖哉是以竊嘗疑之及得誌文攷之然後知其果先生所自作而非有

208　《新刊性理大全》卷一卷端

208　新刊性理大全七十卷　〔明〕胡廣等撰　明嘉靖三十一年（1552）葉氏廣勤堂刻本

開本高 23.7 厘米，寬 14.3 厘米。框高 17.1 厘米，寬 12.9 厘米。半葉十一行，行二十六字，小字雙行同，白口，四周雙邊。索書號：善 001449。

國家珍貴古籍名録編號：01753。

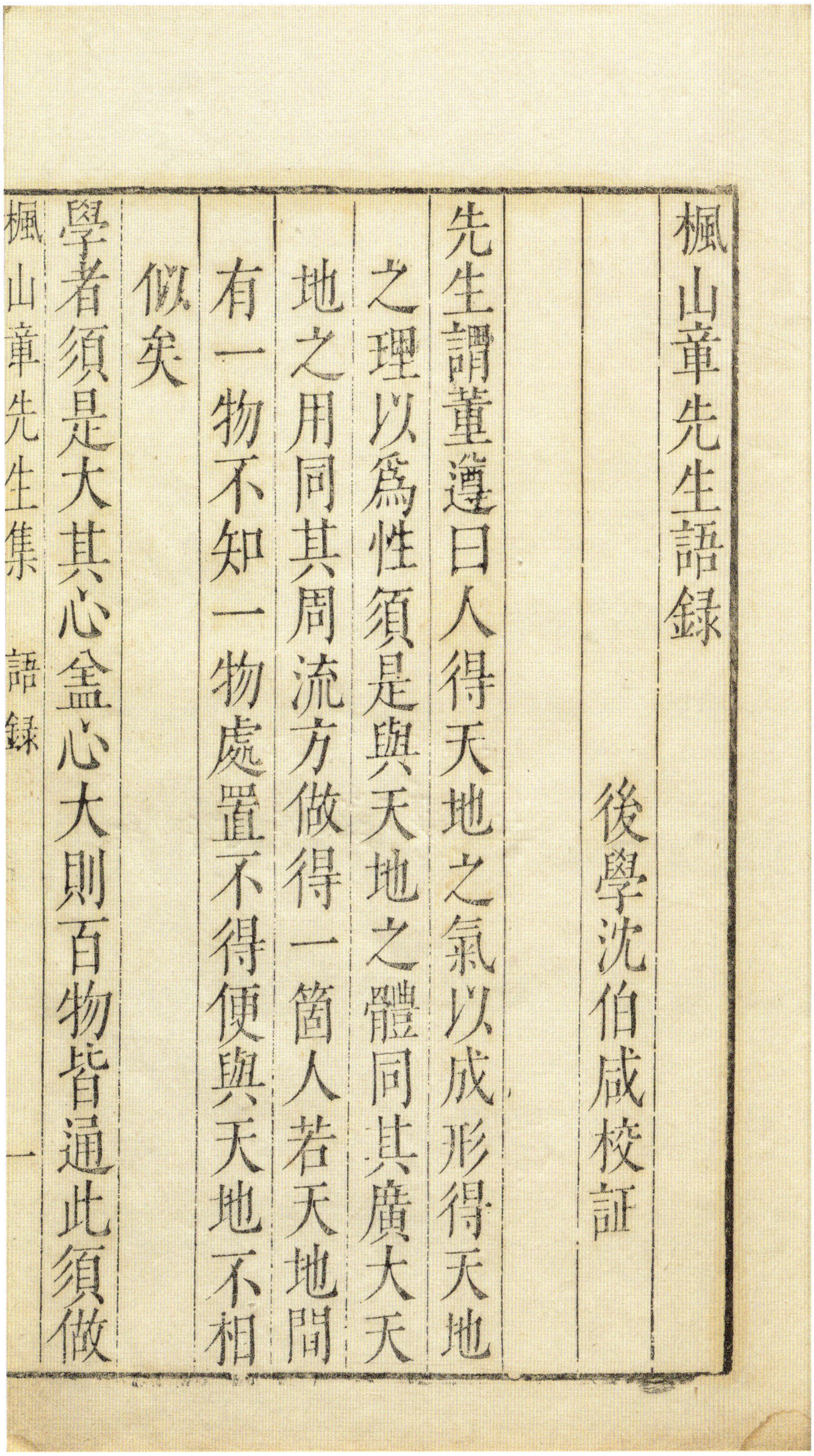
楓山章先生語録

後學沈伯咸校証

先生謂董遵曰人得天地之氣以成形得天地之理以爲性須是與天地之體同其廣大天地之用同其周流方做得一箇人若天地間有一物不知一物處置不得便與天地不相似矣

學者須是大其心蓋心大則百物皆通此須做

楓山章先生集　語録　一

209　《楓山章先生語録》卷端

209　楓山章先生語録不分卷　〔明〕章懋撰　〔明〕沈伯咸校證　明嘉靖四十四年（1565）維揚議政堂刻本

開本高 25.9 厘米，寬 17.2 厘米。框高 21.2 厘米，寬 13.4 厘米。半葉九行，行十八字，白口，四周單邊。鈐“蟫隱廬”印。索書號：善 001486。

湖北省珍貴古籍名録編號：00092。

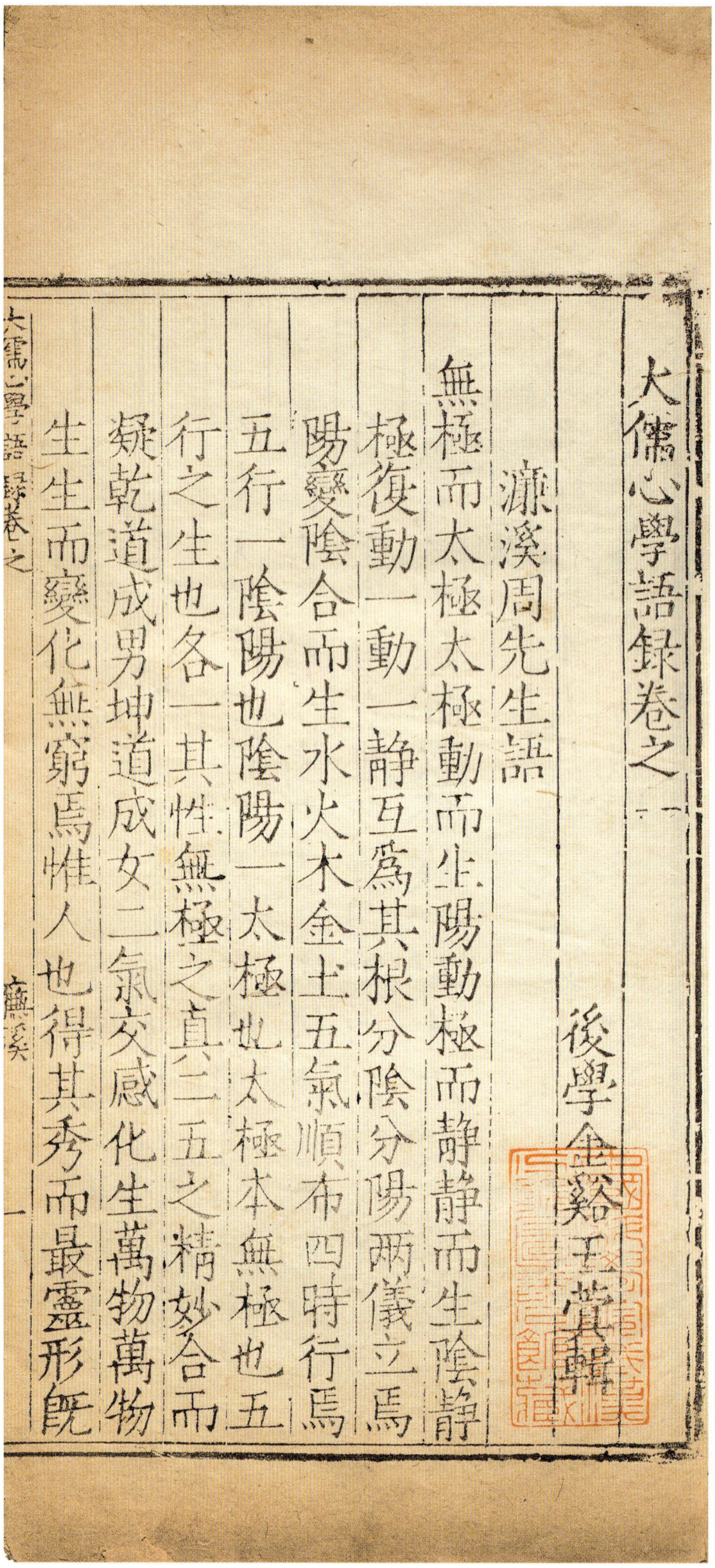

大儒心學語録卷之一
後學金谿王蓂輯
濂溪周先生語
無極而太極太極動而生陽動極而靜靜而生陰靜
極復動一動一靜互爲其根分陰分陽兩儀立焉
陽變陰合而生水火木金土五氣順布四時行焉
五行一陰陽也陰陽一太極也太極本無極也五
行之生也各一其性無極之眞二五之精妙合而
凝乾道成男坤道成女二氣交感化生萬物萬物
生生而變化無窮焉惟人也得其秀而最靈形既
大儒心學語録卷之一　濂溪　一

210-1　《大儒心學語録》卷一卷端

210　大儒心學語録二十七卷　〔明〕王蓂輯　明嘉靖二十八年（1549）撫州儒學刻本

開本高 28.2 厘米，寬 16.0 厘米。框高 21.3 厘米，寬 13.1 厘米。半葉十行，行二十一字，白口，四周雙邊。鈐“清虚主人藏”印。索書號：善 001442。

國家珍貴古籍名録編號：08332。

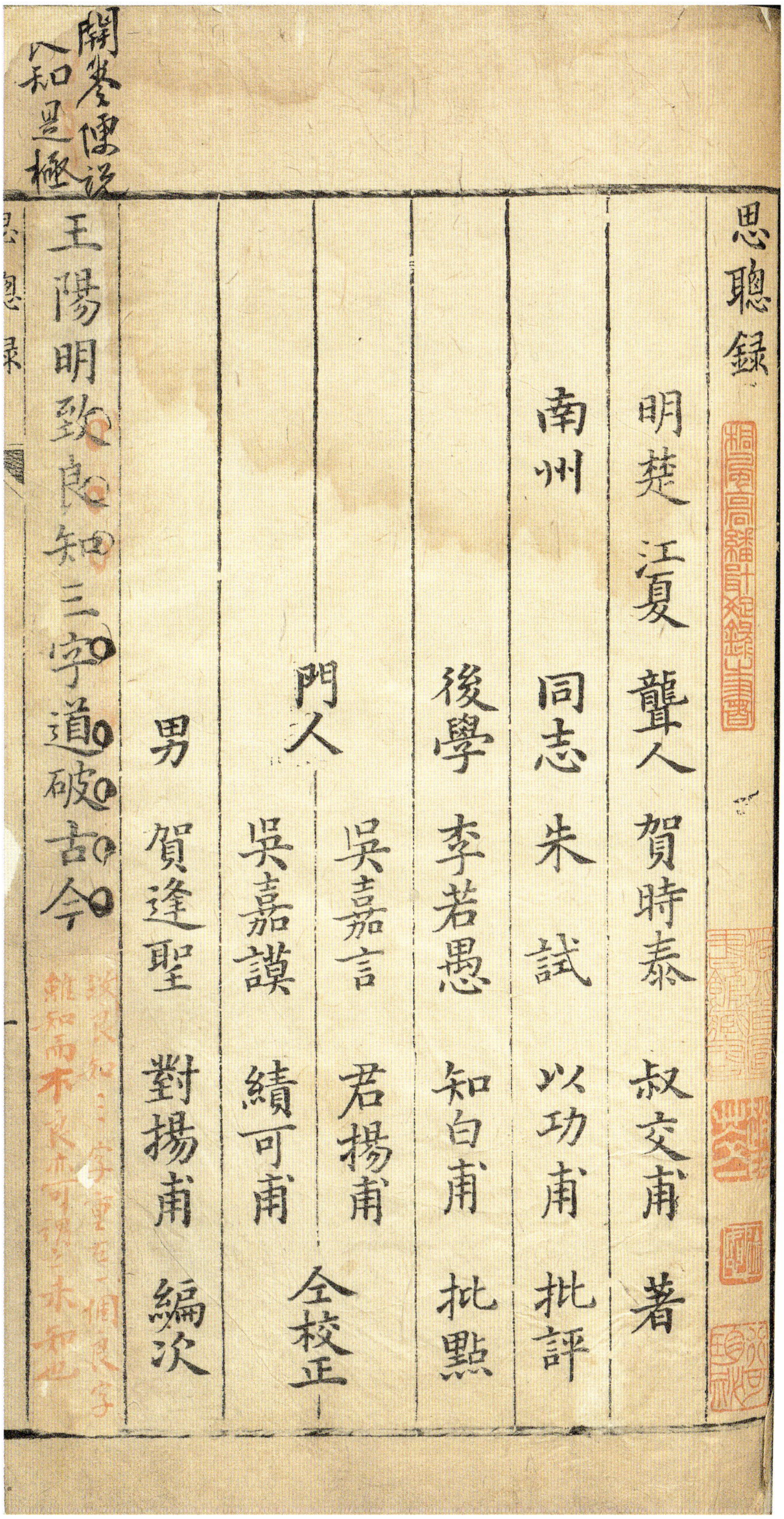

211-1 《思聰録》卷端

211 思聰録一卷 〔明〕賀時泰撰 明萬曆四十六年（1618）刻本 佚名批校

開本高 27.2 厘米，寬 16.0 厘米。框高 22.2 厘米，寬 14.8 厘米。半葉八行，行二十字，小字雙行同，白口，四周單邊。鈐“國史館”“太史氏”“壽潛堂”“石庵”“岳氏白陽”“趙萃一印”“洛陽布衣”“長宜子孫”“趙元龍收藏書畫印”“行可珍秘”“桐風廎繙戢疏録之書”等印。索書號：善 001466。

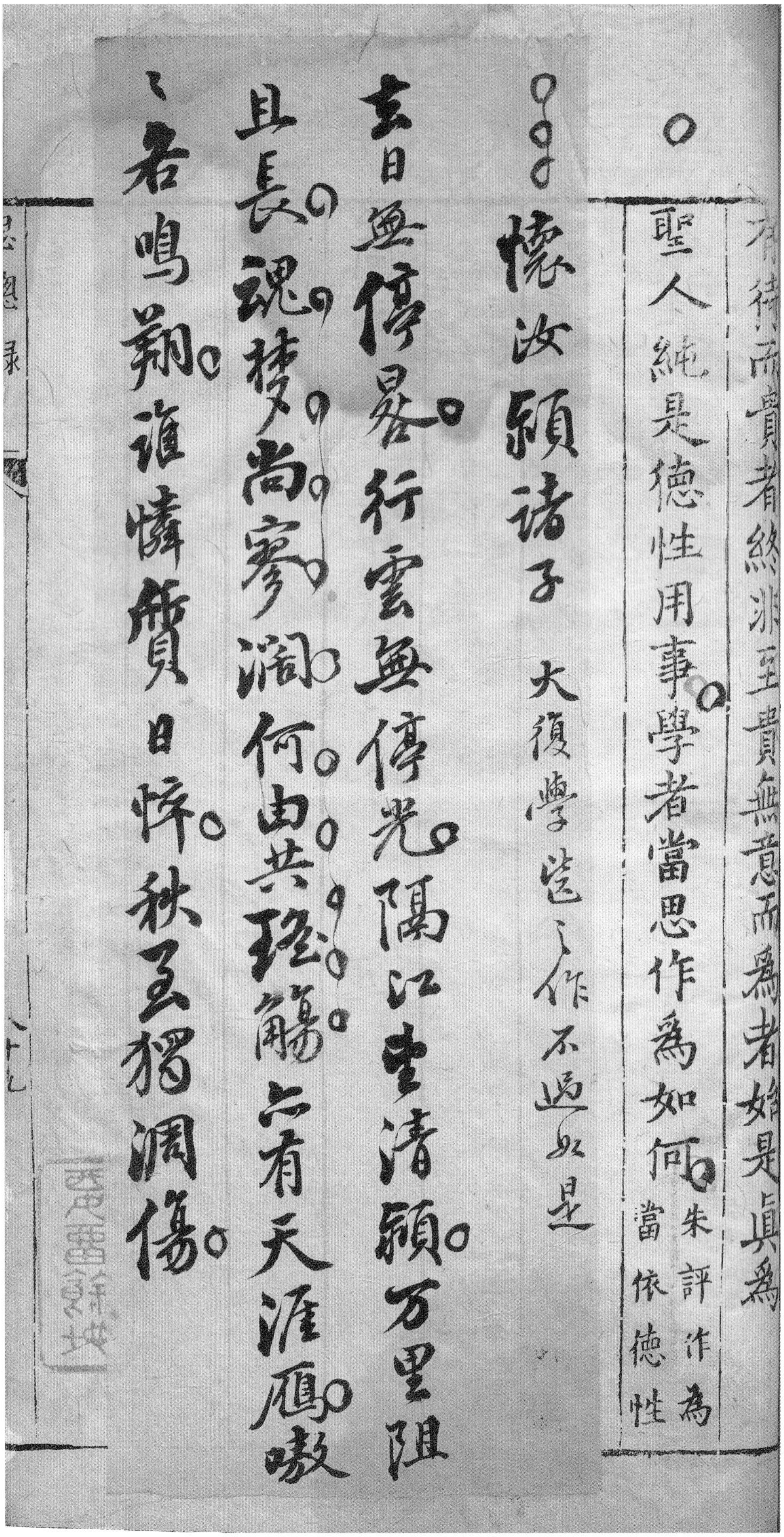
有待而費者終非至貴無意而爲者始是眞爲
聖人純是德性用事學者當思作爲如何　朱評作爲當依德性
懷汝頻諸子　大復學選〻作不過如是
去日無停晷。行雲無停光。陽江空清頻。万里阻
且長。魂夢尚寥濶。何由共瑤觴。六有天涯鴈。嗷
〻若鳴翔。誰憐貧日悴。秋至獨凋傷。

211-2　佚名詩作

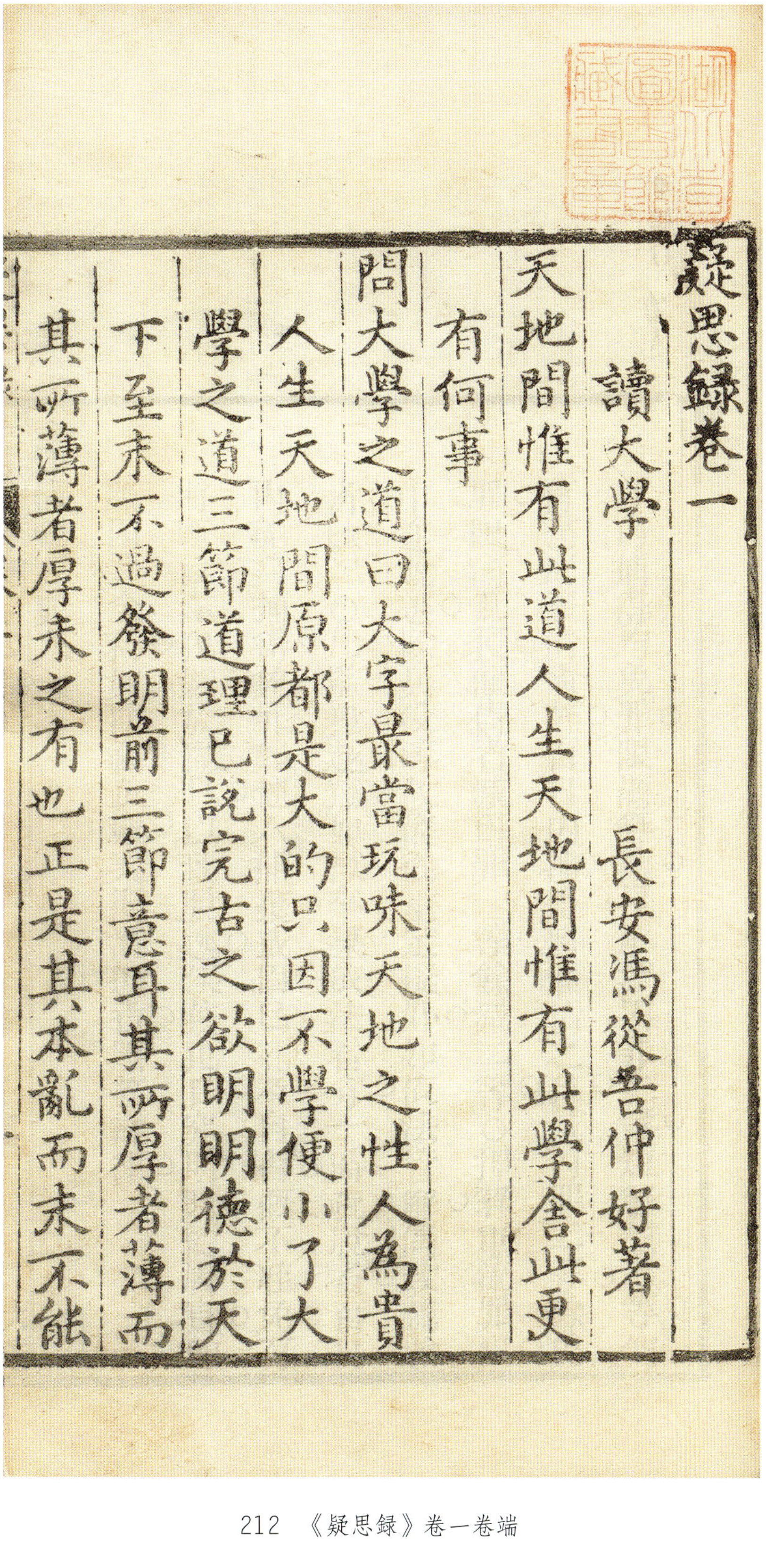

疑思録卷一
讀大學　長安馮從吾仲好著
天地間惟有此道人生天地間惟有此學舍此更
有何事
問大學之道曰大字最當玩味天地之性人為貴
人生天地間原都是大的只因不學便小了大
學之道三節道理已說完古之欲明明德於天
下至末不過發明前三節意耳其所厚者薄而
其所薄者厚未之有也正是其本亂而末不能

212　《疑思録》卷一卷端

212　疑思録六卷　〔明〕馮從吾撰　明萬曆武用望等刻本

開本高 24.8 厘米，寬 15.1 厘米。框高 18.8 厘米，寬 13.0 厘米。半葉九行，行十九字，白口，四周單邊。索書號：善 000401。

國家珍貴古籍名録編號：07414。

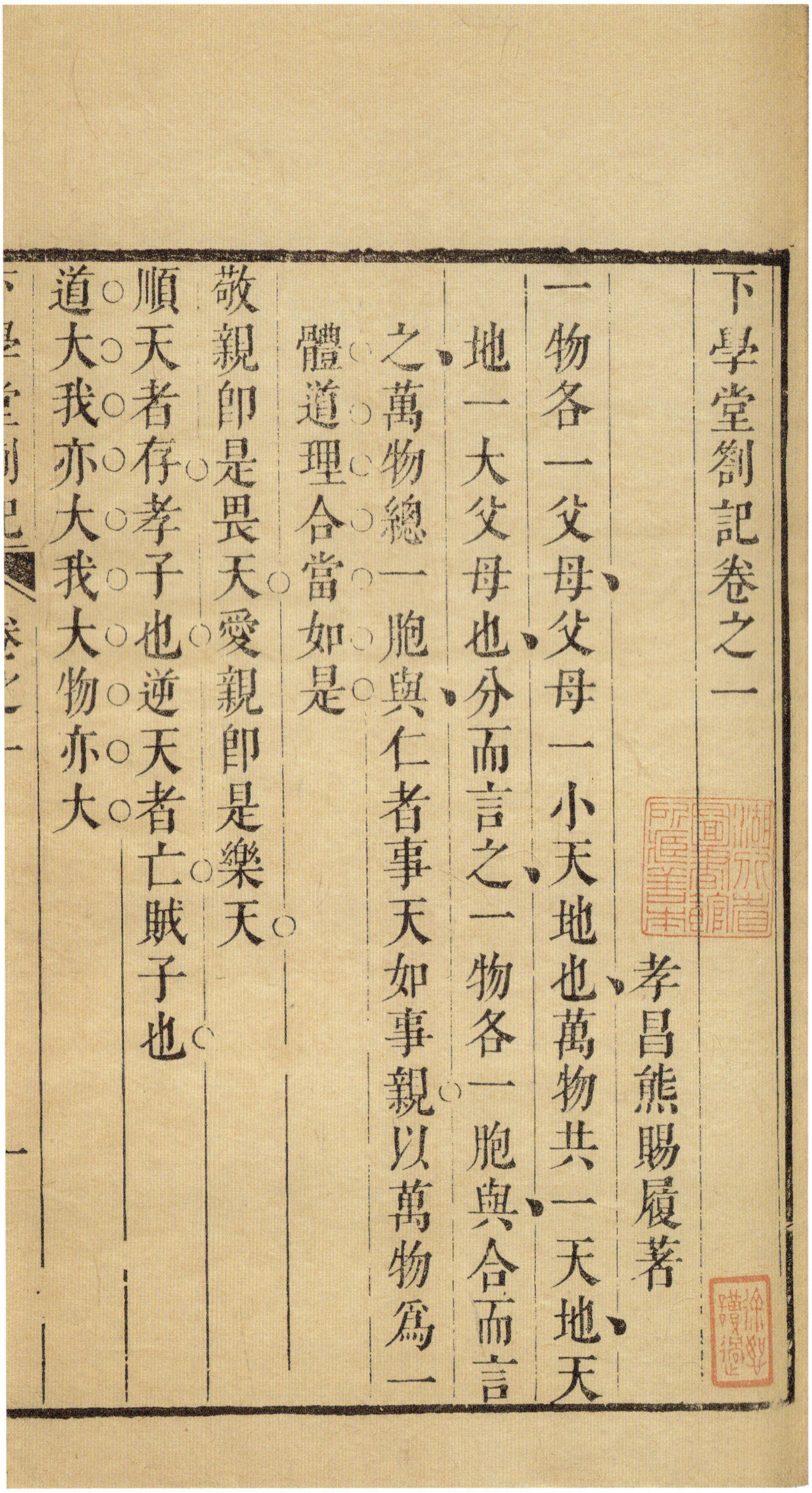

下學堂劄記卷之一

孝昌熊賜履著

一物各一父母、父母一小天地也、萬物共一天地、天地一大父母也、分而言之、一物各一胞與、合而言之、萬物總一胞與、仁者事天如事親、以萬物爲一體、道理合當如是。

敬親即是畏天。愛親即是樂天。

順天者存。孝子也。逆天者亡。賊子也。

道大我亦大。我大物亦大。

下學堂劄記　卷之一　一

213　《下學堂札記》卷一卷端

213　下學堂札記三卷樸園邇語二卷歸潔園偶筆一卷五緯正圖解一卷堂規一卷會約一卷　〔清〕熊賜履撰　清康熙刻本

開本高 25.8 厘米，寬 16.7 厘米。框高 20.2 厘米，寬 14.2 厘米。半葉九行，行二十字，白口，左右雙邊。鈐“徐恕讀過”“徐恕私印”“楚國男子”“本倫借讀”等印。索書號：善 001474。

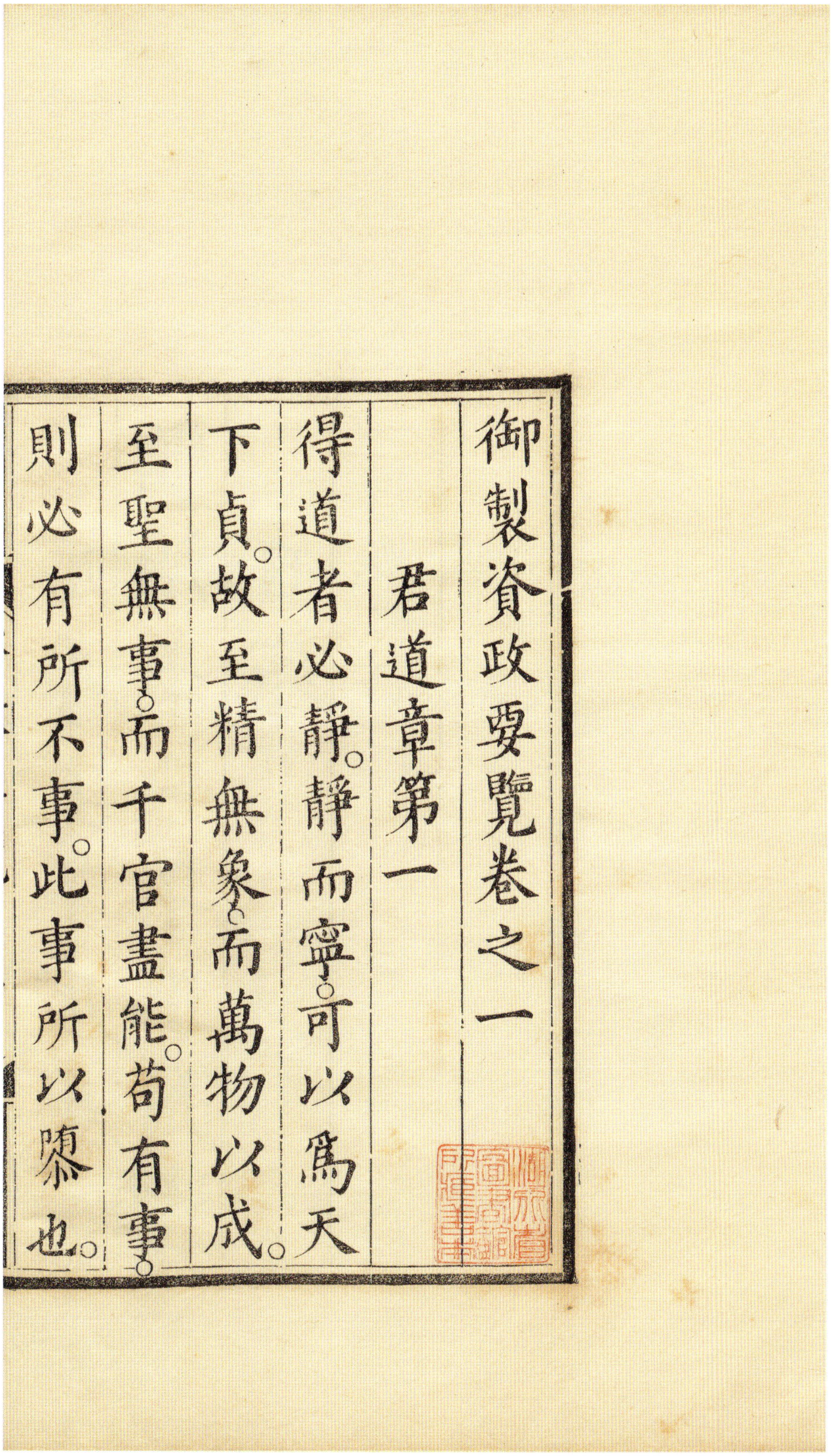
御製資政要覽卷之一
君道章第一
得道者必靜。靜而寧。可以爲天
下貞。故至精無象。而萬物以成。
至聖無事。而千官盡能。茍有事。
則必有所不事。此事所以隳也。

214　《御製資政要覽》卷一卷端

214　御製資政要覽三卷後序一卷　〔清〕世祖福臨撰　清順治十二年（1655）内府刻本

開本高 29.2 厘米，寬 17.4 厘米。框高 18.3 厘米，寬 12.0 厘米。半葉六行，行十二字，小字雙行同，黑口，四周雙邊。索書號：善 002958。

湖北省珍貴古籍名録編號：00093。

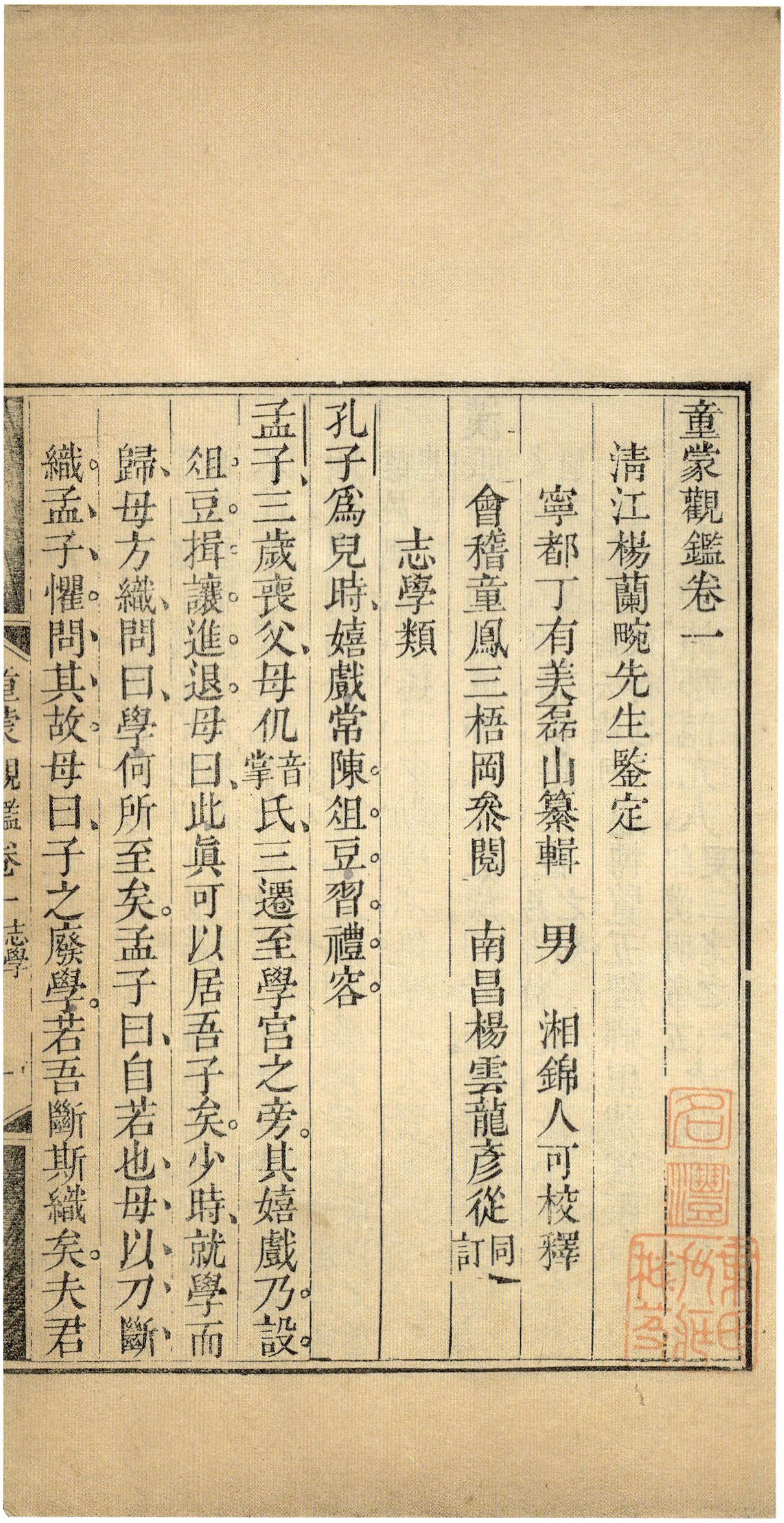

童蒙觀鑑卷一
清江楊蘭畹先生鑒定
寧都丁有美磊山纂輯　男　湘錦人可校釋
會稽童鳳三梧岡叅閲　南昌楊雲龍彥從同訂
志學類
孔子爲兒時嬉戲常陳俎豆習禮容
孟子三歲喪父母仉音掌氏三遷至學宮之旁其嬉戲乃設
俎豆揖讓進退母曰此眞可以居吾子矣少時就學而
歸母方織問曰學何所至矣孟子曰自若也母以刀斷
織孟子懼問其故母曰子之廢學若吾斷斯織矣夫君

215-1　《童蒙觀鑑》卷一卷端

215　童蒙觀鑑六卷附巧對一卷　〔清〕丁有美纂輯　〔清〕丁湘錦校釋　清乾隆三十六年（1771）刻本　徐恕題識

開本高 25.7 厘米，寬 16.1 厘米。框高 16.8 厘米，寬 13.1 厘米。半葉十行，行二十二字，小字雙行同，黑口，四周雙邊。鈐“葉氏世藏秘笈”“名澧”等印。索書號：善 001463。

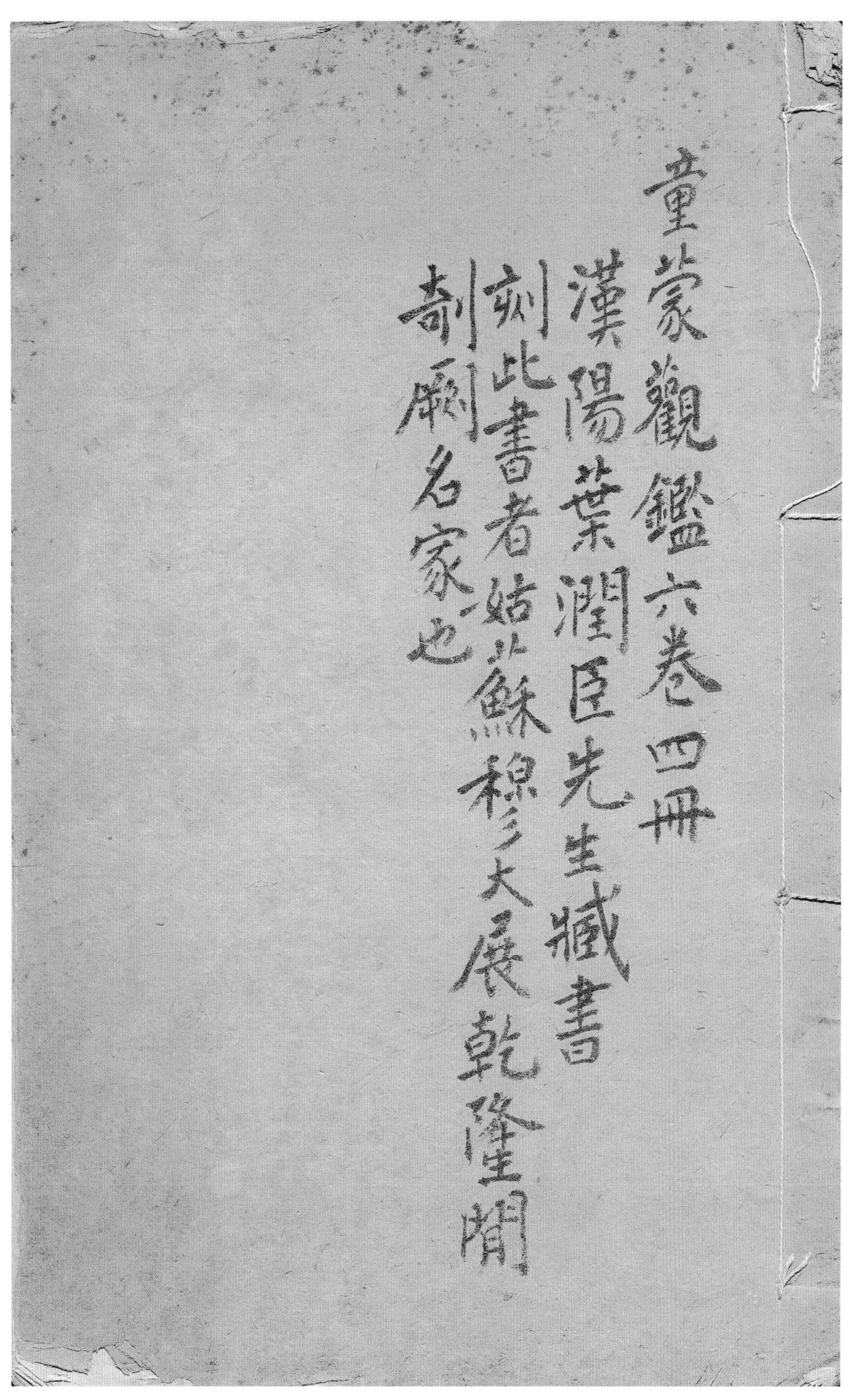

童蒙觀鑑六卷四册
漢陽葉潤臣先生藏書
刻此書者姑蘇穆大展乾隆間
剞劂名家也

215-2　徐恕題識

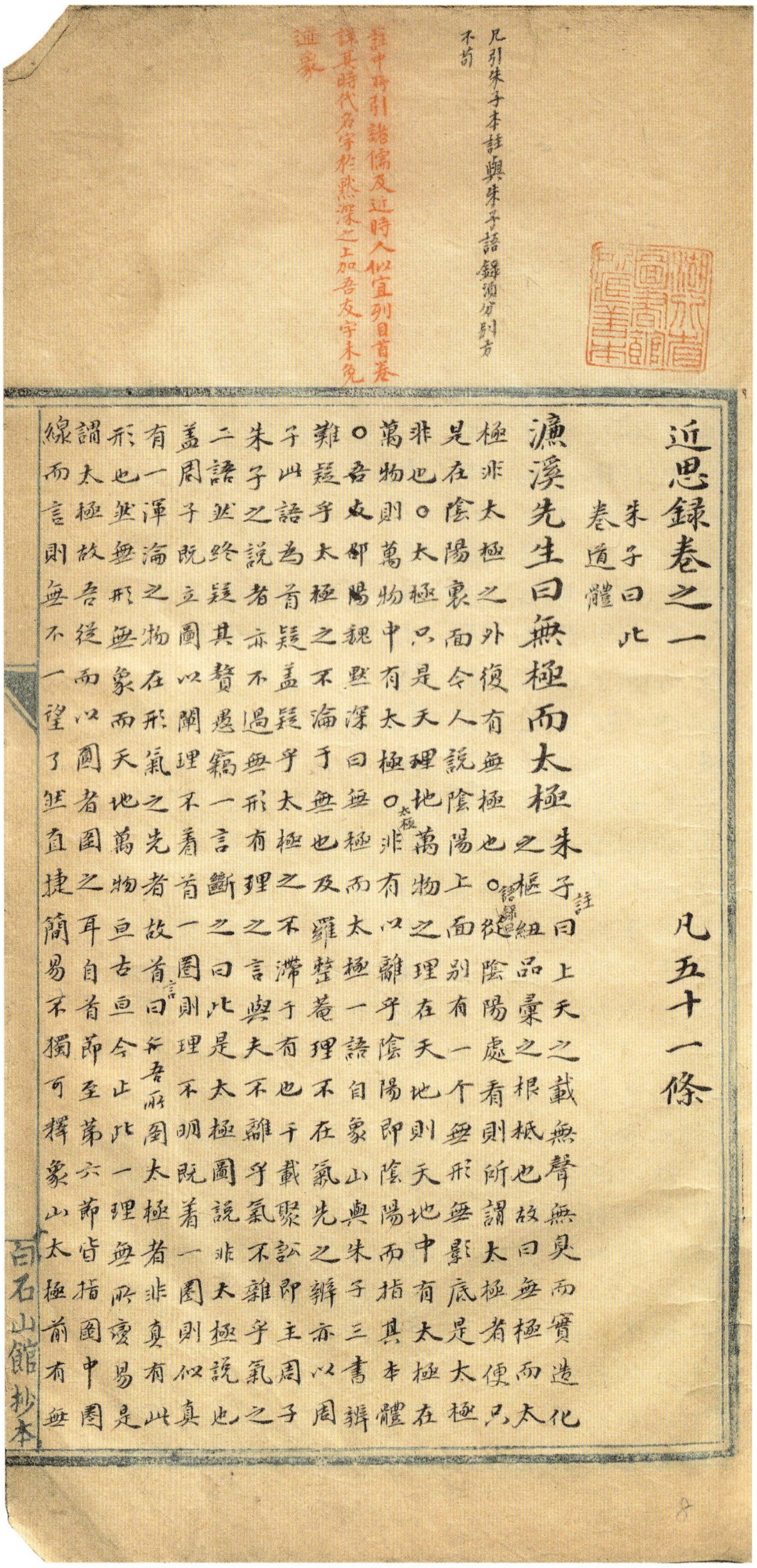

216 《近思録補注》卷一卷端

216 近思録補注十四卷 〔清〕陳沆撰 稿本 清魏源批

開本高 30.3 厘米，寬 18.2 厘米。框高 20.8 厘米，寬 14.7 厘米。半葉十行，行二十五字，小字雙行同，白口，四周雙邊，單藍魚尾。索書號：善 004630。

國家珍貴古籍名録編號：12624。

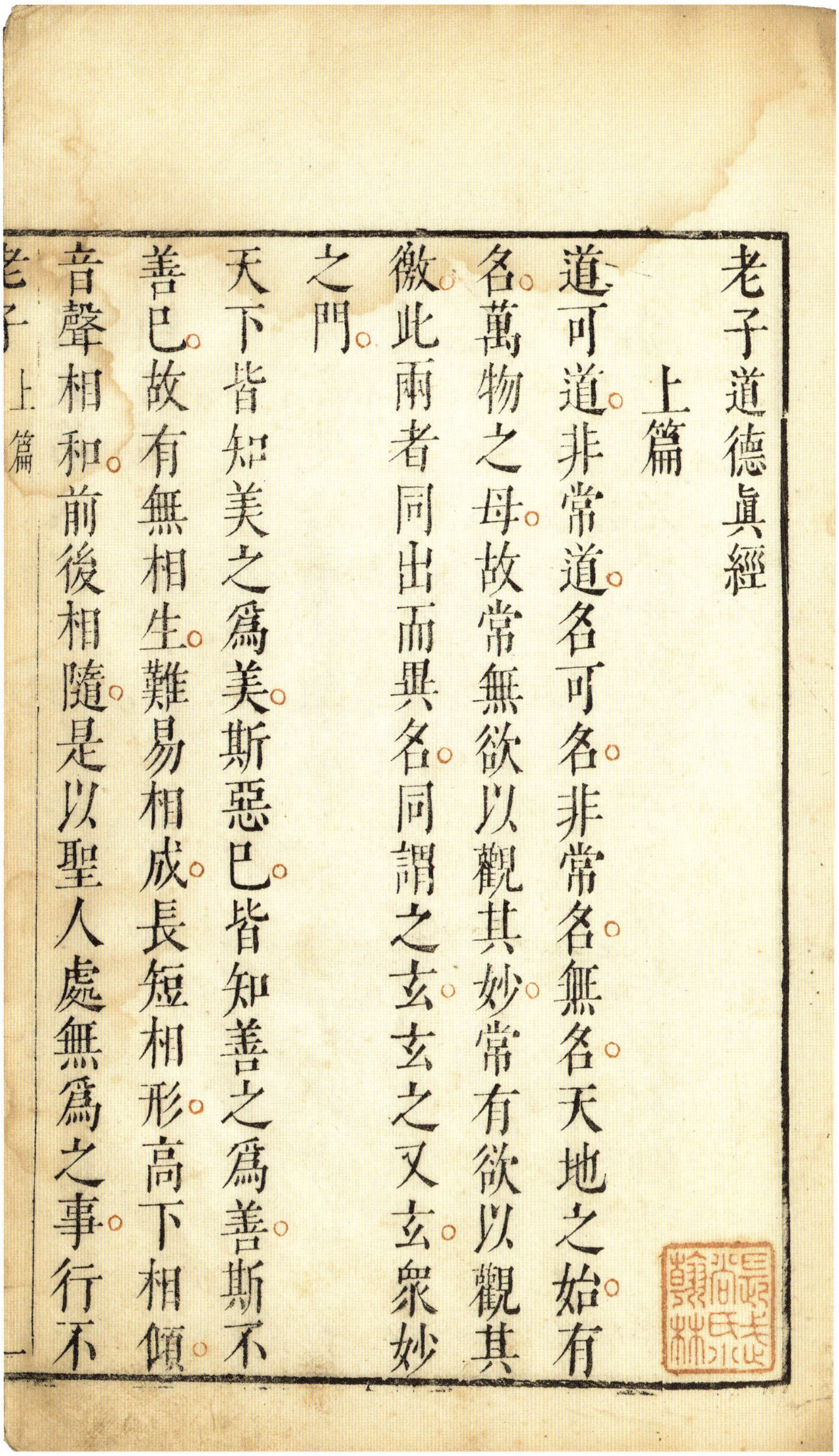

老子道德眞經

上篇

道可道非常道名可名非常名無名天地之始有名萬物之母故常無欲以觀其妙常有欲以觀其徼此兩者同出而異名同謂之玄玄之又玄衆妙之門

天下皆知美之爲美斯惡巳皆知善之爲善斯不善巳故有無相生難易相成長短相形高下相傾音聲相和前後相隨是以聖人處無爲之事行不

老子　上篇　一

217　《老子道德真經》卷上卷端

217　老子道德真經二卷音義一卷　明萬曆閔齊伋刻三子合刊朱墨套印本　王承烈題識

開本高 27.0 厘米，寬 17.7 厘米。框高 21.5 厘米，寬 15.1 厘米。半葉九行，行十九字，小字雙行同，白口，四周單邊。鈐“長武尚氏小翰林”等印。索書號：善 003294。

湖北省珍貴古籍名録編號：00137。

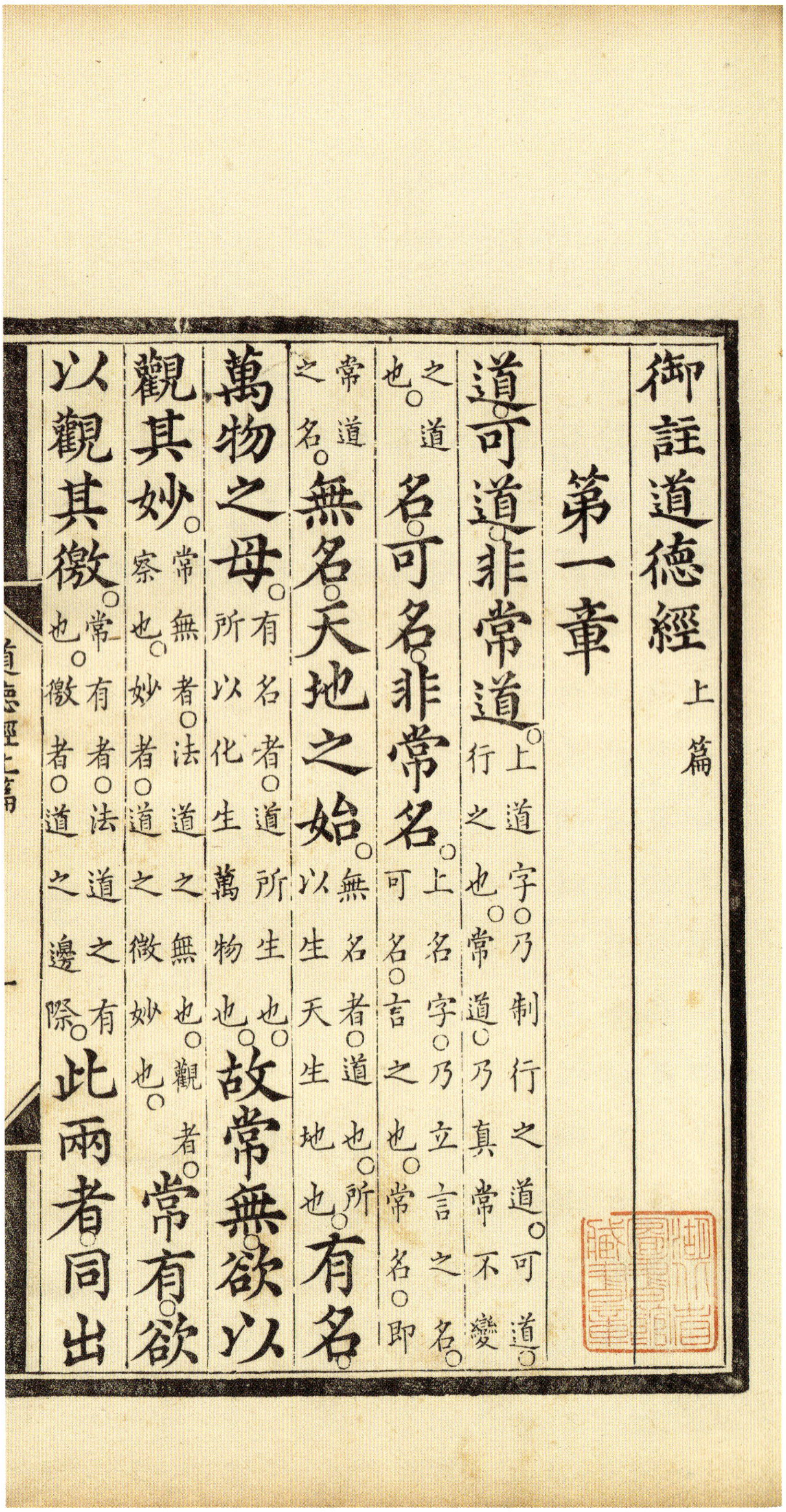
御註道德經 上篇

第一章

道可道。非常道。上道字。乃制行之道。可道。行之也。常道。乃真常不變之道也。名可名。非常名。上名字。乃立言之名。可名。言之也。常名。即常道之名。無名。天地之始。無名者。道也。所以生天生地也。有名。萬物之母。有名者。道所生也。所以化生萬物也。故常無欲以觀其妙。常無者。法道之無也。觀者。察也。妙者。道之微妙也。常有欲以觀其徼。常有者。法道之有也。徼者。道之邊際。此兩者同出

218 《御注道德經》卷上卷端

218 御注道德經二卷 〔清〕世祖福臨撰 清順治十三年（1656）武英殿刻本

開本高 31.5 厘米，寬 19.5 厘米。框高 22.6 厘米，寬 16.3 厘米。半葉八行，行十六字，小字雙行同，黑口，左右雙邊。索書號：善 001877。

湖北省珍貴古籍名録編號：00244。

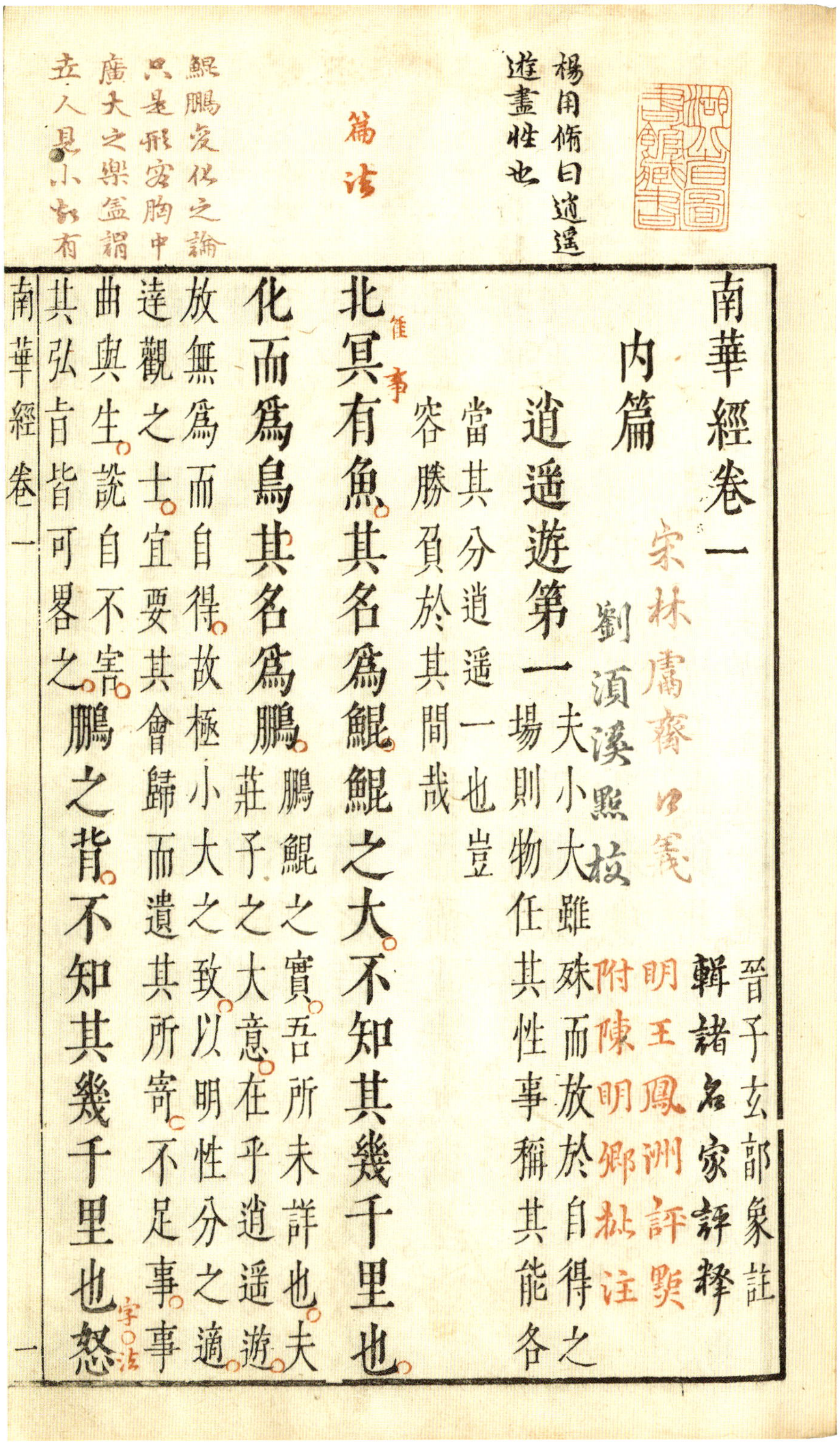
楊用脩曰逍遥遊盡性也

篇法

鯤鵬變化之論只是形容胸中廣大之樂蓋謂古人是小數有

南華經卷一

宋林鬳齋口義

劉須溪點校

晉子玄郭象註

輯諸名家評釋

明王鳳洲評騭

附陳明卿批注

内篇

逍遥遊第一

夫小大雖殊而放於自得之場則物任其性事稱其能各當其分逍遥一也豈容勝負於其間哉

北冥有魚其名爲鯤鯤之大不知其幾千里也化而爲鳥其名爲鵬鵬鯤之實吾所未詳也夫莊子之大意在乎逍遥遊放無爲而自得故極小大之致以明性分之適達觀之士宜要其會歸而遺其所寄不足事事曲與生說自不害其弘旨皆可略之鵬之背不知其幾千里也怒

南華經卷一　一

219-1　《南華經》卷一卷端

219　南華經十六卷　〔晋〕郭象注　明嘉靖至萬曆刻四色套印本　張繼煦跋　存十一卷（卷一至二、六至八、十一至十六）

開本高 26.5 厘米，寬 17.5 厘米。框高 20.5 厘米，寬 14.7 厘米。半葉八行，行十八字，小字雙行同，白口，四周單邊。鈐“胡印齋圖書”“春霆印信”印。索書號：善 003142。

湖北省珍貴古籍名録編號：00138。

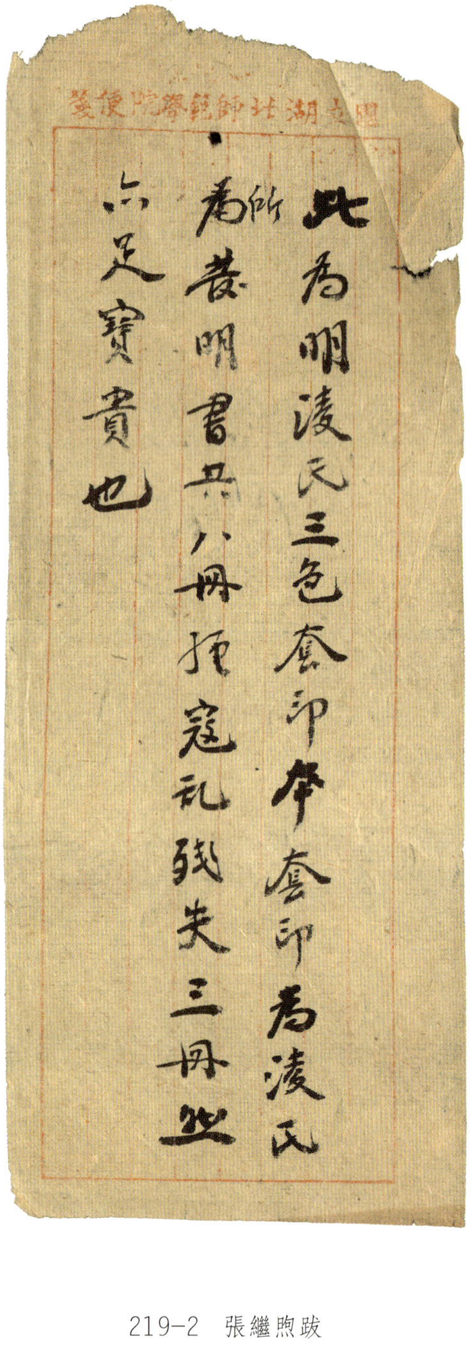
國立湖北師範學院便箋
此爲明淩氏三色套印本套印爲淩氏所爲嘉明書共八冊損寇亂殘失三冊然亦足寶貴也

219-2　張繼煦跋

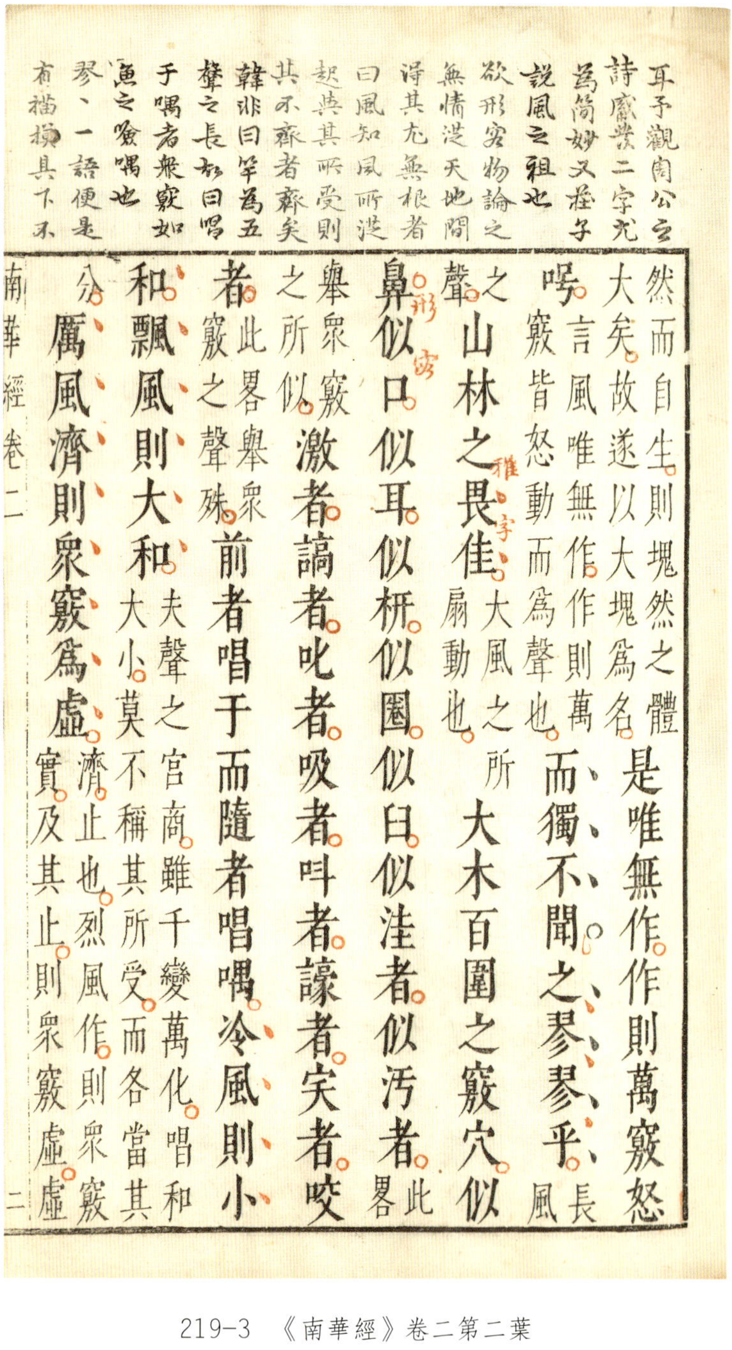
耳予觀貞公云
詩感嘆二字尤
爲簡妙又莊子
說風之祖也
欲形容物論之
無情湛天地間
得其尤無根者
曰風知風所湛
起與其所受則
其不齊者齊矣
韓非曰竽爲五
聲之長故曰唱
于喁者衆竅如
魚之喚喁也
翏、一語便是
有描摸具不不

然而自生則塊然之體
大矣故遂以大塊爲名是唯無作作則萬竅怒
呺言風唯無作作則萬竅皆怒動而爲聲也而獨不聞之翏翏乎長風
之聲山林之畏佳大風之所扇動也大木百圍之竅穴似
鼻似口似耳似枅似圈似臼似洼者似污者此畧
舉衆竅之所似激者謞者叱者吸者叫者譹者宎者咬
者此畧舉衆竅之聲殊前者唱于而隨者唱喁泠風則小
和飄風則大和夫聲之宮商雖千變萬化唱和大小莫不稱其所受而各當其
分厲風濟則衆竅爲虛濟止也烈風作則衆竅實及其止則衆竅虛虛
南華經卷二　二

219-3　《南華經》卷二第二葉

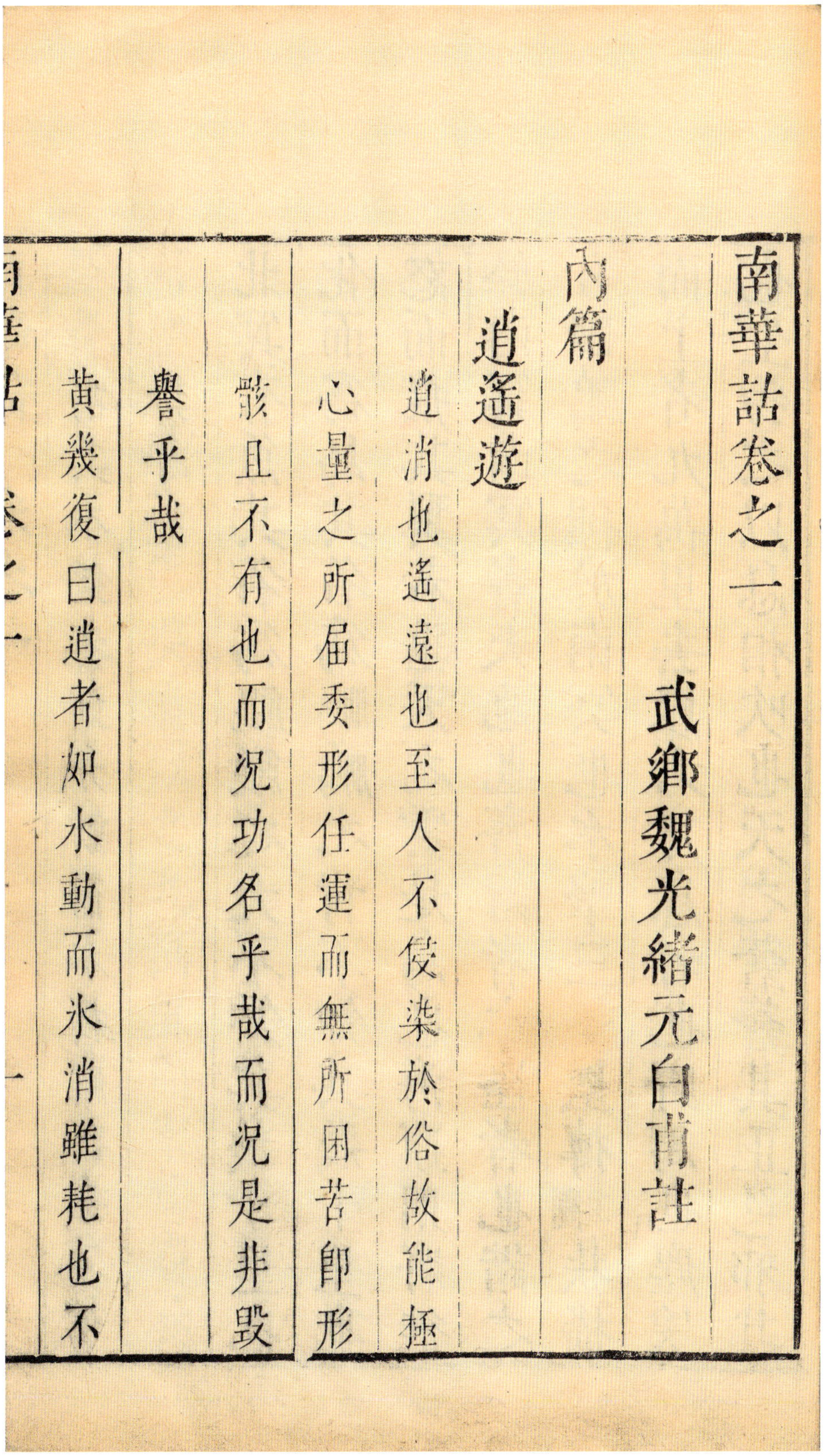
南華詁卷之一

武鄉魏光緒元白甫註

內篇

逍遙遊

逍消也遙遠也至人不使染於俗故能極

心量之所屆委形任運而無所困苦郎形

骸且不有也而況功名乎哉而況是非毀

譽乎哉

黃幾復曰逍者如水動而氷消雖耗也不

南華詁　卷之一　一

220　《南華詁》卷一卷端

220　南華詁六卷首一卷　〔明〕魏光緒撰　明崇禎十年（1637）刻本　佚名圈點

開本高 26.4 厘米，寬 16.7 厘米。框高 20.5 厘米，寬 15.0 厘米。半葉九行，行十八字，小字單行同，白口，四周單邊。索書號：善 001790。

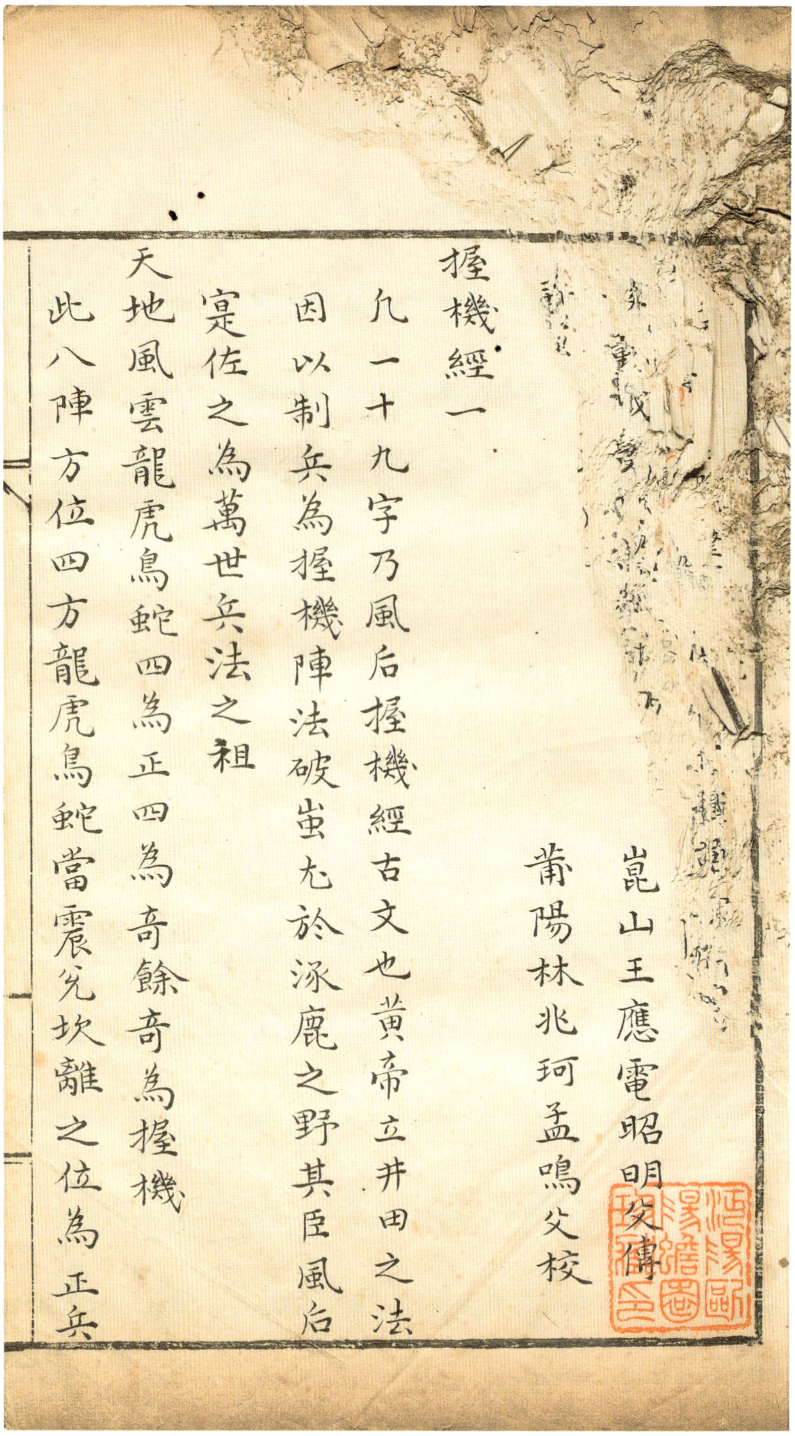
崑山王應雷昭明父傳
莆陽林兆珂孟鳴父校
握機經一
凡一十九字乃風后握機經古文也黄帝立井田之法
因以制兵為握機陣法破蚩尤於涿鹿之野其臣風后
寔佐之為萬世兵法之祖
天地風雲龍虎鳥蛇四為正四為奇餘奇為握機
此八陣方位四方龍虎鳥蛇當震兌坎離之位為正兵

222-1 《握機經》卷一卷端

221 經武秘要九種十八卷 □□輯 清抄本 佚名校並圈點 歐陽蟾園跋

子目：握機經一卷〔明〕王應雷傳 **大六壬明體經六卷**〔明〕高修纂輯 **大六壬軍門占課十八卷附録一卷**〔明〕卓世彦注 **火攻挈要三卷**〔德國〕湯若望授〔明〕焦勗纂 **日晷圖法一卷**〔西班牙〕龐迪我口譯〔明〕孫元化筆授 **象數寄言不分卷** 題李自樞撰 **玄精碧匣靈寶聚玄經三卷** **天文鬼料竅一卷** **干支占一卷**

開本高 27.5 厘米，寬 17.5 厘米。框高 21.2 厘米，寬 14.9 厘米。行字不等，白口，四周單邊。鈐“逸亭”“蘊真”“不因人熱”“餘之”“沔陽歐陽蟾園珍藏印”印。索書號：善 003865。

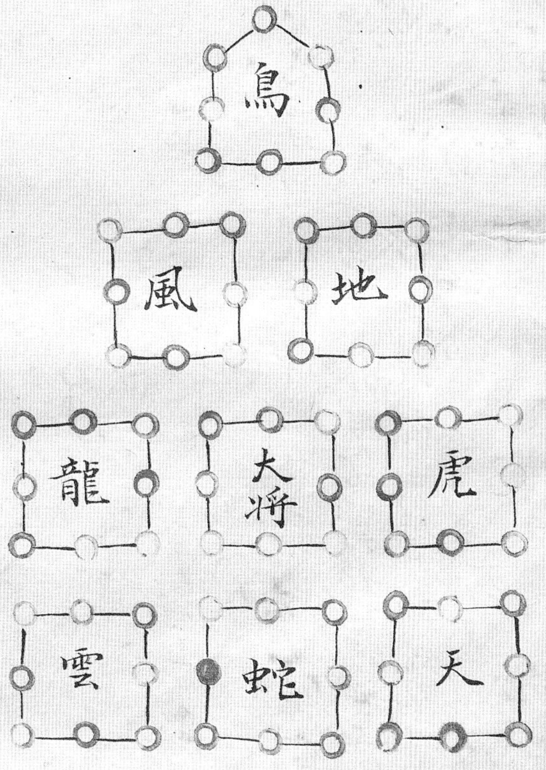

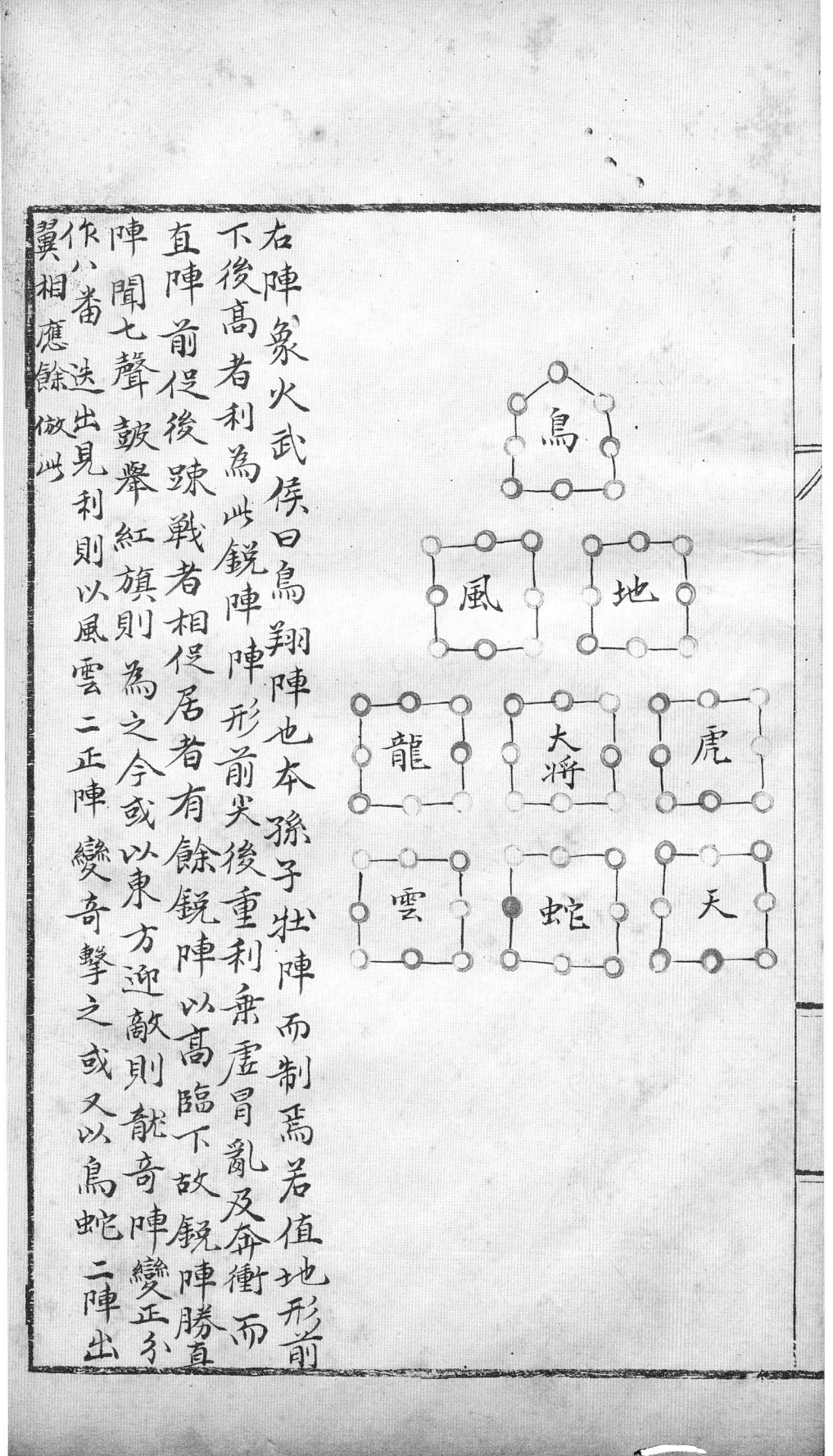

右陣象火武侯曰鳥翔陣也本孫子牡陣而制焉若值地形前下後高者利為此銳陣陣形前尖後重利乘虛冒亂及奔衝而直陣前促後踈戰者相促居者有餘銳陣以高臨下故銳陣勝直陣聞七聲鼓舉紅旗則為之令或以東方迎敵則能奇陣變正分作八番迭出見利則以風雲二正陣變奇擊之或又以鳥蛇二陣出翼相應餘倣此

221-2 《握機經》陣法插圖

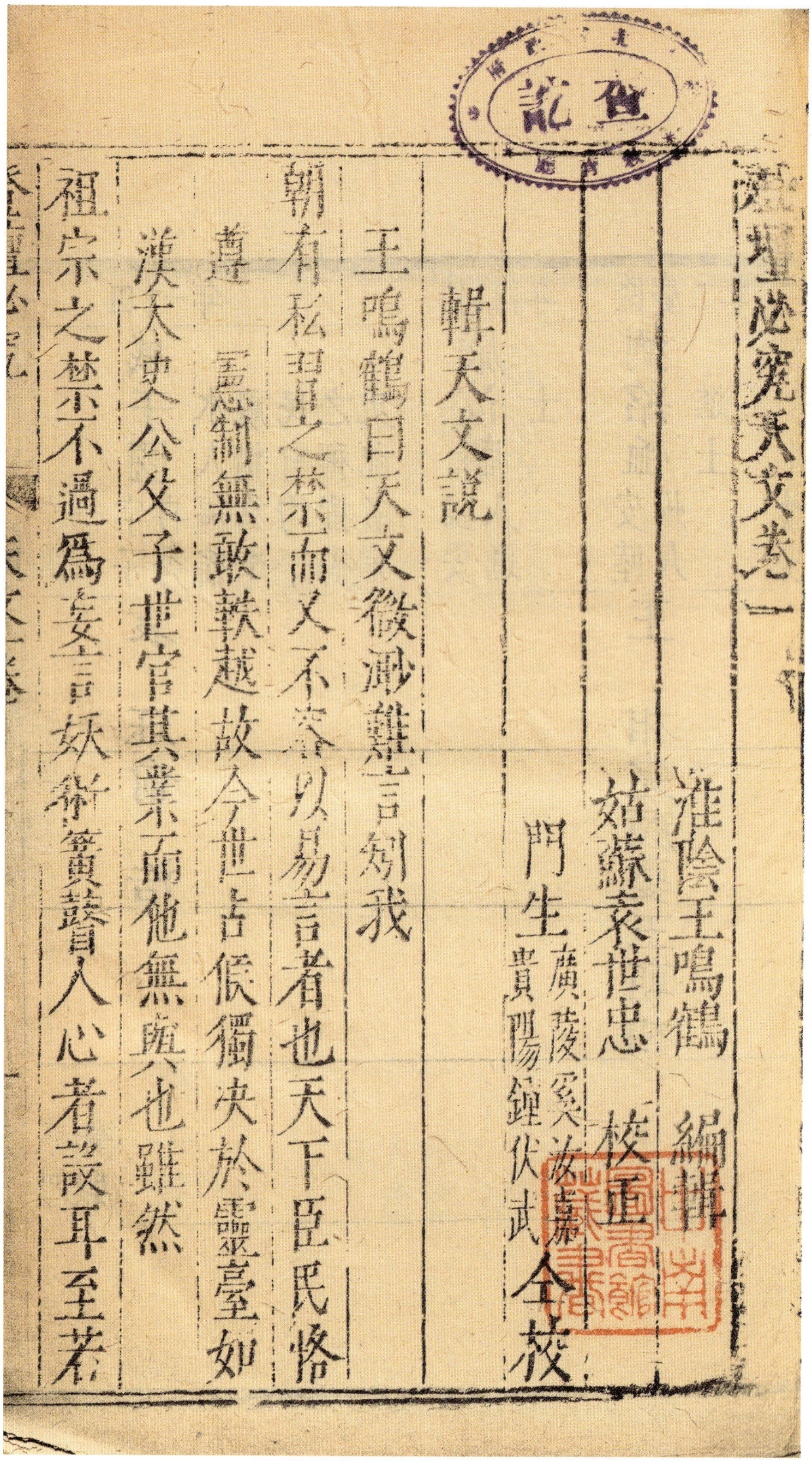
登壇必究天文卷之一
淮陰王鳴鶴　編輯
姑蘇袁世忠　校正
門生　廣陵吳汝嘉　貴陽鍾伏武　仝校
輯天文說
王鳴鶴曰天文微渺難言矧我
朝有私習之禁而又不容以易言者也天下臣民恪
遵　憲制無敢軼越故今世占候獨决於靈臺如
漢太史公父子世官其業而他無與也雖然
祖宗之禁不過爲妄言妖祥簧鼓人心者設耳至若

222 《登壇必究》卷一卷端

222 登壇必究四十卷 〔明〕王鳴鶴撰 〔明〕袁世忠校正 明萬曆刻本

開本高 24.3 厘米，寬 15.3 厘米。框高 20.9 厘米，寬 14.3 厘米。半葉十行，行二十字，小字雙行同，白口，四周雙邊間左右雙邊。索書號：善 003519。

湖北省珍貴古籍名録編號：00303。

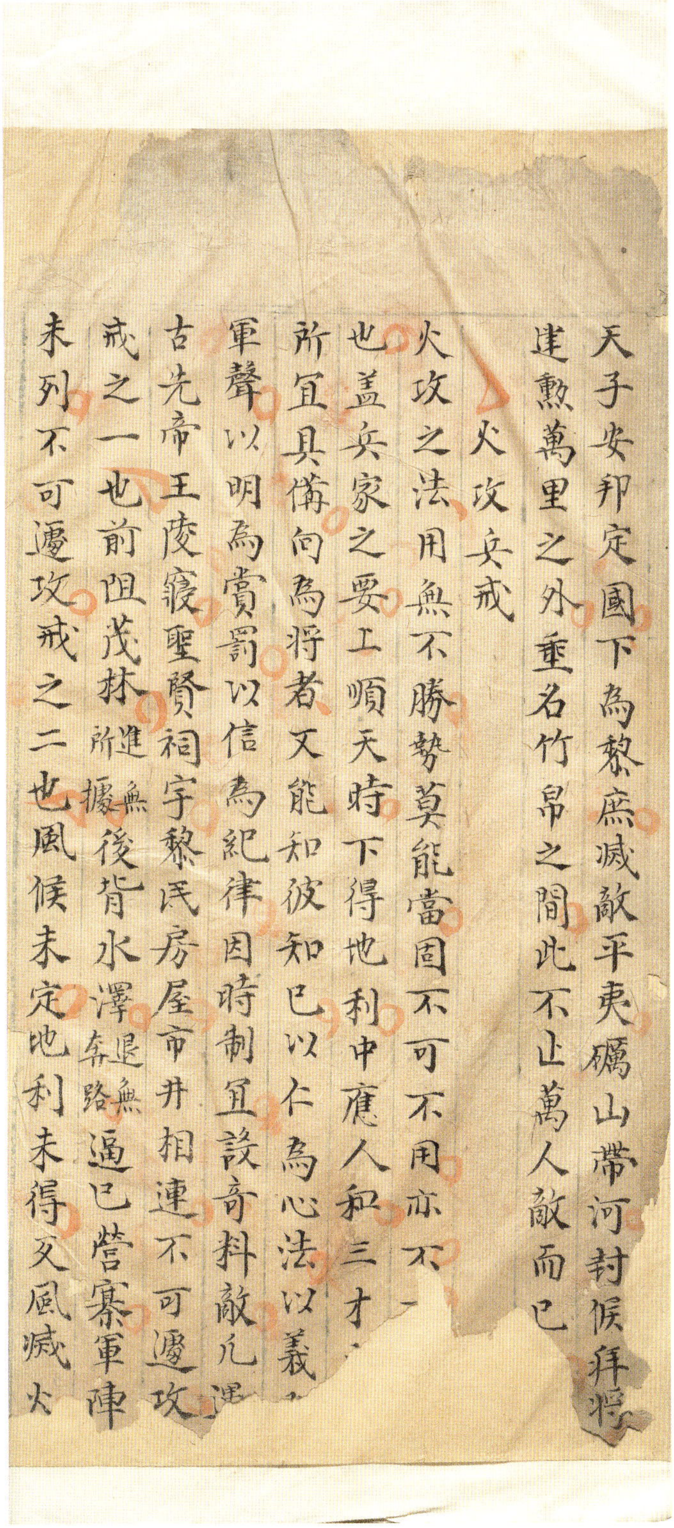
天子安邦定國下為黎庶滅敵平夷礪山帶河封侯拜將
建勲萬里之外垂名竹帛之間此不止萬人敵而已
火攻兵戒
火攻之法用無不勝勢莫能當固不可不用亦不
也盖兵家之要上順天時下得地利中應人和三才
所宜具備向為將者又能知彼知已以仁為心法以義
軍聲以明為賞罰以信為紀律因時制宜設奇料敵凡遇
古先帝王陵寢聖賢祠宇黎民房屋市井相連不可遽攻
戒之一也前阻茂林進無所據後背水澤退無奔路逼已營寨軍陣
未列不可遽攻戒之二也風候未定地利未得又風滅火

223-1 《神技編》第三葉

223 神技編不分卷 〔明〕金宗舜撰 明抄本

金鑲玉裝。開本高31.0厘米，寬18.4厘米。無框欄，半葉九行，行十七字。部分有框欄，框高22.6厘米，寬13.6厘米。半葉十行，行二十二字，小字雙行同，四周單邊。鈐“吴惇寬栗仲審定收藏”印。索書號：善004272。

國家珍貴古籍名録編號：04510。

223-2 《神技編》插圖

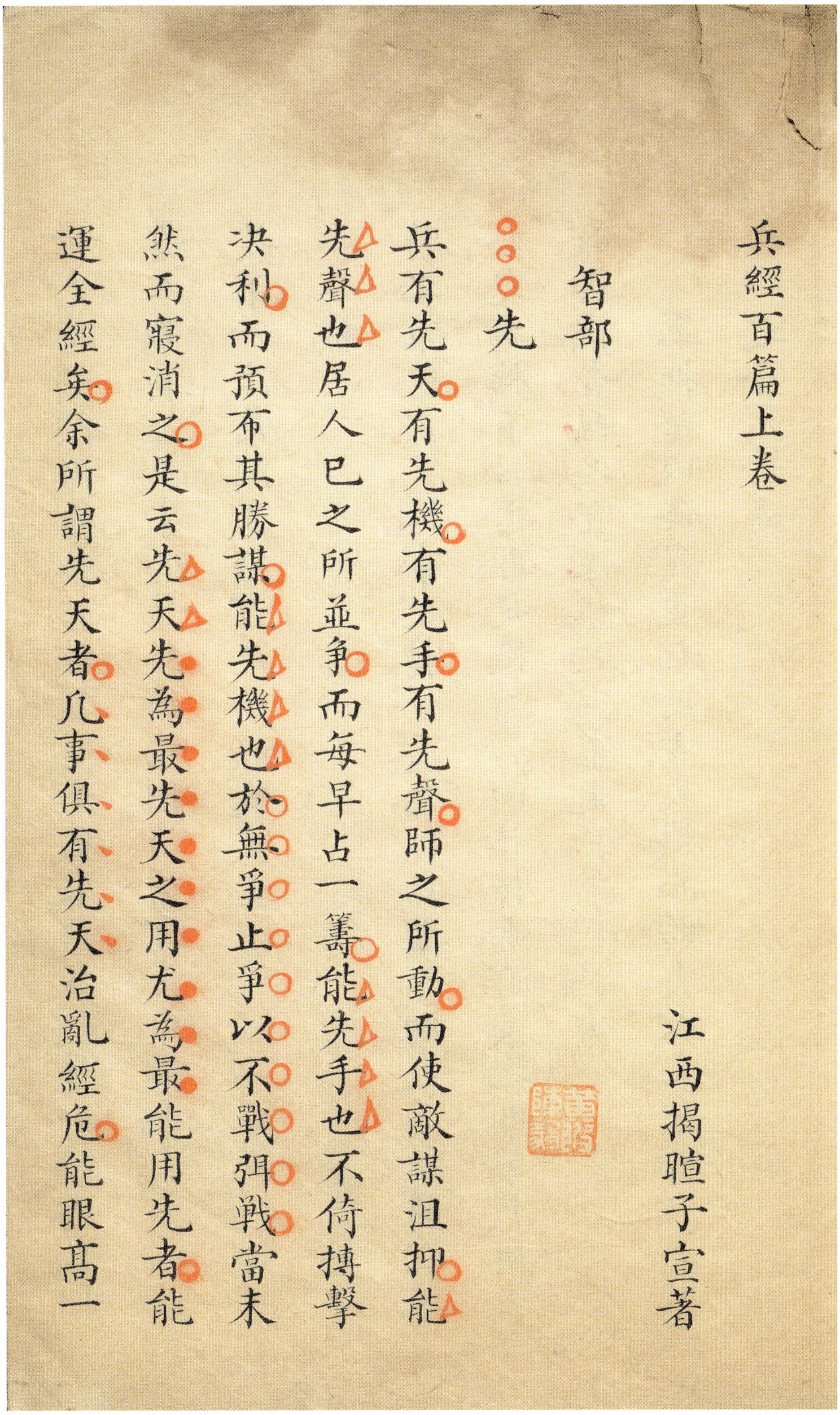

兵經百篇上卷

江西揭暄子宣著

智部

先

兵有先天有先機有先手有先聲師之所動而使敵謀沮抑能先聲也居人已之所並爭而每早占一籌能先手也不倚搏擊決利而預布其勝謀能先機也於無爭止爭以不戰弭戰當未然而寢消之是云先天先為最先天之用尤為最能用先者能運全經矣余所謂先天者凡事俱有先天治亂經危能眼高一

224　《兵經百篇》卷上卷端

224　兵經百篇三卷　〔清〕揭暄撰　清乾隆抄本

開本高 25.5 厘米，寬 18.1 厘米。無框欄，半葉九行，行二十四字。鈐“三畏主人珍藏”“幼民”“黄陂陳氏究齋圖籍記”“黄陂陳毅”“士可”印。索書號：善 004694。

國家珍貴古籍名録編號：04512。

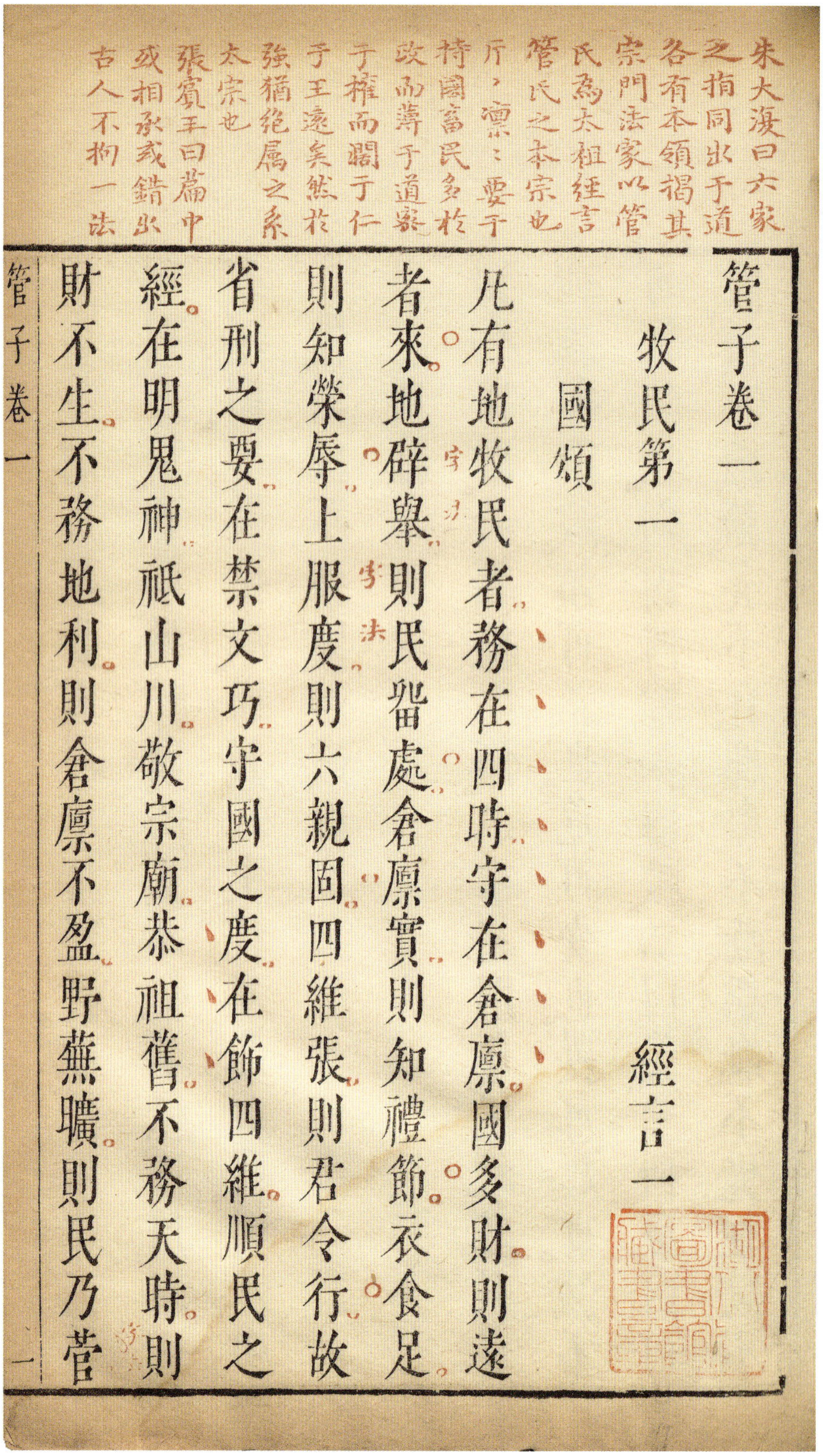

朱大復曰六家之指同出于道各有本領揭其宗門法家以管氏為太祖經言管氏之本宗也斤斤要于持國富民多於政而薄于道德于權而闊于仁于王遠矣然於强猶絶屬之系太宗也

張賓王曰篇中或相承或錯出古人不拘一法

管子卷一

牧民第一　　經言一

國頌

凡有地牧民者務在四時守在倉廩國多財則遠者來地辟舉則民留處倉廩實則知禮節衣食足則知榮辱上服度則六親固四維張則君令行故省刑之要在禁文巧守國之度在飾四維順民之經在明鬼神祇山川敬宗廟恭祖舊不務天時則財不生不務地利則倉廩不盈野蕪曠則民乃菅

管子卷一　一

225　《管子》卷一卷端

225　管子二十四卷　〔明〕趙用賢等評　明萬曆四十八年（1620）凌汝亨刻朱墨套印本

開本高 26.0 厘米，寬 16.8 厘米。框高 20.6 厘米，寬 14.7 厘米。半葉九行，行十九字，白口，四周單邊。索書號：善 001505。

湖北省珍貴古籍名録編號：00094。

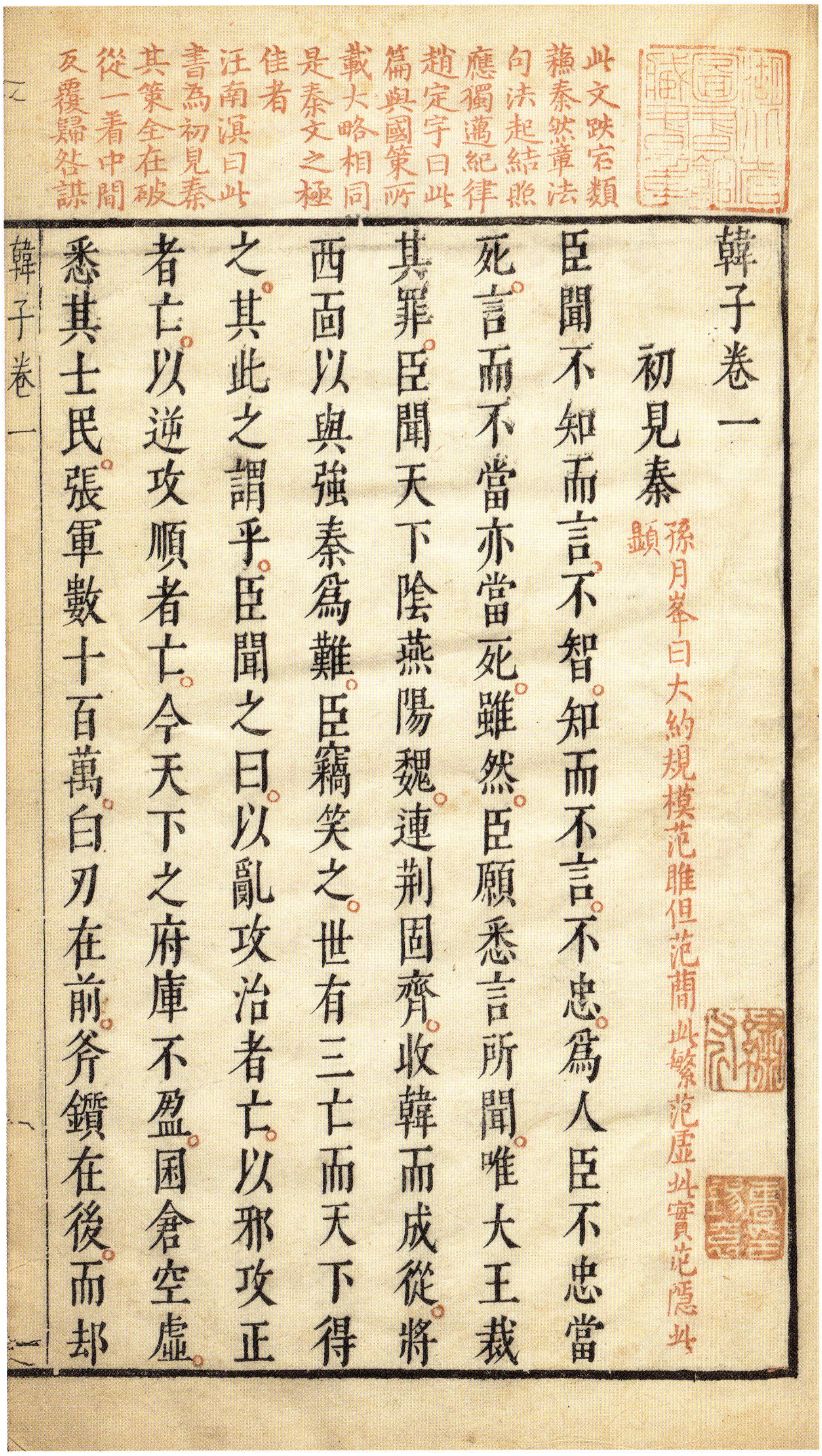

此文跌宕類蘇秦然章法句法起結照應獨邁紀律趙定宇曰此篇與國策所載大略相同是秦文之極佳者汪南溟曰此書為初見秦其策全在破從一着中間反覆歸咎誅

韓子卷一

初見秦　孫月峯曰大約規模范雎但范簡此繁范虚此實范隱此顯

臣聞不知而言不智知而不言不忠爲人臣不忠當死言而不當亦當死雖然臣願悉言所聞唯大王裁其罪臣聞天下陰燕陽魏連荊固齊收韓而成從將西面以與強秦爲難臣竊笑之世有三亡而天下得之其此之謂乎臣聞之曰以亂攻治者亡以邪攻正者亡以逆攻順者亡今天下之府庫不盈囷倉空虛悉其士民張軍數十百萬白刃在前斧鑕在後而却

韓子卷一　一

226　《韓子迂評》卷一卷端

226　韓子迂評二十卷　〔明〕門無子撰　明萬曆六年至泰昌元年（1578—1620）刻朱墨套印本

開本高 26.0 厘米，寬 17.5 厘米。框高 21.0 厘米，寬 14.6 厘米。半葉九行，行二十字，白口，四周單邊。鈐“宋殿中丞忠孝曹家”　“曹錫袞”　“綉斧”印。索書號：善 001506。

湖北省珍貴古籍名録編號：00095。

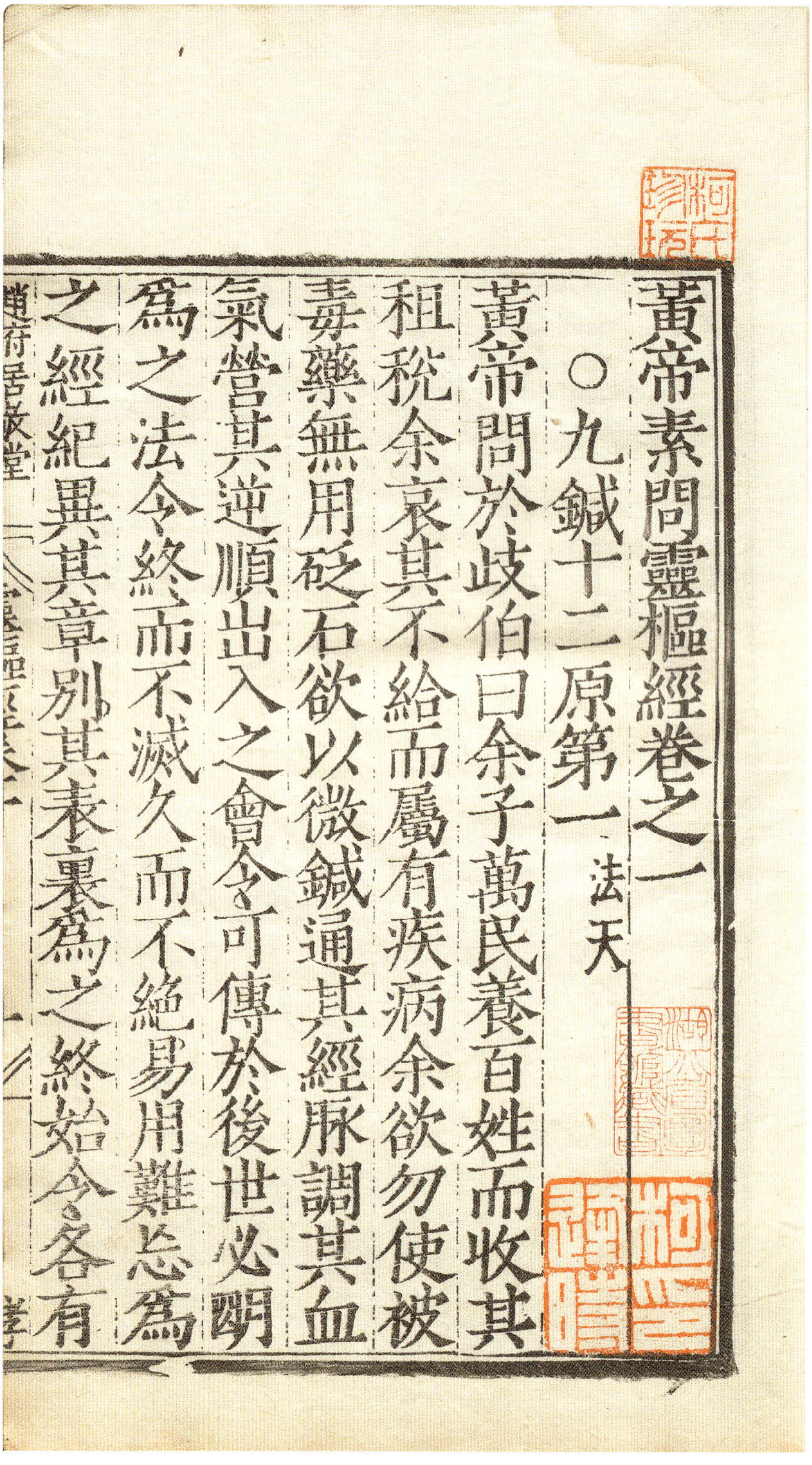

黃帝素問靈樞經卷之一
○九鍼十二原第一 法天
黃帝問於歧伯曰余子萬民養百姓而收其
租稅余哀其不給而屬有疾病余欲勿使被
毒藥無用砭石欲以微鍼通其經脈調其血
氣營其逆順出入之會令可傳於後世必明
爲之法令終而不滅久而不絕易用難忘爲
之經紀異其章別其表裏爲之終始令各有

227-1 《黃帝素問靈樞經》卷一卷端

227 黃帝素問靈樞經十二卷 〔宋〕史崧音釋 明成化元年至隆慶六年（1465—1572）趙府居敬堂刻本 清柯逢時跋

開本高 26.6 厘米，寬 17.6 厘米。框高 20.3 厘米，寬 13.8 厘米。半葉八行，行十七字，小字雙行同，黑口，四周雙邊。鈐“伊澤書藏”“星吾海外訪得秘笈”“柯逢時印”“柯氏珍玩”等印。索書號：善 001511。

湖北省珍貴古籍名録編號：00098。

脩藏居敬堂素問刻本缺靈樞適楊星吾廣文從東瀛得有
此本因以四金得之此刻與道藏本正同較醫統本為優矣
光緒壬午嘉平柯逢時記

（印：柯逢時印）

227-2 清柯逢時跋

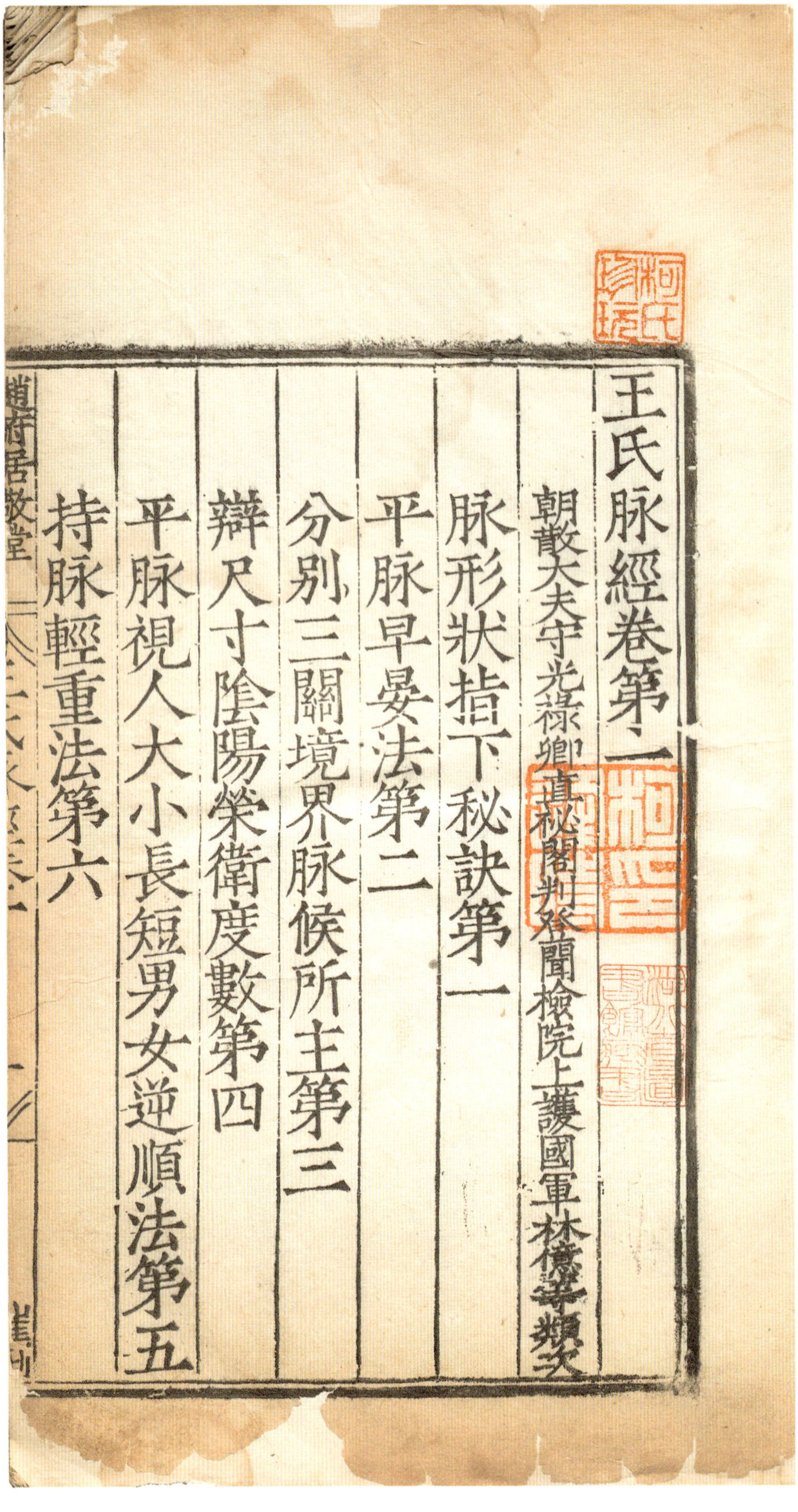
王氏脉經卷第一
朝散大夫守光祿卿直秘閣判登聞檢院上護國軍林億等類次
脉形狀指下秘訣第一
平脉早晏法第二
分别三關境界脉候所主第三
辯尺寸陰陽榮衛度數第四
平脉視人大小長短男女逆順法第五
持脉輕重法第六

228-1　《王氏脉經》卷一卷端

228　王氏脉經十卷　〔晋〕王叔和撰　〔宋〕林億等校　明嘉靖趙府居敬堂刻本　清柯逢時跋　存七卷（卷一至七）

開本高28.8厘米，寬18.6厘米。框高20.1厘米，寬13.7厘米。半葉八行，行十七字，小字雙行同，黑口，四周雙邊。鈐“武昌柯逢時所藏圖記”“柯氏珍藏”“柯逢時印”印。索書號：善003117。

湖北省珍貴古籍名録編號：00100。

趙府向刻有素問靈樞各醫籍板式均與此同前先後購得今年赴五河舟次爲鹽水所漬深爲惋惜因命工以清水搓浣洗數次該加以重裝丙申十月逢時記於江陵寓府署

醫經經宋臣校過均不足信非從事於此中有所得者不知也 逢蘅又記

228-2 清柯逢時跋

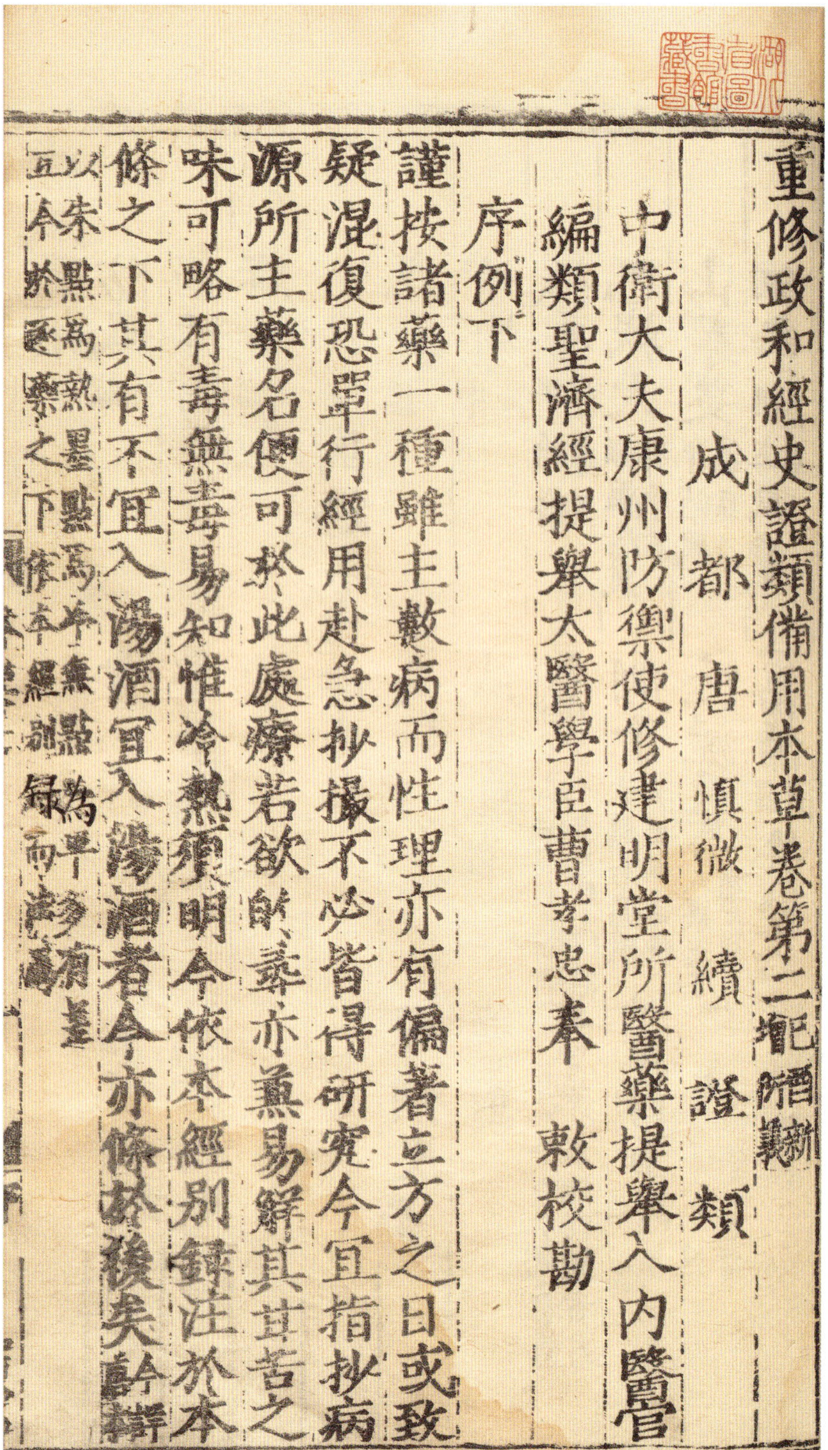
重修政和經史證類備用本草卷第二

成都唐慎微續證類

中衛大夫康州防禦使修建明堂所醫藥提舉入內醫官

編類聖濟經提舉太醫學臣曹孝忠奉　敕校勘

序例下

謹按諸藥一種雖主數病而性理亦有偏著立方之日或致疑混復恐單行經用赴急抄撮不必皆得研究今宜指抄病源所主藥名便可於此處療若欲的尋亦兼易解其甘苦之味可略有毒無毒易知惟冷熱須明今依本經別錄注於本條之下其有不宜入湯酒宜入湯酒者今亦條於後矣

229　《重修政和經史證類備用本草》卷二卷端

229　重修政和經史證類備用本草三十卷　〔宋〕唐慎微撰　〔宋〕寇宗奭衍義　明隆慶六年（1572）刻本　存十六卷（卷二至五、七、九、十一至十三、十六至十八、二十三至二十六）

開本高 29.8 厘米，寬 18.1 厘米。框高 26.3 厘米，寬 17.2 厘米。半葉十一行，行二十三字，小字雙行同，白口，四周雙邊。索書號：善 003151。

湖北省珍貴古籍名録編號：00099。

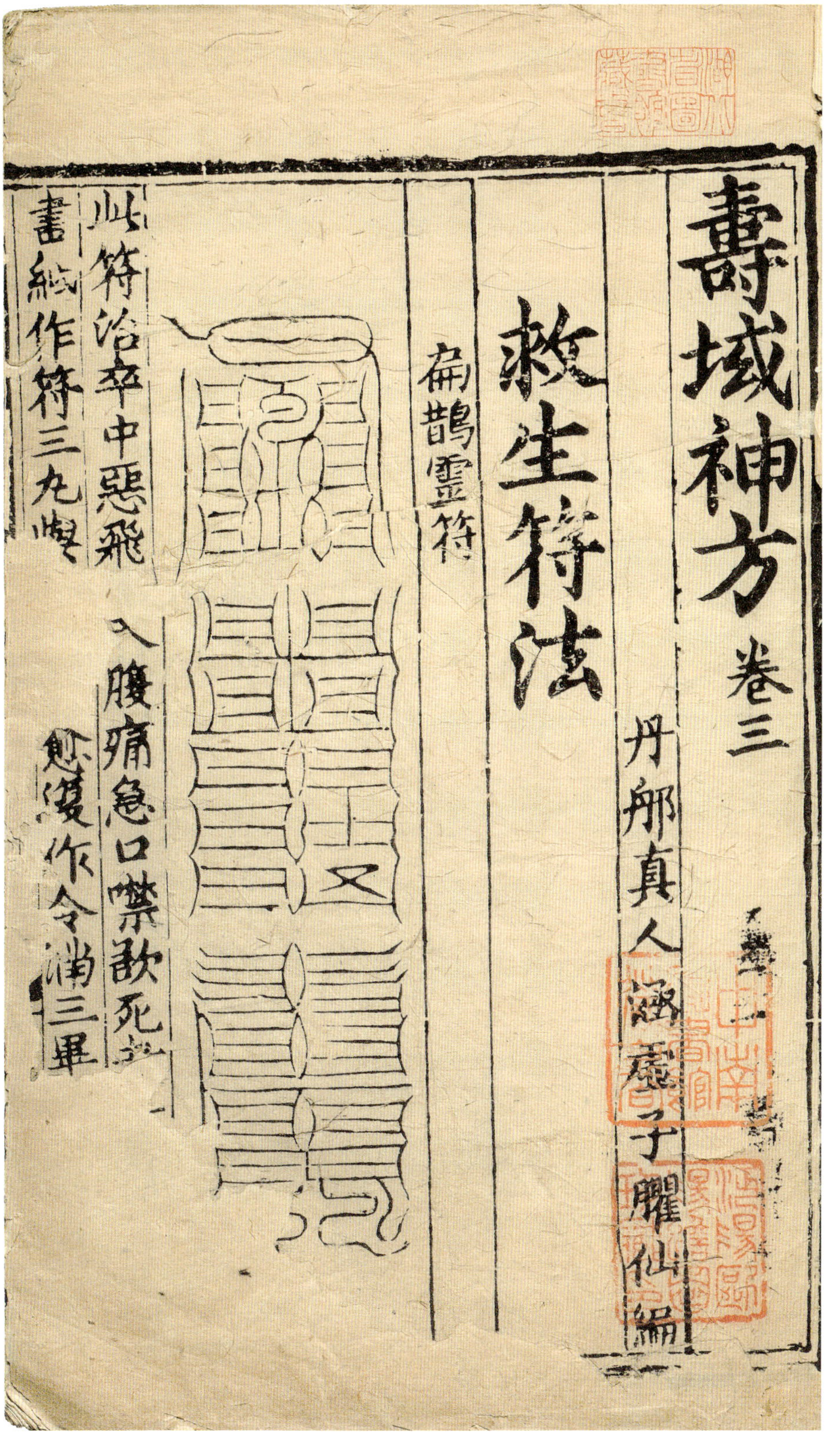

230-1 《壽域神方》卷三卷端

230 壽域神方□□卷 〔明〕朱權撰 明初刻本 歐陽蟾園跋 存二卷（卷三至四）

開本高 25.0 厘米，寬 16.1 厘米。框高 21.0 厘米，寬 14.6 厘米。半葉十二行，行二十二字，黑口，四周雙邊。鈐“沔陽歐陽蟾園珍藏印”“歐陽蟾園”“癸巳人”印。索書號：善 003050。

國家珍貴古籍名録編號：04588。

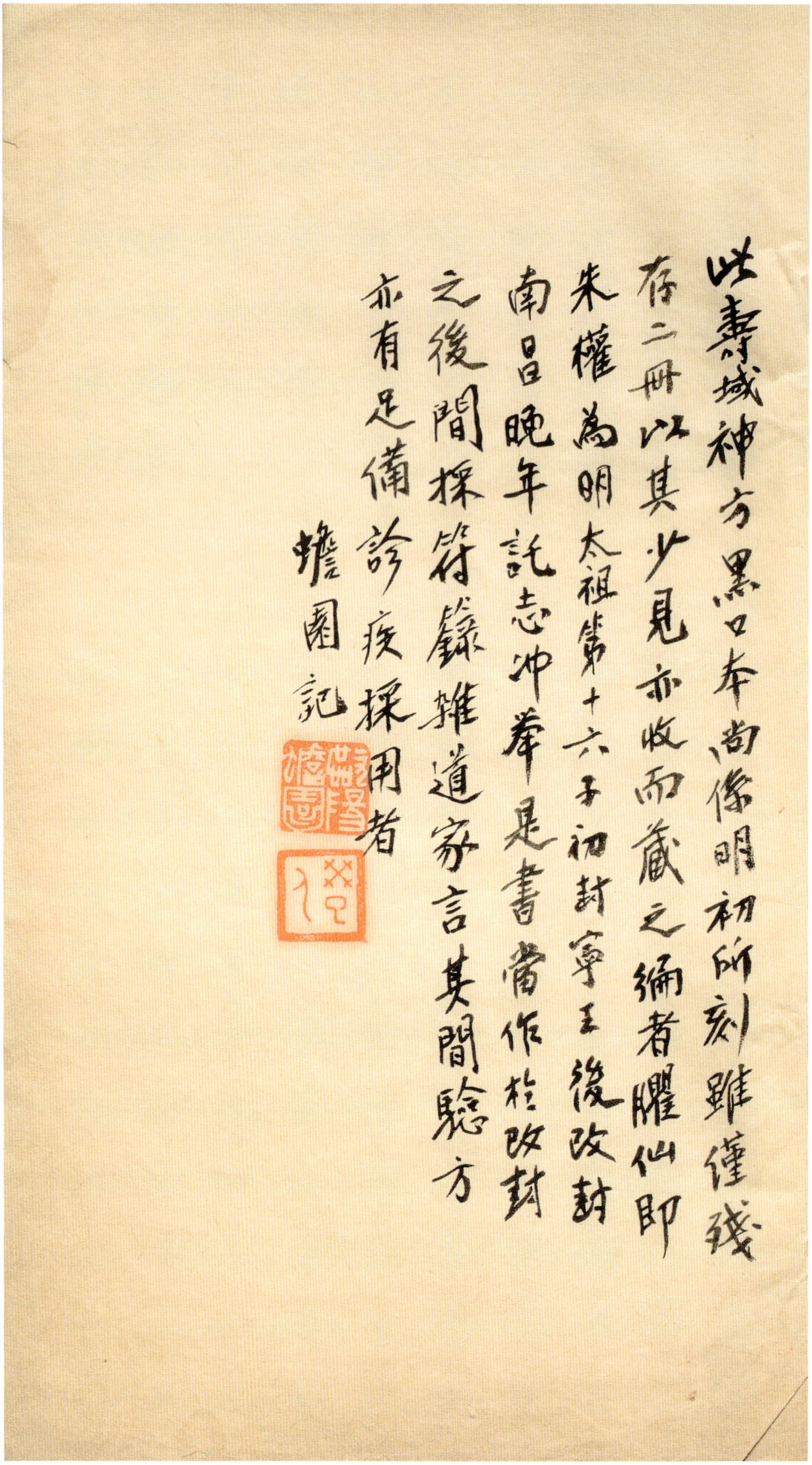

此壽域神方黑口本尚係明初所刻雖僅殘存二冊以其少見亦收而藏之編者臞仙即朱權為明太祖第十六子初封寧王後改封南昌晚年託志沖舉是書當作於改封之後間採符籙雜道家言其間驗方亦有足備診疾採用者

蟾園記

230-2　歐陽蟾園跋

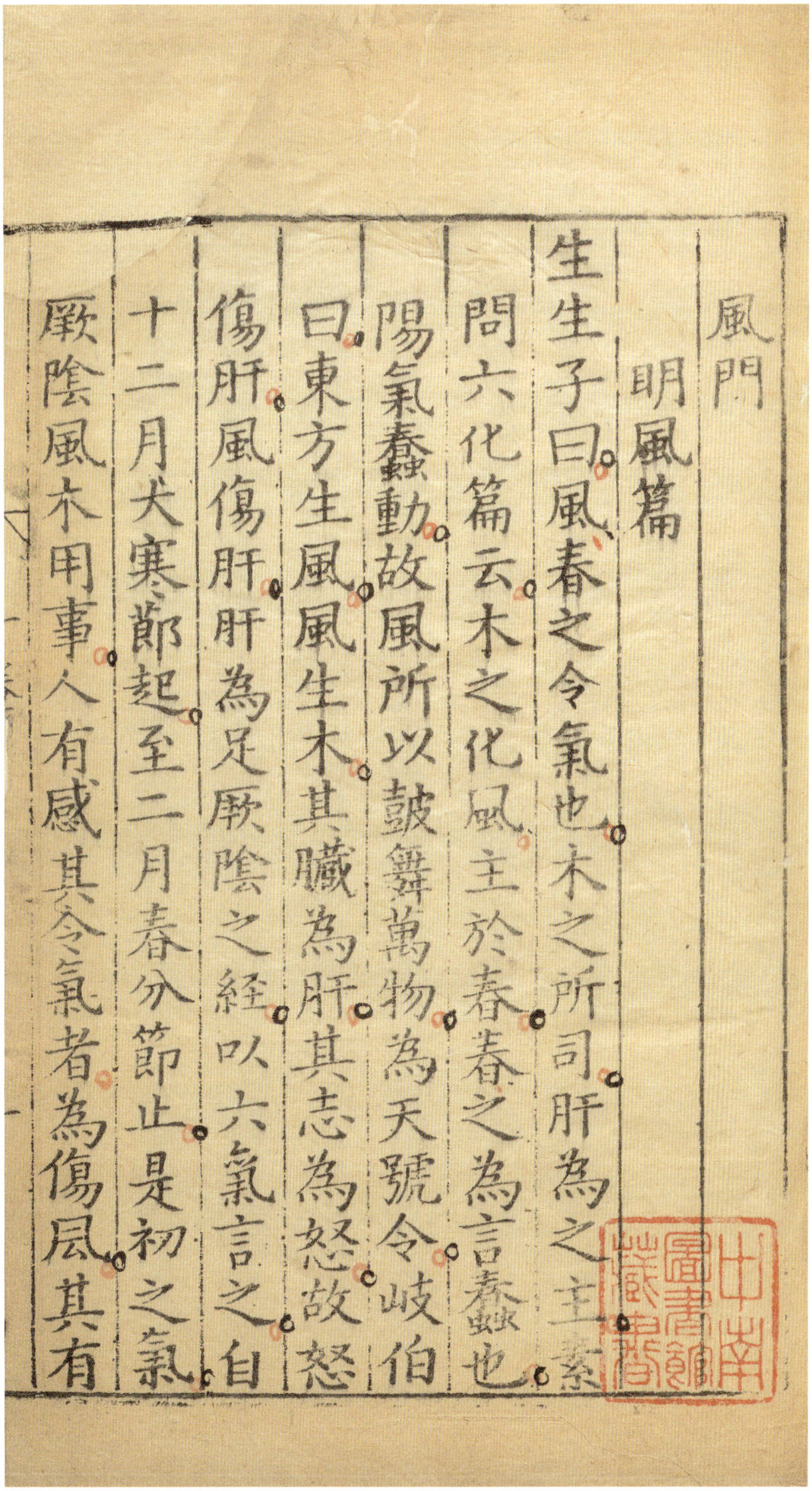

231 《赤水玄珠》卷一卷端

231 赤水玄珠三十卷醫案五卷醫旨緒餘二卷 〔明〕孫一奎輯 明萬曆二十四年（1595）孫泰來、孫朋來刻本

開本高24.0厘米，寬15.2厘米。框高19.0厘米，寬13.0厘米。半葉九行，行十九字，白口，四周單邊。鈐“錢氏藏書”“靈蘭館”印。索書號：善001521。

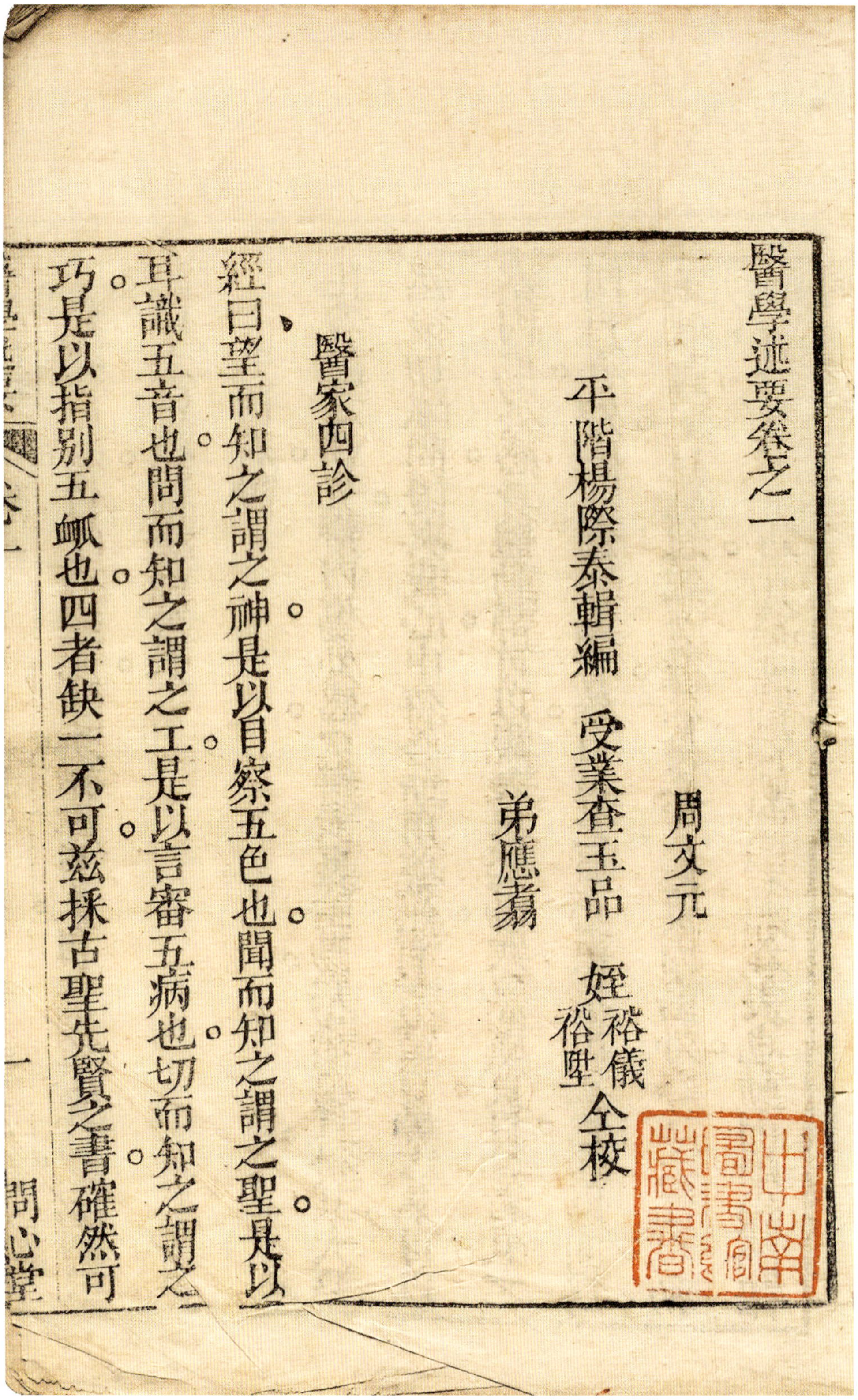
醫學述要卷之一

平階楊際泰輯編　受業周文元　查玉品　姪裕儀　裕壁仝校

弟應翥

醫家四診

經曰望而知之謂之神是以目察五色也聞而知之謂之聖是以耳識五音也問而知之謂之工是以言審五病也切而知之謂之巧是以指别五衇也四者缺一不可兹採古聖先賢之書確然可

醫學述要　卷一　一　問心堂

232　《醫學述要》卷一卷端

232 醫學述要三十六卷首一卷〔清〕楊際泰輯　清道光二十年（1840）問心堂刻本　存三十三卷（首一卷、卷一至二十一、二十六至三十六）

開本高23.0厘米，寬15.5厘米。框高17.5厘米，寬14.0厘米。半葉九行，行二十五字，小字雙行同，白口，四周單邊。鈐“稷臣氏”印。索書號：善001806。

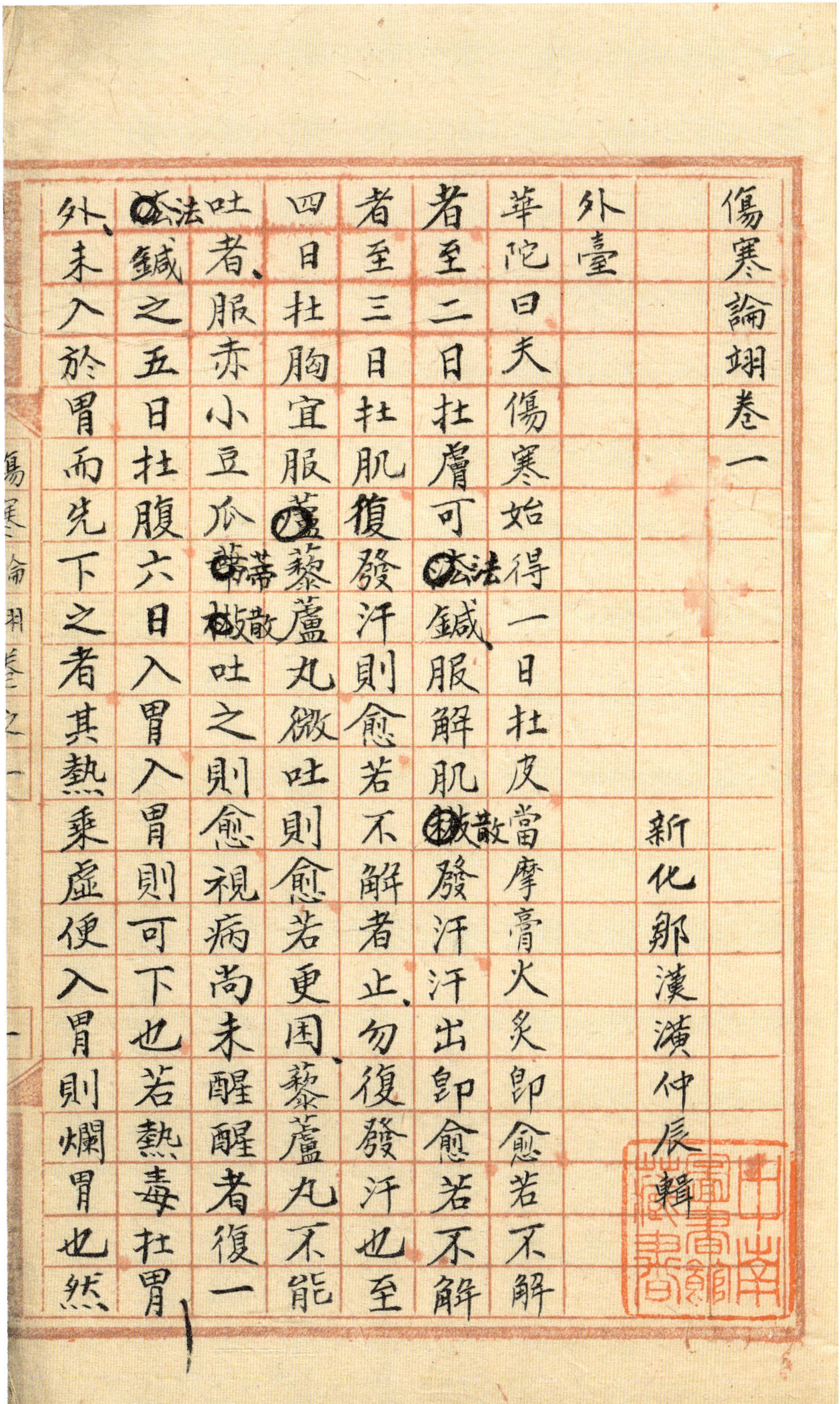

傷寒論翊卷一

新化鄒漢潢仲辰輯

外臺

華陀曰夫傷寒始得一日在皮當摩膏火灸即愈若不解者至二日在膚可法鍼服解肌散發汗汗出即愈若不解者至三日在肌復發汗則愈若不解者止勿復發汗也至四日在胸宜服藜蘆丸微吐則愈若更困藜蘆丸不能吐者服赤小豆瓜蒂散吐之則愈視病尚未醒醒者復一法鍼之五日在腹六日入胃入胃則可下也若熱毒在胃外未入於胃而先下之者其熱乘虛便入胃則爛胃也然

傷寒論翊卷之一　一

233-1　《傷寒論翊》卷一卷端

233 傷寒論翊十二卷　〔清〕鄒漢潢撰　稿本　清鄒代鈞跋

開本高 24.2 厘米，寬 15.9 厘米。框高 16.7 厘米，寬 13.8 厘米。半葉十行，行二十二字，小字雙行同，紅口，四周雙邊。索書號：善 004863。

傷寒論翊卷七八卷九十

自七卷至十二卷皆唐氏抄本所無

大鈞據手澤艸稿補入其編次合居前

須細審　鈞記

昨據十八第五條始知書額所標原本係指德符本是

則七卷以後均據德符本補入其爲簡穆公自定無疑惟子

公十二叔所有抄本即叔亡所指之抄本耳其本當是據

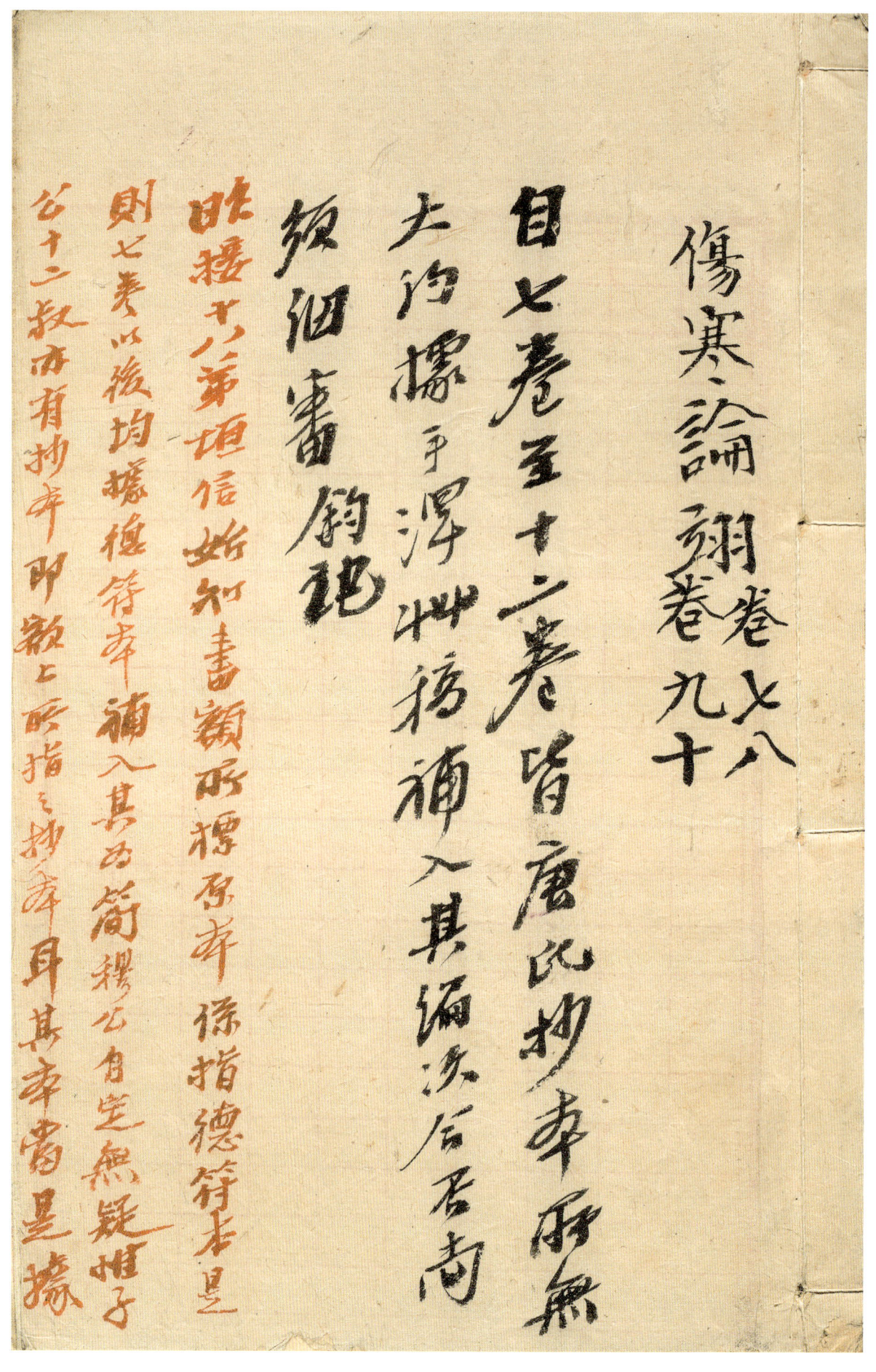

233-2　清鄒代鈞跋

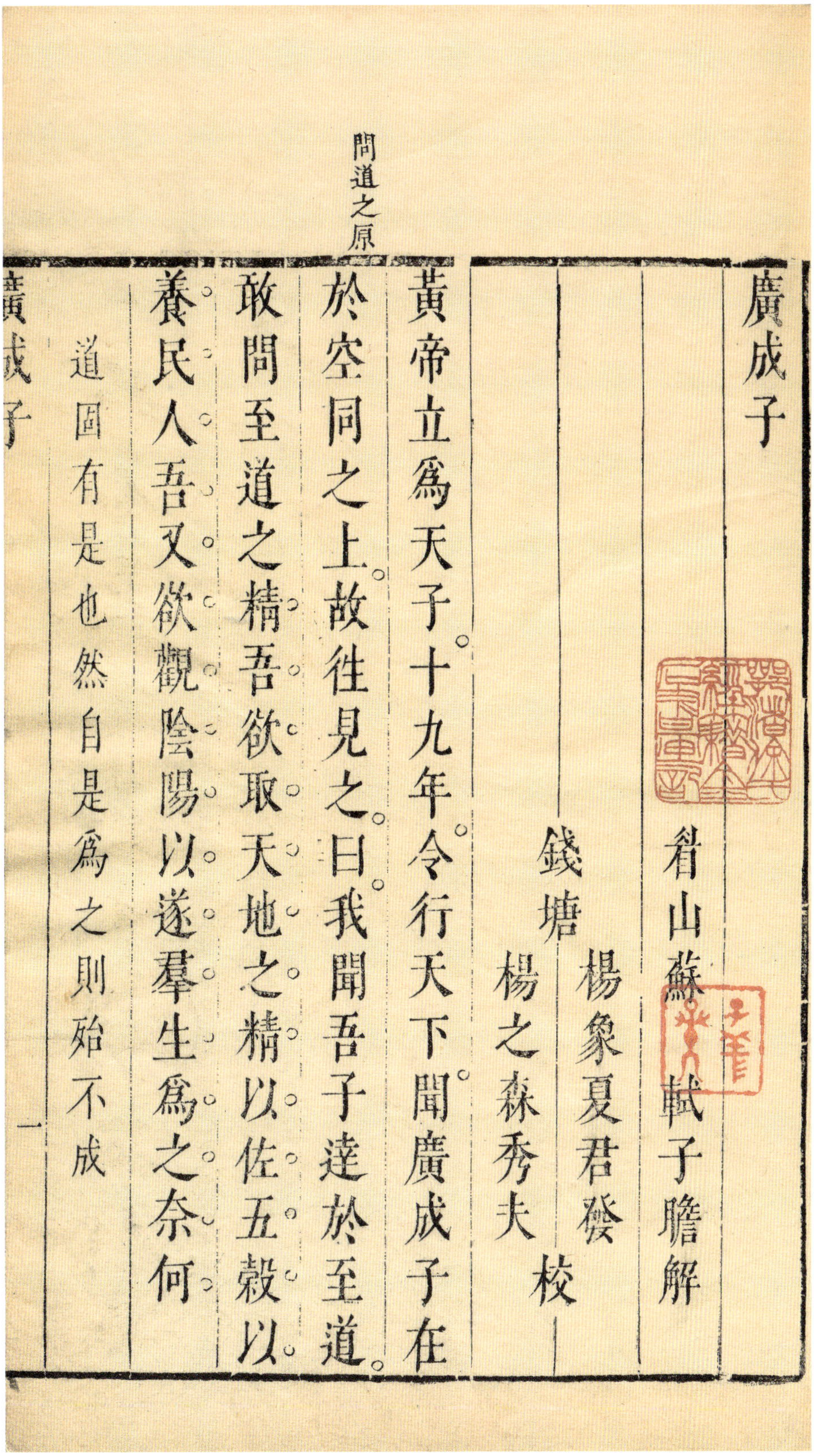
問道之原

廣成子

眉山蘇軾子瞻解

楊象夏君發

錢塘　楊之森秀夫　校

黃帝立爲天子十九年令行天下聞廣成子在於空同之上故往見之曰我聞吾子達於至道敢問至道之精吾欲取天地之精以佐五穀以養民人吾又欲觀陰陽以遂羣生爲之奈何

道固有是也然自是爲之則殆不成

廣成子　一

234　《廣成子》卷端

234　廣成子鬻子合刻三卷　〔明〕楊之森編　明末刻本

開本高 25.3 厘米，寬 16.6 厘米。框高 19.5 厘米，寬 14.5 厘米。半葉九行，行十八字，小字雙行同，白口，四周單邊。鈐“子祥子”“鄂渚徐氏經籍金石書畫記”等印。索書號：善 001577。

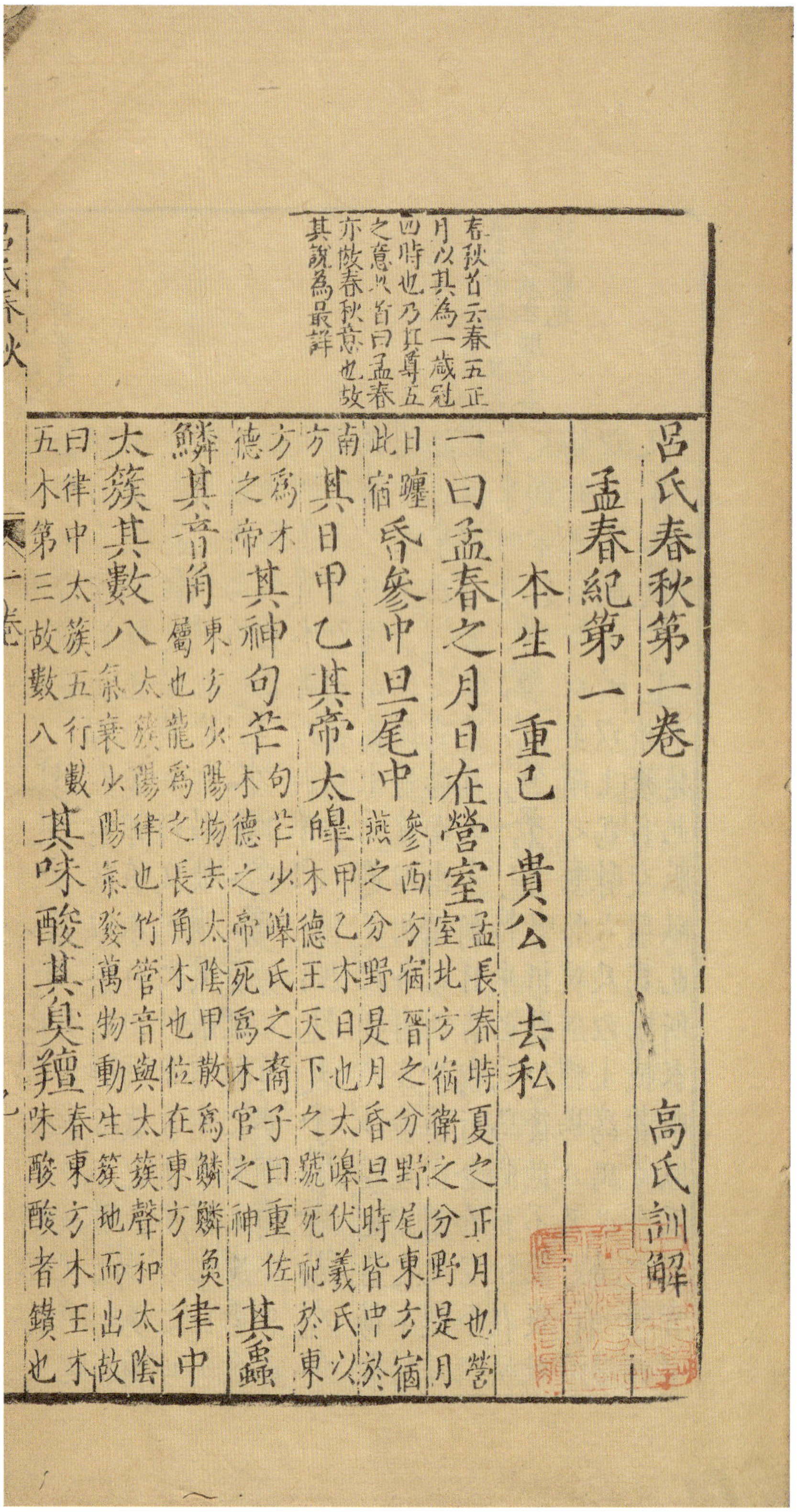

春秋首云春五正月以其為一歲冠四時也乃以尊五之意以首曰孟春亦倣春秋意也故其說為最詳

呂氏春秋第一卷　　高氏訓解

孟春紀第一

本生　重己　貴公　去私

一曰孟春之月日在營室孟長春時夏之正月也營室北方宿衛之分野是月日躔此宿昏參中旦尾中參西方宿晉之分野尾東方宿燕之分野是月昏旦時皆中於南方其日甲乙其帝太皞甲乙木日也太皞伏羲氏以木德王天下之號死祀於東方為木德之帝其神句芒句芒少皞氏之裔子曰重佐木德之帝死為木官之神其蟲鱗其音角東方少陽物去太陰甲散為鱗鱗魚屬也龍為之長角木也位在東方律中太蔟其數八太蔟陽律也竹管音與太蔟聲和太陰氣衰少陽氣發萬物動生蔟地而出故曰律中太蔟五行數五木第三故數八其味酸其臭羶春東方木王木味酸酸者鑽也

235　《呂氏春秋》卷一卷端

235　呂氏春秋二十六卷　〔漢〕高誘訓解　明刻本

開本高 26.7 厘米，寬 16.3 厘米。兩節版，框高 21.1 厘米，寬 13.0 厘米。上欄行數不等，行七字，下欄半葉十行，行二十字，小字雙行同，白口，四周單邊。索書號：善 003363。

湖北省珍貴古籍名録編號：00106。

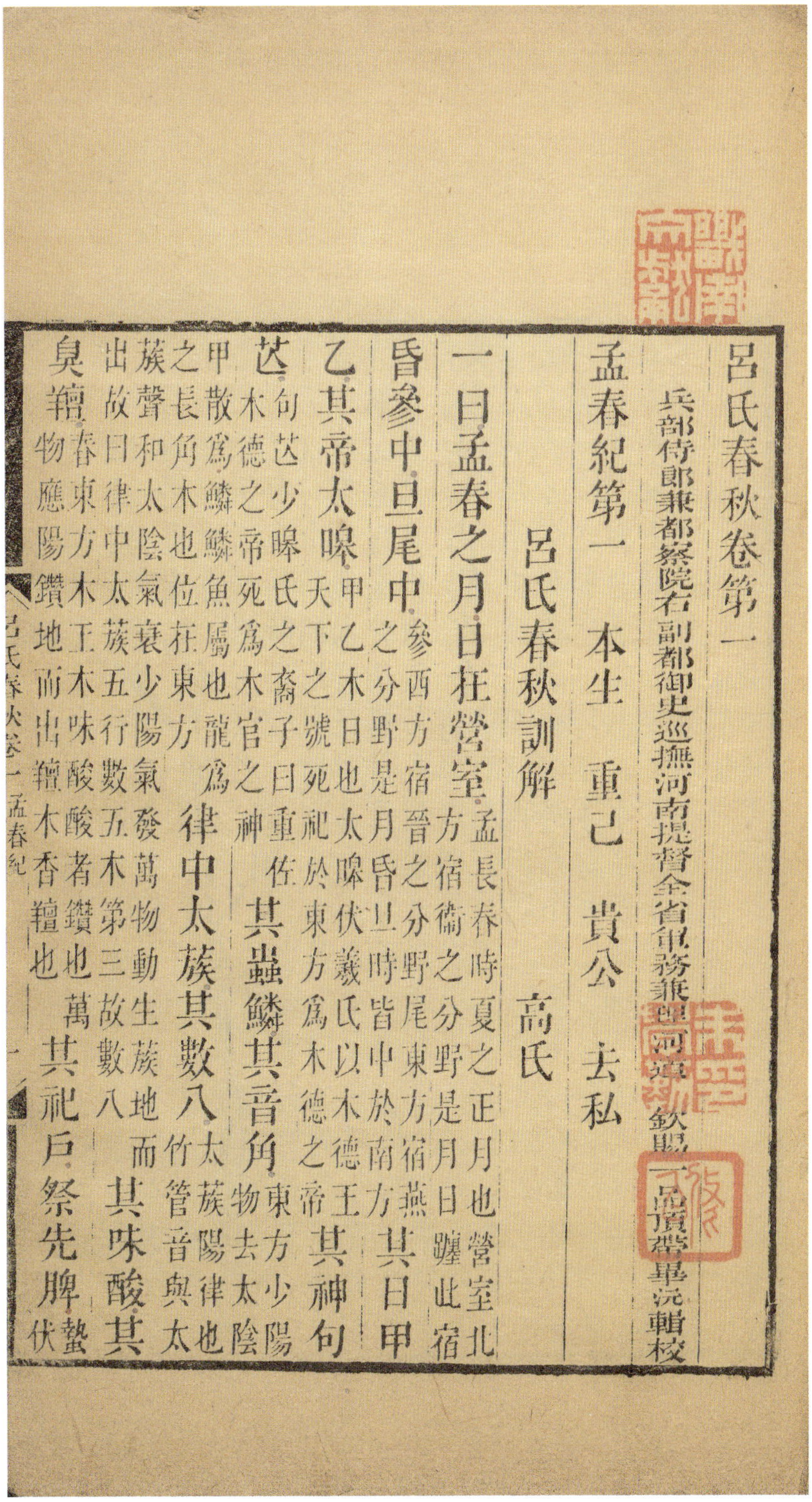
呂氏春秋卷第一
兵部侍郎兼都察院右副都御史巡撫河南提督全省軍務兼理河道欽賜一品頂帶畢沅輯校
孟春紀第一　本生　重己　貴公　去私
呂氏春秋訓解　高氏
一曰孟春之月日在營室孟長春時夏之正月也營室北方宿衛之分野是月日躔此宿昏參中旦尾中參西方宿晉之分野尾東方宿燕之分野是月昏旦時皆中於南方其日甲乙甲乙木日也太皞伏羲氏以木德王天下之號死祀於東方為木德之帝其帝太皞其神句芒句芒少皞氏之裔子曰重佐木德之帝死為木官之神其蟲鱗其音角東方少陽物去太陰甲散為鱗鱗魚屬也龍為之長角木也位在東方律中太蔟其數八太蔟陽律也竹管音與太蔟聲和太陰氣衰少陽氣發萬物動生蔟地而出故曰律中太蔟五行數五木第三故數八其味酸其臭羶春東方木王木味酸酸者鑽也萬物應陽鑽地而出羶木香羶也其祀戶祭先脾蟄伏
呂氏春秋卷一　孟春紀　一

236-1　《呂氏春秋》卷一卷端

236　呂氏春秋二十六卷　〔漢〕高誘注　〔清〕畢沅輯校　清乾隆五十三年（1788）畢氏靈巖山館刻經訓堂叢書本　清朱學勤批校

開本高27.7厘米，寬16.6厘米。框高19.4厘米，寬14.9厘米。半葉十一行，行二十二字，小字雙行同，黑口，四周單邊。鈐“定州王思籛收藏金石書畫章”“畿南文獻”“朱學勤印”“修伯”“壽彭曾觀”“鐵如意館”印。索書號：善001645。

杭世駿云此凍字專就地言解凍乃解地之凍國語所謂土膏動是也玉燭寶典冰上有負字振[illegible]亦當有

劉以寵本作鑾金蔡氏月令章句云鑾鳥名也以金為鑾鳥懸鈴其中施於衡以為遲疾之節故曰鑾輅

之類始動生出由戶故祀戶也脾屬土陳俎豆脾在前故曰祭先脾春木勝土先食所勝也一說脾屬木自用其藏也

東風解凍蟄蟲始振 蟄讀如詩文王之什東方木木火母也火氣溫故東風解凍冰泮釋地蟄伏之蟲乘陽始振動蘇生也

魚上冰獺祭魚 魚鯉鮒之屬也應陽而動上負冰獺獱水禽也取鯉魚置水邊四面陳之世謂之祭魚爲時候者

候鴈北 候時之鴈從彭蠡來北過至北極之沙漠也○案禮記月令作鴻鴈來鄭注云今月令鴻皆爲候正義云月令出有先後入禮記者爲古不入禮記者爲今則呂氏春秋是也盧案仲秋鴈自北徼外而入中國可以言來若自南往北非由南徼外也似不可以言來呂氏作候鴈北當矣

天子居青陽左个 青陽者明堂也中方外圜通達四出各有左右房謂之个个猶隔也東出謂之青陽南出謂之明堂西出謂之總章北出謂之玄堂是月天子朝日告朔行令於左个之房東向堂北頭室也○案明堂之制中外皆方不得如注所云个猶隔也舊本缺一个字今補

乘鸞輅駕蒼龍 輅車也鸞鳥在衡和在軾鳴相應和後世不能復致鑄銅爲之飾以金謂之鸞輅也周禮馬八尺以上爲龍七尺以上爲騄六尺以上爲馬也○案鸞字與月令同唯劉本作鑾注鸞鳥在衡作鑾在鑣案詩蓼蕭毛傳在鑣曰鸞鄭於駟驖箋云

236-2 清朱學勤批

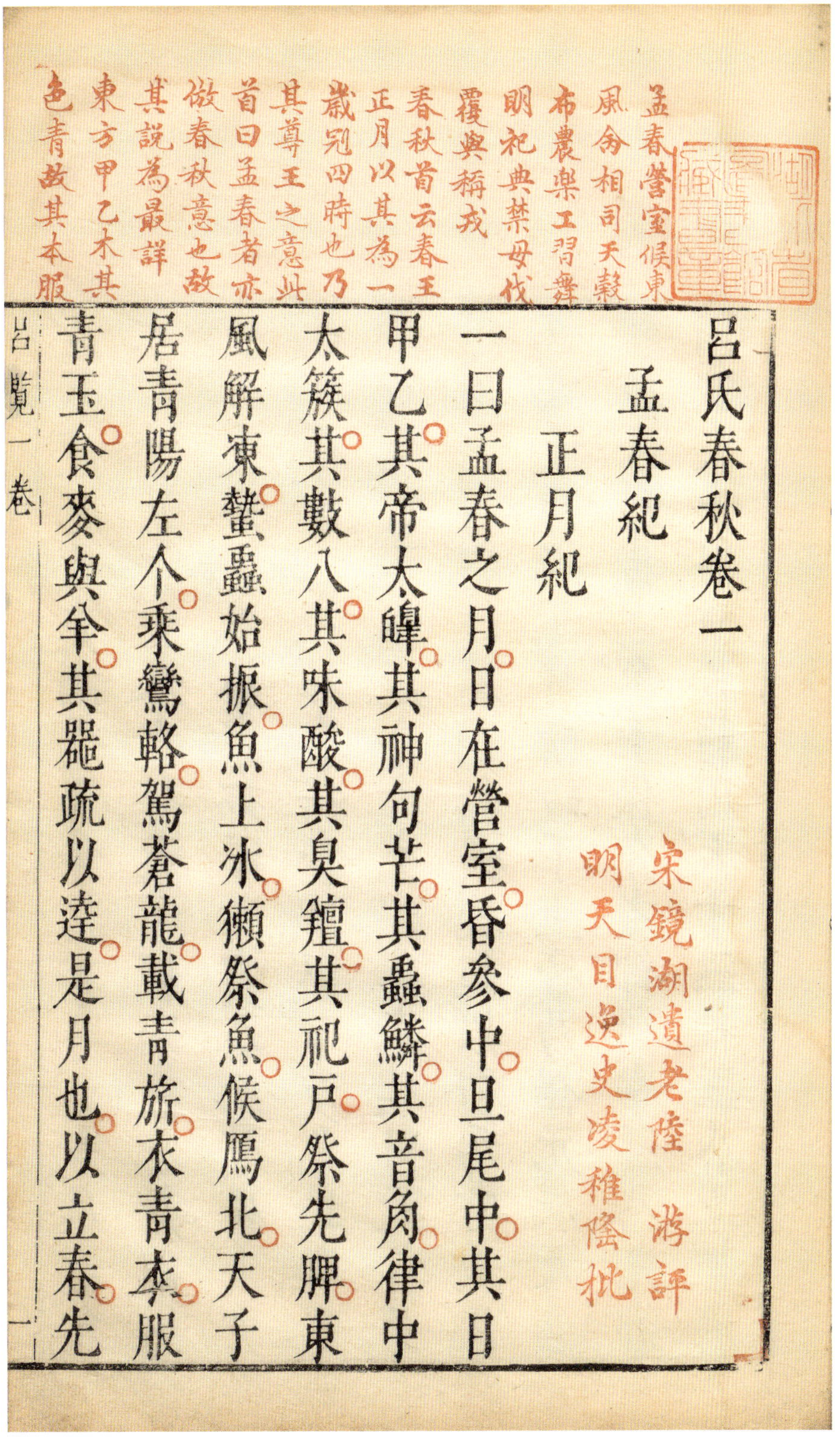
孟春營室候東風命相司天穀布農樂工習舞明祀典禁毋伐覆與稱戎春秋首云春王正月以其為一歲冠四時也乃其尊王之意此首曰孟春者亦做春秋意也故其說為最詳東方甲乙木其色青故其本服

呂氏春秋卷一

孟春紀

正月紀

宋鏡湖遺老陸　游評

明天目逸史凌稚隆批

一曰孟春之月日在營室昏參中旦尾中其日甲乙其帝太皞其神句芒其蟲鱗其音角律中太簇其數八其味酸其臭羶其祀戶祭先脾東風解凍蟄蟲始振魚上冰獺祭魚候鴈北天子居青陽左个乘鸞輅駕蒼龍載青旂衣青衣服青玉食麥與羊其器疏以達是月也以立春先

呂覽一卷　一

237　《吕氏春秋》卷一卷端

237　吕氏春秋二十六卷　〔宋〕陸游評　〔明〕凌稚隆批　明萬曆四十八年（1620）凌毓枏刻朱墨套印本

開本高 26.5 厘米，寬 17.5 厘米。框高 19.8 厘米，寬 14.7 厘米。半葉九行，行十八字，白口，四周單邊。索書號：善 001637。

湖北省珍貴古籍名録編號：00107。

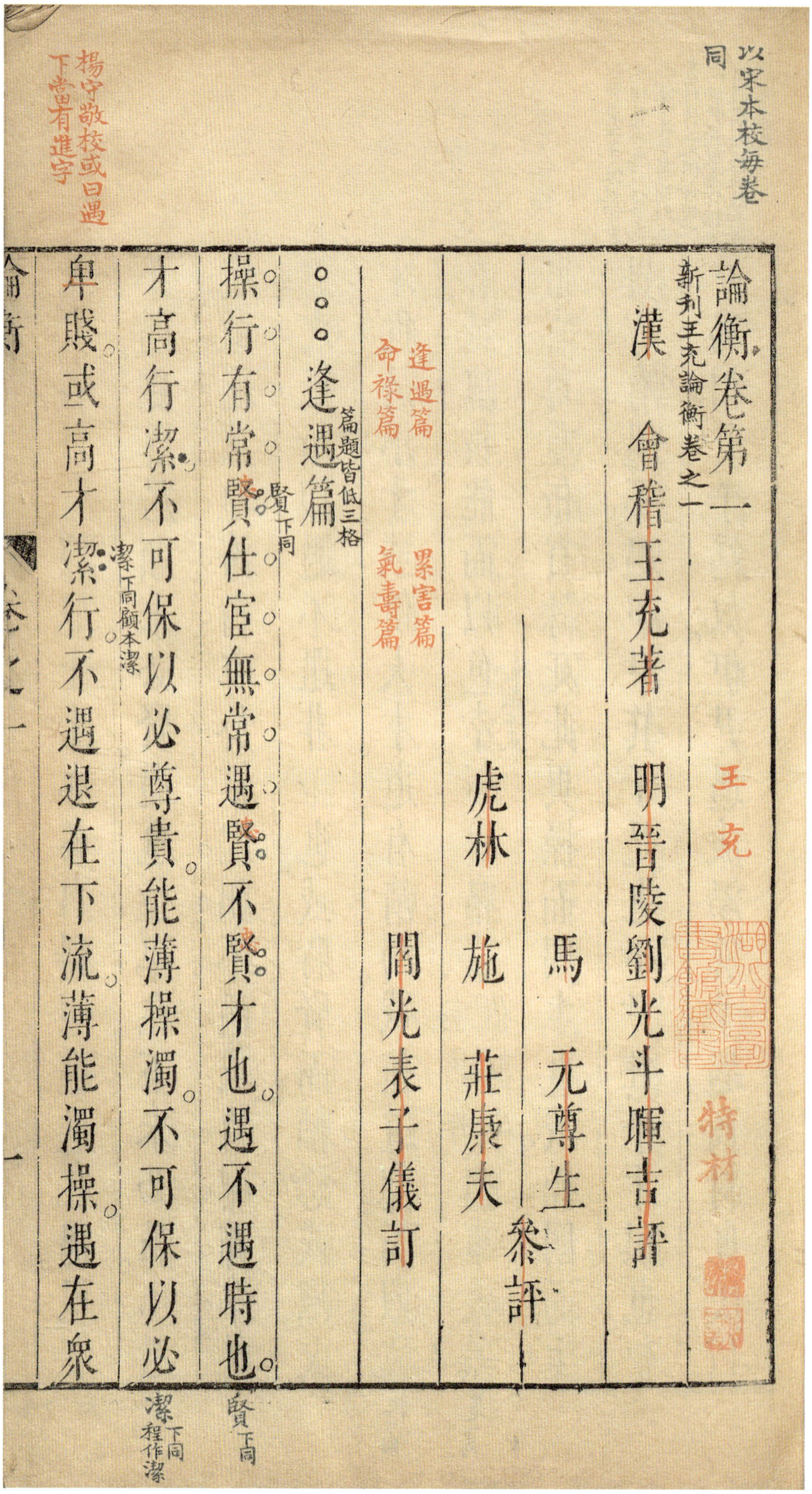
以宋本校每卷同

楊守敬校或曰遇下當有進字

論衡卷第一

新刊王充論衡卷之一

王充

漢　會稽王充著　明晉陵劉光斗暉吉評

馬　无尊生　叅評

虎林　施　莊康夫

閣光表子儀訂

逢遇篇　命禄篇

累害篇　氣壽篇

逢遇篇　篇題皆低三格

操行有常賢仕宦無常遇賢不賢才也遇不遇時也　賢下同

才高行潔不可保以必尊貴能薄操濁不可保以必　潔下同程作絜

卑賤或高才潔行不遇退在下流薄能濁操遇在衆　潔下同顧本潔

論衡　卷之一　一

238-1　《論衡》卷一卷端

238 論衡三十卷　〔漢〕王充撰　〔明〕劉光斗評　明天啓六年（1626）閣光表刻本　佚名録倫明校

開本高 27.4 厘米，寬 17.1 厘米。框高 21.0 厘米，寬 14.6 厘米。半葉九行，行二十字，白口，四周單邊。鈐“彭杞印章”“特材”“江夏徐氏文房”“桐風廎”等印。索書號：善 001639。

七年夏從硤石蔣氏借得元至元本校勘一過其書合兩卷為一卷凡十五卷每卷首標曰新刊王充論衡卷之幾半頁十二行行二十四字揑成丘山汙為江河下一頁不闕然其中訛字甚多疑是當時坊本蔣氏藏本又多缺葉爛字

朱君蓬仙校本論衡蓋據蔣氏所藏元本以校顧刻漢魏叢書本此外更旁攷他書參証別本可稱詳博所惜未覩宋本耳聞君用功此書最勤去歲已物故稿本藏馬君幼漁處余借閱因逐錄之時庚申六月初十日明又記

朱君名宗萊字蓬仙浙江海甯人充北京大學預科教授

宋槧本 每半葉十行行或十九字或二十字或二十一字版心有刻手姓名

缺筆慎字貞桓徵匡朗筐亨恒讓弦敬弘殷玄鮌

明刊本 版心有通津草堂四字每半葉十行行二十字

乙卯九月為江安傅沅叔同年傳校一過凡楊星老別校他本及案語均揭明本條其不揭明者皆校宋刻也十五日長洲章鈺記

庚申四月借傅校本過錄傅本係程刻漢魏叢書本其與此本不同者並以朱筆校記之二十一日東莞倫明記

夏潤枝師藏有校宋本每卷首蓋伊澤氏酌源堂圖書記及弘前醫官澀江氏藏書記二印蓋日本澀江全善道純據宋本以校程本者也澀江氏曾著經籍訪古志載有宋槧本論衡自二十六卷以下闕今此本所校亦至二十五卷止二十六卷以下云用嘉靖本校與楊氏所校當同是一本惟彼此詳畧互異大可參證但楊校不云有闕豈楊氏獲睹完書耶抑欺人也澀江所校間引黄本未審何本俟攷庚申五月借夏本用藍筆過錄端節後五日錄畢明再記

俞蔭甫孫仲容二先生於此書皆有攷證照錄於此而以俞曰孫曰別之 孫氏札迻卷九後有元本校文與朱校頗有異同詳畧並錄之

特材

238-2 佚名録倫明題識

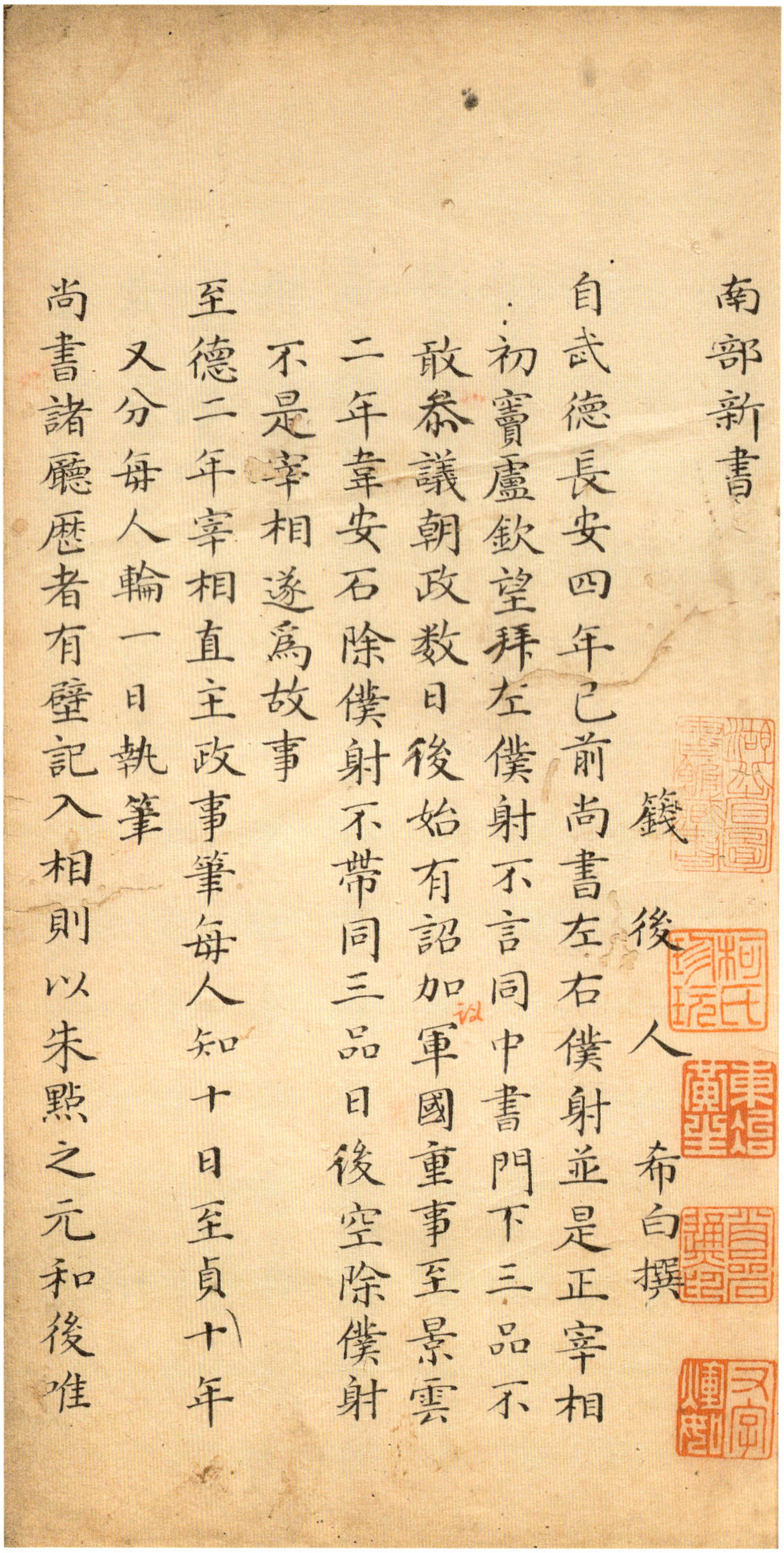

南部新書

錢　後人　希白撰

自武德長安四年已前尚書左右僕射並是正宰相

初竇盧欽望拜左僕射不言同中書門下三品不

敢叅議朝政数日後始有詔加軍國重事至景雲

二年韋安石除僕射不帶同三品日後空除僕射

不是宰相遂爲故事

至德二年宰相直主政事筆每人知十日至貞元十年

又分每人輪一日執筆

尚書諸廳歷者有壁記入相則以朱點之元和後唯

239-1　《南部新書》卷一卷端

239　南部新書十卷補遺一卷　〔宋〕錢易撰　清抄本　清趙在翰、戴成芬校並跋

開本高 26.8 厘米，寬 15.7 厘米。無框欄，半葉十行，行二十字。鈐“小積石山房藝文之章”“在翰私印”“閩南黄熥肖嵒圖籍”“肖嵒熥印”“東冶黄生”“又字輝如”“武昌柯逢時收藏圖記”“柯氏珍玩”等印。索書號：善 004180。

戊辰十月二借鈔黄楊寶大令舊抄本重録一過
魯魚帝虎未敢評校也 道光年未改元元日偶識
記此文林、道人在翰識
舊寫本譌錯甚多 經翰校者已復其舊也

武德末文皇欽平內難苑池中得白角龍化為石於登極後降制曰星天眷佑錫茲靈龜
合璧事類別集六十三卷龍
龍之性麤猛而畏鐵愛美玉空青而嗜燒燕肉食燕肉人不可渡海 仝上龍
長安有龍上見水色則知有龍或引出但此鱗而已 仝上

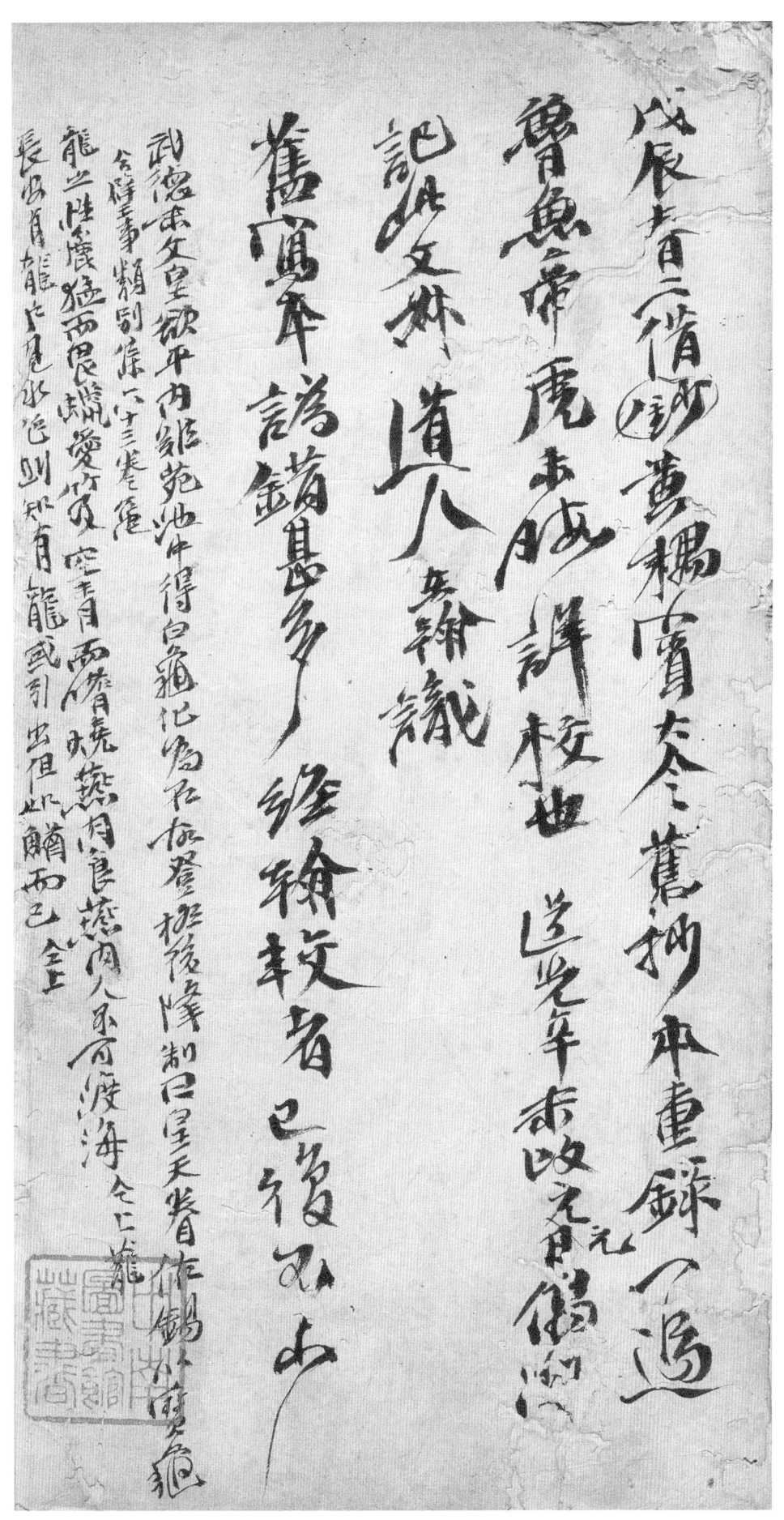

239-2　清趙在翰跋

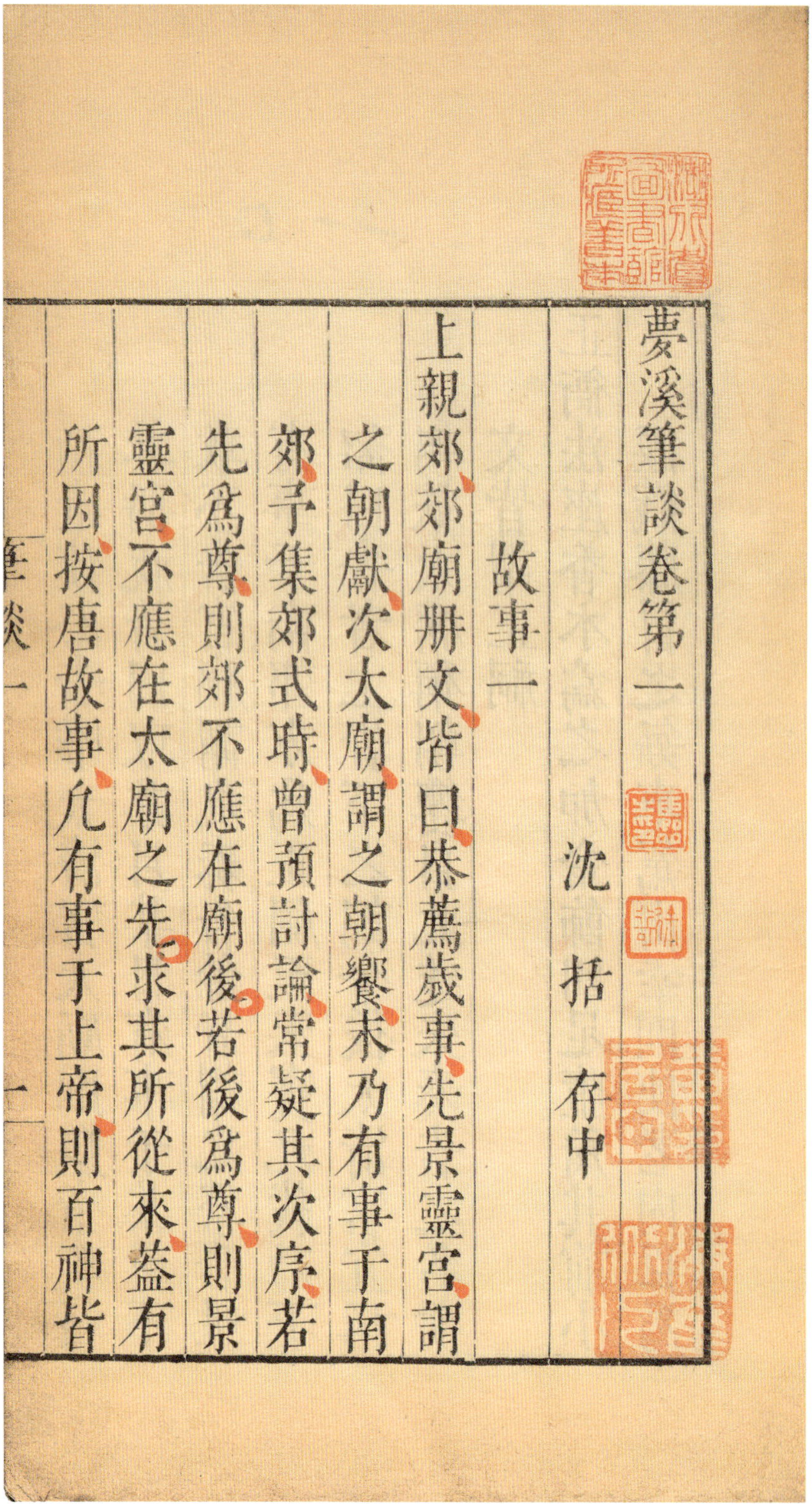

夢溪筆談卷第一

沈括存中

故事一

上親郊郊廟册文皆曰恭薦歲事先景靈宮謂
之朝獻次太廟謂之朝饗末乃有事于南
郊予集郊式時曾預討論常疑其次序若
先爲尊則郊不應在廟後若後爲尊則景
靈宮不應在太廟之先求其所從來蓋有
所因按唐故事凡有事于上帝則百神皆

筆談 一

240 《夢溪筆談》卷一卷端

240 夢溪筆談二十六卷補筆談三卷續筆談一卷 〔宋〕沈括撰 明崇禎四年（1631）馬元調刻本

開本高 26.7 厘米，寬 16.9 厘米。框高 18.8 厘米，寬 13.0 厘米。半葉九行，行十八字，小字雙行同，白口，左右雙邊。鈐“千頃齋”“黄居中印”“明立”“海鶴道人”“汪汪千頃”“二酉藏書”“黄虞稷印”“俞邰”“隅庵藏弆”“江夏徐氏藏本”“臣恕之印”“彊恕”等印。索書號：善 001575。

湖北省珍貴古籍名録編號：00311。

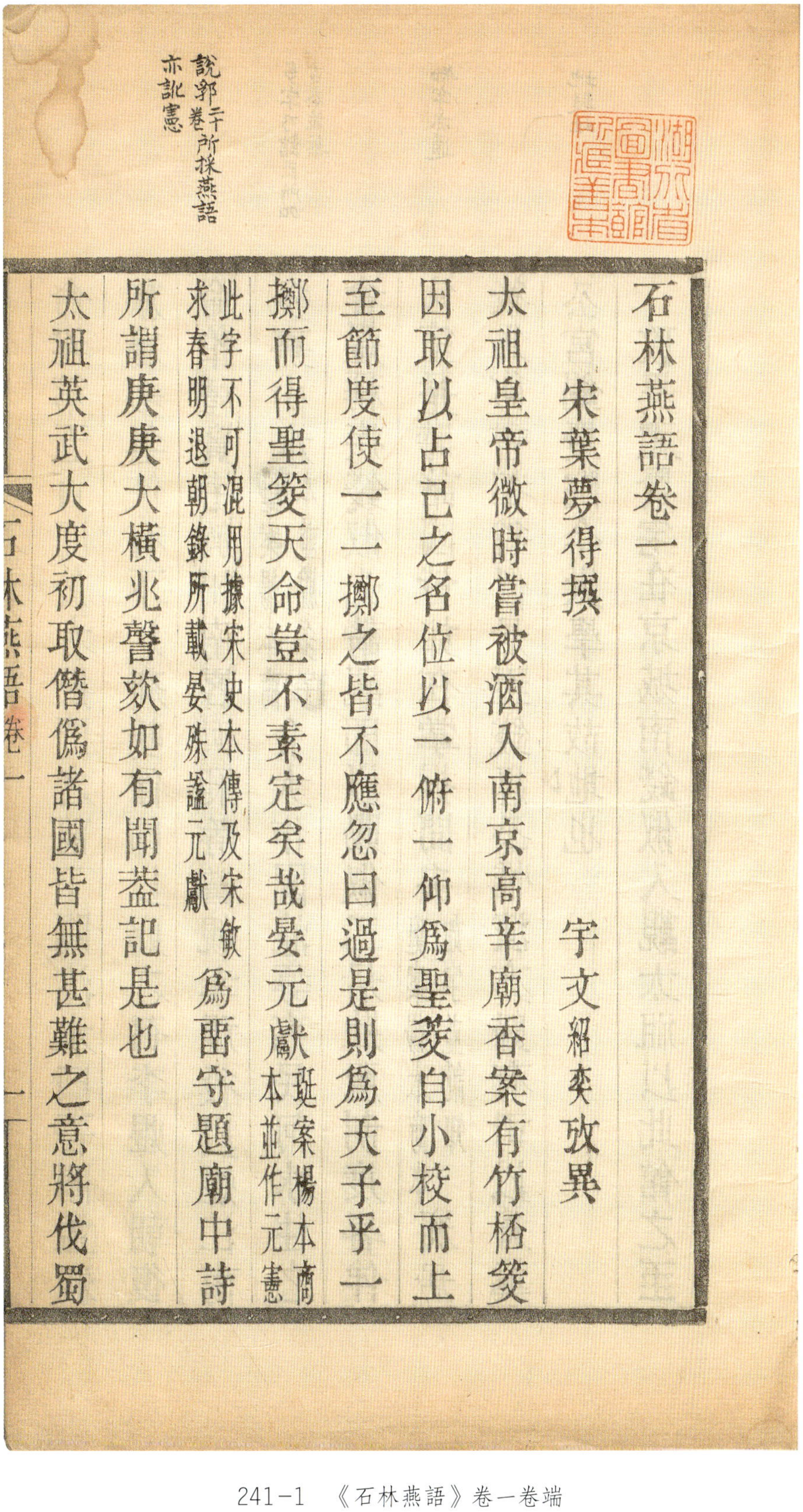
說郛卷二十所採燕語亦訛憲

石林燕語卷一

宋葉夢得撰　宇文紹奕攷異

太祖皇帝微時嘗被酒入南京高辛廟香案有竹桮筊因取以占己之名位以一俯一仰爲聖筊自小校而上至節度使一一擲之皆不應忽曰過是則爲天子乎一擲而得聖筊天命豈不素定矣哉晏元獻斑案楊本商本並作元憲此字不可混用據宋史本傳及宋敏求春明退朝錄所載晏殊謚元獻爲留守題廟中詩所謂庚庚大橫兆聲欬如有聞葢記是也

太祖英武大度初取僭僞諸國皆無甚難之意將伐蜀

石林燕語卷一　一

241-1　《石林燕語》卷一卷端

241　石林燕語十卷　〔宋〕葉夢得撰　〔宋〕宇文紹奕考異　清咸豐三年（1853）胡氏琳琅秘室木活字印本　清胡珽、王先謙校並跋

開本高 27.0 厘米，寬 17.3 厘米。框高 19.7 厘米，寬 13.4 厘米。半葉九行，行二十一字，小字雙行同，黑口，四周單邊。索書號：善 002891。

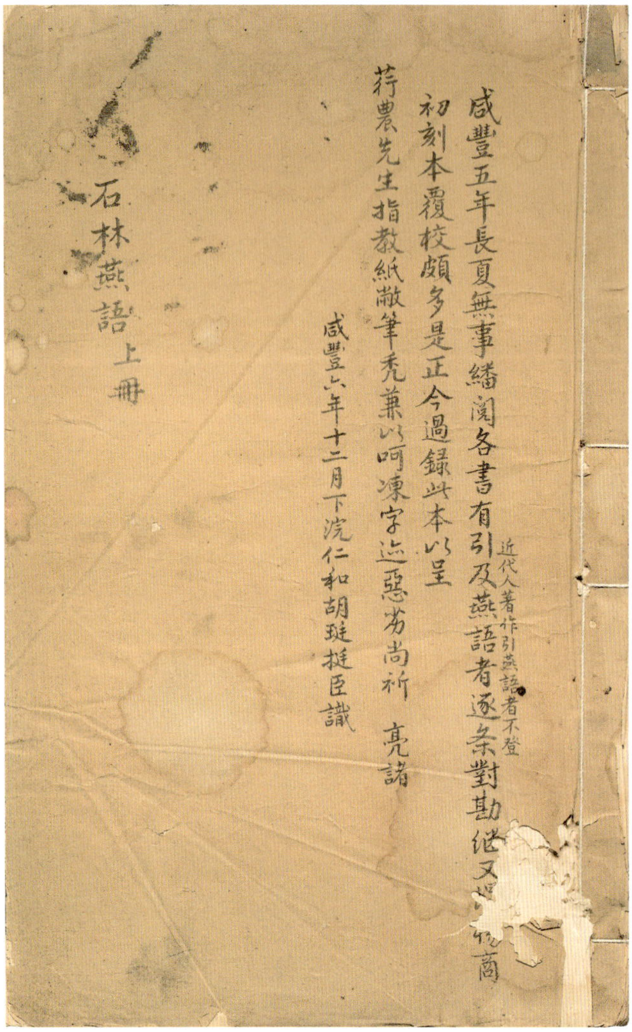
石林燕語 上冊

咸豐五年長夏無事繙閲各書有引及燕語者近代人著作引燕語者不登逐条對勘继又假□商
初刻本覆校頗多是正今過録此本以呈
蒔農先生指教紙敝筆秃兼以呵凍字迹惡劣尚祈　亮諸
咸豐六年十二月下浣仁和胡珽挺臣識

241-2　清胡珽跋

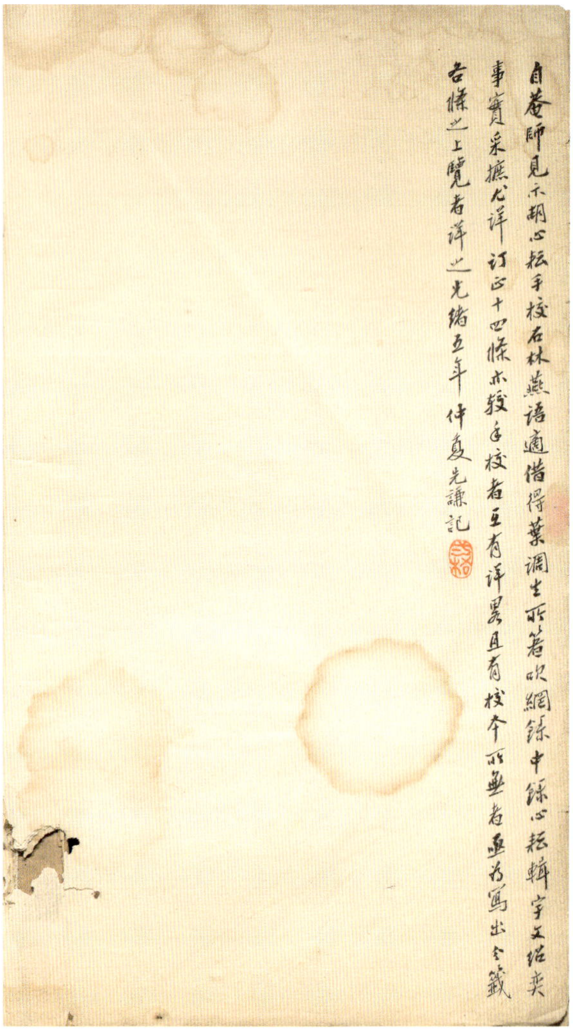
自菴師見示胡心耘手校石林燕語適借得葉調生所著吹網録中録心耘輯宋文绍奕
事實采摭尤詳訂正十四條亦疑手校者至有詳畧且有校本所無者亟為寫出全簽
各條之上覽者詳之光緒五年仲夏先謙記

241-3　清王先謙跋